Verfassungsentwicklung in Europa

herausgegeben von

Hartmut Bauer, Peter M. Huber
und Karl-Peter Sommermann

25

Luc von Danwitz

Föderale Verhältnismäßigkeit

Bedeutung und Funktion von Art. 5 Abs. 4 EUV im Föderalismus der Europäischen Union

Mohr Siebeck

Luc von Danwitz, geboren 1995; Studium der Rechtswissenschaft an der Université Paris 1 – Panthéon-Sorbonne (Licence en droit 2016), der Universität Bonn (Erste Prüfung 2019) und der University of Michigan Law School (LL.M. 2020); Wissenschaftlicher Mitarbeiter im Projekt „Constitutional Law in Germany", Freiburg i.Br. und Bonn, und am Lehrstuhl für deutsches und europäisches Verfassungs- und Verwaltungsrecht der Universität Bonn; Rechtsreferendariat am OLG Köln; 2024 Promotion.

ISBN 978-3-16-163818-3 / eISBN 978-3-16-163819-0
DOI 10.1628/978-3-16-163819-0

ISSN 1861-7301 / eISSN 2569-4553 (Verfassungsentwicklung in Europa)

Die Deutsche Nationalbibliothek verzeichnet diese Publikation in der Deutschen Nationalbibliographie; detaillierte bibliographische Daten sind über *https://dnb.dnb.de* abrufbar.

Das Buch wurde von Laupp & Göbel in Gomaringen auf alterungsbeständiges Werkdruckpapier gedruckt und von der Buchbinderei Nädele in Nehren gebunden.

Printed in Germany.

Vorwort

Die vorliegende Arbeit wurde im Wintersemester 2023/2024 von der Rechts- und Staatswissenschaftlichen Fakultät der Rheinischen Friedrich-Wilhelms-Universität Bonn als Dissertation angenommen. Rechtsprechung und Literatur befinden sich im Wesentlichen auf dem Stand von März 2023.

Mein Doktorvater Heiko Sauer hat die Beschäftigung mit dem Thema dieser Arbeit angeregt und ihre Entstehung mit zahlreichen Hinweisen und konstruktiver Kritik begleitet. Seine engagierte Lehre, unermüdliche Förderung und die Zeit als Mitarbeiter an seinem Lehrstuhl haben mich erst in die Lage versetzt, diese Arbeit schreiben zu können. Ich danke ihm herzlich.

Für die freundliche Erstellung des Zweitgutachtens danke ich Klaus-Ferdinand Gärditz.

Für die Aufnahme in ihre Schriftenreihe „Verfassungsentwicklung in Europa" bin ich Hartmut Bauer, Peter M. Huber und Karl-Peter Sommermann sehr dankbar. Die Drucklegung wurde aufgrund eines besonderen Bundesinteresses vom Bundesministerium des Innern und für Heimat, sowie von der Johanna und Fritz Buch Gedächtnis-Stiftung jeweils mit großzügigen Druckkostenzuschüssen gefördert.

Ralf Poscher danke ich dafür, dass ich frühe Skizzen zur Arbeit an seinem Max-Planck-Institut in Freiburg zur Diskussion stellen durfte. Auch von den Ressourcen der dortigen Bibliothek hat die Arbeit in ihrer Anfangsphase sehr profitiert. Zur selben Zeit haben mir Clemens Ladenburger, Pieter van Nuffel und Gregor von Rintelen vom Juristischen Dienst der Europäischen Kommission wichtige Hinweise aus Sicht unionsrechtlicher Praktiker zuteilwerden lassen, für die ich sehr dankbar bin. Auch mein LL.M.-Kollege Richard Dören hat sich in dieser Phase mit klugen Anregungen um die Arbeit verdient gemacht.

Freunde, die auch Kollegen waren, und Kollegen, die Freunde wurden, haben die Entstehung dieser Arbeit begleitet. Die rechtsvergleichenden Abschnitte haben enorm von meinem Austausch mit Raphaël Beauregard-Lacroix in der Freiburger Zeit profitiert. Meine Bonner Institutskollegen Claudio Bartmann, Pola Marie Brünger, Konstantin Klopp und Carolin Schlößer haben es geduldig ertragen, dass ich ihnen immer wieder meine Ideen vortrug und ihre Überlegungen haben mich oft entscheidend vorangebracht. Sie alle haben die Arbeit auszugsweise oder ganz gelesen, detailliertes Feedback gegeben und mich immer unterstützt. Es war ein großes Glück, mit ihnen zusammenarbeiten zu dürfen. Den studentischen Hilfskräften Helena Alcantara, Lana Asadi, Jonathan Greipl, Lorenz Holl, Antonia Mertens, Pina Meschenmoser und Sarah Völkel danke ich herzlich für die tapfere und zuverlässige Unterstützung bei der Beschaffung auch schwer zugänglicher Literatur.

Ohne meine Familie wäre diese Arbeit nicht gelungen. Meine Eltern Birgit und Thomas, meine Schwester Marthe und mein Schwager Niklas, meine Großeltern Erika und Carl-Josef, Josefine und Heinz-Willy (†), meine Schwiegereltern Christa und Rainer (†) und meine Partnerin Chantal sind das Fundament für dieses und alle weiteren Abenteuer.

Brüssel, im Juni 2024 *Luc von Danwitz*

Inhaltsübersicht

Inhaltsverzeichnis

Abkürzungsverzeichnis

a. A.	andere Ansicht
Abs.	Absatz
AcP	Archiv für die civilistische Praxis (Zeitschrift)
a.E.	am Ende
AEUV	Vertrag über die Arbeitsweise der Europäischen Union
AJDA	L'Actualité Juridique Droit Administratif (Zeitschrift)
allg.	allgemein
ALR	Allgemeines Landrecht für die Preußischen Staaten
AöR	Archiv des öffentlichen Rechts (Zeitschrift)
Art.	Artikel
Aufl.	Auflage
ausf.	ausführlich
AVR	Archiv des Völkerrechts (Zeitschrift)
BayVerfGHE	Entscheidungen des Bayerischen Verfassungsgerichtshofs
Begr.	Begründer/Begründerin
Beschl.	Beschluss
Bd.	Band
BGE	Bundesgerichtsentscheide (Schweiz)
BVerfG	Bundesverfassungsgericht
BVerfGE	Entscheidungen des Bundesverfassungsgerichts
bzw.	beziehungsweise
CC	Conseil constitutionnel (franz.)
CCSA	Constitutional Court of South Africa
CE	Conseil d'État (franz.)
CMLR	Common Market Law Review (Zeitschrift)
Ders.	Derselbe
d.h.	das heißt
Dies.	Dieselbe/Dieselben
DJZ	Deutsche Juristenzeitung (Zeitschrift)
DM	Deutsche Mark
DÖV	Die Öffentliche Verwaltung (Zeitschrift)
DSGVO	Datenschutzgrundverordnung
DVBl	Deutsches Verwaltungsblatt (Zeitschrift)
e.a.	et autres
Ebd.	Ebenda
EGKS	Europäische Gemeinschaft für Kohle und Stahl
EGKSV	Vertrag zur Gründung der Europäischen Gemeinschaft für Kohle und Stahl
EGV	Vertrag zur Gründung der Europäischen Gemeinschaft

EL	Ergänzungslieferung
Entsch.	Entscheidung
ESM	Europäischer Stabilitätsmechanismus
EU	Europäische Union
EuG	Gericht der Europäischen Union
EuGH	Europäischer Gerichtshof
EuGHSatz	Protokoll Nr. 3 zum Vertrag von Lissabon über die Satzung des Gerichtshofs der Europäischen Union, Abl. Nr. C 80, S. 53
EuGRZ	Europäische Grundrechtezeitschrift
EuR	Zeitschrift Europarecht
EUV	Vertrag über die Europäische Union
EWG	Europäische Wirtschaftsgemeinschaft
EWGV	Vertrag zur Gründung der Europäischen Wirtschaftsgemeinschaft und zusammenhängende Akte
EWS	Europäisches Wirtschafts- und Steuerrecht (Zeitschrift)
EZB	Europäische Zentralbank
f./ff.	folgend/folgende
FG	Festgabe
Fn.	Fußnote
Fortgef.	Fortgeführt von
FS	Festschrift
GA	Generalanwalt/Generalanwältin
GASP	Gemeinsame Außen- und Sicherheitspolitik
GG	Grundgesetz
ggf.	gegebenenfalls
GLJ	German Law Journal (Zeitschrift)
GRC	Charta der Grundrechte der Europäischen Union
GVwR	Grundlagen des Verwaltungsrechts
HdB GR	Handbuch der Grundrechte
HdB StR	Handbuch des Staatsrechts
HdB VerfR	Handbuch des Verfassungsrechts
Hrsg.	Herausgeber/Herausgeberinnen
Hs.	Halbsatz
HVwR	Handbuch des Verwaltungsrechts
ICON	International Journal of Constitutional Law (Zeitschrift)
i.E.	im Ergebnis
i. Ersch.	im Erscheinen
insb.	Insbesondere
IPE	Ius Publicum Europaeum
i.S.v.	im Sinne von
i.S.e.	im Sinne einer/s
i.V.m.	in Verbindung mit
JA	Juristische Arbeitsblätter (Zeitschrift)
JCPC	Judicial Committee of the Privy Council
JöR n.F.	Jahrbuch des öffentlichen Rechts der Gegenwart. Neue Folge (Zeitschrift)
JURA	Juristische Ausbildung (Zeitschrift)
JZ	Juristenzeitung (Zeitschrift)

KG	Kommanditgesellschaft
krit.	kritisch
KritV	Kritische Vierteljahresschrift für Gesetzgebung und Rechtswissenschaft (Zeitschrift)
KritJ	Kritische Justiz (Zeitschrift)
m.a.W.	mit anderen Worten
m.w.N.	mit weiteren Nachweisen
m. ausf. Nw.	mit ausführlichen Nachweisen
NJW	Neue Juristische Wochenschrift (Zeitschrift)
NVwZ	Neue Zeitschrift für Verwaltungsrecht (Zeitschrift)
Nw.	Nachweis/e
NWVBl.	Nordrhein-Westfälische Verwaltungsblätter (Zeitschrift)
OLG	Oberlandesgericht
PNR	Passenger Name Records
PrOVG	Preußisches Oberverwaltungsgericht
PrOVGE	Entscheidungen des Preußischen Oberverwaltungsgerichts
PSPP	Public Sector Purchase Program
RG	Reichsgericht
RGZ	Entscheidungen des Reichsgerichts in Zivilsachen
Rn.	Randnummer
Rs.	Rechtssache
Rspr.	Rechtsprechung
S.	Seite
s.	siehe
SCC	Supreme Court of Canada
Sec.	Section
sog.	sogenannt
Sp.	Spalte
st. Rspr.	ständige Rechtsprechung
SubProt	Protokoll (Nr. 2) über die Anwendung der Grundsätze der Subsidiarität und der Verhältnismäßigkeit (ABl. Nr. C 306, S. 150)
u.a.	und andere
UAbs.	Unterabsatz
Urt.	Urteil
v.	von/vom/versus
v.a.	vor allem
verb. Rs.	verbundene Rechtssachen
VerwArch	Verwaltungsarchiv (Zeitschrift)
VG	Verwaltungsgericht
vgl.	vergleiche
VO	Verordnung
Vol.	Volume
Vorbem.	Vorbemerkungen
VVDStRL	Veröffentlichungen der Vereinigung der Deutschen Staatsrechtslehrer
VRÜ	Zeitschrift für Verfassung und Recht in Übersee
WRV	Weimarer Reichsverfassung
z.B.	zum Beispiel

ZaöRV	Zeitschrift für ausländisches öffentliches Recht und Völkerrecht
ZAR	Zeitschrift für Ausländerrecht und Ausländerpolitik
ZEuP	Zeitschrift für Europäisches Privatrecht
ZEuS	Zeitschrift für Europarechtliche Studien
ZRP	Zeitschrift für Rechtspolitik

Einleitung

A. Problemaufriss

I. Praktische Bedeutung und offene Fragen

Art. 5 Abs. 4 EUV bestimmt:

„Nach dem Grundsatz der Verhältnismäßigkeit gehen die Maßnahmen der Union inhaltlich wie formal nicht über das zur Erreichung der Ziele der Verträge erforderliche Maß hinaus.

Die Organe der Union wenden den Grundsatz der Verhältnismäßigkeit nach dem Protokoll über die Anwendung der Grundsätze der Subsidiarität und der Verhältnismäßigkeit an."

Der prominenten Platzierung zu Beginn des EUV entspricht eine hohe praktische Bedeutung des Grundsatzes der Verhältnismäßigkeit im Unionsrecht. Für den Gerichtshof der Europäischen Union gehört die Auseinandersetzung mit diesem Grundsatz zum Alltagsgeschäft.[1] Zahlreiche Studien haben sich mit ihm befasst.[2]

Aus deutscher Sicht freilich ungewöhnlich ist, dass Art. 5 Abs. 4 EUV durch seine Stellung neben dem Grundsatz der begrenzten Einzelermächtigung (Art. 5 Abs. 2 EUV) und dem Grundsatz der Subsidiarität (Art. 5 Abs. 3 EUV), den Grundsatz der Verhältnismäßigkeit an der zentralen Schaltstelle der föderalen Zuständigkeitsordnung der EU platziert. Ganz in diesem föderal geprägten Sinne wird auch in der Praxis regelmäßig auf den Grundsatz der Verhältnismäßigkeit verwiesen: Seit 2018 veröffentlicht die EU-Kommission z.B. jährlich ei-

---

[1] Vgl. schon die Befunde bei: *N. Emiliou*, The Principle of Proportionality in European Law, 1996, S. 134; *V. Trstenjak/E. Beysen*, EuR 2012, S. 265. *E. Pache*, NVwZ 1999, S. 1033 spricht davon, dass „[d]ie Rüge der Unverhältnismäßigkeit […] inzwischen offenbar zu den anwaltlichen Berufspflichten in allen Verfahren vor dem EuGH oder dem EuG" gehöre.

[2] Vgl. nur, statt vieler: *N. Emiliou*, The Principle of Proportionality in European Law, 1996; *A. Emmerich-Fritsche*, Der Grundsatz der Verhältnismäßigkeit als Direktive und Schranke der EG-Rechtsetzung, 2000; *O. Koch*, Der Grundsatz der Verhältnismäßigkeit in der Rechtsprechung des Gerichtshofs der Europäischen Gemeinschaften, 2003; *J. Schwarze*, Europäisches Verwaltungsrecht, 2. Aufl. 2005, S. 661 ff.; *T. Tridimas*, General Principles of EU Law, 2. Aufl. 2006, S. 136 ff.; *A. Young/G. de Búrca*, in: Vogenauer/Weatherill (Hrsg.), General Principles of Law. European and Comparative Perspectives, 2017, S. 133 ff.; *B. Oreschnik*, Verhältnismäßigkeit und Kontrolldichte, 2019, S. 123 ff., 199 ff., 247 ff.; *C. Riedel*, Die Grundrechtsprüfung durch den EuGH, 2020, S. 141 ff., 234 ff.

nen „Report on the application of the principles of subsidiarity and proportionality and relations with national parliaments", der die jährlichen „Reports on Subsidiarity and Proportionality" (2007–2017) abgelöst hat. Auch in der gemeinsamen Erklärung von Parlament, Rat und Kommission zur Konferenz zur Zukunft Europas wurde bekräftigt: „Wir verpflichten uns gemeinsam, den Europäerinnen und Europäern zuzuhören und den Empfehlungen der Konferenz – unter uneingeschränkter Achtung unserer Zuständigkeiten und der in den europäischen Verträgen verankerten Grundsätze der Subsidiarität und Verhältnismäßigkeit – Folge zu leisten."[3] Auch der von den Regierungsparteien der 20. Legislaturperiode des Deutschen Bundestages verfolgte Plan einer Weiterentwicklung der EU zu einem „föderalen europäischen Bundesstaat" steht unter der Bedingung, dass dieser Staat „dezentral auch nach den Grundsätzen der Subsidiarität und Verhältnismäßigkeit organisiert ist."[4] Art. 5 Abs. 4 EUV spielte schließlich eine zentrale Rolle im sog. PSPP-Urteil des BVerfG,[5] in dem es zum ersten Mal zwei Akte der Unionsorgane – namentlich das Urteil des EuGH in derselben Sache[6] und das PSPP der EZB[7] – als *ultra vires* qualifizierte. Im Zentrum stand hierbei der Vorwurf einer methodisch nicht nachvollziehbaren[8] Anwendung des Art. 5 Abs. 4 EUV, dem das BVerfG eine zentrale Rolle bei der Abgrenzung der Zuständigkeiten von EU und Mitgliedstaaten zur Vermeidung einer „Erosion mitgliedstaatlicher Zuständigkeiten"[9] zusprach.

Wie aber eine methodisch korrekte Anwendung des Art. 5 Abs. 4 EUV aussieht, darf nicht nur in Anbetracht der Meinungsverschiedenheiten dieser beiden Höchstgerichte über diese Frage als ungeklärt gelten. Eine spezifisch auf Art. 5 Abs. 4 EUV bezogene Monografie fehlt jedenfalls bislang. Neben den kurzen Kommentierungen konstatieren einschlägige Aufsätze offene Fragen[10] und eine

---

[3] Gemeinsame Erklärung des Europäischen Parlaments, des Rates und der Europäischen Kommission zur Konferenz über die Zukunft Europas: Austausch mit den Bürgerinnen und Bürgern für mehr Demokratie – Aufbau eines resilienteren Europas v. 18.03.2021, 2021/C 91 I/01.

[4] Mehr Fortschritt wagen. Bündnis für Freiheit, Gerechtigkeit und Nachhaltigkeit, Koalitionsvertrag 2021–2025 zwischen der Sozialdemokratischen Partei Deutschlands (SPD), Bündnis 90/ Die Grünen und den Freien Demokraten (FDP), S. 104, abrufbar unter: https://www.bundesregierung.de/resource/blob/974430/1990812/04221173eef9a6720059cc353d759a2b/2021-12-10-koav2021-data.pdf?download=1.

[5] BVerfGE 154, 17.

[6] EuGH, Urt. v. 11.12.2018, Weiss u.a., C-493/17, EU:C:2018:1000.

[7] Beschluss (EU) 2015/774 der EZB vom 4. März 2015 über ein Programm zum Ankauf von Wertpapieren des öffentlichen Sektors an den Sekundärmärkten, ABl. 2015, L 121, S. 20, in der durch den Beschluss (EU) 2017/100 der EZB vom 11.01.2017, ABl. 2017, L 16, S. 51, geänderten Fassung.

[8] BVerfGE 154, 17, 110 und 116.

[9] Ebd., 117.

[10] Vgl. insb.: *M. Goldhammer*, in: Baade/Ehricht u.a. (Hrsg.), Verhältnismäßigkeit im Völkerrecht, 2016, S. 125, 143.

„tastende Suchbewegung“[11] in der Rechtsprechung. Der Grundsatz der Verhältnismäßigkeit aus Art. 5 Abs. 4 EUV bleibt, obwohl er immer wieder im föderalen Kontext bemüht wird, der große Unbekannte unter den föderalen Ordnungsprinzipien der EU.

II. Erkenntnisinteressen

Aufbauend auf diesem Befund gilt es, das Ungleichgewicht zwischen einer unzureichenden rechtswissenschaftlichen Durchdringung und einer regelmäßig betonten rechtspraktischen Bedeutung dieser Vorschrift zu beheben. Die unionsrechtliche Verankerung des Grundsatzes der Verhältnismäßigkeit im föderalen Kontext wirft in dieser Hinsicht allerdings zahlreiche Fragen auf: Schon Wesen und Gestalt des unionsrechtlichen Grundsatzes der Verhältnismäßigkeit im Allgemeinen sind zu bedenken, um mögliche rechtsordnungsspezifische Eigenheiten nicht aus dem Blick zu verlieren. Es ist ebenfalls in Anbetracht der Unterscheidung von Art. 5 Abs. 1 EUV zwischen Vorgaben zur Zuständigkeitsverteilung und -ausübung nicht offensichtlich, wie der Grundsatz der Verhältnismäßigkeit als eine Zuständigkeitsausübungsnorm zur Steuerung des Verhältnisses von EU und Mitgliedstaaten eingesetzt werden kann: Geht es um Kompetenzgrenzen der EU oder um Rechtmäßigkeitsanforderungen und gibt es zwischen diesen Kategorien überhaupt einen Unterschied? Weil nicht nur aus deutscher Sicht der Grundsatz der Verhältnismäßigkeit vor allem als Eingriffsschranke für subjektive Rechte bekannt ist, ist überdies die Funktion dieses Grundsatzes im Verhältnis von EU und Mitgliedstaaten klärungsbedürftig: Sind es Autonomieinteressen eines einzelnen Mitgliedstaats, einer Gruppe von Mitgliedstaaten oder aller Mitgliedstaaten, die in der EU als grundrechtsäquivalente verbandschaftliche Rechte mit den Regelungsinteressen der EU in ein Verhältnis gesetzt werden? Gibt es andere Möglichkeiten, wie Verhältnismäßigkeit als föderale Ordnungsnorm in der EU wirken kann und welche Rolle spielen hierbei die Eigenheiten der Konstruktion der EU als supranationale Organisation? Welche Konsequenzen für die Begrenzung der Herrschaftsgewalt der EU hätte dies jeweils? Und in welchem Verhältnis steht Art. 5 Abs. 4 EUV damit zu Normen wie Art. 5 Abs. 2, Abs. 3, Art. 4 Abs. 2 und Abs. 3 EUV? Auch die Formulierung des Art. 5 Abs. 4 EUV wirft Fragen auf: Welche Bedeutung hat die Unterscheidung von inhaltlicher und formaler Verhältnismäßigkeit, die Art. 5 Abs. 4 EUV vorgibt? Was lässt sich aus dem Subsidiaritätsprotokoll über diese Norm lernen?

Ziel dieser Arbeit ist es damit herauszuarbeiten, wie Art. 5 Abs. 4 EUV unter besonderer Berücksichtigung seiner Verankerung im Verhältnis von EU und Mitgliedstaaten auszulegen und anzuwenden ist. Es geht um eine grundsätzliche Bestandsaufnahme des Anliegens und der praktischen Operationalisierung des Art. 5 Abs. 4 EUV. Die Arbeit ist damit praxisbezogen und sie ist – ganz dem

[11] *J. Saurer*, JZ 2014, S. 281, 283.

Charakter der Rechtsdogmatik als Schnittmenge von Rechtsanwendung und Rechtswissenschaft entsprechend[12] – rechtsdogmatisch angelegt.

Weil es sich um eine rechtsdogmatische Arbeit zu einer Norm des Unionsrechts handelt, geht es nicht primär darum, welche Rolle diese Norm aus Sicht des mitgliedstaatlichen Verfassungsrechts zur Einhegung von Integrationsentwicklungen spielen könnte. Die Arbeit beschäftigt sich auch nicht schwerpunktmäßig mit der in der deutschen Verfassungsrechtswissenschaft geführten Diskussion um die Anwendbarkeit des Grundsatzes der Verhältnismäßigkeit im Staatsorganisationsrecht. Auch rechtstheoretische Zusammenhänge, Überlegungen zum rechtlichen Abwägungsvorgang oder integrationstheoretische Fragen zur föderalen Schwebelage der EU stehen nicht im Zentrum der Arbeit. Diese allgemeineren Fragestellungen werden freilich, schon um der Gefahr einer wissenschaftlich defizitären, kontextlosen Verengung der Rechtsdogmatik durch ihre Anwendungsbezogenheit entgegenzuwirken,[13] insoweit bearbeitet, wie sie zur genaueren Herausarbeitung der Funktionsweise von Art. 5 Abs. 4 EUV als föderaler Ordnungsnorm beitragen.

III. Der Versuch einer kontextsensiblen Dogmatik unionsrechtlicher Verhältnismäßigkeit

Die hier gewählte Themenstellung birgt in diesem Zuschnitt wegen ihrer Beschäftigung mit dem Grundsatz der Verhältnismäßigkeit einerseits und ihrem Standort im Verfassungsrecht der EU andererseits, Herausforderungen, die weitere Präzisierungen nötig machen.

Erstens ist der Grundsatz der Verhältnismäßigkeit ein „Grenzgänger" und für Art. 5 Abs. 4 EUV gilt das in besonderer Weise: Sein reiches entwicklungsgeschichtliches Erbe, die einflussreiche Ausformung in der deutschen Rechtstradition und sein mittlerweile globaler Wirkungskreis verlangen nach einem kontextsensiblen und umsichtigen Verständnis von dem, was mit dem Grundsatz der Verhältnismäßigkeit bezeichnet wird. Dies gilt umso mehr für Art. 5 Abs. 4 EUV, der diesen – im Grundrechtskontext international weit verbreiteten – Grundsatz im Unionsrecht verankert und ihm eine ungewohnte, föderale Dimension verleiht. Aussagen über Art. 5 Abs. 4 EUV sind daher in einem entwicklungsgeschichtlichen und rechtsvergleichenden Kontext zu verorten, um die weit zurückreichende Geschichte von Verhältnismäßigkeit im Recht und den zunehmenden internationalen Dialog über Verhältnismäßigkeit zu berücksichtigen. Gerade in entwicklungsgeschichtlicher und rechtsvergleichender Hinsicht ist zu bedenken, dass der Grundsatz der Verhältnismäßigkeit jedenfalls in Deutschland nicht vom Verfassungs- oder Gesetzgeber erfunden wurde, sondern primär das Ergebnis

---

[12] *C. Möllers*, in: Voßkuhle/Eifert/Möllers (Hrsg.), GVwR I, 3. Aufl. 2022, § 2, Rn. 37.

[13] Vgl. zu dieser Problematik konzise: *H. Sauer*, Öffentliches Reaktionsrecht, 2021, S. 25 ff.

einer wissenschaftlichen Systematisierung der Rechtsprechungspraxis vom PrOVG bis hin zum BVerfG war.[14] An diese deutsche Tradition anknüpfende Rechtsordnungen[15] sind ungeachtet mancher positivrechtlicher Verankerung des Grundsatzes der Verhältnismäßigkeit Erben dieser rechtspraktischen Ausformung, ebenso wie die umfangreichen theoretischen Diskurse, welche sie als ihren Ausgangspunkt nehmen.[16] Als Ausdruck einer kontextuellen, genealogisch und rechtsvergleichend informierten Herangehensweise an den Grundsatz der Verhältnismäßigkeit ist daher der Analyse der gerichtlichen Spruchpraxis besondere Bedeutung einzuräumen.

Zweitens ist gebührend zu berücksichtigen, dass es sich bei Art. 5 Abs. 4 EUV um eine unionsrechtliche Norm handelt. Wie allgemein im Unionsrecht, aber insbesondere mit Blick auf den Grundsatz der Verhältnismäßigkeit scheint es gerade für eine kontextuell sensibilisierte Rechtsdogmatik angezeigt, eine „nationale Brille" abzulegen und zu versuchen, eine „unionsrechtliche Brille" aufzusetzen. Schon weil die Arbeit in deutscher Sprache verfasst ist und sich daher im Wesentlichen an ein deutsches Publikum richtet, bleibt sie aber notwendigerweise eine „deutsche" Untersuchung.[17] Eine Auswertung des Schrifttums aus allen Mitgliedstaaten der EU, geschweige denn des internationalen Schrifttums, kann im Umfang dieser Arbeit außerdem bereits aus praktischen Gründen nicht systematisch gelingen. Dennoch unternimmt die Arbeit den Versuch, ein rechtswissenschaftliches Deutungsangebot zu machen, das unionsrechtliche Probleme nicht mit hergebrachten, in einem bestimmten staatlichen System entwickelten Lösungen und Konzepten löst. Stattdessen soll die Untersuchung Funktionslogiken der supranationalen Integration und die Funktionsbedingungen ihrer Akteure berücksichtigen.

Das bedeutet keine unbedingte Affirmation der Rechtsprechung des EuGH oder eine Erschöpfung jedes Arguments in einer behaupteten pfadabhängigen Zwangsläufigkeit der Integration. Viel eher geht es um eine Anwendung der bereits von *Badura* auf der Staatsrechtslehrertagung 1964 mit Blick auf Demo-

---

[14] *O. Lepsius*, in: Jestaedt/Lepsius (Hrsg.), Verhältnismäßigkeit, 2015, S. 1, 16 geht davon aus, dass das Lehrbuch *B. Pieroth/B. Schlink*, Grundrechte – Staatsrecht II, 1. Aufl. 1985, S. 72 ff. in dieser Hinsicht besonders einflussreich war. Freilich war der Grundsatz der Verhältnismäßigkeit zu dieser Zeit in der Lehrbuchliteratur zumindest bereits bekannt (vgl.: *W. Fürst/H. Günther*, Grundgesetz, 3. Aufl. 1982, S. 53 f.; *K. Doehring*, Staatsrecht der Bundesrepublik Deutschland, 3. Aufl. 1984, S. 370) und teilweise bereits genau ausgeformt, wie bei: *T. Maunz/R. Zippelius*, Deutsches Staatsrecht, 25. Aufl. 1983, S. 94, 161; *H.-U. Gallwas*, Grundrechte, 1985, S. 33 ff.; *F. E. Schnapp*, JuS 1983, S. 850, 851.

[15] Vgl. hierzu die kanonische Darstellung der Verbreitung des Grundsatzes der Verhältnismäßigkeit von Deutschland aus bei: *A. Barak*, Proportionality, 2012, S. 182.

[16] Illustrativ ist hier insbesondere *R. Alexy*, Theorie der Grundrechte, 1985, S. 71 ff., wobei es sich um eine weitere Theoretisierung der Spruchpraxis des BVerfG handelt, vgl.: *A. Stone Sweet/J. Mathews*, Columbia Journal of Transnational Law 47 (2008), S. 72, 93 ff.

[17] Ähnlich auch: *N. Otto*, Die Vielfalt unionaler Rechtssetzungsverfahren, 2022, S. 9, Fn. 35 und 36, der diese Problematik anschaulich in Worte fasst.

kratie und Rechtsstaat formulierten Einsicht, dass einer mechanischen Übertragung der konkreten mitgliedstaatlichen Ausprägung von Rechtsbegriffen auf die EU, wie hier dem Grundsatz der Verhältnismäßigkeit, wegen der andersartigen Bedingungen des Unionsrechtssystems mit Skepsis zu begegnen ist und vielmehr diese Rechtsbegriffe angepasst an die Funktionsbedingungen und -logiken des Unionsrechts neu gedacht werden müssen.[18] Diese Neudurchdringung hat zwei Seiten, liegt hierin doch nicht nur eine Ablehnung der unbedachten Übertragung staatlicher Kategorien, sondern auch eine Absage an Versuche, aus einer übersteigerten *sui-generis*-Vorstellung vom europäischen Einigungsprojekt[19] jede Orientierung an in staatlichen Kontexten geprägten rechtswissenschaftlichen Begriffen vermeiden zu wollen.[20]

Aus dieser Zweiseitigkeit ergeben sich zwei Vorteile. Erstens ermöglicht diese Herangehensweise, dem eigenständigen Charakter und der Bedeutung unionsrechtlicher Fragestellungen gerecht zu werden, was in der Rechtsrealität des Unionsrechts anschlussfähige dogmatische Aussagen ermöglicht. Das sollte in einem zumindest auch anwendungsbezogenen Fach wie der dogmatischen Rechtswissenschaft kein kontroverser Anspruch sein,[21] zumal im Rahmen einer Arbeit, die Fragen der Auslegung und Anwendung einer bestimmten Norm zum Gegenstand hat. Wenn hierbei normative und institutionelle Funktionsbedingungen der supranationalen Integration und der Institutionen der EU akzeptiert und auch in der Argumentation genutzt werden, dann nicht, um den europäischen Institutionen Schützenhilfe bei ihrer Arbeit zu leisten.[22] Vielmehr geht es um die Ermöglichung konkreter Sollensaussagen, die in einer Union mit 27 Mitgliedstaaten anschlussfähig sind.[23] Wenn dem eine Wertung zugrunde liegt, dann die Überzeugung, dass dogmatische Aussagen über Rechtsnormen unter Ablehnung prägender Grundprämissen des Rechtssystems aus dem sie stammen, letzt-

---

[18] *P. Badura*, VVDStRL 23 (1966), S. 34, 38 f.

[19] Krit. auch: *R. Schütze*, European Constitutional Law, 3. Aufl. 2021, S. 60 ff.

[20] Vgl. die Gegenüberstellung bei *S. Unger*, EuR 2018 – Beiheft 2, S. 191, 192 ff.

[21] Plastisch spricht *A. Jakab*, in: Ders. (Hrsg.), Methoden und theoretische Grundfragen des österreichischen Verfassungsrechts, 2021, S. 179, 243 von der dogmatischen Rechtswissenschaft als „Diener der Rechtsanwendung".

[22] In diesem Sinne aber der Vorwurf gegen die, allerdings nicht näher konkretisierte, „akademische Disziplin des Europarechts" bei: *P. M. Huber*, SächsVBl 2022, S. 273, 277.

[23] Ähnlich die Vorgehensweise bei: *C. Krönke*, Die Verfahrensautonomie der Mitgliedstaaten der Europäischen Union, 2013, S. 24 f. unter Anlehnung an: *S. Unger*, Das Verfassungsprinzip der Demokratie, 2008, S. 173 f. Schon in der Aussprache im Anschluss an den bereits angesprochenen Vortrag von *Badura* hat *Ipsen*, um die Absage an die Idee einer strukturellen Kongruenz von nationalen und europäischen Rechtsbegriffen zu bekräftigen, ausgeführt, dass „eine Schablonisierung im Stile des Grundgesetzes" schon deshalb nicht in Frage käme, weil diese im Jahr 1964 „zwangsläufig wohl nur eine sechsfache sein" könne, s. den Redebeitrag von *H. P. Ipsen*, VVDStRL 23 (1966), S. 105, 130. Heute bedürfte es einer 27-fachen Schablonisierung, die nicht mal im Ansatz rechtspraktisch zu bewerkstelligen wäre.

lich hypothetisch bleiben und den für die Rechtsdogmatik u.a. prägenden Praxis- und Entscheidungs- sowie Rationalitätsbezug[24] in gewissem Maße einbüßen.[25]

Zweitens ermöglicht eine besondere Berücksichtigung unionsrechtlicher Eigenheiten, gerade mitgliedstaatliche Vorstellungen und Prägungen als wertvollste Ressource für das Unionsrecht in Stellung zu bringen. Insbesondere Vorstellungen, die nicht zum konsensfähigen Kernbestand an Verfassungstraditionen von allen 27 Mitgliedstaaten zählen, droht schnell die unionsrechtliche Marginalisierung. Es bedarf unionsrechtlich anschlussfähiger Äquivalente für diese mitgliedstaatlichen Vorstellungswelten, damit ihre oftmals berechtigten und bewahrenswerten Kernanliegen im Unionsrecht zur Entfaltung kommen und sie Fehlentwicklungen im Unionsrecht wirksam entgegenwirken können. Dafür bedarf es aber einer konstruktiven Arbeit mit dem Unionsrecht statt seiner auf die Sicherung mitgliedstaatlicher Eigenheiten bedachten Abwehr.

Komplettiert wird dieser Zugriff durch regelmäßige rechtsvergleichende Vertiefungen, die der Verklarung der Funktionsmöglichkeiten des Grundsatzes der Verhältnismäßigkeit und den Modalitäten seiner Anwendung dienen. Während es sich damit also um funktionale Rechtsvergleichung handelt[26] soll die Kritik an der funktionalen Methode[27] als Ansporn für eine kontextsensible Rechtsvergleichung verstanden werden.[28] Eine solche kontextsensible Vorgehensweise ist ge-

---

[24] Vgl.: *W. Kahl*, AöR 144 (2019), S. 159, 165 f.

[25] Hier von „integrationsfreundlichen“ oder „integrationsfeindlichen“ Herangehensweisen zu sprechen, führt hingegen nicht weiter. Insb. eine „integrationsfreundliche“ Herangehensweise gilt in Deutschland allzu oft als Beleg der unwissenschaftlichen Voreingenommenheit zugunsten der Europäischen Integration, s. hierzu: *C. D. Classen*, JöR n.F. 68 (2020), S. 489, 491 ff., was einerseits überspielt, dass eine „integrationsfeindliche“ Einstellung nicht minder politisch vorgeprägt wäre und andererseits eine unwissenschaftliche Diskurshemmung herbeiführt, s. hierzu allg.: *P. M. Brünger*, in: Dux/Groß/Kraft/Militz/Ness (Hrsg.), Frau.Macht.Recht, 2023, S. 183, 188 ff. Vor allem aber geht diese Arbeit davon aus, dass die Durchdringung und Beschreibung der Integration bzw. die Ermittlung dogmatischer Aussagen über das Unionsrecht unter Akzeptanz bestimmter Funktionsbedingungen dieses Rechts an sich unabhängig davon sind, wie dieser Zustand nach Maßgabe der jeweiligen Einstellung zur Integration bewertet wird; vgl. hierzu auch: *N. Otto*, Die Vielfalt unionaler Rechtssetzungsverfahren, 2022, S. 8 f., Fn. 35.

[26] S. zur funktionalen Methode der Rechtsvergleichung grundlegend: *K. Zweigert/H. Kötz*, Einführung in die Rechtsvergleichung, 3. Aufl. 1996, S. 31 ff.; aufbauend auf der Erstauflage von 1971, S. 21 ff. Diese Methode kann in Deutschland auf eine lange Tradition zurückblicken, s. nur m. ausf. Nw: *M. Rheinstein*, University of Chicago Law Review 2 (1934/35), S. 232, 250 ff. Für eine ausf. Beschreibung der funktionalen Methode, s. nur: *G. Samuel*, An Introduction to Comparative Law Theory and Method, 2014, S. 65 ff.; für eine Aufstellung der Unterformen des Funktionalismus, s.: *R. Michaels*, in: Reimann/Zimmermann (Hrsg.), The Oxford Handbook of Comparative Law, 2. Aufl. 2019, S. 346, 348 ff.

[27] S. für eine umfassende Darstellung dieser Kritik: *U. Kischel*, Rechtsvergleichung, 2015, S. 95 ff.

[28] Ähnlich: *V. C. Jackson*, in: Rosenfeld/Sajó (Hrsg.), The Oxford Handbook of Comparative Constitutional Law, 2012, S. 54, 66 ff.; eine kontextuelle Rechtsvergleichung unter Beibehaltung der wesentlichen Prämissen des Funktionalismus entwickelt: *U. Kischel*, Rechtsvergleichung, 2015, S. 164 ff.

rade im Bereich des vergleichenden öffentlichen Rechts und noch stärker im vergleichenden Verfassungsrecht nötig, um einen gewinnbringenden Vergleich durchzuführen.[29] Es sollen weder die Eigenheiten der herangezogenen Systeme eingeebnet noch eine allzu simple Übertragung der rechtsvergleichenden Erkenntnisse aus verschiedenen mitgliedstaatlichen und drittstaatlichen Systemen auf EU vorgenommen werden.[30] Trotz dieser Einschränkungen, zu denen sich noch die allgemeinen praktischen Grenzen der Rechtsvergleichung gesellen,[31] verspricht ein rechtsvergleichend informiertes Verständnis vom Grundsatz der Verhältnismäßigkeit, seiner Potenziale im föderalen Kontext und seiner gerichtlichen Anwendung – ohne jeden Anspruch auf Vereinheitlichung[32] oder Vollständigkeit – rein unionsrechtliche Diskussionen aufzubrechen, um Strukturparallelen und Unterschiede in größerer Klarheit herauszuarbeiten und damit einen klareren Blick auf die mit dieser Themenstellung aufgeworfenen Fragen zu ermöglichen.[33]

B. Gang der Darstellung

Zur Umsetzung dieses Programms beschäftigt sich die Arbeit in ihrem ersten Kapitel mit dem unionsrechtlichen Grundsatz der Verhältnismäßigkeit an sich. Entstehung, Entwicklung und Anwendungspraxis dieses Grundsatzes im Allgemeinen werden analysiert, um ein vertieftes, genuin unionsrechtliches Verständnis für diesen Grundsatz zu entwickeln, bevor die Anwendung dieses Grundsatzes in der föderalen Spannungslage in den Blick genommen werden kann. Die Nachzeichnung der Entwicklung des Grundsatzes der Verhältnismäßigkeit zeigt, dass der EuGH unter dem einheitlichen Dach des Grundsatzes der Verhältnismäßigkeit als allgemeinem Rechtsgrundsatz des Unionsrechts zwei bis in seine früheste Rechtsprechung zurückreichende Rechtsprechungslinien vereinigt hat, die bis heute die Rechtsprechung prägen. Einerseits kommt der Grundsatz der Verhältnismäßigkeit, ähnlich seiner Erscheinungsform im deutschen öffentlichen Recht, als Eingriffsschranke für subjektive Rechtspositionen zum Einsatz. Andererseits wird er zur Kontrolle der allgemeinen Ausgewogenheit einer Maß-

---

[29] S. nur: *C.-D. von Busse*, Die Methoden der Rechtsvergleichung im öffentlichen Recht als richterliches Instrument der Interpretation von nationalem Recht, 2015, S. 294 ff. m.w.N.

[30] Dass ein solcher Vergleich dennoch möglich und nötig ist, hat *H. Hestermeyer*, Eigenständigkeit und Homogenität in föderalen Systemen, 2019, S. 18 ff. überzeugend dargelegt.

[31] Besonders anschaulich beschrieben bei: *U. Kischel*, Rechtsvergleichung, 2015, S. 32 ff.

[32] Für eine Diskussion der gegen die funktionale Methode erhobenen Einwände einer Fokussierung auf Einheitlichkeit, s.: Ebd., S. 181 f.

[33] Vgl. klassisch zur Nützlichkeit der Rechtsvergleichung: *H. Kötz*, ZEuP 6 (1998), S. 493, 504 f.; s. auch: *U. Kischel*, Rechtsvergleichung, 2015, S. 56; *C.-D. von Busse*, Die Methoden der Rechtsvergleichung im öffentlichen Recht als richterliches Instrument der Interpretation von nationalem Recht, 2015, S. 32 ff.

nahme angewandt, wobei es nicht um die Zumutbarkeit einer Maßnahme für individuelle Interessen, sondern um die Sachgerechtigkeit der Maßnahme geht, was insbesondere die Durchführung von Erforderlichkeits- und Angemessenheitsprüfung maßgeblich prägt. Im Rahmen einer entwicklungsgeschichtlichen- und rechtsvergleichenden Analyse zeigt sich, dass sich beide Prüfzugriffe auf Teile des ideengeschichtlichen Erbes des Gedankens der Verhältnismäßigkeit im Recht berufen können und sich in unterschiedlicher Ausprägung auch in anderen Rechtsordnungen finden. Diese besondere Art der Ausgestaltung des Grundsatzes der Verhältnismäßigkeit im Unionsrecht stellt sich insbesondere in Anbetracht des unionalen Rechtsschutzsystems und der Nutzung mitgliedstaatlicher Erfahrungsschätze als Ressource für die Rechtsentwicklung im Unionsrecht als unionsrechtsspezifische Operationalisierung des Gedankens von Verhältnismäßigkeit im Recht dar.

Aufbauend auf dieser grundlegenden Einsicht wird im zweiten Kapitel untersucht, welches Anliegen mit der Verortung dieses Grundsatzes der Verhältnismäßigkeit im Föderalismus der EU durch Art. 5 Abs. 4 EUV verfolgt wird und wie eine föderale Verhältnismäßigkeit im Unionsrecht funktioniert. Eine Darstellung der Entstehung und Ausgestaltung des heutigen Art. 5 Abs. 4 EUV zeigt, wie diffus die Vorstellungen hiervon bis heute sind und wie wenig konkrete Ansätze hierfür sich der Norm entnehmen lassen. Für eine Bestimmung der föderalen Funktion des Art. 5 Abs. 4 EUV kommt es vielmehr darauf an, ob man ihn, wie die Mehrheit der deutschsprachigen Literatur zu diesem Thema, als exklusive Eingriffsschranke der EU für mitgliedstaatliche Autonomieinteressen ansieht, oder ob er, wie die Rechtsprechung des EuGH und vereinzelte Literaturstimmen es vertreten, die Ausgewogenheitskontrolle des EuGH positiviert, die neben anderen Interessen auch die Interessen der Mitgliedstaaten zu berücksichtigen hat. In ersterer Variante zielt Art. 5 Abs. 4 EUV auf die Bewältigung des Phänomens eines sog. „Kompetenzdrifts“ ab und soll die schleichende Kompetenzerweiterung der EU durch Kompetenzausübung bremsen. In der zweiten Variante führt Art. 5 Abs. 4 EUV zu einer allgemeinen Mäßigung der Unionsgewalt, die auch den mitgliedstaatlichen Interessen Rechnung trägt. Den Schwerpunkt des zweiten Kapitels macht sodann die Diskussion aus, welcher Prüfzugriff am ehesten in Art. 5 Abs. 4 EUV angelegt ist. Die Schwächen des subjektivrechtlich geprägten Ansatzes bei der Bewältigung des Kompetenzdrifts, Wortlaut, Entstehungsgeschichte und systematische Argumente, eine ausführliche Analyse der Eigenheiten der föderalen Spannungslage in der EU sowie eine rechtsvergleichende Analyse von Abwägungsentscheidungen in der Rechtsprechung von Höchstgerichten in föderalen Rechtsordnung zur Moderation der föderalen Balance zeigen, dass Art. 5 Abs. 4 EUV als Positivierung der Ausgewogenheitsprüfung unter Einbeziehung mitgliedstaatlicher Interessen zu verstehen ist. Gleichwohl ist die dementsprechende Rechtsprechung des EuGH an vielen Stellen unzureichend.

Um den mitgliedstaatlichen Interessen im Rahmen dieses Prüfzugriffs auf Art. 5 Abs. 4 EUV zu größerer Sichtbarkeit und klarerer Kontur zu verhelfen, beschäftigt sich schließlich das dritte Kapitel mit den Fragen der Anwendung dieses gesamtbilanzierenden Prüfzugriffs soweit mitgliedstaatliche Interessen erfasst sind. Hier stehen die Konturierung der relevanten mitgliedstaatlichen Interessenlagen, die Unterscheidung von inhaltlicher und formaler Verhältnismäßigkeit aus Sicht der Mitgliedstaaten und die Festlegung der adäquaten gerichtlichen Kontrolldichte im Vordergrund.

1. Kapitel

Entstehung, Entwicklung und Grundlagen von Verhältnismäßigkeit im Unionsrecht

Ziel dieses ersten Kapitels ist eine Annäherung an den Grundsatz der Verhältnismäßigkeit im Unionsrecht. Der Hinweis des Art. 5 Abs. 4 EUV auf diesen Grundsatz macht eine Vergewisserung darüber nötig, wovon man im Unionsrecht spricht, wenn der Grundsatz der Verhältnismäßigkeit angesprochen wird. Da es sich bei dem Grundsatz der Verhältnismäßigkeit um einen Rechtsbegriff handelt, der rechtsordnungsübergreifend bekannt ist, dient diese vertiefte Auseinandersetzung auch dazu, dass nicht unbesehen bestimmte Vorprägungen durch das Verhältnismäßigkeitsverständnis einer Rechtsordnung auf den unionsrechtlichen Grundsatz der Verhältnismäßigkeit übertragen werden. Auf Basis dieser Grundlegung kann sodann versucht werden, die Bedeutung und Funktion dieses Grundsatzes im Föderalismus der EU zu betrachten.

Eine chronologische Rekonstruktion der Rechtsprechungsentwicklung zeigt schon in der frühesten Rechtsprechung verschiedene Funktionen und Prüfungsschwerpunkte auf, die der EuGH unter dem Dach eines allgemeinen Rechtsgrundsatzes der Verhältnismäßigkeit mit einem weitgehend konsolidierten Prüfaufbau bis heute vereint (A.). Eine Analyse der Entscheidungspraxis des EuGH zum Grundsatz der Verhältnismäßigkeit lässt hingegen zwei Typen der Verhältnismäßigkeitsprüfung erkennen: Eine objektive Kontrolle der Ausgewogenheit von Unionsmaßnahmen und eine Verwendung als Eingriffsschranke von unionsrechtlich anerkannten individuellen Interessen. Als Ausgewogenheitskontrolle gestaltet sich die Prüfung in Form einer Gesamtbilanzierung, in der alle involvierten Interessen berücksichtigt werden und grundsätzlich eine zurückhaltende Kontrolldichte eingesetzt wird, während der individualrechtliche Prüfzugriff deutlich stärker an den aus der deutschen Grundrechtsprüfung bekannten Grundsatz der Verhältnismäßigkeit erinnert und der EuGH eine höhere Kontrolldichte an den Tag legt (B.). In ihren ideen- und entwicklungsgeschichtlichen Kontext gerückt, erweist sich diese Variabilität des unionsrechtlichen Verhältnismäßigkeitsgrundsatzes als eine spezifisch unionsrechtliche Operationalisierung eines weitreichenden ideengeschichtlichen Erbes, so wie auch andere Rechtsordnungen den grundlegenden Gedanken von Verhältnismäßigkeit im Recht stets angepasst an ihre Gegebenheiten für sich operationalisierten. Vor allem die Eigenheiten des Rechtsschutzsystems der EU haben dazu beigetragen, dass sich der Grundsatz der Verhältnismäßigkeit auch als Ausgewogenheitskontrolle im Unionsrecht entwickelt hat (C.).

A. Entstehung eines allgemeinen Rechtsgrundsatzes

I. Frühe Weichenstellungen

Die Spuren des Verhältnismäßigkeitsgrundsatzes im Unionsrecht lassen sich bis in die ersten Jahre der Rechtsprechungstätigkeit des EuGH als Gerichtshof der EGKS zurückverfolgen. Diese Rechtsprechung zur Verhältnismäßigkeit im damaligen Gemeinschaftsrecht lässt sich grob in zwei Linien unterteilen, die im Folgenden entfaltet werden sollen.

1. Die Fédéchar-Linie: Verhältnismäßigkeit und individuelle Rechtspositionen

Regelmäßig wird das Urteil in der Sache *Fédération charbonnière de Belgique*[1] als Geburtsstunde des Grundsatzes der Verhältnismäßigkeit im Unionsrecht identifiziert.[2] In diesem Verfahren ging es um die von der Hohen Behörde ergriffenen Maßnahmen zur Eingliederung belgischer Zechen in den gemeinsamen Kohlemarkt: Die von belgischen Zechen produzierte Kohle war aufgrund widriger Produktionsumstände teurer als Kohle aus der restlichen Gemeinschaft, sodass den belgischen Zechen als Ausgleich für die Herabsetzung der Preise auf das Niveau des gemeinsamen Marktes eine Ausgleichszahlung zur Produktionskostendeckung gewährt wurde.[3] Die klagende Fédération Charbonnière de Belgique versuchte den EuGH u.a. davon zu überzeugen, dass die Hohe Behörde den Zechen die nicht freiwillig ihre Preise auf das Niveau der Preise des gemeinsamen Marktes senkten, anstelle einer verpflichtenden Preissenkung die Ausgleichszahlungen entziehen könnte. So bestünde keine Notwendigkeit für verpflichtende Preisfestsetzungen.[4] Dem vermochte der EuGH nicht zu folgen, „denn einem allgemein anerkannten Rechtsgrundsatz zufolge müsste ein solches indirektes Vorgehen der Hohen Behörde gegen ein unerlaubtes Verhalten der Unternehmen zu dem Ausmaß des letzten in einem gewissen Verhältnis stehen."[5] Die Unternehmen würden in einer solchen Situation das Risiko der verhältnismäßigen Herabsetzung der Ausgleichszahlung zur Produktionskostendeckung auf sich

---

[1] EuGH, Urt. v. 29.11.1956, Fédération charbonnière de Belgique/Hohe Behörde, Rs. 8/55, EU:C:1956:11, S. 302 ff.

[2] So z.B.: *H.-P. Ipsen*, Europäisches Gemeinschaftsrecht, 1972, S. 512; *K. Lenaerts*, in: European Central Bank (Hrsg.), Continuity and change – how the challenges of today prepare the ground for tomorrow, 2022, S. 27; *B. Oreschnik*, Verhältnismäßigkeit und Kontrolldichte, 2019, S. 79; *H. Kutscher*, in: Deutsche Sektion der Internationalen Juristen-Kommission (Hrsg.), Der Grundsatz der Verhältnismäßigkeit in europäischen Rechtsordnungen, 1985, S. 89.

[3] S. für eine ausf. Darstellung des Sachverhalts das Zwischenurteil in dieser Sache, EuGH, Urt. v. 16.07.1956, Fédération charbonnière de Belgique/Hohe Behörde, Rs. 8/55, EU:C:1956:7, S. 206 ff.

[4] EuGH, Urt. v. 29.11.1956, Fédération charbonnière de Belgique/Hohe Behörde, Rs. 8/55, EU:C:1956:11, S. 311.

[5] Ebd.

nehmen, um weiterhin den Gewinn aus ihren überhöhten Preisen zu erwirtschaften, was dem Ziel der Markteingliederung zuwiderliefe.[6]

Die Idee von Verhältnismäßigkeit wird hier gleich zweimal bemüht: Die Klägerin sah im Entzug von Ausgleichszahlungen ein für die Zechen milderes Mittel zur Erreichung des Preisangleichungsziels im Vergleich zu verbindlichen Preisfestsetzungen. Der EuGH hingegen wollte eine Sanktionierung von Fehlverhalten nur im Verhältnis zur Schwere des Fehlverhaltens gestatten. Diesen Grundsatz wandte der EuGH in der Folge etwa zur Bemessung der Höhe von Geldbußen an.[7] Auch im öffentlichen Dienstrecht der Gemeinschaft hat der EuGH auf diesen Rechtssatz zurückgegriffen, indem er im Urteil *Schmitz* von 1964 entschied, dass die Entscheidung der Kommission, den Arbeitsvertrag einer Krankenschwester aufgrund ihrer angeblich zögerlichen Reaktion auf einen Verkehrsunfall in der Nähe ihres Dienstgebäudes nicht zu verlängern, „offensichtlich unverhältnismäßig“[8] sei.

Kern dieser Rechtsprechung war das Anliegen, Sanktionen nur im Verhältnis zur Schwere des Fehlverhaltens zuzulassen. Es ging also um die Verhältnismäßigkeit von Belastungen individueller Rechtspositionen.

2. Die Nord-et-Pas-de-Calais-Linie: Verhältnismäßigkeit und allgemeine Ausgewogenheit

Eine davon abweichende Stoßrichtung hatte eine andere Art der Verwendung von Verhältnismäßigkeitsüberlegungen in der frühen Rechtsprechung, die zeitlich sogar noch vor dem Urteil in der Sache *Fédération Charbonnière de Belgique* einsetzt. Hierbei stand die allgemeine Ausgewogenheit einer Handlung statt der individuellen Zumutbarkeit einer Maßnahme für die davon betroffenen Personen oder Unternehmen im Vordergrund.

a) Niederlande/Hohe Behörde

Textlicher Anknüpfungspunkt für diese Rechtsprechungslinie war Art. 5 Abs. 2 EGKSV, der eine Erforderlichkeitsklausel für das Handeln der Gemeinschaft normierte.[9] Der EuGH äußerte sich zu dieser Vorschrift erstmals im Urteil

---

[6] Ebd.

[7] S. nur: EuGH, Urt. v. 17.12.1959, Macchiorlatti Dalmas/Hohe Behörde, Rs. 1/59, EU:C:1959:29, S. 445; etwas später: EuGH, Urt. v. 14.07.1972, BASF/Kommission, Rs. 49/69, EU:C:1972:71, Rn. 38; EuGH, Urt. v. 14.07.1972, Bayer Farbenfabriken/Kommission, Rs. 51/69, EU:C:1972:72, Rn. 42.

[8] EuGH, Urt. v. 19.03.1964, Schmitz, Rs. 18/63, EU:C:1964, S. 204.

[9] Art. 5 EGKSV lautete, soweit relevant: „Die Gemeinschaft erfüllt ihre Aufgabe unter den in diesem Vertrag vorgesehenen Bedingungen durch begrenzte Eingriffe. Zu diesem Zweck […] sorgt sie für Schaffung, Aufrechterhaltung und Beachtung normaler Wettbewerbsbedingungen und greift in die Erzeugung und den Markt nur dann direkt ein, wenn es die Umstände erfordern […] und ergreift die Maßnahmen, die erforderlich sind, um die Beachtung der Bestimmungen dieses Vertrags zu gewährleisten.“

Niederlande/Hohe Behörde[10] von 1955: Die Hohe Behörde hatte Preisfestsetzungen für Gemeinschaftskohle abgeschafft und nur Preisfestsetzungen für Kohle aus dem Ruhrrevier und dem Nord et Pas-de-Calais beibehalten, um eine Marktkontrolle und Preismacht dieser beiden Reviere zu verhindern.[11] Soweit hier von Bedeutung, rügten die Niederlande einen Verstoß gegen Art. 5 Abs. 2 EGKSV und brachten vor, dass das von der Hohen Behörde verfolgte Ziel der Preissicherung auch ohne ihr Einschreiten eingetreten wäre und durch die Höchstpreisfestsetzung nicht erreicht werden könne.[12] Folglich stellten sie die Eignung der Maßnahmen zur Zielerreichung in Frage. Jedenfalls der Teilgrundsatz der Geeignetheit hält mit dem Vortrag der niederländischen Regierung bereits Einzug in das junge Gemeinschaftsrecht. Es ist bemerkenswert, dass die Klage zwar im wirtschaftlichen Interesse der betroffenen Kohlereviere gewesen sein dürfte, aber nicht auf den Schutz vor wirtschaftlichen Belastungen oder anderen individuellen Rechtspositionen und Interessen abzielte. Die volkswirtschaftliche Sinnhaftigkeit der Maßnahme und ihre Eignung zur Erreichung des angegebenen Ziels prüfte auch der EuGH, der die Zweifel der niederländischen Regierung allerdings nicht teilte.[13]

b) Hauts Fourneaux de Chasse

Aussagekräftiger ist das Urteil *Compagnie des Hauts Fourneaux de Chasse*[14]: Ein Roh- und Gusseisenunternehmen klagte gegen die Entscheidung der Hohen Behörde, dass es Nachzahlungen für seine Weigerung zu leisten habe, der zur Regulierung des Schrottmarktes eingerichteten Ausgleichskasse beizutreten und Beiträge zu zahlen. Soweit hier relevant, brachte es vor, dass die Verpflichtung der Gemeinschaft aus Art. 3 EGKSV, im gemeinsamen Interesse zu handeln, bedeute, dass kein individuelles Interesse vom Handeln der Gemeinschaft nachteilig berührt werden dürfe.[15]

Der EuGH schloss sich dieser Auslegung nicht an. Vielmehr sei die Hohe Behörde verpflichtet „mit aller für die Beurteilung und Abwägung der verschiedenen, einander zuweilen widerstreitenden Interessen erforderlichen Umsicht und Überlegung zu handeln und nachteilige Auswirkungen insoweit zu vermeiden, als es die Art der zu erlassenden Entscheidung vernünftigerweise erlaubt."[16] Darin kommt zum Ausdruck, dass alle Folgen einer Maßnahme in Verbindung zu ihrem Zweck stehen müssen. Maßgeblich sollte hierfür aber eine Gesamtbe-

[10] EuGH, Urt. v. 21.03.1955, Niederlande/Hohe Behörde, Rs. 6/54, EU:C:1955:5, S. 219 ff.

[11] Ebd., S. 223 ff.

[12] Ebd., S. 226 f.

[13] Ebd., S. 238 f.

[14] EuGH, Urt. v. 12.06.1958, Compagnie des Hauts Fourneaux de Chasse/Hohe Behörde, Rs. 15/57, EU:C:19586:6.

[15] Ebd., S. 196.

[16] Ebd., S. 196 f.

trachtung aller Interessen sein, die in einen Ausgleich zu bringen sind: Es ging nicht um die individuelle Zumutbarkeit der Nachzahlungsverpflichtung, sondern um ein überlegtes, umsichtiges Vorgehen und die allgemeine Balance aller beteiligten Interessen im Verhältnis zum Ziel der fraglichen Entscheidung. Dieses Verständnis bestätigte der EuGH im darauffolgenden Jahr im Verfahren *Société des fonderies de Pont-à-Mousson*, in dem er präzisierte, dass sich aus Art. 5 Abs. 2 i.V.m. Art. 3 EGKS ergäbe, dass die Hohe Behörde ihre Befugnisse überschreite, wenn sie die für eine Maßnahme relevante Wettbewerbslage „in stärkerem Maße beeinträchtigt, als dies nach eingehender Prüfung der in Frage stehenden Interessen notwendig erscheint."[17]

c) Anregungen von Generalanwälten und Verfahrensbeteiligten

Auf dieser Linie lag auch die weitere Entwicklung in der Rechtsprechung. In den 1950er und -60er Jahren lassen sich bei uneinheitlicher Terminologie in zahlreichen Entscheidungen des EuGH bereits Anklänge an Teilgrundsätze einer Verhältnismäßigkeitsprüfung finden.[18] War zunächst im Urteil *Mannesmann* noch von einem „Gerechtigkeitsgrundsatz"[19] die Rede, waren es über die Jahre vor allem die Generalanwälte und einige Verfahrensbeteiligte, die den Grundsatz der Verhältnismäßigkeit ausdrücklich vor dem EuGH bemühten. Diesen Vorschlägen war die soeben herausgearbeitete Stoßrichtung zur Sicherstellung einer allgemeinen Ausgewogenheit gemein.

Im Fall *San Michele* von 1962 waren für Generalanwalt *Lagrange* bestimmte Grenzen der Befugnisse der Hohen Behörde „eine Frage der Verhältnismäßigkeit"[20]. Einige Stahlunternehmen wollten ihre Stromrechnungen nicht an die Hohe Behörde schicken, um zu verhindern, dass diese einem Verdacht auf Betrug bei der Ausgleichsabgabe für importierten Schrott wegen fehlerhafter Angaben zum Schrottverbrauch in den Elektroöfen der Stahlproduzenten nachgehen konnte. Sie rügten, dass die Hohe Behörde nach Art. 47 Abs. 1 EGKSV nur die „nötigen Auskünfte einholen" und die „erforderlichen Nachprüfungen vornehmen" lassen könnte, was nicht die Offenlegung der Stromrechnungen einschließe. Die Prüfung der Rechnungen in den Räumen der Hohen Behörde hielt *Lagrange* aber für geeignet und insbesondere auch für „die Beteiligten weniger lästig"[21] als die erneute, für die Unternehmen störungs- und für die Hohe Behörde

[17] EuGH, Urt. v. 17.12.1959, Société des fonderies de Pont-à-Mousson, Rs. 14/59, EU:C:1959:31, S. 496.

[18] Vgl. die ausf. Nw. bei *O. Koch*, Der Grundsatz der Verhältnismäßigkeit in der Rechtsprechung des Gerichtshofs der Europäischen Gemeinschaften, 2003, S. 291 f., in Fn. 5 ff.

[19] EuGH, Urt. v. 13.07.1962, Mannesmann AG/Hohe Behörde, Rs. 19/61, EU:C:1962:31, S. 749.

[20] GA *Lagrange*, Schlussanträge v. 07.11.1962 in den verb. Rs. 5 bis 11/62 und 13 bis 15/62, San Michele u.a./Hohe Behörde, EU:C:1962:38, S. 958. Im Original: „C'est, à notre sens, une question de *mesure*. Il ne faut pas que les exigences du contrôle se révèlent *abusives et hors de proportion* avec le but à atteindre." (Hervorhebung nur hier).

[21] Ebd., S. 959.

kostenintensive Kontrolle vor Ort. *Lagrange* stellte also die Geeignetheit und die Erforderlichkeit der angegriffenen Maßnahmen fest. Hierbei kam dem Interesse der Unternehmer an einem störungsfreien Betriebsablauf ebenso wie dem Interesse der Hohen Behörde, keine Kontrollen vor Ort vornehmen zu müssen, bedeutendes Gewicht zu. Auch entsprach das von *Lagrange* ins Feld geführte Interesse der Unternehmen an einem ungestörten Betriebsablauf nicht dem von ihnen vorgebrachten datenschutzrechtlichen Interesse an den Stromrechnungen. Die Verhältnismäßigkeit war also für *Lagrange* gewahrt, weil alle legitimen Interessen in einen Ausgleich gebracht worden waren. Der EuGH schloss sich den Ausführungen des Generalanwalts der Sache nach an.[22]

Generalanwalt *Roemer* hatte sich in der Rechtssache *Toepfer* im Jahr 1965 auf einen entsprechenden Parteivortrag hin ebenfalls mit dem ausdrücklich so benannten Grundsatz der Verhältnismäßigkeit auseinanderzusetzen.[23] Streitgegenständlich war ein von der Kommission rückwirkend genehmigtes Importverbot der deutschen Bundesregierung für Mais, das *Roemer* für unverhältnismäßig hielt, weil es Maßnahmen gebe, die weniger in den Markt eingriffen,[24] ohne dass er erklärte, ob diese Alternativmaßnahmen die klagenden Unternehmen weniger belastet hätten. Der EuGH hob die Entscheidung allerdings schon aus anderen Gründen auf.[25]

Auch die Kommission plädierte in den Fällen *Stauder* und *Oehlmann* für die Anerkennung eines gemeinschaftsrechtlichen, ungeschriebenen Grundsatzes der Verhältnismäßigkeit als allgemeine Schranke des Gemeinschaftshandelns. Sie betonte aber, dass dadurch richterliches Ermessen nicht an die Stelle des Ermessens von Rat und Kommission treten dürfe.[26] Diese Linie griff Generalanwalt *Roemer* in einer anderen Rechtssache auf, in der er die Ansicht vertrat, dass unter Aufnahme des von den Klägern vorgebrachten Grundsatzes der Verhältnismäßigkeit[27] zu prüfen sei, ob die fragliche Maßnahme „auf sachgerechten Erwägungen"[28] beruhe. Hierbei empfahl er eine zurückhaltende Kontrolle.[29]

In der Rechtsprechung des EuGH selbst lagen die Konturen einer Verhältnismäßigkeitsprüfung zu dieser Zeit noch im Dunkeln. Generalanwälte und Verfah-

---

[22] EuGH, Urt. v. 14.12.1962, San Michele u.a./Hohe Behörde, verb. Rs. 5 bis 11/62 und 13 bis 15/62, EU:C:1962:46, S. 943 ff.

[23] GA *Roemer*, Schlussanträge v. 20.05.1965 in den verb. Rs. 106 und 107/63, Toepfer/Kommission, EU:C:1965:49, S. 577.

[24] Ebd.

[25] EuGH, Urt. v. 01.07.1965, Toepfer/Kommission, verb. Rs. 106 und 107/63, EU:C:1965:65, S. 558.

[26] EuGH, Urt. v. 12.11.1969, Stauder, Rs. 29/69, EU:C:1969:57, S. 423 f.; EuGH, Urt. v. 24.06.1970, Oehlmann, Rs. 73/69, EU:C:1970:59, S. 473.

[27] EuGH, Urt. v. 15.12.1970, Deutsche Getreide- und Futtermittel Handelsgesellschaft, Rs. 31/70, EU:C:1970:108, S. 1058.

[28] GA *Roemer*, Schlussanträge v. 01.12.1970 in der Rs. 31/70, Deutsche Getreide- und Futtermittel Handelsgesellschaft, EU:C:1970:98, S. 1071.

[29] Ebd., S. 1072.

rensbeteiligte schienen aber Verhältnismäßigkeit mit einer Prüfung von Eignung und Erforderlichkeit im Sinne des Fehlens zielführender Alternativen gleichgesetzt zu haben. Inhaltlich ging es bei diesen Überlegungen meist um die Sicherung der allgemeinen Plausibilität und Ausgewogenheit des Gemeinschaftshandelns bei geringer Kontrolldichte, was individuelle Rechtspositionen sichern konnte, aber nicht darauf beschränkt war.

II. Konsolidierung: Der Fall Internationale Handelsgesellschaft

Während die frühe Rechtsprechung damit Überlegungen zur Verhältnismäßigkeit von Unionsmaßnahmen sowohl zur Sicherung einer allgemeinen Ausgewogenheit wie auch zum Schutz individueller Rechtspositionen kannte, verstärkte sich zeitgleich in den späten 1960er Jahren die Diskussion um den Grundrechtsschutz im Gemeinschaftsrecht. Die schlussendliche Etablierung von Gemeinschaftsgrundrechten durch den EuGH hätte Potenzial für eine nachhaltige Konsolidierung des Grundsatzes der Verhältnismäßigkeit als eine Eingriffsschranke für individuelle Rechtspositionen geboten. Das ist hingegen nicht geschehen. Vielmehr war die Nutzung des Grundsatzes der Verhältnismäßigkeit auch im berühmten Urteil *Internationale Handelsgesellschaft* nicht von einem klaren Bezug zu individuellen Rechtspositionen geprägt.

1. Das Grundrechtsproblem

Die gemeinschaftsrechtliche Debatte um den Grundsatz der Verhältnismäßigkeit wird retrospektiv von der Diskussion um die Anerkennung von Gemeinschaftsgrundrechten und dem Streit um den Vorrang des Gemeinschaftsrechts vor nationalen Verfassungsnormen überlagert. Mit der Zeit wurde die Position des EuGH, Grundrechtsfragen seien nur auf mitgliedstaatlicher Ebene von Bedeutung, schwer haltbar.[30] Mit der Autonomie des Gemeinschaftsrechts vom nationalen Recht[31] und der darauf aufbauenden unmittelbaren Wirkung[32] sowie dem Anwendungsvorrang[33] stellte sich das Fehlen eines gemeinschaftsrechtlichen Grundrechtsschutzes immer stärker als Lücke[34] im Rechtssystem der Gemein-

---

[30] So i.E. auch: *B. Schneider*, Die Grundrechte der EU und die EMRK, 2010, S. 47.

[31] Andeutungsweise schon in: EuGH, Urt. v. 06.04.1962, Bosch, Rs. 13/61, EU:C:1962:11, S. 110.

[32] EuGH, Urt. v. 05.02.1963, Van Gend & Loos, Rs. 26/62, EU:C:1963:1, S. 24 ff.

[33] EuGH, Urt. v. 15.07.1964, Costa/ENEL, Rs. 6/64, EU:C:1964:66, S. 1269 f.

[34] Vgl.: *W. Frenz*, Handbuch Europarecht, Bd. 4: Europäische Grundrechte, 2009, S. 3. Aus Sicht der meisten damaligen Mitgliedstaaten war diese Lücke kein Problem, führte doch das Fehlen nationaler Grundrechtskataloge oder einer Verfassungsgerichtsbarkeit nicht *per se* zu einer Vernachlässigung grundrechtlicher oder rechtsstaatlicher Standards, da entsprechende Probleme über verwaltungsrechtliche Prinzipien aufgefangen werden konnten, vgl. insofern die Diskussionsbeiträge von *H. Kutscher* und *U. Everling* in: Mosler/Bernhardt/Hilf (Hrsg.), Grundrechtsschutz in Europa, 1977, S. 76, 84 f., 86.

schaft dar. Die wachsende Machtfülle der Gemeinschaft, kombiniert mit der einsetzenden Konstitutionalisierung des Gemeinschaftsrechts, setzte den EuGH als Rechtsschutzinstanz unter Zugzwang.[35] In Deutschland[36] entwickelte sich zu dieser Zeit eine heftige Debatte um den Grundrechtsschutz im Gemeinschaftsrecht,[37] die auf die Frage hinauslief, wie die Bundesrepublik trotz ihrer verfassungsrechtlichen Grundrechtsverpflichtung an einer Organisation teilnehmen könne, deren Recht diesen Standards nicht genügte.[38] Aus Sicht des EuGH lag hierin vor allem eine Gefahr für die Einheit und den Vorrang des Gemeinschaftsrechts.[39]

Richterliche Lückenfüllung durch ungeschriebenes Recht war dem EuGH nicht fremd.[40] Die beiläufige Entdeckung der Gemeinschaftsgrundrechte als ungeschriebene, allgemeine Rechtsgrundsätze des Gemeinschaftsrechts im Urteil *Stauder*[41] genügte aber zur Beruhigung deutscher Gerichte nicht, die sich u.a.[42] in der Rechtssache *Internationale Handelsgesellschaft*[43] an den EuGH wandten. Mit der Ausweitung des gemeinschaftsrechtlichen Vorrangs, gepaart mit der Etablie-

---

[35] *J. P. Terhechte*, Konstitutionalisierung und Normativität der Europäischen Grundrechte, 2011, S. 14; *C. P. Schmidt*, Grund- und Menschenrechte in Europa, 2013, S. 48.

[36] Noch 1977 konstatierte der damalige Präsident des EuGH, *Kutscher*, dass „[...] auch heute noch die ganze Grundrechtsdiskussion eine spezifisch deutsche und nur eine deutsche Angelegenheit“ sei; s. seinen Wortbeitrag in: Mosler/Bernhardt/Hilf (Hrsg.), Grundrechtsschutz in Europa, 1977, S. 76, 86.

[37] In seiner Kritik kategorisch z.B.: *W. Wengler*, JZ 1968, S. 327; krit., aber mit konstruktiv differenzierenden Lösungsansätzen z.B.: *H. J. Schlochauer*, in: FS Walter Hallstein, 1966, S. 430, 434 ff.; *E. Bülow*, in: Europarechtliches Kolloquium (Hrsg.), Aktuelle Fragen des europäischen Gemeinschaftsrechts, 1965, S. 57, 58 f.; *O. Riese*, in: FS Walter Hallstein, 1966, S. 414, 420, 430; weniger krit.: *H. von der Groeben*, in: FS Walter Hallstein, 1966, S. 232, 244 f.; *M. Zuleeg*, CMLR 8 (1971), S. 446, 459 f.

[38] So die treffende Zusammenfassung bei: *P. Pescatore*, American Journal of Comparative Law 18 (1970), S. 343, 344.

[39] *K. Kakouris*, in: Iliopoulos-Strangas (Hrsg.), Grundrechtsschutz im europäischen Raum, 1993, S. 183, 187.

[40] Vgl. nur: EuGH, Urt. v. 21.01.1965, Merlini/Hohe Behörde, Rs. 108/63, EU:C:1965:4, S. 15.

[41] EuGH, Urt. v. 12.11.1969, Stauder, Rs. 29/69, EU:C:1969:57, Rn. 7; ähnliches vorgeschlagen hatte: *J. Kropholler*, EuR 1969, S. 128, 134 ff. Schon im viel kritisierten Urteil *Ruhrkohlenverkaufsgesellschaft* hatte der EuGH die Möglichkeit anerkannt, dass sich der Grundrechtsschutz auf Gemeinschaftsebene durch ungeschriebene Rechtsgrundsätze verwirklichen lassen könnte, s. EuGH, Urt. v. 15.07.1960, Ruhrkohlenverkaufsgesellschaft u.a./Hohe Behörde, verb. Rs. 36 bis 38/59 und 40/59, EU:C:1960:36, S. 921; s. hierzu: *H. Claudi*, Die Bindung der EWG an Grundrechte, 1976, S. 456 f.

[42] Andere Verfahren waren: EuGH, Urt. v. 17.12.1970, Köster, Rs. 25/70, EU:C:1970:115; EuGH, Urt. v. 17.12.1970, Henck, Rs. 26/70, EU:C:1970:116; EuGH, Urt. v. 17.12.1970, Scheer, Rs. 30/70, EU:C:1970:117; EuGH, Urt. v. 10.03.1971, Deutsche Tradax, Rs. 38/70, EU:C:1971:24.

[43] EuGH, Urt. v. 17.12.1970, Internationale Handelsgesellschaft, Rs. 11/70, EU:C:1970:114.

rung der Gemeinschaftsgrundrechte als von den gemeinsamen Verfassungsüberlieferungen der Mitgliedstaaten getragene Rechtsgrundsätze,[44] erlangte diese Rechtssache fundamentale Bedeutung für die Entwicklung des Unionsverfassungsrechts,[45] wenn sich die dort vertretene Position auch nicht in jeder Hinsicht durchgesetzt haben mag.[46] Neben diesen Entwicklungen traten Fragen zur Verhältnismäßigkeit in den Hintergrund. Aber das Verfahren bot dem EuGH anknüpfend an die im Folgenden darzustellenden Überlegungen des vorlegenden Verwaltungsgerichts Frankfurt a.M. ebenfalls die Chance, über die Anerkennung der Grundrechte im Gemeinschaftsrecht hinaus den Verhältnismäßigkeitsgrundsatz als Eingriffsschranke für die Gemeinschaftsgrundrechte in seiner Rechtsprechung anzuerkennen und ihn damit als spezifisch subjektivrechtlichen Schutzmechanismus zu etablieren.

2. Internationale Handelsgesellschaft vor dem Gerichtshof

Die Internationale Handelsgesellschaft mbH hatte eine Lizenz zum Export von Maisgrieß in ein Drittland erhalten. Zur Lizenzerteilung musste bei der zuständigen Einfuhr- und Vorratsstelle eine Kaution gestellt werden, die anteilig zu einer eventuellen Nichtdurchführung der geplanten Exporte, außer bei Vorliegen

---

[44] Für eine zeitgenössische Erklärung des Vorgehens des EuGH, s.: *P. Pescatore*, ZaöRV 32 (1972), S. 239, 246 f.; *Ders.*, in: Mosler/Bernhardt/Hilf (Hrsg.), Grundrechtsschutz in Europa, 1977, S. 64, 67 ff.; s. auch: *M. Lagrange*, Cahiers chrétiens de la fonction publique 1955, S. 16, 21 f. Die ersten Richtergenerationen am EuGH hatten das Gemeinschaftsrecht ohnehin eher als vergleichendes nationales Recht, denn als Völkerrecht begriffen, s.: *A. Cohen*, in: Vauchez/de Witte (Hrsg.), Lawyering Europe, 2013, S. 21, 41.

[45] Vgl. nur die betonte Hervorhebung dieses Urteils in wichtigen verfassungsrechtlichen Urteilen des EuGH, z.B. in: EuGH, Urt. v. 10.07.2014, Hérnandez, C-198/13, EU:C:2014:2055, Rn. 47; EuGH, Gutachten v. 18.12.2014, EMRK-Beitritt II, Avis 2/13, EU:C:2014:2454, Rn. 166, 170; EuGH, Urt. v. 24.10.2018, XC u.a., C-234/17, EU:C:2018:853, Rn. 36; EuGH, Urt. v. 16.07.2020, Facebook Ireland und Maximilian Schrems, C-311/18, EU:C:2020:559, Rn. 100; s. auch die Kanonisierung dieses Urteils bei: *J. N. Cunha Rodrigues*, in: Maduro/Azoulai (Hrsg.), The Past and Future of EU Law, 2010, S. 89 ff.; *T. Tridimas*, in: Maduro/Azoulai (Hrsg.), The Past and Future of EU Law, 2010, S. 98 ff.; *M. Kumm*, in: Maduro/Azoulai (Hrsg.), The Past and Future of EU Law, 2010, S. 106 ff.; *B.-O. Bryde*, in: Maduro/Azoulai (Hrsg.), The Past and Future of EU Law, 2010, S. 119 ff.

[46] Vgl.: BVerfGE 37, 271 ff.; diesen Beschluss vorzeichnend: *H. H. Rupp*, NJW 1970, 353 ff.; *W. Wengler*, JZ 1968, S. 327 ff.; positiv hierzu etwa: *C. Sasse*, in: Mosler/Bernhardt/Hilf (Hrsg.), Grundrechtsschutz in Europa, 1977, S. 51, 54 ff.; *H. H. Rupp*, in: Arbeitskreis Europäische Integration (Hrsg.), Die Grundrechte in der Europäischen Gemeinschaft, 1978, S. 9, 11 ff.; krit. hingegen: *H.-P. Ipsen*, EuR 1974, S. 1 ff.; *M. Hilf*, ZaöRV 34 (1975), S. 51 ff.; *R. Riegel*, NJW 1974, S. 2176 ff.; *G. Meier*, NJW 1974, S. 1704 f.

von höherer Gewalt,[47] einbehalten werden konnte.[48] Dies geschah teilweise mit der Kaution der Internationalen Handelsgesellschaft, die dagegen klagte. Das VG Frankfurt wandte sich an den EuGH, um die Gültigkeit des Kautionsregimes zu klären. Das VG war überzeugt, dass die fraglichen Regelungen einen Verstoß gegen „die Grundsätze der Entfaltungs- und Dispositionsfreiheit, der Wirtschaftsfreiheit und der Verhältnismäßigkeit, die sich namentlich aus den Artikeln 2 Abs. 1 und 14 des Grundgesetzes der Bundesrepublik ergäben", darstellten. Konkret rügte das VG die Erforderlichkeit des Kautionsregimes zur Erreichung seines Ziels, da Alternativmittel zur Sicherung möglichst genauer Informationen zum Marktgeschehen auch auf andere, für die Unternehmen weniger einschneidende Weise verfügbar seien. Außerdem ging das VG davon aus, dass der Erhalt der Kaution nur bei höherer Gewalt zu eng sei, da sie nicht alle Fälle umfasse, in denen die Unternehmen die Nichtausfuhr aus anderen Gründen nicht zu vertreten hatten,[49] was auf eine Rüge der Angemessenheit der Regelung hinauslief.

Die Verfahrensbeteiligten machten sich die auf das Grundgesetz gestützte Argumentation des VG Frankfurts nicht zu eigen, was in Anbetracht der ständigen Rechtsprechung des EuGH auch kaum verfangen hätte.[50] Niemand sprach sich für die Anerkennung von Gemeinschaftsgrundrechten aus[51] und die deutsche Regierung hob hervor, dass der EuGH schlicht auf den bereits in seiner Rechtsprechung anerkannten Verhältnismäßigkeitsgrundsatz abstellen könne.[52] Die Geltung dieses Grundsatzes im Gemeinschaftsrecht erkannten alle Beteiligten an

[47] Dies ergab sich aus Art. 9 der VO Nr. 473/67 EWG der Kommission vom 21.08.1967 über die Einfuhr- und Ausfuhrlizenzen für Getreide und Getreideverarbeitungserzeugnisse, Reis, Bruchreis und Reisverarbeitungserzeugnisse, ABl. 204/16 v. 24.08.1967, der, soweit relevant, lautete: „(1) Wird die Einfuhr oder Ausfuhr innerhalb der Gültigkeitsdauer der Lizenz durch einen als höhere Gewalt anzusehenden Umstand verhindert, und wenn die Berücksichtigung dieser Umstände beantragt wird: a) so ist in den in Absatz (2) Buchstaben a) bis d) gelisteten Fällen die Verpflichtung zur Einfuhr oder Ausfuhr erloschen, und die Kaution verfällt nicht [...]".

[48] Art. 12 Abs. 1 UAbs. 3 der VO Nr. 120/67/EWG des Rates vom 13.06.1967 über die gemeinsame Marktorganisation für Getreide, ABl. 117 v. 19.06.1967, S. 2269/67 lautete: „Die Erteilung [der Ein- und Ausfuhrlizenzen] hängt von der Stellung einer Kaution ab, die die Erfüllung der Verpflichtung sichern soll, die Einfuhr oder Ausfuhr während der Gültigkeitsdauer der Lizenz durchzuführen; die Kaution verfällt ganz oder teilweise, wenn die Ein- bzw. Ausfuhr innerhalb dieser Frist nicht oder nur teilweise erfolgt ist."

[49] S. hierzu und zum Vorstehenden die Zusammenfassung des Tatbestandes in: EuGH, Urt. v. 17.12.1970, Internationale Handelsgesellschaft, Rs. 11/70, EU:C:1970:114, S. 1127 f.

[50] Vgl. insofern auch das Vorbringen von Kommission und der Einfuhr- und Vorratsstelle, Ebd., S. 1230, 1232.

[51] Auch deshalb liegt die Vermutung nahe, dass sich der EuGH, getragen von den Ambitionen des Berichterstatters *Pescatore* und seines Präsidenten *Lecourt* unbedingt zur deutschen Grundrechtsdebatte äußern wollte, vgl. *B. Davies*, in: Fernada/Davies (Hrsg.), EU Law Stories, 2017, S. 157, 166 ff.

[52] Ebd., S. 1131.

oder setzten sie voraus.[53] Nur die Klägerin hielt die angegriffenen Regelungen aber für einen Verstoß gegen diesen Grundsatz.

Auch für Generalanwalt *Dutheillet de Lamothe* stand der Verhältnismäßigkeitsgrundsatz im Vordergrund. Zwar legte er bedeutende Grundsteine für die Berücksichtigung der nationalen Rechtsordnungen als Ressourcen für die Entwicklung des Gemeinschaftsrechts und der Gemeinschaftsgrundrechte.[54] In der Sache konzentrierte er sich aber auf den Grundsatz der Verhältnismäßigkeit: Um die über dem Weltmarktpreis liegenden Binnenpreise auf dem Agrarmarkt zum Schutz der Produzenten aufrechterhalten zu können, musste die Kommission stets detaillierte Informationen zum Im- und Export von Agrarerzeugnissen erhalten, was durch die Erteilung entsprechender Lizenzen gewährleistet werden sollte. Der Kautionsverfall bildete dabei einen wirtschaftlichen Anreiz für die Durchführung der Ein- und Ausfuhren.[55] Die durch die Kautionsregelungen herbeigeführten Belastungen für die Unternehmer seien das „unerlässliche Lösegeld für die Handlungsfreiheit, die ihnen gelassen wurde"[56], indem zur Kontrolle des Agrarmarktes nicht auf Ein- oder Ausfuhrmonopole bzw. Mengenkontrollen an den Außengrenzen zurückgegriffen wurde.[57] Die alleinige Berücksichtigung der Interessen der vom Kautionsverfall betroffenen Unternehmen gab nach der Auffassung des Generalanwalts ein verzerrtes Bild der Kautionsregelungen ab, das „in seinen richtigen Zusammenhang" gerückt, „in einem ganz anderen Lichte" erschiene.[58] Diese Metapher verdeutlicht, dass sich hier im Vergleich zu den Überlegungen des VG Frankfurt ein Perspektivwechsel vollzog: Statt sich schützend vor die betroffenen Grundrechte zu stellen, geht es um die Sinnhaftigkeit und Plausibilität der Maßnahme mit Blick auf den gesamten Regelungszusammenhang und alle involvierten Interessen und Sachzwänge.

3. Die Konsolidierung des Verhältnismäßigkeitsverständnisses im Urteil

Dieser Linie folgte der EuGH. Ein möglicherweise betroffenes Gemeinschaftsgrundrecht definierte er nicht. Stattdessen wurde, von subjektiven Rechtspositionen losgelöst – „sozusagen freischwebend"[59] – die Eignung und Erforderlichkeit des Kautionssystems zur Zielerreichung geprüft und bestätigt.[60] Besonders

[53] Ebd., S. 1129 ff.; vgl. auch: *I. Pernice*, Grundrechtsgehalte im Europäischen Gemeinschaftsrecht, 1979, S. 46.

[54] GA *Dutheilleit de Lamothe*, Schlussanträge v. 02.12.1970 in der Rs. 11/70, Internationale Handelsgesellschaft, EU:C:1970:100, S. 1150.

[55] Ebd., S. 1151 ff.

[56] Ebd., S. 1153.

[57] Ebd.

[58] Ebd.

[59] So die zeitgenössische Einschätzung von *E.-W. Fuss*, Der Grundrechtsschutz in den Europäischen Gemeinschaften aus deutscher Sicht, 1975, S. 83.

[60] EuGH, Urt. v. 17.12.1970, Internationale Handelsgesellschaft, Rs. 11/70, EU:C:1970:114, Rn. 9 ff.

illustrativ ist die Prüfung der milderen Mittel, in der alternative Regelungsmodelle nicht nur wegen unzureichender Wirksamkeit, sondern auch deshalb verworfen wurden, weil sie eine komplexere Marktorganisation bedeutet hätten.[61] Das sagt jedoch nichts darüber aus, ob diese Alternativmittel für die Internationale Handelsgesellschaft mehr oder weniger belastend gewesen wären. Der EuGH verstand den Verhältnismäßigkeitsgrundsatz damit als selbstständigen, von Grundrechtspositionen losgelösten Rechtsgrundsatz,[62] stand hier doch wie schon insbesondere in den Fällen *Compagnie des Hauts Fourneaux de Chasse* und *San Michele* eher die allgemeine Plausibilität und Ausgewogenheit der fraglichen Maßnahme insgesamt statt ihre Zumutbarkeit für individuelle Interessen- und Rechtspositionen im Vordergrund.

Ganz außer Acht blieben die individuellen Belastungen der Klägerin jedoch nicht, die allerdings erst nach den allgemeineren Ausführungen explizit in die Prüfung eingeführt wurden. Die Möglichkeit des Verlusts der Kaution an sich stufte der EuGH hierbei nicht als Belastung ein, da dies aus dem Verhalten der Unternehmen selbst folge. Die verbleibenden, weitaus geringeren, allein mit der Stellung der Kaution verbundenen Belastungen seien sodann nur hinzunehmende normale Folgen der Marktordnung und führten daher nicht zu einer übermäßigen Belastung.[63] Gleichwohl bedeutete das in diesem Fall keinen defizitären Grundrechtsschutz. Als das BVerfG in *Solange I* den identischen Fall zu beurteilen hatte, konnte es jedenfalls keinerlei grundrechtliche Probleme erkennen.[64] Außerdem legte der EuGH die Vorschriften zur höheren Gewalt in Übereinstimmung mit früherer Rechtsprechung zum Molkereisektor[65] sehr großzügig aus, obwohl dies in Anbetracht von Normtext und Systematik keineswegs nahelag.[66]

Jenseits der legendären Randnummern 3 und 4 steht *Internationale Handelsgesellschaft* damit für den prominenten Einsatz und eine erste Konturierung der Nutzung von Analyse- und Argumentationsmustern des Grundsatzes der Verhältnismäßigkeit, wobei individuelle Interessen vor allem im Rahmen einer allgemeinen, nicht spezifisch auf diese Interessen ausgerichteten Prüfung der Ausgewogenheit der Maßnahme mitberücksichtigt wurden.

---

[61] Ebd., Rn. 9, 11.

[62] So insb. auch die zeitgenössische Einschätzung von: *E.-W. Fuss*, Der Grundrechtsschutz in den Europäischen Gemeinschaften aus deutscher Sicht, 1975, S. 83.

[63] Ebd., Rn. 15 f.

[64] BVerfGE 37, 271, 288 ff.

[65] EuGH, Urt. v. 11.07.1968, Schwarzwaldmilch, Rs. 6/68, EU:C:1968:41, S. 574 ff.

[66] *E.-W. Fuss*, Der Grundrechtsschutz in den Europäischen Gemeinschaften aus deutscher Sicht, 1975, S. 88 f. hielt sie für eine Auslegung *contra legem*.

III. Aufwertung zu einem allgemeinen Rechtsgrundsatz

Internationale Handelsgesellschaft war die Initialzündung für die Etablierung, Differenzierung und intensivierte Nutzung eines mit der Zeit dann letztlich auch so bezeichneten Grundsatzes der Verhältnismäßigkeit im Unionsrecht. In zahlreichen Urteilen in den 1970er Jahren, die sodann in rascher Folge ergingen, wurden Überlegungen zur Verhältnismäßigkeit angestellt. Dies koinzidiert mit der Amtszeit und Präsidentschaft des deutschen Richters *Hans Kutscher*. Dieser hatte bereits am BVerfG eine wichtige Rolle bei der Etablierung des Verhältnismäßigkeitsgrundsatzes im *Apothekenurteil* gespielt.[67] Ob er dem Verhältnismäßigkeitsgrundsatz auch im Gemeinschaftsrecht zum endgültigen Durchbruch verholfen hat, bleibt den Beratungsgeheimnissen des EuGH anvertraut.[68]

Eine umfassende Darstellung der gesamten Verhältnismäßigkeitsrechtsprechung in all ihren Verästelungen ist hier weder möglich noch in Anbetracht der bereits existierenden, detaillierten Untersuchungen zu diesem Thema[69] nötig. An dieser Stelle soll lediglich dargelegt werden, wie der EuGH aufbauend auf seiner frühen Rechtsprechung den Grundsatz der Verhältnismäßigkeit, den er schließlich im Jahre 1980 ausdrücklich als allgemeinen Rechtsgrundsatz des Gemeinschaftsrechts anerkannt hat,[70] in seiner Rechtsprechung fest etabliert hat.

---

[67] Vgl.: *F. Michl*, JöR n.F. 68 (2020), S. 323, 331 ff.; s. hierzu noch unten, 1. Kap. C. II. 2. c).

[68] *A. Stone Sweet/J. Mathews*, Columbia Journal of Transnational Law 47 (2008), S. 72, 143 schreiben den Richtern *Kutscher* und *Pescatore* in dieser Hinsicht eine Führungsrolle zu.

[69] Vgl. insb. die umfassende Analyse bei: *O. Koch*, Der Grundsatz der Verhältnismäßigkeit in der Rechtsprechung des Gerichtshofs der Europäischen Gemeinschaften, 2003, S. 290 ff.; s. ferner: *N. Emiliou*, The Principle of Proportionality in European Law, 1996, S. 114 ff.

[70] S. erstmals: EuGH, Urt. v. 19.06.1980, Testa, Rs. 41/79, EU:C:1980:163, Rn. 21; bis heute entspricht das der st. Rspr., s. etwa: EuGH, Urt. v. 08.11.2018, Cartrans, C-495/17, EU:C:2018:887, Rn. 37; EuGH, Urt. v. 28.03.2019, Vinš, C-275/18, EU:C:2019:265, Rn. 28; EuGH, Urt. v. 17.10.2019, Unitel, C-653/18, EU:C:2019:876, Rn. 26; EuGH, Urt. v. 05.03.2020, OPR-Finance, C-679/18, EU:C:2020:167, Rn. 26; EuGH, Urt. v. 04.06.2020, Ungarn/Kommission, C-456/18 P, EU:C:2020:421, Rn. 41; EuGH, Urt. v. 17.12.2020, BAKATI PLUS, C-656/19, EU:C:2020:1045, Rn. 70; EuGH, Urt. v. 11.02.2021, K.M., C-77/20, EU:C:2021:112, Rn. 36. S. hierzu aus der Literatur z.B.: *F. G. Jacobs*, in: Ellis (Hrsg.), The Principle of Proportionality in the Laws of Europe, 1999, S. 1, 2; *T. Tridimas*, The General Principles of EU Law, 2. Aufl. 2007, S. 136 ff. *H. Lecheler*, Der Europäische Gerichtshof und die allgemeinen Rechtsgrundsätze, 1971, S. 56 ff. hatte den Grundsatz der Verhältnismäßigkeit noch nicht als allgemeinen Rechtsgrundsatz des Gemeinschaftsrechts identifiziert. Für die letzten Unklarheiten, was dieser Status genau bedeutet, s.: *S. A. E. Martens*, Methodenlehre des Unionsrechts, 2013, S. 147 f. m.w.N. Vgl. zu den allgemeinen Rechtsgrundsätzen im Unionsrecht: *U. Šadl/J. Bengoetxea*, in: Vogenauer/Weatherill (Hrsg.), General Principles of Law: European and Comparative Perspectives, 2017, S. 41 ff.

1. Etablierung eines allgemeinen Rechtsgrundsatzes

Zunächst häufte sich die Nutzung des Grundsatzes der Verhältnismäßigkeit im Bereich des Agrarrechts.[71] Generalanwalt *Roemer* wollte nach erstem Zögern[72] die Anwendbarkeit des Grundsatzes der Verhältnismäßigkeit im Agrarrecht aus der Zweckbindung der Gemeinschaftsorgane aus Art. 40 Abs. 3 EWG folgen lassen,[73] lehnte eine solche Prüfung im Zollrecht aber mangels eines entsprechenden textlichen Anknüpfungspunktes ab.[74] Auch Generalanwalt *Dutheillet de Lamothe* wollte den Grundsatz der Verhältnismäßigkeit aus Art. 40 Abs. 3 EWGV ableiten, da der Rückgriff auf geschriebenes Recht weniger kontrovers sei als auf allgemeine Rechtsgrundsätze.[75] Eine Beschränkung auf Sachbereiche ist hingegen in der Rechtsprechung nicht erkennbar.[76] Indem der EuGH den Grundsatz der Verhältnismäßigkeit im Unionsrecht nicht auf eine bereichsspezifische, textliche Herleitung stützte, sondern ihn als allgemeinen Rechtsgrundsatz, der dem Unionsrecht stets inhärent ist,[77] konturiert hat,[78] kommt ihm eine Anwendung in einer unbegrenzten Vielzahl an Rechtsbereichen zu.[79]

Bis heute sind keine Rechtsbereiche ersichtlich, die von der Anwendbarkeit des Grundsatzes der Verhältnismäßigkeit ausgenommen wären. Zwar spielt der Verhältnismäßigkeitsgrundsatz als gerichtlicher Kontrollmaßstab im Rahmen

---

[71] Vgl. nur z.B.: EuGH, Urt. v. 13.05.1971, International Fruit Company, Rs. 41/70, EU:C:1971:53, Rn. 66 ff.; EuGH, Urt. v. 24.10.1973, Balkan-Import-Export, Rs. 5/73, EU:C:1973:109, Rn. 19 ff.; EuGH, Urt. v. 13.11.1973, Wehrhahn/Rat und Kommission, verb. Rs. 63–69/72, EU:C:1973:121, Rn. 18 f.; EuGH, Urt. v. 27.05.1975, Mackprang, Rs. 2/75, EU:C:1975:66, Rn. 3 f.; EuGH, Urt. v. 25.06.1975, Deuka, Rs. 5/75, EU:C:1975:88, Rn. 4 f.

[72] Vgl.: GA *Roemer*, Schlussanträge v. 14.05.1970 in der Rs. 73/69, Oehlmann, EU:C:1970:42, S. 484 f.

[73] GA *Roemer*, Schlussanträge v. 01.12.1970 in der Rs. 31/70, Deutsche Getreide- und Futtermittel Handelsgesellschaft, EU:C:1970:98, S. 1071 f., wobei er eine zurückhaltende Kontrolldichte empfahl.

[74] GA *Roemer*, Schlussanträge v. 21.03.1972 in der Rs. 92/71, Interfood, EU:C:1972:21, S. 248.

[75] GA *Dutheilleit de Lamothe*, Schlussanträge v. 02.12.1970 in der Rs. 11/70, Internationale Handelsgesellschaft, EU:C:1970:100, S. 1150 f.

[76] S. hierfür schon: *H. P. Ipsen*, Europäisches Gemeinschaftsrecht, 1972, S. 512 f., 733 f.; *G. Nicolaysen*, Europäisches Gemeinschaftsrecht, 1979, S. 20. Für GA *Jacobs*, Schlussanträge v. 06.04.1995 in der Rs. C-120/94, Kommission/Griechenland, EU:C:1995:109, Rn. 70 gibt es „wenn überhaupt, wenige Bereiche des Gemeinschaftsrechts, in denen [der Grundsatz der Verhältnismäßigkeit] keine Bedeutung hat."

[77] *N. Emiliou*, The Principle of Proportionality in European Law, 1996, S. 115 ff.; *T.-I. Harbo*, European Law Journal 16 (2010), S. 158, 159.

[78] Anschaulich: *F. G. Jacobs*, in: Ellis (Hrsg.), The Principle of Proportionality in the Laws of Europe, 1999, S. 1 f.

[79] *T.-I. Harbo*, European Law Journal 16 (2010), S. 158, 159. S. für bereichsspezifische Untersuchungen: *D. Meurers*, Der Grundsatz der Verhältnismäßigkeit im Vergaberecht, 2020, S. 94 ff; *J. Hartlieb*, Verpflichtungszusagen im europäischen Kartellrecht und der Grundsatz der Verhältnismäßigkeit, 2020, S. 184 ff.; *D. Groß*, Die Rechtfertigung einer Altersdiskriminierung auf der Grundlage der Richtlinie 2000/78/EG, 2010, S. 54 ff., 79 ff.

der GASP aufgrund der dortigen Zuständigkeitsbeschränkungen des EuGH eine kleinere Rolle, allerdings legt insbesondere Art. 276 AEUV nahe, dass der Grundsatz dort dennoch gilt. Im Rahmen seiner verbleibenden GASP-Zuständigkeit[80] bringt der EuGH den Verhältnismäßigkeitsgrundsatz auch voll zur Anwendung.[81] Auch im Beihilfenrecht findet eine solche Beschränkung nicht statt, obgleich der EuGH es kategorisch ablehnt, die Rückforderung unionsrechtswidriger Beihilfen als unverhältnismäßig einzustufen,[82] weil die Rückforderung einer illegalen Beihilfe nicht außer Verhältnis zu den Vertragszielen stünde.[83] Hierbei ist allerdings die spezifische Fallkonstellation bei Beihilferückforderungen zu beachten.[84] Weil die Schädigungen des Marktes und der Interessen der Wettbewerber in der Regel erheblich sein dürften und gerade bei formell rechtswidrigen Beihilfen das Vertrauensinteresse der Beihilfenempfänger verschwindend gering ist,[85] scheint es sich um das Ergebnis einer typisierenden Güterabwägung zugunsten der Beihilferückforderung zu handeln.[86] Dies ist eine Anwendung des Verhältnismäßigkeitsgrundsatzes und keine Begrenzung seiner Geltung. Außerdem

---

[80] S. hierzu Art. 175 Abs. 2 AEUV. Art. 175 Abs. 1 AEUV ist eine eng auszulegende Ausnahme der aus dem Charakter der EU als Rechtsgemeinschaft hergeleiteten, grundsätzlich umfassenden (vgl. grundlegend: EuGH, Urt. v. 23.04.1986, Les Verts/Parlament, Rs. 294/83, EU:C:1986:166, Rn. 23) Zuständigkeit des EuGH aus Art. 19 EUV, s.: EuGH, Urt. v. 24.06.2014, Parlament/Rat, C-658/11, EU:C:2014:2025, Rn. 69 f.; EuGH Urt. v. 12.11.2015, Elitalina SpA, C-439/13 P, EU:C:2015:753, Rn. 42 ff. Die Rückausnahme des Art. 175 Abs. 2 AEUV ist daher als Wiederherstellung des Normalzustandes weit auszulegen, s.: EuGH, Urt. v. 19.07.2016, H/Rat und Kommission, C-455/14 P, EU:C:2016:569, Rn. 39 ff.; EuGH, Urt. v. 28.03.2017, Rosneft, C-72/15, EU:C:2017:236, Rn. 65 ff.; EuGH, Urt. v. 25.06.2020, SATCEN, C-14/19 P, EU:C:2020:492, Rn. 58 ff.; EuGH, Urt. v. 06.10.2020, Bank Refah Kargaran, C-134/19, EU:C:2020:793, Rn. 26 ff.

[81] Vgl. nur: EuGH, Urt. v. 18.07.2013, Kadi II, verb. Rs. C-584/10 P, C-593/10 P und C-595/10 P, EU:C:2013:518, Rn. 97, 101; EuGH, Urt. v. 28.11.2013, Rat/Fulmen, C-280/12 P, EU:C:2013:775, Rn. 58, 62; 106, 143; EuGH, Urt. v. 29.11.2018, Bank Tejarat/Rat, C-248/17 P, EU:C:2018:967, Rn. 38, 87.

[82] *T. Tridimas*, in: Schütze/Tridimas (Hrsg.), Oxford Principles of European Union Law, Vol. I: The European Union Legal Order, 2018, S. 243, 245, Fn. 9.

[83] Grundlegend: EuGH, Urt. v. 21.03.1990, Belgien/Kommission, Rs. 142/87, EU:C:1990:125, Rn. 66; seither st. Rspr.

[84] Für Nw. zur heftigen deutschen Debatte um die Anwendbarkeit nationaler Bestandskraftregeln in unionsrechtlich geprägten Fällen s.: *D. Dörr*, in: FS Walter Rudolf, 2001, S. 137, 138, Fn. 5.

[85] Auch wenn Vertrauensschutz und Rechtssicherheit als gewichtige unionsrechtliche Interessen anerkannt sind, vgl. nur: EuGH, Urt. v. 16.12.1976, Rewe, Rs. 33/76, EU:C:1976:188, Rn. 5; EuGH, Urt. v. 03.03.1982, Alpha Steel, Rs. 14/81, EU:C:1982:76, Rn. 28 ff.; EuGH, Urt. v. 11.07.2001, Marks & Spencer, C-62/00, EU:C:2002:434, Rn. 44; EuGH, Urt. v. 19.09.2006, i-21 Germany, verb. Rs. C-392/04 und C-422/04, EU:C:2006:586, Rn. 51.

[86] Für die Anwendbarkeit des Verhältnismäßigkeitsgrundsatzes in diesen Situationen auch: *P. Goffart*, Der unionsrechtliche Verhältnismäßigkeitsgrundsatz als Grenze der Rückforderung unionsrechtswidriger mitgliedstaatlicher Beihilfen, 2021, S. 92 ff. Dass diese typisierte Anwendung im Einzelfall zu kurz greifen mag, s. ebd., S. 116 ff., ändert nichts an der grundsätzlichen Anwendbarkeit des Verhältnismäßigkeitsgrundsatzes in diesen Fragen.

hat der EuGH in zahlreichen Fällen Verordnungen explizit für unverhältnismäßig gehalten, weil sie Beihilferückforderungen auch bei minderschweren Pflichtverletzungen vorsahen.[87]

Im Grundrechtsbereich ist hingegen kein Raum für Verhältnismäßigkeit, wo Grundrechtsgarantien absolut ausgestaltet sind, wie die Menschenwürde aus Art. 1 GRC[88] und beim Folterverbot aus Art. 4 GRC[89] oder wenn der Wesensgehalt eines Grundrechts angetastet ist.[90] Die Verhältnismäßigkeit des Grundrechtseingriffs kann nur geprüft werden, wenn eine Verletzung des Wesensgehalts ausgeschlossen ist.[91] Aber auch wenn die jüngere Rechtsprechung des EuGH zum Wesensgehalt die Prognosen zu seiner praktischen Irrelevanz[92] widerlegt hat, komplettiert die Wesensgehaltsgarantie eher die Grundrechtsprüfung des EuGH, in deren Zentrum die Verhältnismäßigkeitsprüfung steht, anstatt diese zu verdrängen.

Der EuGH wandte den Grundsatz der Verhältnismäßigkeit nicht nur in allen Bereichen des Unionsverwaltungsrechts an, sondern verwendete ihn auch als

[87] Vgl. nur: EuGH, Urt. v. 18.04.1989, Drewes, Rs. 358/87, EU:C:1989:151; EuGH, Urt. v. 27.06.1990, Lingenfelser, C-118/89, EU:C:1990:267; EuGH, Urt. v. 10.01.1991, Gausepohl, Rs. 101/88, EU:C:1990:2; EuGH, Urt. v. 21.01.1992, Pressler, C-319/90, EU:C:1992:28; EuGH, Urt. v. 12.10.1995, Cereol Italia, C-104/94, EU:C:1995:313; EuGH, Urt. v. 06.07.2000, Molkereigenossenschaft Wiedergeltingen, C-356/97, EU:C:2000:364.

[88] Vgl. nur: EuGH, Urt. v. 12.11.2019, Haqbin, C-233/18, EU:C:2019:956, Rn. 46; *S. Rixen*, in: Heselhaus/Nowak (Hrsg.), Handbuch der Europäischen Grundrechte, 2. Aufl. 2020, § 13, Rn. 22 m.w.N.

[89] Vgl. hierzu z.B.: EuGH, Urt. v. 16.02.2017, C.K., C-578/16 PPU, EU:C:2017:127, Rn. 69; EuGH, Urt. v. 24.04.2018, MP, C-353/16, EU:C:2018:276, Rn. 36; EuGH, Urt. v. 19.03.2019, Jawo, C-163/17, EU:C:2019:218, Rn. 78; EuGH, Urt. v. 19.03.2019, Ibrahim, C-297/17, EU:C:2019:219, Rn. 87; EuGH, Beschl. v. 13.11.2019, Hamed u.a., verb. Rs. C-540/17 und C-541/17, EU:C:2019:964, Rn. 38 ff.

[90] S. Art. 52 Abs. 1 GRC. Ob der EuGH einer abstrakt-generellen oder konkret-individuellen Konzeption der Wesensgehaltsgarantie zuneigt, gilt in der Literatur als ungeklärt, s.: *P. Szczekalla*, in: Heselhaus/Nowak (Hrsg.), Handbuch der Europäischen Grundrechte, 2. Aufl. 2020, § 10, Rn. 49. Bspw. in EuGH, Urt. v. 06.10.2015, Schrems, C-362/14, EU:C:2015:650, Rn. 94 f. und EuGH, Urt. v. 25.07.2018, LM, C-216/18 PPU, EU:C:2018:586, Rn. 59 ist die Wesensgehaltsprüfung des EuGH jedoch eindeutig subjektiv-individuell angelegt. Undeutlich hingegen: EuGH, Urt. v. 14.01.2021, OM, C-393/19, EU:C:2021:8, Rn. 55.

[91] Dies zeigt sich besonders deutlich anhand der Struktur der Grundrechtsprüfung in: EuGH, Urt. v. 08.04.2014, Digital Rights Ireland u.a., verb. Rs. C-293/12 und C-594/12, EU:C:2014:238, Rn. 39 ff.; EuGH, Urt. v. 21.12.2016, Tele2 Svergie u.a., verb. Rs. C-203/15 und C-698/15, EU:C:2016:970, Rn. 101 ff.; EuGH, Gutachten v. 26.07.2017, PNR Kanada, Avis 1/15, EU:C:2017:592, Rn. 148 ff.; EuGH, Urt. v. 03.02.2021, Fussl Modestraße, C-555/19, EU:C:2021:89, Rn. 86 ff.; zu alledem ausf.: *K. Lenaerts*, GLJ 20 (2019), S. 779, 786 ff.

[92] *J. Kühling*, in: von Bogdandy/Bast (Hrsg.), Europäisches Verfassungsrecht, 2. Aufl. 2009, S. 657, 699.

Maßstab für die Handlungen des Gemeinschaftsgesetzgebers.[93] Auch als Maßstab für mitgliedstaatliches Handeln wurde der Grundsatz der Verhältnismäßigkeit herangezogen, insbesondere im Bereich der Grundfreiheiten: Schon vor dem sog. *Cassis de Dijon*-Urteil[94], das manchen als erste implizite Anwendung des Grundsatzes der Verhältnismäßigkeit im Recht der Grundfreiheiten gilt,[95] gab es durch die gesamten 70er Jahre hindurch zahlreiche Urteile, in denen mitgliedstaatliche Maßnahmen mehr oder weniger ausdrücklich einer Prüfung ihrer Verhältnismäßigkeit in Bezug auf die Grundfreiheiten unterworfen wurden.[96] Schließlich variierte der EuGH auch die Funktionen dieses Grundsatzes, fand er doch als Gültigkeitsmaßstab für das Handeln der Union und als unionsrechtlicher Maßstab für mitgliedstaatliche Maßnahmen[97] und als Auslegungsmaßstab

---

[93] S. nur statt vieler: EuGH, Urt. v. 07.02.1973, Schröder/Deutschland, Rs. 40/72, EU:C:1973:14; EuGH, Urt. v. 24.10.1973, Balkan-Import-Export, Rs. 5/73, EU:C:1973:109; EuGH, Urt. v. 24.10.1973, Schlüter, Rs. 9/73, EU:C:1973:110; EuGH, Urt. v. 24.10.1973, Rewe Zentral, Rs. 10/73, EU:C:1973:111; EuGH, Urt. v. 05.07.1977, Bela Mühle, Rs. 114/76, EU:C:1977:116; EuGH, Urt. v. 05.07.1977, Granaria, Rs. 116/76, EU:C:1977:117; EuGH, Urt. v. 05.07.1977, Ölmühle Hamburg, verb. Rs. 119 und 120/76, EU:C:1977:118; vgl. hierzu auch: *H. Kutscher*, in: Deutsche Sektion der Internationalen Juristen-Kommission (Hrsg.), Der Grundsatz der Verhältnismäßigkeit in europäischen Rechtsordnungen, 1985, S. 89, 92 f.

[94] EuGH, Urt. v. 20.02.1979, Rewe, Rs. 120/78, EU:C:1979:42, Rn. 8.

[95] So etwa: *S.-K. Yi*, Zwingende Erfordernisse als Grenze für den Europäischen Gesetzgeber, 2016, S. 34 f.; *B. Oreschnik*, Verhältnismäßigkeit und Kontrolldichte, 2019, S. 199.

[96] S. nur bspw.: EuGH, Urt. v. 12.02.1974, Sotigu, Rs. 152/73, EU:C:1974:13, Rn. 4 f.; entspr. für die Niederlassungsfreiheit: EuGH, Urt. v. 21.06.1974, Reyners, Rs. 2/74, EU:C:1974:68, Rn. 42/43; für den freien Warenverkehr: EuGH, Urt. v. 31.10.1974, Centrafarm, Rs. 15/74, EU:C:1974:114, Rn. 6/8; eine Mischung aus Eignung und Erforderlichkeit wurde geprüft in: EuGH, Urt. v. 14.12.1972, Marimex, Rs. 29/72, EU:C:1972:126, Rn. 4 f.; die Geeignetheit wurde geprüft in: EuGH, Urt. v. 20.02.1975, Kommission/Deutschland, Rs. 12/74, EU:C:1975:23, Rn. 10 ff.; die Erforderlichkeitsprüfung wird besonders betont in: EuGH, Urt. v. 20.05.1976, De Peijper, Rs. 104/75, EU:C:1976:67, Rn. 14/18; eine Angemessenheitsprüfung findet sich in: EuGH, Urt. v. 07.07.1976, Watson und Belmann, Rs. 118/75, EU:C:1976:106, Rn. 21/22. Auch das in EuGH, Urt. v. 11.07.1974, Dassonville, Rs. 8/74, EU:C:1974:82, Rn. 6 und in EuGH, Urt. v. 03.12.1974, van Binsbergen, Rs. 33/74, EU:C:1974:131, Rn. 14/16 formulierte Erfordernis einer „sinnvollen" nationalen Regelung hat der EuGH später mit dem Erfordernis einer verhältnismäßigen Einschränkung der Warenverkehrsfreiheit verknüpft, s.: EuGH, Urt. v. 16.05.1979, Kommission/Belgien, Rs. 2/78, EU:C:1979:128, Rn. 37 f.

[97] *G. de Búrca*, Yearbook of European Law 13 (1993), S. 105, 114 ff.; *T. Tridimas*, General Principles of EU Law, 2. Aufl. 2006, S. 137; *E. Bjorge*/*J. R. Williams*, Cambridge Law Journal 75 (2016), S. 186, 188.

für das gesamte Unions-[98] und für das mitgliedstaatliche Recht im Anwendungsbereich des Unionsrechts Anwendung.[99]

2. Herleitung und Rang

a) Herleitung eines allgemeinen Rechtsgrundsatzes

Dieser rasante Bedeutungszuwachs des Grundsatzes der Verhältnismäßigkeit in der Rechtsprechung des EuGH steht in gewissem Kontrast zur eher rudimentären Begründung von Herkunft und Verankerung dieses Grundsatzes im Unionsrecht. Während zunächst, wie bereits dargelegt, einige Generalanwälte Anknüpfungspunkte in den Verträgen suchten und Generalanwältin *Rozès* noch im Jahr 1983 die Anwendung des Verhältnismäßigkeitsgrundsatzes auf Situationen beschränken wollte, in denen es hinreichende textliche Anknüpfungspunkte gab,[100] ist der EuGH diesem Ansatz schon im Urteil *Internationale Handelsgesellschaft* nicht gefolgt, nachdem er die Notwendigkeit der Verhältnismäßigkeit von Sanktion und Fehlverhalten bereits in *Fédération charbonnière de Belgique* mit der allgemeinen Anerkennung dieses Rechtssatzes begründet hatte.

Mangels einer primärrechtlichen Normierung des Grundsatzes der Verhältnismäßigkeit im Gemeinschaftsrecht der 1970er Jahre bedurfte es einer anderen argumentativen Herleitung. So wollte *Hans Kutscher* durch eine Deduktion aus den zahlreichen Hinweisen auf Verhältnismäßigkeit im Primär- und Sekundärrecht den allgemeinen Grundsatz der Verhältnismäßigkeit herleiten und ihn dort anwenden, wo speziellere Normierungen fehlen.[101] Dem wurde entgegengehalten, dass die primär- und sekundärrechtlichen Normen nur dann der spezifische Ausdruck eines höherrangigen Prinzips sein könnten, wenn die Existenz des übergeordneten Prinzips vorausgesetzt werde, was eine solche Deduktion des höheren Prinzips aus speziellen Normen verhindere.[102] Sicherlich kann bezweifelt werden,

---

[98] S. bereits: EuGH, Urt. v. 12.11.1969, Stauder, Rs. 26/69, EU:C:1969:57, Rn. 4; s. hierzu: *V. Skouris*, in: Merten/Papier (Hrsg.), HdB GR VI/1, § 157, Rn. 15; s. ferner: EuGH, Urt. v. 20.02.1975, Reich, Rs. 64/74, EU:C:1975:27, Rn. 5; EuGH, Urt. v. 26.11.1975, Coenen, Rs. 39/75, EU:C:1975:162, Rn. 12; EuGH, Urt. v. 06.07.1977, Schouten, Rs. 6/77, EU:C:1977:120, Rn. 8/12 ff.; vgl. auch: GA *Reischl*, Schlussanträge v. 30.05.1979 in der Rs. 240/78, Atalanta, EU:C:1979:136, S. 2160; s. hierzu: *O. Koch*, Der Grundsatz der Verhältnismäßigkeit in der Rechtsprechung des Gerichtshofs der Europäischen Gemeinschaften, 2003, S. 513 ff.; s. schließlich auch GA *Warner*, Schlussanträge v. 04.02.1975 in der Rs. 64/74, Reich, EU:C:1975:14, S. 275.

[99] S. hierzu: *C. Pollak*, Verhältnismäßigkeitsprinzip und Grundrechtsschutz in der Judikatur des Europäischen Gerichtshofs und des österreichischen Verfassungsgerichtshofs, 1990, S. 35 ff.; *E. Pache*, NVwZ 1999, S. 1033, 1037; *B. Oreschnik*, Verhältnismäßigkeit und Kontrolldichte, 2019, S. 96 f.

[100] GA *Rozès*, Schlussanträge v. 11.05.1983 in der Rs. 181/82, Roussel, EU:C:1983:134, S. 3875.

[101] *H. Kutscher*, in: Deutsche Sektion der Internationalen Juristen-Kommission (Hrsg.), Der Grundsatz der Verhältnismäßigkeit in europäischen Rechtsordnungen, 1985, S. 89, 91 f.

[102] So: *C. Pollak*, Verhältnismäßigkeitsprinzip und Grundrechtsschutz in der Judikatur

ob *Kutschers* Ansatz tatsächlich als Deduktion angesehen werden kann, wie er es behauptete. Eher scheint sein Argument als Induktionsschluss angelegt zu sein. Logisch zwingend ist zwar auch dieser nicht. Doch kann die Gewinnung allgemeiner Rechtsgrundsätze aus einer systematischen Gesamtschau einzelner Normen durchaus plausibel als Ergebnis einer interpretativen Wertung begründet werden, die ihrerseits auf Zielen und Strukturprinzipien des Primärrechts beruht.[103] In diesem Sinne könnte man *Kutschers* Ansatz mit dem damals in Art. 164 EWG normierten rechtsstaatlichen Auftrag des Gerichtshofs zur Wahrung des Rechts verknüpfen, wenn man den Grundsatz der Verhältnismäßigkeit als wesentlichen Bestandteil der Rechtsstaatlichkeit ansieht.[104]

Wie für andere allgemeine Rechtsgrundsätze des Unionsrechts kommt ferner die Orientierung am Recht der Mitgliedstaaten als Quelle für den unionsrechtlichen Grundsatz der Verhältnismäßigkeit in Betracht: Zwar können mitgliedstaatliches Recht oder das Völkerrecht in der autonomen Rechtsordnung des Unionsrechts an sich keine Normativität beanspruchen, doch wäre der Auftrag des EuGH zur Rechtswahrung nur unzureichend zu erfüllen, wenn dieser sich auf den als Teilrechtsordnung notwendigerweise begrenzten Bestand von im Unionsrecht ausdrücklich ausgeformten und entwickelten Rechtsinstituten beschränken müsste.[105] Ungeschriebene Rechtsregeln des Unionsrechts sodann in Anlehnung an das mitgliedstaatliche Recht zu entwickeln, entspricht dem Grundsatz der loyalen Zusammenarbeit von Union und Mitgliedstaaten,[106] nimmt die mitgliedstaatlichen Rechtstraditionen als Ressource des Unionsrechts ernst, ohne dessen Autonomie infrage stellen zu müssen,[107] minimiert zudem Akzeptanzrisiken in den Mitgliedstaaten[108] und trägt damit ebenfalls zur wirksamen Rechtswahrung durch den EuGH bei. An mitgliedstaatliche Vorbilder angelehnte Rechtsgrundsätze des Unionsrechts stehen in der Rechtsprechung des EuGH allerdings unter dem Vorbehalt, dass sie sich in die Strukturen und Ziele

---

des Europäischen Gerichtshofs und des österreichischen Verfassungsgerichtshofs, 1990, S. 31 und ihr folgend *B. Oreschnik*, Verhältnismäßigkeit und Kontrolldichte, 2019, S. 82.

[103] *S. A. E. Martens*, Methodenlehre des Unionsrechts, 2013, S. 152 f.

[104] Diese Herleitung vertreten mit unterschiedlichen Akzenten für das Unionsrecht etwa: *H. P. Ipsen*, Europäisches Gemeinschaftsrecht, 1972, S. 512; *T. von Danwitz*, Europäisches Verwaltungsrecht, 2008, S. 214; *A. Emmerich-Fritsche*, Der Grundsatz der Verhältnismäßigkeit als Direktive und Schranke der EG-Rechtsetzung, 2000, S. 114 f.; *O. Koch*, Der Grundsatz der Verhältnismäßigkeit in der Rechtsprechung des Gerichtshofs der Europäischen Gemeinschaften, 2003, S. 187 ff.

[105] Vgl.: EuGH, Urt. v. 12.07.1957, Algera, verb. Rs. 7/56 und 3–7/57, EU:C:1957:7, S. 118; s. hierzu: *S. A. E. Martens*, Methodenlehre des Unionsrechts, 2013, S. 150; *P. M. Huber*, EuR 2022, S. 145, 146.

[106] *S. A. E. Martens*, Methodenlehre des Unionsrechts, 2013, S. 150.

[107] Wozu sich allerdings *A. Emmerich-Fritsche*, Der Grundsatz der Verhältnismäßigkeit als Direktive und Schranke der EG-Rechtsetzung, 2000, S. 122 ff. bemüßigt sieht.

[108] *K. Lenaerts*, in: van der Mensbrugghe (Hrsg.), L'Utilisation de la Méthode Comparative en Droit Européen, 2003, S. 111, 123 ff.

der Gemeinschaft einfügen.[109] Das liegt darin begründet, dass diese im mitgliedstaatlichen Recht ausgeformten Rechtssätze nur unter Wahrung von Widerspruchsfreiheit, Strukturen und Zielen der Verträge im Unionsrecht sinnvollerweise Normativität beanspruchen können.[110] Es kommen bei dieser wertenden Rechtsvergleichung also auch Rechtssätze als Quellen von allgemeinen Rechtsgrundsätzen in Betracht, die nur in manchen Mitgliedstaaten ausgeformt sind.[111] Es ist demnach kein zwingendes Hindernis, dass ein Grundsatz der Verhältnismäßigkeit in den 1970er Jahren vor allem in Deutschland bekannt war[112] und andere Mitgliedstaaten erst zu dieser Zeit begannen, ähnlich Rechtsinstitute zu entwickeln.[113] Gleichwohl wächst die Überzeugungskraft eines vom mitgliedstaatlichen Recht inspirierten Rechtsgrundsatzes, je mehr er in den Mitgliedstaaten verbreitet ist. Daher scheint eine Herleitung des unionsrechtlichen Grundsatzes der Verhältnismäßigkeit aus dem Recht der Mitgliedstaaten doch eher unterstützend zu einer rechtsstaatlich ausgerichteten, wertenden Gesamtschau der Verträge hinzuzutreten.[114]

Ebenfalls zur Absicherung der Herleitung des Grundsatzes der Verhältnismäßigkeit im Unionsrecht kann auf Argumentationslinien verwiesen werden, wonach sich der Grundsatz der Verhältnismäßigkeit generell aus der Logik juristischer Argumentation ergibt[115] bzw. eine Grundkategorie des menschlichen

---

[109] EuGH, Urt. v. 17.12.1970, Internationale Handelsgesellschaft, Rs. 11/70, EU:C:1970:114, Rn. 4; s. hierzu: *B. Oreschnik*, Verhältnismäßigkeit und Kontrolldichte, 2019, S. 83 f.

[110] Hierzu: *S. A. E. Martens*, Methodenlehre des Unionsrechts, 2013, S. 151.

[111] S. hierzu etwa: *H. Kutscher*, EuR 1981, S. 392, 401; *B. Oreschnik*, Verhältnismäßigkeit und Kontrolldichte, 2019, S. 83; a.A. z.B.: *H. Lecheler*, Der Europäische Gerichtshof und die allgemeinen Rechtsgrundsätze, 1971, S. 189.

[112] Als der EGMR den Grundsatz der Verhältnismäßigkeit im Jahre 1961 im Rahmen des Grundrechtsschutzes anerkannte, ließ sich ein solcher Rechtsgrundsatz sicher nur in Deutschland und in der Schweiz nachweisen, s.: *A. Stone Sweet/H. Keller*, in: Dies. (Hrsg.), A Europe of Rights, 2008, S. 3, 19.

[113] Erst Mitte der 1970er Jahre wurden etwa bestimmte Argumentationsfiguren in Teilbereichen des französischen Verwaltungsrechts mit dem Grundsatz der Verhältnismäßigkeit in Verbindung gebracht, s.: *G. Braibant*, Le principe de proportionnalité, in: Mélanges offerts à Marcel Waline, Tome II, 1974, S. 297 ff.; *J.-P. Costa*, AJDA 1988, S. 434 ff; ausf. zu alldem: *A. Marketou*, Local Meanings of Proportionality, 2021, S. 45 ff., s. hierzu noch ausf. unten, 1. Kap. C. III. 2.

[114] Eine Kombination von rechtsstaatlichen Ansätzen und wertender Rechtsvergleichung vertritt auch: *P. Goffart*, Der unionsrechtliche Verhältnismäßigkeitsgrundsatz als Grenze der Rückforderung unionsrechtswidriger mitgliedstaatlicher Beihilfen, 2021, S. 102 f.

[115] *K. F. Röhl/H. C. Röhl*, Allgemeine Rechtslehre, 3. Aufl. 2008, S. 655 ff.

Denkens allgemein darstellt.[116] Nicht geeignet zur Herleitung des Grundsatzes der Verhältnismäßigkeit im damaligen Gemeinschaftsrecht ist der vor allem in Deutschland vertretene Ansatz, dass der Grundsatz der Verhältnismäßigkeit aus der Existenz von Grundrechten folge.[117] Das hat nichts damit zu tun, dass der Gemeinschaft lange Zeit ein geschriebener Grundrechtskatalog fehlte.[118] Vielmehr wurde die Verhältnismäßigkeit zeitlich vor der Anerkennung der Gemeinschaftsgrundrechte angewandt[119] und ist vor allem auch in Fällen ohne Grundrechtsbezug angewendet worden.[120]

Bieten sich damit mehrere tragfähige Herleitungen für die Existenz des Grundsatzes der Verhältnismäßigkeit im Gemeinschaftsrecht, die ohnehin nie ersichtlich in Frage gestellt worden ist, haben primärrechtliche Normierungen dieses Grundsatzes dennoch eine klärende Wirkung. So ergibt sich die Geltung des Grundsatzes der Verhältnismäßigkeit bei Anwendung der Unionsgrundrechte mittlerweile direkt aus Art. 52 Abs. 1 GRC. In Art. 5 Abs. 4 EUV und seinen Vorgängernormen wurde außerdem verschiedentlich der Anknüpfungspunkt für die Verhältnismäßigkeit im gesamten Unionsrecht gesehen.[121] Auch das EuG formuliert, dass der allgemeine Rechtsgrundsatz der Verhältnismäßigkeit in Art. 5 Abs. 4 EUV verankert sei.[122] Gegen ein solches Verständnis wenden sich

---

[116] So etwa: *L. Hirschberg*, Der Grundsatz der Verhältnismäßigkeit, 1981, S. 43 ff. GA *Bobek*, Schlussanträge v. 14.01.2021 in der Rs. C-64/20, UH, EU:C:2021:14, Rn. 53, Fn. 25 etwa setzt „eine Prise gesunden Menschenverstands“ mit „‚dem Gebot der Vernunft‘, ‚Verhältnismäßigkeit‘ oder schlicht ‚vernünftigen Ausgleich‘ zwischen den beteiligten Interessen“ gleich.

[117] Wie etwa: BVerfGE 65, 1, 44; dazu: *A. Heusch*, Der Grundsatz der Verhältnismäßigkeit im Staatsorganisationsrecht, 2003, S. 51 f. m.w.N. oder *R. Alexy*, Theorie der Grundrechte, 1985, S. 71 ff.

[118] So aber: *S. Heinsohn*, Der öffentlichrechtliche Grundsatz der Verhältnismäßigkeit, 1997, S. 92.

[119] So das Argument bei: *B. Oreschnik*, Verhältnismäßigkeit und Kontrolldichte, 2019, S. 88.

[120] *O. Koch*, Der Grundsatz der Verhältnismäßigkeit in der Rechtsprechung des Gerichtshofs der Europäischen Gemeinschaften, 2003, S. 184 f.

[121] BVerfGE 89, 155, 212; *G. Hirsch*, Das Verhältnismäßigkeitsprinzip im Gemeinschaftsrecht, 1997, S. 11; *F. Grévisse*, Revue du Marché Commun et de l'Union Européenne 1998, S. 569, 571 f.; *F. G. Jacobs*, in: Ellis (Hrsg.), The Principle of Proportionality in the Laws of Europe, 1999, S. 1, 2; *P. M. Huber*, Recht der Europäischen Integration, 2. Aufl. 2002, S. 114; *J. Scherer*, DVBl 1993, S. 281, 283.

[122] EuG, Urt. v. 17.03.2016, Zoofachhandel Züpke, T-817/14, EU:T:2016:157, Rn. 50; EuG, Urt. v. 04.04.2019, ClientEarth, T-108/17, EU:T:2019:215, Rn. 282; EuG, Urt. v. 20.05.2019, Fundación Tecnalia Research & Innovation/REA, T-104/18, EU:T:2019:345, Rn. 141; EuG, Urt. v. 19.09.2019, BTC Srl, T-786/17, EU:T:2019:630, Rn. 95; EuG, Urt. v. 20.09.2019, PlasticsEurope, T-636/17, EU:T:2019:639, Rn. 205; EuG, Urt. v. 10.10.2019, Help, T-335/17, EU:T:2019:736, Rn. 197; EuG, Urt. v. 19.12.2019, Vanda Pharmaceuticals/Kommission, T-211/18, EU:T:2019:892, Rn. 152; EuG, Urt. v. 23.09.2020, Fundación Tecnalia Research & Innovation/Kommission, T-314/19, EU:T:2020:421, Rn. 107; EuG, Urt. v. 24.02.2021, Universität Koblenz-Landau, T-108/18, EU:T:2021:104, Rn. 150.

weite Teile der Literatur, die in Art. 5 Abs. 4 EUV und seinen Vorgängern eine Teilpositivierung des Verhältnismäßigkeitsgrundsatzes zum Schutz der Mitgliedstaaten sehen.[123] Anwendungsbereich und Funktion von Art. 5 Abs. 4 EUV werden in dieser Arbeit noch ausführlich betrachtet. An dieser Stelle ist insoweit lediglich von Bedeutung, dass sich mittlerweile für den Anwendungsbereich des Art. 5 Abs. 4 EUV die Frage nach der Herleitung des Verhältnismäßigkeitsgrundsatzes erübrigt hat.

b) Rang eines allgemeinen Rechtsgrundsatzes

Eng verwandt mit der Herleitung des Grundsatzes der Verhältnismäßigkeit ist die Frage nach dem Rang in der Normenhierarchie, die diesem Grundsatz zukommt. Der EuGH billigt allgemeinen Rechtsgrundsätzen pauschal „Verfassungsrang"[124] zu. Zweifel an dieser Zuordnung mögen bei manchen allgemeinen Rechtsgrundsätzen des Unionsrechts angebracht sein, die damit wohlmöglich in einem zu weiten Maße dem Zugriff des Gesetzgebers gänzlich entzogen wären.[125] Für den Grundsatz der Verhältnismäßigkeit stellt sich diese Frage allerdings nicht, da er unbestritten als Gültigkeitsmaßstab für das Sekundärrecht fungiert und er daher auf der Rangstufe des Primärrechts anzusiedeln ist. Ohnehin gilt dies für die positivrechtlichen Normierungen dieses Grundsatzes in Art. 5 Abs. 4 EUV und Art. 52 Abs. 1 GRC in ihrem jeweiligen Anwendungsbereich.

Hingegen stellt sich durchaus noch die Frage, ob der Grundsatz der Verhältnismäßigkeit als besonders grundlegende Normen des Unionsrechts zu verstehen und in der Normenhierarchie noch über dem Primärrecht anzusiedeln wäre,[126] sodass die Mitgliedstaaten als Herren der Verträge z.B. daran gehindert wären, bestimmte Rechtsbereiche vom Grundsatz der Verhältnismäßigkeit auszunehmen.[127] Hierbei geht es aber vor allem um die Frage, ob es unionsrechtliche Grenzen der Mitgliedstaaten bei der Schaffung der Unionsverträge gibt,[128] der hier

---

[123] S. z.B.: *N. Emiliou*, The Principle of Proportionality in European Law, 1996, S. 267; *T. Tridimas*, The Irish Jurist 31 (1996), S. 83, 99; *O. Koch*, Der Grundsatz der Verhältnismäßigkeit in der Rechtsprechung des Gerichtshofs der Europäischen Gemeinschaften, 2003, S. 164 ff. m.w.N.; *J. Saurer*, JZ 2014, S. 281, 282 ff; *J. Bast*, in: Grabitz/Hilf/Nettesheim EUV, Art. 5, Rn. 66 ff.; *D. Dittert*, Europarecht, 5. Aufl. 2017, S. 94; *N. Petersen*, in: Kahl/Ludwigs (Hrsg.), HVwR III, 2022, § 73, Rn. 13.

[124] EuGH, Urt. v. 19.10.2009, Audiolux, C-101/08, EU:C:2009:626, Rn. 63.

[125] Daher krit.: *S. A. E. Martens*, Methodenlehre des Unionsrechts, 2013, S. 155.

[126] So bei einer Ableitung des Grundsatzes der Verhältnismäßigkeit aus der unionsrechtlichen Rechtsstaatlichkeit: *O. Koch*, Der Grundsatz der Verhältnismäßigkeit in der Rechtsprechung des Gerichtshofs der Europäischen Gemeinschaften, 2003, S. 195 f.

[127] Diese Frage wirft z.B. *J. Schwarze*, Europäisches Verwaltungsrecht, 2. Aufl. 2005, S. 699 auf.

[128] S. hierzu: *U. Everling*, in: FS Hermann Mosler, 1983, S. 173, 186 ff.; *J. L. Da Cruz Vilaça/N. J. Piçarra*, Cahiers de droit européen 1993, S. 3 ff.; *A. Peters*, Elemente einer Theorie der Verfassung Europas, 2001, S. 442 ff.; *W. Schroeder*, Das Gemeinschaftsrechtssystem, 2002, S. 366 ff.

jedoch nicht nachgegangen werden kann. Die primärrechtliche Modifikation des allgemeinen Rechtsgrundsatzes der Verhältnismäßigkeit stand aber bisher nie erkennbar zur Debatte und dürfte ein hypothetisches Problem bleiben. Für die Zwecke dieser Untersuchung ist daher vom Primärrechtsrang des Grundsatzes der Verhältnismäßigkeit auszugehen.

IV. Prüfstufen unionsrechtlicher Verhältnismäßigkeit

Mit alldem ist noch nichts über die Prüfkriterien ausgesagt, aus denen sich der Grundsatz der Verhältnismäßigkeit im Unionsrecht zusammensetzt. Nicht erkennbar bestritten ist, dass die Identifikation eines legitimen Maßnahmenziels, die Eignung der Maßnahme zur Erreichung dieses Ziels und die Erforderlichkeit der Maßnahme zur Erreichung dieses Ziels[129] als Prüfstufen etabliert sind.[130] Zweifel verbleiben aber hinsichtlich der Existenz einer Angemessenheitsprüfung[131], bzw. ihrer Rolle in der Rechtsprechung.[132]

1. Inkonsistenzen

Grund für diese Unklarheiten ist zunächst, dass die primärrechtlichen Verankerungen des Grundsatzes der Verhältnismäßigkeit in Art. 5 Abs. 4 EUV und in Art. 52 Abs. 1 S. 2 GRC ihrem Wortlaut nach nur auf die Erforderlichkeit einer Maßnahme abstellen.[133] Außerdem hat der EuGH spätestens im *Qualitätswein*-Urteil einen Obersatz zur Beschreibung des Prüfprogramms des Grundsatzes der Verhältnismäßigkeit eingeführt, welcher die Angemessenheit als Prüfstufe nicht ausdrücklich nannte.[134] In zahlreichen Fällen beschränkte sich der EuGH dem-

---

[129] Vgl. nur die Betonung der Dominanz der Erforderlichkeitsprüfung bei: *G. de Búrca*, Yearbook of European Law 13 (1993), S. 105, 146; *T. Tridimas*, The Irish Jurist 31 (1996), S. 83, 87; *J. Schwarze*, Europäisches Verwaltungsrecht, 2. Aufl. 2005, S. 834.

[130] So schon: *A. Bleckmann*, in: FS Hans Kutscher, 1981, S. 25, 33.

[131] Dafür z.B.: *V. Trstenjak/E. Beysen*, EuR 2012, S. 265, 269 ff.; *T. von Danwitz*, in: Essays in Honor of Pernilla Lindh, 2012, S. 367, 371 ff.; *T.-I. Harbo*, The Function of the Proportionality Principle in European Law, 2015, S. 23 ff.; dagegen etwa: *A. Bleckmann*, in: FS Hans Kutscher, 1981, S. 25, 33.

[132] BVerfGE 154, 17, 102 betont etwa, dass die Angemessenheit nach deutschem Verständnis in der Rechtsprechung des EuGH „kaum eine Rolle" spiele; s. hierzu auch: *N. Petersen*, in: Kahl/Ludwigs (Hrsg.), HVwR III, 2022, § 73, Rn. 45.

[133] Vgl. hierzu: *F. G. Jacobs*, in: Ellis (Hrsg.), The Principle of Proportionality in the Laws of Europe, 1999, S. 1 f.; *V. Trstenjak/E. Beysen*, EuR 2012, S. 265, 269.

[134] EuGH, Urt. v. 18.09.1986, Kommission/Deutschland, Rs. 116/82, EU:C:1986:332, Rn. 21: Es sei zu klären, ob „die durch die Rechtsakte der Gemeinschaftsorgane auferlegten Maßnahmen zur Erreichung des verfolgten Ziels geeignet sind und nicht die Grenzen des dazu Erforderlichen überschreiten." Diese Formel wurde zu einer Standardformel ohne Beschränkung nach Anwendungsbereich oder Adressatenkreis, s.: *O. Koch*, Der Grundsatz der Verhältnismäßigkeit in der Rechtsprechung des Gerichtshofs der Europäischen Gemeinschaften, 2003, S. 202 f. m. ausf. Nw. zur Anwendung.

gemäß auch auf eine Eignungs- und/oder Erforderlichkeitskontrolle, ohne eine Angemessenheitsprüfung anzusprechen oder durchzuführen.[135]

Allerdings experimentierte der EuGH beginnend mit den Urteilen *De Beste Boter* und *Fromançais*[136] über das Urteil *Rau*[137] bis hin zum Urteil *Schräder*[138] auch

---

[135] S. nur: EuGH, Urt. v. 13.05.1971, International Fruit Company u.a., verb. Rs. 41 bis 44/69, EU:C:1971:53, Rn. 68/72; EuGH, Urt. v. 23.11.1971, Bock/Kommission, Rs. 62/70, EU:C:1971:108, Rn. 15; EuGH, Urt. v. 07.02.1973, Schröder/Deutschland, Rs. 40/72, EU:C:1973:14, Rn. 14, 19 ff.; EuGH, Urt. v. 13.11.1973, Werhahn u.a./Rat, verb. Rs. 63 bis 69/72, EU:C:1973:121, Rn. 14 ff.; EuGH, Urt. v. 24.10.1973, Balkan-Import-Export, Rs. 5/73, EU:C:1973:109, Rn. 21; EuGH, Urt. v. 09.03.1976, Effem, Rs. 95/75, EU:C:1976:37, Rn. 5 f.; EuGH, Urt. v. 05.07.1977, Bela Mühle, Rs. 114/76, EU:C:1977:116, Rn. 7; EuGH, Urt. v. 05.07.1977, Granaria, Rs. 116/76, EU:C:1977:117, Rn. 7; EuGH, Urt. v. 05.07.1977, Ölmühle Hamburg, verb. Rs. 119 und 120/76, EU:C:1977:118, Rn. 7 sowie zu alldiesen: GA *Capotorti*, Schlussanträge v. 07.06.1977 in den verb. Rs. 83, 94, 114, 118, 119, 120/76, 5 und 15/77, Bela Mühle u.a., EU:C:1977:96, S. 1234 ff.; EuGH, Urt. v. 03.05.1978, Milac, Rs. 131/77, EU:C:1978:95, Rn. 4 und 8; EuGH, Urt. v. 12.07.1979, Italien/Rat, Rs. 166/78, EU:C:1979:195, Rn. 22 ff. und hierzu: GA *Reischl*, Schlussanträge v. 13.06.1979 in der Rs. 166/78, Italien/Rat, EU:C.1979:152, S. 2617 ff.; GA *Léger*, Schlussanträge v. 10.12.1996, C-233/94, Deutschland/Rat, EU:C:1996:478, Rn. 119; EuGH, Urt. v. 19.11.1998, Vereinigtes Königreich/Rat, C-150/94, EU:C:1998:547, Rn. 82.

[136] EuGH, Urt. v. 11.05.1977, De Beste Boter, verb. Rs. 99 und 100/76, EU:C:1977:77, Rn. 11: Eine Maßnahme dürfe nicht die Grenzen dessen überschreiten, „was angemessen und erforderlich ist, um den verfolgten Zweck zu erreichen"; EuGH, Urt. v. 23.02.1983, Fromançais, Rs. 66/82, EU:C:1983:42, Rn. 8: es sei zu prüfen, „ob die zur Erreichung des angestrebten Zwecks eingesetzten Mittel mit der Bedeutung dieses Zwecks zu vereinbaren sind, und […] ob sie zu dessen Erreichung erforderlich sind." Diese Formeln wurden austauschbar und unter Hinweis aufeinander genutzt, wenn finanzielle Vor- und Nachteile von Marktteilnehmern in Rede standen, s.: zum Kautionsverfall: EuGH, Urt. v. 24.09.1985, Man (Sugar), Rs. 181/84, EU:C:1985:359, Rn. 20; EuGH, Urt. v. 01.10.1985, Corman, Rs. 125/83, EU:C:1985:382, Rn. 36; bei der Beihilfen- und Prämiengewährung: EuGH, Urt. v. 18.02.1982, Franken, Rs. 77/81, EU:C:1982:70, Rn. 25 ff.; EuGH, Urt. v. 17.05.1984, Denkavit, Rs. 15/83, EU:C:1984:183, Rn. 25; EuGH, Urt. v. 09.07.1987, Lütticke, Rs. 182/85, EU:C:1987:349, Rn. 17 ff.; EuGH, Urt. v. 02.05.1990, Hopermann, C-357/88, EU:C:1990:172, Rn. 14; EuGH, Urt. v. 21.01.1992, Pressler, C-319/90, EU:C:1992:28, Rn. 12; bei Sanktionen: EuGH, Urt. v. 20.02.1979, Buitoni, Rs. 122/78, EU:C:1979:43, Rn. 16/18; EuGH, Urt. v. 27.07.1990, Lingenfelser, C-118/89, EU:C:1990:267, Rn. 12; EuGH, Urt. v. 12.07.1990, Philipp Brothers, C-155/89, EU:C:1990:312, Rn. 34; EuGH, Urt. v. 27.11.1991, Italtrade, C-199/90, EU:C:1991:445, Rn. 12; bei Zöllen: EuGH, Urt. v. 15.06.1999, Heinonen, C-394/97, EU:C:1999:308, Rn. 39.

[137] EuGH, Urt. v. 10.11.1982, Rau, Rs. 261/81, EU:C:1982:382, Rn. 12: „[Es sind] sind in Ermangelung einer gemeinschaftlichen Regelung des Inverkehrbringens der betreffenden Erzeugnisse Hemmnisse für den freien Binnenhandel der Gemeinschaft, die sich aus den Unterschieden der nationalen Regelungen ergeben, hinzunehmen, soweit eine solche nationale Regelung, die unterschiedslos für einheimische wie für eingeführte Erzeugnisse gilt, dadurch gerechtfertigt werden kann, daß sie notwendig ist, um zwingenden Erfordernissen, unter anderem des Verbraucherschutzes, gerecht zu werden. Die Regelung muß allerdings in einem angemessenen Verhältnis zum verfolgten Zweck stehen. Hat ein Mitgliedstaat die Wahl zwischen verschiedenen zur Erreichung desselben Ziels geeigneten Mitteln, so hat er das

mit Maßstabssätzen, die eine Prüfstufe der Angemessenheit einschlossen.[139] Da der EuGH neue Formeln an vorherige Rechtsprechung anknüpfte,[140] Querverweise setzte[141] und Mischformen schuf,[142] zeugen diese variierenden Formulierungen von Übersetzungsschwierigkeiten[143] und von der Herausforderung, Konzepte in einem multilingualen System auf den Begriff zu bringen.[144] Von durch das

Mittel zu wählen, das den freien Warenverkehr am wenigsten behindert." Diese Formel wurde v.a. auf mitgliedstaatliche Maßnahmen angewandt, s. nur: EuGH, Urt. v. 27.03.1985, Denkavit Futtermittel, Rs. 73/84, EU:C:1985:144, Rn. 14; Urt. v. 12.03.1987, Kommission/Griechenland, Rs. 176/84, EU:C:1987:125, Rn. 25; EuGH, Urt. v. 12.03.1987, Kommission/Deutschland, Rs. 178/84, EU:C:1987:126, Rn. 28; EuGH, Urt. v. 14.07.1988, 3 Glocken, Rs. 407/85, EU:C:1988:401, Rn. 10; EuGH, Urt. v. 14.07.1988, Zoni, Rs. 90/86, EU:C:1988:403, Rn. 10; EuGH, Urt. v. 16.05.1989, Buet, Rs. 382/87, EU:C:1989:87, Rn. 11; EuGH, Urt. v. 18.05.1993, Yves Rocher, C-126/91, EU:C:1993:191, Rn. 12; EuGH, Urt. v. 17.01.2008, Viamex Agrar, verb. Rs. C-37/06 und C-58/06, EU:C:2008:18, Rn. 35.

[138] EuGH, Urt. v. 11.07.1989, Schräder, Rs. 265/87, EU:C:1989:303, Rn. 21: „Maßnahmen, durch die den Wirtschaftsteilnehmern finanzielle Belastungen auferlegt werden, [sind] nur rechtmäßig, wenn sie zur Erreichung der zulässigerweise mit der fraglichen Regelung verfolgten Ziele geeignet und erforderlich sind. Dabei ist, wenn mehrere geeignete Maßnahmen zur Auswahl stehen, die am wenigsten belastende zu wählen; ferner müssen die auferlegten Belastungen in angemessenem Verhältnis zu den angestrebten Zielen stehen." Die Schräder-Formel wurde schnell rechtsgebietsübergreifend eingesetzt, s. nur: EuGH, Urt. v. 26.06.1990, Zardi, C-8/89, EU:C:1990:260, Rn. 10; EuGH, Urt. v. 13.11.1990, Fedesa, C-331/88, EU:C:1990:391, Rn. 13; EuGH, Urt. v. 16.10.1991, Faust II, C-24/90, EU:C:1991:387, Rn. 12; EuGH, Urt. v. 05.10.1994, Crispoltoni, verb. Rs. C-133/93, C-300/93 und C-362/93, EU:C:1994:364, Rn. 41; EuGH, Urt. v. 29.02.1996, Frankreich und Irland/Kommission, verb. Rs. C-296/93 und C-307/93, EU:C:1996:65, Rn. 30; EuGH, Urt. v. 12.09.1996, Fattoria Autonoma Tabacchi, verb. Rs. C-254, 255 und 269/94, EU:C:1996:320, Rn. 55; EuGH, Urt. v. 05.05.1998, National Farmer's Union, C-157/96, EU:C:1998:191, Rn. 60; EuGH, Urt. v. 05.05.1998, Vereinigtes Königreich/Kommission, C 180/96, EU:C:1998:192, Rn. 96.

[139] *W. van Gerven*, in: Ellis (Hrsg.), The Principle of Proportionality in the Laws of Europe, 1999, S. 37, 38; *E. Pache*, NVwZ 1999, S. 1033, 1036; *Ders.*, Tatbestandliche Abwägung und Beurteilungsspielraum, 2001, S. 402 f.

[140] S. nur: EuGH, Urt. v. 18.09.1986, Kommission/Deutschland, Rs. 116/82, EU:C:1986:332, Rn. 21; EuGH, Urt. v. 11.07.1989, Schräder, Rs. 265/87, EU:C:1989:303, Rn. 21.

[141] Vgl. die Nutzung der *Fromançais*-Formel in EuGH, Urt. v. 02.05.1990, Hopermann, C-357/88, EU:C:1990:172, Rn. 14 unter Verweis auf EuGH, Urt. v. 17.05.1984, Denkavit, Rs. 15/83, EU:C:1984:183, Rn. 25, das eine leicht modifizierte Version der *De Beste Boter* Formel verwandte.

[142] S. z.B.: EuGH, Urt. v. 13.04.2000, Karlsson, C-292/97, EU:C:2000:202, Rn. 58 f.; EuGH, Urt. v. 06.07.2000, Molkereigenossenschaft Wiedergeltingen, C-356/97, EU:C:2000:364, Rn. 35 f.

[143] Vgl. die Übersetzung von „approprié et proportionné" mit „angemessen und verhältnismäßig" in: GA *Trabucchi*, Schlussanträge v. 06.07.1976 in der Rs. 13/76, Dona, EU:C:1976:104, S. 1344 und die Übersetzung von „geeignet und verhältnismäßig" mit „appropriés et proportionnés" bei: GA *Lenz*, Schlussanträge v. 23.11.1995 in der Rs. C-8/94, Laperre, EU:C:1995:402, Rn. 44. In EuGH, Urt. v. 04.07.1996, Hüpeden, C-295/94, EU:C:1996:267, Rn. 15 präzisierte der EuGH nach Wiedergabe der *Schräder*-Formel: „Somit ist zunächst das mit der streitigen Verordnung verfolgte Ziel zu ermitteln und sodann zu prüfen, ob die Maß-

im Einzelfall anwendbare Sekundärrecht geprägten Ausnahmen abgesehen[145] dominieren bis heute die *Rau-* bzw. *Schräder*-Formel und die *Qualitätswein*-Formel sowie ihre Abwandlungen die Rechtsprechung.[146]

---

nahmen angemessen und verhältnismäßig sind." Im französischen Original sprach der EuGH von einer Prüfung „si les mesures sont appropriées et proportionnées", was im Vergleich zur Formel aus *De Beste Boter* Unklarheiten zur Tragweite des Begriffs der „mesures appropriées" aufwirft und die Bedeutung der „mesures proportinnées" im Dunkeln lässt.

[144] Vgl.: *P. Pescatore*, in: Müller/Burr (Hrsg.), Rechtssprache Europas, 2004, S. 243, 256; allg.: *R. Christensen/M. Sokolowski*, in: Müller/Burr (Hrsg.), Rechtssprache Europas, 2004, S. 113 ff.

[145] Die *De Beste Boter*-Formel wurde z.B. in der Richtlinie 2000/78/EWG vom 27.11.2000 zur Festlegung eines allgemeinen Rahmens für die Verwirklichung der Gleichbehandlung in Beschäftigung und Beruf, ABl. Nr. L 303. 02.12.2000 S. 16 sowie der Richtlinie 2006/54/EG des Rates vom 29.06.2000 zur Anwendung des Gleichbehandlungsgrundsatzes ohne Unterschied der Rasse oder der ethnischen Herkunft, ABl. Nr. L 180 v. 19.07.2000 S. 22 als Beschreibung des Verhältnismäßigkeitsgrundsatzes normiert. Dies geht zurück auf: GA *La Pergola*, Schlussanträge v. 18.05.1999 in der Rs. C-273/97, Sirdar, EU:C:1999:246, Rn. 41. Wo allgemein auf den unionsrechtlichen Gleichbehandlungsgrundsatz abgestellt wird, greift sie ebenfalls, s. z.B.: EuGH, Urt. v. 22.01.2019, Cresco Investigations, C-193/17, EU:C:2019:43, Rn. 65; EuGH, Urt. v. 19.11.2020, EAD/Hebberecht, C-93/19 P, EU:C:2020:946, Rn. 41. Sie findet sich auch zur Klärung der Frage, ob nationale Sanktionsregeln für Verstöße gegen unionsrechtliches Verkehrsrecht verhältnismäßig ausgestaltet sind, s.: EuGH, Urt. v. 23.01.1997, Pastoors, C-29/95, EU:C:1997:28, Rn. 24; EuGH, Urt. v. 23.04.2015, Aykul, C-260/13, EU:C:2015:257, Rn. 78; EuGH, Urt. v. 28.10.2020, Kreis Heinsberg, C-112/19, EU:C:2020:864, Rn. 44. Die *Hüpeden*-Formel wurde in Art. 15 der Richtlinie 2002/58/EG des Europäischen Parlaments und des Rates vom 12.07.2002 über die Verarbeitung personenbezogener Daten und den Schutz der Privatsphäre in der elektronischen Kommunikation, ABl. Nr. L 201 vom 31.07.2002, S. 37 aufgegriffen, s.: EuGH, Urt. v. 06.10.2020, Quadrature du Net u.a., verb. Rs. C-511/18, C-512/18 und C-520/18, EU:C:2020:791, Rn. 168; EuGH, Urt. v. 02.03.2021, Prokuratuur, Rs. C-746/18, EU:C:2021:152, Rn. 27 ff.

[146] S. nur für die *Qualitätswein*-Formel: EuGH, Urt. v. 11.12.2018, Weiss u.a., C-493/17, EU:C:2018:1000, Rn. 72; EuGH, Urt. v. 29.07.2019, Funke Medien NRW, C-469/17, EU:C:2019:623, Rn. 49; EuGH, Urt. v. 29.07.2019, Spiegel Online, C-516/17, EU:C:2019:625, Rn. 34; EuGH, Urt. v. 03.12.2019, Tschechische Republik/Parlament und Rat, C-482/17, EU:C:2019:1035, Rn. 76; EuGH, Urt. v. 09.07.2020, Haswani, C-241/19 P, EU:C:2020:545, Rn. 99; EuGH, Urt. v. 15.10.2020, E. sp. z o.o. sp. k., C-335/19, EU:C:2020:829, Rn. 47; EuGH, Urt. v. 08.12.2020, Polen/Parlament, C-626/18, EU:C:2020:1000, Rn. 94; EuGH, Urt. v. 08.12.2020, Ungarn/Parlament, C-620/18, EU:C:2020:1001, Rn. 111; EuGH, Urt. v. 09.12.2020, Groupe Canal+, C-132/19 P, EU:C:2020:1007, Rn. 104; EuGH; Urt. v. 16.12.2020, Chrysostomides u.a., verb. Rs. C-597/18 P, C-598/18 P, C-603/18 P und C-604/18 P, EU:C:2020:1028, Rn. 160; EuGH, Urt. v. 26.01.2021, Dietrich u.a., verb. Rs. C-422 und 423/19, EU:C:2021:63, Rn. 70; für die *Rau* bzw. *Schräder*-Formel: EuGH, Urt. v. 11.01.2017, Spanien/Rat, C-128/15, EU:C:2017:3, Rn. 71; EuGH, Urt. v. 20.03.2018, Garlsson Real Estate, C-537/16, EU:C:2018:193, Rn. 48; EuGH, Urt. v. 20.03.2018, Menci, C-524/15, EU:C:2018:197, Rn. 46; EuGH, Urt. v. 30.04.2019, Italien/Rat, C-611/17, EU:C:2019:332, Rn. 55; EuGH, Urt. v. 02.04.2020, Ruska Federacija, C-897/19 PPU, EU:C:2020:262, Rn. 59; EuGH, Urt. v. 04.06.2020, Ungarn/Kommission, C-456/18 P, EU:C:

Allerdings decken sich in der Prüfung des EuGH Maßstab und Prüfung nicht immer:[147] Der gesetzte Maßstab kann durchaus mit den verwendeten Prüfstufen übereinstimmen.[148] Hingegen gibt es auch zahlreiche Beispiele dafür, dass der EuGH im Maßstab vorgibt, Eignung, Erforderlichkeit und Angemessenheit prüfen zu wollen, sich dann aber auf einzelne Teilgrundsätze in der Prüfung beschränkt.[149] Ebenso lässt sich beobachten, dass er einen Maßstab verwendet, in dem die Angemessenheit als Prüfstufe nicht expliziert, jedoch in der Prüfung zur Anwendung gebracht wird.[150]

Bis in die frühe Rechtsprechung lässt sich jedenfalls zurückverfolgen, dass der EuGH auch in der Sache prüft, ob Zweck und Mittel der Maßnahme in angemessener Relation zueinanderstehen.[151] Bei der Überprüfung von Sanktionen hat der EuGH sogar stets die Angemessenheit der Sanktionen kontrolliert.[152] Au-

---

2020:421, Rn. 41; EuGH, Urt. v. 19.11.2020, BS, C-663/18, EU:C:2020:938, Rn. 89; EuGH, Urt. v. 19.11.2020, Staatsanwaltschaft Heilbronn, C-454/19, EU:C:2020:947, Rn. 36; EuGH, Urt. v. 17.12.2020, Centraal Israëlitisch Consistorie van België u. a., C-336/19, EU:C: 2020:1031, Rn. 64. EuGH, Urt. v. 17.12.2020, BY, C-398/19, EU:C:2020:1032, Rn. 41.

[147] So auch: *V. Trstenjak/E. Beysen*, EuR 2012, S. 265, 270; *T. von Danwitz*, in: Essays in Honor of Pernilla Lindh, 2012, S. 367, 373.

[148] S. nur z.B.: EuGH, Urt. v. 22.01.2013, Sky Österreich, C-283/11, EU:C:2013:28, in dem auf die *Schräder*-Formel (Rn. 50), eine Prüfung des legitimen Ziels (Rn. 52), der Eignung der Maßnahme zur Zielerreichung (Rn. 53), möglicher milderer Mittel (Rn. 54 ff.) und eine ausf. Angemessenheitsprüfung (Rn. 58 ff.) folgt. Aus der älteren Rechtsprechung z.B.: EuGH, Urt. v. 13.11.1990, Fedesa, C-331/88, EU:C:1990:391, Rn. 16 f.

[149] Z.B. in EuGH, Urt. v. 11.07.1989, Schräder, Rs. 265/87, EU:C:1989:303, Rn. 21 ff. kündigte der EuGH eine umfassende Prüfung an, nur um dann die Eignung der Maßnahme zu bestätigen und die Prüfung zu beenden. In EuGH, Urt. v. 18.05.1993, Yves Rocher, C-126/91, EU:C:1993:191 beschränkte sich der EuGH trotz Nutzung der *Rau*-Formel (Rn. 12) auf eine Eignungs- und Erforderlichkeitsprüfung (Rn. 14 ff.). Für Prüfungen, die in der Sache hinter ihren Ankündigungen zurückbleiben, s. außerdem: EuGH, Urt. v. 14.06.2017, Verband Sozialer Wettbewerb, C-422/16, EU:C:2017:458, Rn. 46 ff.; EuGH, Urt. v. 07.02.2018, American Express Company, C-304/16, EU:C:2018:66, Rn. 85 ff.

[150] Z.B. in EuGH, Urt. v. 08.06.2010, Vodafone u.a., C-58/08, EU:C:2010:321, Rn. 51 wurde die auf Eignung und Erforderlichkeit beschränkte Qualitätswein-Formel genutzt, der aber eine umfassende, die Angemessenheit einschließende Prüfung folgte (Rn. 55 ff.). Ähnlich: EuGH, Urt. v. 12.05.2011, Luxemburg/Parlament und Rat, C-176/09, EU:C:2011:290, Rn. 61, 65 ff.; EuGH, Urt. v. 08.04.2014, Digital Rights Ireland u.a., verb. Rs. C-293/12 und C-594/12, EU:C:2014:238, Rn. 46, 49 ff.; EuGH, Urt. v. 18.12.2018, Weiss u.a., C-493/17, EU:C:2018:1000, Rn. 72, 74 ff.; EuGH, Urt. v. 03.12.2019, Tschechische Republik/Parlament und Rat, C-482/17, EU:C:2019:1035, Rn. 76, 116 ff.

[151] EuGH, Urt. v. 15.07.1970, Buchler, Rs. 44/69, EU:C:1970:72, Rn. 54; EuGH, Urt. v. 07.02.1973, Schröder/Deutschland, Rs. 40/72, EU:C:1973:14, Rn. 18; EuGH, Urt. v. 24.10.1973, Balkan-Import-Export, Rs. 5/73, EU:C:1973:109, Rn. 22 f.; EuGH, Urt. v. 13.02.1979, Hoffmann-La Roche, Rs. 85/76, EU:C:1979:36, Rn. 140 f.; EuGH, Urt. v. 25.01.1977, Bauhuis, Rs. 46/76, EU:C:1977:6, Rn. 31/34; EuGH, Urt. v. 11.05.1977, De Beste Boter u.a., verb. Rs. 99 und 100/76, EU:C:1977:77, Rn. 11; EuGH, Urt. v. 30.11.1978, Bussone, Rs. 31/78, EU:C:1978:217, Rn. 34/35.

[152] S. nur statt vieler: EuGH, Urt. v. 17.12.1959, Macchiorlatti Dalmas/Hohe Behörde,

ßerdem finden sich in zahlreichen Urteilen Erwägungen, die in der Substanz eine Abwägung der widerstreitenden Interessen erkennen lassen.[153] Insbesondere hat der EuGH in vielen Urteilen seine Erforderlichkeitsprüfung so gestaltet, dass Abwägungsfragen bereits an dieser Stelle verhandelt wurden und keine Notwendigkeit für eine gesonderte Angemessenheitsprüfung bestand.[154]

2. Erklärungsansatz

Der Schlüssel zum Verständnis dieser Rechtsprechung liegt vor allen in der Eigenheit des Begründungsstils des EuGH. Der EuGH entscheidet in der Sache traditionell recht eng am Fall und verzichtet in der Regel auf die Würdigung solcher Aspekte, die von vorlegenden Gerichten oder Verfahrensbeteiligten nicht vorgebracht wurden.[155] Dies verknappt die Urteile und verringert damit den Übersetzungsaufwand, bewahrt dem EuGH aber vor allem die nötige Flexibili-

---

Rs. 1/59, EU:C:1959:29, S. 445; s. auch: EuGH, Urt. v. 14.07.1972, BASF/Kommission, Rs. 49/69, EU:C:1972:71, Rn. 38; EuGH, Urt. v. 14.07.1972, Bayer Farbenfabriken/Kommission, Rs. 51/69, EU:C:1972:72, Rn. 42; EuGH, Urt. v. 31.01.1984, IFG, Rs. 1/83, EU:C:1984:36, Rn. 10, 18; EuGH, Urt. v. 08.07.2019, Kommission/Belgien, C-543/17, EU:C:2019:573, Rn. 83; EuGH, Urt. v. 12.09.2019, Maksimovic u.a., verb. Rs. C-64/18, C-140/18, C-146/18 und C-148/18, EU:C:2019:723, Rn. 46; EuGH, Urt. v. 16.07.2020, Kommission/Rumänien, C-549/18, EU:C:2020:563, Rn. 72; EuGH, Urt. v. 25.02.2021, Kommission/Spanien, C-658/19, EU:C:2021:138, Rn. 62; s. zu alledem ausf.: *O. Koch*, Der Grundsatz der Verhältnismäßigkeit in der Rechtsprechung des Gerichtshofs der Europäischen Gemeinschaften, 2003, S. 219 ff.; 293 ff.

[153] S. z.B.: EuGH, Urt. v. 31.01.1984, Kommission/Vereinigtes Königreich, Rs. 40/82, EU:C:1984:33, Rn. 17; EuGH, Urt. v. 20.09.1988, Kommission/Dänemark, Rs. 302/86, EU:C:1988:421, Rn. 21; EuGH, Urt. v. 06.07.1993, Kommission/Galbani, C-242/90 P, EU:C:1993:284, Rn. 14; EuGH, Urt. v. 29.02.1996, Frankreich und Irland/Kommission, verb. Rs. C-294 und 307/93, EU:C:1996:65, Rn. 44; EuGH, Urt. v. 25.06.1997, Kieffer, C-114/96, EU:C:1997:316, Rn. 34 ff.

[154] S. hierzu: *O. Koch*, Der Grundsatz der Verhältnismäßigkeit in der Rechtsprechung des Gerichtshofs der Europäischen Gemeinschaften, 2003, S. 213 ff. m.w.N.

[155] Eine ausführliche und differenzierte Darstellung der Praxis liefert: *B. Sachs*, Die Exofficio-Prüfung durch die Gemeinschaftsgerichte, 2008, S. 8 ff. Illustrativ ist hier aus jüngerer Zeit: EuGH, Urt. v. 06.08.2017, Slowakei und Ungarn/Rat, verb. Rs. C-643/15 und C-647/15, EU:C:2017:631 und die minutiöse Abarbeitung aller von den Klägern vorgebrachten Argumente im Rahmen der Verhältnismäßigkeitsprüfung in Rn. 212 ff., aber auch die Beschränkung auf die Behandlung dieser Vorbringen. S. auch: EuGH, Urt. v. 21.06.2018, Polen/Parlament und Rat, C-5/16, EU:C:2018:483, Rn. 169 ff., in dem der EuGH die Eignung und die Angemessenheit, nicht aber die Erforderlichkeit der Maßnahme prüft, weil die Klägerin insoweit nichts geltend gemacht hatte. S. zu diesem Vorgehen m.w.N.: *T. von Danwitz*, in: Hatje/Müller-Graff (Hrsg.), Europäisches Organisations- und Verfassungsrecht, 2. Aufl. 2022, § 19, Rn. 44. Es handelt sich hierbei weniger um eine Einschränkung des Grundsatzes *iura novit curia*, sondern eher um eine Selbstbeschränkung des EuGH, Aspekte eines Falls *sua sponte* zu behandeln, wie sie z.B. auch das spanische Verfassungsgericht praktiziert, s.: *P. Pérez Tremps*, in: Saiz Aranz/Alcoberro Llivina (Hrsg.), National Constitutional Identity and European Integration, 2013, S. 263, 270.

tät, sich auf die Aspekte zu konzentrieren, die das vorlegende Gericht problematisiert hat oder die zwischen den Verfahrensbeteiligten streitig waren. Dazu kommt die in einem multinationalen Gericht ohne das Institut einer abweichenden richterlichen Meinung beinahe zwingende Praxis des EuGH, in der Urteilsbegründung nur die unabdingbaren und konsensfähigen Erwägungen zu äußern.[156] Die Wiederverwendung von etablierten Formeln verringert ebenfalls den Übersetzungsaufwand.

Soweit sich der EuGH tatsächlich von den besonders problematischen Aspekten eines Falles leiten lässt, hängen Inhalt und Qualität der unionsrechtlichen Verhältnismäßigkeitsprüfung nicht davon ab, welche Teilgrundsätze in einem konkreten Fall angesprochen werden, da insoweit eher die Belastbarkeit der fallspezifischen Argumentation statt die Abarbeitung eines abstrakten Prüfschemas maßgeblich sein sollte. Freilich geht damit auch eine besondere Verantwortung des EuGH einher, wird aus den Urteilsgründen allein für die Öffentlichkeit doch nicht zwingend ersichtlich, ob tatsächlich alle Aspekte eines Falls berücksichtigt wurden.[157] Nicht zu rechtfertigen wäre jedenfalls eine Prüfpraxis, in der bestimmte Prüfungsschritte ausgelassen werden, um ggf. fallentscheidende Argumente zu umgehen oder zu verzerren. Innerhalb dieses Rahmens verbleibende Inkonsistenzen mögen sich mit der unbedachten Verwendung etablierter Textbausteine erklären, wobei eine Vereinheitlichung vor allem zu einer besseren Orientierung und Verständlichkeit führen würde, insbesondere da inhaltlich mit den verschiedenen Formeln keine Unterschiede verbunden sind.

Die Rechtsprechung ist damit nicht über jeden Zweifel erhaben, zumal sich die inhaltliche Qualität der Prüfung stets erst im Einzelfall erweisen muss und die terminologischen Inkonsistenzen den Zugang zur Thematik erschweren. Die Existenz der Prüfstufe der Angemessenheit in der Rechtsprechung ist aber nicht zu bestreiten, sodass davon ausgegangen werden kann, dass der Grundsatz der Verhältnismäßigkeit die Prüfstufen von Geeignetheit, Erforderlichkeit und Angemessenheit umfasst.

V. Fazit

Der Grundsatz der Verhältnismäßigkeit war schon vor dem Auftauchen dieses Begriffs und vor seiner Kennzeichnung als allgemeiner Rechtsgrundsatz in der Rechtsprechung präsent. Hierbei lassen sich schon früh sowohl eher auf den Schutz individueller Interessen wie auch auf die allgemeine Ausgewogenheit einer Maßnahme ausgerichtete Überlegungen des EuGH identifizieren. Diese bei-

[156] S. hierzu: *K. Lenaerts*, in: Adams/de Waele/Meeusen/Straetmans (Hrsg.), Judging Europe's Judges, 2013, S. 13, 46. Dieses Vorgehen entspricht i.Ü. voll dem Leitbild des § 313 Abs. 3 ZPO für deutsche Zivilurteile, s.: *U. Kischel*, EuR 2000, S. 380, 396.

[157] Deshalb wiegt auch der Vorwurf in BVerfGE 154, 17, 117 f., der EuGH habe die wirtschaftspolitischen Auswirkungen zu Ungunsten der Mitgliedstaaten nicht berücksichtigt, unabhängig davon, ob er fundiert ist oder nicht, besonders schwer.

den Stoßrichtungen der Prüfung hat der EuGH unter dem Dach eines allgemeinen Rechtsgrundsatzes mit einem einheitlichen Prüfprogramm und einer ganzen Bandbreite an Einsatzmöglichkeiten vereint. Eine genauere Analyse dieser Rechtsprechung zeigt aber im Folgenden, dass innerhalb dieses Rechtsgrundsatzes die beiden bereits in den ersten Jahren der Rechtsprechung präsenten Prüfzugriffe weiter ausgebildet wurden und sich konsolidiert haben.

B. Herausbildung zweier Prüfzugriffe auf die unionsrechtliche Verhältnismäßigkeit

Hinter den im ersten Abschnitt in historischer Perspektive herausgearbeiteten Grundstrukturen der Verhältnismäßigkeit im Unionsrecht verbergen sich in der Praxis die unterschiedlichsten Funktionen und Erscheinungsformen.[158] Zu einer genaueren Analyse wurden bereits unterschiedliche Kategorisierungen und Typen von unionsrechtlicher Verhältnismäßigkeit vorgeschlagen: So wird teilweise nach Sachbereichen analysiert,[159] teilweise danach unterschieden, ob Unionshandlungen oder Handlungen der Mitgliedstaaten in Rede stehen[160] und teilweise wird nach den in der Prüfung involvierten Interessen differenziert.[161] Diese Kategorisierungen ermöglichen je nach Untersuchungsziel wertvolle Einsichten. Beispielsweise hat die Gegenüberstellung der Prüfung von Unionsmaßnahmen einerseits und von mitgliedstaatlichen Maßnahmen andererseits zu der Feststellung geführt, dass die Kontrolldichte des EuGH in letzterem Fall grundsätzlich höher ausfiele.[162] Unterscheidungen nach Sachbereichen vermögen die Diversität

---

[158] Vgl. hierzu: *T.-I. Harbo*, European Law Journal 16 (2010), S. 158, 160, 171; *W. Sauter*, Cambridge Yearbook of European Legal Studies 15 (2012/13), S. 439, 442, 464 f.

[159] So etwa: *D. Meurers*, Der Grundsatz der Verhältnismäßigkeit im Vergaberecht, 2020, S. 94 ff; *J. Hartlieb*, Verpflichtungszusagen im europäischen Kartellrecht und der Grundsatz der Verhältnismäßigkeit, 2020, S. 184 ff.; *D. Groß*, Die Rechtfertigung einer Altersdiskriminierung auf der Grundlage der Richtlinie 2000/78/EG, 2010, S. 54 ff., 79 ff.; *R. Barents*, Agricultural Law of the EC, 1994, S. 353 ff.; *N. Emiliou*, The Principle of Proportionality in European Law, 1996, S. 195 ff.

[160] So etwa: *O. Koch*, Der Grundsatz der Verhältnismäßigkeit in der Rechtsprechung des Gerichtshofs der Europäischen Gemeinschaften, 2003, S. 290 ff., der dann aber jeweils wieder nach Sachbereichen unterscheidet; *G. de Búrca*, Yearbook of European Law 13 (1993), S. 105 ff.; *F. G. Jacobs*, in: Ellis (Hrsg.), The Principle of Proportionality in the Laws of Europe, 1999, S. 1 ff.; *K. Lenaerts*, in: European Central Bank (Hrsg.), Continuity and change – how the challenges of today prepare the ground for tomorrow, 2022, S. 27, 31, 39.

[161] *V. Kosta*, in: Mendes (Hrsg.), EU Executive Discretion and Limits of Law, 2019, S. 198; mit anderer Einteilung: *N. Petersen*, in: Kahl/Ludwigs (Hrsg.), HVwR III, 2022, § 73, Rn. 11 ff.

[162] So etwa: *G. de Búrca*, Yearbook of European Law 13 (1993), S. 105, 110 ff.; *F. Schwab*, Der Europäische Gerichtshof und der Verhältnismäßigkeitsgrundsatz, 2002, S. 309; *M. Bühler*, Einschränkungen von Grundrechten nach der Europäischen Grundrechtecharta, 2005, S. 206; dagegen: *B. Oreschnik*, Verhältnismäßigkeit und Kontrolldichte, 2019, S. 287; diffe-

von Argumentationslinien, Problemschwerpunkten und Funktionsweisen in der Verhältnismäßigkeitsprüfung je nach Sachbereich aufzuzeigen.[163]

Die im ersten Abschnitt dargestellte Entwicklung des Grundsatzes der Verhältnismäßigkeit im Unionsrecht führt im Folgenden zu einer eigenen Kategorisierung der Rechtsprechung. Die Feststellung, dass schon in der frühen Rechtsprechung verschiedene Stoßrichtungen und Funktionen der Verhältnismäßigkeitsprüfung erkennbar sind – eine auf den Schutz individueller Interessen bezogene Linie und eine auf die allgemeine Ausgewogenheit abzielende Linie – wirft die Frage auf, inwieweit der Grundsatz der Verhältnismäßigkeit im Unionsrecht in seiner Entwicklung bis heute unterschiedlichen Prüfzugriffen mit unterschiedlichen Zielen unterliegt. Die Klarstellung von Prüfzugriff und Schutzziel ist aber für die hier behandelte Themenstellung ganz besonders relevant. Welche Bedeutung und Funktion der Grundsatz der Verhältnismäßigkeit im Föderalismus der EU haben könnte, hängt auch davon ab, welchen Prüfzugriff man mit dem Grundsatz der Verhältnismäßigkeit verbindet, ob er etwa primär eine Eingriffsschranke für einzelne Rechtspositionen darstellt, oder eher das Streben nach einer allgemeinen Ausgewogenheit einer Maßnahme verkörpert.

Im Folgenden wird gezeigt, dass sich die Verwendung des Grundsatzes der Verhältnismäßigkeit in der Rechtsprechung nach diesen bereits in der frühesten Rechtsprechung angelegten, unterschiedlichen Stoßrichtungen unterscheiden lässt. Sie unterscheiden sich maßgeblich darin, ob sie Verhältnismäßigkeit als einen für sich stehenden, die allgemeine Ausgewogenheit einer Maßnahme sicherstellenden Prüfmaßstab verstehen, oder durch Verhältnismäßigkeit die Grenzen der Einschränkung eines bestimmten Interesses konturieren wollen, was Auswirkungen auf die Handhabung der Prüfstufen wie auch auf die Kontrolldichte hat.

I. Verhältnismäßigkeit als Ausgewogenheitsmaßstab des Unionshandelns

1. Ein eigenständiger Prüfungsmaßstab

Vereinzelt in der Rechtsprechung und verschiedentlich in der Literatur ist darauf hingewiesen worden, dass der Grundsatz der Verhältnismäßigkeit in der Rechtsprechung des EuGH in erster Linie ein eigenständiger, objektiver Grundsatz sei, der aus sich heraus als richterlicher Kontrollmaßstab für die Gültigkeit von Maßnahmen fungiere.[164] Dahinter steht die Erkenntnis, dass der als allgemeiner

---

renzierend mit Blick auf die Kontrolldichte des EuGH bei der Prüfung der Verhältnismäßigkeit der Grundfreiheiten: *A. Brigola*, EuZW 2017, S. 406, 407 ff.

[163] Vgl. hierzu: *O. Koch*, Der Grundsatz der Verhältnismäßigkeit in der Rechtsprechung des Gerichtshofs der Europäischen Gemeinschaften, 2003, S. 290 ff.

[164] Ausdrücklich: EuGH, Urt. v. 21.01.1992, Pressler, C-319/90, EU:C:1992:28, Rn. 10; s. aus der Literatur: *A. Bleckmann*, in: FS Hans Kutscher, S. 25, 32; *H. Kutscher*, in: Deutsche Sektion der Internationalen Juristen-Kommission (Hrsg.), Der Grundsatz der Verhältnismäßigkeit in europäischen Rechtsordnungen, 1985, S. 89, 94; *C. Pollack*, Verhältnismäßig-

Rechtsgrundsatz entwickelte Grundsatz der Verhältnismäßigkeit im Unionsrecht nicht bloß dann zur Anwendung kommt, wenn in bestimmte Rechte oder Interessen eingegriffen wurde und zur Klärung der Grenzen dieser Eingriffe wirkt, sondern eine eigene, allgemeine Handlungsschranke von Hoheitsgewalt ausdrückt.[165] Im Unterschied zu einer stärker auf Individualinteressen bezogenen Prüfung, in der die Verhältnismäßigkeit vor allem den Ausgleich widerstreitender Interessen ermöglicht und daher selbst keinen eignen substantiellen Inhalt hat,[166] stellt der Grundsatz der Verhältnismäßigkeit in dieser Form ein Gebot der Sachgerechtigkeit und Ausgewogenheit auf.[167]

Was daraus aber für die Anwendung des Grundsatzes der Verhältnismäßigkeit folgt, wird in der Regel nicht thematisiert.[168] Eine genauere Analyse der Rechtsprechung belegt insofern nicht nur, dass die vorstehende Charakterisierung der Verwendung des Grundsatzes der Verhältnismäßigkeit in der Rechtsprechung zutrifft, sondern offenbart auch, dass die in diesem Prüfzugriff vorgenommene Anwendung der Prüfstufen des Verhältnismäßigkeitsgrundsatzes eine Reihe von methodischen Eigenheiten aufweisen. Dieser Prüfzugriff wird im Folgenden entfaltet.

2. Gesamtbilanzierung

Einige Formeln aus der Rechtsprechung versuchen sich bereits an einer Umschreibung dieses Prüfzugriffs. So spricht der EuGH in ständiger Rechtsprechung davon, dass „die am wenigsten belastende“[169] Maßnahme zu wählen ist,

---

keitsprinzip und Grundrechtsschutz in der Judikatur des Europäischen Gerichtshofs und des österreichischen Verfassungsgerichtshofs, 1990, S. 42 f.; *N. Emiliou*, The Principle of Proportionality in European Law, 1996, S. 121; *E. Pache*, NVwZ 1999, S. 1033, 1036; *O. Koch*, Der Grundsatz der Verhältnismäßigkeit in der Rechtsprechung des Gerichtshofs der Europäischen Gemeinschaften, 2003, S. 496 f.; *T. von Danwitz*, Europäisches Verwaltungsrecht, 2008, S. 217; *B. Oreschnik*, Verhältnismäßigkeit und Kontrolldichte, 2019, S. 95; *V. Kosta*, in: Mendes (Hrsg.), EU Executive Discretion and Limits of Law, 2019, S. 198, 213.

[165] *M. Zuleeg*, NJW 1994, S. 545, 547.

[166] So: *T.-I. Harbo*, European Law Journal 16 (2010), S. 158, 160, 171; s. auch: *G. de Búrca*, Yearbook of European Law 13 (1993), S. 105, 106.

[167] So auch: *A. Emmerich*-Fritsche, Der Grundsatz der Verhältnismäßigkeit als Direktive und Schranke der EG-Rechtsetzung, 2000, S. 318; *O. Koch*, Der Grundsatz der Verhältnismäßigkeit in der Rechtsprechung des Gerichtshofs der Europäischen Gemeinschaften, 2003, S. 496 f.; *T. von Danwitz*, Europäisches Verwaltungsrecht, 2008, S. 217; *D.-U. Galetta*, in: European Central Bank (Hrsg.), Continuity and change – how the challenges of today prepare the ground for tomorrow, 2022, S. 55, 63.

[168] *A. Emmerich*-Fritsche, Der Grundsatz der Verhältnismäßigkeit als Direktive und Schranke der EG-Rechtsetzung, 2000, S. 318 spricht lediglich davon, dass die Anwendung dieses Grundsatzes „nicht durch einen besondere, beispielsweise grundrechtlichen, Maßstab geprägt“ sei.

[169] S. z.B. die Prüfungsgestaltung in EuGH, Urt. v. 14.06.2017, Verband Sozialer Wettbewerb, C-422/16, EU:C:2017:458, Rn. 45; EuGH, Urt. v. 30.01.2019, Planta Tabak-Manufaktur Dr. Manfred Obermann, C-220/17, EU:C:2019:76, Rn. 51 ff.; EuGH, Urt. v.

ohne dass herausgearbeitet würde, für welches Interesse die Maßnahme am wenigsten belastend sein soll. Ebenso sollen „die Nachteile"[170] der Maßnahme in einem Verhältnis zu den angestrebten Zielen stehen, was nicht nur auf die Beeinträchtigungen eines schützenswerten Interesses beschränkt ist. Welche Interessen in der Prüfung tatsächlich berücksichtigt werden, zeigt sich beim EuGH erst im Laufe dieser Prüfung und oft nur implizit.[171]

Es spielt jedenfalls keine Rolle, ob diese Interessen besonders geschützt sind, vielmehr ist jedes Interesse potenziell relevant.[172] Die Belastung durch die Zahlung einer Mehrwertsteuer,[173] die finanziellen Folgen von verschärftem Emissionsschutzrecht für Landwirte, Kohlekraftwerke, Autohersteller und Bürger,[174] das Interesse von Zigarettenproduzenten am Verkauf von Mentholzigaretten und möglichst unregulierten Verpackungsgestaltungen[175] und das Interesse am vollständigen Erhalt einer Beihilfe[176] gehören dazu. Auch staatliche bzw. volkswirtschaftliche Interessen wie der Schutz vor finanziellen und administrativen Belastungen von Mitgliedstaaten,[177] das Interesse an der autonomen mitgliedstaatlichen Verteilung von Beihilfen,[178] das Verlustrisiko für Zentralbanken bei Offenmarktgeschäften am Finanzmarkt,[179] oder das Interesse an einer bestimmten Gesamtfangmenge für Rundnasen-Grenadier und Nordatlantik-Grenadier in bestimmten Fanggebieten[180] wurden ganz selbstverständlich berücksichtigt.

Um eine allgemeine Ausgewogenheit sicherzustellen, will der EuGH durch seine Verhältnismäßigkeitsprüfung eben nicht nur eine Vielzahl von rechtlich

---

13.03.2019, Polen/Parlament und Rat, C-128/17, EU:C:2019:194, Rn. 94 ff.; EuGH, Urt. v. 30.04.2019, Italien/Rat, C-611/17, EU:C:2019:332, Rn. 55 ff.; EuGH, Urt. v. 04.06.2020, Ungarn/Kommission, C-456/18 P, EU:C:2020:421, Rn. 41 ff.

[170] S. nur die Vielzahl und Variabilität der möglichen Nachteile in: EuGH, Urt. v. 09.06.2016, Pesce u.a., verb. Rs. C-78/16 und C-79/16, EU:C:2016:428, Rn. 74 ff.; EuGH, Urt. v. 13.03.2019, Polen/Parlament und Rat, C-128/17, EU:C:2019:194, Rn. 86 ff.

[171] S. auch: *V. Kosta*, in: Mendes (Hrsg.), EU Executive Discretion and Limits of Law, 2019, S. 198, 213 ff.

[172] Ebd., S. 203 f. spricht insofern von „burdens-proportionality".

[173] S. nur: EuGH, Urt. v. 08.11.2018, Cartrans Spedítions, C-495/17, EU:C:2018:887, Rn. 38; EuGH, Urt. v. 28.03.2019, Vinš, C-275/18, EU:C:2019:265, Rn. 29; EuGH, Urt. v. 17.10.2019, Unitel, C-653/18, EU:C:2019:876, Rn. 27 m.w.N.; EuGH, Urt. v. 17.12.2020, BAKATI, C-656/19, EU:C:2020:1045, Rn. 71.

[174] EuGH, Urt. v. 13.03.2019, Polen/Parlament und Rat, C-128/17, EU:C:2019:194, Rn. 86 ff., 104 ff.

[175] S. nur: EuGH, Urt. v. 04.05.2016, Philip Morris Brands, C-547/14, EU:C:2016:325, Rn. 168 ff.

[176] EuGH, Urt. v. 14.02.1990, Delacre, C-350/88, EU:C:1990:71, Rn. 27 f.

[177] EuGH, Urt. v. 09.11.1995, Deutschland/Rat, C-426/93, EU:C:1995:367, Rn. 46 ff.

[178] EuGH, Urt. v. 04.06.2020, Ungarn/Kommission, C-456/18 P, EU:C:2020:421, Rn. 37 ff.

[179] EuGH, Urt. v. 16.05.2015, Gauweiler u.a., C-62/14, EU:C:2015:400, Rn. 94; EuGH, Urt. v. 11.12.2018, Weiss u.a., C-493/17, EU:C:2018:1000, Rn. 94.

[180] Vgl. nur: EuGH, Urt. v. 11.01.2017, Spanien/Rat, C-128/15, EU:C:2017:3, Rn. 66 ff.

nicht weiter geschützten Interessen vor Eingriffen schützen, sondern alle in einem bestimmten Fall implizierten Interessen zueinander in Beziehung setzen. Insofern ist im Rahmen der Verhältnismäßigkeitsprüfung allen relevanten Interessen Rechnung zu tragen, was alle individuellen, mitgliedstaatlichen oder unionalen Interessen umfasst.[181] Alle Auswirkungen der Maßnahme werden vom EuGH in die Waagschale geworfen. Das sorgt, sofern es denn mehr Interessen sind als ein individuelles auf der einen und ein öffentliches Interesse auf der anderen Seite, für eine multipolare Verhältnismäßigkeitsprüfung, die sich dem klassischen Schema aus dem Grundrechtsbereich und seiner Gegenüberstellung von individueller Betroffenheit und Allgemeininteresse entzieht. Dadurch gestaltet sich die Prüfung des EuGH als eine Art Gesamtbilanzierung. Mittels dieser Technik kann Verhältnismäßigkeit tatsächlich die Ausgewogenheit einer Maßnahme kontrollieren, statt vom Einzelfall abhängige Eingriffsschranken für einzelne Rechtspositionen in Abhängigkeit von entgegenstehenden Interessen zu etablieren.

Die Erforderlichkeitsprüfung läuft dann auf die Frage hinaus, ob ähnlich zielführende Alternativmittel für alle beteiligten Interessen in einer wertenden Gesamtschau insgesamt weniger belastend wären. Angemessen sind Maßnahmen, wenn in einer Gesamtbilanz aller beteiligten Rechtsgüter unter Berücksichtigung ihrer Bedeutung und des Ausmaßes ihrer Beeinträchtigung kein Missverhältnis der Nachteile zu den Vorteilen der Maßnahme besteht. Die Öffnung für und Vermengung von unterschiedlichsten Interessen als Charakteristikum der unionsrechtlichen Verhältnismäßigkeit im Rahmen der Erforderlichkeits- und Angemessenheitsprüfung in multipolaren Interessenlagen ist im Folgenden zu illustrieren.

a) Merkmale der Erforderlichkeitsprüfung

In zahlreichen Fällen steht für die Erforderlichkeitsprüfung des EuGH die Frage im Mittelpunkt, ob alternative Maßnahmen einen vergleichbaren Grad der Zweckerreichung gewährleistet hätten wie die letztlich gewählte Maßnahme.[182] Wenn durch die Maßnahme nur ein einziges Interesse beeinträchtigt wird, stellt sich auch zur Sicherstellung der Ausgewogenheit der Maßnahme nur die Frage der geringeren Belastung dieses Interesses durch die Alternativmaßnahme.[183] Betrifft die fragliche Maßnahme aber eine Vielzahl von Interessen in unterschiedlicher

[181] S. ausf. zu diesem Vorgehen: *O. Koch*, Der Grundsatz der Verhältnismäßigkeit in der Rechtsprechung des Gerichtshofs der Europäischen Gemeinschaften, 2003, S. 496 ff.

[182] S. z.B.: EuGH, Urt. v. 04.05.2016, Polen/Parlament und Rat, C-358/14, EU:C:2016:323, Rn. 92 ff.; EuGH, Urt. v. 04.05.2016, Philip Morris Brands, C-547/14, EU:C:2016:325, Rn. 180 ff.; EuGH, Urt. v. 09.06.2016, Pesce u.a., verb. Rs. C-78/16 und C-79/16, EU:C:2016:428, Rn. 69 ff., 79 f.; EuGH, Urt. v. 14.06.2017, Verband Sozialer Wettbewerb, C-422/16, EU:C:2017:458, Rn. 48; EuGH, Urt. v. 22.11.2018, Swedish Match AB, C-151/17, EU:C:2018:938, Rn. 50 f.; EuGH, Urt. v. 11.01.2017, Spanien/Rat, C-128/15, EU:C:2017:3, Rn. 75.

[183] *O. Koch*, Der Grundsatz der Verhältnismäßigkeit in der Rechtsprechung des Gerichtshofs der Europäischen Gemeinschaften, 2003, S. 215.

Weise und steht zur Entscheidung, ob eine gleich geeignete Alternativmaßnahme ein milderes Mittel darstellen würde, prüft der EuGH, ob die Summe aller Belastungen durch die Alternativmaßnahme geringer wäre als bei der tatsächlich gewählten Maßnahme.

aa) Beispiele aus der Rechtsprechung

Etwa die Feststellung, dass ein Einfuhrlizenzsystem für Tafelobst das mildeste und somit erforderliche Mittel zum Schutz vor bestimmten Marktstörungen war, beruhte in *International Fruit Company*[184] nicht darauf, dass keine für die Tafelobstimporteure weniger belastenden Maßnahmen ersichtlich waren. Vielmehr stellte der EuGH darauf ab, dass das Lizenzsystem trotz seiner negativen Effekte für den Wettbewerb diesen noch am wenigsten beschränke, weil es bestehende Geschäftsbeziehungen nicht gefährde.[185] Selbst wenn Alternativmaßnahmen die betroffenen Importeure weniger beeinträchtigt hätten, wären die Belastungen des Marktes für den EuGH also durch Alternativmaßnahmen in der Summe größer gewesen, sodass sie nicht als mildere Maßnahmen qualifiziert wurden.

Ähnliche Überlegungen dominieren auch im Urteil *Balkan-Import-Export*[186], in dem der EuGH die Verhältnismäßigkeit der Verordnung VO 974/71[187] bestätigte. Mit dieser Verordnung wurde es einigen Mitgliedstaaten gestattet, zum Schutz des an festen Wechselkursen orientierten Systems von Richt-, Schwellen- und Interventionspreisen im Agrarmarkt nach dem Zusammenbruch der festen Wechselkurse und der daraufhin erfolgten Währungsaufwertung in diesen Mitgliedstaaten, von Importeuren Ausgleichsabgaben zu erheben, da sich sonst die Warenströme in andere Länder verlagert hätten. Da diese Ausgleichsabgaben auf Grundlage der Schwankungen der DM zum US-Dollar berechnet wurden, konnten die Ausgleichsabgaben bei Geschäften mit Ländern, deren Währungen im Verhältnis zur DM in anderer Weise schwankten als der US-Dollar, sehr hoch ausfallen. Der EuGH sah seine Aufgabe darin, die vom Rat vorgenommene „Globalabwägung der Vorteile und der Unzuträglichkeiten des zu errichtenden Systems“[188] zu kontrollieren, was bereits den von subjektiven Interessen der klagenden Unternehmen losgelösten Kontrollmaßstab festlegt. Entscheidende Gründe dafür, für die Klägerin weniger belastende Alternativmaßnahmen zu verwerfen, waren dementsprechend u.a. die angeblich fehlende Praktikabilität der Alternativmaßnahmen wie insbesondere die Tatsache, dass mit diesen Alternativmodellen andere negative Folgen für alle anderen, mehrheitlich in US-

[184] EuGH, Urt. v. 13.05.1971, International Fruit Company u.a., verb. Rs. 41 bis 44/69, EU:C:1971:53.

[185] Ebd., Rn. 73/74.

[186] EuGH, Urt. v. 24.10.1973, Balkan-Import-Export, Rs. 5/73, EU:C:1973:109.

[187] VO (EWG) 974/71 des Rates v. 12.05.1971 über bestimmte konjunkturpolitische Maßnahmen, die in der Landwirtschaft im Anschluss an die vorübergehende Erweiterung der Bandbreiten der Währungen einiger Mitgliedstaaten zu treffen sind, ABl. L 106, S. 1.

[188] EuGH, Urt. v. 24.10.1973, Balkan-Import-Export, Rs. 5/73, EU:C:1973:109, Rn. 21.

Dollar abgewickelten und vom Ausgleichsabgabensystem betroffenen Geschäfte, verbunden gewesen wären.[189] Geprüft wurde somit, ob der vom Rat beschlossene Berechnungsmodus mit Blick auf alle betroffenen Interessen in einer wertenden Gesamtschau das mildeste Mittel zur Erreichung des Ziels war, statt auf die gleiche Eignung von Alternativmitteln bei geringerer Belastung des betroffenen Unternehmens abzustellen.

In den *Magermilchpulverfällen* scheiterte eine ganze Verordnung an der Erforderlichkeit.[190] Um die überteuert überproduzierenden europäischen Milchbauern zu schützen, kauften die Interventionsstellen Magermilchpulver an, das sich alsbald in den Beständen sammelte. Da denaturiertes Magermilchpulver auf dem Tierfuttermarkt zu einem Sechstel des Interventionspreises hätte angeboten werden müssen, führte der Rat eine Verpflichtung für Viehzüchter zum Ankauf von Magermilchpulver ein und knüpfte die Inverkehrbringung importierter Futtermittelprodukte und den Erhalt bestimmter Beihilfen an den Ankauf von Magermilchpulver und dessen Denaturierung.[191] Der Preis für das auf diese Art und Weise von Viehzüchtern anzukaufende Magermilchpulver war etwa dreimal so hoch wie der Preis für das ansonsten in der Viehzucht eingesetzte Sojaschrot. Mit Blick auf die minimalistische Begründung des EuGH sind die Schlussanträge von Generalanwalt *Capotorti* aufschlussreich: Er schlug als Alternativmaßnahme vor, dass der Umfang des Ankaufs von Magermilchpulver hätte reduziert werden können. Dies hätte nicht nur die Vorräte an Magermilchpulver langsamer anwachsen lassen, sondern auch zu einer geringeren Belastung des Gemeinschaftshaushaltes geführt und das Ausmaß der Belastung der zum Ankauf verpflichteten Unternehmen verringert. Trotz der Belastungen für die Milchbauern sanken die Belastungen für Erzeuger und Importeure von Viehfutter, für die Viehzüchter sowie für den Gemeinschaftshaushalt, wobei dennoch das Ziel der Verringerung der Milchpulverbestände erreicht werden konnte. Die Verringerung der Subventionen war daher als milderes Mittel einzustufen.[192] Auch bei der Vernichtung der Milch oder der Deckelung der Magermilchpulverproduktion seien laut GA *Capotorti* die „Gesamtkosten" geringer.[193]

---

[189] Ebd.

[190] EuGH, Urt. v. 05.07.1977, Bela Mühle, Rs. 114/76, EU:C:1977:116; EuGH, Urt. v. 05.07.1977, Granaria, Rs. 116/76, EU:C:1977:117; EuGH, Urt. v. 05.07.1977, Ölmühle Hamburg, verb. Rs. 119 und 120/76, EU:C:1977:118.

[191] S. zu alledem und mit weiteren Details: GA *Capotorti*, Schlussanträge v. 07.06.1977 in den verb. Rs. 83, 94, 114, 116, 119, 120/76, 5 und 15/77, Bela Mühle u.a., EU:C:1977:96, S. 1222 ff.

[192] GA *Capotorti*, Schlussanträge v. 07.06.1977 in den verb. Rs. 83, 94, 114, 118, 119, 120/76, 5 und 15/77, Bela Mühle u.a., EU:C:1977:96, S. 1234 f.

[193] Ebd., S. 1235; die wertende Gesamtbetrachtung dieser Art der Erforderlichkeitsprüfung wird ferner dadurch unterstrichen, dass *Capotorti* den Hinweis auf mit der Vernichtung von Milch einhergehenden Umweltproblemen als „nicht sehr überzeugend" abtat und damit letztlich aussagte, dass solche Umweltbelastungen dennoch in einer Gesamtschau die Vernichtung insgesamt weniger für alle beteiligten Interessen belastend war als die fragliche Ankaufverpflichtung.

Im 2017 entschiedenen Streit um die quotierte Verteilung von Geflüchteten auf alle Mitgliedstaaten[194] hatte die Slowakei u.a. vorgetragen, dass den überlasteten Asylsystemen Italiens und Griechenlands technische und finanzielle Mittel zur Bewältigung der Lage durch das Katastrophenschutzverfahren der EU oder durch Sofortmaßnahmen von Frontex hätten zur Verfügung gestellt werden müssen, statt die Asylsysteme aller anderen Mitgliedstaaten finanziell und administrativ zu belasten.[195] Nicht nur bezweifelte der EuGH eine vergleichbare Wirkungsintensität dieser Maßnahmen,[196] sondern wies diesen Vorschlag mit dem Argument zurück, dass nicht dargetan sei, dass finanzielle und technische Unterstützungsleistungen tatsächlich weniger Kosten verursacht hätten.[197] Aus Sicht der finanziellen und administrativen Belastung der Mitgliedstaaten stellt sich allerdings die Unterstützung Griechenlands und Italiens durch Frontex oder das europäische Katastrophenschutzverfahren, ihre Wirksamkeit unterstellt, erkennbar als weniger belastend dar als die Aufnahme eines eigenen Kontingents an Geflüchteten. Der EuGH war aber nicht auf der Suche nach einer für dieses mitgliedstaatliche Interesse weniger belastenden Alternativmaßnahme. Stattdessen ging es um eine insgesamt belastungsärmere Alternative. Hierbei ist die Annahme, dass die vorgeschlagenen Alternativmaßnahmen eine erhebliche finanzielle Belastung der EU bedeutet, gleichzeitig Italiens und Griechenlands Belastungen nicht erheblich verringert und demnach zu keiner geringeren Summe an Belastungen geführt hätten, plausibel.

bb) Wertungsintensität

Eine auf diese Art durchgeführte Erforderlichkeitsprüfung kann sich gerichtlichen Wertungsentscheidungen nicht entziehen.[198] Was die Prüfung der vergleichbaren Eignung von Alternativmitteln angeht, gilt das auch für eine subjektivrechtlich ausgelegte Erforderlichkeitsprüfung, da bei der damit einhergehenden Prognoseentscheidung nicht nur der Wirkungsgrad einer hypothetischen Maßnahme festzulegen, sondern auch zu entscheiden ist, ob und inwieweit sie der Wirkung des gewählten Mittels entspricht.[199] Gleichwohl gibt es zum Beispiel in der Verhältnismäßigkeitsdogmatik des BVerfG prononcierte Bestrebungen, die Erforderlichkeitsprüfung primär als einen empirischen Wirksamkeitsvergleich zu gestalten, wenn jüngst besonders hervorgehoben wurde, dass eine Maßnahme

---

[194] EuGH, Urt. v. 06.08.2017, Slowakei und Ungarn/Rat, verb. Rs. C-643/15 und C-647/15, EU:C:2017:631.

[195] Ebd., Rn. 228 ff.

[196] Ebd., Rn. 258 f.

[197] Ebd., Rn. 260.

[198] *O. Koch*, Der Grundsatz der Verhältnismäßigkeit in der Rechtsprechung des Gerichtshofs der Europäischen Gemeinschaften, 2003, S. 216 f.

[199] S. hierzu ausf.: *R. Poscher*, in: Herdegen/Masing/Poscher/Gärditz (Hrsg.), HdB VerfR, § 3, Rn. 63; s. außerdem: *D. Bilchitz*, in: Lazarus/McCrudden/Bowles (Hrsg.), Reasoning Rights: Comparative Judicial Engagement, 2014, S. 41, 50.

nur dann nicht erforderlich ist, wenn die „sachliche Gleichwertigkeit der alternativen Maßnahmen zur Zweckerreichung [...] in jeder Hinsicht eindeutig feststeh[t]"[200].

Im Kontrast dazu bedarf es in der gesamtbilanzierenden Erforderlichkeitsprüfung zunächst einer Prognose zu den Belastungen einer hypothetischen Maßnahme für alle möglicherweise implizierten Interessen, sodass dann untersucht werden kann, welche Maßnahme die höhere Summe an Belastungen herbeiführt. Die Festlegung der Belastungssumme bietet, insbesondere wenn die Belastungen für manche ab-, für andere aber zunehmen, erheblichen Raum für Abwägungen zum jeweils vorzugswürdigen Interessenbereich.[201]

Demgemäß geht man im Rahmen einer subjektivrechtlich ausgerichteten Erforderlichkeitsprüfung in der Regel davon aus, dass die Umverteilung von Belastungen durch Alternativmittel eine Frage der Angemessenheit der in Rede stehenden Maßnahme sei.[202] Das ist unproblematisch, wenn ein bestimmtes Grundrecht den Fluchtpunkt der Analyse bildet. Akzeptiert man aber die Perspektive, dass mit der Verhältnismäßigkeit allgemein die Ausgewogenheit einer Maßnahme geprüft werden soll, wäre der Fokus auf Alternativen, die nur mit Blick auf ein einziges Interesse milder sind, eine Verkürzung der Analyse. Wenn dieses Vorgehen bisweilen als implizite Abwägung kritisiert wird,[203] verkennt das die notwendigen Modalitäten der Verhältnismäßigkeit als Ausgewogenheitsmaßstab.

b) Merkmale der Angemessenheitsprüfung

Auch bei der Angemessenheitsprüfung tritt die Bilanzierungstechnik zutage.[204] Diese Prüfung läuft darauf hinaus, ein Missverhältnis von Vor- und Nachteilen der Maßnahmen zu vermeiden.[205] Irrelevant ist hier, ob Grad und Ausmaß in-

---

[200] BVerfGE 163, 107, 150; BVerfGE 55, 135, 146 scheint damit implizit aufgegeben.

[201] *B. Schlink*, Abwägung im Verfassungsrecht, 1976, S. 210 f .; *Ders.*, in: FS 50 Jahre BVerfG, Zweiter Bd., 2001, S. 445, 457.

[202] S. nur: *A. Barak*, Proportionality, 2012, S. 325 f.; *R. Camilo de Oliviera*, Zur Kritik der Abwägung in der Grundrechtsdogmatik, 2013, S. 131 f.

[203] So: *L. Klenk*, Die Grenzen der Grundfreiheiten, 2019, S. 212 ff., der ein strikt subjektivrechtliches Verständnis vom Grundsatz der Verhältnismäßigkeit an den Tag legt, wie sein Verweis auf die Arbeiten von *R. Alexy* in Fn. 9 belegt.

[204] So auch: *A. Emmerich-Fritsche*, Der Grundsatz der Verhältnismäßigkeit als Direktive und Schranke der EG-Rechtssetzung, 2000, S. 216.

[205] So ausdrücklich: EuGH, Urt. v. 13.05.1997, Deutschland/Parlament und Rat, C-233/94, EU:C:1997:231, Rn. 56; seither st. Rspr., s. nur: EuGH, Urt. v. 14.06.2017, Verband Sozialer Wettbewerb, C-422/16, EU:C:2017:458, Rn. 45; EuGH, Urt. v. 25.07.2018, Teglgaard, C-239/17, EU:C:2018:597, Rn. 49; EuGH, Urt. v. 11.12.2018, Weiss u.a., C-493/17, EU:C:2018:1000, Rn. 93; EuGH, Urt. v. 13.03.2019, Polen/Parlament und Rat, C-128/17, EU:C:2019:194, Rn. 94; EuGH, Beschl. v. 19.12.2019, EX u.a., verb. Rs. C-140/19, C-141/19 und C-492/19 bis C-494/19, EU:C:2019:1103, Rn. 32. Besonders prägnant: GA *Cosmas*, Schlussanträge v. 28.05.1998 in der Rs. C-375/96, Zaninotto, EU:C:1998:261, Rn. 132.

dividueller Belastungen eines Betroffenen in Anbetracht von Grad und Ausmaß der Zweckerreichung nicht mehr hinnehmbar sind, sondern es wird betrachtet, ob ein ausgewogenes Verhältnis aller Belastungen zu den Vorteilen der Maßnahme besteht.[206]

aa) Keine Berücksichtigung individueller Belastungen

Dieses Vorgehen deutet sich schon darin an, dass der EuGH es regelmäßig ausdrücklich ablehnt, die Situation eines von der fraglichen Maßnahme Betroffenen in die Abwägung einzubeziehen, wenn die Maßnahme eine größere Gruppe betrifft: Im Urteil *Balkan-Import-Export* betonte der EuGH zwar, dass die Belastungen für die betroffenen Unternehmen im Verhältnis zum Grad der Zielerreichung stehen müssten. Er weigerte sich aber explizit, nur die von der Klägerin zu tragenden Belastungen in den Blick zu nehmen und gegen den Grad der Zweckerreichung abzuwägen.[207] Der EuGH sah seine Rolle nicht darin, die Interessen einzelner Unternehmen zu schützen, sondern umfassend die Regulierungstätigkeit des Rates in den Blick zu nehmen und sie auf ihre Sinnhaftigkeit zu kontrollieren.[208] Ganz ähnlich ergeht es Mitgliedstaaten, wenn diese eine allgemein anwendbare Maßnahme für unverhältnismäßig halten, weil diese Maßnahme ihnen aufgrund besonderer und nur sie betreffender Umstände besondere Belastungen auferlegt. Der EuGH geht davon aus, dass für die Verhältnismäßigkeit einer Maßnahme, die alle Mitgliedstaaten betrifft und einen Ausgleich gegenläufiger mitgliedstaatlicher Interessen nötig macht, nicht die besondere Situation eines Mitgliedstaates und die mit dieser Situation verbundenen besonderen Auswirkungen der Maßnahme relevant sind, sondern die Auswirkungen der Maßnahme auf die Mitgliedstaaten insgesamt berücksichtigt werden müssen.[209]

bb) Aufbruch der Dichotomie von individuellen und öffentlichen Interessen

Auch zeigt sich der Prüfansatz des EuGH darin, dass sich in der Angemessenheitsprüfung nicht die Interessen einer Einzelperson oder der Mitgliedstaaten auf

---

[206] So auch: *O. Koch*, Der Grundsatz der Verhältnismäßigkeit in der Rechtsprechung des Gerichtshofs der Europäischen Gemeinschaften, 2003, S. 226 ff.

[207] EuGH, Urt. v. 24.10.1973, Balkan-Import-Export, Rs. 5/73, EU:C:1973:109, Rn. 22.

[208] So auch: EuGH, Urt. v. 18.03.1980, Valsabbia u.a., verb. Rs. 154, 205, 206, 226 bis 228, 263 und 264/78, 31, 39, 83 und 85/79, EU:C:1980:81, Rn. 117 ff.; ähnlich: EuGH, Urt. v. 29.10.1980, SA Roquette Frères/Rat, Rs. 138/79, EU:C:1980:249, Rn. 30.

[209] Grundlegend: EuGH, Urt. v. 18.06.2015, Estland/Parlament und Rat, C-508/13, EU:C:2015:403, Rn. 39; EuGH, Urt. v. 04.05.2016, Polen/Parlament und Rat, C-358/14, EU:C:2016:323, Rn. 103; EuGH, Urt. v. 06.09.2017, Slowakei und Ungarn/Rat, verb. Rs. C-643/15 und C-647/15, EU:C:2017:631, Rn. 290; EuGH, Urt. v. 21.06.2018, Polen/Parlament und Rat, C-5/16, EU:C:2018:483, Rn. 167; EuGH, Urt. v. 13.03.2019, Polen/Parlament und Rat, C-128/17, EU:C:2019:194, Rn. 106; vgl. auch: EuGH, Urt. v. 29.05.2018, Liga van Moskeeën en Islamitische Organisaties Provincie Antwerpen VZW u.a., C-426/16, EU:C:2018:335, Rn. 74; s. hierzu noch ausf. unten, 3. Kap. A. IV.

der einen Seite den Interessen und die Interessen Allgemeinheit bzw. der Union auf der anderen Seite gegenüberstehen. Vielmehr werden alle geförderten und benachteiligten Interessen, so sie denn vorgebracht wurden, insgesamt in die Bilanzierung eingeführt.

So sah der EuGH in der Verhältnismäßigkeitsprüfung im *Bananenmarkturteil* von 1994 seine Aufgabe darin, einen Widerstreit zwischen dem Interesse der bananenproduzierenden Mitgliedstaaten an Absatzmärkten für diese Bananen zugunsten der Sicherung ihrer Landwirtschaft und dem Interesse anderer Mitgliedstaaten an einer kostengünstigen Versorgung u.a. mit Drittlandsbananen zu lösen.[210] Er wog auf diese Weise zwei öffentliche Interessen gegeneinander ab.

Ein Beispiel aus jüngerer Zeit ist das Urteil *Pesce*[211], in dem Betroffene gegen einen Durchführungsbeschluss der Kommission klagten, mit dem umfassende Rodungsmaßnahmen auf Olivenhainen in Apulien zum Schutz vor der Ausbreitung eines pflanzenschädigenden Bakteriums angeordnet wurden. Der EuGH prüfte, ob die wirtschaftlichen Interessen der Betroffenen und die mit der Rodung verbundenen wirtschaftlichen, sozialen und ökologischen Folgen für die Region korrekt gegen das wirtschaftliche Interesse der Region und der Olivenbetriebe am Anbau gesunder Pflanzen sowie gegen das Allgemeininteresse der Union an einer Eingrenzung der Ausbreitung des Bakteriums in ganz Italien und der gesamten Union abgewogen wurden.[212] Hier finden sich auf beiden Seiten der Abwägung individuelle und öffentliche Interessen.

cc) Ausgewogenheit statt Zumutbarkeit

Der Fokus darauf, ein Missverhältnis von Nach- und Vorteilen verhindern zu wollen und damit auf die allgemeine Ausgewogenheit der Maßnahme statt auf die individuelle Zumutbarkeit zu zielen, lässt sich schon in der frühen Rechtsprechung nachweisen, so z.B. im Urteil *Schröder*[213]. Der Schröder KG waren Lizenzen für die Einfuhr von Tomatenmark aus dem damaligen Drittland Griechenland verwehrt worden, weil sie die hierfür vorgesehene Verpflichtung zum Ankauf griechischer Tomatenprodukte zu einem Mindestpreis nicht erfüllte. Sie wandte sich gegen die Gültigkeit dieses Systems, das zum Schutz der innergemeinschaftlichen Tomatenproduktion vor griechischen Konkurrenzprodukten errichtet worden war. Wieder war es das VG Frankfurt a.M., das Zweifel an diesem Lizenzsystem hegte. Es brachte u.a. vor, dass mit Blick auf die Umgehungsmöglichkeiten den Belastungen der Unternehmen nicht „der erstrebte Erfolg der Markstabilisierung“[214] gegenüberstünde. Dies zöge die Angemessenheit der Maßnahme in Zweifel, weil die von den Unternehmen zu tragenden Lasten

[210] EuGH, Urt. v. 05.10.1994, Deutschland/Rat, C-280/93, EU:C:1994:367, Rn. 92.
[211] EuGH, Urt. v. 09.06.2016, Pesce u.a., verb. Rs. C-78/16 und C-79/16, EU:C:2016:428.
[212] Ebd., Rn. 74.
[213] EuGH, Urt. v. 07.02.1973, Schröder/Deutschland, Rs. 40/72, EU:C:1973:14.
[214] Ebd., Rn. 17.

nicht im Verhältnis zu dem durch Umgehungsmöglichkeiten abgeschwächten Grad der Zielerreichung stünden. Der EuGH ließ sich auf diese Sichtweise nicht ein, sondern stellte zunächst fest, dass die Kommission wegen ihrer völkerrechtlichen Verpflichtungen gegenüber Griechenland aus Art. 41 des Assoziierungsabkommens der EWG mit Griechenland ohnehin nur die Wahl hatte, entweder ein Mindestpreis- und Einfuhrlizenzsystem zu schaffen oder den Handel mit Griechenland zu kontingentieren. Die Kommission habe sodann bei der Abwägung der Vor- und Nachteile des gewählten Modells für alle Beteiligten ihr Ermessen nicht überschritten.[215]

Auch im bereits dargestellten Urteil *Balkan Import-Export*[216] fand eine solche Ausgewogenheitsprüfung statt. Anstatt die von der Klägerin zu tragenden Belastungen in den Blick zu nehmen und gegen den Grad der Zweckerreichung abzuwägen,[217] wurde ein Überwiegen der Vorteile des angegriffenen Berechnungssystems und insbesondere seine Praktikabilität gegenüber den Nachteilen für einige wenige Unternehmen festgestellt.[218] Wiederum wurde also geprüft, ob in einer Gesamtbilanz aller beteiligten Rechtsgüter und Interessen unter Berücksichtigung ihrer Bedeutung und des Ausmaßes ihrer Beeinträchtigung oder ihrer Förderung ein Missverhältnis der Nachteile gegenüber den Vorteilen der Maßnahme bestand.

Aus der jüngeren Rechtsprechung für das Vorgehen des EuGH besonders illustrativ ist das Urteil *Polen/Parlament und Rat*, in dem Polen u.a. die Verhältnismäßigkeit einer Richtlinie zu der Reduktion von Luftschadstoffen[219] infrage stellte und das vor allem mit den durch die Richtlinie entstehenden Kosten und ihrer Auswirkungen auf die polnische Industrie und Bürger begründete.[220] Der EuGH listete die Vorteile der Richtlinie auf, wie etwa die Reduktion von Kosten im Gesundheitssektor, Produktivitätssteigerungen, Reduktion von Gebäudeschäden, ertragreichere Ernten sowie die Mehrung der gesunden Lebensjahre der Bevölkerung.[221] Der EuGH hielt den von Polen vorgebrachten Belastungen schlicht diese Vorteile entgegen.[222] Ein Missverhältnis sei hierbei nicht zu erkennen. Entscheidend ist insoweit, dass der EuGH nicht entschieden hat, dass der

[215] Ebd., Rn. 18.

[216] EuGH, Urt. v. 24.10.1973, Balkan-Import-Export, Rs. 5/73, EU:C:1973:109.

[217] Explizit dagegen: EuGH, Urt. v. 24.10.1973, Balkan-Import-Export, Rs. 5/73, EU:C:1973:109, Rn. 22.

[218] Ebd.; vgl. hierzu auch die Ausführungen von GA *Roemer*, Schlussanträge v. 26.06.1973 in der Rs. 5/73, Balkan-Import-Export, EU:C:1973:71, S. 1132.

[219] Richtlinie (EU) 2016/2284 des Europäischen Parlamentes und des Rates v. 14.12.2016 über die Reduktion der nationalen Emissionen bestimmter Luftschadstoffe, zur Änderung der Richtlinie 2003/35/EG und zur Aufhebung der Richtlinie 2001/81/EG, ABl. 2016, L 344, S. 1.

[220] EuGH, Urt. v. 13.03.2019, Polen/Parlament und Rat, C-128/17, EU:C:2019:194, Rn. 86 ff.

[221] Ebd., Rn. 107.

[222] Ebd., Rn. 113 f.

Grad der Belastungen als weniger bedeutsam einzustufen wäre als der Grad der Zielerreichung. Vielmehr sah er kein Missverhältnis zwischen allen vorgebrachten Nachteilen und den erwarteten Vorteilen.

Auch die Urteile *Gauweiler* und *Weiss* zu den Anleihekaufprogrammen der EZB illustrieren diese Herangehensweise: Im Urteil *Gauweiler* hatte der EuGH begründungslos festgestellt, dass alle Interessen so abgewogen worden seien, dass kein Missverhältnis auszumachen sei.[223] Den Schlussanträgen von Generalanwalt *Cruz Villalón* war zu entnehmen, dass an dieser Stelle eine umfassende Kosten-Nutzen-Bilanz durchzuführen sei, bei der sich die Wiederherstellung der geldpolitischen Instrumente und der Wirksamkeit des EZB-Mandats einerseits und hohe Ausfallrisiken wie auch ein gewisser haushaltspolitischer *moral hazard* andererseits gegenüberstünden.[224] Insbesondere die bei einem Ausfall hohen Lasten der Steuerzahler der Mitgliedstaaten und die Gefahr einer Zahlungsunfähigkeit der Staatsorgane seien ein Risiko, das die Vorteile „zunichte zu machen“[225] geeignet sei. Dieses Risiko sei aber aus verschiedenen Gründen sehr gering, sodass ein Missverhältnis nicht festgestellt werden könne.[226] Im Urteil *Weiss* wurde auch der EuGH ausführlicher und entschied, dass ein Ausfallrisiko begrenzt und außerdem durch das Fehlen einer allgemeinen Verlustteilungsregel abgeschwächt würde, sodass diese Nachteile nicht außer Verhältnis zu den Ziele stünden.[227] Erneut ging es nicht um die Zumutbarkeit der Maßnahme mit Blick auf ein bestimmtes Interesse. Die Summe der möglichen Nachteile war für den EuGH nicht groß genug, um die Vorteile der Maßnahme zu überwiegen.

3. Kontrolldichte in der Gesamtbilanzierung

Die Frage nach der Kontrolldichte begleitet die Diskussion um den unionsrechtlichen Verhältnismäßigkeitsgrundsatz bis heute[228] und wird auch noch im weiteren Verlauf dieser Arbeit eine wichtige Rolle spielen.[229] An dieser Stelle soll es zunächst um die Feststellung gehen, dass der EuGH im Rahmen seiner Verhältnismäßigkeitsprüfung in der Regel eine geringe Kontrolldichte an den Tag legt und die vom EuGH im Rahmen dieser geringen Kontrolldichte angewandten Methoden ebenfalls dazu führen, dass die allgemeine Ausgewogenheit der Maßnahme sichergestellt werden soll.

---

[223] EuGH, Urt. v. 16.06.2015, Gauweiler u.a., C-62/14, EU:C:2015:400, Rn. 91.

[224] GA *Cruz Villalón*, Schlussanträge v. 14.01.2015 in der Rs. C-62/14, Gauweiler u.a., EU:C:2015:7, Rn. 186.

[225] Ebd., Rn. 189.

[226] Ebd., Rn. 191 ff.

[227] EuGH, Urt. v. 11.12.2018, Weiss u.a., C-493/17, EU:C:2018:1000, Rn. 93 ff.

[228] S. nur: *G. de Búrca*, Yearbook of European Law 13 (1993), S. 105, 110 ff.; *N. Emiliou*, The Principle of Proportionality in European Law, 1996, S. 177 ff.; krit. z.B. und statt vieler: *S. Storr*, Der Staat 36 (1997), S. 547, 566 ff. S. außerdem die umfassenden Überlegungen bei: *B. Oreschnik*, Verhältnismäßigkeit und Kontrolldichte, 2019, S. 229 ff.

[229] S. noch unten, 3. Kap. C.

a) Ermessen kraft überlegenen Wissens in komplexen Regulierungsbereichen

In den 1970er Jahren, beginnend mit dem Urteil *Schröder*[230], entwickelte der EuGH verallgemeinerbare Kriterien für die Anlegung einer geringeren Kontrolldichte. Der EuGH räumte der Kommission in diesem Urteil ausdrücklich wegen der Komplexität der wirtschaftlichen Zusammenhänge einen weiten Ermessensspielraum ein und umschrieb seinen Prüfungsauftrag dahingehend, dass zu kontrollieren sei, ob die Maßnahme zum Zeitpunkt ihres Erlasses offensichtlich ungeeignet zur Zielerreichung war.[231]

Die Komplexität der Entscheidung wurde schnell zu einem Kriterium für die Bestimmung der Kontrolldichte[232] und im Bereich des Agrarrechts wurden Maßnahmen alsbald von einer strengen Verhältnismäßigkeitsprüfung ausgenommen,[233] wenngleich es auch im Rahmen der Agrarpolitik bei einer hohen Kontrolldichte bei der Beurteilung von Sanktionen sowie von Kautionssystemen und Einfuhrabgaben blieb.[234] Auch in anderen Bereichen etablierte der EuGH die Komplexität der zu treffenden Entscheidungen als Determinante für eine zurückgenommene Kontrolldichte.[235] Bis heute knüpft der EuGH eine geringere Kontrolldichte für unionale Maßnahmen daran, dass politische, wirtschaftliche und soziale Entscheidungen zu treffen und komplexe Prüfungen und Bewertungen vorzunehmen sind, wobei nur offensichtlich ungeeignete Maßnahmen als unverhältnismäßig zu qualifizieren seien.[236] Dies bedeutet aber keine Beschränkung auf eine Geeignetheitsprüfung.[237] Vielmehr wird die Verhältnismäßigkeit in allen

---

[230] EuGH, Urt. v. 07.02.1973, Schröder/Deutschland, Rs. 40/72, EU:C:1973:14.

[231] Ebd., Rn. 14.

[232] Vgl. insb. bereits: EuGH, Urt. v. 24.10.1973, Balkan-Import-Export, Rs. 5/73, EU:C:1973:109, Rn. 22.

[233] S. nur statt vieler: EuGH, Urt. v. 21.02.1979, Stölting, Rs. 138/78, EU:C:1979:46, Rn. 7; EuGH, Urt. v. 06.12.1984, Biovilac, Rs. 59/83, EU:C:1984:380, Rn. 17; EuGH, Urt. v. 09.07.1985, Bozzetti, Rs. 179/84, EU:C:1985:306, Rn. 30; EuGH, Urt. v. 11.07.1989, Schräder, Rs. 265/87, EU:C:1989:303, Rn. 22.

[234] S. hierzu und m. ausf. Nw.: *N. Emiliou*, The Principle of Proportionality in European Law, 1996, S. 206 ff.; *O. Koch*, Der Grundsatz der Verhältnismäßigkeit in der Rechtsprechung des Gerichtshofs der Europäischen Gemeinschaften, 2003, S. 325 f., 326 ff., 340 ff.

[235] S. nur statt vieler: EuGH, Urt. v. 19.11.1998, Vereinigtes Königreich/Rat, C-150/94, EU:C:1998:547, Rn. 49; EuGH, Urt. v. 10.12.2002, British American Tobacco (Investments) Ldt., C-491/01, EU:C:2002:741, Rn. 123; EuGH, Urt. v. 10.07.2003, Kommission/EZB, C-11/00, EU:C:2003:395, Rn. 157; EuGH, Urt. v. 12.07.2005, Alliance for Natural Health u.a., verb. Rs. C-154 und 155/04, EU:C:2004:848, Rn. 52.

[236] S. nur: EuGH, Urt. v. 09.07.2020, Haswani, C-241/19 P, EU:C:2020:545, Rn. 100; EuGH, Urt. v. 08.12.2020, Polen/Parlament, C-626/18, EU:C:2020:1000, Rn. 95; EuGH, Urt. v. 08.12.2020, Ungarn/Parlament, C-620/18, EU:C:2020:1001, Rn. 112; EuGH, Urt. v. 04.02.2021, Azienda Agricola Ambrosi Nicola Giuseppe u.a., C-640/19, EU:C:2021:97, Rn. 76 f.; s. auch: *T. von Danwitz*, in: Essays in Honor of Pernilla Lindh, 2012, S. 367, 376.

[237] Vgl. nur: EuGH, Urt. v. 07.02.1973, Schröder/Deutschland, Rs. 40/72, EU:C:1973:14, Rn. 19 ff.; EuGH, Urt. v. 11.07.1989, Schräder, Rs. 265/87, EU:C:1989:303, Rn. 16, 18, 23; EuGH, Urt. v. 13.11.1990, Fedesa, C-331/88, EU:C:1990:391, Rn. 16 f.; EuGH, Urt. v.

Prüfstufen geprüft, es kommt lediglich eine geringe Kontrolldichte zur Anwendung.[238]

b) Vorgehen bei reduzierter Kontrolldichte

Neben dem in der Rechtsprechung anzutreffenden Phänomen, dass der EuGH der sich auf den Grundsatz der Verhältnismäßigkeit berufenden Streitpartei die Beweislast für einen Verstoß aufbürdet,[239] kristallisieren sich in der Rechtsprechung drei Arten heraus, wie der EuGH im Rahmen einer reduzierten Kontrolldichte vorgeht. Alle diese Vorgehensweisen belegen weiterhin, dass der EuGH eine gesamtbilanzierende Prüfung zur Sicherstellung der Ausgewogenheit der Maßnahme vornimmt.

aa) Offenkundigkeitskontrolle

In der Regel begnügt sich der EuGH damit, dass ein Alternativmittel keine offensichtlich niedrigeren Belastungen bedeutet bzw. die Nachteile der Maßnahme ihre Vorteile nicht offensichtlich überwiegen. Es genügt insofern, dass die allgemeine Ausgewogenheit der Maßnahme plausibel dargelegt wurde, was im Ergebnis zu einer kursorischen Plausibilitätsprüfung durch den EuGH führt.

bb) Vermeidung überschießender Wirkungen

Ferner stellt der EuGH sowohl in Bezug auf die Erforderlichkeit als auch auf die Angemessenheit einer Maßnahme darauf ab, dass überschießende Wirkungen und solche Handlungsalternativen ausgeschlossen wurden, die weniger zielgenau auf das fragliche Maßnahmenziel zugeschnitten waren. So hat der EuGH versucht darzulegen, dass das im Urteil *Weiss* gegenständliche PSPP der EZB[240] durch seine Nichtselektivität, strenge Zulassungskriterien für den Erwerb von Anleihen, befristete Laufzeiten und Regeln zur Begrenzung des Ankaufsvolumens durchaus begrenzt ist.[241] Auch im Streit um die Geflüchtetenverteilung

---

05.10.1994, Deutschland/Rat, C-280/93, EU:C:1994:367, Rn. 97; EuGH, Urt. v. 29.02.1996, Frankreich und Irland/Kommission, verb. Rs. C-294 und 307/93, EU:C:1996:65, Rn. 30 ff.; *U. Kischel*, EuR 2000, S. 380, 399 f. Diesem Missverständnis, welches sich durch eine genaue Urteilslektüre vermeiden ließe, erlagen z.B.: *M. Nettesheim*, EuZW 1995, S. 106 ff.; *S. Storr*, Der Staat 36 (1997), S. 547, 551 ff.; *D. Šušnjar*, Proportionality, Fundamental Rights, and Balance of Power, 2010, S. 172.

[238] *O. Koch*, Der Grundsatz der Verhältnismäßigkeit in der Rechtsprechung des Gerichtshofs der Europäischen Gemeinschaften, 2003, S. 212 m.w.N. Aus jüngerer Zeit, s. nur: EuGH, Urt. v. 03.12.2019, Tschechische Republik/Parlament und Rat, C-482/17, EU:C:2019:1035, Rn. 119 und 130.

[239] S. hierzu nur: *O. Koch*, Der Grundsatz der Verhältnismäßigkeit in der Rechtsprechung des Gerichtshofs der Europäischen Gemeinschaften, 2003, S. 534 ff.

[240] Beschluss (EU) 2015/774 der Europäischen Zentralbank v. 04.03.2015 über ein Programm zum Ankauf von Wertpapieren des öffentlichen Sektors an den Sekundärmärkten, ABl. 2015, L 212, S. 20 in geänderter Fassung.

[241] EuGH, Urt. v. 11.12.2018, Weiss u.a., C-493/17, EU:C:2018:1000, Rn. 82 ff.

führte der EuGH die befristete Laufzeit, den personell begrenzten Umfang sowie die flexible Beteiligung der Mitgliedstaaten an der Umverteilung dafür an, dass der Umverteilungsmechanismus Begrenzungen unterliegt.[242] Ein weiteres Beispiel ist das Urteil *Emissionszertifikathandel* von 2016, in dem der EuGH die Erforderlichkeit der Einstellung von überschüssigen Emissionszertifikaten in eine Marktstabilitätsreserve damit begründete, dass diese auf diese Weise immerhin nicht eingezogen werden müssten, aber der Überschuss an Zertifikaten dennoch beendet würde, während im Fall eines Zertifikatsmangels schnell reagiert werden könne.[243] Ebenso war es für den EuGH im bereits erwähnten Urteil *Pesce* ein Beleg für die Angemessenheit der Rodungsanordnung, dass diese nur in einem Radius von 100 Metern um die von Bakterien befallenen Bäume erging, statt einen weiteren, ebenfalls potenziell vom Bakterium bedrohten Radius anzuordnen.[244]

Diese Judikate stützen vor allem die Einschätzung, dass die fraglichen Maßnahmen auf den ersten Blick jedenfalls nicht unausgewogen waren. Während sie wenig zur Klärung der Frage beitragen, ob bestimmte Maßnahmen weniger intensiv in ein bestimmtes Rechtsgut eingegriffen hätten oder dieser Eingriff schwerer wog als die Zielerreichung dies gestattet, sagen sie vor allem aus, dass die Belastungen insgesamt geringgehalten wurden. Alternativmaßnahmen mit insgesamt geringerer Belastungssumme und das Überwiegen der Nachteile einer Maßnahme werden unwahrscheinlicher, wenn denkbare Alternativen nicht zum Einsatz kamen und die Maßnahmen zielgenau auf das Maßnahmenziel zugeschnitten scheinen.

cc) Prozesskontrolle

Eine weitere Strategie des EuGH ist es, sich bei geringerer Kontrolldichte auf eine Prozesskontrolle zu beschränken, also zunächst keine inhaltliche Kontrolle der Verhältnismäßigkeit einer Maßnahme vorzunehmen, sondern zu fragen, ob die politischen Organe im Rahmen ihrer Entscheidungsfindung alle Belange hinreichend gewürdigt und ihrer Entscheidung zugrunde gelegt haben.[245] Auch diese Prozesskontrolle zielt vor allem auf die Sammlung, die Berücksichtigung und den Ausgleich der beteiligten Belange ab und knüpft die Analyse nicht an ein spezifisches Interesse als Bezugspunkt der Prüfung. Auf die Belastbarkeit dieses Ansatzes und die Qualität dieser Rechtsprechung wird noch im Detail zurückzukommen sein.[246] Zum jetzigen Zeitpunkt genügt die Feststellung, dass der EuGH

---

[242] EuGH, Urt. v. 06.09.2017, Slowakei und Ungarn/Rat, verb. Rs. C-643/15 und C-647/15, EU:C:2017:631, Rn. 243 f.

[243] EuGH, Urt. v. 21.06.2018, Polen/Parlament und Rat, C-5/16, EU:C:2018:483, Rn. 173 ff.

[244] EuGH, Urt. v. 09.06.2016, Pesce u.a., verb. Rs. C-78/16 und C-79/16, EU:C:2016:428, Rn. 67 f.

[245] S. hierfür zunächst nur: *K. Lenaerts*, Yearbook of European Law 31 (2012), S. 3 ff.

[246] S. hierzu unten, 3. Kap. C. II. 5.

bei geringer Kontrolldichte auch auf eine prozessbasierte Kontrolle ausweicht und damit zumindest im Grundsatz sicherstellt, dass den Entscheidungen der Unionsorgane eine Auseinandersetzung mit allen relevanten Belangen vorausgegangen ist, was das Risiko gänzlich unausgewogener Entscheidungen minimiert. Nur wenn die Ausgewogenheit, nicht aber die individuelle Betroffenheit im Fokus der Analyse steht, ist dieses Vorgehen zielführend.

4. Praktische Schwierigkeiten und die Rolle der Verfahrensbeteiligten

Der Anspruch, eine allgemeine Ausgewogenheitsprüfung durchzuführen, stellt den EuGH vor einige Herausforderungen. Wie bereits erläutert, beschränkt sich der EuGH in seiner Begründung und Abwägungsentscheidung meist auf die im Verfahren geäußerten Probleme. Problematisch ist hieran, dass damit nur ein äußerst beschränkter Kreis an Beteiligten in der Lage ist, ggf. betroffene Interessen dem EuGH zur Kenntnis zu bringen. Im Vorabentscheidungsverfahren können die vorlegenden Gerichte den Rahmen des Verfahrens durch die Formulierung ihrer Vorlagefragen in ganz erheblichem Umfang bestimmen.[247] Neben den Parteien des Ausgangsrechtsstreits (Art. 23 Abs. 2 EuGHSatz i.V.m. Art. 97 EuGH VerfO) haben lediglich die Mitgliedstaaten, die Kommission und vom Verfahren betroffene Stellen der EU nach Art. 23 Abs. 1 und 2 EuGHSatz i.V.m. Art. 96 EuGH VerfO die Möglichkeit zur Stellungnahme, EFTA- und Drittstaaten unter den Voraussetzungen von Art. 23 Abs. 3 und 4 EuGHSatz i.V.m. Art. 96 EuGH VerfO. In den anderen Verfahrensarten ist der Verfahrensbeitritt nur unter den Voraussetzungen des Art. 40 EuGHSatz möglich und für natürliche oder juristische Personen durch Art. 40 Abs. 2 S. 2 EuGHSatz besonders eingeschränkt. In Klageverfahren ist eine Streithilfe möglich (Art. 129 ff. EuGH VerfO). Anders als z.B. am US-Supreme Court sind interessierte Dritte nicht als *amici curiae* zugelassen und von der Möglichkeit, Sachverständige gem. Art. 70 EuGH VerfO zu hören, macht der EuGH keinen Gebrauch mehr.[248]

---

[247] S. für die Bindung des EuGH an zulässige Vorlagefragen nur: EuGH, Urt. v. 16.06.2015, Gauweiler u.a., C-62/14. EU:C:2015:400, Rn. 24; EuGH, Urt. v. 07.02.2018, American Express, C-304/16, EU:C:2018:66, Rn. 31; EuGH, Urt. v. 10.12.2018, Wightman u.a., C-621/18, EU:C:2018:999, Rn. 26. Der EuGH ist sehr zögerlich, in Vorabentscheidungsverfahren Rechtsfragen zu beantworten, die nicht aufgeworfen wurden, vgl.: EuGH, Urt. v. 07.05.1991, Danske Slagterier, C-338/89, EU:C:1991:192, Rn. 14; EuGH, Urt. v. 25.02.1999, Carbonari, C-131/97, EU:C:1999:98, Rn. 48 ff.; EuGH, Urt. v. 21.01.2010, Société de Gestion Industrielle, C-311/08, EU:C:2010:26, Rn. 19 ff. Ausnahmen hiervon werden in der Regel nur gemacht, wenn sich die Rechtsfrage offensichtlich bereits vor dem vorlegenden Gericht stelle und diese Frage vor dem EuGH ausführlich diskutiert wurde, s.: EuGH, Urt. v. 08.05.2008, Ecotrade, verb. Rs. C-95/07 und C-96/07, EU:C:2008:267, Rn. 35 ff.; EuGH, Urt. v. 06.10.2015, Schrems, EU:C:2015:650, Rn. 67. Eine interessante *case study* für die Gestaltungsmacht vorlegender Gericht im Dialog mit dem EuGH am Beispiel des kirchlichen Arbeitsrechts liefert: *C. D. Classen*, JZ 2023, S. 53, 59.

[248] S. aber noch etwa: EuGH, Urt. v. 31.03.1993, Ahlström u.a., verb. Rs. C-89/85, C-104/85, C-114/85, C-116/85, C-117/85, und C-125 bis 129/85, EU:C:1993:120, Rn. 31 f.

Anderen Betroffenen wird es damit erschwert, auf bestimmte Auswirkungen von Maßnahmen hinzuweisen.[249] Ob eine verstärkte Öffnung des Verfahrens angebracht[250] oder jedenfalls im Vorabentscheidungsverfahren den Charakter als Zwischenverfahren verfälschen würde,[251] muss hier dahinstehen. Aus prozessrechtlichen Gründen besteht aber zumindest die Gefahr, dass der EuGH eine Ausgewogenheitskontrolle nur unter selektiver Berücksichtigung derjenigen Interessen, die von den Verfahrensbeteiligten vorgebracht wurden, betreibt. Dies mag man wegen der stets sowohl faktisch wie auch prozessrechtlich eingehegten Befähigung von Gerichten zur Wahrheitsfindung hinnehmen müssen. Es zeigt aber doch die faktischen Grenzen der Belastbarkeit des Konzepts einer gerichtlichen Ausgewogenheitskontrolle auf: Sie ist lediglich eine Kontrolle der Ausgewogenheit der Interessen und Belange, die im Rahmen des Prozessrechts dem EuGH zur Kenntnis kamen.

Allerdings zeigt diese Einsicht auch, dass es die Verfahrensbeteiligten sind, die es bis zu einem gewissen Grade in der Hand haben, mit welchen Belangen sich der EuGH in seiner Gesamtbilanzierung auseinandersetzen muss. Je klarer die fraglichen Belastungen in ihrer Summe herausgearbeitet und dem EuGH plausibel gemacht werden, desto mehr müssen die Vorzüge der Maßnahme benannt und hervorgehoben werden, um diese Maßnahme noch als ausgewogen einzustufen.

II. Verhältnismäßigkeit als Eingriffsschranke individueller Interessen

Demgegenüber bringt der EuGH den Grundsatz der Verhältnismäßigkeit in unterschiedlichen Konstellationen auch im Sinne einer Eingriffsschranke[252] von in-

---

[249] S. hierzu z.B.: *M. Otto*, EuZW 2022, S. 241, 242. In Vorabentscheidungsverfahren eröffnet freilich der Beitritt zum nationalen Gerichtsverfahren die Möglichkeit, auch vor dem EuGH Gehör zu finden.

[250] So besonders ausf. und auch mit anderen Vorschlägen z.B.: *C. Krenn*, The Procedural and Organisational Law of the European Court of Justice, Cambridge 2022, S. 102 ff.; den Vorschlag, alle mitgliedstaatlichen Höchstgerichten in Vorabentscheidungsverfahren die Möglichkeit zur Stellungnahme zu geben, unterbreitet: *C. D. Classen*, EuR 2022, S. 279, 296 ff.

[251] In diese Richtung geht die Aussage in: EuGH, Urt. v. 01.03.1973, Bollmann, Rs. 62/72, EU:C:1973:24, Rn. 4.

[252] Teilweise wird auch für diese Funktion in der unionsrechtlichen Literatur der aus der deutschen Grundrechtsdogmatik entlehnte Begriff der „Schranken-Schranke" oder der „Beschränkungsschranke" verwendet, s. z.B.: *A. Emmerich-Fritsche*, Der Grundsatz der Verhältnismäßigkeit als Direktive und Schranke der EG-Rechtsetzung, 2000, S. 337 ff.; *I Pernice*, Grundrechtsgehalte im Europäischen Gemeinschaftsrecht, 1979, S. 411 ff.; *G. Hirsch*, Das Verhältnismäßigkeitsprinzip im Gemeinschaftsrecht, 1997, S. 17. Der hier verwendete Begriff der „Eingriffsschranke" passt aber besser zum Unionsrecht, weil die mit dem Begriff der „Schranken-Schranke" implizierte Orientierung an der ausgeklügelten deutschen Schrankensystematik im Unionsrecht jedenfalls in dieser Pauschalität unpassend scheint, s.: *O. Koch*, Der Grundsatz der Verhältnismäßigkeit in der Rechtsprechung des Gerichtshofs der Europäischen Gemeinschaften, 2003, S. 501 f.; ähnliche Terminologie bei: *C. Pollack*, Verhältnis-

dividuellen Rechtspositionen zur Anwendung. Diese Konstellationen sind grundsätzlich von einer höheren Kontrolldichte gekennzeichnet.

1. Individualbezug durch Fallkonstellation

In einigen Situationen ist schon durch die in Rede stehende und am Maßstab der Verhältnismäßigkeit zu prüfende Maßnahme eine Rolle der Verhältnismäßigkeit als Eingriffsschranke vorgezeichnet. Dies gilt etwa für Fälle, in denen Sanktionen gegenüber Unternehmen oder Mitgliedstaaten für unionsrechtswidriges Verhalten beurteilt werden und geht auf das bereits erwähnte Urteil *Fédération Charbonnière de Belgique*[253] zurück. In einer umfassenden Judikatur zu allen Arten von Geldbußen und sonstigen Sanktionsregimen hat der EuGH die Grundüberlegung, dass die Sanktion in einem Verhältnis zum Fehlverhalten stehen müsse, immer weiter ausdifferenziert.[254] Kern dieser Rechtsprechung ist der Abgleich der Schwere des Fehlverhaltens mit der Schwere der Sanktion und mithin eine Art Angemessenheitsprüfung.[255] Generalanwalt *VerLoren van Themaat* sprach insofern von einem sanktionsrechtlichen Angemessenheitsgrundsatz,[256] was den Unterschied zu der ansonsten vom EuGH vorgenommenen Verhältnismäßigkeitsprüfung gut sichtbar macht. Aufgrund der alleinigen Individualbetroffenheit durch die Sanktion kommt eine multipolare Ausgewogenheitsprüfung hier von vornherein nicht in Betracht. Ähnlich verhält es sich mit Entscheidungen aus dem Recht des öffentlichen Dienstes, die auf die Verhältnismäßigkeit von Entlassungen oder anderweitigen Sanktionen abstellen und auf das bereits dargestellte Urteil *Schmitz* zurückgehen.[257]

---

mäßigkeitsprinzip und Grundrechtsschutz in der Judikatur des Europäischen Gerichtshofs und des österreichischen Verfassungsgerichtshofs, 1990, S. 46; *E. Pache*, NVwZ 1999, S. 1033, 1037; *N. Emiliou*, The Principle of Proportionality in European Law, 1996, S. 173.

[253] EuGH, Urt. v. 29.11.1956, Fédération Charbonnière de Belgique/Hohe Behörde, Rs. 8/55, EU:C:1956:11, S. 302 ff.

[254] Einen detaillierten Überblick liefert: *O. Koch*, Der Grundsatz der Verhältnismäßigkeit in der Rechtsprechung des Gerichtshofs der Europäischen Gemeinschaften, 2003, S. 219 ff., 293 ff.

[255] S. nur: EuGH, Urt. v. 17.12.1959, Macchiorlatti Dalmas/Hohe Behörde, Rs. 1/59, EU:C:1959:29, S. 445; s. auch: EuGH, Urt. v. 14.07.1972, BASF/Kommission, Rs. 49/69, EU:C:1972:71, Rn. 38; EuGH, Urt. v. 14.07.1972, Bayer Farbenfabriken/Kommission, Rs. 51/69, EU:C:1972:72, Rn. 42; EuGH, Urt. v. 31.01.1984, IFG, Rs. 1/83, EU:C:1984:36, Rn. 10, 18; sowie aus jüngerer Zeit statt vieler: EuGH, Urt. v. 08.07.2019, Kommission/Belgien, C-543/17, EU:C:2019:573, Rn. 83; EuGH, Urt. v. 12.09.2019, Maksimovic u.a., verb. Rs. C-64/18, C-140/18, C-146/18 und C-148/18, EU:C:2019:723, Rn. 46; EuGH, Urt. v. 16.07.2020, Kommission/Rumänien, C-549/18, EU:C:2020:563, Rn. 72; EuGH, Urt. v. 25.02.2021, Kommission/Spanien, C-658/19, EU:C:2021:138, Rn. 62.

[256] GA *VerLoren van Themaat*, Schlussanträge v. 22.11.1983 in den verb. Rs. 140, 146, 221 und 226/82, Walzstahl Vereinigung, EU:C:1983:337, S. 994.

[257] EuGH, Urt. v. 19.03.1964, Schmitz, Rs. 18/63, EU:C1964:15, S. 204.

Ferner gibt es Fälle, in denen das Ausmaß der Belastung eines Individualinteresses die Unverhältnismäßigkeit begründet hat. Vor allem wurden manche finanziellen Belastungen als zu hoch eingestuft, wie z.B. in den bereits angesprochenen *Magermilchpulverfällen*: Der EuGH hatte u.a. festgestellt, dass verpflichtende Ankaufspreise, die dreimal so hoch waren wie die Kosten für Alternativprodukte „einen derart disproportionierten Preis"[258] darstellten, dass die entsprechende Verordnung als unverhältnismäßig aufzuheben wäre. Ähnlich lesen sich die Entscheidungen, in denen der EuGH gewisse Rechtsakte für unverhältnismäßig hielt, weil sie keine Härtefallklauseln für besonders gelagerte Einzelfälle enthielten.[259]

Ob und inwieweit in diesen Fällen der Grundsatz der Verhältnismäßigkeit eher individualrechtsbezogen statt zur Sicherstellung einer allgemeinen Ausgewogenheit eingesetzt wurde, ist dennoch nicht eindeutig zu bestimmen.[260] Zunächst können diese Entscheidungen auch so verstanden werden, dass schon die finanzielle Belastung so hoch war, dass die Maßnahme auch in Anbetracht aller anderen Interessen unausgewogen schien oder dass ohne Härtefallklauseln der EuGH keine Ausgewogenheit der Maßnahme erkennen konnte, unabhängig davon, ob ein bestimmtes geschütztes Interesse dadurch unverhältnismäßig eingeschränkt wurde. Jedenfalls verschwimmen die Grenzen zwischen eigenständiger und einer auf individuelle Rechtspositionen bezogenen Verhältnismäßigkeit, wenn die Belastung eines Interesses so intensiv ist, dass allein daraus ein Missverhältnis der Nachteile zu den Vorteilen der Maßnahme entsteht. Nur anhand ausführlicherer Urteilsbegründungen ließe sich Genaueres erkennen, die der EuGH in seiner früheren Phase aber vermissen ließ.

2. *Subjektivrechtlicher Zugriff auf die Beschränkung von Grundfreiheiten*

Nach lang etablierter und bereits dargestellter Rechtsprechung müssen mitgliedstaatliche Beschränkungen der Grundfreiheiten dem Grundsatz der Verhältnismäßigkeit genügen. In dieser Funktion legt der Grundsatz der Verhältnismäßigkeit die Grenzen eines Eingriffs in die Grundfreiheiten fest.[261] Zwar ist die Fo-

[258] EuGH, Urt. 05.07.1977, Bela Mühle, Rs. 114/76, EU:C:1977:116, Rn. 7; EuGH, Urt. v. 05.07.1977, Granaria, Rs. 116/76, EU:C:1977:117, Rn. 7; EuGH, Urt. v. 05.07.1977, Ölmühle Hamburg, verb. Rs. 119 und 120/76, EU:C:1977:118, Rn. 7.

[259] S. hierzu nur: EuGH, Urt. v. 20.02.1979, Buitoni, Rs. 122/78, EU:C:1979:43, Rn. 19 f.; EuGH, Urt. v. 21.06.1979, Atalanta, Rs. 240/78, EU:C:1979:160, Rn. 15 f.

[260] Das liegt allerdings, entgegen der Ansicht von *O. Koch*, Der Grundsatz der Verhältnismäßigkeit in der Rechtsprechung des Gerichtshofs der Europäischen Gemeinschaften, 2003, S. 511 nicht daran, dass bei diesen und anderen Fällen eine typisierende Betrachtung vorgenommen wurde, bei der nicht auf die konkrete Belastung eines Klägers, sondern auf die Belastungen der typischerweise betroffenen Marktteilnehmer abgestellt wurde, denn die Typisierung allein führt nicht zur Anwendung der für die selbstständige Verhältnismäßigkeit prägende Bilanzierungstechnik, s. nur: *U. Kischel*, EuR 2000, S. 380, 393.

[261] So auch: *T. Kingreen*, Die Struktur der Grundfreiheiten des Europäischen Gemeinschaftsrechts, 1999, S. 168 f.; *D. Ehlers*, in: Ders. (Hrsg.), Europäische Grundrechte und

kussierung auf einen betont subjektivrechtlichen Prüfzugriff nach grundrechtlichem Vorbild in der deutschen Literatur besonders präsent und baut auf betont deutschen Vorverständnissen auf,[262] aber die Inverhältnissetzung von Allgemeinwohlziel der Mitgliedstaaten und Grundfreiheiten der Marktteilnehmenden hat auch der EuGH bereits explizit gemacht.[263] Dieses subjektivrechtliche Vorgehen bei der Prüfung von Eingriffsschranken der Grundfreiheiten findet in den Formulierungen der ausdrücklichen Beschränkungstatbestände der Grundfreiheiten sowie in der frühen Rechtsprechung zur Beschränkung von Grundfreiheiten[264] eine hinreichende Absicherung.[265]

Zwar ließen sich die Beschränkungen von Grundfreiheiten auch als eine multipolare Gemengelage vom unionalen Interesse am reibungslosen Funktionieren des Binnenmarktes, den Allgemeinwohlinteressen der Mitgliedstaaten, den Grundfreiheiten der Marktteilnehmenden und dem Interesse der Mitgliedstaaten an regulatorisch eigenständigen Entscheidungen begreifen. Allerdings fallen in dieser Hinsicht die Interessen von Union und Marktteilnehmenden meist ohnehin zusammen.[266] Die prononcierte Berücksichtigung des Interesses von Mitgliedstaaten an eigenständiger regulatorischer Entscheidung frei von grundfreiheitlichen Vorgaben würde wiederum in Konflikt damit geraten, dass unionsrechtliche Vorgaben zur Sicherung der Funktion des Binnenmarktes gerade dort von Bedeutung sind, wo sekundärrechtliche Regelungen nicht existieren.[267]

Grundfreiheiten, 4. Aufl. 2014, § 7, Rn. 126 ff.; *U. Becker*, in: Schwarze AEUV, Art. 36, Rn. 64.

[262] Vgl. nur den Verweis auf die praktische Konkordanz nach *Hesse* und zur Methode und Abwägungsdogmatik nach *Schlink* bei: *T. Kingreen*, Die Struktur der Grundfreiheiten des Europäischen Gemeinschaftsrechts, 1999, S. 168, Fn. 421 mit der deutlich weniger subjektivrechtlich geprägten Beschreibung bei: *K. Lenaerts/P. van Nuffel*, EU Constitutional Law, 2021, S. 171.

[263] EuGH, Urt. v. 26.06.1997, Familiapress, C-368/95, EU:C:1997:325, Rn. 8: „[…] sofern sich die Anwendung dieser Vorschriften nicht durch einen Zweck rechtfertigen läßt, der im Allgemeininteresse liegt und den Erfordernissen des freien Warenverkehrs vorgeht."

[264] S. nur erneut: EuGH, Urt. v. 12.02.1974, Sotigu, Rs. 152/73, EU:C:1974:13, Rn. 4 f.; entspr. für die Niederlassungsfreiheit: EuGH, Urt. v. 21.06.1974, Reyners, Rs. 2/74, EU:C:1974:68, Rn. 42/43; für den freien Warenverkehr: EuGH, Urt. v. 31.10.1974, Centrafarm, Rs. 15/74, EU:C:1974:114, Rn. 6/8; für die Herausbildung der einzelnen Prüfstufen, s.: EuGH, Urt. v. 14.12.1972, Marimex, Rs. 29/72, EU:C:1972:126, Rn. 4 f.; EuGH, Urt. v. 20.02.1975, Kommission/Deutschland, Rs. 12/74, EU:C:1975:23, Rn. 10 ff.; EuGH, Urt. v. 20.05.1976, De Peijper, Rs. 104/75, EU:C:1976:67, Rn. 14/18; EuGH, Urt. v. 07.07.1976, Watson und Belmann, Rs. 118/75, EU:C:1976:106, Rn. 21/22.

[265] *R. Streinz*, in: Merten/Papier (Hrsg.), HdB GR VI/1, § 152, Rn. 68.

[266] *O. Koch*, Der Grundsatz der Verhältnismäßigkeit in der Rechtsprechung des Gerichtshofs der Europäischen Gemeinschaften, 2003, S. 502.

[267] S. zur sog. negativen Integration etwa: *F. Scharpf*, in: Höpner/Schäfer (Hrsg.), Die politische Ökonomie der Europäischen Integration, 2008, S. 49, 54 ff. Ob die negative Integration u.a. wegen zunehmender sekundärrechtlicher Ausgestaltung des Binnenmarktes an Bedeutung verliert (s. dazu: *J. Zglinksi*, Journal of European Public Policy 2023 – Online, S. 1, 15 ff.) und welche Auswirkungen das auf die Verhältnismäßigkeitsprüfung im Rahmen der Grundfreiheiten haben wird, bleibt abzuwarten.

Letztlich vollendet ein subjektivrechtlicher Prüfzugriff auf die Verhältnismäßigkeit im Rahmen der Grundfreiheiten die Entfaltung dieser Vorschriften als allgemeine Beschränkungsverbote[268] mit subjektivrechtlicher Qualität:[269] Aus dem Verständnis der Grundfreiheiten als subjektive Rechte, die überdies als allgemeines Beschränkungsverbot ausgestaltet wurden, folgt ein subjektivrechtlicher Zugriff auf die Analyse der Beschränkungen, der dieser Art der Entfaltung der Grundfreiheiten in besonderem Maße gerecht wird.

3. Herausbildung einer Grundrechtsverhältnismäßigkeit

Eben dieser Zusammenhang von subjektivem Recht und subjektivrechtlicher Verhältnismäßigkeitsprüfung hat sich im Rahmen der Unionsgrundrechte deutlich zögerlicher herausgebildet. Gesicherte subjektivrechtliche Qualität erreichte die Verhältnismäßigkeitsprüfung des EuGH in Grundrechtsfällen erst nach Inkrafttreten der GRC. Bis dahin wurden Grundrechte meist als einzelne Interessen im Rahmen des gesamtbilanzierenden Prüfzugriffes berücksichtigt.

a) Gesamtbilanzierung in der frühen Rechtsprechung

Das vom EuGH mit dem Urteil in der Rechtssache *Internationale Handelsgesellschaft* eingeführte Verständnis von der Existenz von Unionsgrundrechten und einer von ihnen abgekoppelte Prüfung der Verhältnismäßigkeit wurde in den folgenden Jahren konsolidiert. Die Formeln aus der Rechtsprechung zu den Grundrechtsschranken in Urteilen wie *Nold*[270] und *Hauer*[271] waren nicht allein als Obersätze für die Beschränkungsschranken der Grundrechte zu verstehen,[272] sondern auch als Aussagen über den doppelten subjektiven und institutionellen Charakter der Grundrechte im Gemeinschaftsrecht.[273] Wie auch das BVerfG die Grundrechte des Grundgesetzes,[274] so verstand schon die frühe Grundrechtsrechtsprechung des EuGH die Gemeinschaftsgrundrechte nicht allein als Abwehrrechte, sondern insgesamt als objektive Leitprinzipien gemeinschaftlichen Handelns.[275] Im Unterschied zum deutschen Recht hatte dieses Verständnis aber

[268] Einen konzisen Überblick bietet: *R. Streinz*, in: Merten/Papier (Hrsg.), HdB GR VI/1, § 152, Rn. 18 ff.

[269] Hierzu nur: *D. Ehlers*, in: Ders. (Hrsg.), Europäische Grundrechte und Grundfreiheiten, 4. Aufl. 2014, § 7, Rn. 10.

[270] EuGH, Urt. v. 14.05.1974, Nold KG/Kommission, Rs. 4/73, EU:C:1974:51, Rn. 14.

[271] EuGH, Urt. v. 13.12.1979, Hauer, Rs. 44/79, EU:C:1979:290, Rn. 23.

[272] So aber: *C. Eisner*, Die Schrankenregelung der Grundrechtecharta der Europäischen Union, 2005, S. 56 ff.

[273] *I. Pernice*, Grundrechtsgehalte im Europäischen Gemeinschaftsrecht, 1979, S. 60 ff.

[274] Vgl. besonders eindrücklich: BVerfGE 33, 303, 330 ff; zur objektiven bzw. institutionellen Dimension der Grundrechte in Deutschland grundlegend: BVerfGE 7, 198, 205.

[275] S.: GA *Trabucchi*, Schlussanträge v. 28.03.1979 in der Rs. 4/73, Nold KG/Kommission, EU:C:1974:27, S. 513 f.; *I. Pernice*, Grundrechtsgehalte im Europäischen Gemeinschaftsrecht, 1979, S. 60 ff.

auch Auswirkungen auf die Handhabung des Grundsatzes der Verhältnismäßigkeit in Grundrechtsfragen, da sie, anders als schon recht früh bei den Grundfreiheiten der Fall war, eben nicht auch als subjektive Rechte ausgeformt wurden, wie im Folgenden darzustellen ist.

Zwar erkannte der EuGH den Wesensgehalt und den Grundsatz der Verhältnismäßigkeit als Eingriffsgrenzen der Grundrechte an und entwickelte entsprechende Formeln,[276] doch erlangte diese Verhältnismäßigkeitsprüfung keine subjektivrechtliche Qualität.[277] Ein Beispiel hierfür ist das viel kritisierte[278] *Bananenmarkturteil* des EuGH von 1994:[279] Der EuGH beschränkte sich zunächst darauf, dass der Eingriff in die Berufsfreiheit der Bananenimporteure[280] aufgrund der Einfuhrbeschränkung von Drittlands- und AKP-Bananen durch die Bananenmarktordnung[281] anerkannten Gemeinwohlzielen diene und keine Verletzung des grundrechtlichen Wesensgehalts darstelle.[282] Sodann stieg der EuGH in eine Verhältnismäßigkeitskontrolle der Verordnung ein, bei der er prüfte, ob das Interesse der bananenproduzierenden Mitgliedstaaten an Absatzmärkten für diese Bananen zugunsten der Sicherung ihrer Landwirtschaft mit dem Interesse anderer Mitgliedstaaten an einer kostengünstigen Versorgung u.a. mit Drittlandsbananen in Einklang gebracht worden sei[283] und wog damit zwei öffentliche Interessen gegeneinander ab. Dies stand im Einklang mit seiner ständigen Rechtsprechung zur Verhältnismäßigkeit[284] und auch dem Vorbringen der Klägerin, welche die Verhältnismäßigkeit losgelöst von Grundrechtsfragen gerügt hatte.[285]

Auch in anderen Urteilen trennte der EuGH Grundrechts- und Verhältnismäßigkeitsprüfung voneinander.[286] Meist begnügte er sich mit der Feststellung

---

[276] S. ausf. zu den Beschränkungsformeln aus der Grundrechtsrechtsprechung: *M. Bühler*, Einschränkungen von Grundrechten nach der Europäischen Grundrechtcharta, 2005, S. 37 ff.

[277] *T. von Danwitz*, EWS 2003, S. 393, 396; *M. Bühler*, Einschränkungen von Grundrechten nach der Europäischen Grundrechtecharta, 2005, S. 106 ff.; *M. Hilf*, in: Merten/Papier (Hrsg.), HdB GR VI/1, § 164, Rn. 26.

[278] S. z.B.: *M. Nettesheim*, EuZW 1995, S. 106, 107; *U. Everling*, CMLR 33 (1996), S. 401, 410 ff.; *J. Kokott*, AöR 121 (1996), S. 599, 608 f.; *P. M. Huber*, EuZW 1997, S. 517, 521; *S. Storr*, Der Staat 36 (1997), S. 547, 551 ff.

[279] EuGH, Urt. v. 05.10.1994, Deutschland/Rat, C-280/93, EU:C:1994:367.

[280] Mit den Rügen zu Eigentums- und wohlerworbenen Rechten konnte die Bundesrepublik kaum durchdringen, s.: EuGH, Urt. v. 05.10.1994, Deutschland/Rat, C-280/93, EU:C:1994:367, Rn. 79 f.

[281] VO (EWG) 404/93 des Rates v. 13.02.1993 über die gemeinsame Marktorganisation für Bananen, ABl. Nr. L 047 v. 25.02.1993, S. 1 ff.

[282] EuGH, Urt. v. 05.10.1994, Deutschland/Rat, C-280/93, EU:C:1994:367, Rn. 81 ff.

[283] Ebd., Rn. 92.

[284] So auch: *U. Kischel*, EuR 2000, S. 380, 397.

[285] EuGH, Urt. v. 05.10.1994, Deutschland/Rat, C-280/93, EU:C:1994:367, Rn. 64, 88.

[286] S.: *O. Koch*, Der Grundsatz der Verhältnismäßigkeit in der Rechtsprechung des Gerichtshofs der Europäischen Gemeinschaften, 2003, S. 255 ff. m.w.N.; *M. Bühler*, Einschränkungen von Grundrechten nach der Europäischen Grundrechtcharta, 2005, S. 106 ff.; die

des Gemeinwohlziels, des Eingriffs und einer Nichtverletzung des Wesensgehalts und führte sodann eine Verhältnismäßigkeitsprüfung ohne Grundrechtsbezug durch,[287] bei der Individualinteressen zwar Berücksichtigung finden konnten,[288] aber nicht im Fokus der Analyse standen. Auch in Fällen, in denen die Verhältnismäßigkeitsprüfung als Teil der Grundrechtsprüfung angelegt war, dominierte der von Grundrechten losgelöste Prüfzugriff der selbstständigen Verhältnismäßigkeit.[289] Diese Prüfsystematik lässt sich vor allem als Reaktion auf das Parteivorbringen verstehen – wenn die Verhältnismäßigkeit separat gerügt wurde, prüfte der EuGH sie separat, wenn sie als Teil der Grundrechtsprüfung vorgebracht wurde, prüfte der EuGH sie in diese Prüfung integriert.[290] Doch die Verhältnismäßigkeitsprüfung bewahrte sich in all diesen Grundrechtsfällen ihren allgemeinen, auf Ausgewogenheit ausgerichteten Charakter, unabhängig davon, ob sie in die Grundrechtsprüfung integriert oder isoliert geprüft wurde.[291] Ganz den damaligen Regelungsbereichen des Gemeinschaftsrechts entsprechend, hatten frühe Grundrechtsfälle vor allem Maßnahmen zur Wirtschaftssteuerung zum Gegenstand. Da diese Maßnahmen aber regelmäßig verschiedene Interessen berührten und damit aufwändige Interessenausgleiche notwendig machten, galt es für den EuGH nach seiner ständigen Rechtsprechung gerade die Ausgewogenheit dieses Interessenausgleichs, statt die Angemessenheit eines Grundrechtseingriffs zu prüfen.

Ein Schutz der Unionsgrundrechte als subjektive Rechte hätte verlangt, dass wegen der Grundrechtsbetroffenheit primär auf die Zumutbarkeit des fraglichen Grundrechtseingriffs abgestellt würde, die mittels des Grundsatzes der Verhältnismäßigkeit als Eingriffsschranke zu ermitteln gewesen wäre. Es handelte sich um ein systematisches Defizit zulasten der Grundrechtsposition. Die, allerdings nur selten so präzise geäußerte, Kritik an dieser Rechtsprechung, dass es an einer konkreten grundrechtsbezogenen Abwägungsentscheidung fehlte,[292] traf im vollen Umfang zu. Überlegungen, dass diese gesamtbilanzierende Ausgewogen-

Literatur identifizierte hier teilweise eine doppelte Verhältnismäßigkeitsprüfung, s.: *G. M. Berrisch*, EuR 1994, S. 461, 465 f.; *U. Everling*, CMLR 33 (1996), S. 401, 418.

[287] S.: EuGH, Urt. v. 15.02.1996, Duff u.a., C-63/93, EU:C:1996:51, Rn. 27 ff.; EuGH, Urt. v. 15.04.1997, Irish Farmers Association, C-22/94, EU:C:1997:187, Rn. 26 ff.; EuGH, Urt. v. 17.07.1997, SAM Schiffahrt, verb. Rs. C-248 und C-249/95, EU:C:1997:377, Rn. 66 ff.

[288] So z.B. in: EuGH, Urt. v. 15.04.1997, Irish Farmers Association, C-22/94, EU:C:1997:187, Rn. 29 f.

[289] S. z.B.: EuGH, Urt. v. 13.12.1979, Hauer, Rs. 44/79, EU:C:1979:290, Rn. 23 ff.; EuGH, Urt. v. 13.12.1994, SMW Winzersekt, C-306/93, EU:C:1994:407, Rn. 20 ff.

[290] So auch: *M. Bühler*, Einschränkungen von Grundrechten nach der Europäischen Grundrechtcharta, 2005, S. 107.

[291] *O. Koch*, Der Grundsatz der Verhältnismäßigkeit in der Rechtsprechung des Gerichtshofs der Europäischen Gemeinschaften, 2003, S. 256 f. m.w.N.

[292] So: *P. Selmer*, Die Gewährleistung der unabdingbaren Grundrechtsstandards durch den EuGH, 1998, S. 98. Allgemeinere Kritik zum grundsätzlichen Ausfall der Verhältnismäßigkeitsprüfung trifft hingegen in dieser Pauschalität gerade nicht zu.

heitskontrolle in Grundrechtsfällen ebenfalls grundrechtliche Schutzgehalte aufweise, greifen zu kurz: Einerseits führte diese Prüfung zu einer allgemeinen Mäßigung der Hoheitsgewalt der EU, die insbesondere bei Fehlen von Härtefallklauseln oder bei der Bestimmung der zulässigen Höhe von Sanktionen durchaus Individuen zugutekommen konnten.[293] Mangels einer subjektivrechtlich ausgestalteten Verhältnismäßigkeitsprüfung erschöpfte sich die frühe Grundrechtsjudikatur jedoch andererseits in der Gewährleistung einer von subjektiven Interessen losgelösten Ausgewogenheit der Unionsmaßnahme, mag dies bisweilen inzident auch den Grundrechtsinteressen Rechnung getragen haben.[294]

b) Subjektivrechtliche Wende nach der GRC

Diese Rechtsprechung änderte sich nachhaltig nach Inkrafttreten der GRC. Für die Erforderlichkeitsprüfung kann das besonders deutlich am Urteil *Sky Österreich* von 2013 illustriert werden: Geprüft wurde die Vereinbarkeit einer Richtlinie mit der unternehmerischen Freiheit aus Art. 16 GRC. Soweit relevant sah die Richtlinie vor, dass alle Fernsehveranstalter zum Zwecke der Nachrichtenberichterstattung Ausschnitte von Ereignissen von großem öffentlichen Interesse von denjenigen Fernsehveranstaltern erhalten konnten, die für diese Ereignisse Exklusivlizenzen besaßen, wobei die Kostenrückerstattung an den exklusivlizensierten Fernsehveranstalter nicht höher sein durfte als die konkret mit der Zugangsgewährung verbundenen Kosten.[295] Der EuGH erkannte an, dass weitergehende Kostenerstattungsregeln ein milderes Mittel gewesen wären.[296] Milder wären diese Regelungen aber nur mit Blick auf die Interessen der Unternehmen, die eine Exklusivlizenz halten. Es ist nicht auszuschließen, dass bei einer Kosten-

---

[293] *O. Koch*, Der Grundsatz der Verhältnismäßigkeit in der Rechtsprechung des Gerichtshofs der Europäischen Gemeinschaften, 2003, S. 508 ff.

[294] Eine Aufwertung dieser Verhältnismäßigkeitsrechtsprechung zu einem funktionalen Äquivalent der grundrechtlichen Verbürgung der allgemeinen Handlungsfreiheit, wie sie z.B. *E. Pache*, NVwZ 1999, S. 1033, 1034; *J. Schwarze*, Europäisches Verwaltungsrecht, 2. Aufl. 2005, S. 701; *B. Oreschnik*, Verhältnismäßigkeit und Kontrolldichte, 2019, S. 80 vertreten, kommt daher nicht in Betracht, s.: *O. Koch*, Der Grundsatz der Verhältnismäßigkeit in der Rechtsprechung des Gerichtshofs der Europäischen Gemeinschaften, 2003, S. 506 ff.

[295] Richtlinie 2010/13/EU des Europäischen Parlamentes und des Rates v. 13.03.2010 zur Koordinierung bestimmter Rechts- und Verwaltungsvorschriften der Mitgliedstaaten über die Bereitstellung audiovisueller Mediendienste (Richtlinie über audiovisuelle Mediendienste), ABl. v. 15.04.2010, L 95, S. 1 sieht in ihrem Art. 15, soweit relevant, vor: „(1) Die Mitgliedstaaten sorgen dafür, dass jeder Fernsehveranstalter, der in der Union niedergelassen ist, zum Zwecke der Kurzberichterstattung einen fairen, angemessenen und diskriminierungsfreien Zugang zu Ereignissen hat, die von großem öffentlichen Interesse sind und die von einem der Rechtshoheit der Mitgliedstaaten unterworfenen Fernsehveranstalter exklusiv übertragen werden. […] (6) […] Wird [im nationalen Recht] eine Kostenerstattung vorgesehen, so darf sie die unmittelbar mit der Gewährung des Zugangs verbundenen zusätzlichen Kosten nicht übersteigen.“

[296] EuGH, Urt. v. 22.01.2013, Sky Österreich, C-283/11, EU:C:2013:28, Rn. 54.

beteiligung der anderen Sender die Summe aller Belastungen, wie sie im Rahmen der eigenständigen Verhältnismäßigkeitsprüfung ausschlaggebend wären, mindestens genauso hoch, wenn nicht höher gewesen wären als im Rahmen der streitigen Kostenerstattungsregel. Doch im Rahmen der Grundrechtsprüfung unter der GRC kommt es auf eine solche Gesamtkostenbilanz nicht mehr an – es geht nur um das vorgebrachte Grundrechtsinteresse.

Auch was die Angemessenheitsprüfung unter der GRC angeht, hat der EuGH in scharfem Kontrast zu seiner früheren Rechtsprechung eine nachhaltige subjektivrechtliche Kehrtwende vollzogen. In seiner Untersuchung der Grundrechtsjudikatur hat *Riedel* in umfassender empirischer Arbeit nachgewiesen, dass sich in der deutlichen Mehrheit der Grundrechtsurteile statt einer allgemeinen Ausgewogenheitskontrolle eine Kontrolle der subjektiven Zumutbarkeit des Grundrechtseingriffs etabliert hat.[297] Zwar werden Grad und Ausmaß des Grundrechtseingriffs vom EuGH typisierend für alle von der Maßnahme betroffenen Grundrechtsträger bewertet.[298] Entscheidend ist aber, dass der EuGH in den meisten Fällen nicht mehr die Gesamtsumme der Vor- und Nachteile evaluiert, sondern den Grundrechtseingriff mit der Zielerreichung ins Verhältnis setzt.[299] Dieser Tradition entsprechend kann die Angemessenheitsprüfung mittlerweile als bedeutendste Prüfstufe der unionsrechtlichen Grundrechtverhältnismäßigkeit gelten.[300]

Befürchtungen, dass sich die frühere Prüfpraxis des EuGH auch bei der Anwendung von Art. 52 Abs. 2 S. 1 GRC fortsetzt,[301] haben sich nicht bewahrheitet. Doch in Anbetracht der langjährigen Tradition der selbstständigen Verhältnismäßigkeit im Unionsrecht handelt es sich um einen außergewöhnlichen Bruch in der Rechtsprechung. Der EuGH hat mit dieser Entwicklung den von der GRC mandatierten grundrechtlichen Schutzauftrag angenommen und in seiner Verhältnismäßigkeitsdogmatik die Wende vollzogen, zu der sich schon in *Internationale Handelsgesellschaft* die Chance geboten hatte.

4. Kontrolldichte

Die hier identifizierten Bereiche eines stärker subjektivrechtlichen Prüfzugriffes auf den Grundsatz der Verhältnismäßigkeit unterscheiden sich von der Ausgewogenheitskontrolle auch dadurch, dass der EuGH sie zumindest nicht systematisch einer niedrigen Kontrolldichte unterwirft.

In Fällen, in denen sich die Maßnahme dadurch auszeichnete, dass sie allein oder weit überwiegend nur ein bestimmtes Interesse beschränkte, wie im Recht

---

[297] *C. Riedel*, Die Grundrechtsprüfung durch den EuGH, 2020, S. 316 ff. m. ausf. Nw.

[298] Ebd., S. 319 ff.

[299] Ebd., S. 316 ff.

[300] So das Ergebnis Ebd., S. 352.

[301] So noch: *T. Müller*, in: Kahl/Raschauer/Storr (Hrsg.), Grundsatzfragen der europäischen Grundrechtecharta, 2013, S. 179, 188 ff.

wirtschaftlicher Sanktionen oder im Rahmen von dienstrechtlichen Entscheidungen, führte die tendenziell subjektivrechtliche Auswirkung der Prüfung schon früh dazu, dass der EuGH die Wertungen der zuständigen Institutionen durch seine eigenen ersetzte, mit anderen Worten eine hohe Kontrolldichte anlegte.[302]

Im Rahmen der Prüfung der Verhältnismäßigkeit der Grundfreiheiten wird regelmäßig von einer hohen Kontrolldichte des EuGH ausgegangen.[303] Hierbei ist zunächst zu bedenken, dass der EuGH den Mitgliedstaaten durchaus Beurteilungsspielräume einräumt, wenn es um die Herstellung eines verhältnismäßigen Ausgleichs von Allgemeinwohlziel und Grundfreiheit geht.[304] Gerade beim Bemühen um die Berücksichtigung von mitgliedstaatlichen Besonderheiten stehen Entscheidungen wie *Omega*[305] oder *Cilevičs*[306] für besonders weite mitgliedstaatliche Beurteilungsspielräume. Auch in nicht von mitgliedstaatlicher Seite der Verfassungsidentität zugeordneten Bereichen gewährt der EuGH den mitgliedstaatlichen Stellen durchaus einzelfallbezogene Beurteilungsspielräume.[307] Weniger substantiell aber doch prozedural obliegt es in Vorabentscheidungsverfahren nach der ständigen Rechtsprechung des EuGH aufgrund der Aufgabenteilung zwischen ihm und den mitgliedstaatlichen Gerichten ausschließlich letzteren, über die Verhältnismäßigkeit einer Maßnahme zu befinden,[308] was der EuGH durch die von ihm formulierten Vorgaben für diese Prüfung dazu nutzen kann, Spielräume zu belassen. Allerdings können die Vorgaben des EuGH im Einzelfall auch recht konkret ausfallen. Vor allem hat der EuGH im Unterschied zu den Prüfungen im Rahmen der Ausgewogenheitskontrolle von Unionsmaßnahmen gänzlich davon abgesehen, eine pauschale Absenkung der Kontrolldichte in komplexen Sachbereichen zu erklären – vielmehr greifen, wie an anderer Stelle ausführlich herausgearbeitet wurde,[309] unterschiedliche Determinanten zur Festlegung der Kontrolldichte im Einzelfall.

---

302 *O. Koch*, Der Grundsatz der Verhältnismäßigkeit in der Rechtsprechung des Gerichtshofs der Europäischen Gemeinschaften, 2003, S. 219 ff., 293 ff.

303 So etwa: *G. de Búrca*, Yearbook of European Law 13 (1993), S. 105, 110 ff.; *F. Schwab*, Der Europäische Gerichtshof und der Verhältnismäßigkeitsgrundsatz, 2002, S. 309; *M. Bühler*, Einschränkungen von Grundrechten nach der Europäischen Grundrechtecharta , 2005, S. 206.

304 S. etwa die empirische Aufbereitung von: *J. Zglinski*, Europe's Passive Virtues, 2020, S. 148 ff.; mit höheren Anforderungen an die Anerkenntnis von Beurteilungsspielräumen und daher krit. gegenüber diesen Ergebnissen: *L. Klenk*, Grenzen der Grundfreiheiten, 2019, S. 376 ff.

305 EuGH, Urt. v. 14.10.2004, Omega, C-36/02, EU:C:2004:614, Rn. 31 ff.

306 EuGH, Urt. v. 07.09.2022, Cilevičs, C-391/20, EU:C:2022:638, Rn. 81 ff.

307 *A. Brigola*, EuZW 2017, S. 406, 408 f. Jüngst etwa bei der Auslegung des Art. 49 AEUV i.V.m. Art. 17 Abs. 1 AEUV: EuGH, Urt. v. 02.01.2023, Freikirche der Siebenten-Tags-Adventisten in Deutschland, C-372/21, EU:C:2023:59, Rn. 26 ff. Krit. zur Einzelfallbezogenheit: *L. Klenk*, Grenzen der Grundfreiheiten, 2019, S. 312 ff.

308 EuGH, Urt. v. 13.04.2010, Bressol u.a., C-73/08, EU:C:2010:181, Rn. 64; EuGH, Urt. v. 07.09.2022, Cilevičs, C-391/20, EU:C:2022:638, Rn. 72.

309 Eine ausf. Aufbereitung findet sich bei: *B. Oreschnik*, Verhältnismäßigkeit und Kontrolldichte, 2019, S. 291 ff.

Ebenfalls differenziert gestaltet sich die Kontrolldichte im Rahmen der Grundrechtsverhältnismäßigkeit nach Inkrafttreten der GRC. So betont der EuGH ausdrücklich, dass zumindest bei schwerwiegenden Eingriffen in Art. 7 und 8 GRC dem Gesetzgeber nur ein verringerter Spielraum bei hoher gerichtlicher Kontrolldichte gewährt wird.[310] Während dem Gesetzgeber an anderer Stelle noch ein Beurteilungsspielraum eingeräumt wird, ist eine explizit reduzierte Kontrolldichte in Grundrechtsfällen mittlerweile selten.[311] Zwar fallen allgemeine Aussagen schwer, da der EuGH in seiner Rechtsprechung nicht immer einheitlich und konsistent agiert.[312] In Anbetracht der vielen Grundrechtsurteile mit hoher Kontrolldichte gegen die Unionsorgane[313] und gegen die Mitgliedstaaten,[314] die längst nicht nur datenschutzrechtliche Fälle betreffen, sollte aber von einer grundsätzlich unzureichenden Grundrechtskontrolle durch den EuGH keine Rede mehr sein können.[315]

---

[310] EuGH, Urt. v. 08.04.2014, Digital Rights Ireland u.a., verb. Rs. C-293/12 und C-594/12, EU:C:2014:238, Rn. 46; EuGH, Urt. v. 06.10.2015, Schrems, C-362/14, EU:C:2015:650, Rn. 78.

[311] So etwa noch in: EuGH, Urt. v. 17.10.2013, Schaible, C-101/12, EU:C:2013:661, Rn. 48; EuGH, Urt. v. 22.05.2014, Glatzel, C-356/12, EU:C:2014:350, Rn. 52; EuGH, Urt. v. 28.03.2017, Rosneft, C-72/15, EU:C:2017:236, Rn. 146. Mit der expliziten Gestattung eines Ermessensspielraums muss allerdings nicht zwangsläufig eine reduzierte Kontrolldichte einhergehen: im Urteil *Schaible* gewährt der EuGH z.B. einen solchen Spielraum, verwendet aber ganze 46 detaillierte Randnummern auf die Prüfung der Verhältnismäßigkeit des Grundrechtseingriffs.

[312] S. hierzu ausf.: *C. Riedel*, Die Grundrechtsprüfung durch den EuGH, 2020, S. 249 ff.

[313] Vgl. nur: EuGH, Urt. v. 22.01.2013, Sky Österreich, C-283/11, EU:C:2013:28; EuGH, Urt. v. 08.04.2014, Digital Rights Ireland u.a., verb. Rs. C-293/12 und C-594/12, EU:2014:238; EuGH, Urt. v. 06.10.2015, Schrems, C-362/14, EU:C:2015:650; EuGH, Gutachten v. 26.07.2017, PNR EU-Kanada, Avis 1/15, EU:2017:592; EuGH, Urt. v. 16.07.2020, Schrems und Facebook Ireland, C-311/18, EU:C:2020:559; EuGH, Urt. v. 26.04.2022, Polen/Parlament und Rat, C-401/19, EU:C:2022:297, Rn. 59 ff.; EuGH, Urt. v. 21.06.2022, Ligue des droits humains, C-817/19, EU:C:2022:491; EuGH, Urt. v. 22.11.2022, Luxembourg Business Registers, verb. Rs. C-37/20 und C-601/20, EU:C:2022:912, Rn. 63 ff.

[314] S. etwa, aus jüngerer Zeit: EuGH, Urt. v. 21.04.2021, Braathens Regional Aviation, C-30/19, EU:C:2021:269, Rn. 34 ff; EuGH, Urt. v. 09.09.2021, Adler Real Estate, C-546/18, EU:C:2021:711, Rn. 48 ff.; EuGH, Urt. v. 22.03.2022, Nordzucker, C-151/20, EU:C:2022:203, Rn. 28 ff.; EuGH, Urt. v. 20.09.2022, SpaceNet und Telekom, verb. Rs. C-793/19 und C-794/19, EU:C:2022:702, Rn. 49 ff.; EuGH, Urt. v. 20.09.2022, VD und SR, verb. Rs. C-399/20 und C-397/20, EU:C:2022:703, Rn. 65 ff.; EuGH, Urt. v. 28.10.2022, Generalstaatsanwaltschaft München, C-435/22 PPU, EU:C:2022:852, Rn. 128 ff.;

[315] Die vom EuGH aufgestellten hohen Anforderungen an die Anerkennung einer sekundärrechtlich nicht normierten grundrechtlich motivierten Verweigerungsmöglichkeit der Überstellung in einen anderen Mitgliedstaat im Rahmen des Europäischen Haftbefehlssystems sind keine Belege für einen Grundrechtsschutz unter dem Vorbehalt der Erreichung von Integrationszielen, wie etwa *K. F. Gärditz*, EuZW 2020, S. 505, 506 f. andeutet. Vielmehr liegt die Verpflichtung zur Einhaltung unionaler Grundrechtsstandards beim Empfängerstaat, s. hierzu: *M. Wendel*, EuR 2019, S. 111, 126; *L. von Danwitz*, EuR 2020, 61, 86 f. Die Überstellung wird zudem ihrerseits zunehmend strengeren grundrechtlichen Minderstsicherungsme-

Freilich bleibt die Kontrolldichte der Verhältnismäßigkeitsprüfung durch den EuGH bei einem stärker subjektivrechtlichen Prüfzugriff durchaus einzelfallabhängig, sodass sich allzu pauschale Aussagen aufgrund der Diversität der Rechtsprechung verbieten. Gleichwohl nutzt der EuGH in diesen Bereichen nicht seine etablierten Formeln zur pauschalen Absenkung der Kontrolldichte, wie sie aus seiner gesamtbilanzierenden Prüfung bekannt sind, und lässt eine solche Absenkung auch eher situationsspezifisch statt allgemein erkennen. Die Einzelfallabhängigkeit mindert zwar in gewisser Weise die Orientierungsfunktion der Rechtsprechung für die anderen Institutionen, belässt ihnen dadurch aber auch einen gewissen Entscheidungsspielraum, der auch der Wahrung des institutionellen Gleichgewichts dienen mag. Die in der deutschen verfassungsgerichtlichen Praxis ausgeprägte Tendenz zu ausführlicher Maßstabsdifferenzierung ist aber ohnehin kein Gradmesser für die Bonität grundrechtlicher Gewährleistungen allgemein. Insgesamt kann daher für die subjektivrechtlich ausgerichtete Verhältnismäßigkeitsprüfung des EuGH von einer verstärkten Kontrolldichte ausgegangen werden.[316]

III. Fazit

Der im ersten Abschnitt herausgearbeitete Grundsatz der Verhältnismäßigkeit des Unionsrechts hat sich bei genauerer Analyse als zweiseitig erwiesen. Er fungiert einerseits als allgemeine Handlungsschranke des Unionshandelns, das durch ihn zu der Wahrung von Sachgerechtigkeit und Ausgewogenheit verpflichtet wird. Sodann existiert er andererseits als Eingriffsschranke für Maßnahmen der Union oder der Mitgliedstaaten bei Eingriffen in unionsrechtlich konturierte subjektive Rechtspositionen. Grundsätzlich kommt der Grundsatz der Verhältnismäßigkeit in der ersten Ausprägung zum Einsatz, soweit nicht die fragliche Maßnahme allein in ein bestimmtes Interesse eingreift oder ein unionsrechtlich hinreichend konturiertes subjektives Recht involviert ist, wie ein Grundrecht oder eine Grundfreiheit.

Diese Unterscheidung hat Auswirkungen auf die Ausgestaltung der Prüfung. Im subjektivrechtlichen Prüfzugriff wird der Eingriff in subjektive Rechte im Verhältnis zum verfolgten Ziel gestattet. Soll die Ausgewogenheit sichergestellt werden, berücksichtigt die Erforderlichkeitsprüfung, ob ähnlich zielführende

---

chanismen unterworfen, s. hierzu nur: EuGH, Urt. v. 05.04.2016, Aranyosi und Căldăraru, verb. Rs. C-404/15 und C-659/15 PPU, EU:C:2016:198, Rn. 94 ff.; EuGH, Urt. v. 25.07.2018, LM, C-216/18 PPU, EU:C:2018:586, Rn. 43 ff.; EuGH, Urt. v. 25.07.2018, ML, C-220/18 PPU, EU:C:2018:589, Rn. 48 ff.; EuGH, Urt. v. 15.10.2019, Dorobantu, C-128/18, EU:C:2019:857, Rn. 58 ff.; EuGH, Urt. v. 31.01.2023, Puig Gordi, C-158/21, EU:C:2023:57, Rn. 90 ff. Unabhängig von der Beurteilung dieser konkreten Frage ist die Unzufriedenheit mit dem in dieser spezifischen Konstellation gewährleisteten Grundrechtsschutz kein Beleg für ein allgemein unzureichendes Niveau des Grundrechtsschutzes unter der GRC.

[316] I.E. ebenso: *N. Petersen*, in: Kahl/Ludwigs (Hrsg.), HVwR III, 2022, § 73, Rn. 54.

Alternativmittel für alle beteiligten Interessen in einer wertenden Gesamtschau insgesamt weniger belastend wären. Die Angemessenheitsprüfung sucht danach, ob in einer Gesamtbilanz aller beteiligten Rechtsgüter unter Berücksichtigung ihrer Bedeutung und des Ausmaßes ihrer Beeinträchtigung ein Missverhältnis der Nachteile gegenüber den Vorteilen der Maßnahme besteht. Im Rahmen dieser gesamtbilanzierenden Prüfung wird die Kontrolldichte durch den EuGH tendenziell niedrig angesetzt, während sie im Rahmen einer subjektivrechtlich ausgerichteten Prüfung grundsätzlich höher ausfällt.

C. Unionsrechtliche Operationalisierung des Grundsatzes der Verhältnismäßigkeit in ideen- und entwicklungsgeschichtlicher Perspektive

Betrachtet man die deutsche, aber auch die sich zunehmend konsolidierende internationale Beschäftigung mit dem Grundsatz der Verhältnismäßigkeit, so bezeichnet der Grundsatz der Verhältnismäßigkeit die gestufte relationale Beziehung von Zweck und Mitteln des Grundrechtseingriffs, um die Grenzen der Einschränkbarkeit eines Grundrechts zu ermitteln.[317] In der Tat ist der Grundrechtsbezug in der Auseinandersetzung mit dem Grundsatz der Verhältnismäßigkeit ubiquitär.[318] Dieses Verständnis von Verhältnismäßigkeit als Methode zur Bestimmung der Grenzen von Grundrechtseingriffen hat seine global wirkmächtige Form durch das BVerfG in der zweiten Hälfte des 20. Jahrhunderts erhalten und baut auf den Traditionen des preußischen Verwaltungsrechts auf.[319]

---

[317] S. hierzu und für die folgenden Ausführungen statt vieler: *M. Cohen-Eliya/I. Porat*, Proportionality and Constitutional Structure, 2013, S. 2; *B. Schlink*, in: Rosenfeld/Sajó (Hrsg.), Oxford Handbook of Comparative Constitutional Law, 2012, S. 719, 722 ff.; *A. Barak*, Proportionality, S. 131 f.; *Ders.*, in: Rosenfeld/Sajó (Hrsg.), Oxford Handbook of Comparative Constitutional Law, 2012, S. 739, 742 ff.; *P. Yowell*, in: Lazarus/McCrudden/Bowles (Hrsg.), Reasoning Rights: Comparative Judicial Engagement, 2014, S. 87, 88; *P. M. Huber*, in: Schroeder (Hrsg.), Strengthening the Rule of Law in Europe, 2016, S. 98, 106 f.

[318] Paradigmatisch ist insoweit die Aussage von *G. Huscroft/B. Miller/G. Weber*, in: Dies (Hrsg.), Proportionality and the Rule of Law, 2015, S. 1: „To speak of human rights is to speak of proportionality"; vgl. auch statt vieler: *K. Möller*, in: Lazarus/McCrudden/Bowles (Hrsg.), Reasoning Rights: Comparative Judicial Engagement, 2014, S. 31; *M. Klatt/M. Meister*, The Constitutional Structure of Proportionality, 2012, S. 1; *M. Kumm*, Law & Ethics of Human Rights 4 (2010), S. 141, 142; *J. Mathews*, in: Rose-Ackerman/Lindseth/Emerson (Hrsg.), Comparative Administrative Law, 2 Aufl. 2017, S. 405, 405 ff.

[319] S. statt vieler: *C. D. Classen*, in: FS Klaus Stern, S. 651, 652. *M. Cohen-Eliya/I. Porat*, Proportionality and Constitutional Structure, 2013, S. 2; *B. Schlink*, Rosenfeld/Sajó (Hrsg.), Oxford Handbook of Comparative Constitutional Law, 2012, S. 719, 722 ff.; *A. Barak*, Proportionality, S. 131 f.; *Ders.*, in: Rosenfeld/Sajó (Hrsg.), Oxford Handbook of Comparative Constitutional Law, 2012, S. 739, 742 ff.; *P. Yowell*, in: Lazarus/McCrudden/Bowles (Hrsg.), Reasoning Rights: Comparative Judicial Engagement, 2014, S. 87, 88; *P. M. Huber*, in: Schroeder (Hrsg.), Strengthening the Rule of Law in Europe, 2016, S. 98, 106 f.; *J. Mathews*,

Vor diesem Hintergrund müssen die Feststellungen des vorangegangenen Abschnitts verwundern. Der subjektivrechtliche Prüfzugriff des EuGH lässt sich zwanglos dieser global wirkmächtigen deutschen Tradition zuordnen. Der gesamtbilanzierende Zugriff hingegen verkörpert eine gänzlich andere Herangehensweise an den Grundsatz der Verhältnismäßigkeit, nämlich in Form eines substanziellen Gebots der Ausgewogenheit, statt ein Werkzeug zum konkreten Interessenausgleich zu sein.

Es drängt sich somit die Frage auf, wie es zu dieser Entwicklung kommen konnte und ob die gesamtbilanzierende Verhältnismäßigkeitsprüfung überhaupt eine begründbare Operationalisierung des Grundsatzes der Verhältnismäßigkeit im Unionsrecht sein kann. Hierfür ist es nötig, die Ideen- und Entwicklungsgeschichte des Grundsatzes der Verhältnismäßigkeit im Recht zu betrachten, die belegt, dass sowohl Bezüge zu subjektiven Rechtspositionen wie auch das Postulat der Ausgewogenheit die ideengeschichtlichen Grundlagen des Grundsatzes der Verhältnismäßigkeit durchziehen. (I.) Auf diesen Grundlagen aufbauend entwickelte sich in der deutschen Tradition eine sehr einflussreiche, aber auch idiosynkratische juristische Operationalisierung (II.), die in anderen Rechtsordnungen mit gänzlich anderen Schwerpunkten verlief (III.). Die im Unionsrecht vorgefundenen Besonderheiten des Grundsatzes der Verhältnismäßigkeit erklären sich mit den rechtsordnungsspezifischen Eigenheiten des Unionsrechtssystems. Die Ausformung des unionsrechtlichen Grundsatzes der Verhältnismäßigkeit stellt sich damit als eine unionsrechtsspezifische und zum Unionsrechtssystem passende Operationalisierung des Gedankens der Verhältnismäßigkeit im Recht dar (IV.).

I. Bandbreite des ideengeschichtlichen Erbes des Grundsatzes der Verhältnismäßigkeit

Da an anderer Stelle schon ausführlich eine *tour de force* durch die Geschichte der Verhältnismäßigkeit unternommen worden ist,[320] kann es nicht Ziel dieses Abschnitts sein, neue rechtshistorische Erkenntnisse zu liefern. Als „Erbe europäischer Rechtskultur“[321] und als „ius publicum commune europaeum“[322] baut der

---

in: Rose-Ackerman/Lindseth/Emerson (Hrsg.), Comparative Administrative Law, 2. Aufl. 2017, S. 405, 406.

[320] S. nur statt vieler: *F. Wieacker*, in: FS Robert Fischer, 1979, S. 867 ff.; *K. Stern*, in: FS Peter Lerche, 1993, S. 165 ff.; *O. Koch*, Der Grundsatz der Verhältnismäßigkeit in der Rechtsprechung des Gerichtshofs der Europäischen Gemeinschaften, 2003, S. 39 ff.; *B. Remmert*, Verfassungs- und Verwaltungsrechtsgeschichtliche Grundlagen des Übermaßverbots, 1995; mit etwas weniger klassischer Herangehensweise: *A. Tischbirek*, Die Verhältnismäßigkeitsprüfung, 2017, S. 8 ff., 14 ff. und 89 ff.

[321] *A. Emmerich-Fritsche*, Der Grundsatz der Verhältnismäßigkeit als Direktive und Schranke der EG-Rechtsetzung, 2000, S. 49.

[322] *O. Koch*, Der Grundsatz der Verhältnismäßigkeit in der Rechtsprechung des Gerichtshofs der Europäischen Gemeinschaften, 2003, S. 43.

Grundsatz der Verhältnismäßigkeit im Recht allerdings auf einer weit zurückreichenden und diversen Bandbreite an ideengeschichtlichen Prägungen auf, die für eine Durchdringung seiner Erscheinungsformen zu berücksichtigen ist. Betrachtet man also dieses ideengeschichtliche Erbe vor dem Hintergrund der in den ersten Abschnitten dieses Kapitels identifizierten Strömungen des unionsrechtlichen Verhältnismäßigkeitsgrundsatzes, so fällt auf, dass sich diese beiden Ausprägungen bis in die frühesten Andeutungen von Verhältnismäßigkeit im Recht zurückverfolgen und sie sich insofern als gleichberechtigte Ausprägungen dieses ideen- und entwicklungsgeschichtlichen Erbes identifizieren lassen.

1. Schutz des Individuums in der vergeltenden Gerechtigkeit

Andeutungen für Verhältnismäßigkeit im Recht kann man etwa den sog. *Talionsgeboten* des Codex Hammurapi aus dem 18. Jh. v. Chr. von der Gleichwertigkeit des Schadens des Opfers und der Sanktion gegen den Täter, später rezipiert im Buch *Exodus*,[323] entnehmen: Es handelte sich um mäßigende Strafregelungen, die ein klares Verhältnis zwischen Straftat und Strafe herstellen sollten[324] und der vergeltenden Gerechtigkeit dienten.[325] In der Antike wurde dieser Gedanke fortentwickelt und besonders prominent prägte auch im alten Rom der Verhältnismäßigkeitsgedanke das Sanktionenrecht.[326] Hier sollte die Vergeltung von Gleichem mit Gleichem durch eine verhältnismäßigere Sanktion ersetzt werden.

Modernere Ausprägungen dieses Gedankens der vergeltenden Gerechtigkeit finden sich etwa in Art. 20 der Magna Charta Libertatum (1215)[327], in der englischen Bill of Rights (1689)[328], in Art. 8 der Déclaration des Droits de l'Homme et du Citoyen (1789)[329], sowie im 8. US-Verfassungszusatz (ratifiziert 1791)[330]. In der Tat zeigt sich hier ein beeindruckend weit zurückreichendes ideengeschichtliches

---

[323] Exodus Kap. 21, Verse 23 ff., zurückgenommen in Matthäus Kap. 5, Vers 38 f.

[324] *F. Wieacker*, in: FS Robert Fischer, 1979, S. 867, 875. Freilich waren nicht alle Strafandrohungen des Codex Hammurapi auf strikte Gleichwertigkeit von Schaden und Sanktion ausgelegt, obgleich mit der Fixierung eines Strafmaßes immerhin die völlige Willkür der Bestrafung vermieden wurde.

[325] Dieser Zusammenhang von Verhältnismäßigkeit und Gerechtigkeit besteht in die Moderne fort, wie z.B. *G. Ress*, in: Deutsche Sektion der Internationalen Juristen-Kommission (Hrsg.), Der Grundsatz der Verhältnismäßigkeit in europäischen Rechtsordnungen, 1985, S. 5, 16 f. betont.

[326] Vgl. etwa: *Cicero*, Vom rechten Handeln, 4. Aufl. 1994, S. 31.

[327] „For a trivial offence, a free man shall be fined only in proportion to the degree of his offence, and for a serious offence correspondingly, but not so heavily as to deprive him of his livelihood."

[328] „And thereupon […] the said Lords Spiritual and Temporal and Commons […] declare […] That excessive bail ought not be required, nor excessive fines imposed, nor cruel and unusual punishment inflicted."

[329] „La loi ne doit établir que des peines strictement et évidemment nécessaires [...]."

[330] „Excessive bail shall not be required, nor excessive fines imposed, nor cruel and unusual punishment inflicted."

Erbe aus dem Sanktionenrecht, welches der EuGH in *Fédération Charbonnière de Belgique*[331] in Anspruch nahm. Gleichzeitig bietet dieser Individualbezug auch erste Anhaltspunkte für eine subjektivrechtliche Ausrichtung von Überlegungen von Verhältnismäßigkeit im Recht.

2. Verteilungsgerechtigkeit, allgemeine Mäßigung und Zweckgerichtetheit

Aristoteles maß Überlegungen zur Verhältnismäßigkeit auch jenseits von Sanktionen eine zentrale Bedeutung zu, nämlich als Kern der Verteilungsgerechtigkeit – Gerechtigkeit sei Proportion und Proportion sei eine Gleichheit der Verhältnisse.[332] Allgemein formuliertes Recht sollte durch Proportionalitätserwägungen dort korrigiert werden, wo der Gesetzgeber Lücken ließ.[333] Auf diese Weise wurde Verhältnismäßigkeit auch jenseits von vergeltender Gerechtigkeit etabliert.[334] Verhältnismäßigkeit wurde in dieser Strömung auch zu einer allgemeinen politischen Mäßigungsmaxime entwickelt: Schon bei *Hesiod* im Jahre 700 v. Chr. verortet *Verdross* den Gedanken, dass das Recht im Widerspruch zum Übermaß stehe.[335] Auch in der apollinischen Weisheit „Μηδὲν ἄγαν" („Nichts im Übermaß"), die u.a. *Sokrates, Platon*, und *Cicero* beeinflusst hat[336] und die als Maxime für Gesetzgebung dem athenischen Staatsmann *Solon* zugeschrieben wird,[337] kommt der Wunsch nach allgemeiner Mäßigung durch das Recht zum Ausdruck. Später findet sich dieser Gedanke prominent etwa bei *Montesquieu*, für den der Geist des Gesetzgebers ein Geist der Mäßigung sein sollte.[338] Als Gebot der Mäßigung und Ausgewogenheit, wie der EuGH den Grundsatz der Verhältnismäßigkeit in Form der Gesamtbilanzierung ausgearbeitet hat, kann die Rechtsprechung an diese Tradition aber unmittelbar anknüpfen, wiewohl sie auch eine grundrechtsgeprägte Verhältnismäßigkeitsprüfung einschließt.[339]

Ein erster Schritt für die Operationalisierung des Verhältnismäßigkeitsgedankens im Recht war schließlich die Ausformung der Zweckgerichtetheit des Rechts bei *Ulpian*, wonach das Recht seine Rechtfertigung in einem gewissen

---

[331] EuGH, Urt. v. 29.11.1956, Fédération Charbonnière de Belgique/Hohe Behörde, Rs. 8/55, EU:C:1956:11, S. 302 ff.

[332] *Aristoteles*, in: Rapp (Hrsg.), Aristoteles Werke in deutscher Übersetzung, Bd. VI/1, 2020, S. 83 f.

[333] *Aristoteles*, in: Rapp (Hrsg.), Aristoteles Werke in deutscher Übersetzung, Bd. VI/1, 2020, S. 97 f.

[334] So auch die Einschätzung von *O. Koch*, Der Grundsatz der Verhältnismäßigkeit in der Rechtsprechung des Gerichtshofs der Europäischen Gemeinschaften, 2003, S. 41; zur Bedeutung der aristotelischen Philosophie für den Verhältnismäßigkeitsdiskurs, s. *E. Engle*, Dartmouth Law Journal 10 (2012), S. 1, 3 ff., 10 f.

[335] *A. Verdross*, Abendländische Rechtsphilosophie, 2. Aufl. 1963, S. 3.

[336] Ausf.: *E. Vranes*, AVR 47 (2009), S. 1, 9.

[337] *A. Verdross*, Abendländische Rechtsphilosophie, 2. Aufl. 1963, S. 9; s. auch: *D. Medicus*, AcP 192 (1992), S. 35 ff.; *E. Vranes*, AVR 47 (2009), S. 1, 9 m.w.N.

[338] *C. L. Montesquieu*, in von der Heydte (Hrsg.), Vom Geist der Gesetze, 1950, S. 170.

[339] Vgl.: *N. Petersen*, in: Kahl/Ludwigs (Hrsg.), HVwR III, 2022, § 73, Rn. 21.

Zweck finde, wie etwa das Privatrecht im Nutzen für die Bürger[340] oder legislatives und administratives Handeln im Nutzen für die Allgemeinheit.[341] Die Erkenntnis dieses Zweckcharakters wurde verschiedentlich als erster Schritt hin zur Abstimmung der eingesetzten Mittel auf den mit ihnen angestrebten Zweck angesehen.[342]

3. Herleitungen jenseits des Individuums

Dieses weit über den spezifischen Schutz subjektiver Rechte vor unverhältnismäßigen Beschränkungen hinausweisende ideengeschichtliche Reservoir von Überlegungen zur Verhältnismäßigkeit im Recht korrespondiert mit der Stoßrichtung von gängigen Begründungsansätzen für den Einsatz des Grundsatzes der Verhältnismäßigkeit im Recht.

Die Begründungsansätze für die Verwertbarkeit von Verhältnismäßigkeitsüberlegungen im Recht sind vielfältig.[343] Man kann etwa mit *Wieacker* in der römischrechtlichen Tradition unter Rückgriff auf *Ulpian* und *v. Jhering* die Zweckgerichtetheit des Rechts als Grundlage für den Zusammenhang von Zweck und Mittel und damit die Verhältnismäßigkeit als Ausdruck des Rechtsbegriffs an sich sehen.[344] Man kann die Relation von Zweck und Mittel als „Grundkategorie menschlichen Denkens"[345] begreifen, oder Verhältnismäßigkeit als zwingenden Bestandteil der systematisch-teleologischen Auslegung verstehen.[346] Auch ist es beliebt, Verhältnismäßigkeit als Gebot der Rechtsstaatlichkeit[347] bzw. der Gerechtigkeit als Teil der materiellen Rechtsstaatlichkeit zu begreifen.[348] Letztlich laufen all diese Ansätze aber darauf hinaus, dass das Denken in den Analyse- und Argumentationsmustern der Verhältnismäßigkeit das Recht insgesamt durchzieht und nicht auf den Schutz individueller Rechtspositionen beschränkt ist.

Daneben existieren insbesondere in Deutschland Überlegungen, die den Grundsatz der Verhältnismäßigkeit nur grundrechtsspezifisch für anwendbar

---

[340] *B. Oreschnik*, Verhältnismäßigkeit und Kontrolldichte, 2019, S. 13.

[341] *F. Wieacker*, in: FS Robert Fischer, 1979, S. 867, 878.

[342] *F. Ermacora*, in: Deutsche Sektion der Internationalen Juristen-Kommission (Hrsg.), Der Grundsatz der Verhältnismäßigkeit in europäischen Rechtsordnungen, 1985, S. 67 unter Hervorhebung der Rolle *Rudolf von Jherings* bei der Ausformulierung der Zweckbindung des Rechts; *F. Wieacker*, in: FS Robert Fischer, 1979, S. 867, 878 ff.

[343] Vgl. als Überblick mit ausf. Nw.: *B. Oreschnik*, Verhältnismäßigkeit und Kontrolldichte, 2019, S. 54 ff.

[344] *F. Wieacker*, in: FS Robert Fischer, 1979, S. 867, 878 ff.

[345] *L. Hirschberg*, Der Grundsatz der Verhältnismäßigkeit, 1981, S. 43 ff.

[346] *K. F. Röhl/H. C. Röhl*, Allgemeine Rechtslehre, 3. Aufl. 2008, S. 655 ff.

[347] S. nur: BayVerfGHE 8 II 34, 37; BVerfGE 29, 312, 316; in diesem Sinne auch: *K. P. Sommermann*, in: Huber/Voßkuhle GG, Art. 20, Rn. 318; ausf. auch: *A. Heusch*, Der Grundsatz der Verhältnismäßigkeit im Staatsorganisationsrecht, 2003, S. 55 ff., 86 ff.

[348] *K. Stern*, in: FS Peter Lerche, 1993, S. 165, 173 ff.; *K. Larenz/C.-W. Canaris*, Methodenlehre der Rechtswissenschaft, 3. Aufl. 1995, S. 243.

halten,[349] die Betroffenheit subjektiver Rechte als Grundvoraussetzungen für den Einsatz von Verhältnismäßigkeit ansehen[350] oder etwas allgemeiner auf die Beziehung von Staat und Bürger beschränken wollen.[351] Hierbei scheint allerdings bis zu einem gewissen Grad das Vorverständnis der Vater des Gedankens zu sein, denn diese Überlegungen beziehen sich vor allem auf die Rechtslage unter dem Grundgesetz und die Rechtsprechung des BVerfG zu den Grundrechten.[352] Sie bewegen sich damit innerhalb der spezifisch preußischen und deutschen Operationalisierung von Verhältnismäßigkeit, die in der Tat grundrechtsfokussiert ist, wie sogleich noch zu entfalten sein wird. So treffend diese Ansätze daher auch als Herleitung für die Geltung eines spezifisch subjektivrechtlichen Verhältnismäßigkeitsgrundsatz in deutscher Tradition unter dem Grundgesetz sein mögen, so wenig können sie parallel gültige Begründungen für die Operationalisierung des Verhältnismäßigkeitsgedankens im Recht jenseits der Grundrechte ausschließen,[353] wie auch das BVerfG explizit anerkannt hat.[354]

Nicht nur in der Ideengeschichte, auch in der Herleitung einer rechtlichen Operationalisierung gibt es damit zahlreiche Anknüpfungspunkte dafür, dass der Grundsatz der Verhältnismäßigkeit im Recht auch über die Funktion als ein Mittel zur Beschränkung von Eingriffen in subjektive Rechte eine Rolle spielen kann. Diese subjektivrechtliche Ausprägung beruht auf einigen Eigenheiten der preußischen und deutschen Rechtsentwicklung, wie im Folgenden zu entfalten sein wird.

II. Das Individuum im Zentrum: Deutsche Operationalisierung des Verhältnismäßigkeitsgedankens und ihre Diffusion

Es ist bereits angesprochen worden, dass der Grundsatz der Verhältnismäßigkeit im Recht oftmals mit dem aus der deutschen Rechtstradition hervorgegangenen Test zur Herausarbeitung von Eingriffsgrenzen in subjektive Rechtspositionen gleichgesetzt wird. Eine Betrachtung der Entwicklung und Verbreitung des Grundsatzes der Verhältnismäßigkeit in preußischer Tradition zeigt in dieser Hinsicht auf, dass es sich um das Ergebnis einer rechtlichen Operationalisierung

[349] Hierzu etwa, mit unterschiedlichen Schwerpunkten und Akzenten: *J. Baumann*, JZ 1962, S. 649, 651; *G. Dürig*, AöR 81, (1956), S. 117, 146; *F. E. Schnapp*, JuS 1983, S. 850, 853; *R. Alexy*, Theorie der Grundrechte, 1985, S. 71 ff.; *M. Borowski*, Grundrechte als Prinzipien, 1998, S. 115.

[350] *H. D. Jarass*, in: Jarass/Pieroth GG, Art. 20, Rn. 115; *H. Schulze-Fielitz*, in: Dreier GG, Art 20, Rn. 188; *F. Ossenbühl*, in: FS Peter Lerche, 1993, S. 151, 158 ff.

[351] Hierzu bspw.: *P. Wittig*, DÖV 1968, S. 817, 825; *E. Grabitz*, AöR 98 (1973), S. 568, 584 f.; aktueller: *T. Linke*, NVwZ 2021, S. 1265, 1269.

[352] *A. Stone Sweet/J. Mathews*, Columbia Journal of Transnational Law 47 (2008), S. 72, 93 ff.

[353] So auch und weiterführend: *N. Petersen*, in: Kahl/Ludwigs (Hrsg.), HVwR III, 2022, § 73, Rn. 27.

[354] Vgl. nur: BVerfGE 19, 342, 348 f.

des reichen ideengeschichtlichen Erbes der Verhältnismäßigkeit im Recht unter den Bedingungen zahlreicher historischer, rechtlicher und institutioneller Eigenheiten handelt, die zu einem spezifischen Zuschnitt auf individuelle Rechtspositionen führte. Selbst im Rahmen der Diffusion dieser Tradition in andere Rechtsordnungen sind zahlreiche rechtsordnungsspezifische Eigenheiten in der Entfaltung dieses Grundsatzes zu beobachten. Nach alldem scheint es angebracht, diese Grundrechtsverhältnismäßigkeit als eine Möglichkeit der Ausprägung des Gedankens von Verhältnismäßigkeit im Recht anzusehen, statt sie zum allein maßgeblichen Leitbild für „den" Grundsatz der Verhältnismäßigkeit im Recht zu erheben.

1. Naturrecht, Gesellschaftsvertrag, Verwaltungsgerichtsbarkeit

a) Ein allgemeiner Grundsatz des preußischen Staatsrechts

Svarez definierte in seinen Kronprinzenvorträgen von 1791 an den späteren König Friedrich Wilhelm III. als einen Grundsatz des Staatsrechts, dass „der Staat die Freiheit der Einzelnen nur soweit einzuschränken berechtigt sei, als es notwendig ist, damit die Sicherheit und Freiheit aller bestehen könne."[355] Die damit von *Svarez* formulierte allgemeine Handlungsmaxime für die Politik knüpfte ausdrücklich an den Gedanken der Zweckbindung des Rechts an, legte aber den Fokus für das Verhältnis von Zweck und Mittel statt auf eine allgemeine Mäßigung auf die Beschränkung der Freiheit des Individuums. Dies entspricht der Zugehörigkeit von *Svarez* zu einer geistigen Strömung, die *Dilthey* als „preußisches Naturrecht"[356] bezeichnet hat. Nach Anstößen durch *Pufendorf* und *Thomasius* durchdrang der Naturrechtsgedanke mehr und mehr einzelne Bereiche des Rechts und hatte den Anspruch entwickelt, die Haltungen und Handlungen aller Staatsorgane zu bestimmen.[357] Aufklärerische und naturrechtliche Schlagwörter wie Vernunft, Toleranz, Freiheit und das Streben nach Glück wurden zu Leitlinien der Staatsphilosophie von König *Friedrich II. von Preußen* und seinem aufgeklärten Absolutismus.[358] Demnach sei der Ursprung der Staatsgewalt gegenüber dem Individuum ein Gesellschaftsvertrag, der den Staat verpflichte, die Gesetze aufrecht zu erhalten und damit das allgemeine Wohl zu fördern.[359] Dieser Zweckbindung hatte sich die Staatsführung zu unterwerfen und ihre Handlungen gegenüber dem Individuum mussten vernunftgeleitet[360] auf die Erreichung dieses

[355] *C. G. Svarez*, in: Conrad/Kleinheyer (Hrsg.), Vorträge über Staat und Recht von Carl Gottlieb Svarez, 1960, S. 39.

[356] *W. Dilthey*, in: Weniger (Hrsg.), Wilhelm Dilthey Gesammelte Schriften, Bd. XII., Zur preußischen Geschichte, 1936, S. 154 ff.

[357] *E. Wolf*, Große Rechtsdenker der deutschen Geistesgeschichte, 4. Aufl. 1963, S. 426 f.

[358] S. weiterführend: *W. Reinhard*, Geschichte der Staatsgewalt, 1999, S. 51.

[359] *Friedrich II. von Preußen*, in: Volz (Hrsg.), Die Werke Friedrich des Großen, Bd. 7, 1912, S. 225, 226.

[360] *Kronprinz Friedrich von Preußen*, in: Volz (Hrsg.), Die Werke Friedrich des Großen, Bd. 7, 1912, S. 3, 39.

Staatszweckes ausgerichtet sein.[361] Dies zeigt eine Nähe zu *Rousseau,* der die Freiheitsbeschränkung des Einzelnen durch den Staat nur soweit tolerieren wollte, wie sie im Allgemeininteresse nützlich waren.[362] Das Individuum rückt hierbei in den Mittelpunkt der Aufmerksamkeit und das Verhältnis eines Individuums zur Staatsgewalt, in dem jede staatliche Freiheitsbeschränkung begründungsbedürftig war, wurde zum Zentrum des Denkens über den Staat.[363]

b) Ausformung im preußischen Polizeirecht

Der Fokus auf die naturrechtliche Freiheit des Einzelnen gegenüber staatlichen Eingriffen blieb in der weiteren preußischen Entwicklung das entscheidende Merkmal des Verhältnismäßigkeitsgrundsatzes. Wenn es 1799 hieß, dass Natur und Vernunft es geböten, dass die Polizei nie weiter als zur Erfüllung ihrer Zwecke gehen dürfe und Freiheitseinschränkungen nur zu einem rechtmäßigen Zweck stattfinden könnten,[364] so war vom Polizeibegriff die gesamte staatliche Verwaltung erfasst.[365] Verhältnismäßigkeit war ein allgemeiner Grundsatz, für dessen Anwendung die individuelle Freiheitsbeschränkung durch den Staat entscheidend war. So musste mit der Verengung des Polizeibegriffs im Laufe der Jahre[366] keine Verengung des Verhältnismäßigkeitsgrundsatzes auf das Polizeirecht einhergehen.[367] Weil aber gefahrenabwehrrechtliche Eingriffsverwaltung ersichtlich die größten Gefahren für die Einschränkung individueller Freiheit bot, vollzog sich die Weiterentwicklung des Verhältnismäßigkeitsgrundsatzes vor allem in diesem Rechtsbereich.[368]

Das PrOVG formte hieraus juristisch handhabbare Standards. Unter der Zuständigkeitsnorm[369] des § 10 II 17[370] ALR prüfte es, ob der Polizei weniger belas-

---

[361] *C. G. Svarez*, in: Conrad/Kleinheyer (Hrsg.), Vorträge über Staat und Recht von Carl Gottlieb Svarez, 1960, S. 9.

[362] So die Charakterisierung bei: *O. Koch*, Der Grundsatz der Verhältnismäßigkeit in der Rechtsprechung des Gerichtshofs der Europäischen Gemeinschaften, 2003, S. 44.

[363] Hierzu und für die Bedeutung des Naturrechts für den deutschen Verhältnismäßigkeitsgrundsatz: *R. von Krauss*, Der Grundsatz der Verhältnismäßigkeit, 1955, S. 1 ff.

[364] *G. H. von Berg*, Handbuch des Teutschen Policeyrechts. Erster Theil, 1799, S. 88 ff.

[365] Vgl. ebd., S. 12; s. auch: *R. von Krauss*, Der Grundsatz der Verhältnismäßigkeit in seiner Bedeutung für die Notwendigkeit des Mittels im Verwaltungsrecht, 1955, S. 4.

[366] Vgl.: *O. Mayer*, Deutsches Verwaltungsrecht, Bd. 1, 2. Aufl. 1914, S. 211 ff.

[367] So z.B. *R. von Krauss*, Der Grundsatz der Verhältnismäßigkeit, 1955, S. 18 ff. und *P. Lerche*, Übermass und Verfassungsrecht, 1961, S. 24; *A. Tischbirek*, Die Verhältnismäßigkeitsprüfung, 2017, S. 11 ff., 137 ff. zeigt außerdem frühe Anklänge an Verhältnismäßigkeitsüberlegungen im Notstandsrecht des BGB auf und verfolgt die Ideenmigration des Verhältnismäßigkeitsgedankens ins Privatrecht nach.

[368] Vgl. z.B.: *R. von Mohl*, Die Polizeiwissenschaft, Bd. 3, 3. Aufl. 1866, S. 41 f. und vertiefend: *S. Heinsohn*, Der öffentlichrechtliche Grundsatz der Verhältnismäßigkeit, 1997, S. 33 f. zur Ausarbeitung einer Eignungs- und Erforderlichkeitsprüfung polizeilicher Maßnahmen in Bezug auf bürgerliche Freiheiten; vgl. ferner: *F. Ossenbühl*, in: FS Peter Lerche, 1993, S. 151, 152.

[369] *U. J. Schröder*, Ad Legendum 2015, S. 327, 331 m.w.N.

[370] § 10 des Zweiten Teils, Siebzehnter Titel: „Die nöthigen Anstalten zur Erhaltung der

tende Maßnahmen zur Verfügung gestanden hätten.[371] Anfang des 20. Jahrhunderts waren die Prüfschritte eines gefahrenabwehrrechtlichen Zwecks, der Eignung des Mittels zu dessen Erreichung und das Fehlen eines für die Betroffenen milderen Mittels als polizeirechtliche Grundsätze konsolidiert.[372] Überlegungen zur Angemessenheit einer hoheitlichen Maßnahme lassen sich in dieser Zeit noch nicht sicher nachweisen.[373] Sie finden sich erst nach Inkrafttreten des Grundgesetzes.[374]

2. *Verhältnismäßigkeit und Verfassungsrecht*

a) Weimarer Suchbewegungen

Anders als in der Schweiz[375] wurden Verhältnismäßigkeitserwägungen in der Weimarer Republik nicht auf verfassungs- und grundrechtlicher Ebene angesiedelt. Zwar erkannte sich das Reichsgericht die Kompetenz einer richterlichen Normenkontrollbefugnis zu.[376] In der Debatte hierum[377] wurde die richterliche Normenkontrolle als Schutz vor sozialistischer Gesetzgebung wahrgenommen,[378] weshalb das Eigentumsgrundrecht besonders relevant war.[379] Praktische Bedeu-

öffentlichen Ruhe, Sicherheit, und Ordnung, und zur Abwendung der dem Publico, oder einzelnen Mitgliedern desselben, bevorstehenden Gefahr zu treffen, ist das Amt der Polizey."

[371] S. nur: PrOVGE 13, 426, 427 f. und PrOVGE 13, 424, 425 f.

[372] Vgl. nur: *F. Fleiner*, Institutionen des Deutschen Verwaltungsrechts, 6. und 7. Aufl. 1922, S. 376 f.; *W. Jellinek*, Verwaltungsrecht, 3. Aufl. 1931, S. 438 ff., der die Erforderlichkeit v.a. als Bestandteil der Ermessensfehlerlehre herausarbeitet. Vgl. auch die ausf. Nw. bei: *L. Hirschberg*, Der Grundsatz der Verhältnismäßigkeit, 1981, S. 4, Fn. 20; für eine ausf. Darstellung der Anwendung des Verhältnismäßigkeitsgrundsatzes im ALR und Preußischen Polizeiverwaltungsgesetz mit ausf. Nw., s.: *J. Brenz*, Das Polizeirecht als ein durch den Verhältnismäßigkeitsgrundsatz bestimmtes System von Abwägungsentscheidungen, 2018, S. 43 ff.

[373] S. aber: OLG Hamburg, Urt. v. 25.03.1929, R III 38/29, Juristische Wochenschrift 1929, S. 2842, das die Angemessenheit einer privaten Festnahmehandlung nach § 127 StPO betraf. Dagegen: OLG Jena, Urt. v. 31.05.1929, S 96/29, Juristische Wochenschrift 1929, S. 3324; vgl. *A. Stone Sweet*/*J. Mathews*, Columbia Journal of Transnational Law 47 (2008), S. 72, 101, Fn. 74.

[374] Vgl. z.B. m. ausf. Nw.: *P. Lerche*, Übermaß und Verfassungsrecht, 1961, S. 24, Fn. 12 und *R. von Krauss*, Der Grundsatz der Verhältnismäßigkeit, 1955, S. 14 ff.

[375] BGE 52 I 222, 227: „Das Verbot [aus Art. 31 lit. e der Bundesverfassung der Schweizer Eidgenossenschaft] betrifft […] auch diejenigen Maßnahmen, welche an sich wohl im öffentlichen Interesse liegen, die aber durch eine weniger weitgehende Maßnahme mit gleicher Wirkung ersetzt werden können."

[376] RGZ 111, 320, 323. S. zur lapidaren Begründung des RG: *C. Gusy*, Richterliches Prüfungsrecht, 1985, S. 87.

[377] Vgl. m. ausf. zeitgenössischen Nw.: *E. von Hippel*, in: Anschütz/Thoma (Hrsg.), Handbuch des Deutschen Staatsrechts, Bd. II, 1932, S. 554 f.

[378] *S. Korioth*, in: FS Christoph Link, 2003, S. 705, 711 f.; *D. Grimm*, Recht oder Politik?, 2020, S. 10.

[379] Eine Darstellung des Streits m. ausf. Nw. findet sich bei: *B. J. Hartmann*, Jahrbuch der Juristischen Zeitgeschichte 8 (2006/2007), S. 154, 158 ff.

tung erlangten aber auf verfassungsrechtlicher Ebene weder das richterliche Prüfungsrecht,[380] noch die Grundrechte oder der Verhältnismäßigkeitsgrundsatz.[381] Der Methoden- und Richtungsstreit der Weimarer Staatsrechtslehre[382] brachte zwar verschiedene Konzepte zu den Grundrechten hervor,[383] wie die in der Bundesrepublik besonders einflussreichen Ideen *Smends*[384] von Grundrechten als staatsverstärkende[385] Integrationsfaktoren[386] und als Wertekonzept.[387] In Anbetracht der raschen Konsolidierung nationalsozialistischer Herrschaft ist es aber müßig, hypothetische Weiterentwicklungen dieser Ansätze mit Blick auf den Grundsatz der Verhältnismäßigkeit in der Weimarer Praxis[388] zu diskutieren.[389]

b) Nachkriegsdebatten

Inhalt und Funktion des Verhältnismäßigkeitsgrundsatzes wurden in der Nachkriegszeit einem Wandel unterzogen. Inhaltlich ergänzte etwa der Bayerische Verfassungsgerichtshof die bis dahin dominante Erforderlichkeitsprüfung,[390] mit Unterstützung der Literatur,[391] um eine Angemessenheitsprüfung.[392] Auch mehrten sich die Stimmen, die Verhältnismäßigkeit zum Schutz der Grundrechte gegen den Gesetzgeber einforderten.[393] Nährboden fand diese Auffassung in der starken Stellung der Grundrechte im Grundgesetz.[394]

---

[380] S. hierzu: *K. Schlaich/S. Korioth*, Das Bundesverfassungsgericht, 12. Aufl. 2021, Rn. 116; *D. P. Kommers/R. Miller*, The Constitutional Jurisprudence of the Federal Republic of Germany, 3. Aufl. 2012, S. 6 f.

[381] *B. Remmert*, Verfassungs- und verwaltungsrechtsgeschichtliche Grundlagen des Übermaßverbotes, 1995, S. 167 ff.

[382] *M. Stolleis*, Geschichte des öffentlichen Rechts in Deutschland, Dritter Bd. 1914–1945, 1999, S. 153 ff.

[383] Ausf.: *C. Bumke*, Der Grundrechtsvorbehalt, 1998, S. 112 ff. m.w.N.

[384] Zur Bedeutung der Grundrechte in der Lehre *Smends*: *P. Unruh*, Weimarer Staatsrechtslehre und Grundgesetz, 2004, S. 152 ff.

[385] *R. Smend*, VVDStRL 4 (1928), S. 44, 48.

[386] *S. Korioth*, Integration und Bundesstaat, 1990, S. 210.

[387] S. ausf.: *R. Smend*, Verfassung und Verfassungsrecht, 1928, S. 161 f.

[388] Diese halten *A. Stone Sweet/J. Mathews*, Columbia Journal of Transnational Law 47 (2008), S. 72, 102 für möglich.

[389] Ablehnend zum richterlichen Prüfungsrecht im nationalsozialistischen Führerstaat z.B.: *C. Schmitt*, Staat, Bewegung, Volk, 1933, S. 21; *T. Maunz*, DJZ 1934, S. 1046; vgl. allg. zum Verlauf der Debatte: *W. Heun*, Der Staat 28 (1989), S. 377, 390 ff.

[390] S. hierzu: *R. von Krauss*, Der Grundsatz der Verhältnismäßigkeit, 1955, S. 14.

[391] *R. von Krauss*, Der Grundsatz der Verhältnismäßigkeit, 1955, S. 14 ff. m.w.N. aus der Rechtsprechung; *H.-P. Ipsen*, AöR 78 (1952/53), S. 284, 314; ausf. zu diesem Diskussionsstand: *B. Rusteberg*, Der grundrechtliche Gewährleistungsgehalt, 2009, S. 29 ff.

[392] S. insb. BayVerfGHE 2 II 72, 81 f.

[393] S. z.B.: *F. W. Jerusalem*, Süddeutsche Juristenzeitung 1950, Sp. 1, 4 f.; *H. Krüger*, DVBl 1950, S. 625, 628; *H.-P. Ipsen*, AöR 78 (1952/53), S. 284, 314 ff.

[394] Vgl. besonders deutlich: *R. von Krauss*, Der Grundsatz der Verhältnismäßigkeit, 1955, S. 23 ff.

Von Köln aus sahen *Hans Peters* und sein Schüler *Ottmar Pohl* darin eine Einengung der legislativen Prärogative zur normativen Konkretisierung der Staatsidee zugunsten des BVerfG[395] und erkannten „schwerwiegende Gefahren für unsere Verfassungsstruktur“[396]. Als Widerstandskämpfer gegen den Nationalsozialismus[397] lag *Peters* nichts ferner, als die Grundrechte zu marginalisieren. Es ging ihm eher um die Verwirklichung einer bestimmten Idee der Gewaltenteilung in der jungen Bundesrepublik.[398] Er erkannte, dass eine umfassende, auf Verhältnismäßigkeitserwägungen zurückgreifende Verfassungsrechtsprechung einen Machtzuwachs des BVerfG und die Politisierung seiner Rechtsprechung bedeuten würde. Dies ließ ihn zur Vorsicht mahnen.[399]

c) Entwicklung und Charakteristika des modernen deutschen Grundsatzes der Verhältnismäßigkeit

War das BVerfG zu Beginn seiner Rechtsprechungstätigkeit noch zurückhaltend,[400] hat es im sog. *Apothekenurteil*[401] den Grundsatz der Verhältnismäßigkeit gegenüber dem Gesetzgeber bei Eingriffen in Art. 12 GG zur Anwendung gebracht. Dieses Urteil war der Schlussstein in der Arbeit des Ersten Senates in den Jahren 1957 und 1958, mit der dieser alle drei Staatsgewalten nachdrücklich auf die Grundrechte verpflichtete.[402] Das BVerfG hatte seine frühe Phase der Sinn- und Rollenfindung in Konkurrenz mit anderen Staatsorganen[403] beendet und begonnen, seinen Platz im Epizentrum des politischen Systems der Bundesrepublik[404] einzunehmen.

---

[395] *H. Peters*, Die Verfassungsmäßigkeit der Beförderung von Massengütern im Fernverkehr auf der Straße, 1954, S. 11 ff.

[396] *O. Pohl*, Ist der Gesetzgeber bei Eingriffen in die Grundrechte an den Grundsatz der Verhältnismäßigkeit gebunden?, 1959, S. 119.

[397] S. zu seinem Wirken im Kreisauer Kreis ausf.: *L. von Trott zu Stolz*, Hans Peters und der Kreisauer Kreis, 1997, S. 151 ff.

[398] *H. Peters*, Die Gewaltenteilung in moderner Sicht, 1954, S. 20 f.

[399] Insb. *H. Peters*, Geschichtliche Entwicklung und Grundfragen der Verfassung, 1969, S. 248 ff.

[400] S. z.B. BVerfGE 1, 167, 178; BVerfGE 2, 1, 79; BVerfGE 2, 121, 123; BVerfGE 3, 383, 398 f.; BVerfGE 6, 389, 439; s. außerdem: *P. Staubach*, Das Verhältnismäßigkeitsprinzip, in: Grimm (Hrsg.), Vorbereiter – Nachbereiter?, 2019, S. 131, 132 ff. Der Bayerische Verfassungsgerichtshof hatte den Grundsatz der Verhältnismäßigkeit bereits zuvor auf den Landesgesetzgeber angewandt, vgl.: BayVerfGHE 1 II 64, 76, 78; s. ausf. und m.w.N.: *K. Stern*, in: FS Peter Lerche, 1993, S. 165, 171 f.

[401] BVerfGE 7, 377.

[402] BVerfGE 6, 32; BVerfGE 7, 198; BVerfGE 7, 377; zur Bedeutung dieser Rechtsprechung: *J. Collings*, Democracy's Guardians, 2015, S. 61.

[403] S. hierzu: *R. Wahl*, Das Bundesverfassungsgericht in der Gründungsphase, in: Meinel (Hrsg.), Verfassungsgerichtsbarkeit in der Bonner Republik, 2019, S. 27, 36 ff.

[404] So der treffende Ausdruck bei: *D. P. Kommers*, Comparative Political Studies 26 (1993/94), S. 470, 471.

Rechtstechnisch ermöglichte es der Verhältnismäßigkeitsgrundsatz, die Grundrechtsbindung aus Art. 1 Abs. 3 GG mit der Existenz grundrechtlicher Gesetzesvorbehalte zu vereinbaren[405] – das „Rätsel der Grundrechtsbindung"[406] bei gleichzeitiger Einschränkbarkeit der Grundrechte war gelöst.[407] Historische Forschung hat gezeigt, dass sich der Erste Senat bewusst darüber war, welche politische Gestaltungsmöglichkeiten sich ihm mit dieser Lösung boten:[408] Richter *Hans Kutscher* hatte in seinem Grundlagengutachten zu diesem Fall[409] die Anwendung des Verhältnismäßigkeitsgrundsatzes empfohlen,[410] aber gleichzeitig zu einer zurückhaltenden Nutzung gemahnt und eine Art Evidenzprüfung vorgeschlagen.[411] Im Laufe der Beratungen setzte sich hingegen ein umfassender Kontrollanspruch durch,[412] der auch im Urteil deutlich zum Ausdruck kam.[413]

Im *Apothekenurteil* konzentrierte sich das BVerfG noch auf Art. 12 GG[414] und auf Fragen der Erforderlichkeit und Konsistenz.[415] 1963 weitete es die Anwendung des Verhältnismäßigkeitsgrundsatzes auf alle Grundrechtseingriffe aus.[416] Die Abwägung von Eingriffsschwere mit Gewicht, Dringlichkeit und Erreichungsgrad des Maßnahmenziels[417] wurde in den 70er Jahren fester Bestandteil der Rechtsprechung.[418] Mit fortschreitender Akzeptanz der Angemessenheitskontrolle als Prüfungsmaßstab[419] konnte das BVerfG, auch wenn die Kritik nie

---

405 S. hierzu aus historischer Sicht: *B. Rusteberg*, Der grundrechtliche Gewährleistungsgehalt, 2009, S. 18 f.; *R. Poscher*, in: Herdegen/Masing/Poscher/Gärditz (Hrsg.), HdB VerfR, 2021, § 3, Rn. 23 ff.

406 Zu diesem Problem klassisch: *H. Kelsen*, in: van Ooyen (Hrsg.), Wer soll Hüter der Verfassung sein?, 2. Aufl. 2019, S. 1, 8.

407 *C. Bumke*, Der Grundrechtsvorbehalt, 1998, S. 120.

408 *F. Michl*, JöR n.F. 68 (2020), S. 323, 332 ff.

409 *Hans Kutscher* nahm an den eigentlichen Beratungen zum Apothekenurteil nicht teil. Er war im Oktober 1955 für die wenigen noch in der Amtszeit von Richter *Wilhelm Ellinghaus* verbleibenden Monate auf dessen, danach weggefallenen, Sitz im Ersten Senat berufen worden und wurde zum 01. September 1956 als Nachfolger *Georg Fröhlichs* in den Zweiten Senat gewählt.

410 *F. Michl*, JöR n.F. 68 (2020), S. 323, 331 ff.

411 Ebd., S. 333 f.

412 Ebd., S. 334 ff., 337 f., 339.

413 Vgl. BVerfGE 7, 377, 409 ff.; s. demgegenüber die Darstellung der eher zurückhaltenden früheren Rechtsprechung bei: *C. Bickenbach*, Die Einschätzungsprärogative des Gesetzgebers, 2014, S. 17 ff.

414 *U. Volkmann*, JZ 2020, S. 965, 969.

415 *B. Schlink*, Abwägung im Verfassungsrecht, 1979, S. 53 f.

416 BVerfGE 16, 194, 201 f.

417 BVerfGE 67, 157, 178; BVerfGE 76, 1, 51.

418 *N. Petersen*, Verhältnismäßigkeit als Rationalitätskontrolle, 2015, S. 137 ff.; *Ders.*, Global Constitutionalism 4 (2015) S. 49, 59; *A. Lang*, in: Kremnitzer/Steiner/Lang (Hrsg.), Proportionality in Action, 2020, S. 22, 43 ff.

419 S. für die Akzeptanz dieser Rechtsprechung: *F. Ossenbühl*, in: FS Peter Lerche, 1993, S. 151, 156; *C. Bumke*, AöR 144 (2019), S. 1, 53; s. aus der älteren Literatur nur: *P. Häberle*, Die Wesensgehaltsgarantie des Art. 19 Abs. 2 GG, 1962, S. 31 ff.; *E. Grabitz*, AöR 98 (1973),

ganz verstummte,[420] die Entwicklung hin zur starken verfassungsgerichtlichen Prägung der jungen Republik[421] einleiten. Damit einher ging die Akzeptanz eines bestimmten, nicht notwendigerweise international anschlussfähigen[422] Verständnisses von Gewaltenteilung.[423] Die dogmatische Präzisierung der richterrechtlich entwickelten Maßstäbe setzt sich seither fort.[424]

In der Geeignetheit verlangt das BVerfG die Förderung des Maßnahmenziels.[425] Erforderlich ist eine Maßnahme, wenn sie unter mehreren geeigneten Maßnahmen die für den Einzelnen und das Allgemeinwohl am wenigsten belastende ist.[426] Nicht erforderlich ist sie nur, wenn die Effektivität der Zielerreichung der Alternativmaßnahme in jeder Hinsicht eindeutig feststeht.[427] Dem Gesetzgeber werden hierbei erhebliche Einschätzungs- und Beurteilungsspielräume eingeräumt und Abwägungen vermieden.[428] Wertungsentscheidungen dominieren hingegen in der Angemessenheitsprüfung die deutsche Verhältnismäßigkeitsprüfung.[429]

Diese Wertungsentscheidungen prägen auch quantitativ die Handhabung des Verhältnismäßigkeitsgrundsatzes durch das BVerfG. Die meisten Maßnahmen scheitern am letzten Prüfungspunkt.[430] Besteht eine Maßnahme die Geeignetheits- oder Erforderlichkeitsprüfung nicht, wird die Angemessenheit oft trotzdem geprüft.[431] Alternativ werden diese Prüfschritte oberflächlich behandelt, offen- oder gleich ganz weggelassen, um die Angemessenheit der Maßnahme zu beurteilen.[432]

S. 568, 575 ff.; *R. Wendt*, AöR 104 (1979), S. 414, 455 ff.; *R. Dechsling*, Das Verhältnismäßigkeitsgebot, 1989, S. 8 ff.

[420] S. statt vieler: *M. Jestaedt*, Grundrechtsentfaltung im Gesetz, 1999, S. 206 ff; *F. Raue*, AöR 131 (2006), S. 79 ff.; *R. Christensen/K.D. Lerch*, JZ 2007 S. 438 ff.; *C. Hillgruber*, JZ 2011, S. 861 ff.; *E.-W. Böckenförde*, Der Staat 42 (2003), S. 165, 190; *Ders.*, Zur Lage der Grundrechtsdogmatik nach 40 Jahren Grundgesetz, 1990, S. 53; *R. Camilo de Oliviera*, Zur Kritik der Abwägung in der Grundrechtsdogmatik, 2013, S. 173 ff.

[421] Vgl. hierzu: *E.-W. Böckenförde*, Der Staat 29 (1990), S. 1, 25, *M. Jestaedt*, Grundrechtsentfaltung im Gesetz, 1999, S. 52.

[422] Vgl.: *S.-P. Hwang*, Verfassungsgerichtlicher Jurisdiktionsstaat?, 2005, S. 18 ff. m.w.N.

[423] S. bereits: BVerfGE 7, 377, 409 f.

[424] *U. Volkmann*, JZ 2020, S. 965, 969.

[425] BVerfGE 67, 157, 175; BVerfGE 96, 10, 23.

[426] BVerfGE 67, 157, 177; BVerfGE 92, 262, 273.

[427] BVerfGE, 163, 107, 150.

[428] *A. Lang*, AöR 145 (2020), S. 75, 100 f., 103 f. Scheitern Maßnahmen an der Erforderlichkeitsprüfung, geht dies oft mit einem wertungsintensiveren Verständnis dieser Prüfstufe einher, s. ebd., S. 107 f.

[429] Ebd., S. 115 ff.; weiterführend: *B. Daiber*, JA 2020, S. 37 f.

[430] *A. Lang*, AöR 145 (2020), S. 75, 87 f.

[431] Ebd., S. 89 f.

[432] Ebd., S. 90 f.

d) Eine „ungeheure Karriere"[433]

Die verfassungsgerichtliche Handhabung des Verhältnismäßigkeitsgrundsatzes ist für das gesamte deutsche öffentliche Recht prägend. Aufgrund seiner Ausrichtung auf das subjektiv-öffentliche Recht,[434] verbunden mit dem Verständnis von Art. 2 Abs. 1 GG als allgemeinem Freiheitsrecht,[435] nahm das deutsche Verwaltungsrecht die mit dem Verhältnismäßigkeitsgrundsatz verknüpften grundrechtlichen Erwägungen in jeden Winkel des öffentlichen Rechts auf.[436] Indem jede belastende hoheitliche Maßnahme als Grundrechtseingriff verstanden wird, stehen alle diese Maßnahmen unter dem Vorbehalt der Verhältnismäßigkeit.[437] So konnte der Verhältnismäßigkeitsgrundsatz verfassungsrechtlich geadelt in das Verwaltungsrecht zurückkehren, um dort über die Grenzen des Polizeirechts hinaus seinen Platz als rechtsgebietsübergreifender Grundsatz einzunehmen, der ihm schon im preußischen Naturrecht zukam.

Maßgeblicher Bezugspunkt für den Verhältnismäßigkeitsgrundsatz und die Entwicklung der Prüfstufen im Einzelnen bleibt im deutschen Verhältnismäßigkeitsverständnis die Grundrechtsbetroffenheit. Als Maßstab für die Ermittlung der Grenzen von Beschränkungen individueller Rechtspositionen als Erbe des preußischen Naturrechts hat die preußische und deutsche Rechtsentwicklung mit maßgeblicher Unterstützung eines ebenfalls subjektivrechtlich geprägten Verwaltungs- wie Verfassungsprozessrechts, flankiert durch die Etablierung der gerichtlichen Normenkontrolle, das reiche ideengeschichtliche Erbe subjektivrechtlich fokussiert und in besonders eingängiger und wirkmächtiger Art und Weise etabliert. Betont posttotalitäre Entwicklungen wie die Etablierung eines lückenlosen Freiheitsschutzes über Art. 2 Abs. 1 GG[438] und die Schaffung einer Verfassungsgerichtsbarkeit wirkten mit prozessualen Fokussierungen auf subjektive Rechtspositionen zusammen und kreierten einen grundrechtlich ausgerichteten Verhältnismäßigkeitsgrundsatz.

3. Systemspezifische Wandlungen

In seinem einflussreichen Buch zum Verhältnismäßigkeitsgrundsatz hat der ehemalige oberste Richter Israels, *Aharon Barak,* die Verbreitung des Verhältnismäßigkeitsgrundsatzes von Deutschland in andere Rechtssysteme anhand eines

---

433 *F. Ossenbühl*, in: Erbguth/Oebbecke/Rengeling/Schulte (Hrsg.), Abwägung im Recht, 1995, S. 25, 26: „Der Grundsatz der Verhältnismäßigkeit selbst aber ist ein Parvenü, der eine ungeheure Karriere hinter sich hat."

434 Zur wesentlichen Weiterentwicklung der subjektiv-öffentlichen Rechte unter dem Grundgesetz s. maßgeblich: *O. Bachof*, in: GS Walter Jellinek, 1955, S. 287 ff.; s. allg.: *U. Ramsauer*, JuS 2012, S. 769 ff.

435 Grundlegend: BVerfGE 6, 32, 36 ff.; nunmehr auch: BVerfGE 157, 30, 131.

436 Ähnlich: *F. Ossenbühl*, in: FS Peter Lerche, 1993, S. 151, 153.

437 Besonders präzise: *N. Petersen*, in: Kahl/Ludwigs (Hrsg.), HVwR III, 2022, § 73, Rn. 7.

438 Vgl. hierzu treffend: *M. Eifert*, in: Herdegen/Masing/Poscher/Gärditz, HdB VerfR, 2021, § 18, Rn. 35 ff.

Pfeildiagrammes dargestellt.[439] Ganz in diesem Sinne gilt in der Literatur der Verhältnismäßigkeitsgrundsatz als erfolgreicher deutscher Export in alle Welt.[440] Diese Erzählung suggeriert jedoch Linearität und Statik. Hier geht es nicht darum, Beeinflussungen zwischen Rechtsordnungen kontrafaktisch[441] infrage zu stellen. Ebenso wenig werden die Darstellungen von der Verbreitung von Verhältnismäßigkeit von Deutschland aus Unterschiede in den rechtsordnungsspezifischen Ausprägungen dieses Grundsatzes leugnen. Eher geht es um eine graduelle Verschiebung des Analysefokus: Wo klassischerweise die Unterschiede zwischen den einzelnen Inkarnationen der deutschen Verhältnismäßigkeitstradition als inhaltlich letztlich doch immer identische Spielarten eines aus der deutschen Tradition destillierten Idealbildes des Grundsatzes der Verhältnismäßigkeit angesehen werden,[442] werden hier die Existenz und rechtsordnungsspezifische Plausibilität dieser Unterschiede zum Anlass genommen, kritisch zu hinterfragen, was sich in Grundrechtsfragen überhaupt als ein rechtsordnungsübergreifender Grundsatz der Verhältnismäßigkeit identifizieren lässt.[443] Selbst für stark am deutschen Vorbild orientierte Verwendungen des Grundsatzes des Verhältnismäßigkeit zeigt sich, dass der ihnen gemeinsame Kern oft kleiner ist, als gemeinhin angenommen wird.

Diese Erkenntnis resultiert aus einer Betrachtung der kanadischen und südafrikanischen Grundrechtsrechtsprechung. Für eine ertragreiche Analyse der Diffusion des deutschen Verhältnismäßigkeitsverständnisses sind diese Rechtsordnungen besonders geeignet, weil sie einerseits unverkennbar in der grundrechtsgeprägten deutschen Tradition stehen. Andererseits ist die dortige Prüfpraxis jeweils etabliert und konsolidiert, was verallgemeinerbare Aussagen über sie zulässt. An dieser Stelle geht es zunächst um die exemplarische Relativierung gewisser Homogenitätsvorstellungen zum grundrechtlichen Grundsatz der Verhältnismäßigkeit, sodass breiter angelegte Vergleiche an dieser Stelle nicht nötig sind.

---

[439] *A. Barak*, Proportionality, 2012, S. 182.

[440] *A. Stone Sweet/J. Matthews*, Columbia Journal of Transnational Law 47 (2008), S. 72, 111 ff.; *J. Saurer*, Der Staat 51 (2012), S. 3, 8 ff.

[441] Beispielweise berief sich das südafrikanische Verfassungsgericht bei der Etablierung des Grundsatzes der Verhältnismäßigkeit in seiner Grundrechtsrechtsprechung ausdrücklich auf Kanada, Deutschland und die EMRK, s.: CCSA, Urt. v. 06.06.1995, The State v. Makwanyane, 1995 (3) SA 391, Rn. 105 ff.; der CCSA rezipiert, wie von der *Interim Constitution* in Sec. 35 (1) und von der *SA Constitution* in Sec. 39 (1) ausdrücklich gestattet, regelmäßig andere Rechtsordnungen; vgl. hierzu: *L. Ackermann*, in: Markensinis/Fedtke (Hrsg.), Judicial Recourse to Foreign Law, 2006, S. 263, 269 ff.

[442] Vgl. etwa: *A. Stone Sweet/J. Matthews*, Columbia Journal of Transnational Law 47 (2008), S. 72, 111 ff., 162; *A. Barak*, Proportionality, 2012, 4, 181.

[443] Immer wieder wird in der Literatur bewertet, ob der Grundsatz der Verhältnismäßigkeit korrekt angewandt wurde, s. z.B.: *M. Khosla*, ICON 8 (2010), S. 298, 308; *K. Möller*, The Global Model of Constitutional Rights, 2012, S. 128; *M. Klatt/M. Meister*, ICON 10 (2012), S. 687, 702 ff. Maßstab ist hier das aus der deutschen Praxis geronnene Modell.

a) Das Beispiel Kanada

In der kanadischen Rechtsprechung knüpft der Verhältnismäßigkeitsgrundsatz an die Vorbehaltsklausel aus Sec. 1 der *Charter of Fundamental Rights and Freedoms*[444] von 1982 an.[445] Im Fall *R. v. Oakes* interpretierte der SCC die Sec. 1 im Sinne einer Verhältnismäßigkeitsprüfung[446] und behielt diesen sog. „*Oakes-Test*" bis heute bei.[447] Demnach muss die fragliche Maßnahme ein gewichtiges und wesentliches Ziel verfolgen („pressing and substantial"[448]) und verhältnismäßig sein.[449] Verhältnismäßig sei eine Maßnahme, wenn eine rationale Verbindung zwischen Maßnahme und Ziel besteht (*rational connection*), die Maßnahme das betroffene Grundrecht so wenig wie nötig einschränkt (*minimal impairment*) und die Einschränkungen des Grundrechts durch die Bedeutung des verfolgten Ziels aufgewogen werden (*proportionate effect*).[450]

In den Prüfstufen nach *Oakes* lassen sich schnell die auch aus Deutschland bekannten Prüfstufen identifizieren. Allerdings lassen schon die Formulierungen zur Vorsicht mahnen: So wird das Gewicht eines Ziels bereits im ersten Prüfungsschritt genannt um festzulegen, ob es für die Rechtfertigung eines Grundrechtseingriffs überhaupt gewichtig genug ist.[451] Auch die *rational connection* von Maßnahme und Zielsetzung in der Rechtsprechung des SCC scheint die Messlatte höher zu legen als die unter dem deutschen Verständnis von Geeignetheit lediglich geforderte abstrakte Förderung des Maßnahmenzwecks,[452] wenngleich die Praxis des SCC hier zwischen hoher und niedriger Kontrolldichte schwankt.[453]

---

[444] Im Folgenden: „Charter".

[445] Sec. 1 lautet: „The Canadian Charter of Rights and Freedoms guarantees the rights and freedoms set out in it subject only to such reasonable limits prescribed by law as can be demonstrably justified in a free and democratic society."

[446] SCC, Urt. v. 28.02.1986, R. v. Oakes, [1986] 1 SCR 103, Rn. 62 ff.; aufbauend auf SCC, Urt. v. 24.04.1985, R. v. Big M Drug Mart, [1985] 1 SCR 295, Rn. 139.

[447] *L. Hardcastle* hat von der Schaffung des *Oakes-Tests* bis 2017, also über 31 Jahre hinweg, 120 Fälle identifiziert, in denen der SCC den *Oakes-Test* angewendet hat, s.: *L. Hardcastle*, in: Kremnitzer/Steiner/Lang (Hrsg.), Proportionality in Action, 2020, S. 134, 135.

[448] SCC, Urt. v. 28.02.1986, R. v. Oakes, [1986] 1 SCR 103, Rn. 69.

[449] Ebd., Rn. 70.

[450] Ebd., Rn. 70 f.

[451] *D. Grimm*, University of Toronto Law Journal 57 (2007), S. 383, 394; s. hierzu insb.: *P. W. Hogg*, Constitutional Law of Canada, 2020, S. 38–22 f., dessen kontroll- und wertungsintensives Verständnis des ersten Prüfschrittes seine Ansicht begründet, dass für die Angemessenheitsprüfung kaum Anwendungsmöglichkeiten verbleiben, s. ebd., S. 38–45 f. Freilich entspricht dies nicht unbedingt der Praxis des SCC, der sich an dieser Stelle ähnlich dem BVerfG in der Regel trotz seines etablierten Obersatzes eher zurückhält, s.: *D. Grimm*, University of Toronto Law Journal 57 (2007), S. 383, 389; *A. Lang*, AöR 145 (2020), S. 75, 93 ff.; *S. G. Régimbald/D. Newman*, The Law of the Canadian Constitution, 2. Aufl. 2017, S. 592 ff.

[452] S. zur deutschen Geeignetheitsprüfung: *L. Clérico*, Die Struktur der Verhältnismäßigkeit, 2001, S. 26 ff.

[453] Einerseits mit hoher Kontrolldichte: SCC, Urt. v. 09.06.2005, Chaoulli v. Quebec (At-

Maßgebliche Besonderheit in der kanadischen Rechtsprechung ist die Wertungsintensität des *minimal impairment* Tests.[454] Was in Deutschland die Frage nach dem milderen Mittel bei gleicher Wirksamkeit ist, wird in Kanada zu der Frage danach, ob die Regierung hinreichend dargetan hat,[455] dass die gewählte Maßnahme diejenige ist, welche so wenig eingriffsintensiv wie möglich ist, um das Regelungsziel noch in sachdienlicher Weise[456] zu erreichen. Ganz im Gegensatz zur Prüfung des BVerfG, nach der die „Gleichwertigkeit der alternativen Maßnahmen zur Zweckerreichung [...] in jeder Hinsicht eindeutig feststehen"[457] muss, wobei der Gesetzgeber über einen Beurteilungs- und Prognosespielraum verfügt, scheitert eine Maßnahme in Kanada bereits dann am *minimal impairment* Test, wenn die Regierung nicht zur Zufriedenheit des SCC nachgewiesen hat, dass andere zweckdienliche Mittel nicht existieren. Neben dieser Beweislastverteilung ist hier besonders zu beachten, dass Alternativmittel nicht ebenso effektiv sein müssen wie die ursprüngliche Maßnahme.[458] Der SCC möchte vor allem herausfinden, ob ein weniger eingriffsintensives Alternativmittel existiert, dessen Eignung zur Zielerreichung unter Berücksichtigung der Grundrechtsinteressen ausreicht.[459] In der Regel[460] zögert der SCC nicht, Alternativmittel vor-

torney General), [2005] 1 SCR 791, Rn. 49 ff.; andererseits mit niedriger Kontrolldichte z.B.: SCC, Urt. v. 21.09.1995, RJR-MacDonald Inc. v. Canada (Attorney General), [1995] 3 SCR 199, Rn. 153; SCC, Urt. v. 08.03.2002, Lavoie v. Canada, [2002] 1 SCR 769, Rn. 59.

[454] *D. Grimm*, University of Toronto Law Journal 57 (2007), S. 383, 395; *J. Saurer*, Der Staat 51 (2012), S. 3, 16; *C.-M. Panaccio*, in: Oliver/Macklem/Des Rosiers (Hrsg.), The Oxford Handbook of the Canadian Constitution, 2017, S. 657, 662 m.w.N. in Fn. 19.

[455] Insofern grundlegend: SCC, Urt. v. 21.09.1995, RJR-MacDonald v. Canada (Attorney General), [1995] 3 SCR 199, Rn. 137; vgl. außerdem: *L. Hardcastle*, in: Kremnitzer/Steiner/Lang (Hrsg.), Proportionality in Action, 2020, S. 178.

[456] Vgl. die Darstellung dieses Prüfschrittes in: SCC, Urt. v. 18.12.1986, R. v. Edwards Books and Arts Ltd., [1986] 2 SCR 173, Rn. 131; SCC, Urt. v. 24.07.2009, Alberta v. Hutterian Brethren of Wilson Colony, [2009] 2 SCR 567, Rn. 55; SCC, Urt. v. 16.01.2015, Mounted Police Association of Ontario v. Canada (Attorney General), [2015] 1 SCR 3, Rn. 149; SCC, Urt. v. 06.02.2015, Carter v. Canada (Attorney General), [2015] 1 SCR 331, Rn. 102; vgl. auch: *G. Régimbald/D. Newman*, The Law of the Canadian Constitution, 2. Aufl. 2017, S. 569.

[457] BVerfGE 163, 107, 150.

[458] S. SCC, Urt. v. 24.07.2009, Alberta v. Hutterian Brethren of Wilson Colony, [2009] 2 SCR 567, Rn. 54; zu den Diskussionen um dieses Problem, s.: *L. Hardcastle*, in: Kremnitzer/Steiner/Lang (Hrsg.), Proportionality in Action, 2020, S. 134, 181 ff.

[459] Ähnlich ging das BVerfG vor in: BVerfGE 53, 135, 145. S. hierzu ausf.: *R. Poscher*, in: Herdegen/Masing/Poscher/Gärditz (Hrsg.), HdB VerfR, 2021, § 3, Rn. 63; *D. Bilchitz*, in: Lazarus/McCrudden/Bowles (Hrsg.), Reasoning Rights: Comparative Judicial Engagement, 2014, S. 41, 50.

[460] In früheren Entscheidungen war eine Staffelung der Kontrolldichte nach Fallgruppen angedacht worden, vgl. etwa: SCC, Urt. v. 27.04.1989, Irwin Toy Ltd. v. Quebec (Attorney General), [1989] 1 SCR 927; *R. J. Sharpe/K. Roach*, The Charter of Rights and Freedoms, 3. Aufl. 2005, S. 74 ff., wobei mittlerweile regelmäßig auf eine kontextsensible Kontrolldichte geachtet wird, vgl.: SCC, Urt. v. 29.03.1990, Thomson Newspaper Co. v. Canada (Attorney General), [1990] 1 SCR 425; sodann deutlich: SCC, Urt. v. 13.12.1990, R. v. Keegstra, [1990] 3

zuschlagen, die für das Maßnahmenziel zweckdienlich gewesen wären. Dabei lässt er den Grad der Zweckerreichung durch das Alternativmittel jedoch offen,[461] obliegt es doch der Regierung die Untauglichkeit des Alternativmittels zur Zielerreichung darzulegen.[462] Der *minimal impairment* Test ist damit nicht dazu gedacht, auszuschließen, dass es eine gleich effektive, weniger belastende Maßnahme gab, sondern verlangt der Regierung den Nachweis ab, dass weniger belastende Arten der Förderung des Maßnahmenziels nicht in Betracht kamen.

Wenn aber nach diesem Maßstab eine hinreichende Förderung des Maßnahmenziels durch Alternativmaßnahmen möglich ist, ist auch eine Aussage über die Wertigkeit der Erreichung des Maßnahmenziels gegenüber dem Grundrechtsinteresse getroffen.[463] Aufgrund dieser Wertungsintensität herrscht auf der letzten Prüfstufe eine kursorische Plausibilitätsprüfung[464] und Bestätigung der Resultate vor.[465] Zwar betont der SCC den eigenständigen Gehalt des letzten Prüfungsschrittes,[466] doch eine ausführliche Prüfung bleibt die seltene Ausnahme,[467] wobei dann auch ein engeres, weniger kontrollintensives Verständnis der Geeignetheits- und Erforderlichkeitsprüfung an den Tag gelegt wird.[468]

SCR 697, 735; SCC, Urt. v. 21.09.1995, RJR-MacDonald Inc. v. Canada (Attorney General), [1995] 3 SCR 199, Rn. 60 ff. (abweichende Meinung des Richters *La Forest*); SCC, Urt. v. 21.07.2016, R. v. K.R.J., [2016] 1 SCR 906, Rn. 135 f. (abweichende Meinung des Richters *Brown*); *J. Cameron*, University of British Columbia Law Review 22 (1988), S. 147, 152.

[461] S. etwa: SCC, Urt. v. 24.10.1991, R. v. Wholesale Travel Group, [1991] 3 SCR 154, 194; Urt. v. 29.05.1998, Thomson Newspapers Co. v. Canada (Attorney General), [1998] 1 SCR 877, 963 f.; vgl. die Analyse bei: *N. Petersen*, Verhältnismäßigkeit als Rationalitätskontrolle, 2015, S. 257.

[462] Vgl. bereits: SCC, Urt. v. 21.09.1995, RJR-MacDonald Inc. v. Canada (Attorney General), [1995] 3 SCR 199, Rn. 160, 168; SCC, Urt. v. 24.07.2009, Alberta v. Hutterian Brethren of Wilson Colony, [2009] 2 SCR 567, Rn. 54; SCC, Urt. v. 06.02.2015, Carter v. Canada (Attorney General), [2015] 1 SCR 331, Rn. 102; SCC, Urt. v. 15.03.2019, R. v. Morrison, [2019] 2 SCR 3, Rn. 69.

[463] Deutlich etwa in: SCC, Urt. v. 26.07.2019, R. v. Stillman, [2019] 3 SCR 144, Rn. 185 ff.

[464] *N. Petersen*, Verhältnismäßigkeit als Rationalitätskontrolle, 2015, S. 258.

[465] *L. Hardcastle*, in: Kremnitzer/Steiner/Lang (Hrsg.), Proportionality in Action, 2020, S. 134, 186.

[466] S. z.B. SCC, Urt. v. 29.05.1998, Thomson Newspapers Co. v. Canada (Attorney General), [1998] 1 SCR 877, Rn. 125; SCC, Urt. v. 24.07.2009, Alberta v. Hutterian Brethren of Wilson Colony, [2009] 2 SCR 567, Rn. 76; SCC, Urt. v. 21.07.2016, R. v. K.R.J., [2016] 1 SCR 906, Rn. 79.

[467] Eine ausf. Darstellung einiger dieser Ausnahmefälle findet sich bei: *N. Petersen*, Verhältnismäßigkeit als Rationalitätskontrolle, 2015, S. 258 ff.; eine Auseinandersetzung mit der Güterabwägung macht aber empirisch betrachtet im Ergebnis der Urteile kaum je einen Unterschied, s.: *L. Hardcastle*, in: Kremnitzer/Steiner/Lang (Hrsg.), Proportionality in Action, 2020, S. 134, 186.

[468] Vgl. z.B.: SCC, Urt. v. 21.07.2016, R. v. K.R.J., [2016] 1 SCR 906, Rn. 74 ff. Ob sich ein zaghafter Trend zur Ausnutzung der Potenziale der Güterabwägung als eigener Prüfungsschritt in der Rechtsprechung des SCC fortsetzt, wie ihn z.B.: *S. Weinrib*, University of Toronto Faculty of Law Review 68 (2010), S. 77 ff. identifiziert, wird die Zukunft zeigen.

Nun ließe sich aus alldem folgern, dass der SCC die korrekte, nämlich weitgehend wertungsfreie Handhabung der Erforderlichkeitsprüfung nach deutschem Vorbild aus institutionellen Motiven unter der Hand mit Wertungsfragen aus der Angemessenheitsprüfung auflädt, um weniger politische Angriffsfläche zu bieten, weil auf diese Art und Weise die normativ ungebundenen Wertungsentscheidungen hinter einer eigentlich empirischen Prüfung verborgen werden.[469] Diese institutionenpolitische Analyse mag durchaus zutreffen: Politik und SCC selbst pflegen in der Öffentlichkeit ein betont unpolitisches Bild des Gerichts.[470] Offene Güterabwägungen zu vermeiden mag ebenfalls zu einem konfliktfreieren Verhältnis zu den anderen Gewalten und zu mehr Akzeptanz in der Bevölkerung führen.[471]

Weniger plausibel ist aber das Festhalten an den in Deutschland gesetzten Maßstäben für die korrekte Anwendung von Verhältnismäßigkeit, denn die schlichte Übertragung des in Deutschland geprägten Idealbildes von Verhältnismäßigkeit in den kanadischen Kontext würde die rechtlichen und institutionellen Umstände des gerichtlichen Grundrechtsschutzes in Kanada verkennen: Die *Charter* wurde wegen der fehlenden Durchschlagskraft der *Canadian Bill of Rights* von 1960[472] unter Premierminister *P. E. Trudeau*[473] mit dem Ziel geschrieben, einen starken Grundrechtsschutz durch die Gerichte zu mandatieren.[474] Der SCC nahm diesen Auftrag mit rechtswissenschaftlicher Rückendeckung[475] an.

---

[469] In diese Richtung: *N. Petersen*, Verhältnismäßigkeit als Rationalitätskontrolle, 2015, S. 267.

[470] Dies zeigt sich z.B. in einem Verständigungspapier, das Chief Justice *Richard Wagner* und Justizminister *David Lametti* zur Stärkung der Unabhängigkeit des SCCs im Jahr 2019 unterzeichneten: Accord Between the Chief Justice of Canada and the Minister of Justice and Attorney General of Canada, 22.07.2019, oder in der Schaffung neuer Prozeduren für die Richterernennung, die betont transparent, unpolitisch und auf juristische Qualifikationen fokussiert sein sollen, vgl. hierzu und zu den Entwicklungen des Auswahlprozesses: *A. Dodek/R. Cairns Way*, in: Oliver/Macklem/Des Rosiers (Hrsg.), The Oxford Handbook of the Canadian Constitution, 2017, S. 211, 216 ff.

[471] *C.-M. Panaccio*, in: Oliver/Macklem/Des Rosiers (Hrsg.), The Oxford Handbook of the Canadian Constitution, 2017, S. 657, 664. Zweifel an diesem Erklärungsansatz ergeben sich freilich daraus, dass der konkrete Vorschlag von alternativen Maßnahmen der Legislative durchaus Spielräume nimmt.

[472] Nur in SCC, Urt. v. 20.11.1969, The Queen v. Drybone, [1970] SCR 282, Rn. 288 ff. wurde ein Gesetz, das es kanadischen Ureinwohnern verbat, außerhalb von Reservaten Alkohol zu trinken, aus sehr eng gefassten gleichheitsrechtlichen Gründen für unanwendbar erklärt; s.: *P. Brett*, Alberta Law Review 7 (1969), S. 294 ff.; s. auch: *E. A. Driedger*, Ottawa Law Review 9 (1997), S. 303, der aufgrund der *parliamentary sovereignty* in der fehlenden Durchschlagskraft der *Bill of Rights* keinen Fehler, sondern gerade ihr charakteristisches Merkmal sieht.

[473] S. zu seinem Einfluss: *R. Romanow/J. Whyte/H. Leeson*, Canada…Notwithstanding, 1984, S. 225 ff., 232 ff., 239 ff.; *A. M. Dodek*, The Charter Debates, 2018, S. 25 ff.

[474] S.: SCC, Urt. v. 17.12.1985, Re British Columbia Motor Vehicle Act, [1985] 2 SCR 486, 497, Rn. 16; vgl. auch: *R. J. Sharpe/K. Roach*, The Charter of Rights and Freedoms, 3. Aufl. 2005, S. 18 f.

[475] *W. S. Tarnopolsky*, in: Beaudoin (Hrsg.), The Charter: Ten Years Later, 1992, S. 63, 64 f.

Allerdings bleibt das kanadische Verfassungsrecht mit einigen Modifikationen dem Leitbild der *parliamentary sovereignty* verpflichtet.[476] Damit hat die *Charter* nur die fehlende Effektivität der *Bill of Rights,* aber nicht das Spannungsfeld zwischen richterlicher Normenkontrolle und parlamentarischer Demokratie in Kanada überwunden.[477] Insbesondere Sec. 33 der *Charter*, wonach das Parlament oder die Legislative der Provinzen vorsehen können, dass von ihnen erlassene Gesetze auch ungeachtet einer Reihe von Vorschriften aus der *Charter* gelten sollen, bringt dies zum Ausdruck.[478] Das eigene kanadische Gepräge sowohl der Erforderlichkeits- wie auch der Angemessenheitsprüfung wird dieser Spannungslage gerecht, sind sie doch kontrollintensiv, ohne normativ gänzlich ungebundenen richterlichen Wertungsentscheidungen erkennbaren Freiraum zu geben. Insbesondere die Wertungsentscheidungen im Rahmen des *minimal impairment* Tests haben, obgleich sie auch erhebliche gerichtliche Spielräume ermöglichen, mit dem Auffinden von zweckdienlichen, wenn auch nicht gleich effektiven Alternativen, einen klaren argumentativen Bezugspunkt. Die Vorgehensweise des SCC ist dabei kein juristischer Taschenspielertrick, um die echte Verhältnismäßigkeitsanalyse zu verbergen. Vielmehr findet die Auslegung von Sec. 1 der *Charter* im kanadischen politisch-institutionellen Kontext statt, in dem ein kanadischer Typus der Verhältnismäßigkeitsprüfung entwickelt wurde.

b) Das Beispiel Südafrika

Auch in Südafrika kommt der Grundsatz der Verhältnismäßigkeit in der Grundrechtsrechtsprechung zum Einsatz. Schon in seinem ersten Urteil betonte der CCSA, dass aus der Vorbehaltsklausel der *Interim Constitution*[479] ein autonom südafrikanischer Test entwickelt werden solle.[480] Später entnahm der CCSA im *Makwanyane* Fall der *Interim Constitution* ausdrücklich den Verhältnismäßigkeitsgrundsatz.[481] Hierbei entwickelte er einen nicht gestuften und inhaltlich variablen Prüfungsansatz, in dem verschiedene, nicht abschließend aufgezählte Faktoren als Teilaspekte einer fallspezifischen Abwägung fungieren.[482] Die 1996

---

[476] S.: *J. Webber*, The Constitution of Canada, 2015, S. 60 ff.; *J. Lovell*, in: Oliver/Macklem/Des Rosiers (Hrsg.), The Oxford Handbook of the Canadian Constitution, 2017, S. 189, 191 ff.; krit.: *P. H. Russel*, Alberta Law Review 29 (1991), S. 293, 294.

[477] Vgl.: *B. L. Strayer*, The Canadian Constitution and The Courts, 1983, S. 58.

[478] *R. Tassé*, in: Beaudoin/Ratushny (Hrsg.), The Canadian Charter of Rights and Freedoms, 2. Aufl. 1998, S. 65, 102, Fn. 104; *R. Romanow/J. Whyte/H. Leeson*, Canada…Notwithstanding, 1984, S. 257 ff.

[479] Diese Vorschrift lautete: „The rights entrenched in this Chapter may be limited by law of general application, provided that such limitation (a) shall be permissible only to the extent that it is (i) reasonable; and (ii) justifiable in an open and democratic society based on freedom and equality; […]."

[480] CCSA, Urt. v. 05.04.1995, Zuma v. The State, 1995 (2) SA 642, Rn. 35 ff.

[481] CCSA, Urt. v. 06.06.1995, The State v. Makwanyane, 1995 (3) SA 391, Rn. 104. Diese Entwicklung voraussehend: *I. M. Rautenbach*, General Provisions of the South African Bill of Rights, 1994, S. 98.

[482] So die Beschreibung des Prüfprogramms in: CCSA, Urt. v. 29.12.1995, The State v.

in Kraft getretene Verfassung (*SA Constitution*) übernahm diesen Ansatz.[483] Zwar greift deren Sec. 36[484] wesentliche Aspekte des klassischen Verhältnismäßigkeitsgrundsatzes auf, doch sah der CCSA auch auf dieser textlichen Grundlage eine umfassende und in ihren Prüfungspunkten fallspezifisch flexibel gestaltete Güterabwägung als seine Aufgabe an[485] und stützt sich insoweit auf die normative Kraft der in der Verfassung verkörperten Werteordnung.[486] Die den Grundrechten zugrundeliegenden Werte sollen am jeweiligen Fall zur Anwendung gebracht werden.[487]

Dies hat vielfältige Erscheinungsformen: Bemerkenswert ist bereits, dass der CCSA vergleichsweise häufig bereit ist, den untersuchten Maßnahmen ein verfassungsrechtlich zulässiges Ziel abzusprechen.[488] Dies galt für die Ideologie des Apartheidregimes,[489] aber auch die Durchsetzung der Moralvorstellungen und religiösen Überzeugungen von Teilen der Gesellschaft erkannte der CCSA nicht als legitime Zielsetzung an.[490] Schon an dieser Stelle werden Wertungsentscheidungen getroffen, statt die Spielräume des Gesetzgebers zu betonen, wie es das BVerfG tut.[491] Auch weil die Darlegungslast für die Existenz eines legitimen Ziels bei der Regierung liegt,[492] könnte man zwar davon ausgehen, dass Maßnahmen

---

Bhulwana, 1996 (1) SA 388, Rn. 18; s. auch: *H. Klug*, The Constitution of South Africa, 2010, S. 117 f.

[483] Sec. 36 (1) SA Constitution lautet: „The rights in the Bill of Rights may be limited only [...] to the extent that the limitation is reasonable and justifiable in an open and democratic society based on human dignity, equality and freedom, taking into account all relevant factors, including – (a) the nature of the right;(b) the importance of the purpose of the limitation;(c) the nature and extent of the limitation; (d) the relation between the limitation and its purpose; and (e) less restrictive means to achieve the purpose."

[484] S. hierzu: *S. Woolman*, South African Journal on Human Rights 13 (1997), S. 102, 109 ff.

[485] CCSA, Urt. v. 06.09.1996, Certification of the Constitution of the Republic of South Africa, 1996, (4) SA 744, Rn. 90.

[486] Vgl. etwa: CCSA, Urt. v. 14.04.2000, The State v. Manamela, 2000 (3) SA 1, Rn. 32; so auch: *R. Stacey*, in: Kremnitzer/Steiner/Lang (Hrsg.), Proportionality in Action, 2020, S. 193, 196 m.w.N.

[487] Richter *Albie Sachs* schrieb, dass sich der CCSA auf die synergetische Beziehung von Grundwerten der Verfassung und dem vorliegenden Fall fokussieren solle, s. CCSA, Urt. v. 22.09.1995, Coetzee v. The Government of the Republic of South Africa, 1995 (4) SA 631, Rn. 46.

[488] Vgl. für empirische Befunde: *R. Stacey*, in: Kremnitzer/Steiner/Lang (Hrsg.), Proportionality in Action, 2020, S. 193, 232, Fn. 70 m.w.N.; vgl. auch die Aufzählung bei: *I. Currie/J. de Waal*, The Bill of Rights Handbook, 6. Aufl. 2013, S. 167 f.

[489] CCSA, Urt. v. 14.10.2004, Bhe v. Khayelitsha Magistrate, 2005 (1) SA 580 (CC), Rn. 72.

[490] CCSA, Urt. v. 09.10.1998, National Coalition for Gay and Lesbian Equality and Another v Minister of Justice and Others, 1999 (1) SA 6, Rn. 37; CCSA, Urt. v. 02.12.1999, National Coalition for Gay and Lesbian Equality and Others v Minister of Home Affairs and Others, 2000 (2) SA 1, Rn. 59.

[491] Vgl.: *A. Lang*, AöR 145 (2020), S. 75, 93 ff.

[492] Vgl. z.B. CCSA, Urt. v. 04.07.2001, Moise v. Greater Germiston Transitional Local

ohne legitimes Ziel scheitern müssen. Obwohl das Fehlen eines klar definierten Ziels die Rechtfertigung der Maßnahme erschwert,[493] genügt dies dem CCSA jedoch nicht allein[494] und er prüft oft noch weitere Faktoren, um die Unverhältnismäßigkeit einer Maßnahme zu begründen.[495]

Argumente zur Eignung und Erforderlichkeit der Maßnahme nehmen in der Rechtsprechung des CCSA breiten Raum ein,[496] doch der holistische Prüfansatz hat auch an dieser Stelle Auswirkungen: Während das erfolgreiche Bestehen der Erforderlichkeitsprüfung oft zur Feststellung der Verhältnismäßigkeit der Maßnahme führt,[497] kommen Urteile auch ganz ohne diese Prüfung aus[498] und die Grundrechtsprüfung wird selten nach dem Scheitern an Eignungs- oder Erforderlichkeitsüberlegungen beendet.[499] Selbst wenn die Frage nach milderen Mitteln die Analyse bestimmt, finden sich auch im Rahmen dieser Argumentation Feststellungen zu der Wertigkeit des verfolgten Ziels, die ebenfalls die Argumentation stützen[500] und damit auch Fragen der Angemessenheit in die Gesamtabwägung einbringen. Es ist sogar vorgekommen, dass der CCSA weniger eingriffsintensive Regelungsmodelle zur Kenntnis nimmt, die angegriffene Maßnahme in einer Gesamtabwägung aber dennoch als einen verhältnismäßigen Grundrecht-

---

Council, 2001 (4) SA 491 (CC), Rn. 19; CCSA, Urt. v. 25.07.2002, Satchwell v President of the Republic of South Africa, 2002 (6) SA 1, Rn. 26; CCSA, Urt. v. 03.03.2004, Minister of Home Affairs v. National Institute for Crime Prevention and the Re-Integration of Offenders (NICRO), 2005 (3) SA 280 (CC), Rn. 34; s. auch: *H. Cheadle*, in: Ders./Davis/Hansom (Hrsg.), South African Constitutional Law: The Bill of Rights, 2002, S. 693, 711 ff.

[493] CCSA, Urt. v. 01.12.2005, Minister of Home Affairs v. National Institute for Crime Prevention and the Re-integration of Offenders (NICRO) 2005 (3) SA 280 (CC), Rn. 36; CCSA, Urt. v. 16.07.2009, Center for Child Law v. Minister for Justice and Constitutional Development, 2009 (6) SA 632 (CC), Rn. 52, 54; plastisch auch: CCSA, Urt. v. 11.03.2003, Phillips v. Director of Public Prosecutions, 2003 (3) SA 345, Rn. 20.

[494] *I. Currie/J. de Waal*, The Bill of Rights Handbook, 6. Aufl. 2013, S. 153.

[495] Laut *R. Stacey*, in: Kremnitzer/Steiner/Lang (Hrsg.), Proportionality in Action, 2020, S. 193, 223 beendete die Feststellung eines illegitimen Ziels die Prüfung in 62 % der Fälle, in denen eine solche Feststellung getroffen wurde, sodass in 38 % der Fälle, in denen ein illegitimes Ziel verfolgt wurde, weitere Überlegungen zur Verhältnismäßigkeit der Maßnahme angestellt wurden; krit. zu diesem Vorgehen: *H. Cheadle*, in: Ders./Davis/Hansom (Hrsg.), South African Constitutional Law: The Bill of Rights, 2002, S. 693, 703 f.

[496] Vgl.: *N. Petersen*, Verhältnismäßigkeit als Rationalitätskontrolle, 2015, S. 227, 235, jeweils mit ausf. Nw.

[497] *R. Stacey*, in: Kremnitzer/Steiner/Lang (Hrsg.), Proportionality in Action, 2020, S. 193, 261.

[498] S. z.B.: CCSA, Urt. v. 02.12.1998, Beinash v. Ernst and Young, 1999 (2) SA 116 (CC), Rn. 16 ff.; CCSA, Urt. v. 30.09.2010, Road Accident Fund v. Mdeyide, 2011 (2) SA 26 (CC), Rn. 62 ff.

[499] *R. Stacey*, in: Kremnitzer/Steiner/Lang (Hrsg.), Proportionality in Action, 2020, S. 193, 224; krit.: *H. Cheadle*, in: Ders./Davis/Hansom (Hrsg.), South African Constitutional Law: The Bill of Rights, 2002, S. 693, 703 f.

[500] So in: CCSA, Urt. v. 10.12.2012, National Credit Regulator v. Opperman, 2013 (2) SA 1 (CC), Rn. 71.

seingriff beurteilt.[501] Auch müssen Alternativmittel nur „sufficiently effective“[502] zur Erreichung des Maßnahmenziels sein.

Eine weitere Besonderheit der südafrikanischen Prüfung ist der Prüfpunkt des *Overbreadth*. Bei diesem geht es um die Frage, ob die angegriffene Maßnahme für die Erreichung des verfolgten Ziels eine so weite Anwendung hat, dass sie auch in solchen Situationen Grundrechte einschränkt, in denen das für die Zielerreichung nicht zuträglich ist.[503] Mit anderen Worten geht es um den zur Zielerreichung tatsächlich nötigen Umfang der Grundrechtseingriffe. Solcherlei Argumente sind in der Rechtsprechung des BVerfG teilweise Teil der Erforderlichkeits-, aber in der Regel der Angemessenheitsprüfung[504] und sind im deutschen Diskurs noch nicht genau auf den Begriff gebracht worden.[505]

Auch die Nutzung klassischer Angemessenheitsargumente offenbart südafrikanische Eigenheiten: Der CCSA versucht vor allem festzustellen, ob das Maßnahmenziel oder die beeinträchtigten Grundrechtsinteressen enger mit den Verfassungswerten verknüpft sind und ob es den Verfassungswerten eher entspricht, den Zielen der fraglichen Maßnahme oder den beeinträchtigten Grundrechtsinteressen den Vorzug zu geben.[506] Hierbei geht es nicht allein um einen Vergleich zwischen dem Grad der Zweckerreichung und der Eingriffsschwere, sondern, in Anwendung von Sec. 36 (1) *SA Constitution*, um eine Exegese der Verfassungswerte einer offenen, demokratischen Gesellschaft und der Menschenwürde, der Gleichheit und der Freiheit, mit dem Anspruch, diese Werte am Fall zu konkretisieren. Obgleich ähnliche Erwägungen auch in anderen Verfassungssystemen eine Rolle spielen, wurde dieses Vorgehen in Südafrika explizit zum Bestandteil der Verhältnismäßigkeitsprüfung erhoben.

Trotz all dieser Eigenheiten kann man Elemente der südafrikanischen Verhältnismäßigkeitsprüfung den im deutschen Idealbild der Verhältnismäßigkeit geprägten Prüfschritten durchaus zuordnen.[507] Wiederum stellt sich aber die Frage, ob dieses Idealbild hier überhaupt ein sinnvolles Referenzmodell ist, denn

[501] CCSA, Urt. v. 03.06.1999, S v. Dlamini, S v. Dladla and Others, S v. Joubert, S v. Schietekat, 1999 (4) SA 623, Rn. 69 ff.

[502] Vgl.: CCSA, Urt. v. 15.10.2003, De Reuck v. Director of Public Prosecutions, 2004 (1) SA 406 (CC), Rn. 82 f.; CCSA, Urt. v. 25.01.2002, Prince v President of the Law Society of the Cape of Good Hope, 2002 (2) SA 794, Rn. 129 ff.

[503] *R. Stacey*, in: Kremnitzer/Steiner/Lang (Hrsg.), Proportionality in Action, 2020, S. 193, 262 ff. m.w.N.

[504] Vgl. etwa: BVerfGE 34, 165, 198 f.; BVerfGE 55, 134, 143; BVerfGE 61, 291, 318; BVerfGE 69, 209, 218 f.; BVerfGE 79, 256, 272 f.; BVerfGE 87, 114, 148 f.; BVerfGE 112, 255, 266; BVerfGE 117, 202, 229 f.; BVerfGE 121, 30, 64; BVerfGE 128, 109, 130 ff.

[505] S. aber: *N. Petersen*, Verhältnismäßigkeit als Rationalitätskontrolle, 2015, S. 150 ff., der den Begriff der „Passgenauigkeitskontrolle“ einführen will.

[506] *R. Stacey*, in: Kremnitzer/Steiner/Lang (Hrsg.), Proportionality in Action, 2020, S. 193, 274 m. ausf. Nw. und umfassender Diskussion bedeutender Fälle.

[507] Die Gemeinsamkeiten betont: *N. Petersen*, Verhältnismäßigkeit als Rationalitätskontrolle, 2015, S. 223 f.

die Entwicklung des südafrikanischen Verhältnismäßigkeitsgrundsatzes korrespondiert stark mit spezifisch südafrikanischen Herausforderungen, namentlich vor dem Hintergrund der Apartheid-Vergangenheit: Als Resultat des Prozesses der verfassungsrechtlichen Umwälzung hin zu einem modernen Rechtsstaat[508] ist der Grundrechtskatalog zentral für das Selbstverständnis der neuen Demokratie in Südafrika, symbolisiert die Abkehr von einer auf Ungleichheit basierenden Gesellschaft[509] und gilt als besondere Leistung bei der Schaffung der neuen Verfassungsordnung.[510] Junge Verfassungsgerichte spielen in neu verfassten Rechtsstaaten oft eine wichtige Rolle bei der Festigung der neuen Ordnung[511] und der CCSA hat nicht gezögert, bei der Bevölkerung oder bei den anderen Staatsgewalten unbeliebte Urteile zu fällen.[512] Die Bedeutung eines neuen Wertefundaments, gepaart mit dem umfangreichen und wichtigen Mandat des CCSA[513] und dem textlichen Fokus der *SA Constitution* auf ihre Werte leiteten den CCSA dazu an, seine Rechtsprechung mit besonderem Fokus auf Verfassungswerte zu entwickeln, die mit der flexiblen Inkarnation des Verhältnismäßigkeitsgrundsatzes in besonderem Maße entfaltet werden. Gleichzeitig ermöglicht die Flexibilität auch die Rücksichtnahme auf andere Gewalten. Durch den Einfluss des Staatspräsidenten bei der Besetzung des CCSA[514] und die bisher unangefochtene Macht des *African National Congress* als Regierungs- und Präsidentenpartei ist eine gewisse Rücksichtnahme wohl plausibel.[515] Seine Verhältnismäßigkeitsprüfung

[508] Ausf.: *D. van Wyk*, in: Ders./Dugard/de Villiers/Davis (Hrsg.), Rights and Constitutionalism, 1994, S. 131, 137 ff.; *W. de Klerk*, in: de Villiers (Hrsg.), Birth of a Constitution, 1994, S. 1 ff.

[509] *W. Freedman*, Understanding the Constitution of the Republic of South Africa, 2013, S. 303.

[510] *E. Mureinik*, South African Journal on Human Rights 10 (1994), S. 31, 32; *A. Sparks*, Beyond the Miracle: Inside the New South Africa, 2009, S. 47.

[511] S. hierzu allg.: *F. Biagi*, European Constitutional Courts and Transitions to Democracy, 2020, S. 23 ff.; *B.-O. Bryde*, in: Hesse/Folke Schuppert/Harms (Hrsg.), Verfassungsrecht und Verfassungspolitik in Umbruchsituationen, 1999, S. 197, 200 ff., 203 ff., 206 f.

[512] S. nur: CCSA, Urt. v. 06.06.1995, The State v. Makwanyane, 1995 (3) SA 391, Rn. 88: „If public opinion were to be decisive there would be no need for constitutional adjudication." Hierzu ausf.: *H. Klug*, Constituting Democracy, 2000, S. 144 ff.; s. auch: CCSA, Urt. v. 22.09.1995, Executive Council of the Western Cape Legislature v. President of the Republic of South Africa, 1995 (4) SA 877, in dem der CCSA urteilte, dass Präsident *Mandela* keine Kompetenz hatte, in der Provinz Western Cape Kommunalwahlen abhalten zu lassen, s. hierzu: *M. Tushnet*, in: Landfried (Hrsg.), Judicial Power, 2019, S. 293, 295. Der Ton dieses Urteils war aber deutlich vorsichtiger als noch im Makwanyane Fall, s.: *H. Klug*, Constituting Democracy, 2000, S. 148 ff.

[513] *B.-O. Bryde*, in: Hesse/Folke Schuppert/Harms (Hrsg.), Verfassungsrecht und Verfassungspolitik in Umbruchsituationen, 1999, S. 197, 206 f. weist zurecht darauf hin, dass eine zentrale Rolle des CCSA im Prozess des Umbruchs politisch gewollt, aber in Anbetracht der Vorbelastung der Apartheid-Justiz keineswegs selbstverständlich war.

[514] Vgl. Sec. 174 ff. SA Constitution.

[515] Ähnlich auch: *N. Petersen*, Verhältnismäßigkeit als Rationalitätskontrolle, 2015, S. 245.

gibt dem CCSA den Raum, fallspezifisch und kontextsensibel auch zum eigenen institutionellen Vorteil zu agieren.[516]

c) Zwischenfazit: Rechtsordnungsübergreifende Grundrechtsverhältnismäßigkeit als variable Sammlung von Argumentationsmustern

Diese Beispiele exemplifizieren, dass terminologische und funktionale Gleichartigkeit keine inhaltliche Ähnlichkeit gewährleisten. Selbst als Methode zur Festlegung grundrechtlicher Beschränkungsschranken in der deutschen Tradition erschöpfen sich rechtsordnungsübergreifende Gemeinsamkeiten immer wieder in Terminologie und Äußerlichkeiten. Das im Vergleich zum theoretischen Idealbild von Verhältnismäßigkeit je nach Situation festzustellende Auslassen, Umstellen oder inhaltliche Neuerfinden und die damit einhergehende Stärkung oder Marginalisierung einzelner Prüfschritte führt zu der Frage, inwieweit die Vorstellung, dass einzelne Rechtsordnungen „den" Grundsatz der Verhältnismäßigkeit übernehmen und dann an eigene Bedürfnisse anpassen,[517] noch haltbar ist. Diese Vorstellung setzt voraus, dass man an der Existenz eines Leitbildes von Verhältnismäßigkeit im Grundrechtsbereich festhält. Dieses Leitbild kann fraglos in Form einer Abstraktion der einflussreichen deutschen Rechtsprechungspraxis etabliert werden. Die gerichtliche Praxis jenseits des BVerfG mag aber damit nur unzureichend erfasst sein – und welchen Mehrwert es haben soll, aus einer bestimmten Praxis in einer Rechtsordnung ein rechtsordnungsübergreifendes Leitbild zu etablieren, nur um dann in anderen Rechtsordnungen seine unzureichende oder fehlerhafte Anwendung festzustellen, ist nicht unmittelbar ersichtlich.[518] Was aus der gerichtlichen Praxis von in der Grundrechtsprüfung ohne Frage voneinander beeinflussten Rechtsordnungen vielmehr deutlich zu Tage tritt, ist ein Reservat an miteinander verwandten Argumentations- und Analysemustern mit vergleichbarer Funktion statt ein einheitlicher, rechtsordnungsübergreifend konsolidierter Grundsatz.

4. Fazit

Nicht nur in Folge der Rechtsvergleichung, sondern auch durch die Nachzeichnung der Entwicklung des so wirkmächtig im deutschen Recht entwickelten Grundsatzes der Verhältnismäßigkeit vor dem Hintergrund der Bandbreite des ideengeschichtlichen Erbes von Verhältnismäßigkeit im Recht zeigt sich, dass die oft anzutreffende Gleichsetzung vom Grundsatz der Verhältnismäßigkeit mit dieser deutschen Verhältnismäßigkeitstradition nur bedingt überzeugend ist. Diese Gleichsetzung verleitet dazu, zu monolithisch über „den" Grundsatz der

---

516 *T. Roux*, ICON 7 (2009), S. 106, 134.

517 So insb.: *A. Stone Sweet/J. Matthews*, Columbia Journal of Transnational Law 47 (2008), S. 72, 162.

518 So auch: *A. Marketou*, Local Meanings of Proportionality, 2021, S. 10 ff.

Verhältnismäßigkeit zu denken, der einerseits innerhalb seiner grundrechtsfokussierten Funktion sehr viel variabler und vielgestaltiger ist, als gemeinhin angenommen und andererseits aufgrund historischer und entwicklungsgeschichtlicher Eigenheiten der deutschen Rechtsentwicklung zentrale Aspekte der Ideengeschichte von Verhältnismäßigkeit im Recht ausblendet.

Besser auf den Punkt gebracht scheint es daher, hier von einer Grundrechtsverhältnismäßigkeit oder subjektivrechtlichen Verhältnismäßigkeit zu sprechen, sofern darin die Heterogenität möglicher rechtsordnungsspezifischer Inkarnationen berücksichtigt ist. Diese Grundrechtsverhältnismäßigkeit könnte als wichtiger Teilbereich der rechtlichen Operationalisierungen des ideengeschichtlichen Erbes von Verhältnismäßigkeit im Recht verstanden werden, sollte damit aber nicht gleichgesetzt werden.

III. Ausgewogenheit im Zentrum: alternative rechtliche Operationalisierungen des Verhältnismäßigkeitsgedankens

Ausprägungen und Operationalisierungen einer stärker auf Ausgewogenheit statt auf individuelle Zumutbarkeit abstellenden Verhältnismäßigkeitstradition lassen sich dementsprechend auch nicht nur im Unionsrecht finden. Exemplarisch soll im Folgenden anhand der Rechtsentwicklung in Frankreich und England gezeigt werden, dass eine rechtliche Operationalisierung des ideengeschichtlichen Erbes der Verhältnismäßigkeit in anderen Rechtsordnungen auch mit anderen Schwerpunkten und anderen Zielrichtungen verlaufen ist als in Preußen. Diese Erkenntnis unterstreicht erneut die Notwendigkeit, Eigenarten und Entwicklungslinien des Grundsatzes der Verhältnismäßigkeit rechtsordnungsspezifisch nachzuvollziehen.

1. Das Beispiel England

An mancher Stelle wird darauf hingewiesen, dass der moderne Grundsatz der Verhältnismäßigkeit auch eine Wurzel im *Common Law* habe.[519] Anderswo heißt es hingegen, dass dem englischen Recht bis zur Einflussnahme durch die EMRK und das Unionsrecht lange Zeit jede Art der Verhältnismäßigkeit fremd gewesen sei.[520] In der Tat wirken die sanktionsrechtlichen Verbürgungen des Art 20 der *Magna Charta Libertatum*[521] und die Ausführungen in den einflussreichen *Com-*

[519] *P. M. Huber*, in: Herdegen/Masing/Poscher/Gärditz (Hrsg.), HdB VerfR, 2021, §6, Rn. 32; *P. M. Huber*, in: Schroeder (Hrsg.), Strengthening the Rule of Law in Europe, 2016, S. 98, 98 f.; BVerfGE 154, 17, 99.

[520] S. etwa: *J. Rivers*, Cambridge Law Journal 65 (2006), S. 174, 178 f., 186 f.; *A. von Arnauld*, EuR 2008 – Beiheft 1, S. 41, 44 ff.; *M. Alter*, ZaöRV 75 (2015), S. 847, 849 ff., 858 ff.

[521] „For a trivial offence, a free man shall be fined only in proportion to the degree of his offence, and for a serious offence correspondingly, but not so heavily as to deprive him of his livelihood."

mentaries on the Laws of England des *William Blackstone*[522] zur Freiheitsgarantie wie Vorwegnahmen der preußischen Rechtsentwicklung. Gleichwohl ist zu bedenken, dass die Magna Charta grundsätzlich Rechte der Fürsten gegen die Krone sichern sollte und somit keine Grundrechte im heutigen Sinne kodifizierte.[523] Vor allem aber war die bürgerliche Freiheit, die *Blackstone* so deutlich mit Überlegungen zur Verhältnismäßigkeit verband, für ihn durch das Parlament mediatisiert.[524] Anders als im späteren Verlauf der deutschen Rechtsentwicklungen mit ihrem Individualbezug ging es daher nicht um einen individuellen Freiheitsschutz gegen die Hoheitsgewalt, sondern um die Etablierung einer Verhältnismäßigkeitsmaxime zum adäquaten Freiheitsschutz durch die Parlamentsgesetze und die Krone.

In diesem Rahmen entwickelte sich im frühen englischen Verwaltungsrecht eine eigene Art der Operationalisierung dieses Verhältnismäßigkeitsgedankens, die damals mit dem Begriff *proportionability* umschrieben wurde, wie *Craig* mit zahlreichen historischen Beispielen herausgearbeitete hat.[525] Wo etwa ein Gesetz nur verhältnismäßige Belastungen gestattete, wie z.B. im Rahmen von Infrastrukturprojekten, so kontrollierten die Gerichte, ob die zu tragenden Lasten bei der Umsetzung der Projekte tatsächlich von allen Betroffenen in verhältnismäßig gleicher Weise getragen worden waren.[526] Ging es den Parteien in diesen Rechtsstreitigkeiten meist darum, ihre individuelle Belastung zu verringern, war es das Ziel der gerichtlichen Kontrolle mittels des Maßstabs der *proportionability*, eine allgemeine Verteilungsgerechtigkeit herzustellen. Besonders stark an der allgemeinen Ausgewogenheit orientiert waren Fälle, in denen königliche Zölle und Ähnliches in Rede standen: Im *customs, subsidies and impositions* Fall von 1607 wurde entschieden, dass die Krone nur zur Stärkung des Handels Zölle auf Güter

---

[522] *W. Blackstone*, in: Cooley (Hrsg.), Commentaries on the Laws of England in Four Books, Vol. 1, S. 125: „Political, therefore, or civil liberty [...] is no other than natural liberty so far restrained by human laws (and no farther) as is necessary and expedient for the general advantage of the public."

[523] *H. Sauer*, in: Dreier GG, Vorbem. vor Art. 1, Rn. 10.

[524] *W. Blackstone*, in: Cooley (Hrsg.), Commentaries on the Laws of England in Four Books, Vol. 1, S. 126.

[525] *P. Craig*, in: Vogenauer/Weatherill (Hrsg.), General Principles of Law: European and Comparative Perspectives, 2017, S. 145 ff.

[526] So entschied der Court of Common Pleas schon im Fall Rooke v. Withers, (1598) 5 Co Rep 99b, dass die Kostenabwälzung für die Instandhaltung eines Flussufers auf nur einen Flussanrainer durch die *Sewers Commission* gegen die gesetzliche Vorgabe verstieß, wonach alle Anwohner in der betroffenen Gegend zur Kostentragung herangezogen werden könnten. Das Gericht entschied, dass „commissioners ought to tax all who are in danger of being damaged by the not repairing equally, and not him who has the land next adjoining to the river only." Ähnlich die Entscheidung im Fall Hetley v. Boyer (1614) Cro Jac 336, in der Richter *Coke* entschied: „the commissioners of sewers cannot tax a whole township, but it ought to be done severally and proportionably to every inhabitant to himself."; s. für diese und weitere Beispiele: *P. Craig*, in: Vogenauer/Weatherill (Hrsg.), General Principles of Law: European and Comparative Perspectives, 2017, S. 145, 154 ff.

verhängen konnte und nur solche Beträge für Straßenreparaturen erhoben werden konnten, die im Verhältnis zum Mehrwert der Reparaturen standen.[527] Ganz ähnlich wurde noch 1830 entschieden, dass die Krone nicht gestatten konnte, dass für die Veranstaltung eines Marktes Nutzungsgebühren erhoben wurden, sofern die Gebühren nicht einen *proportionable benefit* für die Allgemeinheit böten.[528]

Die Gerichte stellten damit zwar nicht grundsätzlich die angegriffenen Entscheidungen in Frage, insistierten aber auf einer verhältnismäßigen Lastenverteilung und einem Verhältnis von Kosten und Nutzen für die Allgemeinheit oder die Betroffenen. Es ging nicht darum, nur verhältnismäßige Eingriffe in individuelle Rechte zu dulden, vielmehr schien eine Verteilungsgerechtigkeit durch verhältnismäßige Gleichheit das primäre Ziel des *proportionability* Maßstabes gewesen zu sein.

Modernere Entwicklungen zur Verhältnismäßigkeit im britischen Recht setzen im Laufe der 1970er Jahre und unter Beeinflussung von Europäischem Gemeinschaftsrecht und EMRK ein,[529] die den seit den 1940er Jahren auf den Begriff gebrachten Prüfmaßstab der *reasonableness* verdrängten.[530] Die Verwendung des *proportionability* Maßstabes als noch weiter zurückliegenden Vorläufer dieser Entwicklungen zeigt jedenfalls, dass eher an Verteilungsgerechtigkeit und Ausgewogenheit orientierte Rechtsprechung und damit eine von der preußischen Tradition klar unterscheidbare Operationalisierung des Verhältnismäßigkeitsgedankens im Recht schon sehr früh im britischen Verwaltungsrecht zu erkennen ist.

2. Das Beispiel Frankreich

Ein rechtlich operationalisierter Grundsatz der Verhältnismäßigkeit entwickelt sich im französischen Verwaltungsrecht erst in den 1970er Jahren als ein planungsrechtlicher Grundsatz: In der Entscheidung *Ville Nouvelle Est* von 1971 entschied der Conseil d'État (CE), dass eine Enteignung nur dann im öffentlichen Interesse geschehen könne, wenn die privaten Einbußen, die finanzielle Kosten und ggf. die sozialen Nachteile der Entscheidung mit Blick auf das verfolgte öffentliche Interesse nicht exzessiv seien.[531] Bisher hatten solche Überlegungen als Fragen der gerichtlich nicht kontrollierbaren Zweckmäßigkeit (*opportunité*) und nicht der Rechtmäßigkeit (*légalité*) einer solchen Maßnahme gegolten.[532] Nach

[527] Customs, Subsidies and Impositions, (1607), 12 Co Rep 33; s.: *P. Craig*, in: Vogenauer/Weatherill (Hrsg.), General Principles of Law: European and Comparative Perspectives, 2017, S. 145, 157 f.

[528] Corporation of Stanford v. Pawlett (1830) 1 C & J 57, 73.

[529] S. etwa: *N. Petersen*, in: Kahl/Ludwigs (Hrsg.), HVwR III, 2022, § 73, Rn. 18; *A. Marketou*, Local Meanings of Proportionality, 2021, S. 78.

[530] Court of Appeal (King's Bench Division), Urt. v. 10.11.1947, Associated Provincial Picture Houses v. Wednesbury Corp., [1948] 1 KB, 223.

[531] CE, Urt. v. 28.05.1971, N°78825, Ville nouvelle Est, Rec. S. 409.

[532] *A. Marketou*, Local Meanings of Proportionality, 2021, S. 47.

der Konsolidierung dieser als *théorie du bilan* bezeichneten Kosten-Nutzen-Kontrolle in der Rechtsprechung[533] wurde diese Prüfung wenig später nun auch begrifflich mit der Prüfung der Verhältnismäßigkeit umschrieben.[534] Die Rechtsprechung verfestigte sich schnell.[535]

Gleichwohl geht man in der französischen Literatur davon aus, dass der Gedanke der Verhältnismäßigkeit schon lange vor dieser begrifflichen Fixierung im französischen Recht etabliert gewesen sei[536] und im Sinne des aristotelischen Gerechtigkeitsideals Rechtsprechung und Gesetzgebung stets durchzogen habe.[537] Nachdem der Begriff der Verhältnismäßigkeit in der Rechtsprechung aufgetaucht war, begann auch seine wissenschaftliche Aufbereitung, die gerade diesen ideengeschichtlichen Kontext besonders betonte: Für *Braibant* war Verhältnismäßigkeit eine Frage der Anpassung (*adéquation*) von Ziel und Mitteln und damit ein Rechtssatz, der von den Verwaltungsgerichten schon lange implizit angewendet wurde.[538] Für *Dreyfus* ging es um die Unterscheidung zwischen dem Gerechten und dem Ungerechten.[539] Für *Philippe* beschreibt das Verhältnismäßigkeitsprinzip im französischen Recht grundlegende, ungeschriebene Anforderungen für Verwaltung und Gesetzgebung, nämlich Kohärenz, Rationalität und Effektivität.[540]

Dieser Grundsatz kennt im französischen Recht unterschiedliche Ausprägungen. Eine eigenständige, rechtsgebietsübergreifende Operationalisierung hat der Grundgedanke der Verhältnismäßigkeit im französischen Verwaltungsrecht jedoch nicht erfahren. Kommt er nicht spezifisch etwa in der *contrôle du bilan* zur Anwendung, bleibt es bei der ganz grundlegenden Anforderung von Kohärenz, Rationalität und Effektivität, die situationsspezifisch und an den Fall angepasst durchgesetzt wird. Dogmatischer Anknüpfungspunkt dieser impliziten Verhältnismäßigkeitsprüfung ist meist die verwaltungsgerichtliche Kontrolle auf offensichtliche Beurteilungsfehler (*erreur manifeste d'appréciation*).[541]

---

[533] CE, Urt. v. 20.10.1972, N°78829, Sainte-Marie de l'Assomption, Rec. S. 657.

[534] CE, Urt. v. 26.10.1973, N°83261, Gassin, Rec. S. 598.

[535] CE, Urt. v. 20.02.1987, N° 44864, Commune de Lozane, Rec. S. 67; CE, Urt. v. 28.03.1997, N° 170856 und N°170857, Association contre le projet de l'autoroute transchablaisienne, Rec. S. 121; CE, Urt. v. 22.10.2003, N°231953, Association SOS Rivières et environnement, Rec. S. 417; CE, Urt. v. 10.07.2006, N° 289393, Association interdépartementale et intercommunale pour la protection du lac de Sainte-Croix, des lacs et sites du Verdon, Rec. S. 332.

[536] *G. Kalflèche*, Les Petites Affiches 2009, S. 46; *J.-B. Duclerq*, Les mutations du contrôle de proportionnalité dans la jurisprudence du Conseil constitutionnel, 2015, S. 1 f.; dies betont bereits: *J.-P. Costa*, AJDA 1988, S. 434.

[537] *A. Marketou*, Local Meanings of Proportionality, 2021, S. 45 f.

[538] *G. Braibant*, in: Mélanges offerts à Marcel Waline, Tome II, 1974, S. 297, 298 f.

[539] *F. Dreyfus*, Revue du Droit Public 1974, S. 691, 703.

[540] *X. Philippe*, Le contrôle de proportionnalité dans les jurisprudences constitutionelle et administrative françaises, 1990, S. 9, 24 f.

[541] S. hierzu ausf.: *A. Marketou*, Local Meanings of Proportionality, 2021, S. 51, 173 ff.

Fest konsolidiert und auch verfassungsrechtlich grundiert ist hingegen die Vorgabe, dass Fehlverhalten und Sanktion stets verhältnismäßig sein müssen.[542] Auch grundrechtsbezogene Ausprägungen lassen sich in der Rechtsprechung identifizieren, schon angefangen mit der berühmten *Abbé-Olivier*-Entscheidung[543] und verfestigt in der *Benjamin*-Entscheidung zur Versammlungsfreiheit.[544] In Grundrechtsfragen stützte sich die französische Literatur seit den 1990er Jahren vermehrt auf deutsche Rechtsentwicklungen, was in der früheren verwaltungsrechtlichen Auseinandersetzung um den Verhältnismäßigkeitsgrundsatz gänzlich unterblieben war.[545] Eine vom deutschen Rechtsverständnis geprägte Grundrechtsprüfung setzte sich im Jahr 2008 auch am *Conseil constitutionnel* durch[546] und verstetigt sich seither.[547] Diese Entwicklung ist aber auf die verfassungsgerichtliche Grundrechtskontrolle beschränkt.

In Frankreich bezeichnet Verhältnismäßigkeit damit eine allgemeine Rationalitäts- und Ausgewogenheits- sowie Gerechtigkeitsanforderung an die Handlungen von Legislative und Exekutive. Explizit und implizit wird dieses Prinzip im Verwaltungsrecht immer wieder zur Anwendung gebracht. In der Stoßrichtung, wenn auch nicht in der terminologischen Präzision, steht sie damit dem gesamtbilanzierenden Prüfzugriff des EuGH nahe. Die sich konsolidierende subjektivrechtliche, von der deutschen Verhältnismäßigkeitstradition beeinflusste grundrechtliche Verhältnismäßigkeitsprüfung ist eine spezifisch verfassungsgerichtliche Ausprägung dieses Grundsatzes für Grundrechtsfragen, aber nicht mit ihm gleichzusetzen. Dies wird auch dadurch unterstrichen, dass gerade die Konsolidierung der grundrechtsbezogenen Verhältnismäßigkeit in Frankreich vor allem als eine Wandlung in der Terminologie und nicht als eine inhaltliche Neuausrichtung verstanden wird.[548]

3. Fazit

Der Blick in die Operationalisierung von Verhältnismäßigkeit in England und Frankreich hat gezeigt, dass der Gedanke von Verhältnismäßigkeit im Recht

---

[542] Ebd., S. 57 ff.

[543] CE, Urt. v. 19.02.1909, Abbé Olivier, N°27355, Rec. S. 181.

[544] CE, Urt v. 19.05.1933, Benjamin, N° 17413 und N° 17520, Rec. S. 541.

[545] Vgl. *G. Xynopoulos*, Le contrôle de proportionnalité dans les contentieux de la constitutionnalité et de la légalité en France, Allemagne et en Angleterre, 1993; *V. Goesel-Le Bihan*, Revue Française de Droit Constitutionnel 1997, S. 227 ff.

[546] CC, Urt. v. 21.02.2008, Rétention de sûreté, 2008–562 DC, Rn. 13.

[547] CC, Urt. v. 08.09.2017, Confiance dans la vie politique, 2017–752 DC, Rn. 12; CC, Urt. v. 01.12.2017, Kamel D., 2017–674 QPC, Rn. 13; CC, Urt. v. 20.12.2018, Lutte contre la manipulation d'information, 2018–773 DC, Rn. 15. Zu dieser Entwicklung ausf.: *A. Marketou*, Local Meanings of Proportionality, 2021, S. 61 ff.

[548] S. hierzu: *Y. Sanchez*, in: Ranchordás/de Waard (Hrsg.), The Judge and the Proportionate Use of Discretion, 2015, S. 43, 46 f.; *N. Petersen*, in: Kahl/Ludwigs (Hrsg.), HVwR III, 2022, § 73, Rn. 17.

auch jenseits des Schutzes von individuellen Rechtspositionen zur Anwendung kommen kann. In den beiden dargestellten Rechtsordnungen steht immer wieder die Frage der allgemeinen Ausgewogenheit und Rationalität einer Maßnahme im Fokus, ohne dass es zwangsläufig um die Rechtfertigung von Eingriffen in subjektive Rechte geht. Die rechtliche Umsetzung eines Gebots der Ausgewogenheit steht nicht im Widerspruch zu stärker subjektivrechtlichen Ausprägungen. Sie stehen vielmehr nebeneinander als verschiedene mögliche Operationalisierungen des ideengeschichtlichen Erbes der Verhältnismäßigkeit.

IV. Parameter der unionsrechtlichen Ausformung von Verhältnismäßigkeit

Die vorstehenden Überlegungen haben gezeigt, dass sich die beiden zuvor identifizierten Typen der unionsrechtlichen Verhältnismäßigkeitsprüfung jeweils plausibel in die Ideen- und rechtsvergleichende Entwicklungsgeschichte von Verhältnismäßigkeit im Recht einpassen lassen. Offen ist damit aber noch, warum sich der Gedanke der Verhältnismäßigkeit im Unionsrecht auf diese spezifische Weise konkretisiert hat. Diese Entwicklung beruht vor allem auf der Ausformung des unionalen Rechtsschutzsystems (1.). Form und Gestalt des unionsrechtlichen Verhältnismäßigkeitsgrundsatzes erklären sich überdies damit, dass er das Ergebnis eines supranational integrierenden Rechtsentwicklungsprozesses ist, der vielfältige Einflüsse aufnimmt und zu einem gemeinsamen Recht verbindet (2.).

1. Das Rechtsschutzsystem und die von ihm geschützten Rechte

Die Eigenlogiken der Verhältnismäßigkeitsprüfung durch den EuGH haben aus deutscher Sicht immer wieder für Irritationen gesorgt. Bis heute scheinen sich auch prominente deutsche Stimmen aus der unionsgerichtlichen Praxis mit einer auf subjektive Rechtspositionen bezogenen Verhältnismäßigkeitsprüfung wohler zu fühlen.[549] Wie bereits angedeutet, wurde die Entwicklung eines subjektivrechtlichen Zugriffs auf den Grundsatz der Verhältnismäßigkeit in Deutschland aber insbesondere durch die Besonderheit begünstigt, dass ein lückenloser Grundrechtsschutz geschaffen und verfassungs- und verwaltungsprozessual ein entsprechender Rechtsschutz ermöglicht wurde.

Ganz anders lagen die Umstände des jungen Gemeinschaftsrechts. Nicht nur fehlte ein Grundrechtskatalog auf Gemeinschaftsebene, sondern die Grund-

---

[549] S.: *J. Kokott/C. Sobotta*, in: Vogenauer/Weatherill (Hrsg.), General Principles of Law: European and Comparative Perspectives, 2017, S. 167, 168. Vgl. auch die grundrechtsbezogene Verhältnismäßigkeitsprüfung von GA *Kokott*, Schlussanträge v. 23.12.2015 in der Rs. C-547/14, Philip Morris, EU:C:2015:853, Rn. 148 ff. mit der von Grundrechten losgelösten Prüfung in: EuGH, Urt. v. 04.05.2016, Philip Morris, C-547/14, EU:C:2016:325, Rn. 164 ff.; zu diesem Vergleich: *V. Kosta*, in: Mendes (Hrsg.), EU Executive Discretion and Limits of Law, 2019, S. 198, 208 f.

rechte spielten auch konzeptionell keine Rolle bei der Schaffung von EGKS und EWG.[550] Der EuGH weigert sich seit den Gründungstagen beharrlich,[551] das Gemeinschaftsrecht einer nationalen Verfassungs- bzw. Grundrechtsnorm zu unterwerfen.[552] Allerdings verwehrte er sich zunächst auch dagegen, bestimmte Grundrechtspositionen als gemeinschaftsautonome Grundrechtsgarantien anzuerkennen.[553] Grundrechte waren für den EuGH eine Frage des für ihn unmaßgeblichen nationalen Verfassungsrechts,[554] die bei Klagen gegen nationale Umsetzungsakte vor nationalen Gerichten zu schützen waren.[555] Gleichwohl erkannte der EuGH unmittelbar anwendbare individuelle Rechtspositionen in den Verträgen an.[556] Die Verträge enthielten ohnehin schon in der Gründungszeit zahlreiche subjektive Rechte.[557] Die Ausformung der Grundfreiheiten und später der Unionsgrundrechte als subjektive Rechtspositionen ermöglichte dann auch, wie dargelegt, die Entwicklung einer subjektivrechtlichen Verhältnismäßigkeitsprüfung in diesen Bereichen.

Dennoch fehlt es an einem hinreichend subjektivrechtlich ausgerichteten Rechtsschutzsystem, um jenseits dieser Bereiche einen subjektivrechtlich ausgerichteten Grundsatz der Verhältnismäßigkeit im Unionsrecht zu etablieren. Das Rechtsschutzsystem vor dem EuGH misst der subjektiven Rechtsverletzung keine besondere Bedeutung bei: Das Vorabentscheidungsverfahren nach Art. 267

---

[550] S. hierzu: *K. Bahlmann*, EuR 1984, S. 1, 3; *G. Nicolaysen*, EuR 2003, S. 719, 723.

[551] S. hierzu: *J. P. Terhechte*, Konstitutionalisierung und Normativität der Europäischen Grundrechte, 2011, S. 12; *C. Walter*, in: Ehlers (Hrsg.), Europäische Grundrechte und Grundfreiheiten, 4. Aufl. 2014, § 1, Rn. 26.

[552] Vgl. den vom EuGH nicht aufgegriffenen Klägervortrag in EuGH, Urt. v. 20.03.1959, Nold/Hohe Behörde, Rs. 18/57, EU:C:1959:6, S. 107 f. und dazu: GA *Roemer*, Schlussanträge v. 04.12.1957 in der Rs. 18/57, Nold/Hohe Behörde, EU:C:1957:10, S. 161 ff.; sodann grundlegend: EuGH, Urt. v. 04.02.1959, Stork/Hohe Behörde, Rs. 1/58, EU:C:1959:4, S. 63 f.; EuGH, Urt. v. 15.07.1960, Ruhrkohlenverkaufsgesellschaft u.a./Hohe Behörde, verb. Rs. 36 bis 38/59 und 40/59, EU:C:1960:36, S. 920 f. Die zeitgenössische Reaktion in Deutschland auf diese Urteile beschreibt *B. Davies*, Resisting the European Court of Justice, 2012, S. 61 ff.

[553] EuGH, Urt. v. 15.07.1960, Ruhrkohlenverkaufsgesellschaft u.a./Hohe Behörde, verb. Rs. 36 bis 38/59 und 40/59, EU:C:1960:36, S. 921; ähnlich: EuGH, Urt. v. 01.04.1965, Sgarlata/Kommission, Rs. 40/64, EU:C:1965:36, S. 312.

[554] Vgl.: *P. Pescatore*, in: Mosler/Bernhardt/Hilf (Hrsg.), Grundrechtsschutz in Europa, 1977, S. 64 f.; *F. Mancini/V. di Bucci*, in: Iliopoulos-Strangas (Hrsg.), Grundrechtsschutz im europäischen Raum, 1993, S. 208, 209.

[555] *S. Schmahl*, EuR 2008, Beiheft 1, S. 7, 10.

[556] Zuerst in: EuGH, Urt. v. 12.07.1957, Algera u.a./Gemeinsame Versammlung, verb. Rs. 7/56 und 3 bis 7/57, EU:C:1957:7, S. 117 ff.; EuGH, Urt. v. 05.02.1963, Van Gend & Loos, Rs. 26/62, EU:C:1963:1, S. 24 ff.; vgl. weiterführend: *F. Picod*, in: Tizzano/Kokott/Prechal (Hrsg.), 50ème Anniversaire de l'Arrêt Van Gend en Loos, 2013, S. 81 ff.; *C. Warin*, Individual Rights under European Union Law, 2019, S. 32 ff.

[557] Vgl. z.B. die Aufzählung bei *R. Bernhardt*, in: Europäische Gemeinschaften (Hrsg.), Der Schutz der Grundrechte in der Europäischen Gemeinschaft, Bulletin der Europäischen Gemeinschaften – Beilage 5/1976, S. 19, 47.

AEUV dient der Klärung von Zweifeln über Gültigkeit oder Auslegung des Unionsrechts,[558] wenn auch seine inzidente individualrechtsschützende Dimension für die Wirksamkeit des Unionsrechts von großer Bedeutung ist.[559] Vertragsverletzungsverfahren (Art. 258 AEUV) und Staatenklagen (Art. 259 AEUV) stellen die Einhaltung und Anwendung von Primär- und Sekundärrecht sicher, ohne dass die Verletzung eigener Rechte von Institutionen, von Individuen oder Mitgliedstaaten erforderlich wäre.[560] Unabhängig von der Frage, ob die engen Voraussetzungen für die Individualklageberechtigung im Rahmen von Nichtigkeits- oder Untätigkeitsklagen durch den EuGH[561] sachgerecht sind, unterstreichen sie in besonderem Maße die Zielsetzung dieser Verfahren, objektive Feststellungen Rechtmäßigkeit des Handelns oder Unterlassens der Unionsorgane zu ermöglichen. In den Römischen Verträgen war die Prägung dieser Verfahren durch den objektiven *recours pour excès de pouvoir* aus dem französischen Verwaltungsrecht noch klarer zu erkennen als im heutigen Vertragstext.[562] Dennoch sind diese Klageverfahren schon bei objektiver Rechtswidrigkeit begründet und bedürfen gerade keiner subjektiven Rechtsverletzung.[563] Vor allem in Amtshaftungsklagen oder in Beamtenstreitigkeiten mit Schadensersatzziel kommt der Verletzung individueller Rechtspositionen dagegen auch für das im Verfahren verfolgte Rechtsschutzziel Bedeutung zu.[564]

Das bedeutet; dass der EuGH in der Regel eine objektive Rechtmäßigkeitskontrolle vornimmt und damit eher dazu angeleitet ist, alle betroffenen Interessen ausgleichen zu wollen, statt nach der Zumutbarkeit einer Belastung für ein einzelnes Interesse zu suchen.[565] Wo die objektive Einhaltung des Rechts die Wahrung eines subjektiven Rechts verlangt, wie bei den Grundfreiheiten oder den

[558] EuGH, Urt. v. 22.06.2010, Melki und Abdeli, verb. Rs. C-188/10 und C-189/10, EU:C:2010:363, Rn. 40.

[559] *C. Herrmann/H. Rosenfeldt*, Europäisches Prozessrecht, 2019, S. 116.

[560] Deutlich: EuGH, Urt. v. 11.08.1995, Kommission/Deutschland, C-431/92, EU:C:1995:260, Rn. 26; s. auch bereits: EuGH, Urt. v. 04.04.1974, Kommission/Frankreich, C-167/73, EU:C:1974:35, Rn. 15. Zum objektiven Charakter des Vertragsverletzungsverfahrens: *W. Cremer*, in: Calliess/Ruffert AEUV, Art. 258, Rn. 2f.

[561] Klassisch: EuGH, Urt. v. 15.05.1963, Plaumann, Rs. 25/62, EU:C:1963:17, S. 238 f; EuGH, Urt. v. 03.10.2013, Inuit Tapiriit Kanatami, C-583/11 P, EU:C:2013:625, Rn. 68 ff.; s. aber nunmehr zu Direktklagen gegen Richtlinien: EuGH, Urt. v. 12.07.2022, Nord Stream 2, C-348/20 P, EU:C:2022:548, Rn. 61 ff.; dazu: *S. Prechal*, CMLR 59 (2022) – Special Issue, S. 41 ff.

[562] Art. 173 Abs. 1 EWG lautete: „Der Gerichtshof überwacht die Rechtmäßigkeit des Handelns des Rates und der Kommission, soweit es sich nicht um Empfehlungen oder Stellungnahmen handelt. Zu diesem Zweck ist er für Klagen zuständig, die ein Mitgliedstaat, der Rat oder die Kommission wegen Unzuständigkeit, Verletzung wesentlicher Formvorschriften, Verletzung dieses Vertrags oder einer bei seiner Durchführung anzuwendenden Rechtsnorm oder wegen Ermessensmißbrauchs erhebt."

[563] *J. Schwarze/P. Voet van Vormizeele*, in: Schwarze AEUV, Art. 263, Rn. 8.

[564] *C. Herrmann/H. Rosenfeldt*, Europäisches Prozessrecht, 2019, S. 110f.

[565] *D.-U. Galetta*, in: European Central Bank (Hrsg.), Continuity and change – how the challenges of today prepare the ground for tomorrow, 2022, S. 55, 63.

Grundrechten, steht freilich einer subjektivrechtlichen Verhältnismäßigkeitskontrolle nichts im Wege, wie sie der EuGH auch etabliert hat. Jenseits davon passt eine subjektivrechtliche Verhältnismäßigkeitsprüfung aber nicht zum Rechtsschutzsystem vor dem EuGH.

Verhältnismäßigkeitsüberlegungen waren also in die gerichtliche Kontrolle der Institutionen anhand objektiver Rechtsgrundsätze einzupassen.[566] Insofern trat der Grundsatz der Verhältnismäßigkeit als Maßstab objektiver Rechtmäßigkeit neben Grundsätze wie etwa den Grundsatz der Gesetzmäßigkeit der Verwaltung, die Grundsätze der Rechtssicherheit, des Vertrauensschutzes und das Rückwirkungsverbot,[567] die Selbstbindung der Verwaltung,[568] und den Untersuchungsgrundsatz.[569] Seinen spezifischen normativen Inhalt als Ausgewogenheitsgrundsatz erhielt er aufgrund dieser Funktion als objektiver, eigenständiger Rechtsgrundsatz. Die Verwandtschaft zu der ebenfalls von einem im Grundsatz objektiven Rechtsschutzsystem entwickelten *contrôle du bilan* aus dem französischen Verwaltungsrecht lässt sich vor diesem Hintergrund mit besonderer Klarheit erkennen.[570]

All das bedeutet nicht, dass diese Version von Verhältnismäßigkeit oder ihre Anwendung durch den EuGH über jede Kritik erhaben wären. Ganz im Gegenteil sind der frühen Rechtsprechung ihre aus rechtsstaatlichen Gründen problematischen minimalen Begründungen richterlicher Abwägungsentscheidungen[571] und eine immer wieder zweifelhafte Handhabung des Prüfprogramms[572] vorzuwerfen. In Grundrechtsfällen blieb die Beibehaltung eines objektiven Prüfzugriffs äußerst unbefriedigend,[573] weil sie die subjektivrechtliche Qualität der Grundrechte nicht hinreichend in der Prüfung berücksichtigte.

---

566 Vgl. *E.-W. Fuss*, Der Grundrechtsschutz in den Europäischen Gemeinschaften aus deutscher Sicht, 1975, S. 82; *J. P. Terhechte*, Konstitutionalisierung und Normativität der Europäischen Grundrechte, 2011, S. 12.

567 S. nur statt vieler: EuGH, Urt. v. 13.07.1965, Lemmerz Werke, Rs. 111/63, EU:C:1965:75, S. 911; EuGH, Urt. v. 03.03.1981, Alpha Steel, Rs. 14/81, EU:C:1982:76, Rn. 10 ff.; EuGH, Urt. v. 10.07.1984, Kirk, Rs. 63/83, EU:C:1984:255, Rn. 20; EuGH, Urt. v. 28.04.1988, Mulder, Rs. 120/86, EU:C:1988:213, Rn. 10 ff.; EuGH, Urt. v. 22.06.2006, Belgien/Kommission, verb. Rs. C-182/03 und C-217/03, EU:C:2006:416, Rn. 147; EuGH, Urt. v. 08.02.2007, Groupe Danone, C-3/06 P, EU:C:2007:88, Rn. 87; EuGH, Urt. v. 18.07.2007, Karatzoglou, C-213/06 P, EU:C:2007:453, Rn. 33, sowie: EuGH, Urt. v. 16.02.2022, Ungarn/Parlament und Rat, C-156/21, EU:C:2022:97, Rn. 199 ff.

568 S. hierzu ausf.: *C. Crones*, Selbstbindungen der Verwaltung im Europäischen Gemeinschaftsrecht, 1997.

569 S. nur grundlegend: EuGH, Urt. v. 21.11.1991, Technische Universität München, C-269/90, EU:C:1991:438, Rn. 14 ff.

570 S. zu dieser Verwandtschaft auch: *C. Riedel*, Die Grundrechtsprüfung durch den EuGH, 2020, S. 374.

571 S. hierzu m. ausf. Nw.: *O. Koch*, Der Grundsatz der Verhältnismäßigkeit in der Rechtsprechung des Gerichtshofs der Europäischen Gemeinschaften, 2003, S. 252 ff.

572 S. nur beispielhaft die ausweichende Erforderlichkeitsprüfung in: EuGH, Urt. v. 07.02.1973, Schröder/Deutschland, Rs. 40/72, EU:C:1973:14, Rn. 20.

573 S. etwa: *S. Storr*, Der Staat 36 (1997), S. 547, 567 ff.; *T. von Danwitz*, EWS 2003, S. 393, 401 f.; *C. Riedel*, Die Grundrechtsprüfung durch den EuGH, 2020, S. 163 ff. m. ausf. Nw.

Dennoch haben die vorstehenden Überlegungen gezeigt, dass der EuGH nicht einfach den Verhältnismäßigkeitsgrundsatz missverstanden hat. Vielmehr hat er sein eigenes Konzept des Gedankens der Verhältnismäßigkeit im Recht geschaffen, welches bis heute dem Rechtsschutzsystem im Unionsrecht in besonderer Weise entspricht.

2. Das Ergebnis transkultureller Rechtsfindung

Wenn sich aber wegen des unionalen Rechtsschutzsystems diese objektive Variante der Verhältnismäßigkeit entwickelt hat, stellt sich noch die Frage, warum dann die äußere Form der Prüfung so stark an der subjektivrechtlichen deutschen Tradition orientiert ist. Wie in Frankreich wäre auch eine deutlich diffusere und einzelfallbezogene, ggf. auch implizite dogmatische Entfaltung dieses Grundsatzes im Rahmen der allgemeinen Rechtmäßigkeitskontrolle denkbar gewesen.

Jenseits von Spekulationen über den Einfluss einzelner Persönlichkeiten und ihrer Prägungen in den Beratungen des EuGH liegt eine Erklärung für diese Entwicklung in der einzigartigen Herausforderung der Entwicklung eines gemeinsamen Rechts in Europa durch die Rechtsprechung des EuGH.[574] Der EuGH hat sich in Bezug auf Existenz und Form der Verhältnismäßigkeitsprüfung stark am deutschen Vorbild orientiert.[575] Doch kann der deutsche Einfluss nicht die anderen mitgliedstaatlichen Traditionen bei der gemeinsamen Rechtsfindung verdrängen. Nicht nur der deutsche Erfahrungshorizont wurde an den gemeinschaftsrechtlichen Verhältnismäßigkeitsgrundsatz herangetragen, sondern auch die anderen mitgliedstaatlichen Erfahrungen mit dem Gedanken von Verhältnismäßigkeit im Recht. Gleichzeitig waren die verfahrensrechtlichen Gegebenheiten des EuGH selbst zu berücksichtigen.

Insofern wird es der Etablierung von Verhältnismäßigkeit im Gemeinschaftsrecht Vorschub geleistet haben, dass sich Spurenelemente einer richterlichen Verhältnismäßigkeitsprüfung in allen mitgliedstaatlichen Rechtsordnungen ausmachen lassen,[576] wie ohnehin die dargestellte ideengeschichtliche Einordnung von Verhältnismäßigkeit im Recht nahelegt. Diesen Grundgedanken auch als

---

[574] Vgl. die elegante Umschreibung der Herausforderungen, die mit den verschiedenen Prägungen der Mitglieder des EuGH einhergingen, bei: *R. Lecourt*, in: FS Hans Kutscher, 1981, S. 261, 262: „Il est vrai que la Cour pouvait rencontrer des difficultés inhérentes à l'origine multinationale de ses membres. De ces différences tirer une cohérence, de cette variété dégager une unité, de cet éventail de sensibilités nationales faire éclore un esprit commun et une jurisprudence continue, tel était le grand et difficile dessein auquel elle était affrontée."

[575] Den deutschen Einfluss betont etwa *T. Koopmans*, American Journal of Comparative Law 30 (1991), S. 493, 501.

[576] Vgl. auch die umfassende rechtsvergleichende Betrachtung bei: *N. Emiliou*, The Principle of Proportionality in European Law, 1996, S. 23 ff.; *O. Koch*, Der Grundsatz der Verhältnismäßigkeit in der Rechtsprechung des Gerichtshofs der Europäischen Gemeinschaften, 2003, S. 48 ff.; *B. Oreschnik*, Verhältnismäßigkeit und Kontrolldichte, 2019, S. 18 ff.

Grundsatz der Verhältnismäßigkeit zu bezeichnen dürfte im Laufe der 1970er Jahre möglich geworden sein, als auch in Frankreich diese Terminologie zunehmende Verwendung fand und wissenschaftliche Durchdringung erfuhr.[577] So konnte man sich der in Deutschland besonders ausgereiften begrifflichen Schärfe und konzeptionellen Klarheit der dort etablierten Prüfstufen bedienen, aber gleichzeitig die objektivrechtlichen Kontrollimpulse aus Frankreich aufnehmen und eine an das objektive Rechtsschutzsystem des Gemeinschaftsrechts angepasste Variation dieser Prüfung entwickeln. Gleichzeitig blieb dieser Grundsatz der Verhältnismäßigkeit offen genug dafür, auch subjektivrechtliche Prüfungen zuzulassen, wo sie beim Schutz individueller Rechtspositionen angebracht waren.

Die Flexibilität und Offenheit der Ausgestaltung der gemeinschaftsrechtlichen Verhältnismäßigkeit ist auch deshalb nötig, weil sie die mitgliedstaatlichen Rechtssysteme nicht überfordern durfte, deren Gerichte der Ausstrahlungswirkung der gemeinschaftsrechtlichen Verhältnismäßigkeit ausgesetzt wurden. Die Festigung einer supranationalen Rechtsfigur hat erhebliche Auswirkungen auf die Rechtsentwicklung in den Mitgliedstaaten, wie sich für den Verhältnismäßigkeitsgrundsatz bei kombinierter Wirkung des Rechts der EMRK und der Europäischen Union in vielen Mitgliedstaaten beobachten lässt.[578] Die gemeinschaftsrechtliche Verhältnismäßigkeit musste daher offen und unbestimmt genug bleiben, um mitgliedstaatliche Einflüsse aufnehmen zu können und in allen mitgliedstaatlichen Rechtssystemen rezipierbar zu bleiben. Dass dies durchaus erfolgreich war, wird nicht nur durch die auch unionsrechtlich bedingte Verankerung des Grundsatzes der Verhältnismäßigkeit in verschiedenen europäischen Rechtsordnungen nachgewiesen, sondern auch anekdotisch dadurch belegt, dass der erste britische Generalanwalt am EuGH, *Jean-Pierre Warner*, die gemeinschaftsrechtliche Verhältnismäßigkeit und den im britischen Recht entwickelten Standard der *reasonableness* für inhaltlich deckungsgleich hielt.[579]

---

[577] Vgl. bereits oben, 1. Kap. C. III. 2.

[578] S. z.B. für das italienische Verwaltungsrecht: *F. Boriello*, Review of European Administrative Law 13 (2020), S. 155, 159 ff., 171 ff.; für die nordischen Rechtssysteme: *H. Wenander*, Review of European Administrative Law 13 (2020), S. 133, 138 ff., 143 ff.; s. für Frankreich: *O. Jouanjan*, in: von Bogdandy/Grabenwarter/Huber (Hrsg.), IPE VI, § 99, Rn. 72; s. allg. m. ausf. Nw.: *A. Barak*, Proportionality, 2012, S. 186 ff.

[579] GA *Warner*, Schlussanträge v. 20.10.1979 in der Rs. 34/79, Henn und Darby, EU:C:1979:246, S. 3830; s. zur Verwandtschaft von „reasonableness" bzw. „irrationality" und Verhältnismäßigkeit: *J. Schwarze*, Europäisches Verwaltungsrecht, 2. Aufl. 2005, S. 679; *L. Hoffmann*, in: Ellis (Hrsg.), The Principle of Proportionality in the Laws of Europe, 1999, S. 107, 108 f. Weiterführend und allgemeiner rechtsvergleichend zu „reasonableness" und Verhältnismäßigkeit im Verwaltungsrecht: *J. Mathews*, in: Cane/Hofmann/Ip/Lindseth (Hrsg.), The Oxford Handbook of Comparative Administrative Law, 2020, S. 917, 919 ff.

V. Fazit

Die Betrachtungen dieses Abschnitts haben gezeigt, dass der Grundsatz der Verhältnismäßigkeit im Recht vielschichtiger ist, als es durch den weltweiten Erfolg der Operationalisierung als Eingriffsschranke für Grundrechte nach deutscher Prägung den Anschein haben könnte. Die ideengeschichtlichen Wurzeln von Verhältnismäßigkeit im Recht gehen weit über die Schutzfunktion für individuelle Rechtspositionen hinaus und umfassen insbesondere auch die Vorgabe der allgemeinen Ausgewogenheit für jedes hoheitliche Handeln. Eine grundrechtsbezogene Verhältnismäßigkeitsprüfung wurde zwar durch die deutsche Rechtsentwicklung besonders genau auf den Begriff gebracht und hat sich in dieser Ausprägung als international wirkmächtig erwiesen, jedoch spielen sowohl bei der Entwicklung dieses Verhältnismäßigkeitsverständnisses wie auch bei seiner Diffusion rechtsordnungsspezifische Eigenheiten eine gewichtige Rolle. Setzt man, wie es oft geschieht, den Grundsatz der Verhältnismäßigkeit im Recht mit dieser grundrechtsspezifischen Ausprägung gleich, verliert man nicht nur gewichtige Teile der Ideengeschichte aus dem Blick, sondern auch Operationalisierungen dieser Ideengeschichte in Rechtsordnungen, welche die Umstände der deutschen Rechtsentwicklung nicht replizieren konnten.

In diesem Kontext stellen sich die im zweiten Abschnitt herausgearbeiteten unterschiedlichen Typen der unionsrechtlichen Verhältnismäßigkeitsprüfungen als rechtsordnungsspezifische Operationalisierungen des Grundgedankens der Verhältnismäßigkeit im Recht dar. Als Ausgewogenheitskontrolle etablierte dieser sich in der Tradition von *Aristoteles* und *Montesquieu* als objektive Rechtsverpflichtung der Unionsgewalt zur Ausgewogenheit ihrer Handlungen in der Folge des objektivrechtlich ausgestalteten Rechtsschutzsystems. Wo das frühe Gemeinschafts- und heutige Unionsrecht aber subjektive Rechte verbürgt, bot sich die Möglichkeit für eine Entwicklung dieses Grundsatzes hin zu einer Beschränkungsschranke für individuelle Interessen. Die terminologische, aber nur teilweise inhaltliche Orientierung am Grundsatz der Verhältnismäßigkeit deutscher Prägung bei Anpassung an die Umstände eines objektiven Rechtsschutzsystems ist dabei auch eine Referenz an die notwendigerweise rechtsordnungsübergreifende Entwicklung des Unionsrechts. Diese nimmt nicht lediglich Impulse aus der Rechtsordnung eines Mitgliedstaates auf, sondern orientiert sich soweit wie möglich an die den Mitgliedstaaten gemeinsamen Kernanliegen und operationalisiert diese unter Berücksichtigung der Besonderheiten des gemeinsamen Rechts in eigenständigen Rechtsinstituten.

D. Zusammenfassung

Nach alldem ist der Grundsatz der Verhältnismäßigkeit im Unionsrecht ein vielgestaltiges Phänomen, dessen unionsrechtliche Eigenheiten ihn von den Ausprägungen der Verhältnismäßigkeit in anderen Rechtsordnungen unterscheiden. Er kommt sowohl als Eingriffsschranke für individuelle Rechtspositionen zum Einsatz, als auch als eine allgemeine Handlungsschranke für die Unionsorgane, die durch ihn normativ darauf verpflichtet werden, dass ihre Handlungen mit Blick auf alle beteiligten Interessen ausgewogen sind. Dies entspricht dem Rechtsschutzsystem und der Entwicklung subjektiver Rechtspositionen innerhalb der EU in besonderem Maße und lässt sich jeweils in das reiche ideengeschichtliche Erbe der Verhältnismäßigkeit im Recht einpassen. Während der subjektivrechtliche Zugriff der Sache nach der in Deutschland geprägten Grundrechtsverhältnismäßigkeit entspricht, ist die Prüfung der Ausgewogenheit durch einen gesamtbilanzierenden Prüfansatz gekennzeichnet, der zwar die aus der Grundrechtsverhältnismäßigkeit bekannten Prüfschritte nutzt, diese aber inhaltlich so ausgestaltet, dass sie statt einer individuellen Zumutbarkeit die allgemeine Ausgewogenheit der fraglichen Maßnahme sicherstellen.

Aufbauend auf diesen Erkenntnissen ist nun zu untersuchen, welche Funktion und Bedeutung dieser unionsrechtliche Grundsatz der Verhältnismäßigkeit im föderalen System der EU entfalten kann, in dessen Kontext ihn Art. 5 Abs. 4 EUV verortet. Hierbei wird es insbesondere darauf ankommen, ob Art. 5 Abs. 4 EUV eher der subjektivrechtlichen oder der gesamtbilanzierenden Strömung innerhalb des unionsrechtlichen Verhältnismäßigkeitsgrundsatz zuzuordnen ist.

2. Kapitel

Wesen und Funktion von Art. 5 Abs. 4 EUV im Föderalismus der EU

Die im ersten Kapitel dargelegte Kategorisierung des Grundsatzes der Verhältnismäßigkeit im Unionsrecht scheint eine Kategorie auszublenden, die andere Werke prominenter betonen und die man in Anbetracht von Titel und Ziel dieser Arbeit bereits früher anzutreffen erwartet haben dürfte: die sogenannte kompetenzrechtliche Verhältnismäßigkeit nach Art. 5 Abs. 4 EUV.[1]

Eine solche Kategorie zu identifizieren ist allerdings voraussetzungsreich. Sie stellt auf der Grundlage von Entstehung und Systematik des Art. 5 Abs. 4 EUV eine Verbindung von Verhältnismäßigkeit und Kompetenzfragen her und deutet darauf aufbauend die Handlungsfreiheit der Mitgliedstaaten als ein rechtliches Schutzgut, als dessen Eingriffsschranke der Grundsatz der Verhältnismäßigkeit gegenüber Handlungen der EU fungiert.[2] Vor dem Hintergrund der Unterscheidung von gesamtbilanzierendem und subjektivrechtlichem Prüfzugriff auf die unionsrechtliche Verhältnismäßigkeit wird deutlich, dass mit der Kategorisierung des Art. 5 Abs. 4 EUV als kompetenzrechtliche Verhältnismäßigkeit eine Aussage über die föderale Funktion des Art. 5 Abs. 4 EUV auf Grundlage der

---

[1] Als eigene Kategorie der Verhältnismäßigkeit im Unionsrecht führen diese ausdrücklich etwa: *N. Emiliou*, The Principle of Proportionality in European Law, 1996, S. 267; *T. Tridimas*, The Irish Jurist 31 (1996), S. 83, 99; *A. Emmerich-Fritsche*, Der Grundsatz der Verhältnismäßigkeit als Direktive und Schranke der EG-Rechtsetzung, 2000, S. 272 ff.; *O. Koch*, Der Grundsatz der Verhältnismäßigkeit in der Rechtsprechung des Gerichtshofs der Europäischen Gemeinschaften, 2003, S. 164 ff., *J. Saurer*, JZ 2014, S. 281, 282 ff; *J. Bast*, in: Grabitz/Hilf/Nettesheim EUV, Art. 5, Rn. 66 ff.; *D. Dittert*, Europarecht, 5. Aufl. 2017, S. 94; *N. Petersen*, in: Kahl/Ludwigs, HVwR III, 2022, § 73, Rn. 13.

[2] S. etwa: *B. Schima*, Das Subsidiaritätsprinzip im Europäischen Gemeinschaftsrecht, 1994, S. 50; *C. Calliess*, Subsidiaritäts- und Solidaritätsprinzip in der Europäischen Union, 2. Aufl. 1999, S. 116 ff.; *O. Koch*, Der Grundsatz der Verhältnismäßigkeit in der Rechtsprechung des Gerichtshofs der Europäischen Gemeinschaften, 2003, S. 164 ff.; *M. Leschke/M. Möstl*, in: Heine/Kerber (Hrsg.), Zentralität und Dezentralität von Regulierung in Europa, 2007, S. 78, 85 ff.; *V. Trstenjak/E. Beysen*, EuR 2012, S. 265, 266 ff.; *J. Saurer*, JZ 2014, S. 281, 282 ff.; *M. Goldhammer*, in: Baade/Ehricht u.a. (Hrsg.), Verhältnismäßigkeit im Völkerrecht, 2016, S. 125, 129 ff.; *D. Dittert*, Europarecht, 5. Aufl. 2017, S. 94; *J. Bast*, in: Grabitz/Hilf/Nettesheim EUV, Art. 5, Rn. 66 ff.; *C. Calliess*, in: Calliess/Ruffert EUV, Art. 5, Rn. 46; *S. Kadelbach*, in: von der Groeben EUV, Art. 5, Rn. 49 ff.; *R. Streinz*, in: Streinz EUV, Art. 5, Rn. 43 ff.; *I. Härtel*, in: Niedobitek (Hrsg.), Europarecht, 2. Aufl. 2020, § 6, Rn. 120 ff.; in diesem Sinne auch: *E. Dubout*, Droit constitutionnel de l'Union européenne, 2021, S. 150.

Anwendung eines subjektivrechtlichen, auf die mitgliedstaatliche Handlungsfreiheit als alleinigem Schutzgut bezogenen Prüfzugriffes getroffen wird. Diese mitgliedstaatliche Handlungsfreiheit wird für die Zwecke der Verhältnismäßigkeitsprüfung wie eine Art verbandschaftliches Grundrecht der Mitgliedstaaten gehandhabt. Während der Schutz der mitgliedstaatlichen Handlungsfreiheit mit einem subjektivrechtlich geprägten Prüfzugriff ins Zentrum der Aufmerksamkeit rückt und jedes Unionshandeln unter den Vorbehalt der Wahrung verhältnismäßiger mitgliedstaatlicher Handlungsfreiheit gestellt würde, wären mitgliedstaatliche Interessen in einem gesamtbilanzierenden Prüfzugriff nur einige von vielen potenziell relevanten Belangen, deren Berücksichtigung nötig ist. Die Setzung eines subjektivrechtlich geprägten Prüfzugriffs auf Art. 5 Abs. 4 EUV ist nicht nur vor dem Hintergrund der Erkenntnisse über den Grundsatz der Verhältnismäßigkeit im Unionsrecht allgemein begründungsbedürftig, sondern umso mehr, als dass der EuGH in seiner Rechtsprechung im Rahmen des Art. 5 Abs. 4 EUV einen gesamtbilanzierenden Prüfzugriff zur Anwendung bringt.[3]

Dieses zweite Kapitel möchte sich vor diesem Hintergrund den grundlegenden Weichenstellungen im Verständnis von Art. 5 Abs. 4 EUV widmen. Statt einen bestimmten Prüfzugriff und daraus resultierend eine bestimmte Funktion von unionsrechtlicher Verhältnismäßigkeit im föderalen Kontext zu unterstellen, ist auf Grundlage des geltenden Rechts zu klären, wie die Verbindung von Verhältnismäßigkeit und Föderalismus im Unionsrecht aussieht und welche Schlüsse sich für den in Art. 5 Abs. 4 EUV angelegten Prüfzugriff und damit einhergehend für die föderale Funktion dieser Norm ziehen lassen.

Föderalismus ist allerdings ein schillernder Begriff, der system- und epochenabhängig unterschiedlich konnotiert ist,[4] und gerade in Verbindung mit der EU wegen bestimmter politischer Färbungen häufig vermieden wird.[5] Mit der Verwendung des Begriffs des europäischen Föderalismus ist hier jedoch keine Aussage über die Finalität der europäischen Integration oder über die Rechtsnatur der EU verknüpft. Der Begriff dient hier allein der Beschreibung der kompetenziellen Spannungslage zwischen EU und Mitgliedstaaten. Dies baut auf einer Definition von Föderalismus auf, die jede Art der Existenz von mehreren Ebenen hoheitlicher Einheiten innerhalb eines rechtlich verbundenen Gemeinwesens umfasst, in dem jede Ebene einen eigenen rechtlichen Anspruch auf ein gewisses Maß an organisationsrechtlicher Autonomie und auf direkten rechtlichen Zugriff auf die ihr zuzurechnende Bevölkerung hat.[6] Es soll vor allem das Problem

---

[3] S. hierzu noch unten, 2. Kap. B. II.

[4] S. nur: *P. Eleftheriadis*, in: Cloots/de Baere/Sottiaux (Hrsg.), Federalism in the European Union, 2012, S. 45; *D. Halberstam*, in: Rosenfeld/Sajó (Hrsg.), The Oxford Handbook of Comparative Constitutional Law, 2012, S. 577, 578 ff.

[5] S. hierzu m.w.N.: *S. Oeter*, in: von Bogdandy/Bast (Hrsg.), Europäisches Verfassungsrecht, 2. Aufl. 2009, S. 73 ff.; z.B. für *T. Koopmans*, CMLR 29 (1992), S. 1047 ff. war der Begriff des Föderalismus zu staatsbezogen, um sinnvoll für Fragen der Europäischen Integration genutzt zu werden.

[6] *D. Halberstam*, in: Rosenfeld/Sajó (Hrsg.), The Oxford Handbook of Comparative Con-

der Beziehungen und Ordnung der europäischen und mitgliedstaatlichen Ebenen, der Spannungslage zwischen Einheit und Vielfalt[7] in den Fokus gerückt werden.

Zur Annäherung an die föderale Rolle des Art. 5 Abs. 4 EUV soll zunächst in Form einer Grundlegung und erster Annäherung an diese Norm zunächst ihre Entstehungs- und Entwicklungsgeschichte nachgezeichnet werden, sowie aufgezeigt werden, was sich dieser Norm weitestgehend unproblematisch entnehmen lässt (A.). Die beiden in Literatur und Praxis miteinander konkurrierenden Prüfzugriffe auf Art. 5 Abs. 4 EUV sollen sodann ausführlich vorgestellt und ihre Konsequenzen für die föderale Ordnung der EU erläutert werden (B.). Daran anschließend wird aufgezeigt, dass ein subjektivrechtlich geprägter Prüfzugriff auf Art. 5 Abs. 4 EUV weder die mit ihm verbundenen Ziele voll einlösen könnte noch sich im geltenden Unionsrecht plausibel operationalisieren ließe und auch im Rechtsvergleich eine Anomalie darstellen würde (C.). Im Grundsatz überzeugender ist ein gesamtbilanzierendes Verständnis des Art. 5 Abs. 4 EUV, wobei die Anwendung dieses Prüfzugriffs in der Praxis oft unzureichend ausfällt (D.).

A. Schaffung und Ausgestaltung des Art. 5 Abs. 4 EUV

Als Grundlage für eine vertiefte Auseinandersetzung mit Wesen und Funktion von Art. 5 Abs. 4 EUV sollen zunächst Entstehung und positivrechtliche Ausgestaltung dieser Vorschrift dargestellt werden. Die Umstände der Schaffung von Art. 3b Abs. 3 EGV als Vorgängernorm von Art. 5 Abs. 4 EUV belegen ebenso wie seine Stellung im heutigen Art. 5 EUV eine gewisse Funktion zur Moderation des Verhältnisses von Union und Mitgliedstaaten, die aber recht diffus geblieben ist (I.). Die positivrechtliche Ausgestaltung des Art. 5 Abs. 4 EUV greift einige Stichworte der politischen Diskussion um seine Einführung auf und verdeutlicht den Anspruch einer breit angelegten Handlungsschranke für die EU, ohne dass allein dadurch der Prüfzugriff oder die föderale Funktion genauer konturiert würden (II.).

---

stitutional Law, 2012, S. 577, 580; s. auch: *D. Halberstam/M. Reimann*, in: Dies. (Hrsg.), Federalism and Legal Unification, 2014, S. 3, 4. Vgl. ähnlich für die EU als föderales Mehrebenensystem: *I. Härtel*, in: Niedobitek (Hrsg.), Europarecht, 2. Aufl. 2020, § 6, Rn. 7 ff.; *A. Benz*, in: Tsatsos (Hrsg.), Die Unionsgrundordnung, 2010, S. 319, 322 ff.; *P. Badura*, in: FS Peter Lerche, 1993, S. 369, 381; s. außerdem weiterführend: *G. K. Kampfer*, Die Europäische Union auf dem Weg zu einem Bundesstaat?, 2010, S. 51 ff.

[7] S. nur: *K. Lenaerts*, American Journal of Comparative Law 38 (1990), S. 205 f.; *Ders.*, in: Cloots/de Baere/Sottiaux (Hrsg.), Federalism in the European Union, 2012, S. 13 jeweils m.w.N.

I. Entstehungs- und Entwicklungsgeschichte

1. Genealogische Offenheit für föderale Belange

Föderale Belange zum Thema einer unionsrechtlichen Verhältnismäßigkeitsprüfung zu machen, lag schon vor dem Vertrag von Maastricht nie völlig fern. Schon Art. 5 Abs. 2 EGKSV normierte eine allgemeine Erforderlichkeitsklausel für das Handeln der Gemeinschaft. Damit waren 1951 freilich nicht die komplizierten Spannungslagen verknüpft, mit denen die EU heute ringt.[8] Der EGKSV betonte viel stärker als die heutigen Verträge ein Handeln im gemeinsamen Interesse.[9] Doch kann man der Montanunion nicht gänzlich gewisse föderale Elemente absprechen, da der EuGH in Verfahren nach Art. 33 Abs. 1 EGKSV, in denen nur die Mitgliedstaaten oder der Rat klagebefugt waren, „in Wahrheit der Mittler zwischen den Rechten der Mitgliedstaaten und denen der Gemeinschaft"[10] war. Die Erforderlichkeitsklausel des Art. 5 Abs. 2 EGKS konnte in diesen Fällen auch zum Schutz mitgliedstaatlicher Interessen aktiviert werden.[11] Die Nutzung von Verhältnismäßigkeitserwägungen zur Lösung föderaler Spannungslagen im Rahmen der europäischen Integration war also von Beginn an in den Verträgen angelegt.

---

[8] So auch: *P. Molsberger*, Das Subsidiaritätsprinzip im Prozess europäischer Konstitutionalisierung, 2009, S. 25 f.

[9] Das kam z.B. in Art. 3 EGKSV zum Ausdruck. Auch der junge Gerichtshof war von diesem Verständnis geprägt. So sagte der erste Präsident des EuGH, *Massimo Pilotti*, in seiner Ansprache anlässlich der ersten Sitzung am 10.12.1952: „Nun ist unser Gerichtshof durch ein Abkommen zwischen Staaten errichtet worden, die sich keineswegs damit begnügten, ihre Beziehungen untereinander zu regeln, sondern soweit gingen, bestimmte, für das Leben Europas unerläßliche wirtschaftliche Tätigkeiten in den vertragschließenden Ländern *einer supra-nationalen* Ordnung zu unterstellen, die den Hauptzweck hat, *das gemeinsame Wohl der Gesamtheit dieser Länder* zu fördern. Dieser Gedanke *des gemeinsamen* Wohles der zusammengeschlossenen Völker ist *wesentlich* für das Verständnis der Struktur des Vertrages." (Hervorhebungen nur hier), s.: Bericht der deutschen Gesandtschaft über die Eröffnungssitzung des Gerichtshofs am 10.12.1952, deutsche Übersetzung v. 15.12.1952, in: Schulze/Hoeren (Hrsg.), Dokumente zum Europäischen Recht – Bd. 2: Justiz (bis 1957), 2000, S. 167, 170. Art. 37 EGKSV sah sogar ein eigenes Verfahren vor, durch das Störungen der nationalen Interessen durch die Gemeinschaft zu beheben seien, s. hierzu: *F. W. Jerusalem*, Das Recht der Montanunion, 1954, S. 23; *P. Molsberger*, Das Subsidiaritätsprinzip im Prozess europäischer Konstitutionalisierung, 2009, S. 25 f.

[10] *M. Lagrange*, Note über den Gerichtshof der Politischen Gemeinschaften v. 18.03.1954, in: Schulze/Hoeren (Hrsg.), Dokumente zum Europäischen Recht – Bd. 2: Justiz (bis 1957), 2000, S. 309, 310. *Lagrange*, der zu diesem Zeitpunkt Generalanwalt am EuGH war, fuhr fort: „Daraus ergibt sich deutlich, daß insoweit wie die Europäische Gemeinschaft für Kohle und Stahl die Keimzelle einer bundesstaatlichen Organisation darstellt, auch der Gerichtshof als wirkliches Bundesgericht erscheint."

[11] So etwa ansatzweise in: EuGH, Urt. v. 21.03.1955, Niederlande/Hohe Behörde, Rs. 6/54, EU:C:1955:5, S. 238 f.; EuGH, Urt. v. 12.07.1962, Niederlande/Hohe Behörde, Rs. 9/61, EU:C:1962:27, S. 476 f.

1957 hat *Paul Reuter* vorgeschlagen, aus Art. 5 EGKS ein Interventionsminimum abzuleiten, das die Gemeinschaft dazu verpflichte, gegenüber den Mitgliedstaaten und den Marktteilnehmern nur solche Mittel zu wählen, die zur Zielerreichung notwendig seien.[12] Diese Ansicht blieb nicht unwidersprochen,[13] der frühen Rechtsprechung lassen sich aber ähnliche Ansätze entnehmen,[14] wobei sich bereits andeutete, dass mitgliedstaatliche Interessen zwar auch, aber nicht allein maßgeblich waren. Später hat *Manfred Zuleeg* diese Überlegungen explizit mit dem Grundsatz der Verhältnismäßigkeit als allgemeinem Rechtsgrundsatz in Verbindung gebracht.[15] Auch der EuGH hat bereits im Jahr 1961 anerkannt, dass mitgliedstaatliche Interessen gegen das allgemeine Interesse der Gemeinschaft schützenswert sein können und ein Ausgleich nötig werden kann.[16] Bei der gerichtlichen Kontrolle von Gemeinschaftsmaßnahmen durch den allgemeinen Grundsatz der Verhältnismäßigkeit haben Mitgliedstaaten auch vor dem Vertrag von Maastricht eine ganze Bandbreite ihrer Interessen im Rahmen der Verhältnismäßigkeitsprüfung eingebracht – von Argumenten zugunsten von volkswirtschaftlich bedeutsamen Industriezweigen[17] bis hin zu nationalen kulinarischen Gewohnheiten und Fischfangtraditionen[18] oder der Beschränkung nationaler Zuständigkeiten durch das Gemeinschaftsrecht.[19]

2. Ein Kompromiss im Streit um die Subsidiarität

Dem Zusammenhang von Verhältnismäßigkeit und mitgliedstaatlichen Interessen kam nach diesen eher vereinzelten Nennungen in Literatur und Rechtsprechung in der Entstehung des Vertrags von Maastricht eine Schlüsselrolle zu, und zwar in der Diskussion um ein europäisches Subsidiaritätsprinzip. Ein solches

---

[12] *P. Reuter*, in: Centro Italiano di studi giuridici (Hrsg.), Actes officiels du Congrès international d'Études sur la Communauté du charbon et de l'acier, Bd. V, 1957, S. 9, 36 ff.

[13] *A. Schüle*, ZaöRV 19 (1958), S. 464, 473 f.; *H.-J. Rabe*, Das Verordnungsrecht der Europäischen Wirtschaftsgemeinschaft, 1963, S. 81.

[14] S. nur: EuGH, Urt. v. 12.06.1958, Compagnie des Hauts Fourneaux de Chasse/Hohe Behörde, Rs. 15/57, EU:C:19586:6, S. 196 f.

[15] *M. Zuleeg*, JöR n.F. 20 (1971), S. 1, 16.

[16] EuGH, Urt. v. 13.07.1961, Niederrheinische Bergwerks AG/Hohe Behörde, Rs. 2/60, EU:C:1961:15, S. 308 f.

[17] S. nur: EuGH, Urt. v. 12.07.1979, Italien/Rat, Rs. 166/78, EU:C:1979:195, Rn. 22 ff., in dem Italien rügte, der Schutz der Kartoffelbauern, den die angegriffene Verordnung bezweckte, hätte durch andere Mittel erreicht werden können, die weniger intensiv die Maisstärkeindustrie belasten würden.

[18] S. insb.: EuGH, Urt. v. 13.10.1992, Portugal und Spanien/Rat, verb. Rs. C-63/90 und C-67/90, EU:C:1992:381, Rn. 40 ff., in dem Portugal und Spanien ihre Nichtberücksichtigung für die Fangquoten im Nordatlantik angriffen und hierbei die Interessen der Fischereiflotte, wie auch die alte und starke Fangtradition in grönländischen Gewässern (Rn. 46) und die portugiesische Tradition des Kabeljaufangs und entsprechenden Ernährungsgewohnheiten der Bevölkerung (s. hierzu: GA *Lenz*, Schlussanträge v. 06.05.1992 in den verb. Rs. C-63/90 und 67/90, Portugal und Spanien/Rat, EU:C:1992:191, Rn. 114) vorgebracht haben.

[19] EuGH, Urt. v. 09.08.1994, Deutschland/Rat, C-359/92, EU:C:1994:306, Rn. 42 ff.

war bereits länger diskutiert,[20] auf bestimmte Rechtsbereiche beschränkt normiert[21] und als allgemeiner Rechtsgrundsatz des Unionsrechts vorgeschlagen worden.[22] Mit Wurzeln in der katholischen Soziallehre[23] wurde in Art. 3b Abs. 2 EGV ein europäisches Subsidiaritätsprinzip normiert.

Dem waren aber intensive Debatten um die Formulierung dieses Absatzes vorangegangen.[24] Vorschläge des deutschen Bundesrates[25] und der deutschen Bundesregierung[26] sowie von Seiten des Europäischen Parlaments[27] betonten die Erforderlichkeit einer Maßnahme als Kerngehalt der Subsidiarität. Maßgeblich stritten die deutschen Bundesländer für die Normierung der Subsidiarität[28] und erhielten dafür vor allem Unterstützung aus Großbritannien.[29] Dieses Ansinnen

---

[20] S. für die Wurzeln des Subsidiaritätsprinzips im Unionsrecht: *N. Emiliou*, European Law Review 17 (1992), S. 383, 391 ff.; *D. Z. Cass*, CMLR 29 (1992), S. 1107, 1112 ff.; *P. Molsberger*, Das Subsidiaritätsprinzip im Prozess europäischer Konstitutionalisierung, 2009, S. 25 ff.

[21] Art. 130r Abs. 4 EGV lautete: „Die Gemeinschaft wird im Bereich der Umwelt insoweit tätig, als die in Absatz 1 genannten Ziele besser auf Gemeinschaftsebene erreicht werden können als auf Ebene der einzelnen Mitgliedstaaten."

[22] S. hierzu nur: *J. H. H. Weiler*, Yale Law Journal 100 (1991), S. 2403, 2472 f.; *W. Kahl*, AöR 118 (1993), S. 414, 415 f.; *V. Constantinesco*, Yearbook of European Law 11 (1991), S. 33, 42 ff.; a.A.: *M. Heintzen*, JZ 1991, S. 317, 322.

[23] S. zu diesen Wurzeln ausf.: *H. Wieshuber*, Die Leitidee der Subsidiarität im europäischen Einigungswerk, 2009, S. 31 ff.; s. zu alledem: *A. Estella*, The EU Principle of Subsidiarity and its Critique, 2002, S. 76 ff.; für Deutschland: *J. Isensee*, Subsidiaritätsprinzip und Verfassungsrecht, 2. Aufl. 2001, S. 18 ff. Für eine erhellende Gegenüberstellung dieser hierarchischen, katholisch geprägten Denkweise mit jüdisch und protestantisch geprägten heterarchischen Perspektiven: *D. Elazar*, in: Nicolaidis/Howse (Hrsg.), The Federal Vision: Legitimacy and Levels of Governance in the United States and the European Union, 2001, S. 31, 44 ff.

[24] S. hierzu nur die Darstellung bei: *P. Molsberger*, Das Subsidiaritätsprinzip im Prozess europäischer Konstitutionalisierung, 2009, S. 46 ff.

[25] „Die Gemeinschaft übt die ihr nach diesem Vertrag zustehenden Befugnisse nur aus, wenn und soweit das Handeln der Gemeinschaft *notwendig* ist, um die in diesem Vertrag genannten Ziele wirksam zu erreichen und hierzu Maßnahmen der einzelnen Mitgliedstaaten bzw. der Länder, Regionen und autonomen Gemeinschaften nicht ausreichen." (Hervorhebung nur hier), BR-Drs. 550/90, Anlage S. 1.

[26] „[Die Gemeinschaft] wird nur insoweit tätig, wie die Maßnahmen aufgrund ihrer Tragweite oder ihrer Auswirkungen die Grenzen eines Mitgliedstaates überschreitende Lösungen *erfordern* und wenn und soweit der verfolgte Zweck durch Maßnahmen auf den Ebenen der einzelnen Mitgliedstaaten allein nicht ausreichend verwirklicht werden kann." (Hervorhebung nur hier), KONF UP 1840/91, zit. nach *P. Molsberger*, Das Subsidiaritätsprinzip im Prozess europäischer Konstitutionalisierung, 2009, S. 47.

[27] Europäisches Parlament – Commission institutionelle, Projet de Rapport sur le Principe de Subsidiarité v. 12.09.1990, PE 143.075, S. 8.

[28] *I. Härtel*, Handbuch Europäische Rechtssetzung, 2006, S. 76; *G. Konow*, DÖV 1993, S. 405, 406.

[29] *C. Calliess*, Subsidiaritäts- und Solidaritätsprinzip in der Europäischen Union, 2. Aufl. 1999, S. 56 ff. Großbritannien erhoffte sich wohl vor allem eine Begrenzung des Einflusses Deutschlands innerhalb der EU durch das Subsidiaritätsprinzip, s.: *P. Pescatore*, in: FS

stieß aber nicht nur auf Gegenliebe, sondern wurde wahlweise als dem Wesen der Gemeinschaft völlig fremd,[30] inhaltsleer[31] oder vage[32] gegeißelt und lächerlich gemacht.[33] Auch seine praktischen Auswirkungen und seine Justiziabilität standen in Frage.[34]

Vor dem Hintergrund dieser Diskussion recht unvermittelt taucht der Art. 3b Abs. 3 EGV im Entwurf der niederländischen Ratspräsidentschaft auf,[35] verblieb auch nach dem sog. *Konklave von Noordwijk* im Entwurf[36] und gelangte unverändert in den Vertrag. In der Formulierung des Subsidiaritätsprinzips fand sich das Erfordernis der Erforderlichkeit einer Unionshandlung nun nicht mehr, dafür aber in dem neuen Abs. 3. Dies gilt als politischer Kompromiss, damit insbesondere die deutsche Delegation eine abgeschwächte Version des Subsidiaritätsprinzips akzeptierte.[37]

3. Vorstellungen von Mitgliedstaaten und Institutionen

Die Tragweite dieses Kompromisses wird deutlich, wenn man die zeitgenössischen Äußerungen von Mitgliedstaaten und Europäischen Institutionen heranzieht, in denen diese ihr Verständnis des neuen Vertragstextes darlegten. Zentral für die Unterscheidung zwischen Art. 3b Abs. 2 und Abs. 3 EGV nach dem anlässlich des Rates von Edinburgh 1992 geäußerten Verständnis der Staats- und Regierungschefs sollte sein, dass mit dem Subsidiaritätsprinzip lediglich geklärt werden solle, ob die Gemeinschaft zum Erreichen eines bestimmten Ziels im Rahmen der geteilten Zuständigkeiten tätig werden soll.[38] War das ‚ob' des Tätigwerdens geklärt, sollte nach Maßgabe der Erforderlichkeitsklausel des Art. 3b

Ulrich Everling Bd. II, 1995, S. 1071, 1075 f.; *B. Schima*, Das Subsidiaritätsprinzip im Europäischen Gemeinschaftsrecht, 1994, S. 51 ff.

[30] *A. G. Toth*, CMLR 29 (1992), S. 1079, 1080 ff.

[31] S. z.B.: *G. F. Schaefer*, Futures 23 (1991), S. 681, 688; *A. Estella*, The EU Principle of Subsidiarity and its Critique, 2002, S. 75.

[32] S. z.B.: *C. Bickenbach*, EuR 2013, S. 523, 537 ff.

[33] Sowohl die britische Premierministerin *Thatcher* als auch der ehemalige britische Richter und Präsident des EuGH, *Mackenzie Stuart*, sollen Subsidiarität als „gobbledygook" bezeichnet haben, s.: *G. A. Bermann*, Columbia Law Review 94 (1994), S. 331, 333; *D. A. O. Edward/R. Lane*, European Union Law, 2013, S. 49, Fn. 108.

[34] *D. Grimm*, KritV 1994, S. 6, 8 ff.; ausf. hierzu: *G. Lienbacher*, in: Schwarze EUV, Art. 5, Rn. 29.

[35] S. hierzu: *R. Corbett*, The Treaty of Maastricht: From Conception to Ratification – A Comprehensive Reference Guide, 1993, S. 349.

[36] Ebd., S. 375.

[37] *O. Koch*, Der Grundsatz der Verhältnismäßigkeit in der Rechtsprechung des Gerichtshofs der Europäischen Gemeinschaften, 2003, S. 167 f.; *J. Saurer*, JZ 2014, S. 281, 282.

[38] Europäischer Rat v. 11.–12.12.1992, Gesamtkonzept für die Anwendung des Subsidiaritätsprinzips und des Artikels 3b des Vertrags über die Europäische Union durch den Rat, SN/456/92, Teil A Anlage 1, S. 14.

Abs. 3 EGV bestimmt werden, in „welchem Maße und auf welche Weise“ die Gemeinschaft tätig werden solle.[39]

Dieses Verständnis teilte auch Kommissionspräsident *Jacques Delors*, welcher der Meinung war, dass Verhältnismäßigkeit die Regelungsintensität und die Wahl der Handlungsform beträfe und in Bereichen der ausschließlichen Unionszuständigkeit die wichtigste Beschränkung des Unionshandelns sei.[40] Ähnlich hatten sich auch die Mitgliedstaaten auf der Regierungskonferenz zum Vertrag von Maastricht positioniert.[41] Am deutlichsten in Verbindung mit den Prärogativen der Mitgliedstaaten brachte den Art. 3b Abs. 3 EGV schließlich die Kommission im Jahr 1993, indem sie in einem Bericht an den Rat die Begrenzungsfunktion der Verhältnismäßigkeit für den Unionsgesetzgeber herausarbeitete und die Notwendigkeit betonte, dass die Gemeinschaftsgesetzgebung sich auf das Wesentliche zu beschränken habe und den Mitgliedstaaten Raum bei der Umsetzung geben solle.[42] In dieser Tradition steht darüber hinaus das dem Vertrag von Amsterdam beigefügte Subsidiaritätsprotokoll.[43] Aus all diesen Einlassungen ergibt sich, dass eine enge Verwandtschaft von Subsidiarität und Verhältnismäßigkeit angenommen wurde und dass letztlich Art. 3b Abs. 2 und 3 EGV das Subsidiaritätsprinzip im weiteren Sinne verkörpern sollten.[44]

Gleichwohl ging es nicht nur um die Beziehung von Union und Mitgliedstaaten. So wurde von der Kommission[45] und von den Mitgliedstaaten[46] explizit Bezug auf den in der Rechtsprechung des EuGH fest etablierten, gesamtbilanzierenden Grundsatz der Verhältnismäßigkeit genommen. Das findet auch darin seine Bestätigung, dass sich Art. 3b Abs. 3 EGV in seiner Betonung der Erforderlichkeit einer Maßnahme an die damals in der Rechtsprechung regelmäßig

---

[39] Ebd., S. 12 f.

[40] S. nur: Conférence de presse conjointe de MM. Cavaco Silva et Delors à l’issue du Conseil européen v. 27.06.1992, S. 4 f.; Conseil ‘Affaires Générales’ v. 20.07.1992, Intervention de M. Delors – Subsidiarité, S. 3; Conférence interinstitutionnelle sur la subsidiarité et la transparence, tenue à Bruxelles, le 10.11.1992 – Texte intégral de l’intervention du Président Delors, S. 3 f.

[41] Conférence Intergouvernementale/Maastricht, Subsidiarité – Note Interne, Sept. 1992, S. 1.

[42] Europäische Kommission, Bericht an den Europäischen Rat über die Anpassung der geltenden Rechtsvorschriften an das Subsidiaritätsprinzip, KOM(93) 545 final v. 24.11.1993, S. 1.

[43] Vgl.: Protokoll über die Anwendung der Grundsätze der Subsidiarität und der Verhältnismäßigkeit, Amtsblatt Nr. C 340 vom 10.11.1997, S. 0105, Nr. 6 und 7.

[44] S. zu dieser Einschätzung auch: *J. Steiner*, in: O’Keeffe/Twomey (Hrsg.), Legal Issues of the Maastricht Treaty, 1994, S. 49, 58 ff.

[45] S. etwa: Direction Générale des Études v. 10.09.1992, Note sur le principe de subsidiarité et la communauté européenne, S. 9 ; Commission Européenne v. 27.10.1992, Le Principe de Subsidiarité, SEC(92) 1990 final, S. 2.

[46] Europäischer Rat v. 11.–12.12.1992, Gesamtkonzept für die Anwendung des Subsidiaritätsprinzips und des Artikels 3b des Vertrags über die Europäische Union durch den Rat, SN/456/92, Teil A Anlage 1, S. 12, 14.

verwendete *Qualitätswein*-Formel des EuGH anlehnte.[47] Die insofern in den Vertrag inkorporierte Rechtsprechung war für mitgliedstaatliche Autonomieinteressen offen, aber nicht auf sie beschränkt. So hat z.B. die dänische Regierung herausgestellt, dass es neben der Mittelhierarchisierung zum Prüfprogramm der Verhältnismäßigkeit aus Art. 3b Abs. 3 EGV gehöre, dass die Belastungen für die Bevölkerung im Verhältnis zu den mit dem Rechtsakt verfolgten Ziel stehen müsse.[48] Kommissionspräsident *Delors* betonte, dass die Verhältnismäßigkeit darauf abziele, die Detailtiefe einer Regelung und die Belastungen aller von ihr Betroffenen feinzusteuern.[49] Auch für das Europäische Parlament ging Art. 3b Abs. 3 EGV über einen reinen Interessenschutz der Mitgliedstaaten hinaus,[50] was den Vorgaben des Rates von Edinburgh entsprach.[51]

Kern des politischen Kompromisses, auf dessen Grundlage der Grundsatz der Verhältnismäßigkeit in Form des Art. 3b Abs. 3 EGV in den Vertrag von Maastricht fand, war somit, die von deutscher Seite gewünschte Erforderlichkeitsvorgabe für das Handeln der Union zur Begleitung der Zuständigkeitserweiterung durch den Vertrag von Maastricht[52] in den Vertrag aufzunehmen. Dieses sollte allerdings lediglich zur Steuerung von Form und Inhalt der tatsächlich von der EU ergriffenen Initiativen dienen, nicht zur Sicherstellung der Opportunität des Unionshandelns oder gar zur Abgrenzung der Zuständigkeitsbereiche. Die Vorstellungen von der Operationalisierung changierten zwischen Versuchen, dieser Vorgabe insbesondere in Form einer Mittelhierarchie einen eigenständigen föderalen Gehalt zu geben und dem Rekurs auf die etablierte, gesamtbilanzierende Prüfung des EuGH unter Betonung der bereits seit den Gründungstagen präsenten Berücksichtigung auch mitgliedstaatlicher Interessen in dieser Prüfung.

---

[47] Vgl.: EuGH, Urt. v. 18.09.1986, Kommission/Deutschland, Rs. 116/82, EU:C:1986:332, Rn. 21; zur Verbreitung und Standardisierung dieser Formel, s.: *O. Koch*, Der Grundsatz der Verhältnismäßigkeit in der Rechtsprechung des Gerichtshofs der Europäischen Gemeinschaften, 2003, S. 202 f. m. ausf. Nw.

[48] White Paper on Denmark and the Maastricht Treaty, Okt. 1992, SN 4364/92, S. 13.

[49] Conseil 'Affaires Générales' v. 20.07.1992, Intervention de M. Delors – Subsidiarité, S. 3.

[50] Parlement Européen, Résolution commune sur la mise en oeuvre du principe de subsidiarité, B3–1514 et 1520/92, S. 54.

[51] Europäischer Rat v. 11.–12.12.1992, Gesamtkonzept für die Anwendung des Subsidiaritätsprinzips und des Artikels 3b des Vertrags über die Europäische Union durch den Rat, SN/456/92, Teil A Anlage 1, S. 12, 20.

[52] S. hierzu nur die Darstellung bei: *C. Mazzucelli*, in: Laursen (Hrsg.), Designing the European Union. From Paris to Lisbon, 2012, S. 147, 149 ff.

4. Verhältnis zu zentralen föderalen Ordnungsnormen des Primärrechts

a) Die heutige Schrankentrias des Art. 5 EUV

In den Grundzügen seit dem Vertrag von Maastricht unverändert enthält Art. 5 EUV eine „Schrankentrias" für das Handeln der EU.[53] Der Grundsatz der Verhältnismäßigkeit wurde gleichberechtigt neben zwei als Ordnungsprinzipen für das Unionshandeln konzipierte Grundsätze gestellt. Hierbei legt Art. 5 Abs. 1 EUV fest, dass die Abgrenzung der Zuständigkeiten zwischen EU und Mitgliedstaaten nach dem Prinzip der begrenzten Einzelermächtigung zu erfolgen habe, während die Ausübung der Zuständigkeiten den Grundsätzen der Subsidiarität und der Verhältnismäßigkeit unterliegt.[54]

Nicht nur für das BVerfG,[55] auch für den EuGH ist die begrenzte Einzelermächtigung seit jeher ein entscheidendes Wesensmerkmal der EU.[56] Die Verträge legen einseitig die Legislativzuständigkeiten der EU fest, während sich die Hoheitsgewalt der Mitgliedstaaten aus anderen Quellen speist.[57] Der EU stehen nur die Zuständigkeiten zu, die ihr im Vertrag von den Mitgliedstaaten in deren demokratischer Verantwortung[58] übertragen wurden[59], sodass sie keine legislative Allzuständigkeit besitzt,[60] wie auch Art. 5 Abs. 2 EUV und Art. 4 Abs. 1 EUV

---

[53] Begriffsprägend: *D. Merten*, in: Ders. (Hrsg.), Die Subsidiarität Europas, 2. Aufl. 1994, S. 77, 78.

[54] S. nur, statt vieler: *M. Goldhammer*, in: Baade/Ehricht u.a. (Hrsg.), Verhältnismäßigkeit im Völkerrecht, 2016, S. 125, 128 f.

[55] BVerfGE 123, 267, 350.

[56] Schon 1957 wurde der „den Vertrag beherrschende Rechtsgrundsatz der begrenzten Zuständigkeit" von GA Lagrange, Schlussanträge v. 14.06.1957 in den verb. Rs. 7/56, 3/57 bis 7/57, Algera u.a., EU:C:1957:6, S. 167 herausgearbeitet. S. auch die Betonung der begrenzten Zuständigkeiten in: EuGH, Urt. v. 05.02.1963, Van Gend & Loos, Rs. 26/62, EU:C:1963:1, S. 25; EuGH, Urt. v. 15.07.1964, Costa/ENEL, Rs. 6/64, EU:C:1964:66, S. 1269, bis heute weiterentwickelt in: EuGH, Gutachten v. 08.03.2011, Einheitliches Patentgericht, Avis 1/09, EU:C:2011:123, Rn. 65; EuGH, Gutachten v. 18.12.2014, EMRK-Beitritt II, Avis 2/13, EU:C:2014:2454, Rn. 157; EuGH, Urt. v. 28.04.2015, Kommission/Rat, C-28/12, EU:C:2015:282, Rn. 39; EuGH, Urt. v. 10.12.2018, Wightman u.a., C-621/18, EU:C:2018:999, Rn. 44.

[57] S. nur, statt vieler: *I. Härtel*, Handbuch Europäische Rechtssetzung, 2006, S. 55.

[58] Vgl. etwa: *C. Trüe*, ZaöRV 64 (2004), S. 391, 396.

[59] S. hierzu: Art. 1 Abs. 1 EUV.

[60] S. nur statt vieler: *D. König/T. Kleinlein*, in: Schulze/Janssen/Kadelbach (Hrsg.), Europarecht, 4. Aufl. 2020, § 2, Rn. 5. Ob und inwieweit hingegen eine sog. „judicial-Kompetenz-Kompetenz" (begriffsprägend: *J. J. H. Weiler*, in: Ders (Hrsg.), The Constitution of Europe, 1999, S. 286 ff.; krit.: *R. Schütze*, in: Arnull/Chalmers (Hrsg.), The Oxford Handbook of European Union Law, 2015, S. 75, 79 f. mit Fn. 18) des EuGH aus den Verträgen resultiert (wie dies insbesondere vor der Einführung einer ultra-vires-Kontrolle durch das BVerfG immer wieder als Selbstverständlichkeit bejaht wurde, s.: *H.-W. Daig*, AöR 83 (1958), S. 132, 159; *P. Hay*, American Journal of Comparative Law 12 (1963), S. 21, 31, 38; *C. Tomuschat*, Die gerichtliche Vorabentscheidung nach den Verträgen über die europäischen Gemeinschaften, 1964, S. 196 f.; *G. Bebr*, Development of judicial control of the European

erneut explizieren. Die vertikale Zuständigkeitsverteilung hat auch horizontale Konsequenzen,[61] weil sich die jeweiligen Befugnisse der Unionsorgane hinsichtlich Organzuständigkeit, Handlungsform und Verfahren ebenfalls aus den über die Verträge verstreuten Rechtsgrundlagen ergeben.[62] Insofern trifft das Prinzip der begrenzten Einzelermächtigung eine wichtige Strukturentscheidungen für das Wesen der Union.

Das Subsidiaritätsprinzip begrenzt die Ausübung der Unionsgewalt. Bereiche der ausschließlichen Unionszuständigkeit sind allerdings vom Subsidiaritätsprinzip ausgenommen. Hier kommt auch die in Art. 5 Abs. 1 EUV festgelegte Unterscheidung von Zuständigkeitsverteilung und -ausübung erneut zum Tragen: Die Anwendung des Subsidiaritätsgrundsatzes setzt die Wahrnehmung einer geteilten Zuständigkeit voraus – die Zuständigkeit der Union und die Zuordnung zu den geteilten Zuständigkeiten nach Maßgabe des Prinzips der begrenzten Einzelermächtigung muss feststehen, bevor die Ausübung der geteilten Zuständigkeit nach Maßgabe von Art. 5 Abs. 3 EUV geprüft werden kann.[63]

Art. 5 Abs. 3 EUV etabliert ein negatives und ein positives Kriterium für die Subsidiaritätsprüfung: Die Union darf tätig werden, wenn die Maßnahmenziele von den Mitgliedstaaten nicht ausreichend erfüllt werden können und diese Maßnahmenziele wegen ihres Umfangs oder ihrer Wirkungen auf Unionsebene besser verwirklicht werden können. Vorherrschend für das Negativkriterium ist ein Verständnis als Insuffizienzprüfung der Regelungspotenziale der Mitgliedstaaten – es ist aber strittig, ob allein das objektive Regulierungspotenzial der Mitgliedstaaten mit Blick auf das Maßnahmenziel relevant ist,[64] oder ob auch der subjek-

---

Communities, 1981, S. 214; dies zwar kritisierend, aber als in prozessualer Hinsicht „unvermeidlich" anerkennend: *C. Hillgruber*, in: von Danwitz u.a. (Hrsg.), Auf dem Wege zu einer Europäischen Staatlichkeit, 1993, S. 31, 45 mit Fn. 40; zur exklusiven Letztentscheidungskompetenz des EuGH mit rein aus dem mitgliedstaatlichen Verfassungsrecht begründeten Kontrollvorbehalten auch: *P. M. Huber*, AöR 116 (1991), S. 210, 217, 219, 247; ebenso: *M. Heintzen*, AöR 119 (1994), S. 564, 586), oder wie die legislative Kompetenz-Kompetenz ebenfalls abzulehnen ist, kann an dieser Stelle nicht ausgeführt werden.

[61] S. hierzu besonders präzise: *D. Dittert*, Europarecht, 5. Aufl. 2017, S. 87.

[62] Deshalb hat die Wahl der richtigen Rechtsgrundlage für den EuGH „verfassungsrechtliche Bedeutung", s.: EuGH, Gutachten v. 06.12.2001, Protokoll von Cartagena, Avis 1/00, EU:C:2001:664, Rn. 5; EuGH, Gutachten v. 30.11.2008, GATS-Übereinkommen, Avis 1/08, EU:C:2009:739, Rn. 110; EuGH, Urt. v. 14.06.2016, Parlament/Rat, C-263/14, EU:C:2016:435, Rn. 42; EuGH, Gutachten v. 26.07.2017, PNR EU-Kanada, Avis 1/15, EU:C:2017:592, Rn. 71; EuGH, Urt. v. 25.10.2017, Kommission/Rat, C-687/15, EU:C:2017:804, Rn. 49; EuGH, Urt. v. 05.12.2017, Deutschland/Rat, C-600/14, EU:C:2017:935, Rn. 80. Für einen Überblick über die Details der Wahl der Rechtsgrundlage, s. nur: *I. Härtel*, in: Niedobitek (Hrsg.), Europarecht, 2. Aufl. 2020, § 6, Rn. 95 ff.; ausf.: *C. Schwartz*, Die Wahl der Rechtsgrundlage im Recht der Europäischen Union, 2013, S. 75 ff.

[63] Auf diese normsystematische Verzahnung von Art. 5 Abs. 1 EUV und dem Rest der Norm weist auch *C. Calliess* in: Kahl/Ludwigs (Hrsg.), HVwR II, 2021, § 34, Rn. 2 hin.

[64] So z.B.: *C. Ritzer*, Europäische Kompetenzordnung, 2006, S. 85 f.; *C. Calliess*, in: Calliess/Ruffert EUV, Art. 5, Rn. 38; *E. Pache*, in: Frankfurter Kommentar EUV, Art. 5, Rn. 92 f.

tive Regulierungswillen der Mitgliedstaaten zu erfragen ist.[65] Für beide Prüffragen fehlen jeweils klare Kriterien. Es ist darüber hinaus einleuchtend, dass eine *ausreichende* mitgliedstaatliche Tätigkeit zur Erreichung eines Regulierungsziels nicht eine optimale, umfassende oder einheitliche mitgliedstaatliche Lösung sein muss.[66] Wann aber die Mitgliedstaaten bestimmte Maßnahmenziele *ausreichend* in ihrer eigenen demokratischen Verantwortung verwirklichen können, bleibt konturlos und führt insbesondere mit Blick auf die Unterschiede in Regelungsmöglichkeit und -willigkeit der 27 Mitgliedstaaten zu Abgrenzungsproblemen im Einzelfall.[67]

Ebenso kompliziert ist das Positivkriterium. Schon die Definition von *Umfang* und *Wirkung* von Regulierungszielen ist ein politisch, wirtschaftlich und sozial komplexer Akt.[68] Der sodann vorgeschriebene Vergleich der Handlungsfähigkeit auf Unionsebene mit der nationalen Ebene ist nicht trivial, da hypothetische unionale Maßnahmen mit 27 hypothetischen mitgliedstaatlichen (In-)Aktivitäten zu vergleichen sind. Hinzu treten die allgemeinen Unwägbarkeiten von Prognoseentscheidungen in technisch komplexen Politikbereichen.[69] Der EuGH hat in Anbetracht dieser offensichtlichen Schwierigkeiten von einer vertieften Auseinandersetzung mit Art. 5 Abs. 3 EUV und seinen Vorgängernormen abgesehen.[70]

Art. 5 Abs. 1 EUV legt fest, dass das Prinzip der begrenzten Einzelermächtigung die Zuständigkeitsverteilung, Subsidiarität und Verhältnismäßigkeit hingegen die Zuständigkeitsausübung betreffen. Dementsprechend können die Grundsätze der Subsidiarität und der Verhältnismäßigkeit allein die Wahrnehmung der Zuständigkeiten der EU bestimmen,[71] wobei die Zuständigkeiten nach dem Prinzip der begrenzten Einzelermächtigung festgelegt werden.[72] Unabhängig von der Tragfähigkeit dieser Unterscheidung[73] werden damit für die begrenzte Einzelermächtigung einerseits und für Subsidiarität und Verhältnismäßigkeit an-

---

[65] So: *A. Epiney*, Aktuelle Juristische Praxis/Pratique Juridique Actuelle 1993, S. 950, 959 f.

[66] S. hierzu nur: *E. Pache*, in: Frankfurter Kommentar EUV, Art. 5, Rn. 89 m.w.N.

[67] S. hierzu mit jeweils unterschiedlicher Akzentuierung und Strenge: *C. Ritzer*, Europäische Kompetenzordnung, 2006, S. 84; *U. Everling*, EuR 2009 – Beiheft 1, S. 71, 76; *J. Bast*, in: Grabitz/Hilf/Nettesheim EUV, Art. 5, Rn. 54; *I. Härtel*, in: Niedobitek (Hrsg.), Europarecht, 2. Aufl. 2020, § 6, Rn. 115.

[68] So auch: *D. Z. Cass*, CMLR 29 (1992), S. 1107, 1132.

[69] S. hierzu: *R. Streinz*, in: Streinz EUV, Art. 5, Rn. 32.

[70] S. für eine umfassende Darstellung der oft kursorischen und vor allem auf den politischen Prozess orientierten Kontrolltätigkeit des EuGH: *F. Fründ*, Subsidiarität – Recht und Kontrolle, 2021, S. 93 ff.

[71] Vgl. etwa: *R. Streinz*, Europarecht, 12. Aufl. 2023, S. 61: „Kompetenzausübungsschranke"; *D. Dittert*, Europarecht, 5. Aufl. 2017, S. 93: „Kompetenzausübungsregeln".

[72] *C. Calliess*, Subsidiaritäts- und Solidaritätsprinzip in der Europäischen Union, 2. Aufl. 1999, S. 116 ff.; s. auch: *Ders.*, in: Kahl/Ludwigs (Hrsg.), HVwR II, 2021, § 34, Rn. 2.

[73] Dazu noch ausf. unten, 2. Kap. C. II. 1.

dererseits, grundlegend verschiedene Funktionen festgelegt. Darüber hinaus ergibt ein Vergleich mit dem nur im Bereich der geteilten Zuständigkeiten anwendbaren Subsidiaritätsprinzip, dass Art. 5 Abs. 4 EUV bei allen Zuständigkeitsarten Anwendung findet.[74]

Neben Art. 5 Abs. 2 und Abs. 3 EUV, die beide ausschließlich auf die Frage der föderalen Organisation der EU bezogen sind,[75] erhält Abs. 4 also bereits durch seinen Regelungszusammenhang einen Bezug zur föderalen Ordnung der EU,[76] wie er auch durch seine Entstehungsgeschichte gestützt wird.

b) Identitätsschutz

Einige Autoren konzipieren die Identitätsschutzklausel des Art. 4 Abs. 2 EUV als eine feste Grenze für das Unionsrecht: Was auch immer die dort geschützte nationale Identität sei, sie sei für das Unionsrecht unberührbar.[77] So verstanden, stünde sie weitgehend berührungslos neben Art. 5 Abs. 4 EUV, denn dann wäre der Bereich nationaler Identität stets frei von unionsrechtlichen Einflüssen, während Art. 5 Abs. 4 EUV nur außerhalb dieses Bereichs Anforderungen an die Verhältnismäßigkeit von Unionsmaßnahmen stellen könnte.

Dieses Verständnis begegnet aber durchgreifenden Bedenken. Solche Überlegungen wurzeln in der Entstehungsgeschichte des Art. 4 Abs. 2 S. 1 Var. 2 EUV, definierten doch frühere Entwurfsfassungen den Schutzgehalt der nationalen Identität als einen negativen Kompetenzkatalog und Ansammlung der nicht an die Union übertragenen Zuständigkeiten.[78] Dieser Ansatz findet seine Entsprechung im Versuch des BVerfG, eine Liste integrationsfester Staatsfunktionen zu definieren, die keinesfalls an die EU übertragen werden könnten.[79] Nicht nur wurde dieser Regelungsansatz für die Identitätsschutzklausel aber ausdrücklich mit der Begründung verworfen, dass systemimmanente Beeinflussungen der dort gelisteten Zuständigkeiten durch zuständigkeitskonform erlassenes Unionsrecht nicht ausgeschlossen werden sollten.[80] Auch die noch in Art. 4 Abs. 2 S. 2 EUV verbliebene Liste der von der Union zu achtenden Staatsaufgaben nennt Zuständigkeitsbereiche, die durchaus von zuständigkeitskonform erlassenem Unionsrecht beeinflusst und berührt werden.[81] Die verschiedentlich angedeuteten Iden-

[74] Vgl. hierzu nur: *G. Lienbacher*, in: Schwarze EUV, Art. 5, Rn. 37.

[75] *R. Streinz*, in: Streinz EUV, Art. 5, Rn. 41.

[76] S. hierzu nur: *E. Pache*, in: Frankfurter Kommentar EUV, Art. 5, Rn. 137; *J. Bast*, in: Grabitz/Hilf/Nettesheim EUV, Art. 5, Rn. 67.

[77] S. insb.: *A. Uhle*, Freiheitlicher Verfassungsstaat und kulturelle Identität, 2004, S. 491 f.; *P. Lerche*, in: FS Helmut Schippel, 1996, S. 919, 928 f., 931; *G. van der Schyff*, European Law Review 18 (2012), S. 563, 580 ff.

[78] Vgl. die ausf. Darstellung bei: *A. Schnettger*, Verbundidentität, 2020, S. 62 ff.

[79] BVerfGE 123, 267, 357 f., hierzu krit. z. B.: *C. Möllers/D. Halberstam*, GLJ 10 (2009), S. 1241, 1249 ff.

[80] Final Report of Working Group V, CONV 375/1/02 REV 1, S. 11.

[81] So besteht die geteilte Zuständigkeit der Union für den Raum der Freiheit der Sicherheit

titätskontrollvorbehalte einiger[82] mitgliedstaatlicher Gerichte gegenüber den Wirkungen des Unionsrechts mögen zwar auf eine absolute Grenze hinauslaufen.[83] Diese Vorbehalte sind aber einerseits sehr heterogen ausgestaltet[84] und können andererseits als Vorbehalte mit nationalrechtlicher Radizierung an sich keine Aussage über Art. 4 Abs. 2 S. 1 Var. 2 EUV treffen.

Jedenfalls ist aber die Übertragung eines absoluten Verständnisses von Identitätsschutz aus dem mitgliedstaatlichen Kontext auf Art. 4 Abs. 2 EUV u.a.[85] und jenseits der Diskussion um die Auslegung des Begriffs des „Achtens“[86], aus zwei Gründen besonders problematisch: Erstens wurde die nationale Identität im Unionsrecht in historischer Sicht praktisch relevant, weil Mitgliedstaaten und ihre Gerichte sie als Schranke für die Grundfreiheiten zu aktivieren wünschten.[87]

---

und des Rechts gem. Art. 4 Abs. 2 lit. j) AEUV trotz der zu „achtenden“ Zuständigkeit der Mitgliedstaaten für die nationale Sicherheit aus Art. 4 Abs. 2 S. 2 EUV, s. hierzu ausf.: *B. de Witte*, in: Garben/Govaere (Hrsg.), The Division of Competences between the EU and the Member States: Reflections on the Past, the Present, and the Future, 2017, S. 59, 70 ff.

[82] *P. M. Huber*, EuR 2022, S. 145, 161, Fn. 99 zählt, wortgleich z.B. mit BVerfGE, 158, 210, 240, aus den 26 anderen Mitgliedstaaten gerade einmal elf auf die Identität abstellende Kontrollvorbehalte.

[83] Vgl. zur Rechtsprechung des BVerfG insoweit: *S.-P. Hwang*, Der Staat 56 (2017), S. 107, 114 ff.

[84] Vgl. hierzu ausf.: *M. R. Donnarumma*, Revue française du droit constitutionnel 2010, S. 719, 727 ff.; *G. van der Schyff*, in: Calliess/van der Schyff (Hrsg.), Constitutional Identity in a Europe of Multilevel Constitutionalism, 2019, S. 305, 326 ff. Insbesondere die Verknüpfung von Identität und der Ewigkeitsklausel aus Art. 79 Abs. 3 GG in der Rechtsprechung des BVerfG (s. BVerfGE 123, 267, 348, 350 ff.; s. zu dieser Rechtsprechung: *H. Sauer*, Staatsrecht III, 7. Aufl. 2022, S. 213 ff. Für den Einfluss dieser Rechtsprechung auf das polnische und ungarische Verfassungsrecht, s.: *J. Rideau*, in: Saiz Arnaiz/Alcoberro Llivina (Hrsg.), National Constitutional Identity and European Integration, 2013, S. 243, 250 ff.) ist nicht überall anschlussfähig, vgl. etwa die vom Conseil constitutionnel gegebene Möglichkeit, Identitätsverletzungen mittels Verfassungsänderung abzuhelfen in: CC, Entsch. v. 27.07.2006, N°2006–540 DC, Information Society, Rn. 19 oder Identitätsverletzungen nur anzunehmen, wenn das fragliche Problem nicht auch unionsrechtlich äquivalent beseitigt wird in: CC, Entsch. v. 15.10.2021, Air France, N°2021–940 QPC, Rn. 13 ; aufbauend auf: CC, Entsch. v. 10.06.2004, Économie Numérique, N°2004–496 DC, Rn. 7; präzisiert in: CC, Entsch. v. 29.07.2004, Bioéthique, N°2004–498 DC, Rn. 4 ff.; s. hierzu ausf.: *J.-H. Reestman*, EU Constitutional Law Review 5 (2009), S. 374, 386 f. S. hierzu ausf.: *M. Wendel*, EU Constitutional Law Review 7 (2011), S. 96, 126 ff.; *Ders.*, Permeabilität im europäischen Verfassungsrecht, 2011, S. 331 ff.

[85] S. hierzu i.E. ebenso, mit jeweils anderen Akzenten und unter Anführung zahlreicher weiterer Gründe: z.B. *M. Wendel*, Permeabilität im europäischen Verfassungsrecht, 2011, S. 575; *A. Schnettger*, Verbundidentität, 2020, S. 208.

[86] S. hierzu mit unterschiedlichen Stoßrichtungen z.B.: *A. Schnettger*, Verbundidentität, 2020, S. 209; *C. Calliess*, in: Calliess/Ruffert EUV, Art. 4, Rn. 51; *T. Schill/C. Krenn*, in: Grabitz/Hilf/Nettesheim EUV, Art. 4, Rn. 43.

[87] Als Identitätsproblem bereits angedeutet in EuGH, Urt. v. 28.11.1989, Groener, C-379/87, EU:C:1989:599, Rn. 10, Vorlagefrage 3 und Rn. 19; s. sodann insb.: EuGH, Urt. v. 02.07.1996, Kommission/Luxemburg, C-473/93, EU:C:1996:263, Rn. 32; anders als *A. Schnettger*, Verbundidentität, 2020, S. 282 meint, ergibt sich aus dem Urteil unmissverständ-

Da sich in der bereits etablierten Grundfreiheitendogmatik an die Prüfung einer solchen Schranke die Prüfung der Verhältnismäßigkeit dieser Beschränkung anschloss, dürfte es konsentiert gewesen sein, dass die unionsrechtlich anzuerkennende nationale Identität einer Abwägung mit anderen unionsrechtlichen Belangen zugänglich sein müsste.[88] Es ist nicht ersichtlich, dass Art. 4 Abs. 2 EUV von diesem abwägungsoffenen Verständnis abweichen wollte. Zweitens ist die Reichweite der Achtungspflicht – anders als der Inhalt des Begriffs „nationale Identität“ aus Art. 4 Abs. 2 EUV[89] – ausschließlich eine Frage des Unionsrechts[90] und steht im Zusammenhang mit anderen unionsrechtlichen Vorgaben anstatt, wie mitgliedstaatliche Identitätskontrollvorbehalte, von außen an sie herangetragen zu werden. Die Rechtsfolge der Achtungspflicht ist damit eine Frage einer systemimmanenten Konkordanz.[91] Demgemäß ist zum Schutz der nationalen Identität nach Art. 4 Abs. 2 EUV jedenfalls eine Abwägung vorzunehmen.[92] Hierfür lassen sich die Prüfschritte des Verhältnismäßigkeitsgrundsatzes unproblematisch zur Anwendung bringen.[93]

Damit stellt sich aber die Frage nach der Abgrenzung von Art. 5 Abs. 4 EUV mit neuer Schärfe. Wenn beide Normen in der Sache eine Verhältnismäßigkeitsprüfung vorgeben, müssen sie voneinander abgegrenzt werden. Hier fällt auf, dass die Identitätsschutzklausel im Gegensatz zum Textbefund im Rahmen des Art. 5 Abs. 4 EUV klar auf die Beschränkung der nationalen Identität fokussiert ist.[94] Die im Rahmen des Identitätsschutz vorzunehmende Abwägung ist also

---

lich, dass der EuGH den Schutz nationaler Identität als Rechtfertigungsgrund für Einschränkungen der Arbeitnehmerfreizügigkeit akzeptiert, aber mildere Mittel zur Erreichung des Ziels als die strittige Verknüpfung von Lehramt und Staatsangehörigkeit erkennt. So nochmals explizit: EuGH, Urt. v. 05.03.2019, UTECA, C-222/07, EU:C:2009:124, Rn. 127.

[88] Durch diesen Zusammenhang erklärt sich auch, warum der EuGH wie auch seine Generalanwälte die Abwägungsfähigkeit der nationalen Identität im Unionsrecht für nicht weiter begründungsbedürftig hielten, vgl. zu diesem Befund: *A. Schnettger*, Verbundidentität, 2020, S. 207 f. m.w.N.

[89] S. dazu sogleich.

[90] Besonders präzise: *F. C. Mayer*, in: von Bogdandy/Bast, Europäisches Verfassungsrecht, 2. Aufl. 2009, S. 559, 588; daran anknüpfend: *M. Wendel*, Permeabilität im europäischen Verfassungsrecht, 2011, S. 577.

[91] Deutlich wird dies in: EuGH, Urt. v. 22.09.2010, Sayn Wittgenstein, C-208/09, EU:C:2010:806, Rn. 83.

[92] S. hierzu m. ausf. Nw. aus der Rspr.: *L. Burgorgue-Larsen*, in: Saiz Arnaiz/Alcoberro Llivina (Hrsg.), National Constitutional Identity and European Integration, 2013, S. 275, 296 ff.

[93] So die weit verbreitete Meinung z.B. bei: *M. Hilf*, in: GS Eberhard Grabitz, 1995, S. 157, 164; *M. Goldhammer*, JöR n.F. 63 (2015), S. 105, 125; *C. Franzius*, in: Frankfurter Kommentar EUV, Art. 4, Rn. 55 ff.; *C. Calliess*, in: Calliess/Ruffert EUV, Art. 4, Rn. 52; *T. Schill/C. Krenn*, in: Grabitz/Hilf/Nettesheim EUV, Art. 4, Rn. 43; *L. Burgorgue-Larsen*, in: Saiz Arnaiz/Alcoberro Llivina (Hrsg.), National Constitutional Identity and European Integration, 2013, S. 275, 299 f.; vorsichtiger: *C. Timmermanns*, in: Azoulai (Hrsg.), The Question of Competence in the European Union, 2014, S. 155, 161.

[94] So insb. auch: EuGH, Urt. v. 28.11.1989, Groener, C-379/87, EU:C:1989:599, Rn. 19;

eine Abwägung mit Blick auf die Zumutbarkeit der Betroffenheit der nationalen Identität und damit von der Anlage her als Eingriffsschranke in subjektivrechtlicher Tradition konzipiert. Unabhängig davon, ob man Art. 5 Abs. 4 EUV ebenfalls dieser Tradition zuordnen möchte, stellt sich die Identitätsachtungsverpflichtung im Vergleich als eine speziellere Ausgleichsverpflichtung mit klar benanntem Schutzbereich dar.

Die Abgrenzung zwischen dem Identitätsschutz nach Art. 4 Abs. 2 EUV und der Verhältnismäßigkeitsprüfung nach Art. 5 Abs. 4 EUV lässt sich folglich auf Schutzbereichsebene vornehmen – wo die „nationale Identität" betroffen ist, greift Art. 4 Abs. 2 EUV, jenseits dessen kann ein Interesse im Rahmen des Art. 5 Abs. 4 EUV Berücksichtigung finden, ohne dass damit geklärt wäre, wie diese Prüfung abzulaufen hätte.

Die Bestimmung der „nationalen Identität" ist freilich eine komplexe Angelegenheit, der hier nicht in jedem Detail nachgegangen werden kann.[95] Der Rechtsprechung des EuGH lassen sich nur recht wenige allgemeingültige Aussagen über den Identitätsschutz der Mitgliedstaaten entnehmen. Erkennbar ist aber doch, dass die von mitgliedstaatlicher Seite vorgebrachten Identitätsbedenken vom EuGH in der Regel ohne größeren Prüfaufwand als Schutzgehalte der Achtungspflicht anerkannt werden.[96] Auch bei unionsweit möglicherweise nicht anschlussfähigen verfassungsrechtlichen Entscheidungen mancher Mitgliedstaaten, wie bei der Beschränkung des Ehebegriffs auf Verbindungen zwischen Mann und Frau in der Verfassung Rumäniens, deutete der EuGH zumindest an, dass auch sie unter den unionalen Identitätsschutz fallen können.[97] Grundrechtlich radizierte mitgliedstaatliche Identitätsgehalte nimmt der EuGH bereitwillig in seine Auslegung der GRC auf.[98] Schon weil Art. 4 Abs. 2 EUV einen nur von

---

EuGH, Urt. v. 22.09.2010, Sayn Wittgenstein, C-208/09, EU:C:2010:806, Rn. 90; EuGH, Urt. v. 12.05.2011, Runevič-Vardyn, C-391/09, EU:C:2011:291, Rn. 88.

[95] Schon auf nationaler Ebene ist „Identität" nur schwer zu definieren, vgl. nur: *A. Ingold*, AöR 140 (2015), S. 1 ff.; *C. Schönberger*, JöR n.F. 63 (2015), S. 41 ff.; *F. Benoît-Rohner*, in: Mélanges en l'honneur de Jean-Paul Jacqué, 2010, S. 63, 74 ff. Dies dem EuGH zu überlassen, würde jedoch den Gedanken von Identität als Selbstverständnis der Mitgliedstaaten *ad absurdum* führen, s.: *G. van der Schyff*, European Law Review 18 (2012), S. 563, 572; GA *Kokott*, Schlussanträge v. 15.04.2021 in der Rs. C-490/20, V.M.A., EU:C:2021:296, Rn. 70 ff.; GA *Emiliou*, Schlussanträge v. 08.03.2022 in der Rs. C-391/20, Cilevičs, EU:C:2022:166, Rn. 86. Eine unionsrechtlich nicht eingehegte, mitgliedstaatliche Definitionsmacht eines unionsrechtlichen Begriffs (s. hierzu: *Schill/Krenn*, in: Grabitz/Hilf/Nettesheim EUV Art. 4 Rn. 15) würde freilich die Einheit des Unionsrechts in besonderem Maße herausfordern.

[96] S. nur: EuGH, Urt. v. 06.09.2006, Portugal/Kommission, C-88/03, EU:C:2006:51, Rn. 70 ff.; EuGH, Urt. v. 05.03.2009, UTECA, C-222/07, EU:C:2009:124, Rn. 33; EuGH, Urt. v. 22.09.2010, Sayn Wittgenstein, C-208/09, EU:C:2010:806, Rn. 81 ff.; EuGH, Urt. v. 12.05.2011, Runevič-Vardyn, C-391/09, EU:C:2011:291, Rn. 84 ff.; EuGH, Urt. v. 16.04.2013, Las, C-202/11, EU:C:2013:239, Rn. 23 ff.; EuGH, Urt. v. 12.06.2014, Digibet, C-156/13, EU:C:2014:1756, Rn. 34.

[97] EuGH, Urt. v. 05.06.2018, Coman, C-673/16, EU:C:2018:385, Rn. 42 ff.

[98] Besonders prominent: EuGH, Urt. v. 14.10.2004, Omega, C-36/02, EU:C:2004:614,

mitgliedstaatlicher Seite sinnvoll ausfüllbaren Begriff verwendet und der EuGH in der Regel im Wege des Art. 267 AEUV mit einer entsprechend formulierten Vorstellung konfrontiert wird, kann sich der Inhalt der Identitätsschutzklausel letztlich nur dialogisch und einzelfallbezogen entwickeln. Die normative Verzahnung der Ebenen verweist für Art. 4 Abs. 2 EUV auf die verfahrensrechtliche Realität im Einzelfall. Als unionsrechtliche Einhegung möglicherweise missbräuchlicher Identitätsprätentionen hat der EuGH jedenfalls Art. 2 EUV zur Hand.[99]

Für die an dieser Stelle relevante Abgrenzung zu Art. 5 Abs. 4 EUV lässt sich also feststellen, dass solche Belange, die ein mitgliedstaatliches Gericht als identitätsrelevante Interessen dem EuGH unterbreitet und die von diesem als solche akzeptiert werden – was auf alle nicht offensichtlich missbräuchlichen oder gegen Art. 2 EUV verstoßenden Belange zutreffen dürfte – dem Schutzbereich des Art. 4 Abs. 2 EUV unterfallen. Jenseits dessen kann Art. 5 Abs. 4 EUV als allgemeinere Norm greifen.

c) Loyalität

An Beschreibungen für die außerordentliche Bedeutung des Loyalitätsprinzips aus Art. 4 Abs. 3 EUV herrscht wahrlich kein Mangel.[100] Insbesondere wegen seiner zentralen Bedeutung für das Verhältnis von Mitgliedstaaten und EU und der ihm zugeschriebenen Wirkung, Einheit zu stiften und Vielfalt zu schützen,[101] stellt sich auch für das Loyalitätsprinzip die Frage nach seinem Verhältnis zu Art. 5 Abs. 4 EUV.

Primär ist Loyalität mit Blick auf die Beziehungen zwischen der EU und den Mitgliedstaaten eine Wirksamkeitsgarantin des Unionsrechts. Das ergibt sich schon aus den Formulierungen der primärrechtlichen Grundierung dieses Prinzips: Bereits der Erstentwurf des EGKSV enthielt die spezifische Verpflichtung

---

Rn. 34 ff.; ähnlich auch z.B.: EuGH, Urt. v. 26.06.1997, Familiapress, C-368/95, EU:C:1997:325, Rn. 18; EuGH, Urt. v. 05.04.2016, Aranyosi und Căldăraru, verb. Rs. C-404/15 und C-659/15 PPU, EU:C:2016:198, Rn. 84 ff.

[99] S. hierzu z.B.: GA *Kokott*, Schlussanträge v. 15.04.2021 in der Rs. C-490/20, V.M.A., EU:C:2021:296, Rn. 116 ff.; *C. Franzius*, in: Frankfurter Kommentar EUV, Art. 4, Rn. 77; nunmehr ausdrücklich: EuGH, Urt. v. 16.02.2022, Ungarn/Parlament und Rat, C-156/21, EU:C:2022:97, Rn. 233; EuGH, Urt. v. 16.02.2022, Polen/Parlament und Rat, C-157/21, EU:C:2022:98, Rn. 265.

[100] „Verfassungsstrukturprinzip" bei *A.-M. Böhringer/T. Marauhn*, in: Schulze/Janssen/Kadelbach (Hrsg.), Europarecht, 4. Aufl. 2020, § 7, Rn. 1; „Core of the Constitutional Law of the Community" bei *J. T. Lang*, in: Gromley (Hrsg.), Current and Future Perspectives on EC Competition Law, 1997, S. 41; „fundamentaler Grundsatz des Gemeinschaftsrechts" bei *O. Due*, Der Grundsatz der Gemeinschaftstreue in der Europäischen Gemeinschaft nach der neueren Rechtsprechung des Gerichtshofs, 1992, S. 3; „unionale[s] Verfassungsprinzip" bei *T. Schill/C. Krenn*, in: Grabitz/Hilf/Nettesheim EUV, Art. 4, Rn. 60.

[101] So: *A. von Bogdandy*, Grundprinzipien, in: von Bogdandy/Bast (Hrsg.), Europäisches Verfassungsrecht, 2. Aufl. 2009, S. 13, 54.

der Mitgliedstaaten, alle Maßnahmen zur Durchführung der Handlungen der Organe der Gemeinschaft zu ergreifen und diesen die Erfüllung ihrer Aufgaben zu erleichtern.[102] Diese erweiterte der schlussendlich in Geltung getretene EGKSV in seinem Art. 86 neben redaktionellen Änderungen noch um die Verpflichtung, mit dem gemeinsamen Markt unvereinbare Maßnahmen zu unterlassen.[103] Diese Formulierung wurde in Art. 5 EWG, der später zum Art. 10 EGV wurde, noch ausgebaut.[104] Der heutige Art. 4 Abs. 3 EUV hat diese Stoßrichtung in seinen UAbs. 2 und 3 beibehalten.

Die richterliche Ausprägung der Loyalitätspflichten der Mitgliedstaaten im Unionsrecht fokussiert sich demgemäß darauf, vor allem bestehenden Unionsrechtsnormen und Pflichten zu ihrer effektiven Wirksamkeit in den Mitgliedstaaten zu verhelfen. Seien es Mitwirkungs- und Aufklärungspflichten,[105] Missbrauchs-[106] und Umgehungsverbote,[107] seien es die Verpflichtungen zur aktiven Befolgung und Anwendung des Unionsrechts in all ihren Spielarten für alle Staatsgewalten der Mitgliedstaaten[108] oder Staatshaftungsansprüche[109]: Sie alle dienen der Effektivierung der unionsrechtlichen Regeln.

---

[102] S. hierzu: *G. de Baere/T. Roes*, The International and Comparative Law Quarterly 64 (2015), S. 829, 830 f.

[103] Art. 86 Abs. 1 und Abs. 2 EGKSV: „Die Mitgliedstaaten verpflichten sich, alle geeigneten allgemeinen oder besonderen Maßnahmen zu ergreifen, um die Erfüllung der Verpflichtungen zu sichern, die sich aus den Entscheidungen und Empfehlungen der Organe der Gemeinschaft ergeben, und der Gemeinschaft die Erfüllung ihrer Aufgaben zu erleichtern. Die Mitgliedstaaten verpflichten sich, jede Maßnahme zu unterlassen, die mit dem Bestehen des gemeinsamen Marktes gemäß Artikel 1 und 4 unvereinbar ist."

[104] Art. 5 EWG: „Die Mitgliedstaaten treffen alle geeigneten Maßnahmen allgemeiner oder besonderer Art zur Erfüllung der Verpflichtungen, die sich aus diesem Vertrag oder aus Handlungen der Organe der Gemeinschaft ergeben. Sie erleichtern dieser die Erfüllung ihrer Aufgabe. Sie unterlassen alle Maßnahmen, welche die Verwirklichung der Ziele dieses Vertrags gefährden könnten."

[105] S. z.B.: EuGH, Urt. v. 11.12.1985, Kommission/Griechenland, Rs. 194/87, EU:C:1985:497, Rn. 19 ff.; EuGH, Urt. v. 24.03.1988, Kommission/Griechenland, Rs. 240/86, EU:C:1988:173, Rn. 23 ff.; EuGH; Urt. v. 24.10.2013, Kommission/Spanien, C-151/12, EU:C:2013:690, Rn. 49.

[106] Vgl. für verschiedene Anwendungsfälle: EuGH, Urt. v. 19.02.1991, Kommission/Belgien, C-374/89, EU:C:1991:60, Rn. 14 f.; EuGH, Urt. v. 02.10.2003, Weber's Wine World, C-147/01, EU:C:2003:533, Rn. 86 ff. Im Wettbewerbsrecht besonders relevant z.B. in: EuGH, Urt. v. 23.11.2017, CHEZ Elektro Bulgaria, verb. Rs. C-427/16 und C-428/16, EU:C:2017:890, Rn. 41 ff.

[107] S. EuGH, Urt. v. 27.11.2012, Pringle, C-370/12, EU:C:2012:756, Rn. 148 ff. für das Verbot, unionsrechtwidrige völkerrechtliche Verpflichtungen unter den Mitgliedstaaten einzugehen und EuGH, Urt. v. 31.03.1971, Kommission/Rat (AETR), Rs. 22/70, EU:C:1971:32, Rn. 15 ff. für ein entsprechendes Verbot bei Abkommen mit Drittstaaten.

[108] S. für einen Überblick: *C. Franzius*, in: Frankfurter Kommentar EUV, Art. 4, Rn. 112 ff. m.w.N.

[109] Grundlegend: EuGH, Urt. v. 19.11.1991, Francovich, verb. Rs. C-6/90 und C-9/90, EU:C:1991:428, Rn. 38 ff.; EuGH, Urt. v. 05.03.1996, Brasserie du Pêcheur & Factortame III, verb. Rs. C-46/93, C-48/93, EU:C:1996:79, Rn. 51, 55; s. hierzu: *T. von Danwitz*, DVBl 1997, S. 1, 2 f.

In Anbetracht der verfassungsrechtlichen Struktur der EU kann der Rückgriff auf wirksamkeitsgerichtete Loyalitätspflichten nicht verwundern.[110] Die Durchsetzung des Unionsrechts durch die mitgliedstaatlichen Staatsgewalten ist in hohem Maße von Freiwilligkeit geprägt.[111] Vielfach sind mitgliedstaatlich zu verantwortende Defizite bei der Durchführung des Unionsrechts zu konstatieren.[112] Darüber hinaus sorgen auch die politische Bedeutung der Mitgliedstaaten für die Gesetzgebung der EU und nicht zuletzt die finanzielle Abhängigkeit der EU von ihren Mitgliedstaaten für die Notwendigkeit, unionsrechtliche Vorkehrungen zur Sicherung der tatsächlichen Anwendung und Effektivität des Unionsrechts vorzusehen.[113] Es geht damit nicht entscheidend um die Herstellung von politischer und regulatorischer Einheit auf Kosten von mitgliedstaatlicher Vielfalt, sondern um die Sicherstellung von Wirksamkeit der im politischen Prozess unter Beteiligung der Mitgliedstaaten geschaffenen Regeln.[114] Es liegt dann „eine gemeinsame Regel vor, der sich die Mitgliedstaaten unterzuordnen haben“[115] und die Loyalitätspflichten verhindern eine „nachträgliche Infragestellung“[116] dieser Regel.

Die Loyalitätspflichten aus Art. 4 Abs. 3 EUV sind jedenfalls meist akzessorisch zu bestehenden unionsrechtlichen Regeln[117] und determinieren[118] ihre Rechtswirkung. Und genau an dieser Stelle ergibt sich eine mögliche Verbindung mit dem Grundsatz der Verhältnismäßigkeit aus Art. 5 Abs. 4 EUV. In Betracht kommt Art. 5 Abs. 4 EUV hier bei der Konkretisierung loyalitätsbasierter Wirkungen einer bestimmten Unionsrechtsmaßnahme. Art. 5 Abs. 4 EUV würde die einem Unionsrechtsakt tatsächlich zukommenden Rechtswirkungen, denen

---

[110] S. hierzu ausf.: *J. T. Lang*, in: Bernitz/Nergelius/Cardner (Hrsg.), General Principles of EC Law in a Process of Development, 2008, S. 75, 76 ff.

[111] S. nur: *A. von Bogdandy*, in: von Bogdandy/Bast (Hrsg.), Europäisches Verfassungsrecht, 2. Aufl. 2009, S. 13, 54; *B. de Witte*, in: de Búrca/Weiler (Hrsg.), The Worlds of European Constitutionalism, 2012, S. 18, 46; *E. Neframi*, CMLR 47 (2010), S. 323, 331 ff.

[112] S. nur: *W. Kahl*, in: Calliess/Ruffert EUV, Art. 4, Rn. 99.

[113] Vgl. auch: *D. Halberstam*, Virginia Law Review 90 (2004), S. 731, 763 f.

[114] *D. Halberstam*, Virginia Law Review 90 (2004), S. 731, 736, 765 f. nennt dies „liberal fidelity“, der es nicht um die Vereinheitlichung politischer Vorstellungen innerhalb der föderalen Ordnung geht, sondern um die Ermöglichung politischer Vielfalt unter Wahrung der Funktionsfähigkeit des föderalen Systems.

[115] *P. Pescatore*, EuR 1970, S. 307, 322.

[116] *A. von Bogdandy*, in: von Bogdandy/Bast (Hrsg.), Europäisches Verfassungsrecht, 2. Aufl. 2009, S. 13, 55.

[117] So die klassische Auffassung z.B. bei: GA *Roemer*, Schlussanträge v. 19.12.1968 in der Rs. 14/68, Walt Wilhelm, EU:C:1968:55, S. 27; EuGH, Urt. v. 08.06.1971, Deutsche Grammophon, Rs. 78/70, EU:C:1971:59, Rn. 5; GA *Slynn*, Schlussanträge v. 31.05.1988, Rs. 308/86, Lambert, EU:C:1988:270, S. 4383; GA *Poiares Maduro*, Schlussanträge v. 10.07.2008 in der Rs. C-205/06, Kommission/Österreich, EU:C:2008:391, Rn. 34; vgl. für diesen sog. „Grundsatz der Vertragsakzessorietät“ nur: *W. Kahl*, in: Calliess/Ruffert EUV, Art. 4, Rn. 110 m.w.N.

[118] Vgl. in diesem Sinne auch: *W. Obwexer*, in: von der Groeben EUV, Art. 4, Rn. 77.

dann die Mitgliedstaaten unterliegen, moderieren. Unter Rückbezug auf die etablierten Prüfschritte der Verhältnismäßigkeit lassen sich die involvierten Interessen, also insbesondere das Regelungsziel kombiniert mit dem Interesse an einheitlicher und voller Wirksamkeit des Unionsrechts und den ggf. entgegenstehenden Belangen, wie insb. auch dem Interesse an hinreichender Handlungsfreiheit der Mitgliedstaaten, besonders gut explizieren und miteinander in Ausgleich bringen.[119] Wie *Hatje* herausgearbeitet hat, fungiert der Grundsatz der Verhältnismäßigkeit damit als Grenze der akzessorischen Loyalitätspflichten, die nicht so ausgestaltet sein dürfen, dass das durch sie zur wirksamen Durchsetzung gebrachte Unionsrecht relevante Belange unverhältnismäßig beschränkt.[120]

Soweit das Loyalitätsgebot den Mitgliedstaaten, ggf. sogar mit unitarisierenden Tendenzen,[121] über die akzessorische Wirksamkeitssicherung von Normen des Unionsrechts hinausgehende Pflichten auferlegen sollte,[122] greift die begrenzende Wirkung des Grundsatzes der Verhältnismäßigkeit erst recht: Gerade die unmittelbar aus dem Loyalitätsgrundsatz abgeleiteten Pflichten der Mitgliedstaaten müssen schon für sich verhältnismäßig ausgestaltet sein. Auch hier bietet sich Art. 5 Abs. 4 EUV vor allem als Auslegungsrichtlinie für Art. 4 Abs. 3 EUV an.

II. Positivrechtliche Ausgestaltung des Art. 5 Abs. 4 EUV

Ist damit aus historischen und systematischen Gründen eine föderale Funktion des Art. 5 Abs. 4 EUV etabliert, bleibt offen, wie sich diese konkret darstellt. Eine Untersuchung der positivrechtlichen Ausgestaltung dieser Vorschrift spiegelt zwar gewisse Aspekte ihrer Entstehungsgeschichte und ergibt, dass es sich um eine umfassend angelegte Handlungsgrenze der EU handelt. Klare Festlegungen für die Operationalisierung dieser Vorschrift im Föderalismus der EU lassen sich der Ausgestaltung dieser Norm allerdings zunächst nicht entnehmen.

---

[119] Dies deutet sich auch an bei: *T. Schill/C. Krenn*, in: Grabitz/Hilf/Nettesheim EUV, Art. 4, Rn. 65; *T. von Danwitz*, Europäisches Verwaltungsrecht, 2008, S. 312.

[120] *A. Hatje*, Loyalität als Rechtsprinzip in der Europäischen Union, 2001, S. 83 ff.

[121] Vgl. hierzu: *D. Halberstam*, Virginia Law Review 90 (2004), S. 731, 778 ff.

[122] Vgl. die Diskussion bei: GA *Reischl*, Schlussanträge v. 21.05.1980 in der Rs. 32/79, Kommission/Vereinigtes Königreich, EU:C:1980:189, S. 236 f.; *A. von Bogdandy*, in: von Bogdandy/Bast (Hrsg.), Europäisches Verfassungsrecht, 2. Aufl. 2009, S. 13, 52 ff.; *J. T. Lang*, CMLR 27 (1990), S. 645, 663.

1. Adressaten

a) Allgemeines

Art. 5 Abs. 4 EUV legt mit „der Union“ einen denkbar weiten Adressatenkreis fest. Der Begriff der „Union“ steht gem. Art. 1 EUV für den gesamten Verband, der durch das Primärrecht konstituiert wird, ohne nähere Spezifizierung oder Eingrenzung auf bestimmte Organe oder Stellen.[123] Damit angesprochen ist die EU in ihrer Gesamtheit. Zwar spricht Art. 51 Abs. 1 S. 1 GRC, um einen ähnlich umfassenden Anwendungsbereich der GRC festzulegen, präziser von einer Geltung der GRC für die „Organe, Einrichtungen und sonstige Stellen der Union.“ Der allgemeineren Formulierung des Art. 5 Abs. 4 EUV ist aber demgegenüber keine einschränkende Tendenz zu entnehmen.

Dieser umfassende Ansatz entspricht dem Status des Grundsatzes der Verhältnismäßigkeit als allgemeinem Rechtsgrundsatz des Unionsrechts, der im Rahmen des Unionsrechts stets Anwendung findet und weder institutionell noch auf bestimmte Rechtsbereiche beschränkt ist.[124] Im Vergleich zu diesem allgemeinen Rechtsgrundsatz adressiert Art. 5 Abs. 4 EUV allerdings nicht die Mitgliedstaaten,[125] die im Anwendungsbereich des Unionsrechts weiterhin an den ungeschriebenen allgemeinen Rechtsgrundsatz der Verhältnismäßigkeit gebunden sind.

Nicht erfasst sind Stellen, die nicht durch oder auf Grundlage der Unionsverträge konstituiert wurden, wie insbesondere der ESM oder die EPO. Denn ungeachtet ihrer engen Anbindung an die EU, die sich teilweise sogar als Ergänzung der Unionsverträge verstehen lässt,[126] beruhen sie auf eigenen völkerrechtlichen Verträgen und sind daher nicht am Maßstab des Primärrechts zu messen. Die Einstufung solcher Stellen als zwischenstaatliche Einrichtungen in einem Näheverhältnis zur EU mit dem Zweck der Bestimmung der verfassungsrechtlich nötigen Voraussetzungen zur Hoheitsrechtsübertragung[127] vermag hieran nichts zu ändern.

Nur die Organe der Union hingegen werden gem. Art. 5 Abs. 4 UAbs. 2 EUV an das SubProt gebunden. Der Organbegriff der Verträge bezieht sich auf die in Art. 13 EUV genannten Institutionen. In Anbetracht der primären Ausrichtung des SubProt auf den Legislativprozess sind hiervon vor allem die Kommission, der Rat und das Parlament betroffen.

---

[123] Vgl. *M. Nettesheim*, in: Grabitz/Hilf/Nettesheim EUV, Art. 1, Rn. 11.

[124] S. hierzu bereits oben, 1. Kap. A. III., sowie: *T.-I. Harbo*, European Law Journal 16 (2010), S. 158, 159; *N. Emiliou*, The Principle of Proportionality in European Law, 1996, S. 115 ff.

[125] S. nur: EuGH, Urt. v. 25.07.2018, TTL, C-553/16, EU:C:2018:604, Rn. 33 ff.; EuGH, Beschl. v. 13.02.2020, MAK TURS, C-376/19, EU:C:2020:99, Rn. 18 f.

[126] Vgl. hierzu: *R. A. Lorz/H. Sauer*, DÖV 2012, S. 573, 573 ff. Ausf. zu diesem Phänomen: *D. Nees*, Hybrides Unionsrecht, 2020, S. 149.

[127] Vgl. nur: BVerfGE 153, 74, 145 ff.

b) Sonderfälle

Trotz dieses umfassend ausgestalteten Anwendungsbereichs wurden Zweifel daran geäußert, ob der Rechnungshof und der EuGH ebenfalls an den Grundsatz der Verhältnismäßigkeit gebunden sind. Hierzu bedarf es einiger Konkretisierungen.

aa) Anwendung auf den Rechnungshof

Soweit im Verfahren *Kommission/Deutschland* über die Prüfbefugnisse des Rechnungshofs dessen Bindung an den Grundsatz der Verhältnismäßigkeit bezweifelt wurde, ging der EuGH einer Klärung aus dem Weg, indem er eine Verurteilung Deutschlands auf andere Gründe stützte.[128] Aus den Schlussanträgen von Generalanwältin *Trstenjak* geht aber hervor, dass diese Bindung vor dem EuGH bestritten wurde – vom Parlament mit dem Argument, dass der damalige Art. 5 Abs. 3 EGV nur für Gesetzgebungsakte gelte und vom Rechnungshof mit der Überlegung, dass seine Kontrolltätigkeit keiner *de-minimis*-Schwelle unterliege.[129]

Das Argument des Rechnungshofs scheint darauf abzuzielen, dass keine für den Rechnungshof spezifische Norm besondere Hürden für sein Tätigwerden festlegt und insbesondere keine Ziele von besonderem Gewicht im Verhältnis zu den herbeigeführten Beeinträchtigungen anderer Interessen verfolgt werden müssen. Damit verlangt der Rechnungshof einen spezifischen Anknüpfungspunkt dafür, den Verhältnismäßigkeitsgrundsatz auf sein Handeln anzuwenden. Schon früh hat der EuGH aber, entgegen gewisser Tendenzen aus dem generalanwaltlichen Kollegium,[130] den Grundsatz der Verhältnismäßigkeit unabhängig von textlichen Verankerungen rechtsgebietsübergreifend angewandt.[131] In Anbetracht dessen und des umfassenden Bezugs des Art. 5 Abs. 4 EUV auf die „Union" und damit auf alle durch oder auf Grundlage der Verträge konstituierten Einrichtungen, zu denen jedenfalls ausweislich des Art. 13 EUV auch der Rechnungshof gehört, bedürfte es eher eines textlichen Anknüpfungspunktes, der gegen die Erstreckung des Verhältnismäßigkeitsgrundsatzes auf den Rechnungshof spricht, als einer spezifischen Normierung dieses Grundsatzes für den

[128] EuGH, Urt. v. 15.11.2011, Kommission/Deutschland, C-539/09, EU:C:2011:733, Rn. 85.

[129] GA *Trstenjak*, Schlussanträge v. 25.05.2011 in der Rs. C-539/09, Kommission/Deutschland, EU:C:2011:345, Rn. 89.

[130] Vgl. GA *Roemer*, Schlussanträge v. 01.12.1970 in der Rs. 31/70, Deutsche Getreide- und Futtermittel Handelsgesellschaft, EU:C:1970:98, S. 1071; GA *Roemer*, Schlussanträge v. 21.03.1972 in der Rs. 92/71, Interfood, EU:C:1972:21, S. 248; GA *Dutheilleit de Lamothe*, Schlussanträge v. 02.12.1970 in der Rs. 11/70, Internationale Handelsgesellschaft, EU:C:1970:100, S. 1150 f.; GA *Rozès*, Schlussanträge v. 11.05.1983 in der Rs. 181/82, Roussel, EU:C:1983:134, S. 3875.

[131] So schon: *H. P. Ipsen*, Europäisches Gemeinschaftsrecht, 1972, S. 512 f., 733 f.; *G. Nicolaysen*, Europäisches Gemeinschaftsrecht, 1979, S. 20, jeweils m.w.N.

Rechnungshof. Von der allgemein gehaltenen Handlungsschranke des Art. 5 Abs. 4 EUV zugunsten des Rechnungshofs eine Ausnahme zu machen, überzeugt nicht.[132]

Das Argument des Parlaments, wonach Art. 5 Abs. 4 EUV auf Legislativakte zu beschränken sei und daher auf den Rechnungshof keine Anwendung finde, stellt hingegen darauf ab, dass der Grundsatz der Verhältnismäßigkeit wegen des Tätigkeitsprofils des Rechnungshofs keine Anwendung finden solle. Obgleich eng mit der Frage verwandt, welche Institutionen als Teile der „Union" von Art. 5 Abs. 4 EUV angesprochen werden, ist dies eine Frage danach, welche Handlungen als „Maßnahme" im Sinne des Art. 5 Abs. 4 EUV anzusehen sind, worauf sogleich noch eingegangen wird.

bb) Anwendung auf den EuGH

Grundsätzlich müsste auch für den Gerichtshof der Europäischen Union als eines der Organe aus Art. 13 EUV eine Bindung an Art. 5 Abs. 4 EUV anzunehmen sein. Jedenfalls für seine Verwaltungstätigkeit sollte das außer Frage stehen. Mit Schaffung des EuG hat der EuGH überdies begonnen, als Rechtsmittelinstanz Urteile aufzuheben, die gegen den Grundsatz der Verhältnismäßigkeit verstießen, beginnend mit der Rechtssache *Albani*, in der das EuG einen bestimmten Abschnitt eines Einstellungsverfahrens wegen Unregelmäßigkeiten vollständig aufgehoben hatte.[133] Der EuGH hielt hingegen die vollständige Aufhebung für nicht erforderlich, um die von den benachteiligten Bewerbern geltend gemachten Rechte zu wahren,[134] und hob das Urteil des EuG wegen Verstoßes gegen den Grundsatz der Verhältnismäßigkeit auf.[135]

Soweit die Bindung des Gerichtshofs in seiner Rechtsprechungstätigkeit an den Grundsatz der Verhältnismäßigkeit in Frage steht, bleibt es freilich der EuGH, der selbst in letzter Instanz darüber entscheidet, wie der Grundsatz der Verhältnismäßigkeit auszulegen ist und ob er eingehalten wurde. Das ist aber nur eine besondere Ausprägung der Letztentscheidungskompetenz von Höchstgerichten.[136] Daher gibt es jedenfalls zur Sicherstellung der Einhaltung des Grundsatzes der Verhältnismäßigkeit keine Veranlassung, weitere externe Kontrollinstanzen heranzuziehen: Als unionsrechtlicher Grundsatz ist Art. 5 Abs. 4 EUV ausschließlich dem EuGH zur Auslegung und Anwendung anvertraut[137] und die

[132] So auch: GA *Trstenjak*, Schlussanträge v. 25.05.2011 in der Rs. C-539/09, Kommission/Deutschland, EU:C:2011:345, Rn. 90.

[133] EuG, Urt. v. 12.06.1990, Albani, T-35/90, EU:T:1990:44, Rn. 53.

[134] EuGH, Urt. v. 06.07.1993, Albani, C-242/90 P, EU:C:1993:284, Rn. 13 ff.

[135] S. zu alldem: *O. Koch*, Der Grundsatz der Verhältnismäßigkeit in der Rechtsprechung des Gerichtshofs der Europäischen Gemeinschaften, 2003, S. 196 f.

[136] Vgl. hierzu nur: *H. Kelsen*, Reine Rechtslehre, 2. Aufl. 1960, S. 272 f.; *H. L. A. Hart*, The Concept of Law, 3. Aufl. 2012, S. 141 ff.; *W. Schroeder*, in: Simma/Schulte (Hrsg.), Völker- und Europarecht in der aktuellen Diskussion, 1999, S. 59, 72.

[137] Wie sich insbesondere aus Art. 274 und 344 AEUV ergibt; s. dazu nur: *M. Claes*, The National Court's Mandate in the European Constitution, 2006, S. 709.

Einschaltung einer weiteren Instanz verlagert nur das generelle Problem, dass eine Letztentscheidungszuständigkeit auch unzureichend ausgeübt werden kann.[138]

2. Der Begriff der Maßnahme

a) Keine Beschränkung auf legislative Handlungen

Vereinzelt wird in Ansehung des Art. 5 Abs. 4 UAbs. 2 EUV und der Fokussierung des SubProt auf den Gesetzgebungsprozess vertreten, Art. 5 Abs. 4 EUV sei nur Maßstab für Gesetzgebungsakte.[139] Tatsächlich ist der Konnex zum SubProt und damit zum Gesetzgebungsprozess eindeutig und als Gültigkeitsmaßstab für Gesetzgebungsakte wurde der Grundsatz der Verhältnismäßigkeit im Unionsrecht schon früh bemüht.[140] Zudem ist zu bedenken, dass in der Tat von verbindlichen Rechtsakten der Union im Allgemeinen und von Gesetzgebungsakten im Besonderen am ehesten Belastungen ausgehen werden, die als unverhältnismäßig gerügt werden könnten.[141] Ferner können unverbindliche Handlungen von Rat, Kommission und EZB wie Stellungnahmen und Empfehlungen sowie Handlungen ohne Rechtswirkungen gegenüber Dritten von Parlament, Rat und sonstigen Stellungen der Union gem. Art. 263 AEUV nicht Gegenstand einer Nichtigkeitsklage sein,[142] sodass eine gerichtliche Kontrolle dieser Handlungen auf ihre Verhältnismäßigkeit rein praktisch erschwert wird.

Dennoch kann eine solche Beschränkung nicht überzeugen: Schon begrifflich differenzieren die Verträge zwischen „Maßnahmen der Union", „Union action" und „l'action de l'Union" in Art. 5 Abs. 4 EUV einerseits und den „Rechtsakten", „legal acts" und „actes juridiques" aus Art. 289 Abs. 3 AEUV und der Überschrift des ersten Abschnitts des zweiten Kapitels aus dem ersten Titel des sechsten Teils des AEUV andererseits. Allgemein verwenden die Verträge den Begriff der „Maßnahme", wenn möglichst unspezifisch von einem Handeln der Organe oder der Mitgliedstaaten gesprochen wird, wie etwa in Art. 4 Abs. 3 UAbs. 2, Art. 13 Abs. 1 und Art. 17 Abs. 1 EUV. Ohnehin erscheint es widersinnig, wenn

---

[138] Vgl. hierzu klassisch: US Supreme Court, Urt. v. 09.02.1953, Allen v. Brown, 344 U.S. 443, 540 (1993) (Jackson, J., concurring in the result): „We are not final because we are infallible, but we are infallible only because we are final."

[139] *P. Craig*, The Lisbon Treaty, 2010, S. 184 f.

[140] Vgl. nur: EuGH, Urt. v. 07.02.1973, Schröder/Deutschland, Rs. 40/72, EU:C:1973:14; EuGH, Urt. v. 24.10.1973, Balkan-Import-Export, Rs. 5/73, EU:C:1973:109; EuGH, Urt. v. 24.10.1973, Schlüter, Rs. 9/73, EU:C:1973:110; EuGH, Urt. v. 24.10.1973, Rewe Zentral, Rs. 10/73, EU:C:1973:111; EuGH, Urt. v. 05.07.1977, Bela Mühle, Rs. 114/76, EU:C:1977:116; EuGH, Urt. v. 05.07.1977, Granaria, Rs. 116/76, EU:C:1977:117; EuGH, Urt. v. 05.07.1977, Ölmühle Hamburg, verb. Rs. 119 und 120/76, EU:C:1977:118.

[141] So auch: *J. Bast*, in: Grabitz/Hilf/Nettesheim EUV, Art. 5, Rn. 69; ähnlich: GA *Trstenjak*, Schlussanträge v. 25.05.2011 in der Rs. C-539/09, Kommission/Deutschland, EU:C:2011:345, Rn. 90.

[142] S. hierzu ausf.: *O. Dörr*, in: Grabitz/Hilf/Nettesheim AEUV, Art. 263, Rn. 41 ff.

nach dem Wortlaut die „Union“ von Art. 5 Abs. 4 EUV adressiert wird, aber durch eine im Vergleich zu anderen Verwendungen dieses Wortes im Vertrag nirgends indizierte, enge Auslegung des Begriffs der Maßnahme letztlich nur die Co-Gesetzgeber an diese Norm gebunden wären. Zwar würden die anderen Organe dann weiterhin an den ungeschriebenen, allgemeinen Rechtsgrundsatz der Verhältnismäßigkeit gebunden bleiben, doch widerspricht eine solche Engführung des Art. 5 Abs. 4 EUV gerade dem Verständnis von Art. 5 Abs. 4 EUV als positivrechtliche Normierung eben dieses Grundsatzes für die Unionsorgane.

Aus der eingeschränkten Justiziabilität und der fehlenden Normativität mancher Handlungen ist nichts anderes zu folgern. Die unverbindlichen Handlungsformen der Union mögen zwar keine normative Wirkung entfalten, sie sind aber auch nicht rechtlich wirkungslos[143] und aus Art. 5 Abs. 4 EUV ist jedenfalls kein einschränkendes Element ersichtlich. Dementsprechend wären auch Realakte als Maßnahmen i.S.v. Art. 5 Abs. 4 EUV anzusehen.[144] Mag auch der EuGH unter Umständen nicht in der Lage sein, hier kontrollierend einzugreifen, kann allein das keinen Dispens vom Art. 5 Abs. 4 EUV rechtfertigen.

b) Grenzfälle

Konsequenz dieses weiten Verständnisses ist, dass auch vorbereitende Handlungen oder Informationsakte grundsätzlich unter Art. 5 Abs. 4 EUV fallen. Nicht nur, aber insbesondere im Rahmen der Geldpolitik der EZB ist die Kommunikation von Entscheidungen jedenfalls aus Sicht der Betroffenen mindestens ebenso bedeutsam wie die Entscheidungen selbst, weil mitunter schon die Ankündigung einer bestimmten Politik bestimmte Folgen zeitigen kann.[145] Das gilt grundsätzlich auch für Entwürfe von Rechtsakten, vorbereitende Arbeiten und Positionspapiere. Soweit es sich um vorbereitende Arbeiten handelt, die in eine Handlung münden sollen, die unzweifelhaft dem Art. 5 Abs. 4 EUV unterfällt, wäre es sogar widersinnig, diese Handlungen von der Ausgewogenheitsverpflichtung dieser Norm freizustellen. Entscheidend ist hierbei letztlich nur, dass die fraglichen Handlungen durch ihre Veröffentlichung eine tatsächliche Außenwirkung haben. Die Weite dieser Konzeption wird dadurch aufgefangen, dass solcherlei Handlungen nur äußerst eingeschränkt zum Gegenstand einer Nichtigkeitsklage gemacht werden können und auch nur dann mittels Vorabentscheidungsverfahren vor den EuGH gebracht werden können, wenn das mitgliedstaatliche Verfahrensrecht hier ausnahmsweise keine Einschränkungen vorsieht.

---

[143] S. nur: EuGH, Urt. v. 13.12.1989, Grimaldi, Rs. 322/88, EU:C:1989:646, Rn. 18.

[144] So auch im Rahmen der Eingriffsdogmatik bei den Unionsgrundrechten: EuGH, Urt. v. 05.10.1994, X, C-404/92 P, EU:C:1994:361, Rn. 22.

[145] S. hierzu nur: *K. Kaiser/H. Sauer*, in: Hufeld/Ohler (Hrsg.), Europäische Wirtschafts- und Währungsunion, 2022, § 24, Rn. 22.

c) Völkerrechtliche Verträge

Fraglich ist schließlich, ob von der EU geschlossene völkerrechtliche Verträge als Maßnahmen i.S.v. Art. 5 Abs. 4 EUV zu verstehen sind und damit grundsätzlich auf ihre Verhältnismäßigkeit hin überprüft werden können. Für eine solche Qualifikation spricht, dass Art. 216 Abs. 2 EUV den von der Union geschlossenen Abkommen ohne Zwischenschritte Rechtsgeltung in der Unionsrechtsordnung verschafft, die Abkommen also unmittelbar als Unionsrecht gelten und damit in jeder Hinsicht anderen Handlungen der Unionsmaßnahmen gleichgestellt sind,[146] auch was die daraus resultierende Auslegungszuständigkeit des EuGH für diese Abkommen angeht.[147] Sofern diese Abkommen gegenüber den Mitgliedstaaten oder Individuen unmittelbare Wirkung entfalten,[148] bzw. sie zu einer Beeinträchtigung von im Rahmen des Art. 5 Abs. 4 EUV rügefähigen Interessen führen, besteht kein Unterschied zu sonstigen Maßnahmen der EU.[149] Während diese Verträge zwar Maßstab für Rechtsakte der EU sind[150] und das Unionsrecht einer völkerrechtsfreundlichen Auslegung bedarf,[151] bleiben die Abkommen der EU einer Kontrolle am Maßstab des Primärrechts zugänglich.[152] Grund hierfür ist, dass die Union in Ansehung von Art. 48 EUV nicht zur Änderung des Primärrechts befugt ist, was umgangen würde, wenn von ihr geschlossene völkerrechtliche Verträge im Range des Primärrechts stünden.[153] Ferner geht auch Art. 218

[146] Grundlegend: EuGH, Urt. v. 30.04.1972, Haegemann, Rs. 181/73, EU:C:1974:41, Rn. 2/6; s. hierzu: *R. A. Wessels*, in: Butler/Wessels (Hrsg.), EU External Relations Law: The Cases in Context, 2022, S. 35, 39 ff.

[147] S. etwa: EuGH, Urt. v. 02.10.1982, Kupferberg, Rs. 104/81, EU:C:1982:362, Rn. 11 ff.; EuGH, Urt. v. 30.09.1987, Demirel, Rs. 12/86, EU:C:1987:400, Rn. 7 ff.; vgl. aber auch: EuGH, Urt. v. 04.05.2010, TNT Express Nederland BV, C-553/08, EU:C:2010:243, Rn. 58 ff.

[148] S. hierzu nur: EuGH Urt. v. 30.09.1987, Demirel, Rs. 12/86, EU:C:1987:400, Rn. 14; EuGH, Urt. v. 15.03.2012, SCF, C-135/10, EU:C:2012:140, Rn. 39; *K. Schmalenbach*, in: Calliess/Ruffert AEUV, Art. 216, Rn. 33 ff. m.w.N.

[149] Die nicht immer völlig orthodoxe Handhabung der Haegeman-Rechtsprechung durch den EuGH im Rahmen von GATT und WTO, vgl. nur: EuGH, Urt. v. 05.10.1994, Deutschland/Rat, C-280/93, EU:C:1994:367, Rn. 103 ff.; EuGH, Urt. v. 23.11.1999, Portugal/Rat, C-149/96, EU:C:1999:574, Rn. 34 ff., ändert daran nichts.

[150] Statt vieler: *K. Schmalenbach*, in: Calliess/Ruffert AEUV, Art. 216, Rn. 25, 50.

[151] S. etwa: EuGH, Urt. v. 16.06.1998, Hermès International, C-53/96, EU:C:1998:292, Rn. 28; EuGH, Urt. v. 14.12.2000, Dior u.a., verb. Rs. C-300/98 und C-392/98, EU:C:2000:688, Rn. 47; EuGH, Urt. v. 16.10.2012, Ungarn/Slowakei, C-364/10, EU:C:2012:630, Rn. 44 ff.

[152] Zur Kontrollfähigkeit der Durchführung internationaler Abkommen am Maßstab des unionsrechtlichen Grundsatzes der Verhältnismäßigkeit auch: GA *Szpunar*, Schlussanträge v. 14.10.2021 in der Rs. C-452/20, Agenzia delle dogane e dei monopoli, EU:C:2021:855, Rn. 59; dem folgend: EuGH, Urt. v. 24.02.2022, Agenzia delle dogane e dei monopoli, C-452/20, EU:C:2022:111, Rn. 33.

[153] Zur Stellung des ius cogens im Unionsrecht s. einerseits: EuG, Urt. v. 21.09.2005, Kadi I, Rs. T-315/01, EU:T:2005:332, Rn. 221 ff. und dazu: *K. Schmalenbach*, JZ 2006, S. 349, 352 f. und andererseits: EuGH, Urt. v. 03.09.2008, Kadi I, verb. Rs. C-402/05 P und C-415/05 P, EU:C:2008:461, Rn. 288; s. aber auch: EuGH, Urt. v. 24.11.1992, Poulsen, C-286/90, EU:C:

Abs. 11 S. 2 AEUV davon aus, dass ein primärrechtswidriges Abkommen nicht von der Union durchzuführen ist.[154] Der Verstoß eines Abkommens gegen das Primärrecht und damit auch gegen Art. 5 Abs. 4 EUV würde zwar die eingegangene völkerrechtliche Bindung der Union nicht entfallen lassen, weshalb der EuGH idealerweise vor Abschluss im Gutachtenverfahren nach Art. 218 Abs. 11 S. 1 AEUV zu befassen ist, müsste aber jedenfalls zu einer, ggf. in ihren Wirkungen gem. Art. 264 Abs. 2 EUV abzufedernden,[155] Nichtigerklärung des Genehmigungsaktes nach Art. 218 Abs. 6 AEUV des Rates führen. Ob die völkervertragsrechtliche Provenienz dieser „Maßnahmen" der EU im Sinne des Art. 5 Abs. 4 EUV aber Auswirkungen auf die Kontrolldichte haben müsste, wird noch zu erörtern sein.[156]

3. Formale und inhaltliche Dimension

Die Vorgabe des Art. 5 Abs. 4 EUV, dass die Maßnahmen der EU inhaltlich wie formal verhältnismäßig sein müssen, ist eine Folge des politischen Kompromisses bei der Entstehung des damaligen Art. 3b Abs. 3 EGV. Nachdem mit begrenzter Einzelermächtigung die Fähigkeit der EU zur Handlung und mit dem Subsidiaritätsprinzip die Möglichkeit zur Handlung zu klären war, sollte die Erforderlichkeitsklausel nur für die Art und Weise einer Unionshandlung gelten. Es liegt damit nahe, diese Vorgabe vor allem auf die inhaltliche Ausgestaltung einer Unionshandlung zu beziehen. Da sich die EU aber auch mit unterschiedlichen Auswirkungen verschiedener Handlungsformen bedienen kann, ist auch die Handlungsform bei der Ausgestaltung der Ausübung einer Unionszuständigkeit relevant, sodass die Erforderlichkeit der Wahl einer bestimmten Handlungsform auch zeitgenössisch regelmäßig als nunmehr rechtliches Erfordernis betont wurde.[157] Mittlerweile wird diese Vorgabe in Art. 296 Abs. 1 AEUV gedoppelt.

Diese formale Dimension wird in der Regel mit dem Handlungsspielraum der Mitgliedstaaten in Verbindung gebracht – je nach Rechtswirkungen seien die verschiedenen Handlungsformen im Grundsatz nach ihrer Beschränkung der

1992:453, Rn. 9 ff.; EuGH, Urt. v. 16.06.1998, Racke, C-162/96, EU:C:1998:293, Rn. 44 ff.; EuGH, Urt. v. 25.02.2010, Brita, C-386/08, EU:C:2010:91, Rn. 42 ff. für den Rang von Völkergewohnheitsrecht zwischen Sekundär- und Primärrecht.

[154] *T. Giegerich*, in: Frankfurter Kommentar AEUV, Art. 218, Rn. 215.

[155] So geschehen etwa in: EuGH, Urt. v. 07.03.1996, Parlament/Rat, C-360/93, EU:C:1996:84, Rn. 35; EuGH, Urt. v. 11.09.2003, Kommission/Rat, C-211/01, EU:C:2003:452, Rn. 54 ff.; EuGH, Urt. v. 30.05.2006, Parlament/Rat, verb. Rs. C-317/04 und C-318/04, EU:C:2006:346, Rn. 73 f.

[156] S. hierzu noch unten, 3. Kap. C. II. 3. c).

[157] Vgl. erneut: Conférence de presse conjointe de MM. Cavaco Silva et Delors à l'issue du Conseil européen v. 27.06.1992, S. 4 f.; Conseil 'Affaires Générales' v. 20.07.1992, Intervention de M. Delors – Subsidiarité, S. 3; Conférence interinstitutionnelle sur la subsidiarité et la transparence, tenue à Bruxelles, le 10.11.1992 – Texte intégral de l'intervention du Président Delors, S. 3 f.

mitgliedstaatlichen Handlungsfreiheit staffelbar.[158] Mit Nachdruck wurde die Rücksichtnahme auf mitgliedstaatliche Autonomieinteressen bei der Wahl der Handlungsform durch das Subsidiaritätsprotokoll zum Vertrag von Amsterdam verlangt.[159]

Gleichwohl ist die Wahl der Handlungsform auch für die Interessen anderer Akteure als der Mitgliedstaaten durchaus von Belang und nicht zwingend eine rein föderale Frage, wie auch schon bei der Schaffung des Vertrags von Maastricht betont wurde.[160] So führt der Verzicht auf die Vereinheitlichung europäischer Standards zwar zu einem gesteigerten Handlungsspielraum der Mitgliedstaaten, aber auch zu einer verstärkten Belastung z.B. von grenzüberschreitend tätigen Unternehmen, die sich an zahlreiche mitgliedstaatliche Standards anpassen müssen.[161] Die Umsetzung von Mindeststandards aus Richtlinien in 27 Mitgliedstaaten birgt außerdem die Gefahr von Umsetzungsdefiziten und überschießender Umsetzung, was zu einer Rechtsunsicherheit und damit zu konkreten Belastungen grenzüberschreitend tätiger Unternehmen führt, die der Verordnung so nicht innewohnt.[162] Auch insoweit hängt es von der Entscheidung für einen rein auf mitgliedstaatliche Interessen fokussierten subjektivrechtlich geprägten oder auf die allgemeine Ausgewogenheit abstellenden Prüfzugriff ab, ob nicht spezifisch mitgliedstaatliche Interessen in der Prüfung der formalen Dimension des Art. 5 Abs. 4 EUV zu berücksichtigen sind.

4. *Vertragsziele im Maßnahmenziel*

Wird eine Handlung am Maßstab des Grundsatzes der Verhältnismäßigkeit geprüft, so kommt der Festlegung des mit der Maßnahme verfolgten Ziels eine entscheidende Bedeutung für die Struktur der Prüfung zu, denn das Maßnahmenziel ist der Bezugspunkt aller weiteren Prüfungspunkte.[163] Art. 5 Abs. 4 EUV gibt bereits die von Unionsmaßnahmen zu verfolgenden Ziele vor, nämlich die

---

[158] *C. Calliess*, Subsidiaritäts- und Solidaritätsprinzip in der Europäischen Union, 2. Aufl. 1999, S. 125 f.; *A. Emmerich-Fritsche*, Der Grundsatz der Verhältnismäßigkeit als Direktive und Schranke der EG-Rechtsetzung, 2000, S. 300 ff.; *H. Lecheler*, Das Subsidiaritätsprinzip, 1993, S. 15; s. auch: *C. Calliess*, in: Callies/Ruffert EUV, Art. 5, Rn. 56; *R. Streinz*, in: Streinz EUV, Art. 5, Rn. 48; S. *Kadelbach*, in: von der Groeben EUV, Art. 5, Rn. 52. Zur Gegenansicht und den durchgreifenden Zweifeln an diesem Verständnis s. noch unten, 3. Kap. B. I.

[159] Protokoll über die Anwendung der Grundsätze der Subsidiarität und der Verhältnismäßigkeit, Amtsblatt Nr. C 340 vom 10.11.1997, S. 105, Nr. 6 und 7.

[160] S. hierzu erneut: Conseil 'Affaires Générales' v. 20.07.1992, Intervention de M. Delors – Subsidiarité, S. 3.

[161] S. hierzu jüngst: *C. D. Classen*, JZ 2023, S. 53, 54.

[162] S. hierzu: *F. Rösch*, Zur Rechtsformenwahl des europäischen Gesetzgebers im Lichte des Verhältnismäßigkeitsgrundsatzes, 2013, S. 158.; *C. Ladenburger*, ZEuS 2011, S. 389, 397 f.

[163] S. nur für Deutschland: *B. Grzeszick*, in: Dürig/Herzog/Scholz GG, Art. 20 GG, Rn. 111; *A. Leisner-Egensperger*, JZ 2021, S. 913 f.; ausf. und rechtsvergleichend: *A. Barak*, Proportionality, 2012, S. 245 ff.; ferner: *B. Schlink*, in: Rosenfeld/Sajó (Hrsg.), Oxford Handbook of Comparative Constitutional Law, 2012, S. 719, 722 f.

Ziele der Verträge und verweist damit auf den Art. 3 EUV, in dem die Ziele des Handels der Union umschrieben sind. Daraus ergibt sich einerseits, dass die Vertragsziele die Grenze dessen sind, was die Handlungen der Union sich zum Ziel machen dürfen (a.). Andererseits kann dies nicht bedeuten, dass tatsächlich die in Art. 3 EUV gelisteten Ziele zum Bezugspunkt der Prüfung jeder denkbaren Unionsmaßnahme gemacht werden sollten. Relevant ist vielmehr die Konkretisierung der Unionsziele, wie sie im fraglichen Maßnahmenziel zum Ausdruck kommt (b.).

a) EU-Ziele als Grenze der legitimen Maßnahmenziele

Die EU ist kein Selbstzweck, sondern verfolgt im Rahmen ihrer Zuständigkeiten die in Art. 3 EUV niedergelegten Ziele, die gleichzeitig ihr Daseinsgrund und ihre Handlungsgrenze sind.[164] Freilich sind die Ziele der Union recht weit formuliert worden, weshalb die Steuerungswirkung von Art. 3 EUV als eher gering einzuschätzen sein dürfte.[165] Deutlich relevanter sind demgegenüber die Zuständigkeitsnormen der EU, die etwas konkreter als die nicht als Zuständigkeitsnorm ausgestalteten Zielvorgaben des Art. 3 EUV[166] den Handlungsrahmen der EU abstecken. Insofern scheint vor allem eine Auslegung der Zuständigkeitsnormen im Lichte der Ziele der Union eine wirksame Einsatzmöglichkeit für Art. 3 EUV zu sein.[167] Art. 3 EUV hat damit zur Konsequenz, dass auch die von einer Maßnahme der Union verfolgten Ziele zuständigkeitskonform sein müssen, d.h. den im Lichte von Art. 3 EUV ausgelegten Zuständigkeitsnormen zuzuordnen sein müssen.[168]

In der Praxis wurde das Steuerungs- und Kontrollpotenzial dieser Überlegung teilweise durch eine expansive Auslegung einzelner Zuständigkeitsnormen konterkariert. Gerade in den Entscheidungen, in denen der EuGH die Grenzen des heutigen Art. 114 EUV sehr weit strapaziert hat, hätte eine stärkere Rückbesinnung auf die Unionsziele Argumente für eine spezifischere Auslegung der Zuständigkeitsnormen liefern können.[169]

Eine zuständigkeitsbezogene Strukturierung der Verhältnismäßigkeitsprüfung gelang hingegen in den Verfahren *Gauweiler* und *Weiss* besonders gut, in

---

[164] Anschaulich: EuGH, Urt. v. 09.02.1982, Polydor, Rs. 270/80, EU:C:1982:43, Rn. 16 ff.; prägnant: *J. Basedow*, in: FS Ulrich Everling, Bd. I, 1995, S. 49; s. auch: *W. Schroeder*, Das Gemeinschaftsrechtssystem, 2002, S. 156 ff.

[165] Vgl. etwa: *M. Ruffert*, in: Calliess/Ruffert EUV, Art. 3, Rn. 5; *J.-P. Terhechte*, in: Grabitz/Hilf/Nettesheim EUV, Art. 3, Rn. 28.

[166] S. hierzu: *M. Ruffert*, in: Calliess/Ruffert EUV, Art. 3, Rn. 12; *M. Pechstein*, in: Streinz EUV, Art. 3, Rn. 2.

[167] S. hierzu ausf.: *F. Reimer*, EuR 2003, S. 992, 1002 f.

[168] In diesem Sinne: EuGH, Gutachten v. 14.12.1991, EWR I, Avis 1/91, EU:C:1991:490, Rn. 18.

[169] So insb. in: EuGH, Urt. v. 10.02.2009, Irland/Parlament und Rat, C-301/09, EU:C:2009:68, Rn. 65 ff.

denen der EuGH deutlich machte, dass er für Maßnahmen der EZB aus zuständigkeitsrechtlichen Gründen nur währungspolitische Zielsetzungen akzeptieren kann.[170] Ausführungen in diesen Urteilen wurden zwar teilweise als Auslegung des Art. 5 Abs. 4 EUV in Form einer „negative[n] Kompetenznorm“[171] verstanden. Diese Einschätzung beruht auf der Aussage in *Gauweiler,* später wiederholt in *Weiss,* dass „[a]us Art. 119 Abs. 2 und Art. 127 Abs. 1 AEUV in Verbindung mit Art. 5 Abs. 4 EUV [...] hervor[gehe], dass ein zur Währungspolitik gehörendes Programm für den Ankauf von Anleihen nur in gültiger Weise beschlossen und durchgeführt werden kann, wenn die von ihm umfassten Maßnahmen in Anbetracht der Ziele dieser Politik verhältnismäßig sind.“[172] Dies beruht seinerseits auf den Schlussanträgen von GA *Cruz Villalón*, der befand, es sei „zwingend zu kontrollieren, ob das Prinzip der begrenzten Einzelermächtigung unter dem Blickwinkel des Verhältnismäßigkeitsgrundsatzes (Art. 5 Abs. 4 EUV) eingehalten wurde.“[173]

Dies kann man als Prüfung der Verhältnismäßigkeit zur Kompetenzabgrenzung verstehen. Doch weder der GA noch der EuGH haben eine solche Prüfung jemals vorgenommen. Vielmehr bestätigte *Cruz Villalón* zunächst die Eignung des Programms zur Erreichung währungspolitischer Ziele[174] und legte sodann dar, dass das OMT-Programm spezifisch auf die zu bewältigenden währungspolitischen Schwierigkeiten ausgerichtet sei[175] und die vom BVerfG vorgeschlagenen Alternativmaßnahmen nicht den Grad der Wirksamkeit des OMT-Programms erreichen würden.[176] In seiner Angemessenheitsprüfung nahm der Generalanwalt schließlich einen umfassenden Kosten-Nutzen-Vergleich vor, bei dem er die Kosten, ganz dem Klägervortrag entsprechend, im potenziellen Ausfallrisiko sah.[177] Diese Ausfallrisiken sind hierbei die Ausfallrisiken der EZB selbst und vom Generalanwalt auch als solche begriffen und analysiert worden.[178]

Der Kern dieser Überlegungen[179] liegt in der Festsetzung des Maßnahmenziels: Das OMT-Programm und das PSPP mussten mit Blick auf ihre währungs-

---

[170] EuGH, Urt. v. 16.06.2015, Gauweiler u.a., C-62/14, EU:C:2015:400, Rn. 66; EuGH, Urt. v. 11.12.2018, Weiss u.a., C-493/17, EU:C:2018:1000, Rn. 71.

[171] *C. Dornacher*, EuR 2019, S. 546, 550.

[172] EuGH, Urt. v. 16.06.2015, Gauweiler u.a., C-62/14, EU:C:2015:400, Rn. 66; EuGH, Urt. v. 11.12.2018, Weiss u.a., C-493/17, EU:C:2018:1000, Rn. 71.

[173] GA *Cruz Villalón*, Schlussanträge v. 14.01.2015 in der Rs. C-62/14, Gauweiler u.a., EU:C:2015:7, Rn. 161.

[174] Ebd., Rn. 171 ff.

[175] Ebd., Rn. 178 ff.

[176] Ebd., Rn. 181 ff.

[177] Ebd., Rn. 185 ff., insb. Rn. 189 f.

[178] S. insb.: Ebd., Rn. 193, 194, 196.

[179] Jeweils aufgegriffen in: EuGH, Urt v. 16.06.2015, Gauweiler u.a., C-62/14, EU:C:2015:400, Rn. 66 ff.; GA *Wathelet*, Schlussanträge v. 04.10.2018 in der Rs. C-493/17, Weiss u.a., EU:C:2018:815, Rn. 124 ff.; EuGH, Urt. v. 11.12.2018, Weiss u.a., C-493/17, EU:C:2018:1000, Rn. 71 ff.

politischen Ziele verhältnismäßig sein. Sie mussten geeignet sein, währungspolitische Ziele zu erreichen, es durften keine milderen Mittel zur ähnlich effektiven Erreichung dieser währungspolitischen Ziele verfügbar sein und die Erreichung ihrer währungspolitischen Ziele musste angemessen zu ihren Nachteilen sein. Wirtschaftspolitische Ziele sind aus zuständigkeitsrechtlichen Gründen illegitime Ziele, die nicht zur Rechtfertigung der Maßnahmen der EZB taugen können. Was legitime Ziele sind, ist zentraler und strukturierender Bestandteil der Verhältnismäßigkeitsmethode.[180] Weil die Argumentationsmuster der Verhältnismäßigkeit Zweck und Mittel in ein Verhältnis setzen, hängt von der Definition des Zwecks entscheidend ab, welche Sachargumente vorgebracht werden können. Wegen des Prinzips der begrenzten Einzelermächtigung können in der EU nur solche Ziele als legitime Maßnahmenziele gelten, die von Zuständigkeitstiteln der EU gedeckt sind. Insofern verhindert diese Art der Prüfung in der Tat, dass wirtschaftspolitische Ziele und Erfolge als Belege für die Verhältnismäßigkeit der Programme vorgebracht werden.

b) Maßnahmenziele statt Vertragsziele

Obgleich die Maßnahmenziele einer Unionshandlung damit Konkretisierungen der allgemeinen Unionsziele sein müssen, könnte der Wortlaut des Art. 5 Abs. 4 EUV dazu verleiten, die allgemeinen Unionsziele zum Bezugspunkt der Verhältnismäßigkeitsprüfung zu machen, schließlich sollen die Unionsmaßnahmen das „zur Erreichung der Ziele der Verträge erforderliche Maß" nicht überschreiten. Das kann aber nicht überzeugen. Die Konkretisierung der Unionsziele spielt sich gerade bei der Formulierung von Maßnahmenzielen durch die Unionsorgane ab, die hierbei von den Zielen der Union geleitet werden.[181] Die Ziele der Union gerichtlich zu konkreten Maßstäben zu erheben, steht gerade im Widerspruch zur mit Art. 3 EUV betriebenen Klarstellung der Zielbezogenheit der Integration durch den politischen Prozess.[182] Die Ausrichtung der Verhältnismäßigkeitsprüfung an den Zielen aus Art. 3 EUV würde diese Prüfung erschweren oder leerlaufen lassen, denn die Feststellungen von Eignung und Erforderlichkeit verlieren bei einer Ausrichtung an denkbar unscharfen Zielen, wie z.B. der Errichtung des Binnenmarktes oder der Schaffung eines Raumes der Freiheit, der Sicherheit und des Rechts schnell an Konturen. Und welche Nachteile wären nicht hinzunehmen, um den Frieden, die Werte der Union und das Wohlergehen ihrer Völker zu fördern?

---

[180] S. hierzu nur: *A. Barak*, Proportionality, 2012, S. 245 ff.; *B. Schlink*, in: Rosenfeld/Sajó (Hrsg.), Oxford Handbook of Comparative Constitutional Law, 2012, S. 719, 722 f.; für die deutsche Praxis: *A. Lang*, AöR 145 (2020), S. 75, 100 ff.; vgl. auch: *A. Leisner-Egensperger*, JZ 2021, S. 913 f.

[181] Vgl. EuGH, Gutachten v. 14.12.1991, EWR I, Avis 1/91, EU:C:1991:490, Rn. 18; *F. Reimer*, EuR 2003, S. 92, 104 f.

[182] *M. Ruffert*, in: Calliess/Ruffert EUV, Art. 3, Rn. 7 spricht treffend von einem von den Unionsorganen im Rahmen ihrer Zuständigkeiten auszufüllenden „Finalprogramm".

5. Vorgaben des Subsidiaritätsprotokolls

Trotz des prominenten Verweises auf die Anwendung des Verhältnismäßigkeitsgrundsatzes nach Maßgabe des SubProt nach Art. 5 Abs. 4 UAbs. 2 EUV enthält das SubProt selbst nur äußerst spärliche Hinweise auf den Grundsatz der Verhältnismäßigkeit. Im Unterschied zum weiten Anwendungsbereich des Art. 5 Abs. 4 EUV beschäftigt sich das SubProt nur mit einem Ausschnitt dieses Anwendungsbereichs, nämlich mit dem Legislativprozess. Der Verpflichtung zur Berichterstattung über die Anwendung der Grundsätze von Subsidiarität und Verhältnismäßigkeit aus Art. 9 SubProt kommt die Kommission durch jährliche Berichte nach.[183] Nicht explizit genannt wird die Verhältnismäßigkeit im Rahmen des durch das SubProt etablierten Dialogs zwischen mitgliedstaatlichen Parlamenten und den Unionsorganen im Legislativprozess nach Art. 6 und 7 SubProt. Nur unter Zugrundelegung eines weiteren Subsidiaritätsbegriffs im SubProt als im EUV lassen sich auch Verstöße gegen den Verhältnismäßigkeitsgrundsatz in diesem Verfahren rügen.[184]

Konkret bezieht sich das SubProt auf den Grundsatz der Verhältnismäßigkeit nur in seinem Art. 5, der sich mit den Begründungsanforderungen an Gesetzgebungsakte auseinandersetzt und zielt insoweit auf eine Prozessualisierung der Einhaltung der Verhältnismäßigkeitsvorgaben. Die Begründungserfordernisse durch möglichst quantifizierte Angaben zu ihren Auswirkungen umfassen für die Beurteilung der Verhältnismäßigkeit vor allem „die finanzielle Belastung und der Verwaltungsaufwand der Union, der nationalen Regierungen, der regionalen und lokalen Behörden, der Wirtschaftsteilnehmer und der Bürgerinnen und Bürger“ und greift damit eine ganze Bandbreite an Interessen auf, die nicht allein die Mitgliedstaaten betreffen. Im deutschen Schrifttum wird dies mit der vermeintlich rein kompetenzrechtlichen Wirkrichtung des Art. 5 Abs. 4 EUV in Einklang gebracht, indem nur die finanziellen Belastungen sowie der Verwaltungsaufwand der nationalen Regierungen und der regionalen sowie lokalen Behörden als für die kompetenzrechtliche Verhältnismäßigkeitsprüfung relevant erklärt werden.[185]

---

[183] Zuletzt: Europäische Kommission v. 12.10.2023, Annual Report 2022 on the application of the principles of subsidiarity and proportionality and on relations with national parliaments, COM(2023) 640 final.

[184] So etwa: *R. Streinz*, in: Streinz EUV, Art. 5, Rn. 49; *S. Hölscheidt*, in: Grabitz/Hilf/Nettesheim EUV, Art. 12, Rn. 49; *C. Calliess*, in: Calliess/Ruffert EUV, Art. 12, Rn. 38; dagegen: *J. Bast*, in: Grabitz/Hilf/Nettesheim EUV, Art. 5, Rn. 74; *C. Ritzer/M. Ruttloff*, EuR 2006, S. 116, 133 f.

[185] *J. Bast*, in: Grabitz/Hilf/Nettesheim EUV, Art. 5, Rn. 75. *N. Petersen*, in: Kahl/Ludwigs (Hrsg.), HVwR III, 2022, § 73, Rn. 13 hält vor dem Hintergrund der Formulierung des SubProts die Aufnahme weiterer Interessen in die Verhältnismäßigkeitsprüfung des EuGH für vertretbar, ohne vom grundsätzlich subjektivrechtlichen Modell einer rein auf mitgliedstaatliche Interessen bezogenen Prüfung abzurücken, s. zu alldem noch ausf. unten, 2. Kap. C. III.

III. Fazit

Die Analyse von Entstehung, Entwicklung und Ausgestaltung des Art. 5 Abs. 4 EUV hat ergeben, dass in dieser Norm in der Tat eine Verknüpfung von Erwägungen zur Verhältnismäßigkeit einer Maßnahme mit der Zuständigkeitsordnung der EU und ihren Mitgliedstaaten zum Ausdruck kommt. Als politischer Kompromiss im Ringen um das Subsidiaritätsprinzip sind die intendierte Funktionsweise und Wirkrichtung allerdings nicht sehr deutlich expliziert worden. Insbesondere wurden immer wieder auch Interessen von anderer als mitgliedstaatlicher Seite mit dieser Norm verknüpft. Die konkrete Ausgestaltung des heutigen Art. 5 Abs. 4 EUV ist auf einen möglichst weiten und umfassenden Anwendungsbereich ausgelegt, ohne dass sich ihr klare Vorgaben zur Funktionsweise als föderale Ordnungsnorm einer Normanalyse entnehmen ließen. Gerade die Vorgaben des SubProts betreffen nur ausschnittsweise mitgliedstaatliche Interessen. Eine Gesamtschau der anderen föderalen Ordnungsnormen der EU erhellt überdies den Fokus des Art. 5 Abs. 4 EUV auf jede Art der Zuständigkeitsausübung der EU, eine notwendige Abgrenzung zum Art. 4 Abs. 2 S. 1 Var. 2 EUV anhand dessen spezielleren Schutzgutes der nationalen Identität, sowie eine mögliche Verknüpfung mit dem Loyalitätsgebot als Auslegungsrichtlinie für die aus dem Loyalitätsgebot abgeleiteten Pflichten der Mitgliedstaaten.

Die bis hierhin gewonnenen Erkenntnisse über Art. 5 Abs. 4 EUV geben damit nur punktuell Auskunft über die föderale Funktionsweise dieser Norm. Um diese herauszuarbeiten, bedarf es einer genaueren Auseinandersetzung mit den möglichen Prüfzugriffen und den damit verbundenen föderalen Anliegen. Auf dieser Grundlage kann dann bewertet werden, welcher Zugriff auf und damit welche Funktion im Föderalismus der EU für Art. 5 Abs. 4 EUV zu überzeugen vermag. Erst dann kann die konkrete Operationalisierung der föderalen Dimension der unionsrechtlichen Verhältnismäßigkeit beschrieben werden und an die hier erarbeiteten Einsichten über Ausgestaltung und Systematik dieser Norm angeknüpft werden.

B. Prüfzugriffe auf Art. 5 Abs. 4 EUV und ihre föderale Bedeutung

I. Vorschläge einer subjektivrechtlich ausgerichteten Prüfung des Art. 5 Abs. 4 EUV

1. Literatur

Die große Mehrheit der deutschsprachigen Beiträge zu Art. 5 Abs. 4 EUV versteht ihn als Normierung einer Verhältnismäßigkeitsprüfung mit ausschließlich föderaler Wirkrichtung. Art. 5 Abs. 4 EUV schütze die Handlungsfreiheit der Mitgliedstaaten, in die von Seiten der Union nur in verhältnismäßiger Art und Weise eingegriffen werden dürfe.[186]

Zum Anwendungsbereich und den Adressaten dieses Verständnisses bestehen noch einige Randunschärfen.[187] Einigkeit herrscht darüber, dass die Prüfung nach dem hergebrachten Verhältnismäßigkeitsschema ablaufen soll und die mitgliedstaatliche Handlungsfreiheit zum alleinigen Schutzgut hat. Die fragliche Unionsmaßnahme soll ein legitimes Ziel verfolgen, das von den Zielen der Verträge[188] und den Kompetenzzuweisungen an die EU gedeckt sein müsse.[189] Die Maßnahme müsse auch geeignet sein, dieses Ziel zu erreichen.[190] Ferner müsse die EU formell und inhaltlich das für die mitgliedstaatliche Autonomie mildeste Mittel wählen. Insoweit ist strittig, ob man eine Mittelhierarchie nach der Eingriffsintensität in die mitgliedstaatliche Autonomiesphäre etablieren kann, ob

---

[186] Diese Auslegung von Art. 5 Abs. 4 EUV vertreten u.a.: *B. Schima*, Das Subsidiaritätsprinzip im Europäischen Gemeinschaftsrecht, 1994, S. 50; *C. Calliess*, Subsidiaritäts- und Solidaritätsprinzip in der Europäischen Union, 2. Aufl. 1999, S. 116 ff.; *O. Koch*, Der Grundsatz der Verhältnismäßigkeit in der Rechtsprechung des Gerichtshofs der Europäischen Gemeinschaften, 2003, S. 164 ff.; *M. Leschke/M. Möstl*, in: Heine/Kerber (Hrsg.), Zentralität und Dezentralität von Regulierung in Europa, 2007, S. 78, 85 ff.; *V. Trstenjak/E. Beysen*, EuR 2012, S. 265, 266 ff.; *J. Saurer*, JZ 2014, S. 281, 282 ff.; *M. Goldhammer*, in: Baade/Ehricht u.a. (Hrsg.), Verhältnismäßigkeit im Völkerrecht, 2016, S. 125, 129 ff.; *D. Dittert*, Europarecht, 5. Aufl. 2017, S. 94; *J. Bast*, in: Grabitz/Hilf/Nettesheim EUV, Art. 5, Rn. 66 ff.; *C. Calliess*, in: Calliess/Ruffert EUV, Art. 5, Rn. 46; *S. Kadelbach*, in: von der Groeben EUV, Art. 5, Rn. 49 ff.; *R. Streinz*, in: Streinz EUV, Art. 5, Rn. 43 ff.; *I. Härtel*, in: Niedobitek (Hrsg.), Europarecht, 2. Aufl. 2020, § 6, Rn. 120 ff.; in diesem Sinne auch: *E. Dubout*, Droit constitutionnel de l'Union européenne, 2021, S. 150.

[187] So will *P. Craig*, The Lisbon Treaty, 2010, S. 184 f. zumindest die Anwendung des SubProts inklusive seiner Anwendung auf den Grundsatz der Verhältnismäßigkeit auf legislative Tätigkeiten beschränken und *R. van Ooik*, in: Obradovic/Lavranos (Hrsg.), The Interface between EU Law and National Law, 2007, S. 13, 18 den Art. 5 Abs. 4 EUV nur im Bereich der geteilten Zuständigkeiten anwenden.

[188] *F. Rösch*, Zur Rechtsformenwahl des europäischen Gesetzgebers im Lichte des Verhältnismäßigkeitsgrundsatzes, 2013, S. 149 ff.

[189] *E. Pache*, in: Frankfurter Kommentar EUV, Art. 5, Rn. 144.

[190] *S. Kadelbach*, in: von der Groeben EUV, Art. 5, Rn. 51.

also z.B. die Richtlinie der Verordnung grundsätzlich vorzuziehen ist.[191] Inhaltlich soll es darum gehen, welche zur Zielerreichung ausreichende Regelungsdichte für die mitgliedstaatliche Regelungsautonomie, insbesondere mit Blick auf Harmonisierungsgrad, Verwaltungsaufwand und finanzieller Belastung,[192] am wenigsten einschränkend ist.[193] Schließlich soll anhand einer Abwägung ermittelt werden, ob der Eingriff in die Kompetenzsphären der Mitgliedstaaten zur Erreichung des Maßnahmenziels angemessen war.[194] Ob sich eine solche Verhältnismäßigkeitsprüfung immer unproblematisch durchführen lässt und ob sie insbesondere bei der legislativen Tätigkeit der Unionsorgane halten kann, was sie zu versprechen scheint, ist aber auch bereits bezweifelt worden.[195] Allgemeiner ist wegen der kaum begründeten Übertragung der vertrauten Verhältnismäßigkeitsprüfung in den organisationsrechtlichen Kontext auch schon von einem „Theoriedefizit“[196] die Rede gewesen.

2. Vorschläge aus der Generalanwaltschaft

Auch in Schlussanträgen aus dem generalanwaltlichen Kollegium am EuGH ist dieses Verständnis bereits vertreten worden und hatte somit die Gelegenheit, seine Praxistauglichkeit unter Beweis zu stellen. Interessant ist es insofern zu beobachten, dass der EuGH die Ausführungen in keinem dieser Fälle aufgegriffen hat.

---

[191] Dafür z.B.: *C. Calliess*, in: Calliess/Ruffert EUV, Art. 5, Rn. 53; *F. Jürgens*, Die Kompetenzabgrenzung zwischen der Europäischen Union und den Mitgliedstaaten, 2010, S. 81; *D. König/T. Kleinlein*, in: Schulze/Janssen/Kadelbach (Hrsg.), Europarecht, 4. Aufl. 2020, § 2, Rn. 35; wohl auch: *M. Krajewski/U. Rösslein*, in: Grabitz/Hilf/Nettesheim AEUV, Art. 296, Rn. 50; für einen Regel-Vorrang der Richtlinie vor der Verordnung: *N. Wunderlich/T. Pickartz*, EuR 2014, S. 659, 663 ff.; *J. Saurer*, in: Frankfurter Kommentar AEUV, Art. 296, Rn. 7; dagegen: *P. Pescatore*, in: FS Ulrich Everling, Bd. II, 1995, S. 1071, 1079; *F. Rösch*, Zur Rechtsformenwahl des europäischen Gesetzgebers im Lichte des Verhältnismäßigkeitsgrundsatzes, 2013, S. 183 f.; *J. Bast*, in: Grabitz/Hilf/Nettesheim EUV, Art. 5, Rn. 72; *E. Pache*, in: Frankfurter Kommentar EUV, Art. 5, Rn. 150 f.

[192] S. hierzu: *C. Callies*, in: Calliess/Ruffert EUV, Art. 5, Rn. 54; *Ders.*, Subsidiaritäts- und Solidaritätsprinzip in der Europäischen Union, 2. Aufl. 1999, S. 213, ausf. zu den Handlungsformen und ihrem Beitrag zur Harmonisierung: *M. Wagner*, Das Konzept der Mindestharmonisierung, 2001, S. 35 ff.

[193] S. z.B.: GA *Kokott*, Schlussanträge v. 08.09.2005 in der Rs. C-66/04, Vereinigtes Königreich/Parlament und Rat, EU:C:2005:520, Rn. 45.

[194] *F. Jürgens*, Die Kompetenzabgrenzung zwischen der Europäischen Union und den Mitgliedstaaten, 2010, S. 171 f.

[195] S. insb.: *M. Goldhammer*, in: Baade/Ehricht u.a. (Hrsg.), Verhältnismäßigkeit im Völkerrecht, 2016, S. 125, 137 ff.

[196] Ebd., S. 143.

a) *Kokott in Raucharomen*

Im Verfahren um die richtige Rechtsgrundlage für die Raucharomenverordnung[197] ging GA *Kokott* hilfsweise auf die vom Vereinigten Königreich vorgebrachten Argumente zur Unverhältnismäßigkeit der Verordnung ein.[198] Sie verstand Art. 5 Abs. 3 EGV, den Vorgänger des heutigen Art. 5 Abs. 4 EUV, als die kompetenzrechtliche Dimension des Verhältnismäßigkeitsgrundsatzes,[199] bei dem ausschließlich die Beziehung von Gemeinschaftsmaßnahme und mitgliedstaatlicher Kompetenzsphäre auszuloten sei.[200] Zu prüfen sei daher, ob Alternativmittel zur Verfügung gestanden hätten, die den Mitgliedstaaten mehr Freiraum gelassen hätten.[201] Unter Berücksichtigung des weiten Ermessenspielraums der Unionsorgane[202] verwarf die Generalanwältin alle Regelungsalternativen vor allem mit dem Argument, dass sie – sei es wegen technischer Unmöglichkeit oder anderer nachteiliger Effekte – das Regelungsziel nicht ebenso effektiv erreicht hätten.[203] Der EuGH ging auf all diese Fragen nicht ein, denn er sah das Vorbringen als verfristet an.[204]

b) *Maduro in Vodafone*

Auch GA *Maduro* rekurrierte in der Rechtssache *Vodafone* auf den Grundsatz der Verhältnismäßigkeit in föderaler Dimension. So sei es Aufgabe des EuGH zu klären, ob die streitige Verordnung[205] „in Anbetracht des Verlusts der mitgliedstaatlichen Autonomie und der Eingriffe in die Rechte der Klägerinnen verhältnismäßig war“[206]. Anders als teilweise insinuiert,[207] bezog sich GA *Maduro* nicht ausdrücklich auf Art. 5 Abs. 3 EGV. Außerdem wollte er explizit auch die Rechte der klagenden Telekommunikationsunternehmen berücksichtigen.

Maduro schien vielmehr zwei Verhältnismäßigkeitsprüfungen vornehmen zu wollen, eine mit Blick auf die Rechte der Klägerinnen und eine mit Blick auf die

---

[197] Verordnung (EG) Nr. Nr. 2065/2003 des Europäischen Parlaments und des Rates v. 10.11.2003 über Raucharomen zur tatsächlichen oder beabsichtigten Verwendung in oder auf Lebensmitteln, ABl. L 309, S. 1.

[198] GA *Kokott*, Schlussanträge v. 08.09.2005 in der Rs. C-66/04, Vereinigtes Königreich/ Parlament und Rat, EU:C:2005:520, Rn. 44 ff.

[199] Ebd., Rn. 44.

[200] Ebd., Rn. 45.

[201] Ebd.

[202] Ebd., Rn. 46.

[203] Ebd., Rn. 47.

[204] Hierzu auch: ebd., Rn. 41 ff.

[205] VO (EG) Nr. 717/2007 des Europäischen Parlaments und des Rates v. 27.06.2007 über das Roaming in öffentlichen Mobilfunknetzen in der Gemeinschaft und zur Änderung der Richtlinie 2002/21/EG, ABl. L 171, S. 32.

[206] GA *Maduro*, Schlussanträge v. 01.10.2009 in der Rs. C-58/09, Vodafone u.a., EU:C: 2009:596, Rn. 37.

[207] Vgl.: *J. Bast*, in: Grabitz/Hilf/Nettesheim EUV, Art. 5, Rn. 66, Fn. 4.

mitgliedstaatliche Handlungsfreiheit.[208] Doch auch bei dieser Einschätzung ist eine gewisse Vorsicht geboten. *Maduro* sprach zwar von Eingriffen in die Eigentums- und Unternehmensrechte der Klägerinnen durch die Verordnung,[209] allerdings arbeitete er weder den konkreten Schutzbereich noch den Eingriff heraus und kam auch im weiteren Verlauf nicht mehr auf diese Rechte zu sprechen. In Anbetracht des weiten Ermessens des Unionsgesetzgebers[210] rekapitulierte er vielmehr die Gründe, aus denen die fragliche Roaminggebührenregelung erlassen wurde,[211] und befand diese Regelung schließlich für eine der Optionen, „die dem Gesetzgeber billigerweise offenstanden."[212] Sodann bemühte sich *Maduro* darum herauszustellen, dass die Maßnahme nicht dauerhaft die Marktpreise regulieren, sondern in ihrer dreijährigen Gültigkeit die Preise senken und ggf. den Wettbewerb stimulieren sollte.[213] Dies mag man als Festlegung einer geringen Eingriffsschwere lesen; der Fokus wird aber von den Interessen der Klägerinnen weg und hin zur Marktbeeinflussung gelenkt. Es sagt aber auch losgelöst von etwaigen grundrechtlichen Interessen aus, dass durch diese Ausgestaltung die Summe der Beeinträchtigungen geringgehalten wurde. In der darauffolgenden Güterabwägung meint *Maduro* schließlich, dass bei reduzierter Dauer und einem klar definierten Ziel im Falle eines anders nicht zu behebenden Marktversagens die Preiskontrollen trotz ihrer einschneidenden Wirkungen auf dem Markt akzeptabel seien.[214] Hier werden die Eingriffe in den Markt zum Referenzpunkt, die geringgehalten wurden und denen der Vorteil gegenübersteht, dass ein Marktversagen behoben wird. Eine subjektivrechtliche Verhältnismäßigkeitsprüfung ist das nicht, vielmehr orientiert sich die Argumentation an den etablierten Prüfmustern des EuGH im Rahmen einer auf die allgemeine Ausgewogenheit ausgerichteten Verhältnismäßigkeitsprüfung.

Die Ausführungen zur mitgliedstaatlichen Handlungsfreiheit werden dann separat in die Diskussion eingeführt und bleiben bemerkenswert knapp. Die Zustimmung der Mitgliedstaaten zu der Verordnung, ihr auf Roamingdienste begrenzter Anwendungsbereich, der Ermessensspielraum des Unionsgesetzgebers und das Fehlen eines Klägervorbringens werden auch mit Blick auf die mitgliedstaatliche Handlungsfreiheit in einem Satz als Argumente für die Verhältnismäßigkeit genannt.[215]

---

[208] So: *J. Saurer*, JZ 2014, S. 281, 284 f.; das entspricht insoweit den Schlussanträgen, als dass GA *Maduro*, Schlussanträge v. 01.10.2009 in der Rs. C-58/09, Vodafone u.a., EU:C:2009:596, Rn. 38 die Interessen der Klägerinnen nennt und sich in Rn. 44 den mitgliedstaatlichen Autonomieinteressen zuwendet.

[209] GA *Maduro*, Schlussanträge v. 01.10.2009 in der Rs. C-58/09, Vodafone u.a., EU:C:2009:596, Rn. 38.

[210] Ebd., Rn. 38.

[211] Ebd., Rn. 39 f.

[212] Ebd., Rn. 40.

[213] Ebd., Rn. 41.

[214] Ebd., Rn. 42.

[215] Ebd., Rn. 44.

Im Urteil *Vodafone* hat der EuGH dann primär geprüft, ob relevante Belange im politischen Prozess hinreichend berücksichtigt wurden,[216] und hat diese Prüfung nicht primär an Grundrechten der Klägerinnen ausgerichtet. Die Beeinträchtigungen ihrer wirtschaftlichen Interessen waren für den EuGH lediglich die „möglicherweise negative[n] Folgen für einzelne Betreiber"[217], die durch einen zeitlich begrenzten Eingriff in den Wettbewerb entstehen mochten und denen zahlreiche positive Wirkungen gegenüberstanden. Die mitgliedstaatliche Handlungsfreiheit wurde nicht berücksichtigt,[218] was wohl daran lag, dass hierzu nichts vorgetragen wurde.[219]

c) *Trstenjak in Prüfungen des Rechnungshofs*

GA *Trstenjak* äußerte sich zu Art. 5 Abs. 3 EGV in ihren Schlussanträgen in einem Verfahren, in dem es um die Weigerung Deutschlands ging, dem Europäischen Rechnungshof die Überprüfung der Qualität der innereuropäische Zusammenarbeit durch die deutsche Verwaltung in Mehrwertsteuerfragen zu ermöglichen.[220] Sie stellte fest, dass im Rahmen von Art. 5 Abs. 3 EGV Eingriffe in die Zuständigkeitssphäre der Mitgliedstaaten zu prüfen seien.[221] Nachdem die GA das Vorhaben des Rechnungshofs für geeignet und erforderlich befand, um die Effektivität der deutschen Finanzverwaltungsorganisation mit Blick auf die innereuropäische Zusammenarbeit in Mehrwertsteuerfragen zu prüfen,[222] konzentrierte sie sich auf die Frage, ob dieser Eingriff in die mitgliedstaatliche Zuständigkeit angemessen war.[223] Sie bejahte dies, weil ohne eine Prüfung der nationalen Verwaltungsorganisation keine Erklärung für die schleppende Zusammenarbeit in Mehrwertsteuerfragen möglich gewesen wäre[224] und weil nur die fehlende Effizienz der deutschen Behördenorganisation gerügt wurde.[225]

---

[216] S. hierzu noch ausf. unten, C. II. 5.

[217] EuGH, Urt. v. 08.06.2010, Vodafone u.a., C-58/08, EU:C:2010:321, Rn. 69.

[218] A. A.: *J. Saurer*, JZ 2014, S. 281, 285 der meint, die mitgliedstaatliche Autonomie werde dadurch gewürdigt, dass Regelungsalternativen als weniger geeignet verworfen wurden. Allerdings steht dieser Prüfschritt nicht unbedingt mit nationalen Autonomieinteressen in Zusammenhang und außerdem ist nicht dargetan, dass die fraglichen Regelungsalternativen tatsächlich die Autonomie der Mitgliedstaaten, Roamingpreise zu regulieren, weniger beeinträchtigt hätten.

[219] Das erkennt auch GA *Maduro*, Schlussanträge v. 01.10.2009 in der Rs. C-58/09, Vodafone u.a., EU:C:2009:596, Rn. 44 an, der die kompetenzrechtliche Verhältnismäßigkeit wohl nur aus eigenem Antrieb geprüft hat.

[220] GA *Trstenjak*, Schlussanträge v. 25.05.2011 in der Rs. C-539/09, Kommission/Deutschland, EU:C:2011:345.

[221] Ebd., Rn. 90, 130.

[222] Ebd., Rn. 128 f.

[223] Ebd., Rn. 130 ff.

[224] Ebd., Rn. 136 f.

[225] Ebd., Rn. 138 f.

Ob sich dieser Fall allerdings zur Entfaltung einer subjektivrechtlich geprägten föderalen Verhältnismäßigkeitsprüfung eignete, kann auch bezweifelt werden: Zwar ist es nachvollziehbar, dass die nationale Organisation der Finanzverwaltung als ein mitgliedstaatliches Autonomieinteresse verstanden wird, allerdings konnte der geplante Sonderbericht des Rechnungshofs keine Auswirkungen auf die Verwaltungsorganisation Deutschlands haben. Stattdessen wollte er nur die Gründe für die zögerliche innereuropäische Zusammenarbeit in Mehrwertsteuerfragen ermitteln, die u.a. in einer komplizierten Behördenstruktur vermutet wurden.[226] Wieso dies eine Beeinträchtigung mitgliedstaatlicher Interessen darstellen sollte, hat *Trstenjak* nicht herausgearbeitet. Eine Einschränkung mitgliedstaatlicher Prärogativen könnte zwar darin gesehen werden, dass die Wirtschaftlichkeit der Verwaltungsorganisation allein von nationalen Rechnungshöfen zu beurteilen wäre. Allerdings hatte *Trstenjak* ausdrücklich bestätigt, dass die geplante Prüfung in die Zuständigkeit des Europäischen Rechnungshofs fiel,[227] und auch dem Subsidiaritätsprinzip entsprechend nicht besser von nationalen Rechnungshöfen hätte durchgeführt werden können.[228] Hierbei jegliche Kooperation zu verweigern, kann kaum als legitimes mitgliedstaatliches Interesse gesehen werden. Der EuGH vermied jedenfalls eine Auseinandersetzung mit diesen Fragen und stützte sich allein auf den heutigen Art. 287 AEUV.[229]

d) *Kokott in Toshiba*

GA *Kokott* zog den Art. 5 Abs. 4 EUV nach dessen Einführung in einer die mitgliedstaatlichen Zuständigkeiten schonenden Auslegung heran, um zu begründen, dass die Kartellverordnung[230] nicht dahin ausgelegt werden könne, dass mitgliedstaatliche Wettbewerbsbehörden ihre Zuständigkeit für die Anwendung des mitgliedstaatlichen Kartellrechts verlieren, sobald die Kommission in einer Sache ein Verfahren eingeleitet hat.[231] Der EuGH legte die Kartellverordnung auch ohne Rekurs auf Art. 5 Abs. 4 EUV oder Überlegungen zur Verhältnismäßigkeit entsprechend aus.[232]

---

[226] S. hierzu auch: Europäischer Rechnungshof, Sonderbericht Nr. 8/2007 über die Zusammenarbeit der Verwaltungsbehörden auf dem Gebiet der Mehrwertsteuer, zusammen mit den Antworten der Kommission, 2008/C 20/01, Rn. 39 ff.

[227] GA *Trstenjak*, Schlussanträge v. 25.05.2011 in der Rs. C-539/09, Kommission/Deutschland, EU:C:2011:345, Rn. 102 ff.

[228] Ebd., Rn. 117 ff.

[229] EuGH, Urt. v. 15.11.2011, Kommission/Deutschland, C-539/09, EU:C:2011:733, Rn. 85.

[230] Verordnung (EG) Nr. 1/2003 des Rates v. 16.12.2002 zur Durchführung der in den Artikeln 81 und 82 des Vertrags niedergelegten Wettbewerbsregeln, ABl. L 1 v. 04.01.2003, S. 1–25.

[231] GA *Kokott*, Schlussanträge v. 08.09.2011 in der Rs. C-17/10, Toshiba, EU:C:2011:552, Rn. 90.

[232] EuGH, Urt. v. 14.02.2012, Toshiba, C-17/10, EU:C:2012:72, Rn. 68 ff.

e) Cruz Villalón in Digital Rights Ireland

Das Urteil des EuGH zum Verstoß der Vorratsdatenspeicherungsrichtlinie[233] gegen die GRC in der Rechtssache *Digital Rights Ireland*[234] wird vor allem wegen seiner Bedeutung für den Grundrechtsschutz durch die GRC und den EuGH rezipiert.[235] Die föderale Spannungslage des Urteils[236] ergibt sich erst aus den Schlussanträgen von GA *Cruz Villalón*. Der irische High Court hatte zunächst allgemein nach der Vereinbarkeit der Richtlinie mit Art. 5 Abs. 4 EUV gefragt, bevor „insbesondere“[237] die Vereinbarkeit der Richtlinie mit Blick auf die GRC erfragt wurde.

Im Urteil *Irland/Parlament und Rat* hatte der EuGH noch gebilligt, dass die Vorratsdatenspeicherungsrichtlinie auf die Binnenmarktkompetenz gestützt worden war, weil sie sich darauf konzentriere, Vorschriften für Telekommunikationsanbieter zu harmonisieren.[238] Der GA prüfte, ob die Vorratsdatenspeicherung ein verhältnismäßiges Mittel war, um die Binnenmarktharmonisierung in diesem Bereich herbeizuführen.[239] Während er recht knapp die Eignung und Erforderlichkeit der Vorratsdatenspeicherungspflicht hierzu bejahte,[240] arbeitete er in der Angemessenheitsprüfung heraus, dass der Bezugspunkt seiner Prüfung die den Mitgliedstaaten aufgebürdete Pflicht war, bei der Richtlinienumsetzung einen schwerwiegenden Eingriff in das Privatleben der Bürger zu erlassen, um das Funktionieren des Binnenmarktes zu gewährleisten[241] – fraglich war, ob die regulatorische Freiheit der Mitgliedstaaten, schwerwiegende Grundrechtseingriffe nicht zu erlassen, in verhältnismäßiger Weise durch das Ziel der Binnenmarktharmonisierung eingeschränkt wurde. Für die Binnenmarktharmonisierung[242]

---

[233] Richtlinie 2006/24/EG des Europäischen Parlaments und des Rates v. 15.03.2006 über die Vorratsspeicherung von Daten, die bei der Bereitstellung öffentlich zugänglicher elektronischer Kommunikationsdienste oder öffentlicher Kommunikationsnetze erzeugt oder verarbeitet werden, und zur Änderung der Richtlinie 2002/58/EG, ABl. L 105, S. 54.

[234] EuGH, Urt. v. 08.04.2014, Digital Rights Ireland u.a., verb. Rs. C-293/12 und C-594/12, EU:C:2014:238.

[235] S. hierzu nur: *H. A. Wolff*, DÖV 2014, S. 608, 612; *J. Kühling*, NVwZ 2014, S. 681, 684; *M. Honer*, JA 2021, S. 219.

[236] S. hierzu: *C. D. Classen*, EuR 2014, S. 441, 444 ff.

[237] S. die Wiedergabe der Vorlagefragen in: EuGH, Urt. v. 08.04.2014, Digital Rights Ireland u.a., verb. Rs. C-293/12 und C-594/12, EU:C:2014:238, Rn. 18.

[238] EuGH, Urt. v. 10.02.2009, Irland/Parlament und Rat, C-301/06, EU:C:2009:68, Rn. 56 ff., Rn. 80 ff.

[239] GA *Cruz Villalón*, Schlussanträge v. 12.12.2013 in den verb. Rs. C-293/12 und 594/12, Digital Rights Ireland u.a., EU:C:2013:845, Rn. 95.

[240] Ebd., Rn. 97 f.

[241] Ebd., Rn. 100.

[242] Offen ließ der Generalanwalt die Frage, ob das für die Kompetenzbegründung nicht relevante Ziel der Richtlinie, nämlich der Feststellung und Verfolgung schwerer Straftaten, einen solchen Eingriff in die grundrechtlichen Zuständigkeiten der Mitgliedstaaten rechtfertigen könnte, s.: GA *Cruz Villalón*, Schlussanträge v. 12.12.2013 in den verb. Rs. C-293/12 und 594/12, Digital Rights Ireland u.a., EU:C:2013:845, Rn. 102 ff.

erkannte der GA aufgrund der Schwere des den Mitgliedstaaten abverlangten Grundrechtseingriffs ein Missverhältnis von Binnenmarktharmonisierung und der Beeinträchtigung der Mitgliedstaaten bei „Regelung und Gewährleistung des Inhalts der Grundrechte“[243]. Der EuGH hingegen stützte sich ausschließlich auf Art. 7 und 8 i.V.m. Art. 52 Abs. 1 S. 2 GRC.[244]

II. Gesamtbilanzierender Zugriff des EuGH

Im Unterschied zu diesen subjektivrechtlich geprägten Vorstellungen herrscht vor allem in der gerichtlichen Praxis des EuGH bei Anwendung des Art. 5 Abs. 4 EUV der gesamtbilanzierende Prüfzugriff vor. Nach der Einführung von Art. 3b Abs. 3 EGV knüpfte der EuGH in zweierlei Hinsicht nahtlos an seine etablierte Rechtsprechung an: Zum einen akzeptiert er mitgliedstaatliche Interessen wie auch das Interesse an eigenverantwortlicher Handlungsfreiheit als einen im Rahmen der Verhältnismäßigkeitsprüfung zu berücksichtigenden Belang. Zum anderen wurde dieser Belang jedoch nur neben allen anderen in die gesamtbilanzierende Prüfung der allgemeinen Ausgewogenheit dieser Maßnahme eingespeist. Dieser Ansatz hat in föderaler Hinsicht vor allem die allgemeine Mäßigung der unionalen Hoheitsgewalt zur Folge, ermöglicht aber auch die Verarbeitung von anderen mitgliedstaatlichen Interessen über das Interesse an Handlungsfreiheit hinaus.

1. Kein Neuanfang nach Maastricht

Zahlreiche Äußerungen nach der Einführung des Art. 3b Abs. 3 EGV ließen sich so verstehen, dass in dieser Norm der bereits aus der Rechtsprechung bekannte, allgemeine Rechtsgrundsatz der Verhältnismäßigkeit normiert wurde.[245] Die Rechtsprechung blieb zunächst diffus: Nachdem einige Vorlagegerichte, Prozessparteien oder Generalanwälte[246] begannen, auf diese neue Norm abzustellen, nahm der EuGH diese Hinweise zum Anlass, die fraglichen Maßnahmen am

[243] Ebd., Rn. 100 ff.

[244] Ebd., Rn. 31 ff., 72.

[245] Besonders deutlich: *G. Hirsch*, Das Verhältnismäßigkeitsprinzip im Gemeinschaftsrecht, 1997, S. 11, s. aber auch: *J. Scherer*, DVBl 1993, S. 281, 283; *F. Grévisse*, Revue du Marché Commun et de l’Union Européenne 1998, S. 569, 571 f.; vgl. auch: BVerfGE 89, 155, 212. Für eine Diskussion der verschiedenen Deutungsansätze s.: *O. Koch*, Der Grundsatz der Verhältnismäßigkeit in der Rechtsprechung des Gerichtshofs der Europäischen Gemeinschaften, 2003, S. 164 ff.; *J. Saurer*, JZ 2014, S. 281, 282 f.

[246] Vgl.: GA *Gulmann*, Schlussanträge v. 16.12.1993 in der Rs. C-275/92, Schindler, EU:C:1993:994, Rn. 30; GA *van Gerwen*, Schlussanträge v. 09.02.1994 in der Rs. C-18/93, Corsica Ferries, EU:C:1994:49, Rn. 33; GA *Jacobs*, Schlussanträge v. 09.03.1995 in der Rs. C-350/92, Spanien/Rat, EU:C:1995:64, Rn. 26; GA *Lenz*, Schlussanträge v. 20.09.1995 in der Rs. C-415/93, Bosman, EU:C:1995:293, Rn. 130; GA *Léger*, Schlussanträge v. 12.05.1996 in der Rs. 84/94, Vereinigtes Königreich/Rat, EU:C:1996:93, Rn. 125 ff.

Maßstab des allgemeinen, gesamtbilanzierenden Rechtsgrundsatzes der Verhältnismäßigkeit zu prüfen.[247] Auch reicherte der EuGH seine Formel, dass der Verhältnismäßigkeitsgrundsatz ein allgemeiner Rechtsgrundsatz des Gemeinschaftsrechts sei, mit einem Hinweis auf die Niederlegung dieses Grundsatzes in Art. 3b Abs. 3 EGV an.[248] Diese Gleichsetzung erfolgte allerdings nicht einheitlich, sodass sich aus dieser Zeit auch zahlreiche Judikate finden lassen, in denen der allgemeine Grundsatz der Verhältnismäßigkeit ohne Rückanbindung an Art. 3b Abs. 3 EGV geprüft wurde.[249] Dieser unsystematische Umgang mit Art. 3b Abs. 3 EGV mag seine Erklärung darin finden, dass diese Norm nach ihrem Wortlaut, ganz wie auch heute noch der Art. 5 Abs. 4 EUV, allein auf Maßnahmen der Gemeinschaft Anwendung fand, während der Grundsatz der Verhältnismäßigkeit als allgemeiner Rechtsgrundsatz aus der Rechtsprechung auch auf die Mitgliedstaaten angewendet wird. Eine allgemeine Gleichsetzung von Art. 3b Abs. 3 EGV mit dem allgemeinen Rechtsgrundsatz war folglich nicht möglich. Mit dem Hinweis auf Art. 3b Abs. 3 EGV brachte der EuGH wohl etwas ungelenk zum Ausdruck, dass er den allgemeinen Rechtsgrundsatz der Verhältnismäßigkeit in seiner Anwendung auf die Gemeinschaft nunmehr in dieser Norm verortet sah.

Mit Blick auf die Berücksichtigung spezifisch mitgliedstaatlicher Interessen im Rahmen dieser Prüfung ist festzustellen, dass der EuGH einerseits z.B. die finanzielle und administrative Belastung der Mitgliedstaaten sowie den Wunsch nach weniger strikten Vorgaben für die Mitgliedstaaten zur Erreichung eines bestimmten Regelungsziels in einer Verhältnismäßigkeitsprüfung berücksichtigt hat, ohne dass hierbei auf Art. 3b Abs. 3 EGV abgestellt worden wäre.[250] Ande-

[247] Vgl. das Klägervorbringen dargestellt in: GA *Jacobs*, Schlussanträge v. 15.06.1995 in der Rs. C-426/93, Deutschland/Rat, EU:C:1995:184, Rn. 46 ff., das den Grundsatz der Verhältnismäßigkeit an Art. 3b Abs. 3 EGV anknüpfte mit der Prüfung der Verhältnismäßigkeit als allgemeinen Rechtsgrundsatz ohne Nennung dieser Norm in: EuGH, Urt. v. 09.11.1995, Deutschland/Rat, C-426/93, EU:C:1995:367, Rn. 36 ff.; in EuGH, Urt. v. 25.06.1997, Kieffer und Thill, C-114/96, EU:C:1997:316, Rn. 23, 33 ff. wurde Art. 3b Abs. 3 EGV in der Vorlagefrage genannt, vom EuGH aber die Verhältnismäßigkeit ohne Hinweis auf diese Norm die allgemeine Verhältnismäßigkeit geprüft, ebenso in: GA *Léger*, Schlussanträge v. 14.07.1998 in der Rs. C-284/95, Safety Hi-Tech, EU:C:1998:38, Rn. 55, 80 ff.; so auch: EuGH, Urt. v. 22.10.1998, Kellinghusen, C-36/97, EU:C:1998:499, Rn. 12, 33 f. und GA *Saggio*, Schlussanträge v. 27.01.2000 in der Rs. C-156/98, Deutschland/Kommission, EU:C:2000:47, Rn. 19 ff.

[248] EuGH, Urt. v. 19.11.1998, Vereinigtes Königreich/Rat, C-150/94, EU:C:1998:547, Rn. 37.

[249] S. z.B.: EuGH, Urt. v. 09.11.1995, Deutschland/Rat, C-426/93, EU:C:1995:367, Rn. 36 ff.; EuGH, Urt. v. 12.11.1996, Vereinigtes Königreich/Rat, C-84/94, EU:C:1996:431, Rn. 54, 57 ff.; s. auch: EuGH, Urt. v. 12.12.1996, British Telecommunications, C-304/94, EU:C:1996:485, Rn. 60 ff.; EuGH, Urt. v. 15.04.1997, Woodspring District Council, C-27/95, EU:C:1997:188, Rn. 22 ff. s. ferner: EuGH, Urt. v. 05.05.1998, Vereinigtes Königreich/Kommission, C-180/96, EU:C:1998:192, Rn. 76 ff.; EuGH, Urt. v. 12.07.2001, Portugal/Kommission, C-365/99, EU:C:2001:490, Rn. 50 ff.

[250] EuGH, Urt. v. 09.11.1995, Deutschland/Rat, C-426/93, EU:C:1995:367, Rn. 36 ff.

rerseits wurden ähnliche Interessen auch zum Gegenstand einer Verhältnismäßigkeitsprüfung gemacht, in der eingangs auf Art. 3b Abs. 3 EGV hingewiesen wurde.[251] Diese Handhabung läuft letztlich darauf hinaus, dass der EuGH Art. 3b Abs. 3 EGV mit dem allgemeinen Rechtsgrundsatz der Verhältnismäßigkeit gleichsetzte, soweit Handlungen der Gemeinschaft in Frage standen und mitgliedstaatliche Interessen im Rahmen dieser Prüfung berücksichtigte.

2. Konsolidierung

Art. 3b Abs. 3 EGV wurde mit dem Vertrag von Amsterdam zu Art. 5 Abs. 3 EGV, der auch nach dem Vertrag von Nizza unverändert blieb. Weiterhin hat der EuGH Hinweise auf diese Norm zum Anlass genommen, den Grundsatz der Verhältnismäßigkeit als allgemeinen Rechtsgrundsatz zu prüfen.[252] Wie zuvor stellte der EuGH für den neuen Art. 5 Abs. 3 EGV fest, dass dort der allgemeine Rechtsgrundsatz der Verhältnismäßigkeit „verankert"[253] sei. Weiterhin erfolgte die Nennung des Art. 5 Abs. 3 EGV bei der Prüfung von Unionsmaßnahmen am Grundsatz der Verhältnismäßigkeit aber nicht einheitlich.[254]

Mitgliedstaatliche Interessen waren weiterhin in dieser Verhältnismäßigkeitsrechtsprechung von Bedeutung: So beschäftigte sich der EuGH z.B. mit dem Vorbringen Griechenlands, dass eine Richtlinie über den zulässigen Schwefelgehalt in Kraft- und Brennstoffen[255] deshalb unverhältnismäßig sei, weil sie nur unter engen Voraussetzungen für die Mitgliedstaaten die Möglichkeit von Ausnahmegenehmigungen für die Verwendung von Schwerölen mit Schwefelgehalt vorsah, was für Griechenland unverhältnismäßig hohe Kosten verursacht habe.[256] In seiner Verhältnismäßigkeitsprüfung wog der EuGH interessanterweise nicht nur die Belastungen Griechenlands mit den durch die strengen Vorgaben geschützten Umweltbelangen ab, sondern sah sich außerdem zu der Feststellung veranlasst, dass auch „beträchtliche Folgen wirtschaftlicher Art zum

---

[251] EuGH, Urt. v. 13.05.1997, Deutschland/Parlament und Rat, C-233/94, EU:C:1997:231, Rn. 66 ff.

[252] S. z.B.: EuGH, Urt. v. 10.07.2008, Sosnowska, C-25/07 EU:C:2008:395, Rn. 12 f.; EuGH, Urt. v. 27.01.2009, Persche, C-318/07, EU:C:2009:33, Rn. 19, 31 ff.; EuGH, Urt. v. 14.05.2009, Azienda Agricola Disarò Antonio u.a., C-34/08, EU:C:2009:304, Rn. 21, 71 ff; EuGH, Urt. v. 16.07.2009, Pärlitigu, C-56/08, EU:C:2009:467, Rn. 20, 31 ff.

[253] EuGH, Urt. v. 29.03.2012, Kommission/Polen, C-504/09 P, EU:C:2012:178, Rn. 79.

[254] Vgl.: EuGH, Urt. v. 10.12.2002, British American Tobacco (Investments) and Imperial Tobacco, C-491/01, EU:C:2002:741, Rn. 122 ff.; EuGH, Urt. v. 14.12.2004, Swedish Match, C-210/03, EU:C:2004:802, Rn. 46 ff.; EuGH, Urt. v. 12.12.2006, Deutschland/Rat und Parlament, C-380/03, EU:C:2006:772, Rn. 129 ff.; EuGH, Urt. v. 20.05.2010, Agrana Zucker, C-365/08, EU:C:2010:283, Rn. 27 ff.

[255] Richtlinie 1999/32/EG des Rates vom 26. April 1999 über eine Verringerung des Schwefelgehalts bestimmter flüssiger Kraft- oder Brennstoffe und zur Änderung der Richtlinie 93/12/EWG, ABl. L 121 S. 13 ff.

[256] EuGH, Urt. v. 15.12.2005, Griechenland/Kommission, C-86/03, EU:C:2005:769, Rn. 74 ff.

Nachteil bestimmter Wirtschaftsteilnehmer“[257] durch die Bedeutung der verfolgten Ziele hinzunehmen seien. Wiederum wurden mitgliedstaatliche Interessen berücksichtigt, es ging aber weiterhin nicht darum, dass der Grundsatz der Verhältnismäßigkeit als Eingriffsschranke für diese Interessen allein fungierte.

3. Heutige Nutzung des Art. 5 Abs. 4 EUV

Ein ähnliches Bild bietet sich auch nach dem Vertrag von Lissabon, mit dem Art. 5 Abs. 3 EGV zu Art. 5 Abs. 4 EUV verändert wurde. Festgelegt hat sich der EuGH nunmehr, dass Art. 5 Abs. 4 EUV keinesfalls eine Rolle spielt, wenn Maßnahmen der Mitgliedstaaten in Rede stehen; vielmehr verweigert er jegliche Antwort auf Vorlagefragen, welche die Vereinbarkeit nationaler Regelungen mit Art. 5 Abs. 4 EUV betreffen.[258]

Darüber hinaus gab es jedoch keine Neuerungen. Wenn Parteivorträge, die auf Art. 5 Abs. 4 EUV abstellen, nicht aus prozessualen Gründen unberücksichtigt bleiben,[259] werden sie teilweise als Hinweis auf den allgemeinen Grundsatz der Verhältnismäßigkeit verstanden.[260] Der EuGH hat dementsprechend festgestellt, dass Art. 5 Abs. 4 EUV und Art. 1 SubProt auf eben diesen Verhältnismäßigkeitsgrundsatz verweisen, soweit er auf Handlungen der Union Anwendung findet.[261] Es gibt aber auch Fälle, in denen die unterschiedlichsten mitgliedstaatlichen Belange von Parteiseite mit Art. 5 Abs. 4 EUV in Verbindung gebracht werden und der EuGH diese Vorbringen in der Sache aufgreift, aber nicht ausdrücklich auf Art. 5 Abs. 4 EUV verweist.[262] Insbesondere werden vom EuGH unterschiedliche mitgliedstaatliche Interessen neben anderen Interessen in eine gesamtbilanzierende Ausgewogenheitsprüfung eingestellt, ohne dass Art. 5 Abs. 4 EUV erwähnt würde.[263] Auch wird die Verhältnismäßigkeit von Unions-

---

[257] Ebd., Rn. 96.

[258] EuGH, Urt. v. 25.07.2018, TTL, C-553/16, EU:C:2018:604, Rn. 33 ff.; EuGH, Beschl. v. 13.02.2020, MAK TURS, C-376/19, EU:C:2020:99, Rn. 18 f.

[259] Vgl.: EuGH, Urt. v. 28.04.2016, Borealis Polyolefine, verb. Rs. C-191/14, C-192/14, C-195/14, C-389/14 und C-391/14 bis C-393/14, EU:C:2016:311, Rn. 37; EuGH, Beschl. v. 03.03.2020, Esirn Chemicals, C-902/19 P, EU:C:2020:145, Rn. 6; EuGH, Urt. v. 16.06.2020, Kommission/Irland, C-550/18, EU:C:2020:564, Rn. 51; EuGH, Beschl. v. 28.10.2020, Sarantos, C-84/20 P, EU:C:2020:871, Rn. 43 ff.

[260] Besonders deutlich: EuGH, Urt. v. 04.06.2020, Ungarn/Kommission, C-456/18 P, EU:C:2020:421, Rn. 41 ff.

[261] Ebd., Rn. 41.

[262] EuGH, Urt. v. 06.08.2016, Slowakei und Ungarn/Rat, verb. Rs. C-643/15 und C-647/15, EU:C:2017:631, Rn. 209, 225, 233; EuGH, Urt. v. 13.05.2019, Polen/Parlament und Rat, C-128/17, EU:C:2019:194, Rn. 83 ff.; EuGH, Urt. v. 08.07.2019, Kommission/Belgien, C-543/17, EU:C:2019:573, Rn. 41.

[263] EuGH, Urt. v. 30.04.2019, Italien/Rat, C-611/17, EU:C:2019:332, Rn. 54 ff.; EuGH, Urt. v. 20.11.2019, Portugal/Kommission, C-737/18 P, EU:C:2019:991, Rn. 35 ff.; EuGH, Urt. v. 03.12.2019, Tschechische Republik/Parlament und Rat, C-482/17, EU:C:2019:1035, Rn. 76 ff.

maßnahmen weiterhin als allgemeiner Rechtsgrundsatz ohne Bezug auf Art. 5 Abs. 4 EUV oder mitgliedstaatliche Belange geprüft.[264]

Wie eine Berücksichtigung mitgliedstaatlicher Belange im Rahmen einer gesamtbilanzierenden Verhältnismäßigkeitsprüfung aussieht, lässt sich anhand zweier Beispiele verdeutlichen: So prüfte der EuGH im Verfahren um die Verhältnismäßigkeit der quotierten Verteilung Geflüchteter auf alle Mitgliedstaaten nicht, ob die von den Klägern vorgeschlagenen finanziellen Hilfen für die Asylsysteme Griechenlands und Italiens sowie eine Aufstockung der Mittel der Agentur Frontex, ihre vergleichbare Wirksamkeit vorausgesetzt, die klagenden Mitgliedstaaten in finanzieller und administrativer Hinsicht weniger belastet hätten als die angegriffene Quotenregelung. Vielmehr nahm der EuGH an, dass ein solches Vorgehen insgesamt mehr Kosten verursacht hätte.[265] Nur wenn Alternativmittel insgesamt eine belastungsärmere Option gewesen wären, wäre die Maßnahme an der Erforderlichkeitsstufe der Ausgewogenheitskontrolle gescheitert.

Auch die Prüfung der Angemessenheit einer Belastung mitgliedstaatlicher Interessen wird vom EuGH mittels der Gesamtbilanzierung vorgenommen, wie z.B. das Urteil[266] über die Gültigkeit der Flughafenentgeltrichtlinie[267] illustriert. Die Richtlinie findet nach ihrem Art. 1 Abs. 1 i.V.m. Abs. 2 auf gewerblich genutzte Flughäfen mit mehr als fünf Million Fluggastbewegungen pro Jahr und jedenfalls auf den nach Fluggastbewegungen größten Flughafen jedes Mitgliedstaates Anwendung. Luxemburg stellte die Gültigkeit der Richtlinie wegen angeblicher Unverhältnismäßigkeit in Frage, weil sie auch auf den Flughafen Luxemburg-Findel Anwendung finden würde, obwohl die damit einhergehenden Verwaltungs- und Aufsichtsverfahren den Flughafen und den luxemburgischen Staat unverhältnismäßig schwer belasten würden.[268] Bezogen auf den staatlichen Verwaltungsaufwand stellte Luxemburg also die Verhältnismäßigkeit zwischen dem von der Richtlinie anvisierten Ziel, gemeinsame Grundsätze für die Erhebung von Flughafenentgelten zu etablieren, und dem damit einhergehenden Eingriff in die Verwaltungsorganisation des Großherzogtums Luxemburgs, das eine eigene Flughafenaufsichtsbehörde einrichten musste, in Frage. Der EuGH erkannte, nachdem er die von den Parteien unbestrittene Eignung der vom Gesetz-

[264] S. z.B.: EuGH, Beschl. v. 17.12.2015, Bitter, C-580/14, EU:C:2015:835, Rn. 24 ff.; EuGH, Urt. v. 14.06.2017, Verband Sozialer Wettbewerb, C-422/16, EU:C:2017:458, Rn. 45 ff.; EuGH, Urt. v. 07.02.2018, American Express, C-304/16, EU:C:2018:66, Rn. 85 ff.; EuGH, Urt. v. 30.01.2019, Planta Tabak-Manufaktur Dr. Manfred Obermann, C-220/17, EU:C:2019:76, Rn. 50 ff.

[265] EuGH, Urt. v. 06.08.2016, Slowakei und Ungarn/Rat, verb. Rs. C-643/15 und C-647/15, EU:C:2017:631, Rn. 260.

[266] EuGH, Urt. v. 12.05.2011, Luxemburg /Parlament und Rat, C-176/09, EU:C:2011:290.

[267] Richtlinie 2009/12/EG des Europäischen Parlaments und des Rates v. 11.03.2009 über Flughafenentgelte (ABl. L 70, S. 11).

[268] EuGH, Urt. v. 12.05.2011, Luxemburg /Parlament und Rat, C-176/09, EU:C:201:290, Rn. 56.

geber gewählten Lösung bestätigt und darauf hinwies, dass Luxemburg keine weniger belastenden Alternativmaßnahmen vorgeschlagen hatte,[269] den Verwaltungsaufwand des Flughafens und den Aufsichtsaufwand des luxemburgischen Staates als beachtenswerte Interessen an, die es gegen das Regelungsziel abzuwägen galt.[270] Er arbeitete heraus, dass die Richtlinie dem Flughafenbetreiber und dem Staat erhebliche Freiräume lasse und der „Aufwand" beider nicht außer Verhältnis zum Nutzen der Richtlinie stehe.[271] Staatliche und wirtschaftliche Belastungen wurden folglich gesehen, wobei der EuGH meinte, dass insgesamt diese Belastungen nicht außer Verhältnis zu den Vorteilen durch die Zielerreichung der Richtlinie standen.

Damit hat der EuGH der Verhältnismäßigkeitsprüfung unter Art. 5 Abs. 4 EUV und seinen Vorgängernormen keine spezifische Funktion zugewiesen. Der EuGH behandelt diese Norm vielmehr als inhaltsgleich mit dem allgemeinen Rechtsgrundsatz der Verhältnismäßigkeit, soweit er Maßstab für Handlungen der Union ist. Freilich erwähnt der EuGH Art. 5 Abs. 4 EUV auch nicht immer dann, wenn eine solche Verhältnismäßigkeitsprüfung stattfindet, sondern verwendet Art. 5 Abs. 4 EUV und den allgemeinen Rechtsgrundsatz als austauschbare Alternativen. Spezifisch mitgliedstaatliche Interessen können hierbei Berücksichtigung finden, werden aber nicht als einziges Schutzgut der Prüfung behandelt, für die der Grundsatz der Verhältnismäßigkeit eine Eingriffsschranke darstellte, sondern fließen eher in die Ausgewogenheitskontrolle ein. Weil es für den EuGH damit bei Art. 5 Abs. 4 EUV auch um eine Ausgewogenheitskontrolle geht, müssen mitgliedstaatliche Interessen auch nicht involviert sein, um zur Anwendung dieser Norm zu führen.

III. Föderale Bedeutung der Prüfzugriffe

1. Kompetenzdrifteinhegung durch einen subjektivrechtlich geprägten Prüfzugriff

Hinter der Operationalisierung des Art. 5 Abs. 4 EUV als Eingriffsschranke für mitgliedstaatliche Handlungsfreiheit steht das Bestreben nach der Bewältigung des als Kompetenzdrift bezeichneten Phänomens, dem sich die anderen föderalen Ordnungsnormen des Unionsrechts in ihrer konkreten Ausgestaltung nicht hinreichend in den Weg zu stellen vermögen. Eine Verhältnismäßigkeitsprüfung nach Maßgabe des subjektivrechtlichen Prüfzugriffs bietet sich hierbei als Lösungsmöglichkeit an.

[269] Ebd., Rn. 64 ff.
[270] Ebd., Rn. 68 ff.
[271] Ebd., Rn. 69 ff.

a) Das Phänomen des Kompetenzdrifts

Mit der Beschreibung des Phänomens eines Kompetenzdrifts wird zu fassen versucht, dass das Unionsrecht in Rechts- und Lebensbereiche hereinwirkt, die als außerhalb der Zuständigkeitsbereiche der EU liegend wahrgenommen werden. Hier lassen sich zwei Erscheinungsformen unterscheiden: Einerseits wird durch eine als extensiv wahrgenommene Auslegung der Zuständigkeitstitel der EU dort Rechtssetzung oder anderweitige Maßnahmensetzung durch die EU ermöglicht, wo sie jedenfalls ursprünglich nicht vorgesehen gewesen sein soll.[272] Für diese Diagnose besonders relevant ist, dass nach der Rechtsprechung des EuGH die Möglichkeit zur Nutzung einer Rechtsgrundlage nicht automatisch dann endet, wenn die fragliche Maßnahme auch Sachbereiche berührt, für die die Mitgliedstaaten die Regelungsbefugnis behalten haben[273] und selbst nicht dort, wo andere Normen des Primärrechts eine Harmonisierung verbieten.[274] Ein negativ-integrierender Kompetenzdrift durch den EuGH wird identifiziert, wenn dieser in ständiger Rechtsprechung auf die Einhaltung des Primärrechts- und zuständigkeitskonform erlassenen Sekundärrechts durch die Mitgliedstaaten auch dann besteht, wenn die Mitgliedstaaten im Rahmen ihrer Zuständigkeiten handeln.[275]

Jenseits von den politischen Gründen und der rechtlichen Zulässigkeit dieser Entwicklung[276] werden mitgliedstaatliche Handlungsspielräume durch dieses

[272] S. hierzu: *S. Garben*, Journal of Common Market Studies 57 (2019), S. 205, 206; *S. Prechal*, Review of European Administrative Law 3 (2010), S. 5. Ein Unterfall dieses positiv-integrierenden *competence creep* ist die extensive Nutzung von Möglichkeiten der EU zum Abschluss von völkerrechtlichen Verträgen, zur Setzung von *soft law*, zur Setzung von finanziellen Anreizen und politischer Koordinierung in Bereichen jenseits ihrer legislativen Zuständigkeit, s. hierzu ausf. und krit.: *S. Garben*, Journal of Common Market Studies 57 (2019), S. 205, 209 ff., 216 ff.

[273] So durfte z.B. in: EuGH, Urt. v. 13.09.2005, Kommission/Rat, C-176/03, EU:C:2005:542, Rn. 47 ff. für bestimmte Umweltdelikte in der gesamten EU eine strafrechtliche Ahnung vorgeschrieben werden, obwohl die EU zur Harmonisierung des mitgliedstaatlichen Strafrechts keine Zuständigkeit besaß.

[274] So scheiterte in EuGH, Urt. v. 05.10.2000, Deutschland/Parlament und Rat, C-376/98, EU:C:2000:544, Rn. 77 f. das Tabakwerbeverbot nicht daran, dass die Verträge ausdrücklich die Harmonisierung im Bereich des Gesundheitsschutzes ausschlossen.

[275] S. nur beispielsweise und aus den unterschiedlichsten Rechtsbereichen: EuGH, Urt. v. 10.12.1969, Kommission/Frankreich, Rs. 6/69, EU:C:1969:68, Rn. 14/17; EuGH, Urt. v. 15.12.1976, Simmenthal Spa, Rs. 35/76, EU:C:1976:180, Rn. 13 f.; EuGH, Urt. v. 15.05.1986, Johnston, Rs. 222/84, EU:C:1986:206, Rn. 22 ff.; EuGH, Urt. v. 07.06.1988, Griechenland/Kommission, Rs. 57/86, EU:C:1988:284, Rn. 9; EuGH, Urt. v. 25.07.1991, ex parte Factortame, C-221/89, EU:C:1991:320, Rn. 13 ff.; EuGH, Urt. v. 12.07.2001, Smits und Peerbooms, C-157/99, EU:C:2001:404, Rn. 44 ff.; EuGH, Urt. v. 02.10.2003, Garcia Avello, C-148/02, EU:C:2003:539, Rn. 25; EuGH, Urt. v. 02.03.2010, Rottmann, C-135/08, EU:C:2010:104, Rn. 39, 41; EuGH, Urt. v. 22.05.2012, P.I., C-348/09, EU:C:2012:300, Rn. 23; EuGH, Urt. v. 04.06.2013, ZZ, C-300/11, EU:C:2013:363, Rn. 38; EuGH, Urt. v. 06.10.2020, La Quadrature du Net u.a., verb. Rs. C-511/18, C-512/18 und C-520/18, EU:C:2020:791, Rn. 99.

[276] S. dazu noch unten, 2. Kap. C. III. 4.

Vorgehen in erheblichem Umfang begrenzt. Hierbei soll es sich letztlich um ein demokratisches Problem handeln: Weil die Ausstattung der EU mit Hoheitsrechten und die Souveränitätsbeschränkung der Mitgliedstaaten nach dem Prinzip der begrenzen Einzelermächtigung stets partiell geblieben sind,[277] sei eine Erosion der Zuständigkeitsgrenzen der EU eine Herausforderung für die EU einerseits, weil diese Begrenztheit der Hoheitsrechtsübertragung in Frage gestellt würde,[278] sowie andererseits, weil eine Ausweitung der Zuständigkeiten auch mit einer verstärkten demokratischen Legitimation einhergehen müsse.[279] Mit anderen Worten erscheint der unionsrechtliche Überbau von mitgliedstaatlichen Entscheidungen durch positive wie negative Integration in Bereichen, in denen es der EU an legislativer Handlungsmacht fehlt, als eine Infragestellung der Geschäftsgrundlage des Integrationswerks wie auch eine demokratisch nicht hinreichend abgesicherte Verkleinerung mitgliedstaatlicher Handlungs- und Entscheidungsspielräume.[280] Letztlich geht es also darum, dass ein positiver wie negativer Kompetenzdrift die Allokation demokratischer Verantwortung in der EU und den Mitgliedstaaten durcheinanderbringen würde.

b) Kompetenzdrift als Achillesferse der anderen föderalen Grundsätze

Unterstellt man diese Problemdiagnose als zutreffend,[281] stellt sich die Frage, wie ihr Einhalt zu gebieten ist. Die zentralen Grundsätze der Kompetenzordnung, namentlich der Grundsatz der begrenzten Einzelermächtigung, der Subsidiaritätsgrundsatz und der Schutz mitgliedstaatlicher Identität nach Art. 4 Abs. 2 S. 1 Var. 2 EUV, sind allerdings in ihrer konkreten Ausgestaltung und Anwendung in der Praxis nicht in der Lage, sich dem Kompetenzdrift wirksam entgegenzustellen.

aa) Begrenzte Steuerungskraft begrenzter Einzelermächtigung

Trotz der bereits herausgearbeiteten strukturellen Bedeutung des Prinzips der begrenzten Einzelermächtigung führt dieses Prinzip nicht zwangsläufig dazu, dass die Unionszuständigkeiten stets klar umrissen wären und strikt von mitgliedstaatlichen Zuständigkeiten abgegrenzt werden könnten. Im Unterschied

---

[277] Dies hebt auch der EuGH hervor, vgl.: EuGH, Urt. v. 05.02.1963, Van Gend & Loos, Rs. 26/62, EU:C:1963:1, S. 25; EuGH, Urt. v. 15.07.1964, Costa/ENEL, Rs. 6/64, EU:C:1964:66, S. 1269, bis heute weiterentwickelt in: EuGH, Gutachten v. 08.03.2011, Einheitliches Patentgericht, Avis 1/09, EU:C:2011:123, Rn. 65; EuGH, Gutachten v. 18.12.2014, EMRK-Beitritt II, Avis 2/13, EU:C:2014:2454, Rn. 157; EuGH, Urt. v. 28.04.2015, Kommission/Rat, C-28/12, EU:C:2015:282, Rn. 39; EuGH, Urt. v. 10.12.2018, Wightman u.a., C-621/18, EU:C:2018:999, Rn. 44.

[278] *U. Haltern*, Europarecht, Bd. I, 3. Aufl. 2017, S. 355 spricht von „formeller Legitimität".

[279] Ebd., S. 356 spricht hier von „materieller Legitimität".

[280] *S. Garben*, Journal of Common Market Studies 57 (2019), S. 205, 213 ff.

[281] Hierzu noch ausf. unten, 2. Kap. C. III. 4.

zum klassischen Völkervertragsrecht sind es im Unionsrecht nicht die Mitgliedstaaten, die einvernehmlich über die Auslegung der Zuständigkeiten der EU entscheiden, bzw. auf deren historischen Willen es bei der Auslegung von Zuständigkeitsnormen entscheidend ankommen soll.[282] Auf Grundlage der Ziel- und Ergebnisbezogenheit der Verträge, die von den Mitgliedstaaten ausdrücklich zur Erreichung bestimmter Regelungsziele geschlossen wurden[283] und denen daher zur Sicherstellung einer dynamischen Anpassungsfähigkeit der EU ein großes Interpretationspotenzial innewohnt, bedient sich der EuGH der auf die praktische Wirksamkeit des Unionsrechts bedachten Auslegungsmaxime *ut res magis valeat quam pereat*.[284] Ihr Einsatz entspricht der anerkannten Auslegung völkerrechtlicher Integrationsverträge[285] und ist auch vom BVerfG als für das Unionsrecht legitim anerkannt worden.[286]

Hinzu treten die *implied-powers*-Doktrin[287] und die Vertragsergänzungsklausel aus Art. 352 Abs. 1 AEUV, die ebenfalls Anlass zu Zweifeln an der Steuerungsfähigkeit der begrenzten Einzelermächtigung gaben.[288] Freilich schaffen die *implied powers* der EU selbst bei ihrer Anknüpfung an zielbezogene Zuständigkeiten[289] keine Verbandskompetenzen, sondern erweitern den Handlungsspielraum der EU bei bestehenden Zuständigkeiten.[290] Auch die Vertragsergänzungs-

---

282 *R. Schütze*, in: Arnull/Chalmers (Hrsg.), The Oxford Handbook of European Union Law, 2015, S. 75, 77; im Zweifel wäre nach diesem Modell die souveränitätsschonendste Auslegung zu wählen (‚*in dubio mitius*‘).

283 *S. Seyr*, Der effet utile in der Rechtsprechung des Europäischen Gerichtshofs, 2010, S. 359 f. m.w.N.

284 S. hierzu nur: *A. Mackenzie Stuart*, The European Communities and the Rule of Law, 1977, S. 78; *R. Streinz*, ZEuS 2004, S. 387, 406 f. Krit. zu dieser Rspr.: *T. von Danwitz*, Verwaltungsrechtliches System und europäische Integration, 1996, S. 144 ff. Es handelt sich allerdings nicht um eine „größtmöglich[e] Ausschöpfung der Gemeinschaftsbefugnisse“ (so: BVerfGE 89, 155, 210), sondern um die Gewährleistung der Wirksamkeit des Unionsrechts im Einzelfall, s.: *U. Everling*, JZ 2000, S. 217, 220, Fn. 39.

285 S. nur: *R. Bernhardt*, Die Auslegung völkerrechtlicher Verträge insbesondere in der Rechtsprechung internationaler Gerichte, 1963, S. 93 ff.; *S. Seyr*, Der effet utile in der Rechtsprechung des Europäischen Gerichtshofs, 2010, S. 96 m. ausf. Nw.

286 BVerfGE 123, 267, 351 f.

287 S. hierzu die grundlegenden Arbeiten von: *J. Becker*, Die Anwendbarkeit der Theorie von den Implied Powers im Recht der Europäischen Gemeinschaften, 1976, S. 44 ff.; *G. Peruzzo*, Das Problem der implied powers der Organe der europäischen Gemeinschaften, 1979, S. 59 ff.

288 So etwa: *T. von Danwitz*, Verwaltungsrechtliches System und Europäische Integration, 1996, S. 97.

289 Zu denken ist etwa an: EuGH, Urt. v. 09.07.1987, Deutschland u.a./Kommission, verb. Rs. 281, 283 bis 285 und 287/85, EU:C:1987:351, wonach aus der Befugnis der Kommission in der Sozialpolitik „in enger Verbindung mit den Mitgliedstaaten durch Untersuchungen, Stellungnahmen und die Durchführung von Konsultationen“ zu handeln, folge, dass die Mitgliedstaaten zur Mitteilung wesentlicher Informationen und zur Teilnahme an Konsultationsverfahren verpflichtet werden könnten.

290 Oftmals steht diese Erweiterung auch im Einklang mit den Vorstellungen der Mitglied-

klausel ist eine explizite Kompetenzzuweisung durch die Mitgliedstaaten, die überdies hohe Hürden an ihre Nutzung aufstellt und eng ausgelegt wird[291] und die durch ihre Neufassung durch den Vertrag von Lissabon bis zu einem gewissen Grad entschärft wurde.[292] Die ohnehin vage umrissenen Zuständigkeitsgrenzen werden hierdurch aber dennoch erheblich flexibilisiert.

Der negativen Integration durch die Rechtsprechung des EuGH vermag sich die begrenzte Einzelermächtigung ebenfalls nicht in den Weg zu stellen.[293] Wo das Primärrecht oder das aufgrund einer zielbezogenen Zuständigkeit erlassene Sekundärrecht Regelungsbereiche transzendieren und auch in Bereiche mitgliedstaatlicher Zuständigkeit hineinwirken, liegt in der Feststellung eines mitgliedstaatlichen Verstoßes durch Handlungen innerhalb des Zuständigkeitsbereichs der Mitgliedstaaten von Seiten des EuGH keine Verletzung der begrenzten Einzelermächtigung: Der EuGH handelt hierbei seinerseits innerhalb seiner Zuständigkeit zur Wahrung des Unionsrechts gem. Art. 19 Abs. 1 S. 2 EUV und soweit tatsächlich kein Zweifel an der Zuständigkeitskonformität der angewandten unionsrechtlichen Regel besteht, werden die Zuständigkeiten der EU auch nicht erweitert. Der Grund dafür liegt darin, dass die EU durch diese negative Integration keinerlei Regelungszuständigkeit in mitgliedstaatlichen Zuständigkeitsbereichen erlangt,[294] sondern zuständigkeitskonformes, rechtsgebietsübergreifendes Recht auch rechtsgebietsübergreifend durchgesetzt wird.

Solche und ähnliche Beobachtungen sind verschiedentlich Ausgangspunkt für grundlegende Betrachtungen des Mehrebenensystems,[295] oder Fragen der Kompetenz-Kompetenz[296] gewesen, die hier nicht vertieft werden können. An dieser Stelle genügt die Feststellung, dass im geltenden Unionsrecht mit der funktionalen Ausrichtung der Unionsverträge und der weitreichenden rechtlichen Verzahnung der Ebenen das als Kompetenzdrift bezeichnete Phänomen jedenfalls kein Problem der Existenz von Zuständigkeiten der EU ist, das mit der begrenz-

---

staaten. So geht z.B. Art. 83 Abs. 2 auf Urteile wie EuGH, Urt. v. 13.09.2005, Kommission/Rat, C-176/03, EU:C:2005:542 und EuGH, Urt. v. 23.10.2007, Kommission/Rat, C-440/05, EU:C:2007:625 zurück, während Art. 216 Abs. 1 AEUV i.V.m. Art. 3 Abs. 2 AEUV die implizite Vertragsschlusskompetenz der EG, die erstmals in EuGH, Urt. v. 31.03.1971, Kommission/Rat (AETR), Rs. 22/70, EU:C:1971:32 entwickelt wurde, in eine ausdrückliche Zuständigkeit umgewandelt hat.

[291] Grundlegend: EuGH, Gutachten v. 28.03.1996, EMRK Beitritt I, Avis 2/94, EU:C:1996:140, Rn. 31 ff.

[292] *U. Haltern*, Europarecht, Bd. I, 3. Aufl. 2017, S. 373 f.

[293] S. zu diesem Problemkomplex z.B.: *R. Streinz*, in: Härtel (Hrsg.), Handbuch Föderalismus IV, 2012, § 85, Rn. 35; *F. C. Mayer*, in: Kahl/Ludwigs (Hrsg.), HVwR II, 2021, § 33, Rn. 33 ff.; *L. Boucon*, EU Law and Retained Powers of Member States, in: Azoulai (Hrsg.), The Question of Competence in the European Union, 2014, S. 168, 171 ff.

[294] *F. C. Mayer*, in: Kahl/Ludwigs (Hrsg.), HVwR II, 2021, § 33, Rn. 33 ff.

[295] S. etwa: *R. Schütze*, From Dual to Cooperative Federalism, 2009, S. 130 ff., 242 ff.

[296] *J. J. H. Weiler*, in: Ders (Hrsg.), The Constitution of Europe, 1999, S. 286 ff.

ten Einzelermächtigung zu bewältigen wäre. Stattdessen geht es eher darum, auf welche Weise die Zuständigkeiten der EU wahrgenommen werden.[297]

bb) Subsidiarität mit zentralistischer Tendenz

Damit wird der Blick auf Vorgaben für die Zuständigkeitswahrnehmung der EU und auf das Subsidiaritätsprinzip gelenkt. Vor allem in Deutschland hat aber die konkrete Ausgestaltung europäischer Subsidiarität für Enttäuschung gesorgt,[298] denn in der Form, in der sie den Weg in die Verträge gefunden hat, ist sie als eine effektive Schutznorm mitgliedstaatlicher Handlungsspielräume und damit auch zur Bewältigung eines Kompetenzdrifts kaum geeignet.

So betonten die Staats- und Regierungschefs schon auf dem Rat von Edinburgh 1992, dass mit dem Subsidiaritätsprinzip lediglich geklärt werden solle, ob die Gemeinschaft zum Erreichen eines bestimmten Ziels im Rahmen der geteilten Zuständigkeiten tätig werden soll.[299] Durch einen exklusiven Fokus darauf, ‚ob' die EU tätig werden soll, wird Subsidiarität im Unionsrecht auf die binäre Auswahl reduziert, ein regulatorisches Problem den Mitgliedstaaten in ihrer eigenen Verantwortung zu überlassen, oder es auf europäischer Ebene anzugehen.

Der vertraglich vorgesehene Aufbau und die Anwendung des Subsidiaritätsprinzips belegen diese zentralistische Version des unionsrechtlichen Subsidiaritätsprinzips.[300] Es vereinigt eine „von unten" gedachte Variante der Subsidiarität, in der die höhere Ebene erst bei einer regulatorischen Überforderung der unteren Ebene zur Verwirklichung ihrer Regelungsziele zur Hilfe eilt und eine „von oben" gedachte Variante, in der die höhere Ebene nur bei Nachweis eines von ihrer Tätigkeit ausgehenden Mehrwerts handeln darf.[301] In Reinform könnten bei diesen beiden Versionen jeweils unterschiedliche Ebenen das fragliche Maßnahmenziel definieren.[302] In der unionsrechtlichen Kombination dieser beiden Strömungen werden die Maßnahmenziele aber stets als Ziele des unionalen Handelns

[297] Präzise und richtigerweise betonend, dass sich trotz dieser unionsrechtlichen Perspektive aus Sicht der Mitgliedstaaten auch weiterhin die Frage nach dem Ausmaß der ihnen verbleibenden Zuständigkeiten stellt: *U. Haltern*, ICON 19 (2021), S. 208, 225 ff.

[298] S. z.B.: *S. Albin*, NVwZ 2006, S. 629, 631 ff.; *C. Ritzer/M. Ruttloff*, EuR 2006, S. 116, 126.

[299] Europäischer Rat v. 11.–12.12.1992, Gesamtkonzept für die Anwendung des Subsidiaritätsprinzips und des Artikels 3b des Vertrags über die Europäische Union durch den Rat, SN/456/92, Teil A Anlage 1, S. 14.

[300] *N. Emiliou*, European Law Review 17 (1992), S. 383, 401.

[301] S. hierzu nur: *U. Haltern*, Europarecht, Bd. I, 3. Aufl. 2017. S. 389 ff.; *F. Fabbrini*, in: Schütze/Tridimas (Hrsg.), Oxford Principles of European Union Law, Vol. I: The European Union Legal Order, 2018, S. 221, 224; laut *U. Everling*, CMLR 29 (1992), S. 1053, 1069 f. und *A. Estella*, The EU Principle of Subsidiarity and its Critique, 2002, S. 94 waren beide Versionen kontrovers diskutiert und als Kompromiss im Vertragstext schließlich kombiniert worden.

[302] *P. Molsberger*, Das Subsidiaritätsprinzip im Prozess europäischer Konstitutionalisierung, 2009, S. 165.

definiert.[303] Zwar bleibt die Fähigkeit der Mitgliedstaaten zur ausreichenden Zielverwirklichung ein Kriterium, ihre Regelungskapazitäten müssen aber unionalen Regulierungszielen genügen. Auch der Effektivitätsvergleich zwischen unionaler und nationaler Tätigkeit wird mit Blick auf das unional definierte Maßnahmenziel durchgeführt.[304] Ist z.B., wie meist in den Bereichen einer funktional formulierten Zuständigkeit der EU, das Ziel der Unionsmaßnahme die Rechtsangleichung in den Mitgliedstaaten, können nur Unionsmaßnahmen dieses Ziel überhaupt erreichen.[305] Auch die Vorgaben der Mitgliedstaaten bestätigen diese zentralisierende Logik. Nach den Schlussfolgerungen des Rates von Edinburgh solle sichergestellt werden, dass die Maßnahme transnationale Aspekte hat, dass die Untätigkeit der Gemeinschaft den Zielen der Verträge und den Mitgliedstaaten abträglich wäre, dass die Gemeinschaftshandlung einen Mehrwert bringt und dass diese Erwägungen qualitativ und quantitativ belegbar sind.[306] Setzt sich die EU ein innerhalb ihrer Kompetenzen liegendes Regelungsziel, werden grenzüberschreitende Aspekte aber nicht schwer zu finden sein und auch die Verpflichtung auf die Ziele der Verträge verfestigt den Fokus auf die unionale Ebene, während der qualitativ und quantitativ belegbare Mehrwert nur die Beweislast regelt.[307] Das Subsidiaritätsprotokoll zum Vertrag von Amsterdam bekräftigte die zentralistische Vision.[308]

Die politischen Wertvorstellungen, die mit der Einführung der unionsrechtlichen Subsidiarität verbunden waren – die Überzeugung von der demokratischen Überlegenheit nationaler oder regionaler Selbstbestimmung und Verantwortlichkeit,[309] den dadurch begünstigten Erhalt von Identitäten, Diversität, Regulierungsflexibilität und nationaler Staatsorganisation,[310] die Vorstellung vom Legitimitätszuwachs der übergeordneten Ebene,[311] die Freiheitssicherung durch

---

[303] *N. Bernard*, CMLR 33 (1996), S. 633, 651 f.; *A. Estella*, The EU Principle of Subsidiarity and its Critique, 2002, S. 92.

[304] *G. Davies*, CMLR 43 (2006), S. 63, 67 f.

[305] Besonders prägnant: GA *Fennelly*, Schlussanträge v. 15.06.2000 in der Rs. C-376/98, Deutschland/Parlament und Rat, EU:C:2000:324, Rn. 135 ff. Vgl. außerdem: EuGH, Urt. v. 12.11.1996, Vereinigtes Königreich/Rat, C-84/94, EU:C:1996:431, Rn. 47, dazu auch: GA *Léger*, Schlussanträge v. 12.03.1996 in der Rs. C-84/94, Vereinigtes Königreich/Rat, EU:C:1996:93, Rn. 129; s. auch: EuGH, Urt. v. 22.05.2003, Kommission/Deutschland, C-103/01, EU:C:2003:301, Rn. 47; EuGH, Urt. v. 12.07.2005, verb. Rs. C-154/04 und Alliance for Natural Health u.a., C-155/04, EU:C:2005:449, Rn. 103 ff.

[306] Europäischer Rat v. 11.–12.12.1992, Gesamtkonzept für die Anwendung des Subsidiaritätsprinzips und des Artikels 3b des Vertrags über die Europäische Union durch den Rat, SN/456/92, Teil A Anlage 1, S. 19.

[307] *G. A. Bermann*, Columbia Law Review 94 (1994), S. 331, 370 f.

[308] Vgl. hierzu: *F. Fabbrini*, in: Schütze/Tridimas (Hrsg.), Oxford Principles of European Union Law, Vol. I: The European Union Legal Order, 2018, S. 221, 226 ff.

[309] S. hierzu nur, statt vieler: *J. H. H. Weiler*, Yale Law Journal 100 (1991), S. 2403, 2472 f.

[310] S. nur: *N. Emiliou*, European Law Review 17 (1992), S. 383, 385 f.; *G. A. Bermann*, Columbia Law Review 94 (1994), S. 331, 341 f.

[311] S. hierzu umfassend: *F. Roge*, Legitimität durch Subsidiarität, 1998, S. 131 ff.

Fragmentierung der Hoheitsgewalt,[312] um nur einige zu nennen[313] – finden sich in dieser Ausgestaltung nur bedingt wieder. Zum Schutz mitgliedstaatlicher Prärogativen wirkt eine wortlautgetreue Anwendung des Art. 5 Abs. 3 EUV kraftlos.

Das mit dieser Kraftlosigkeit einhergehende Potenzial der EU, durch entsprechende Zielformulierungen das Ergebnis der Subsidiaritätsprüfung vorzugeben, ist bekannt – als eingrenzende Lösung ist aber vor allem eine voraussetzungsreiche Abwägungslösung ins Spiel gebracht worden,[314] die sich weit von der tatsächlichen Ausgestaltung der Norm entfernt.[315] Legt man den Subsidiaritätsgrundsatz in seiner positivrechtlichen Ausgestaltung nach Art. 5 Abs. 3 EUV zugrunde, ist er wegen seiner zentralisierenden Ausrichtung nicht in der Lage, einem Kompetenzdrift Einhalt zu gebieten.

cc) Identitätsschutz durch Unionsrecht

Eher geeignet zur Begrenzung eines Kompetenzdrifts scheint die Verpflichtung der EU, die nationale Identität ihrer Mitgliedstaaten zu achten, die Art. 4 Abs. 2 S. 1 Var. 2 EUV statuiert, denn die aus dieser Norm resultierende Abwägungsverpflichtung[316] mit Identitätsbelangen ermöglicht die Etablierung einer fallspezifischen Grenze für die Inanspruchnahme der Unionszuständigkeiten.

Dies gilt allerdings nur mit zwei erheblichen Einschränkungen. Zunächst muss die nationale Identität von einer Unionsmaßnahme betroffen sein. Wie bereits erörtert, lässt der EuGH den mitgliedstaatlichen Gerichten zwar weitgehend freie Hand bei der Definition dieser nationalen Identität, doch ist dies auf besonders fundamentale, wichtige Aspekte beschränkt.[317] Dem Kompetenzdrift könnte damit allenfalls in wenigen Randbereichen eine Grenze gesetzt werden. Außerdem ist zu bedenken, dass jedenfalls in der unionsgerichtlichen Praxis der Rekurs auf Art. 4 Abs. 2 S. 1 Var. 2 EUV zwar zu einer umfassenden Modulierung und Zurücknahme unionsrechtlicher Vorgaben führen kann,[318] der Identitätsschutz aber keine einseitige Abweichung oder Loslösung von mitgliedstaatlichen Verpflichtungen[319] erlaubt und auch nicht dazu führen kann, dass aus dem Unionsrecht erwachsende Rechtspositionen abbedungen werden.[320] Vielmehr

---

[312] S. für Deutschland: *I. Härtel*, in: Dies. (Hrsg.), Handbuch Föderalismus Bd. I, 2012, § 16, Rn. 1 ff.

[313] S. zu alledem umfassend und m. ausf. Nw.: *G. A. Bermann*, Columbia Law Review 94 (1994), S. 331, 339 ff.

[314] S. hierfür m.w.N.: *P. Molsberger*, Das Subsidiaritätsprinzip im Prozess europäischer Konstitutionalisierung, 2009, S. 49 ff.

[315] S. hierzu noch unten, 2. Kap. C. IV.

[316] S. hierzu bereits oben, 2. Kap. A. I. 4. b).

[317] Präzise: *S. Schill/C. Krenn*, in: Grabitz/Hilf/Nettesheim EUV, Art. 4 Rn. 25.

[318] Vgl. bspw.: EuGH, Urt. v. 15.07.2021, B.K., C-742/19, EU:C:2021:597, Rn. 31 ff.; EuGH, Urt. v. 07.09.2022, Cilevičs, EU:C:2022:638, Rn. 71 ff.

[319] EuGH, Urt. v. 22.02.2022, RS, C-430/21, EU:C:2022:99, Rn. 71.

[320] EuGH, Urt. v. 13.06.2019, Correia Moreira, C-317/18, EU:C:2019:499, Rn. 62.

können diese lediglich im Lichte der Achtungspflicht der Union ausgelegt werden.[321]

Das mit dem Kompetenzdrift aufgeworfene Problem wäre damit nur in äußerst beschränkten Bereichen und wohl auch nur unzureichend bewältigt. Der Identitätsschutz läuft weniger auf eine Begrenzung der Ausweitung unionaler Tätigkeit hinaus als auf eine Möglichkeit zur Konservierung grundlegenden mitgliedstaatlicher Strukturmerkmale im Rahmen der fortschreitenden Integration.

c) Konzept föderaler Verhältnismäßigkeit als Bremse des Kompetenzdrifts

Im Unterschied zu anderen föderalen Ordnungsgrundsätzen hat eine als Eingriffsschranke für mitgliedstaatliche Handlungsfreiheit verstandene Verhältnismäßigkeitsprüfung den Vorteil, dass sie gerade die vom Kompetenzdrift bedrohte mitgliedstaatliche Handlungsfreiheit in eigener demokratischer Verantwortung in den Vordergrund rückt. Bei jeder Anwendung eines subjektivrechtlich geprägten Prüfzugriffs wird die Beschränkung der fraglichen Freiheitssphäre zur begründungsbedürftigen Ausnahme.[322] Wie bei einem grundrechtlichen Schutzgut stünde dann jede Unionshandlung unter dem Vorbehalt einer verhältnismäßigen Beeinträchtigung mitgliedstaatlicher Handlungsfreiheit.

Obwohl jede Mäßigung der Unionstätigkeit den Mitgliedstaaten Handlungsspielräume sichert, eignen sich Verhältnismäßigkeitsüberlegungen besonders, mitgliedstaatliche Handlungsspielräume für Entscheidungen im Rahmen der eigenen demokratischen Legitimation zu sichern. An manchen Regelungsvorhaben scheint das Störende oft nicht zu sein, dass sie vage definierte Kompetenzbereiche verlassen oder dass der föderale Mehrwert einer Maßnahme nur schwach ausgeprägt ist.[323] Vielmehr mag ein Störgefühl auch deshalb entstehen, weil der Verlust an mitgliedstaatlichen Handlungsoptionen zu intensiv scheint, um vom Integrationsgewinn oder vom Mehrwert durch zentrales Handeln auf-

---

[321] Der Alternativvorschlag von *A. Schnettger*, Verbundidentität, 2020, S. 208 ff., wonach die Identitätsschutzklausel eine Abwägung zwischen nationaler Identität und dem Interesse an der Einheit des Unionsrechts nötig mache, stellt die Einheit des Unionsrechts auf eine entscheidende Probe und versucht dementsprechend, anknüpfend an Art. 4 Abs. 2 S. 1 Var. 2 EUV eine neue „Verbundeinheit" zu definieren. Weil damit aber eine *equal justice under EU law* (s. hierzu: *W. Schroeder*, Das Gemeinschaftsrechtssystem, 2002, S. 426 f.) nicht mehr gewährleistet wäre und stattdessen unionsrechtliche Rechtspositionen wieder mitgliedstaatlich mediatisiert wären, würde diese Auslegung die unmittelbare Anwendbarkeit des Unionsrechts und die ihr zugrundeliegende Gleichheit vor dem Unionsrecht (Art. 18 AEUV) infrage stellen. Eine solche vollständige Veränderung des Quellcodes des geltenden Gemeinschaftsrechts ist in höchstem Maße begründungsbedürftig und kann nicht ohne Weiteres in Art. 4 Abs. 2 EUV hineingelesen werden.

[322] S. nur für das in Deutschland geprägte Verständnis von grundrechtsbezogener Verhältnismäßigkeit: *W. Kahl*, in: Merten/Papier (Hrsg.), HdB GR V, § 124, Rn. 59.

[323] So besonders eindrücklich herausgearbeitet von: *G. Davies*, CMLR 43 (2006), S. 63, 68 ff. anhand der Beispiele eines europaweit einheitlichen Lehrplans in Schulen und eines europäischen Vertragsrechts.

gewogen zu werden – und genau dieses Störgefühl lässt sich mit der Verhältnismäßigkeitsprüfung einfangen.[324] Zwar lässt sich dieses Verständnis besonders gut auf Akte der positiven Integration anwenden, doch auch Akte der negativen Integration könnten grundsätzlich diesem Verhältnismäßigkeitsvorbehalt unterworfen werden, in dem die Durchsetzung des Unionsrechts durch den EuGH in Rechtsbereichen innerhalb des Zuständigkeitsbereichs der Mitgliedstaaten ebenfalls unter einem Verhältnismäßigkeitsvorbehalt zur Wahrung hinreichender mitgliedstaatlicher Handlungsfreiheit gestellt würde.

Auch wird durch eine so verstandene Verhältnismäßigkeitskontrolle die im Kompetenzdrift angelegte Vermengung von Fragen der Kompetenzverteilung und -ausübung bedacht.[325] Diese Kontrolle setzt bei der Ausübung der Zuständigkeiten durch die EU an, fragt aber nach der Beeinträchtigung von Zuständigkeitssphären der Mitgliedstaaten, die wohl an den Grenzen der unionsrechtlichen Zuständigkeiten beginnen sollen und vor allem die vertraglich den Mitgliedstaaten zugesicherten Handlungsbereiche erfassen und schützen sollen. Durch diesen Konnex sollen Sensibilitäten für Zuständigkeitsbereiche der Mitgliedstaaten in eine rechtlich handhabbare Form gebracht werden und damit sicherstellen, dass die EU nicht doch eine Allzuständigkeit erhält.[326]

2. Allgemeine Mäßigung der Unionsgewalt im gesamtbilanzierenden Zugriff

Ganz der Anlage des gesamtbilanzierenden Prüfzugriffs auf den Grundsatz der Verhältnismäßigkeit entsprechend geht es bei diesem Verständnis von Art. 5 Abs. 4 EUV vor allem darum sicherzustellen, dass die Maßnahmen der EU ausgewogen und sachgerecht ausfallen. Dies schließt ein, dass Verengungen des mitgliedstaatlichen Handlungsspielraums berücksichtigt werden können. Allerdings ist ein solches Interesse nur eines von vielen denkbaren Interessen, auf die es bei der Beurteilung der allgemeinen Ausgewogenheit einer Maßnahme ankommen kann.

Aus mitgliedstaatlicher Sicht ist insoweit zu bedenken, dass der Kreis der möglicherweise zu berücksichtigenden Interessen weit über ihr Interesse an einem unionsrechtsfreien Handlungsspielraum[327] hinausgehen kann.[328] So sind insbesondere finanzielle und administrative Belastungen als Belange in der Rechtsprechung zu finden.[329] Wird so zwar nicht spezifisch das Problem des Kompe-

---

[324] Ebd., S. 70 ff.

[325] Hierzu prägnant: *U. Haltern*, ICON 19 (2021), S. 208, 225 ff.

[326] *A. Steinbach*, European Law Journal – Early View 2021, S. 1, 5 ff.

[327] S. hierfür bspw.: EuGH, Urt. v. 09.11.1995, Deutschland/Rat, C-426/93, EU:C:1995:367, Rn. 36 ff.

[328] S. hierzu noch ausf. unten, 3. Kap. A. III.

[329] EuGH, Urt. v. 15.12.2005, Griechenland/Kommission, C-86/03, EU:C:2005:769, Rn. 74 ff.; EuGH, Urt. v. 12.05.2011, Luxemburg /Parlament und Rat, C-176/09, EU:C:201:290, Rn. 56; EuGH, Urt. v. 06.08.2016, Slowakei und Ungarn/Rat, verb. Rs. C-643/15 und C-647/15, EU:C:2017:631, Rn. 258 ff.

tenzdrifts adressiert, ermöglicht es der gesamtbilanzierende Prüfzugriff doch eine ganze Bandbreite an Einflüssen des Unionsrechts auf mitgliedstaatliche Interessenssphären geltend zu machen. Statt nur dort einzugreifen, wo die mitgliedstaatliche Handlungsfreiheit bedroht scheint, sind die Mitgliedstaaten in der Lage, dem EuGH zahlreiche Belastungen durch eine Unionsmaßnahme zur Prüfung zu unterbreiten.

Schließlich ist darauf hinzuweisen, dass ein gesamtbilanzierender Prüfzugriff, wie dargelegt, in eine Zumutbarkeitsprüfung eines Interesses umschlägt, wenn von der streitgegenständlichen Maßnahme lediglich ein Interesse betroffen ist, was auch dann gilt, wenn es sich um mitgliedstaatliche Interessen handelt. Dies war z.B. der Fall in Situationen, in denen sich Mitgliedstaaten gegen aus ihrer Sicht unverhältnismäßige Rückforderungen von Mitteln aus dem Europäischen Sozialfonds[330] wehrten oder eine unverhältnismäßig niedrige Festlegungen von bestimmten Finanzhilfen rügten.[331]

Gleiches lässt sich bei unionsrechtlichen Vorgaben für die mitgliedstaatliche Verwaltungsorganisation beobachten: So hielt Deutschland die Verordnung über die innergemeinschaftliche Koordinierung des Aufbaus von Unternehmensregistern für statistische Verwendungszwecke[332] u.a. für einen Verstoß gegen den Grundsatz der Verhältnismäßigkeit.[333] Vor allem rügte die Bundesregierung, dass der finanzielle und administrative Aufwand der Mitgliedstaaten bei der Einrichtung und Aktualisierung eines Unternehmensregisters außer Verhältnis zu den damit verbundenen Vorteilen stünde. Der EuGH trat dieser Auffassung mit dem Hinweis entgegen, dass die von der Bundesrepublik zugrunde gelegte Machbarkeitsstudie vom technischen Stand des Jahres 1977 ausging und Kosteneinsparungen durch Möglichkeiten der elektronischen Datenverarbeitung nicht berücksichtigt wurden.[334] Die Verordnung ermöglichte außerdem die Entnahme der relevanten Informationen aus bereits bestehenden Registern, sodass der EuGH kein Missverhältnis zwischen der finanziellen und administrativen Belastung der Mitgliedstaaten und den Vorteilen des Unternehmensregisters[335] erkennen konnte.[336] Unabhängig von der Überzeugungskraft dieser knappen Argumentation fällt auf, dass der EuGH allein die finanzielle und administrative Belastung der mitgliedstaatlichen Statistikämter zum Schutzgut der Prüfung machte.

---

[330] EuGH, Urt. v. 15.09.2005, Irland/Kommission, C-199/03, EU:C:2005:548, Rn. 54 ff.

[331] EuGH, Urt. v. 06.11.2003, Niederlande/Kommission, C-501/01, EU:C:2003:603, Rn. 26 ff.

[332] VO (EWG) Nr. 2186/93 des Rates v. 22.07.1993 über die innergemeinschaftliche Koordinierung des Aufbaus von Unternehmensregistern für statistische Verwendungszwecke, ABl. L 196, S. 1.

[333] EuGH, Urt. v. 09.11.1995, Deutschland/Rat, C-426/93, EU:C:1995:367, Rn. 36 ff.

[334] Ebd., Rn. 49.

[335] S. hierzu: GA *Jacobs*, Schlussanträge v. 15.06.1995 in der Rs. C-426/93, Deutschland/Rat, EU:C:1995:184, Rn. 55 angedeutet.

[336] EuGH, Urt. v. 09.11.1995, Deutschland/Rat, C-426/93, EU:C:1995:367, Rn. 50.

Auch wenn der gesamtbilanzierende Prüfansatz keine spezifische Sicherung mitgliedstaatlicher Prärogativen verfolgt, so ist er doch für die Beziehung von EU und Mitgliedstaaten nicht bedeutungslos. Jede Mäßigung der Unionsgewalt bedeutet auch Zurückhaltung und Mäßigung gegenüber den Mitgliedstaaten, die in die Lage versetzt werden, eine ganze Bandbreite an Interessen geltend zu machen.

IV. Mission Impossible? Das Problem der Inkommensurabilität und Art. 5 Abs. 4 EUV

Bekanntermaßen ist die Verhältnismäßigkeitsprüfung bereits im grundrechtlichen Bereich alles andere als trivial: Unter dem Schlagwort der Inkommensurabilität wird das Problem der Maßstabsbildung für die im Rahmen der Verhältnismäßigkeitsprüfung nötigen Abwägungsentscheidungen und insbesondere die Frage diskutiert, ob eine solche Abwägung überhaupt nach rationalisierbaren Kriterien ablaufen kann.[337] Wenn es aber schon im Grundrechtsbereich schwierig scheint, Abwägungen zwischen inkommensurablen Gütern vorzunehmen, obwohl es immerhin rechtspraktisch umfassende Erfahrungswerte mit dieser Operation gibt, stellen sich diese Probleme mit besonderer Dringlichkeit, wenn man die Abwägungsentscheidung in den föderalen Kontext verlegt.

Bei einem subjektivrechtlich ausgerichteten Prüfzugriff auf Art. 5 Abs. 4 EUV geht es um die Abwägung des jeweiligen Regelungsinteresses der Unionsmaßnahme mit dem Interesse an mitgliedstaatlicher Handlungsautonomie. Ein einheitlicher Bewertungsmaßstab hierfür scheint kaum ersichtlich und eine solche Prüfung scheint auf den ersten Blick die Frage zu stellen, „whether a particular line is longer than a particular rock is heavy“[338]. Bei einem gesamtbilanzierenden Prüfzugriff wird das Problem dadurch noch verschärft, dass zahlreiche inkommensurable Interessen zueinander ins Verhältnis gesetzt werden sollen. Gerade die Summe an Vorteilen oder Nachteilen einer Maßnahme festzulegen, sie zu vergleichen und in einer Gesamtbilanz zu bewerten, verlangt nach einem einheitlichen Bewertungsmaßstab, der bei einer Vielzahl an potenziell relevanten Interessen nicht leicht zu etablieren sein dürfte.

Die Entwicklung einheitlicher Bewertungsmaßstäbe zur Anwendung des Verhältnismäßigkeitsgrundsatzes ist verschiedentlich versucht worden, wobei hier die prominenten Vorschläge von *Regan*, der auf „das Gute“ im Sinne von *G. E. Moore* als Bewertungsmaßstab abstellen will,[339] und von *Barak*, der diese Funk-

---

[337] Vgl. für eine prägnante Zusammenfassung: *R. Poscher*, in: Herdegen/Masing/Poscher/Gärditz (Hrsg.), HdB VerfR, 2021, § 3, Rn. 69 f.; *N. Petersen*, Verhältnismäßigkeit als Rationalitätskontrolle, 2015, S. 56 ff.

[338] US Supreme Court, Urt. v. 17.06.1988, Bendix Autolite Corp. v. Midwesco Enterprises, Inc., et al., 486 U.S. 888 (1988) 897 (Scalia, J., concurring in the judgment).

[339] *D. Regan*, in: Chang (Hrsg.), Incommensurability, Incomparability, and Practical Reason, 1998, S. 129, 131 ff.

tion der sozialen Bedeutung der fraglichen Güter zuweist,[340] nur als illustrative Beispiele angeführt seien. Die Handhabung solcher einheitlicher Bewertungsmaßstäbe wirft aber wiederum zahlreiche Fragen auf, sodass sich das Problem der Maßstabsbildung in der Regel nur verlagern dürfte.[341] Dennoch scheint der Verweis auf jedes Scheitern der rationalen Entscheidungsfindung aber intuitiv oft zu kurz zu greifen.[342] Vergleiche sind schließlich nicht allein deshalb unmöglich, weil sie schwierig scheinen.[343] Weiterführend sind insofern Überlegungen, wonach nicht die inkommensurablen Güter selbst, sondern ihre jeweilige Realisierungsgrade verglichen werden.[344] Der Vorteil dieser Lösung liegt darin, dass auf einen gemeinsamen Maßstab verzichtet wird: Gerade weil der Maßstab der inkommensurablen Güter nicht derselbe sein kann, wird der Grad ihrer jeweiligen idealen Förderung anhand des für sie relevanten Maßstabs bestimmt und damit das Problem der Inkommensurabilität umgangen.[345]

Teilweise wird sogar vertreten, dass dies mit mathematischer Genauigkeit möglich sein soll: Hängt man etwa der Gewichtsformel von *Alexy* an,[346] wird im subjektivrechtlich geprägten Prüfzugriff die Abwägung von unionalen Regelungszielen und mitgliedstaatlichen Autonomieinteressen bereits dann möglich, wenn man beide als Prinzipien qualifiziert und die Intensität ihrer Beeinträchtigung, ihr abstraktes Gewicht und die Verlässlichkeit der Annahmen zu ihrer Beeinträchtigungsintensität unter Berücksichtigung einer triadischen Gewichtsskala[347] benennen kann und diese verrechnet. In einer gesamtbilanzierenden Prüfung müsste man die anderen Interessen als Prinzipien ebenfalls in diese Berechnung miteinbeziehen. Die intra- und intersubjektiven Herausforderungen einer solchen numerischen Rationalisierung evaluativer Werturteile scheinen aber

---

[340] *A. Barak*, Proportionality, 2012, S. 348 ff.

[341] S. nur: *T. Edicott*, in: Huscroft/Miller/Webber (Hrsg.), Proportionality and the Rule of Law, 2014, S. 311, 318; auch für *D. Regan*, in: Chang (Hrsg.), Incommensurability, Incomparability, and Practical Reason, 1998, S. 129, 129 liegt die Problematik, statt in der Kommensurabilität, darin, wie Wertentscheidungen und *practical reason* zueinander stehen.

[342] S. hierzu z.B.: *V. A. da Silva*, in: Klatt (Hrsg.), Prinzipientheorie und Theorie der Abwägung, 2013, S. 236, 249 ff.

[343] Vgl. die treffende Formulierung bei: *D. Regan*, in: Chang (Hrsg.), Incommensurability, Incomparability, and Practical Reason, 1998, S. 129, 137 f. – und das mag sogar für die Länge von Linien und das Gewicht von Steinen gelten, s.: *N. Petersen*, German Law Journal 14 (2013), S. 1387, 1393 ff.

[344] S. die Ansätze, mit unterschiedlichen Akzentuierungen im Detail, bei: *B. Chapman*, University of Pennsylvania Law Review 146 (1998), S. 1487, 1492; *P.-E. Veel*, Law & Ethics of Human Rights 4 (2010), S. 177, 199 f.; *C. Engel*, in: Ehlers/Fehling/Pünder (Hrsg.), Besonderes Verwaltungsrecht Bd. I, 4. Aufl. 2019, § 2, Rn. 51 ff.

[345] Präzise: *R. Poscher*, in: Herdegen/Masing/Poscher/Gärditz (Hrsg.), HdB VerfR, 2021, § 3, Rn. 71.

[346] S. hierzu ausf.: *R. Alexy*, Ratio Iuris 16 (2003), S. 433 ff.

[347] Ebd., S. 440 ff.

doch zu groß[348] und es ist nicht gesichert, ob auf diese Weise wirklich ein Rationalitätsgewinn herbeigeführt werden kann.[349]

Verzichtet man daher auf die numerische Präzision, kann man dennoch, ggf. auch unter Einbezug von Erwägungen zum praktischen Gewicht der fraglichen Güter und zur Verlässlichkeit der zugrunde gelegten Annahmen, primär auf einen Vergleich der Realisierungsgrade abstellen. Bei einem subjektivrechtlich geprägten Prüfzugriff würde man die Frage stellen, wie stark die fragliche Unionsmaßnahme die mitgliedstaatliche Handlungsfreiheit im Verhältnis zu ihrer idealen Erfüllung beeinträchtigt und wie sehr das unionale Regelungsziel durch die fragliche Maßnahme im Vergleich zu ihrer idealen Erfüllung gefördert wird. Im Rahmen einer gesamtbilanzierenden Prüfung käme es jeweils auf einen Vergleich aller Beeinträchtigungen und Förderungen aller betroffenen Interessen im Vergleich zu ihrem jeweiligen Idealzustand an.

Zu einer Rationalisierung führt dieser Ansatz freilich nur, wenn man sich seiner Schwächen bewusst ist und sie gebührend berücksichtigt: Die Festlegung eines Idealzustands beruht nicht auf empirischen Erkenntnissen, sondern muss konstruiert werden, ebenso wie die Bewertung des Realisierungsgrades – intersubjektive Verbindlichkeit wird hier nur unter Inkaufnahme einer gewissen Vagheit herzustellen sein; sie im Detail zu erreichen wird nur sehr eingeschränkt gelingen.[350] Lediglich offensichtliche Disproportionalitäten kann man mit einem Vergleich der Realisierungsgrade wohl gut erkennen und rational bewerten.[351] In der Konsequenz fordert etwa *Kumm* eine Fokussierung der Angemessenheitsprüfung auf gerichtlich formulierte Begründungserfordernisse für bestimmte Handlungen[352] oder *Poscher* eine Begrenzung auf Fälle evidenter Unangemessenheit.[353] Einen dementsprechenden Rückzug von Gerichten in der Grundrechtsrechtsprechung auf eine Rationalitätskontrolle des Gesetzgebers zur Identifikation von illegitimen Motiven und Informationsdefiziten legt die empirische Untersuchung von *Petersen* nahe.[354] Darüber hinaus entziehen sich solche Abwägungsentscheidungen einer strikten Rationalisierung und lassen Raum für richterliche Konstruktionen, die bei strikter normativer Gleichwertigkeit der betroffenen Güter letztlich auf subjektive richterliche Wertungen hinauslaufen.

---

[348] *R. Poscher*, in: Herdegen/Masing/Poscher/Gärditz (Hrsg.), HdB VerfR, 2021, § 3, Rn. 75.

[349] Eine gute Übersicht der Kritik bietet: *N. Petersen*, Verhältnismäßigkeit als Rationalitätskontrolle, 2015, S. 61 ff.

[350] S. hierzu: *N. Petersen*, Verhältnismäßigkeit als Rationalitätskontrolle, 2015, S. 66 f.; *R. Poscher*, in: Herdegen/Masing/Poscher/Gärditz (Hrsg.), HdB VerfR, 2021, § 3, Rn. 72.

[351] *R. Poscher*, in: Herdegen/Masing/Poscher/Gärditz (Hrsg.), HdB VerfR, 2021, § 3, Rn. 76.

[352] *M. Kumm*, in: Pavlakos (Hrsg.), Law, Rights, and Discourse: The Legal Philosophy of Robert Alexy, 2007, S. 131, 164 f.

[353] *R. Poscher*, in: Herdegen/Masing/Poscher/Gärditz (Hrsg.), HdB VerfR, 2021, § 3, Rn. 75 f.

[354] *N. Petersen*, Verhältnismäßigkeit als Rationalitätskontrolle, 2015, S. 271 ff.

Geht man also davon aus, dass die Pflicht zu einer Verhältnismäßigkeitskontrolle, wie sie Art. 5 Abs. 4 EUV statuiert, auf rationale Art und Weise vor allem in Fällen starker Disproportionalität möglich ist, verschiebt sich der Fokus der Debatte auf ihre institutionelle Dimension. Zu bestimmen ist dann vor allem, wie weit Gerichte – und im Fall von Art. 5 Abs. 4 EUV vor allem die Unionsgerichte – ihre Abwägungsentscheidungen im Rahmen des weitgehend Rationalisierbaren treffen und bis zu welchem Grad eine nicht völlig rationalisierbare gerichtliche Entscheidung akzeptabel ist. Bei intersubjektiv nicht verbindlichen Abwägungsentscheidungen wird den Gerichten in der Regel nämlich ein geringerer Spielraum zugestanden als den demokratisch stärker legitimierten politischen Organen.[355]

Daraus folgt für Art. 5 Abs. 4 EUV, dass weder eine gesamtbilanzierende noch eine subjektivrechtlich ausgerichtete Prüfung per se unmöglich sind. Das Ringen um die Rationalität dieser Entscheidungen muss aber Auswirkungen auf die Anwendung dieser Norm prägen und insbesondere bei der Bestimmung der richterlichen Kontrolldichte eine Rolle spielen. Darauf wird an geeigneter Stelle zurückzukommen sein.[356]

V. Fazit

In Literatur und Praxis konkurrieren zwei unterschiedliche Verständnisse des Art. 5 Abs. 4 EUV, die dieser Norm jeweils andere Funktionen zur Moderation des Verhältnisses von EU und Mitgliedstaaten zuweisen. Ein subjektivrechtlich geprägtes Verständnis konzipiert den Art. 5 Abs. 4 EUV als Eingriffsschranke in das Interesse der Mitgliedstaaten an unionsrechtlich nicht determinierter Handlungsfreiheit. Dieses Verständnis konzipiert die Handlungsfreiheit folglich als eine Art grundrechtsäquivalentes Schutzgut und stellt jede Handlung der EU unter den Vorbehalt einer verhältnismäßigen Beschränkung dieser Freiheit. Adressiert wird damit das von einigen Autoren identifizierte Phänomen eines Kompetenzdrifts in der EU, indem die Zuständigkeitswahrnehmung der EU an die Freihaltung mitgliedstaatlicher Handlungsspielräume gebunden wird.

Demgegenüber sah der EuGH keinen Anlass dafür, nach Einführung des Art. 5 Abs. 4 EUV und seiner Vorgängernormen von seinem etablierten, gesamtbilanzierenden Ansatz abzuweichen und führt weiterhin im Rahmen dieser Norm eine auf die allgemeine Ausgewogenheit der Unionshandlung abzielende, gesamtbilanzierende Verhältnismäßigkeitsprüfung durch. Mitgliedstaatliche Interessen können hierbei Berücksichtigung finden, aber nur neben allen anderen involvierten Interessen im Rahmen der Sicherstellung einer allgemeinen Ausge-

---

[355] Vgl. etwa: *R. Poscher*, in: Herdegen/Masing/Poscher/Gärditz (Hrsg.), HdB VerfR, 2021, § 3, Rn. 76; *M. Kumm*, in: Pavlakos (Hrsg.), Law, Rights, and Discourse: The Legal Philosophy of Robert Alexy, 2007, S. 131, 164 f.; *N. Petersen*, Verhältnismäßigkeit als Rationalitätskontrolle, 2015, S. 76 f.

[356] S. hierzu unten, 3. Kap., C. II.

wogenheit und Sachgerechtigkeit der fraglichen Maßnahme. Dies adressiert zwar nicht spezifisch einen Kompetenzdrift, erlaubt es den Mitgliedstaaten aber dennoch, eine ganze Bandbreite an betroffenen Interessen flexibel in die Beurteilung einzubringen. In föderaler Hinsicht wird durch diese allgemeine Ausgewogenheitskontrolle eine Mäßigung der Unionsgewalt herbeigeführt, die in einer Mäßigung der u.a. von den Mitgliedstaaten zu tragenden Belastungen resultieren soll.

Beide Prüfzugriffe sind nicht schon deshalb nicht operabel, weil mit ihnen – jeweils auf unterschiedliche Art und Weise – inkommensurable Güter ins Verhältnis gesetzt werden. Rationale Wertungen lassen sich jedenfalls für offensichtliche Disproportionalitäten in den jeweiligen Graden der idealen Erfüllung der jeweiligen Interessen durchaus treffen. Die jenseits dessen unvermeidbaren subjektiven Wertungen sind ein Problem der Anwendung und der korrekten Festlegung der Kontrolldichte, worauf noch zurückzukommen sein wird.

C. Kritik subjektivrechtlich geprägter föderaler Verhältnismäßigkeit

Das in der deutschen Literatur vorherrschende subjektivrechtlich geprägte Verständnis von Art. 5 Abs. 4 EUV vermag nicht zu überzeugen. Es bestehen schon Zweifel an der konkreten Umsetzung dieses Ansatzes zur Erreichung seiner Ziele (I.). Auch die in diesem Ansatz angelegte Vermengung von Zuständigkeitsverteilung und -ausübung kann de lege lata nicht überzeugen (II.). Noch schwerer wiegt, dass aus der Norm selbst ein solches Verständnis nicht abgeleitet werden kann und vor allem die ihr zugrundeliegende Teleologie einer Kompetenzdrifteinhegung einer näheren Überprüfung nicht standhält (III.). Auch hilfsweise kann eine subjektivrechtlich geprägte föderale Verhältnismäßigkeitsprüfung nicht dem Subsidiaritätsprinzip entnommen werden (IV.). Nicht nur besteht damit keine unionsrechtsspezifische Veranlassung, einen solchen Prüfzugriff für die föderale Ordnung der EU anzuwenden, eine rechtsvergleichende Betrachtung der Verwendung von Verhältnismäßigkeitsüberlegungen zur Ordnung föderaler Systeme zeigt schließlich auch, dass eine subjektivrechtlich verstandene Verhältnismäßigkeitsprüfung in föderalen Kontexten ohnehin eine Anomalie darstellen würde (V.).

I. Eingeschränkte Effektivität im Rahmen ausschließlicher Unionszuständigkeiten

Anders als Art. 5 Abs. 3 EUV ist der Art. 5 Abs. 4 EUV nicht auf die Ausübung geteilter Zuständigkeiten begrenzt und findet daher bei jeder Art der Zuständigkeitsausübung Anwendung.[357] Ein subjektivrechtlicher Zugriff möchte im Rahmen der Zuständigkeitsausübung als Eingriffsschranke für Handlungsspielräume der Mitgliedstaaten fungieren. Es kann aber bereits bezweifelt werden, ob das Unionsrecht für jede Art der Zuständigkeitsausübung Freiräume der Mitgliedstaaten belassen hat, die als schützenswert anzuerkennen wären.

1. Mitgliedstaatliche Handlungsspielräume im Bereich ausschließlicher Zuständigkeiten

Nach den Klarstellungen des Vertrages von Lissabon zur Kompetenzordnung in Art. 2 Abs. 1 AEUV ist nunmehr ausdrücklich festgelegt, dass die Mitgliedstaaten in den Bereichen der ausschließlichen Unionszuständigkeit keinerlei Befugnis zur Rechtssetzung haben.[358] Das bedeutet, dass den Mitgliedstaaten, soweit eine ausschließliche Zuständigkeit der EU reicht, auch jede eigenständige Handlungsfreiheit von vornherein genommen ist. Eingriffe in mitgliedstaatliche Handlungsfreiheit unter den Vorbehalt der Verhältnismäßigkeit zu stellen, setzt aber die Möglichkeit zur eigenständigen Handlung durch die Mitgliedstaaten voraus. Es bestehen damit auch keine Handlungsspielräume der Mitgliedstaaten, die durch Handlungen der EU eingeschränkt werden könnten.

Es ist insofern unerheblich, dass in den Bereichen der ausschließlichen Zuständigkeiten der Union mitgliedstaatliches Recht innerhalb der mitgliedstaatlichen Rechtsordnung durchaus wirksam gesetzt werden kann und dieses als Unionsrechtsverstoß nur in seiner Anwendbarkeit eingeschränkt wird.[359] Es wäre nämlich in Anbetracht der von Art. 2 AEUV etablierten Zuständigkeitsordnung sinnlos, die Fähigkeit zum unionsrechtswidrigen Handeln vor unionsrechtlichem Einfluss schützen zu wollen. Auch die ungeschriebene Ausnahme von der Sperrwirkung des Art. 2 Abs. 1 AEUV, wonach die Mitgliedstaaten in enger Abstimmung mit der Kommission,[360] zeitlich beschränkt und zur Sicherung der Wahrnehmung der Verantwortlichkeiten der EU[361] als Sachwalter des Unionsinteresses tätig werden dürfen,[362] besteht nur, wenn die Union selbst untätig bleibt und ein

---

[357] Vgl. hierzu erneut: *M. Nettesheim*, in: Grabitz/Hilf/Nettesheim AEUV, Art. 2, Rn. 18; *R. Streinz*, in: Streinz AEUV, Art. 2, Rn. 5.

[358] S. nur: *W. Obwexer*, in: von der Groeben AEUV, Art. 2, Rn. 15; *R. Streinz*, in: Streinz AEUV, Art. 2, Rn. 5.

[359] *M. Nettesheim*, in: von Bogdandy/Bast (Hrsg.), Europäisches Verfassungsrecht, 2. Aufl. 2009, S. 389, 424; von einem vollständigen Kompetenzverlust spricht allerdings z.B.: *C. Calliess*, in: Calliess/Ruffert AEUV, Art. 2, Rn. 5, wobei schon zweifelhaft ist, ob die Mitgliedstaaten vorher überhaupt eigene Kompetenzen z.B. zur Regelung einer Zollunion oder einer gemeinsamen Handelspolitik hatten, die sie verloren haben könnten.

[360] EuGH, Urt. v. 05.05.1981, Kommission/Vereinigtes Königreich, Rs. 804/79, EU:C:1981:93, Rn. 32.

[361] EuGH, Urt. v. 15.12.1987, Niederlande/Kommission, Rs. 237/86, EU:C:1987:553, Rn. 16.

[362] EuGH, Urt. v. 05.05.1981, Kommission/Vereinigtes Königreich, Rs. 804/79, EU:C:1981:93, Rn. 30.

rechtliches Vakuum entstehen lässt.[363] Durch unionale Inaktivität entstehen hier erst subsidiäre Handlungsspielräume der Mitgliedstaaten, anstatt dass diese residual immer existiert hätten und eines Schutzes vor unionaler Tätigkeit bedürften.

Zwar könnte in der Möglichkeit gem. Art. 2 Abs. 1 Hs. 2 AEUV, die Mitgliedstaaten zu Handlungen im Bereich der ausschließlichen Zuständigkeiten zu ermächtigen, ein für die Handlungsfreiheit der Mitgliedstaaten milderes Mittel gegenüber Maßnahmen ohne solche Ermächtigungen gesehen werden. Doch auch dafür müsste man voraussetzen, dass im Rahmen der ausschließlichen Unionszuständigkeiten noch eine Art residuale Zuständigkeit der Mitgliedstaaten besteht, die durch unionale Handlungen beeinträchtigt würde. Das wird aber von Art. 2 Abs. 1 AEUV und der von ihm etablierten generellen Sperrwirkung ausdrücklich ausgeschlossen.[364] Vielmehr entsteht die Möglichkeit für mitgliedstaatliche Handlungen überhaupt erst mit der Einräumung solcher Handlungsmöglichkeiten nach Art. 2 Abs. 1 Hs. 2 AEUV. Wird eine solche Ermächtigung aber nicht vorgesehen, handelt es sich nicht um eine Beeinträchtigung eines mitgliedstaatlichen Interesses an Handlungsspielräumen, da die Mitgliedstaaten in diesen Bereichen keinerlei Zuständigkeit haben und damit auch kein schützenswertes Interesse an ihrer Wahrnehmung haben können. Keine Ermächtigungen vorzusehen ist keine Belastung der Mitgliedstaaten, sondern das Normalbild der Ausübung ausschließlicher Unionszuständigkeit. Folglich kann im Rahmen der Ausübung der ausschließlichen Unionszuständigkeiten, ungeachtet einer anderweitigen Bindung an Art. 5 Abs. 4 EUV, eine Beeinträchtigung mitgliedstaatlicher Handlungsfreiheit zur Normsetzung grundsätzlich nicht gerügt werden.

2. *Mitgliedstaatlich Handlungsspielräume in der EU-Eigenverwaltung*

Ähnliche Überlegungen lassen sich auch für den Schutz mitgliedstaatlicher Handlungsspielräume bei der Durchführung von Unionsrecht anstellen, wenn nämlich die Mitgliedstaaten aus der Natur der Sache heraus oder primärrechtlich von der Durchführung des Unionsrechts ausgeschlossen sind, wie insbesondere im Rahmen der internen Unionsverwaltung oder bei der Verwaltung des Europäischen Sozialfonds gem. Art. 163 AEUV. Hier stehen den Mitgliedstaaten keine Handlungsspielräume zu, die das Unionsrecht nur in verhältnismäßiger Art und Weise begrenzen dürfte. Unionsrechtlich zu achtende, mitgliedstaatliche exekutive Handlungsspielräume bestehen dort, wo, wie im Regelfall, den Mitgliedstaaten die Durchführung des Unionsrechts obliegt[365] bzw. jenseits des An-

---

[363] Ebd.; EuGH, Urt. v. 15.12.1987, Niederlande/Kommission, Rs. 237/86, EU:C:1987:553, Rn. 15 f.; pointiert: *M. Dougan*, European Law Review 28 (2003), S. 763, 769.

[364] Treffend: *R. Streinz*, in: Streinz AEUV, Art. 5, Rn. 5.

[365] So betont auch *C. Krönke*, Die Verfahrensautonomie der Mitgliedstaaten, 2013, S. 44, dass die Verfahrensautonomie erst dann „aktiviert wird, wo mitgliedstaatliche Behörden und Gerichte mit der Anwendung des Unionsrechts betraut sind."

wendungsbereichs des Unionsrechts, aber nicht in den wenigen Ausnahmefällen, in denen ihnen jede Durchführungszuständigkeit genommen ist. Soweit das Primärrecht abschließende unionale Durchführungsbefugnisse normiert, existiert keine mitgliedstaatliche Handlungsfreiheit, die durch einen Eingriffsvorbehalt aus Art. 5 Abs. 4 EUV geschützt werden könnte.

3. Konsequenz des Eingriffsschrankenkonzepts

Um Missverständnisse an dieser Stelle zu vermeiden sei klargestellt, dass mit diesen Überlegungen nicht denklogisch schon ausgeschlossen wird, Auswirkungen von Unionshandlungen aus Bereichen der ausschließlichen Unionszuständigkeit auf Bereiche, in denen die Mitgliedstaaten Zuständigkeiten und Handlungsspielräume haben, unter den Vorbehalt der Verhältnismäßigkeit als Eingriffsschranke zu stellen. Es wurde lediglich als Konsequenz des Denkens in den Kategorien von Verhältnismäßigkeit als Eingriffsschranke herausgearbeitet, dass eine solche Eingriffsschranke nur wirken kann, wenn auch ein geschützter Freiraum existiert, in den eingegriffen werden kann. Wenn unionsrechtlich kein mitgliedstaatlicher Handlungsspielraum besteht, läuft ein Verhältnismäßigkeitsvorbehalt für unionsrechtliche Eingriffe in mitgliedstaatliche Handlungsspielräume leer. Dies markiert eine wichtige Grenze des Potenzials eines subjektivrechtlichen Prüfzugriffs auf Art. 5 Abs. 4 EUV. Mitgliedstaaten können Handlungsfreiheit dort nicht reklamieren, wo sie nach dem Unionsrecht keine Handlungsspielräume haben.

Diese Einsicht lenkt die Aufmerksamkeit auf die Bedeutung der Herausarbeitung des geltend gemachten Handlungsspielraums im Rahmen eines subjektivrechtlichen Prüfzugriffs. Entscheidend kommt es hier auf die Auslegung der fraglichen Zuständigkeitstitel an, denn nur bei Beeinträchtigungen von mitgliedstaatlichen Handlungsspielräumen aus Bereichen, die nicht von der Sperrwirkung des Art. 2 Abs. 1 EUV erfasst sind, ist auch eine subjektivrechtlich geprägte Verhältnismäßigkeitsprüfung grundsätzlich denkbar. Das bedeutet aber auch, dass eine nach dem Prinzip der begrenzten Einzelermächtigung vorzunehmende Abgrenzung von den Bereichen ausschließlicher Unionszuständigkeit erforderlich ist, bevor die subjektivrechtlich geprägte föderale Verhältnismäßigkeitsprüfung greifen kann. Diese Zuordnung dürfte aber gerade in den Grenzbereichen nicht selten besonders schwierig sein. Eine subjektiv ausgerichtete föderale Verhältnismäßigkeitsprüfung dürfte damit jedenfalls an den Grenzen der ausschließlichen Zuständigkeitsbereiche der EU von deutlich weniger großem Nutzen sein, als es zunächst den Anschein haben mag.

II. Steuerung der Zuständigkeitsausübung durch subjektivrechtlich föderale Verhältnismäßigkeit

Wie bereits herausgearbeitet, verknüpft die Konzeption des Art. 5 Abs. 4 EUV als Eingriffsschranke in die mitgliedstaatliche Handlungsfreiheit Fragen der Zuständigkeitsverteilung mit Fragen der Zuständigkeitsausübung: Anknüpfungspunkt ist die Ausübung einer bestimmten Zuständigkeit, die jedoch nur so erfolgen soll, dass sie den Mitgliedstaaten gelassene Handlungsspielräume nur in verhältnismäßiger Art und Weise beeinträchtigt. Diese Verknüpfung bringt zwar das Phänomen des Kompetenzdrifts recht gut auf den Begriff, es stellt sich aber die Frage, wie weit diese Verknüpfung von Zuständigkeitsausübung und -verteilung gehen kann und was dies für die Rechtsfolgen einer Anwendung des Art. 5 Abs. 4 EUV bedeutet.

1. Illustration durch das PSPP-Urteil des BVerfG

Das bedeutendste Beispiel aus der Praxis für eine besonders weitgehende Verschmelzung von Zuständigkeitsverteilung und -ausübung bei der Anwendung des Art. 5 Abs. 4 EUV bietet das Urteil des Zweiten Senats des BVerfG in Sachen *PSPP*. Schon im Leitsatz 6 a) dieses Urteils erklärt das BVerfG, dass der „Grundsatz der Verhältnismäßigkeit bei der Zuständigkeitsabgrenzung zwischen der Europäischen Union und den Mitgliedstaaten und die damit verbundene wertende Gesamtbetrachtung […] ein für das Demokratieprinzip und den Grundsatz der Volkssouveränität erhebliches Gewicht“[366] besäße. Auch an mehreren anderen Stellen im Urteil will das BVerfG den Grundsatz der Verhältnismäßigkeit ausdrücklich mit der Abgrenzung von Zuständigkeiten zusammenbringen.[367] Der Kernvorwurf des BVerfG in diesem Urteil, mit dem es dem EuGH eine methodisch willkürliche Anwendung des Art. 5 Abs. 4 EUV sowie der EZB eine den Vorgaben des Art. 5 Abs. 4 EUV nicht genügende Darlegung der Verhältnismäßigkeit und damit beiden einen *ultra-vires*-Akt vorwarf, scheint zu sein, dass für eine methodengerechte Verhältnismäßigkeitsprüfung unter Art. 5 Abs. 4 EUV die Auswirkungen des PSP-Programms der EZB auf die Wirtschaftspolitik der Mitgliedstaaten hätte berücksichtigt werden müssen, wodurch eine effektive Zu-

---

[366] BVerfGE 154, 17, 18 [LS 6a)].

[367] S. nur zum Beispiel: BVerfGE, 154, 17, 99: „Korrektivfunktion zum Schutz mitgliedstaatlicher Zuständigkeiten“; ebd., 103: „In der vorliegend vom Gerichtshof praktizierten Art und Weise ist der Grundsatz der Verhältnismäßigkeit für die Abgrenzung von Währungs- und Wirtschaftspolitik mit Blick auf das PSPP, und damit zwischen einer ausschließlichen Zuständigkeit der Europäischen Union […] und ihrer sachlich begrenzten Ermächtigung, die den Mitgliedstaaten vorbehaltene Wirtschaftspolitik zu koordinieren […] ungeeignet beziehungsweise funktionslos.“; ebd., 105: „Korrektivfunktion zum Schutz mitgliedstaatlicher Zuständigkeiten“; ebd., 109: „Der Rückgriff auf den Grundsatz der Verhältnismäßigkeit zur Abgrenzung zwischen Währungs- und Wirtschaftspolitik […] impliziert, dass ein Programm wegen seiner Wirkungen unverhältnismäßig sein kann. Damit gehört die Bewertung der Folgen zu den notwendigen Schritten bei der Kompetenzabgrenzung“; ebd., 109 f.: „In der Handhabung des Gerichtshofs ist der Grundsatz der Verhältnismäßigkeit weder geeignet, die unzureichende Begrenzung der Kompetenzen des ESZB auf der Tatbestandsebene zu kompensieren („weites Ermessen“), noch, den Übergriff in die Zuständigkeit der Mitgliedstaaten zu gewichten […].“; ebd., 120: „eine effektive Kompetenzkontrolle am Maßstab des Grundsatzes der Verhältnismäßigkeit“.

ständigkeitsabgrenzung hätte gewährleistet werden können.[368] Dies ist weithin so verstanden worden, als wolle das BVerfG den Grundsatz der Verhältnismäßigkeit als Zuständigkeitsabgrenzungsnorm heranziehen, was auf heftigen Widerstand stieß.[369] Hauptkritikpunkte an einem solchen Verständnis sind die damit verbundene Verabsolutierung deutscher Vorstellungen von einer Verhältnismäßigkeitsprüfung für die Europäische Union,[370] eine offene Missachtung der Unterscheidungen des Art. 5 Abs. 1 EUV, wonach die Verhältnismäßigkeit nur eine Zuständigkeitsausübungsschranke und keine Zuständigkeitsverteilungsnorm sei,[371] sowie der Widerspruch zur Ablehnung des Verhältnismäßigkeitsgrundsatzes im nationalen kompetenzrechtlichen Kontext durch das BVerfG.[372]

Präziser auf das Problem des Kompetenzdrifts bezogen könnte man das BVerfG auch so verstehen, dass es mit der Prüfung der Verhältnismäßigkeit dieser Zuständigkeitsausübung herausfinden möchte, wie weit die Zuständigkeitsausübung der EZB in den Mitgliedstaaten vorbehaltene Regelungsbereiche hereinreichte.[373] Dem BVerfG schien es letztlich darum zu gehen, den im Schafspelz der Geldpolitik agierenden wirtschaftspolitischen Wolf auszumachen,[374] was dadurch gewährleistet werden soll, dass im Rahmen der Verhältnismäßigkeitsprüfung die wirtschaftspolitischen Auswirkungen des EZB-Handelns berücksichtigt werden und eine Gesamtabwägung durchgeführt wird.[375]

Das BVerfG formuliert nicht eindeutig, ob es die Zuständigkeitsabgrenzung anhand des Art. 5 Abs. 4 EUV oder mit Art. 5 Abs. 4 EUV als begrenzendes Korrektiv vornehmen will – beide Interpretationen können Formulierungen im Urteil für sich in Anspruch nehmen.[376] Entscheidend ist aber, dass das BVerfG nicht dabei stehen bleibt – ganz der Problemdiagnose eines Kompetenzdrifts entsprechend – bei der Zuständigkeitsausübung anzusetzen, um einer Verschie-

---

[368] S. insb.: BVerfGE 154, 17, 109 ff.

[369] *C. Calliess*, NVwZ 2020, S. 897, 901 f.; *J. Dietze u.a.*, EuZW 2020, S. 525, 527; *H.-J. Hellwig*, NJW 2020, S. 2497, 2498 ff.; *F. Kainer*, EuZW 2020, S. 533, 535 f.; *E. Perillo*, Il Diritto dell'Unione Europea 2020, S. 127, 134 f.; *B. Wegener*, EuR 2020, S. 347, 350 f.; *M. Wendel*, GLJ 21 (2020), S. 979, 985 f.

[370] So insb.: *P. Eleftheriadis*, Germany's Failing Court, VerfBlog v. 18.05.2020, abrufbar unter: https://verfassungsblog.de/germanys-failing-court/.

[371] S. nur, statt vieler: *I. Pernice*, EuZW 2020, S. 508, 511 f.

[372] *B. Wegener*, EuR 2020, S. 347, 350 f.

[373] S. hierzu v.a.: *U. Haltern*, AöR 146 (2021), S. 195, 225 f.; ähnlich wohl auch: *N. Grosche*, Der Staat 60 (2021), S. 267 ff.

[374] Dieses etwas eigenwillige Bild in Anlehnung an die berühmte Formulierung von *Antonin Scalia* („Frequently an issue of this sort will come before the Court clad, so to speak, in sheep's clothing […] But this wolf comes as a wolf."), US Supreme Court, Urt. v. 29.06.1988, Morrison v. Olson, 487 U.S. 654 (1988), 699 (Scalia, J., dissenting), möge man mir hier verzeihen. *N. Grosche*, Der Staat 60 (2021), S. 267, 287 spricht nüchterner von der „in Geldpolitik gekleideten Wirtschaftspolitik".

[375] *N. Grosche*, Der Staat 60 (2021), S. 267, 272 ff.

[376] Vgl. für die erste Interpretation BVerfGE 154, 17, 103, 109, 120; für die zweite: BVerfGE 154, 17, 99, 105, 109 f., 110.

bung in der Zuständigkeitsverteilung mittels einer Verhältnismäßigkeitsprüfung nachzugehen, sondern darüber hinaus annimmt, dass der im Urteil festgestellte Verstoß gegen Art. 5 Abs. 4 EUV zu der Annahme führt, dass die EZB jenseits ihrer Zuständigkeiten gehandelt habe. Der *ultra-vires*-Vorwurf an die EZB ist als ein gegen Art. 5 Abs. 4 EUV verstoßender Begründungsausfall formuliert, das BVerfG lässt aber deutlich anklingen, dass unverhältnismäßige Auswirkungen den wirtschaftspolitischen Charakter des PSPP und damit ein Überschreiten der finanzpolitischen Verbandskompetenz der EU belegen würden.[377]

Nimmt man das BVerfG und seine Grundierung der *ultra-vires*-Kontrolle in Art. 38 Abs. 1, Art. 20 Abs. 2 S. 1, Art. 23 Abs. 1 GG beim Wort, war es sein Kernanliegen, die hinreichende demokratische Legitimation des PSPP sicherzustellen,[378] denn nur währungspolitische Fragen können im Rahmen des Unionsrechts von der EZB geklärt werden.[379] Ob nun die Zuordnung des PSPP zur Wirtschafts- oder zur Währungspolitik anhand einer Verhältnismäßigkeitsprüfung unter Gegenüberstellung währungspolitischer Zielerreichung und wirtschaftspolitischer Auswirkungen vorzunehmen ist, oder ob die Zuständigkeitsgrenzen auch dadurch geschützt werden, dass in die Unterscheidung der Zuständigkeitsbereiche die wirtschaftspolitischen Auswirkungen der Maßnahmen und eine Gesamtabwägung in die Prüfung integriert werden, ist für den Zugriff des BVerfG irrelevant. Die vom BVerfG angedachte Prüfung läuft zur Bestimmung der Grenzen eines Zuständigkeitsbereichs auf eine Frage der Abwägung von unionalen währungspolitischen Zielen mit ihren nationalen wirtschaftspolitischen Auswirkungen hinaus. Das Ergebnis der Verhältnismäßigkeitsprüfung bestimmt damit für das BVerfG, ob mit oder ohne Zuständigkeit gehandelt wurde.

2. Die Unterscheidung von Zuständigkeitsverteilung und -ausübung im Unionsrecht

Diese Ausführungen des BVerfG machen eine genauere Befassung mit der Unterscheidung von Zuständigkeitsverteilung und -ausübung im Unionsrecht nötig. Nur wenn das Verhältnis dieser Kategorien zueinander klarer gefasst wird, kann versucht werden zu ergründen, inwieweit und in welchen Grenzen sich die Ambitionen zur Einhegung eines Kompetenzdrifts durch Verkopplung von Fragen der Zuständigkeitsausübung und -verteilung mittels Art. 5 Abs. 4 EUV realisieren lassen.

---

[377] Ebd., 120 ff., s. hierzu auch: *B. Wegener*, EuR 2020, S. 347, 351 f.

[378] S. für eine kritische Rekonstruktion der Legitimationsteilhabe als subjektivem Recht gegen Zuständigkeitsüberschreitungen der EU m. ausf. Nw.: *H. Sauer*, Der Staat 58 (2019), S. 7, 15 f., 19 ff.

[379] BVerfGE 154, 17, 118 ff.

a) Die grundsätzliche Möglichkeit einer Verschleifung von Zuständigkeitsverteilung und -ausübung

Eine klare Differenzierung zwischen Zuständigkeitsverteilung und -ausübung ist aus verschiedenen Gründen nicht zwingend. Würde Art. 5 Abs. 1 EUV nicht so deutlich zwischen diesen Kategorien unterschieden und die Zuständigkeitsverteilung allein dem Prinzip der begrenzten Einzelermächtigung,[380] die Zuständigkeitsausübung hingegen den Grundsätzen der Subsidiarität und Verhältnismäßigkeit zuordnen,[381] bestünde keine Notwendigkeit, dass ein Verstoß gegen die Grundsätze von Subsidiarität und Verhältnismäßigkeit niemals zu der Feststellung führen könnte, die Union haben jenseits ihrer Zuständigkeiten gehandelt. Dies wird zum Beispiel auch dadurch unterstrichen, dass manche Zuständigkeitstitel die Erforderlichkeit der Handlung zum Tatbestandsmerkmal erheben, wie z.B. Art. 282 Abs. 4, Art. 325 Abs. 4 und Art. 352 Abs. 1 AEUV.[382] Dies wirft zumindest Abgrenzungsfragen zum Grundsatz der Verhältnismäßigkeit aus Art. 5 Abs. 4 EUV auf.[383] In dieser Hinsicht liefert im deutschen Recht z.B. *Dürig* Inspiration für eine engere Verzahnung von Zuständigkeit und Verhältnismäßigkeit, der das öffentliche Interesse als Ermächtigung und Schranke jeder Staatstätigkeit sah.[384] Dies hat *Bleckmann* zu einer Kompetenzlehre weiterentwickelt, nach der die Kompetenz des Staates immer schon ende, wenn Maßnahmen nicht geeignet oder erforderlich zur Erfüllung eines legitimen Maßnahmenziels seien.[385]

Die Unterscheidung von Zuständigkeitsverteilung und Zuständigkeitsausübung ruft unweigerlich Assoziationen zum Begriffspaar des rechtlichen Könnens und des rechtlichen Dürfens hervor. Doch trotz der intuitiven begrifflichen Eindeutigkeit werden die Dinge dadurch nicht unbedingt klarer.[386] Geht man nämlich gemäß der Lehre vom Stufenbau nach der rechtlichen Bedingtheit davon aus, dass Normen nur entstehen können, wenn sie alle Anforderung der sie bedingenden Normen erfüllen und bezieht man in den Kreis dieser bedingenden Normen alle formellen wie materiellen Vorgaben ein, sodass rechtswidriges Recht grundsätzlich nicht entstehen kann,[387] lässt sich auch der Grundsatz der

---

[380] *C. Calliess*, Subsidiaritäts- und Solidaritätsprinzip in der Europäischen Union, 2. Aufl. 1999, S. 116ff.; s. auch: *Ders.*, in: Kahl/Ludwigs (Hrsg.), HVwR II, 2021, § 34, Rn. 2.

[381] Vgl. etwa: *R. Streinz*, Europarecht, 12. Aufl. 2023, S. 61: „Kompetenzausübungsschranke"; *D. Dittert*, Europarecht, 5. Aufl. 2017, S. 93: „Kompetenzausübungsregeln".

[382] *W. Kahl*, in: FS Streinz, 2023, S. 161, 170 macht Andeutungen einer Verhältnismäßigkeitsprüfung auch in der Rechtsprechung zu Art. 114, 119 Abs. 1 und 127 Abs. 1 AEUV aus.

[383] Eine überzeugende Abgrenzung bietet *A. Emmerich-Fritsche*, Der Grundsatz der Verhältnismäßigkeit als Direktive und Schranke der EG-Rechtssetzung, 2000, S. 275 ff. an.

[384] *G. Dürig*, JZ 1953, S. 193, 199.

[385] *A. Bleckmann*, JuS 1994, S. 177, 181 ff.; krit. hierzu: *A. Heusch*, Der Grundsatz der Verhältnismäßigkeit im Staatsorganisationsrecht, 2003, S. 59.

[386] S. allg. zu diesem Begriffspaar: *P. Reimer*, Rechtstheorie 48 (2017), S. 417 ff.

[387] *A. J. Merkl*, Prolegomena einer Theorie des rechtlichen Stufenbaus, in: FS Hans Kelsen, 1931, S. 252, 292; *H. Kelsen*, Zeitschrift für das Privat- und öffentliche Recht der Gegenwart 40 (1913), S. 1, 55, 81, 85. Dass rechtswidriges Recht nach Maßgabe des positiven Rechts

Verhältnismäßigkeit unschwer als Problem des rechtlichen Könnens identifizieren. Ebenso kann man aber den Kreis der erzeugungsbedingenden Normen enger ziehen als *Merkl* und *Kelsen* es getan haben,[388] indem man etwa nur Ermächtigungen zum Erlass von Rechtsakten und Publizitätserfordernisse für Voraussetzungen des rechtlichen Könnens hält.[389] Dadurch würde sogar die Möglichkeit einer Zuordnung des Prinzips der begrenzten Einzelermächtigung zum rechtlichen Dürfen möglich, jedenfalls wenn man wegen der Autonomie des Unionsrechts die Einräumung von Hoheitsrechten durch die Mitgliedstaaten nicht als zwingende Voraussetzung für die Möglichkeit der EU zur Erzeugung von wirksamem, wenn auch aufhebbarem Recht ansieht.[390]

Hinzu kommt, dass das Unionsrecht kein allgemeines Nichtigkeitsdogma kennt,[391] und sowohl Verstöße gegen das Prinzip der begrenzten Einzelermächtigung als auch gegen den Grundsatz der Verhältnismäßigkeit zur Aufhebbarkeit der fraglichen Rechtsakte durch den EuGH führen. Somit schwindet an dieser Stelle auch die Notwendigkeit einer klaren Unterscheidung von rechtlichem Können und rechtlichem Dürfen.

b) Die Entscheidung des Vertrags für eine strikte Trennung von Zuständigkeitsverteilung und -ausübung

In seltener sprachenübergreifender Eindeutigkeit[392] legt der Art. 5 Abs. 1 EUV allerdings fest, dass die Abgrenzung der Zuständigkeiten zwischen EU und Mit-

---

mitunter trotzdem wirksam gesetzt werden kann, verarbeitet *Merkl* mit der Figur des Fehlerkalküls, s.: *A. J. Merkl*, Die Lehre von der Rechtskraft, 1923, S. 293 ff. und *Kelsen* mit dem Konzept der Alternativermächtigung, s.: *H. Kelsen*, Reine Rechtslehre, 2. Aufl. 1960, S. 271 ff.

[388] S. hierzu schon: *R. Walter*, Der Aufbau der Rechtsordnung, 1964, S. 59 f.

[389] So: *H. Sauer*, in: Jabloner/Olechowski/Zeleny (Hrsg.), Der Stufenbau des Rechts auf dem Prüfstand, 2022, S. 61, 69, 74.

[390] S. hierzu: Ebd., S. 73 f.; zum nicht-mitgliedstaatlichen Geltungsgrund des Unionsrechts, s. nur: *A. Funke*, DÖV 2007, S. 733, 736 ff.; *W.-D. Grussmann*, in: von Danwitz u.a. (Hrsg.), Auf dem Wege zu einer Europäischen Staatlichkeit, 1993, S. 47, 58 ff.; *W. Schroeder*, Das Gemeinschaftsrechtssystem, 2002, S. 243 ff.; *H. Sauer*, Rechtstheorie 44 (2013), S. 503, 515 ff.

[391] S. hierzu: *H. Sauer*, in: Jabloner/Olechowski/Zeleny (Hrsg.), Der Stufenbau des Rechts auf dem Prüfstand, 2022, S. 61, 75; *D. Dörr*, in: Grabitz/Hilf/Nettesheim AEUV, Art. 264, Rn. 10; St. Rspr., s.: EuGH, Urt. v. 03.10.1994, Deutschland/Kommission, C-41/94, EU:C:1996:366, Rn. 143; EuGH, Urt. v. 31.03.1998, Frankreich/Kommission, C-68/94, EU:C:1998:148, Rn. 256; EuGH, Urt. v. 12.02.2008, CELF, C-199/06, EU:C:2008:79, Rn. 61 ff.

[392] Der deutschen Sprachfassung ähnlich: Spanisch: „La *delimitación* de las competencias de la Unión se rige por el principio de atribución. El *ejercicio* de las competencias de la Unión se rige por los principios de subsidiariedad y proporcionalidad.“; Englisch: „The *limits* of Union competence are governed by the principle of conferral. The *use* of Union competences is governed by the principles of subsidiarity and proportionality.“; Italienisch: „La *delimitazione* delle competenze dell'Unione si fonda sul principio di attribuzione. L'*esercizio* delle competenze dell'Unione si fonda sui principi di sussidiarietà e proporzionalità.“; Dänisch: „*Afgrænsningen* af Unionens beføjelser er underlagt princippet om kompetencetildeling. *Udø-*

gliedstaaten nach dem Prinzip der begrenzten Einzelermächtigung zu erfolgen habe, während die Ausübung der Zuständigkeiten den Grundsätzen der Subsidiarität und der Verhältnismäßigkeit unterliegt. Konsequenz einer dergestalt strikt verstandenen Unterscheidung wäre, dass Art. 5 Abs. 4 EUV keinesfalls die Frage beantworten könnte, ob die EU innerhalb oder außerhalb ihrer Zuständigkeiten gehandelt hat.

Dieses Verständnis liegt auch der etablierten Prüfung von Art. 5 EUV durch den EuGH zugrunde, der erst die Existenz einer Zuständigkeit verifiziert und sodann die Einhaltung der Grundsätze der Subsidiarität und der Verhältnismäßigkeit prüft.[393] Befolgt werden mit diesem Vorgehen nicht zuletzt die von den Staats- und Regierungschefs anlässlich des Rates von Edinburgh 1992 formulierten Überlegungen zur Zuständigkeitsordnung, wonach die Gemeinschaft nur im Rahmen der Zuständigkeitstitel nach Maßgabe der begrenzten Einzelermächtigung tätig werden kann, während Subsidiarität und Verhältnismäßigkeit die Wahrnehmung der Zuständigkeiten steuern sollten.[394]

Nach dem Vertrag von Nizza war es erklärtes Ziel der Mitgliedstaaten, eine „genauere, dem Subsidiaritätsprinzip entsprechende Abgrenzung von Zuständigkeiten zwischen der Europäischen Union und den Mitgliedstaaten her[zustellen] und danach aufrecht[zu]erhalten."[395] Von diesem Ziel der größeren Genauigkeit bei der Zuständigkeitsabgrenzung war die gesamte Ausarbeitung der Kompetenzordnung des Verfassungsvertrages und deren Übernahme in den Ver-

---

velsen af Unionens beføjelser er underlagt nærhedsprincippet og proportionalitetsprincippet."; Portugiesisch: „A *delimitação* das competências da União rege-se pelo princípio da atribuição. O *exercício* das competências da União rege-se pelos princípios da subsidiariedade e da proporcionalidade." (Hervorhebung jeweils nur hier). In anderen Sprachfassungen gerät diese Unterscheidung sogar noch deutlicher: Französisch: „Le principe d'attribution régit la *delimitatio*n des compétences de l'Union. Les principes de subsidiarité et de proportionalité régissent l'*exercise* de *ces* compétences."; Niederländisch: „De *afbakening* van de bevoegdheden van de Unie wordt beheerst door het beginsel van bevoegdheidstoedeling. De *uitoefening van die* bevoegdheden wordt beheerst door de beginselen van subsidiariteit en evenredigheid."; Schwedisch: „Principen om tilldelade befogenheter ska styra *avgränsningen* av unionens befogenheter. Principerna om subsidiaritet och proportionalitet ska styra *utövandet av dessa* befogenheter."; Tschechisch: „*Vymezení* pravomocí Unie se řídí zásadou svěření pravomocí. *Výkon těchto* pravomocí se řídí zásadami subsidiarity a proporcionality." (Hervorhebung jeweils nur hier).

[393] Vgl. nur: EuGH, Urt. v. 03.12.2019, Tschechien/Parlament und Rat, C-482/17, EU:C:2019:1035, Rn. 21 ff., 65 ff.; EuGH. Urt. v. 08.12.2020, Polen/Parlament und Rat, C-626/18, EU:C:2020:1000, Rn. 39 ff., Rn. 124 ff.

[394] Europäischer Rat v. 11.–12.12.1992, Gesamtkonzept für die Anwendung des Subsidiaritätsprinzips und des Artikels 3b des Vertrags über die Europäische Union durch den Rat, SN/456/92, Teil A Anlage 1, S. 12, 13; s. zu diesem Verständnis der Zuständigkeitsordnung auch: *S. Kadelbach*, in: von der Groeben EUV, Art. 5, Rn. 3; *C. Calliess*, in: Calliess/Ruffert EUV, Art. 5, Rn. 6.

[395] Erklärung (Nr. 23) zur Zukunft der Union in der Schlussakte des Vertrags von Nizza (2001), ABl. 2001 C 80, S. 85.

trag von Lissabon angeleitet.[396] Die Zuordnung zu bestimmten Zuständigkeitsbereichen nach dem Prinzip der begrenzten Einzelermächtigung hat in diesem System weitreichende Folgen. Indem die Tätigkeitsbereiche der EU umrissen werden, wird für die ausschließlichen Zuständigkeiten auch die Reichweite der Sperrwirkung des Art. 2 Abs. 1 EUV festgelegt. Gleichzeitig ergeben sich Konsequenzen für die horizontale Gewaltenteilung insbesondere in Festlegungen für Entscheidungsbefugnisse, Verfahren und Handlungsformen innerhalb der EU.[397] All dies sollte allein nach dem Grundsatz der begrenzten Einzelermächtigung geschehen, wie Art. 5 Abs. 1 EUV zum Ausdruck bringt.

Die Grenzen der Zuständigkeiten aber von einer gerichtlichen Verhältnismäßigkeitsprüfung im Einzelfall abhängig zu machen, ist das Gegenteil von Genauigkeit, Vorhersehbarkeit und der ebenfalls angestrebten Vereinfachung der Verträge.[398] Wenn die Zuständigkeit der EU von einer Verhältnismäßigkeitsprüfung abhinge, müssten außerdem unverhältnismäßige Handlungen der EU gem. Art. 5 Abs. 2 S. 2 EUV in die Zuständigkeit der Mitgliedstaaten fallen.[399] Welchen Beitrag das zur Strukturierung und Ordnung der Abgrenzung von Zuständigkeiten beitragen soll, ist nicht ersichtlich. Insbesondere im Rahmen der ausschließlichen Zuständigkeit wäre dieser Zugriff besonders absurd: Von der generellen Sperrwirkung des Art. 2 Abs. 1 EUV eine Ausnahme ausgerechnet für unionsrechtlich unverhältnismäßige Maßnahmen zu machen, erscheint kaum sinnvoll. Es wäre oftmals sogar unmöglich, weil zahlreiche Zuständigkeiten der EU so angelegt sind, dass ein einzelner Mitgliedstaat nicht in der Lage wäre, diese Zuständigkeit auszuüben. So kann z.B. kein einzelner Mitgliedstaat unionsweite gemeinsame Handelspolitik betreiben, sei sie nun verhältnismäßig oder nicht.

Im Anschluss an diese Kategorisierung ist auch für das BVerfG und seine *ultra vires*-Kontrolle die klare Unterscheidung von Können und Dürfen zentral: In seiner *ultra-vires*-Kontrolle möchte das BVerfG allein die Einhaltung der an die EU übertragenen Kompetenzen und damit das rechtliche Können der EU prüfen – Maßstab ist das Unionsprimärrecht.[400] Dies zeichnet schon die prozessrechtliche Grundierung der auf die Kontrolle von Unionsrecht gerichteten Verfassungsbeschwerde in der Subjektivierung des Art. 38 Abs. 1 GG[401] vor: Das Recht auf einen Verbleib von Entscheidungsbefugnissen beim Bundestag[402] und das Recht an der im nationalen Wahlakt basierten Teilhabe des deutschen Volkes

---

396 *T. Eilmansberger*, in: Hummer/Obwexer (Hrsg.), Der Vertrag von Lissabon, 2009, S. 189, 190 ff.

397 Für einen Überblick über die Details der Wahl der Rechtsgrundlage, s. erneut: *I. Härtel*, in: Niedobitek (Hrsg.), Europarecht, 2. Aufl. 2020, § 6, Rn. 95 ff.; ausf.: *C. Schwartz*, Die Wahl der Rechtsgrundlage im Recht der Europäischen Union, 2013, S. 75 ff.

398 S. hierzu: Erklärung (Nr. 23) zur Zukunft der Union in der Schlussakte des Vertrags von Nizza (2001), ABl. 2001 C 80, S. 86.

399 *M. Wendel*, GLJ 21 (2020), S. 979, 986.

400 *H. Sauer*, Staatsrecht III, 7. Aufl. 2022, S. 226.

401 Ausf.: ebd., S. 274 ff.

402 Angelegt in: BVerfGE 89, 155, 172; entfaltet in: BVerfGE 129, 124, 170 f.

an der Legitimation europäischer Hoheitsgewalt in Deutschland[403] zielen auf den Schutz des Wahlrechts durch die Wahrung der unionsrechtlichen Kompetenzgrenzen. Doch auch materiell-rechtlich hält das BVerfG einen *ultra-vires*-Akt für problematisch, weil mit ihm die Grenzen der im Zustimmungsgesetz übertragenen Kompetenzen überschritten werden und damit der nationale Legitimationsstrang gekappt wurde, was einen Verstoß gegen das Demokratieprinzip bedeuten würde.[404] Den Schritt hin zu einer allgemeinen Rechtmäßigkeitskontrolle des Unionshandelns durch das BVerfG als unionsrechtliche Superrevisionsinstanz[405] kann das BVerfG nach dieser Herleitung nur schwerlich gehen, zumal die Grenzen seiner Zuständigkeit durch die Zulässigkeit legitimationsbezogener Verfassungsbeschwerden ohnehin bereits strapaziert werden.[406] Mit der Verschleifung von Zuständigkeitsverteilung und -ausübung verlässt das BVerfG damit in gewisser Weise den begrifflichen und kategorialen Boden, auf dem sowohl die Unionsverträge als auch die Kontrollvorbehalte des BVerfG stehen.

Für die Möglichkeiten eines subjektivrechtlich föderalen Zugriffs auf Art. 5 Abs. 4 EUV bedeutet dies, dass jedenfalls der Schluss des BVerfG von der Unverhältnismäßigkeit auf die Zuständigkeitslosigkeit einer Unionsmaßnahme unionsrechtlich nicht möglich ist. Das bedeutet, dass es auch im Rahmen eines subjektivrechtlichen Prüfzugriffs auf Art. 5 Abs. 4 EUV nicht zu der Feststellung kommen könnte, dass die EU in einem Zuständigkeitsbereich der Mitgliedstaaten gehandelt hat, für den sie nicht zuständig war. Vielmehr kann es in Anbetracht von Art. 5 Abs. 1 EUV lediglich um die Modulierung des Ausmaßes der unionsrechtlichen Beeinflussung und Überwölbung mitgliedstaatlicher Handlungsspielräume gehen. Das nimmt einem subjektivrechtlich geprägten Verständnis von Art. 5 Abs. 4 EUV nicht jede Möglichkeit einen Kompetenzdrift abzubremsen, ist aber sicherlich nicht die für mitgliedstaatliche Autonomieinteressen kraftvollste denkbare Ausgestaltung eines föderalen Verhältnismäßigkeitsgrundsatzes.

c) Exkurs: Verfassungsrechtliche Zwänge statt Anwendung des Unionsrechts in PSPP

Die von diesen Überlegungen abweichende Nutzung des Art. 5 Abs. 4 EUV in Sachen *PSPP* durch das BVerfG bietet keinen Anhaltspunkt dafür, von dem hier entwickelten Verständnis des Art. 5 Abs. 1 EUV abzuweichen. Die Verknüpfung von Zuständigkeitsverteilung und Verhältnismäßigkeit durch das BVerfG mag

[403] Angedacht in: BVerfGE 123, 267, 331; entfaltet in: BVerfGE 134, 366, 396 f.

[404] Vgl. bereits: BVerfGE 126, 286, 302; aktueller dogmatischer Stand der ultra-vires-Kontrolle in: BVerfGE 142, 123, 188 ff.

[405] Den Vorwurf, sich diese Rolle anzumaßen, erhebt etwa: *H. Sauer*, Staatsrecht III, 7. Aufl. 2022, S. 235 f.; *Ders.*, in: EU Law Live – Weekend Edition N° 16, 2020, S. 2 ff.; s. auch: *F. C. Mayer* in: Kahl/Ludwigs (Hrsg.), HVwR II, 2021, Rn. 104.

[406] S. hierzu nur, statt vieler: BVerfGE 134, 366, 431 ff. (abweichende Meinung des Richters *Gerhardt*).

man zwar als präzise Erfassung des Problems des Kompetenzdrifts sehen.[407] In ihrem Schluss von der Unverhältnismäßigkeit auf die Kompetenzlosigkeit beruht sie aber allein auf Zwängen der verfassungsrechtlichen Dogmatik und kann damit keine Anhaltspunkte für ein besseres Verständnis des Unionsrechts bieten.

Auf Grundlage seiner auf die demokratische Legitimation des unionsrechtlichen Handelns abstellenden *ultra-vires*-Kontrolle legt das BVerfG in *PSPP* großen Wert darauf zu betonen, dass es Art. 5 Abs. 4 EUV zur Abgrenzung von sachlichen Zuständigkeitsbereichen nutzt.[408] Es suggeriert damit eine allein auf die Existenz von Verbandskompetenzen der EU zur Verhinderung einer unionalen Kompetenz-Kompetenz[409] bezogene Kontrolle. Weil die *ultra-vires*-Kontrolle nur die Zuständigkeitsgrenzen der EU in den Blick nehmen kann, muss der Verhältnismäßigkeitsgrundsatz selbst als ausschlaggebend für die Grenze von Zuständigkeiten verstanden werden, wenn die angenommenen Unzulänglichkeiten in der Verhältnismäßigkeitsprüfung des EuGH und der EZB in die Prüfung einbezogen werden sollen.

Zwar sieht schon sprichwörtlich für denjenigen, der nur einen Hammer als Werkzeug hat, jedes Problem aus wie ein Nagel, doch liegt in der Behauptung einer kompetenzabgrenzenden Funktion des Art. 5 Abs. 4 EUV durch das BVerfG gleichwohl mehr: Sie gab dem BVerfG die Möglichkeit, seine im *Honeywell*-Beschluss aufgestellten Kautelen des Entfalls einer Bindungswirkung eines EuGH-Urteils nur bei objektiver Willkür einzulösen.[410] Den methodischen Anforderungen an eine nachvollziehbare Handhabung des Art. 5 Abs. 4 EUV als Norm zur Verteilung von Zuständigkeiten konnte die Prüfung der Verhältnismäßigkeit des PSPP durch den EuGH nicht gerecht werden, weil dieser Prüfung nie eine zuständigkeitsabgrenzende Funktion zukommen sollte.

Besonders verwundern muss dieses Vorgehen, weil eine zumindest unionsrechtlich weniger angreifbare Lösung näher gelegen hätte, nämlich die Art und Weise wie der EuGH die praktischen Auswirkungen des PSPP bei der Subsumtion dieses Programms unter die Art. 119 und 127 Abs. 1 AEUV behandelt. Das Insistieren des BVerfG auf die Auswirkungen des PSPP auf die Wirtschaftspolitik der Mitgliedstaaten und ihre Relevanz für die Zuständigkeitsabgrenzung ist durchaus plausibel. Während ein Maßnahmenziel recht leicht so formuliert werden kann, dass es unter die gewünschte Zuständigkeitsnorm fällt, lassen sich den hierzu eingesetzten Mitteln und ihren Auswirkungen durchaus Erkenntnisse darüber entnehmen, in welche Sachmaterie die fragliche Maßnahme sinnvoll eingeordnet werden kann.[411] Auch der EuGH geht davon aus, dass nicht nur das Ziel, sondern auch der Inhalt einer Handlung entscheidend für die Zuordnung

[407] S. erneut: *U. Haltern*, AöR 146 (2021), S. 195, 225 f.

[408] S. nur: BVerfGE 154, 17, 99, 103, 105, 109 f.

[409] Ebd., 86, 107.

[410] BVerfGE 126, 286, 307.

[411] Sehr deutlich: *R. Schmidt*, EuR 2021, S. 643, 652; krit.: *N. Grosche*, Der Staat 60 (2021), S. 273, 280 ff.

dieser Maßnahme zu einem Zuständigkeitstitel ist.[412] Schon in *Pringle* und ebenso in *Gauweile*r und *Weiss* stellte der EuGH aber nur noch auf die Ziele und Mittel zur Zielerreichung ab,[413] wobei der Blick auf die zur Zielerreichung eingesetzten Mittel in problematischer Weise dazu verleitet, der Zielsetzung durch die fragliche Unionsstelle entscheidendes Gewicht zu verleihen.[414] Methodische Kritik an der vom BVerfG abweichenden Bewertung der Auswirkungen des PSPP auf die Wirtschaftspolitik und ihrer Relevanz für die Einhaltung der Zuständigkeitsgrenzen der EU durch den EuGH[415] hätte an dieser Maßstabsverschiebung ansetzen können. Die Einlassungen des EuGH zur Berücksichtigung der Auswirkungen des PSPP bei der Auslegung der Art. 119 und 127 Abs. 1 EUV hätten allerdings kaum als objektiv willkürlich durchgehen können, auch wenn sie nicht über jeden Zweifel erhaben sein müssen.[416] Weil das BVerfG nach seinen eigenen Maßstäben an die Auslegung des EuGH gebunden geblieben wäre,[417] lag wohl in der unionsrechtlich fernliegenden Behauptung einer zuständigkeitsabgrenzenden Funktion der verfassungsrechtlich notwendige Anknüpfungspunkt für Kritik am EuGH und am PSPP.

3. Fazit

All diese Überlegungen bedeuten nicht, dass eine subjektivrechtlich föderale Verhältnismäßigkeit im Unionsrecht unmöglich wäre. Vielmehr ging es an dieser Stelle zunächst lediglich darum aufzuzeigen, welchen unionsrechtlichen Grenzen ein solcher Ansatz unterläge. Es hat sich gezeigt, dass dieses Vorgehen gerade bei der Bestimmung der Grenzen von ausschließlichen Zuständigkeiten nicht so effektiv eingesetzt werden könnte, wie es sich um einen Kompetenzdrift besorgte Stimmen vielleicht wünschen würden. Auch könnte eine subjektivrechtliche fö-

---

[412] Dies geht wohl zurück auf: EuGH, Urt. v. 11.06.1991, Kommission/Rat, C-300/89, EU:C:1991:244, Rn. 10. Seither st. Rspr., s. nur: EuGH, Urt. v. 19.07.2012, Parlament/Rat, C-130/10, EU:C:2012:472, Rn. 55, 67 ff.; EuGH, Urt. v. 06.09.2012, Parlament/Rat, C-490/10, EU:C:2012:525, Rn. 44 ff.; EuGH, Urt. v. 18.12.2014, Vereinigtes Königreich/Rat, C-81/13, EU:C:2014:2449, Rn. 35 ff.; EuGH, Urt. v. 05.05.2015, Spanien/Parlament und Rat, C-146/13, EU:C:2015:298, Rn. 39 ff.; EuGH, Gutachten v. 14.02.2017, Abkommen von Marrakesch, Avis 3/15, EU:C:2017:114, Rn. 60; EuGH, Gutachten v. 26.07.2017, PNR EU-Kanada, Avis 1/15, EU:C:2017:592, Rn. 80 ff.; EuGH, Urt. v. 12.09.2017, Anagnostakis, C-589/15 P, EU:C:2017:663, Rn. 67; EuGH, Urt. v. 21.06.2018, Polen/Parlament und Rat, C-5/16, EU:C:2018:483, Rn. 46.

[413] EuGH, Urt. v. 27.11.2012, Pringle, C-370/12, EU:C:2012:756, Rn. 53 ff.; EuGH, Urt. v. 16.06.2015, Gauweiler u.a., C-62/14, EU:C:2015:400, Rn. 46; EuGH, Urt. v. 18.12.2018, Weiss u.a., C-493/17, EU:C:2018:1000, Rn. 53.

[414] S. hierzu auch: *C. D. Classen*, JZ 2023, S. 53, 57.

[415] Die dieser durchaus vornahm, s.: EuGH. Urt. v. 11.12.2018, Weiss u.a., C-493/17, EU:C:2018:1000, Rn. 58 ff.; die abweichende Bewertung des BVerfG findet sich in: BVerfGE 146, 216, 285 ff.

[416] Vgl. etwa: *R. Schmidt*, EuR 2021, S. 643, 651 f.

[417] S. für diese Maßstäbe: BVerfGE 154, 17, 91 ff.

derale Verhältnismäßigkeitsprüfung nicht zu der Feststellung führen, dass die EU jenseits ihrer Zuständigkeiten gehandelt habe.

III. Inadäquates Normverständnis

Nicht nur bestehen aber Zweifel an der Effektivität des Grundsatzes der Verhältnismäßigkeit zur Eindämmung eines Kompetenzdrifts. In den Art. 5 Abs. 4 EUV kann dieser Prüfzugriff auch nicht überzeugend hineingelesen werden. Zu eindeutig sprechen Wortlaut, Entstehungsgeschichte und Systematik dieser Norm dagegen. Auch eine Teleologie dieser Norm zur Kompetenzdrifteinhegung überzeugt nicht. Der subjektivrechtlich föderale Prüfzugriff auf Art. 5 Abs. 4 EUV erscheint damit viel eher als Mischung aus einem rein subjektivrechtlich geprägten Vorverständnis von Verhältnismäßigkeit allgemein und dem Wunsch, eine Lösung für das Problem eines Kompetenzdrifts zu finden, die aber beide keine belastbaren Anknüpfungspunkte für eine Auslegung des Art. 5 Abs. 4 EUV sind.

1. Wortlaut

Die Formulierung des Art. 5 Abs. 4 EUV und seiner Vorgängernormen kann eine rein föderale Funktion nicht belegen. Einen ausdrücklichen Hinweis auf die Mitgliedstaaten und ihre Interessenlagen sucht man in Art. 5 Abs. 4 EUV vergeblich. Die Norm ist vielmehr allgemein gehalten und könnte in dieser Formulierung die Verhältnismäßigkeit auch als allgemeine Handlungsschranke allen Unionshandelns normieren.

Zwar könnte man die Präzisierung, dass eine Unionsmaßnahme auch formell verhältnismäßig sein muss, als besonderen Schutzauftrag zugunsten der Mitgliedstaaten verstehen, denn bei der damit angesprochenen Rechtsformenwahl geht es vor allem um die Frage, welche Rechtswirkung dem Handeln der EU zukommen soll, die dann mit Handlungsspielräumen der Mitgliedstaaten korrespondieren könnte. Das würde der verbreiteten Überlegung entsprechen, dass sich die Handlungsformen der EU nach ihrer Beschränkungswirkung für die mitgliedstaatliche Regelungsautonomie hierarchisieren ließen, wonach z. B. eine Verordnung beschränkender sei als eine Richtlinie.[418] Selbst wenn sich eine solche Mittelhierarchie tatsächlich etablieren ließe,[419] ist jedoch zu bezweifeln, ob die formale Verhältnismäßigkeit damit korrekt erfasst ist. Auch die Wahl zwischen einer unverbindlichen Empfehlung an Privatunternehmen[420] oder einem adres-

---

[418] So etwa: *C. Calliess*, in: Calliess/Ruffert EUV, Art. 5, Rn. 54, s. hierzu noch ausf. unten, 3. Kap. B. I. 2.

[419] S. zu dieser Diskussion z.B.: *J. Bast*, in: Grabitz/Hilf/Nettesheim EUV, Art. 5, Rn. 72; s. ausf. noch unten, 3. Kap. B. I.

[420] Die Zulässigkeit von an Private gerichtete Empfehlungen ergibt sich bereits aus einem Umkehrschluss zu Art. 265 Abs. 3 AEUV, s.: *M. Nettesheim*, in: Grabitz/Hilf/Nettesheim *AEUV*, Art. 288, Rn. 204.

satenspezifischen Beschluss könnte eine Frage der formalen Verhältnismäßigkeit sein, die nichts mit mitgliedstaatlicher Autonomie zu tun hätte. Außerdem steht der formale Aspekt des Art. 5 Abs. 4 EUV neben dessen inhaltlicher Dimension, die ebenfalls vom Wortlaut her nicht auf den Schutz der mitgliedstaatlichen Autonomie beschränkt ist.[421]

Art. 5 Abs. 4 EUV wird gem. Art. 5 Abs. 4 UAbs. 2 EUV durch das SubProt komplettiert, das in seinem Art. 5 detaillierte Angaben zur Begründungspflicht von Gesetzgebungsakten im Hinblick auf Subsidiarität und Verhältnismäßigkeit macht.[422] In Art. 5 S. 5 SubProt heißt es, dass die Entwürfe von Gesetzgebungsakten zu berücksichtigen hätten, dass „die finanzielle Belastung und der Verwaltungsaufwand der Union, der nationalen Regierungen, der regionalen und lokalen Behörden, der Wirtschaftsteilnehmer und der Bürgerinnen und Bürger so gering wie möglich gehalten werden und in einem angemessenen Verhältnis zu dem angestrebten Ziel stehen müssen."[423] Daraus folgt, dass Art. 5 Abs. 4 EUV mindestens alle dort aufgezählten Interessen schützt.[424] Diese Vorgaben sind auch deswegen bemerkenswert, weil sich die Vorgaben des Subsidiaritätsprotokoll zum Vertrag von Amsterdam noch deutlich stärker auf die Wahrung von mitgliedstaatlichen Handlungsspielräumen fokussierten,[425] während der Vertrag von Lissabon auch anderweitige geschützte Interessen wieder in den Fokus rückt.

Eine Möglichkeit entgegen des Wortlauts von Art. 5 S. 5 SubProt ein engeres Verständnis von Art. 5 Abs. 4 EUV beizubehalten, bietet *Petersen* an: Für ihn ist Art. 5 S. 5 SubProt Anknüpfungspunkt dafür, dass der EuGH, wie oben bereits dargestellt, nicht immer klar zwischen einer Anwendung des Art. 5 Abs. 4 EUV und dem Grundsatz der Verhältnismäßigkeit als allgemeinem Rechtsgrundsatz unterscheidet und damit variabel mal mitgliedstaatliche, mal andere Interessen in die Prüfung einstellt, wobei Art. 5 Abs. 4 EUV weiterhin allein mitgliedstaatliche

---

[421] Wenn z.B. *G. Lienbacher*, in: Schwarze EUV, Art. 5, Rn. 35 oder *C. Calliess*, in: Calliess/Ruffert EUV, Art. 5, Rn. 48 auch die Vorgabe der inhaltlichen Verhältnismäßigkeit allein auf die Mitgliedstaaten beziehen, erklärt sich dies mit systematisch-teleologischen Vorverständnissen. Die vom Wortlaut allein getroffene Festlegung, dass eine Unionsmaßnahme inhaltlich nicht über das zur Erreichung der Ziele der Verträge erforderliche Maß hinausgehen darf, sagt an sich nichts über das Schutzgut der Norm aus.

[422] S. auch: *J. Bast*, in: Grabitz/Hilf/Nettesheim EUV, Art. 5, Rn. 74; *G. Lienbacher* in Schwarze EUV, Art. 5, Rn. 34 spricht unzutreffend davon, dass Art. 5 SubProt Vorgaben für die Begründung von Gesetzgebungsakten allein mit Blick auf das Subsidiaritätsprinzip mache.

[423] Diese Formulierung geht auf die Beschreibung der Verhältnismäßigkeitsprüfung durch den Rat von Edinburgh zurück, vgl.: Europäischer Rat v. 11.–12.12.1992, Gesamtkonzept für die Anwendung des Subsidiaritätsprinzips und des Artikels 3b des Vertrags über die Europäische Union durch den Rat, SN/456/92, Teil A Anlage 1, S. 12, 20.

[424] So: *K. Lenaerts/P. van Nuffel*, EU Constitutional Law, 2021, S. 107; *V. Kosta*, in: Mendes (Hrsg.), EU Executive Discretion and the Limits of Law, 2019, S. 198, 204.

[425] Wie etwa das dem Vertrag von Amsterdam beigefügte Subsidiaritätsprotokoll nahelegen würde, vgl.: Protokoll über die Anwendung der Grundsätze der Subsidiarität und der Verhältnismäßigkeit, Amtsblatt Nr. C 340 vom 10.11.1997, S. 0105, Nr. 6 und 7.

Interessen schütze.[426] Dies missversteht aber zunächst das Vorgehen des EuGH, der eben nicht bloß keine klare Unterscheidung zwischen Art. 5 Abs. 4 EUV und dem Grundsatz der Verhältnismäßigkeit als allgemeinem Rechtsgrundsatz vornimmt, sondern diese beiden vielmehr im Anwendungsbereich des Art. 5 Abs. 4 EUV, d.h. bezogen auf die Handlungen der EU, miteinander gleichgesetzt hat.[427] Das Festhalten an einem engeren Rahmen von durch Art. 5 Abs. 4 EUV geschützte Interessen lässt sich auch nicht mit Art. 5 Abs. 4 UAbs. 2 EUV in Einklang bringen, der gerade die Anwendung des Art. 5 Abs. 4 EUV nach Vorgaben des SubProts sicherstellen will. Es musste dann eine „Anwendung" des Art. 5 Abs. 4 EUV i.S.d. UAbs. 2 dieser Norm darstellen, Gesetzgebungsakte im Hinblick auf die Verhältnismäßigkeit von bestimmten Belastungen zu begründen, vor denen Art. 5 Abs. 4 EUV eben doch keinen Schutz gewährt. Eine sinnvolle Auslegung des Wortlauts ist das nicht.

2. Normgeschichtliche Befunde

Eine belastbare Erforschung des Willens des Vertragsgebers[428] des älteren[429] Unionsprimärrechts ist, jenseits der allgemeinen Schwierigkeiten der sich diese Methode ausgesetzt sieht,[430] aufgrund der unzureichenden Quellenlage schwierig. Insofern sollte den nur selektiv verfügbaren zeitgenössischen Äußerungen von Beteiligten und Betroffenen keine allzu große Bedeutung beigemessen werden, enthalten sie doch höchstens Indizien für zeitgenössische Verständnisse dieser Normen.[431] Das gilt gerade für Art. 3b Abs. 3 EGV, der das Resultat eines politischen Kompromisses ist,[432] was es erschweren dürfte, klare Intentionen und Vorstellungen des Aufgabenprofils dieser Norm aufzufinden.

Es ist gleichwohl bemerkenswert, wie diffus die Vorstellung von Ziel und Funktion des neuen Art. 3b Abs. 3 EGV nach dessen Einführung war. So ist es sicherlich zutreffend, dass die Entstehungsgeschichte des Art. 3b Abs. 3 EGV diese Norm deutlich in die Nähe von Föderalismusfragen rückt. Die Debatte um Art. 3b EGV drehte sich vor allem um das Verhältnis von Mitgliedstaaten und

---

[426] *N. Petersen*, in: Kahl/Ludwigs (Hrsg.), HVwR III, 2022, § 73, Rn. 13.

[427] EuGH, Urt. v. 04.06.2020, Ungarn/Kommission, C-456/18 P, EU:C:2020:421, Rn. 41 ff.

[428] S. allg. zu dieser Auslegungsmethode im Unionsrecht ausf.: *G. Conway*, The Limits of Legal Reasoning and the European Court of Justice, 2014, S. 247 ff. und: *G. Davies*, in: Garben/Govaere (Hrsg.), The Internal Market 2.0, 2021, S. 323, 328 ff.

[429] S. mit Blick auf die leichter zugänglichen Vorarbeiten zu jüngerem Primärrecht nunmehr: EuGH, Urt. v. 03.10.2013, Inuit Tapiriit Kanatami, C-583/11 P, EU:C:2013:625, Rn. 59.

[430] S. hierzu allg.: *S.-P. Hwang*, JZ 2022, S. 1069, 1037 ff.

[431] Vgl. zu dieser Auslegungsmethode im Unionsrecht auch: *M. Zuleeg*, EuR 1969, S. 97, 100 ff.

[432] S. hierzu bereits oben, 2. Kap. A. I. 2.

EU.[433] Auch der Betonung des Problems der Regelungsintensität und der Wahl der Handlungsform als wichtige Anwendungsfelder des neuen Grundsatzes der Verhältnismäßigkeit[434] lässt sich eine besondere Sensibilität für die Handlungsfreiräume der Mitgliedstaaten entnehmen. Die Vorstellung, dass Art. 3b Abs. 3 EGV als Eingriffsschranke in mitgliedstaatliche Freiräume und Interessen fungieren sollte, findet in zeitgenössischen Aussagen aber keine ausdrückliche Bestätigung.

Das lässt sich daran erkennen, dass – indem sich die Formulierung des Art. 3b Abs. 3 EGV an Beschreibungen des Grundsatzes der Verhältnismäßigkeit in der gesamtbilanzierenden Rechtsprechung des EuGH anlehnte und nicht nur die Kommission,[435] sondern auch die Staats- und Regierungschefs diesen Bezug auf die existente Rechtsprechung explizit machten[436] – schon ein nur begrenztes Bewusstsein dafür erkennbar wird, was für eine weitreichende Fortentwicklung des unionsrechtlichen Grundsatzes der Verhältnismäßigkeit eine subjektiv föderale Verhältnismäßigkeitsprüfung wäre. Immer wieder wurden außerdem neben mitgliedstaatlichen auch andere Interessen als von diesem Grundsatz der Verhältnismäßigkeit erfasst angesehen, und zwar nicht nur von den Europäischen Institutionen,[437] sondern auch von mitgliedstaatlicher Seite.[438]

Während die Sensibilität für die föderale Dimension und ihre Bedeutung für die Schaffung des Art. 3b Abs. 3 EGV damit nicht kleingeredet werden soll, so zeigt doch die Offenheit für zahlreiche andere vom Unionshandeln betroffene Belange und die Orientierung an der bestehenden Rechtsprechung des EuGH, dass ein deutlich weniger revolutionärer Zugriff auf Art. 3b Abs. 3 EGV zumindest auch präsent war. In Anbetracht des Kompromisscharakters des Art. 3b Abs. 3 EGV und des am Ende erfolgreichen Widerstands gegen die Aufnahme einer Erforderlichkeitsklausel in das Subsidiaritätsprinzip[439] erscheint es sogar eher unwahrscheinlich, dass sich eine innovative Vorgabe wie eine subjektivrechtlich geprägte föderale Verhältnismäßigkeitsprüfung, die im Wesentlichen das erreichen würde, was das Subsidiaritätsprinzip nicht erreichen sollte, durchgesetzt haben könnte.

---

[433] Das betont v.a.: *O. Koch*, Der Grundsatz der Verhältnismäßigkeit in der Rechtsprechung des Gerichtshofs der Europäischen Gemeinschaften, 2003, S. 167 f.

[434] S. insb.: Conférence Intergouvernementale/Maastricht, Subsidiarité – Note Interne, Sept. 1992, S. 1.

[435] S. etwa: Direction Générale des Études v. 10.09.1992, Note sur le principe de subsidiarité et la communauté européenne, S. 9; Commission Européenne v. 27.10.1992, Le Principe de Subsidiarité, SEC(92) 1990 final, S. 2.

[436] Europäischer Rat v. 11.–12.12.1992, Gesamtkonzept für die Anwendung des Subsidiaritätsprinzips und des Artikels 3b des Vertrags über die Europäische Union durch den Rat, SN/456/92, Teil A Anlage 1, S. 12, 14.

[437] Conseil 'Affaires Générales' v. 20.07.1992, Intervention de M. Delors – Subsidiarité, S. 3; Parlement Européen, Résolution commune sur la mise en oeuvre du principe de subsidiarité, B3–1514 et 1520/92, S. 54.

[438] White Paper on Denmark and the Maastricht Treaty, Okt. 1992, SN 4364/92, S. 13.

[439] S. hierzu bereits oben, 2. Kap. A. I. 2..

3. Systematik

Weil, wie bereits herausgearbeitet,[440] ein gesamtbilanzierender Prüfansatz mitgliedstaatliche Interessen und insbesondere ihr Interesse an Handlungsspielräumen aufnehmen kann und eine allgemeine Mäßigung der Unionsgewalt durch den Grundsatz der Verhältnismäßigkeit den Mitgliedstaaten sogar jenseits ihres Interesses an Handlungsfreiheit zugutekommen kann, ergibt sich auch aus der Normsystematik des Art. 5 EUV nichts anderes. Freilich wäre Art. 5 Abs. 4 EUV in dieser weiten Auslegung, im Gegensatz zu Art. 5 Abs. 2 und 3 EUV, auch auf Situationen anwendbar, in denen keinerlei mitgliedstaatliche Interessen relevant wären. Ein Störgefühl mag hierbei aber vor allem daraus resultieren, dass in der deutschen Tradition der gesamtbilanzierende Ansatz aus dem Unionsrecht unbekannt ist und intuitiv ein einziges Interesse zum Fluchtpunkt der Prüfung gemacht wird. Die Überwindung der Gesamtbilanzierung in Art. 5 Abs. 4 EUV bedürfte aber gerade einer unionsrechtlichen Begründung, die sich nicht allein aus den Vorverständnissen der deutschen Verhältnismäßigkeitstradition speisen kann. Da auch einer gesamtbilanzierenden Prüfung durch ihre allgemeine Mäßigung der Unionsgewalt unter Berücksichtigung mitgliedstaatlicher Interessen ebenfalls eine föderale Funktion zukommen kann, kann diese unionsrechtliche Begründung nicht allein in der Verortung dieses Grundsatzes der Verhältnismäßigkeit in Art. 5 EUV gesehen werden.

Statt allein auf Art. 5 EUV abzustellen, stellt überdies Art. 52 Abs. 1 S. 2 GRC ein naheliegendes Vergleichsobjekt für eine systematische Auslegung des Art. 5 Abs. 4 EUV dar, hat doch diese Norm vollbracht, was die herrschende deutsche Literaturmeinung auch dem Art. 5 Abs. 4 EUV zuschreibt: Jenseits des gesamtbilanzierenden Rechtsgrundsatzes der Verhältnismäßigkeit eine bereichsspezifische, subjektivrechtliche Ausprägung des Grundsatzes der Verhältnismäßigkeit normiert zu haben. Die Funktion des Grundsatzes der Verhältnismäßigkeit aus Art. 52 Abs. 1 S. 2 GRC als Eingriffsschranke in die Grundrechte der GRC[441] wird von der Norm dadurch betont, dass sie die Vorgabe der Verhältnismäßigkeit ausdrücklich für Einschränkungen der Chartagrundrechte anordnet, was der EuGH, wie im ersten Kapitel herausgearbeitet, unter nachhaltiger Neuausrichtung seiner Rechtsprechung zu den Grundrechten auch übernommen hat.

Ganz anders dagegen Art. 5 Abs. 4 EUV: Diesem lässt sich weder entnehmen, dass er im Kontext bestimmter Interessen Anwendung finden soll, noch dass er für diese Interessen als Eingriffsschranke fungieren soll. Vielmehr verweist Art. 5 Abs. 4 EUV allgemein auf den Grundsatz der Verhältnismäßigkeit. Mit Art. 52 Abs. 1 GRC haben die Herren der Verträge gezeigt, dass sie die Eingriffsschrankenfunktion des Grundsatzes der Verhältnismäßigkeit in Abgrenzung zur bis dahin etablierten Rechtsprechung des EuGH explizit in die GRC aufnehmen

---

[440] S. oben, 2. Kap. A. I.

[441] Vgl.: *O. Koch*, Der Grundsatz der Verhältnismäßigkeit in der Rechtsprechung des Gerichtshofs der Europäischen Gemeinschaften, 2003, S. 171 f.

konnten. In einem Bereich wie den Beziehungen von EU und Mitgliedstaaten, in denen eine solche Klarstellung wegen der anders ausgerichteten Rechtsprechung des EuGH nicht minder wichtig gewesen wäre, wurde hingegen auf eine entsprechende Formulierung verzichtet, obgleich sich auch hier anlässlich dreier Vertragsrevisionen eine Gelegenheit zur Korrektur der Rechtsprechung des EuGH geboten hätte. Dieser Aspekt wiegt auch deswegen besonders schwer, weil gerade für eine subjektiv föderal ausgerichtete Verhältnismäßigkeitsprüfung in den Mitgliedstaaten eindeutige Vorbilder fehlten,[442] diese Funktion also keinesfalls offensichtlich war. Dies spricht ebenfalls gegen die Annahme, Art. 5 Abs. 4 EUV könne als Eingriffsschranke für mitgliedstaatliche Handlungsfreiheitsinteressen fungieren.

4. Kompetenzdrifteinhegung als Telos des Art. 5 Abs. 4 EUV

a) Telos ohne Anknüpfungspunkt

Als Anknüpfungspunkt für ein subjektivrechtlich geprägtes Verständnis von Art. 5 Abs. 4 EUV verbleibt damit lediglich, als Zweck dieser Norm die Eindämmung einer schleichenden Zuständigkeitserweiterung der EU anzusehen. Eingedenk der bisherigen Überlegungen würde es sich hierbei allerdings um eine Zwecksetzung handeln, die sich nicht als historisches Ziel der Herren der Verträge belegen lässt und die sogar im Widerspruch zum Wortlaut von Art. 5 Abs. 4 EUV i.V.m. Art. 5 S. 5 SubProt steht. Als subjektive Teleologie[443] ist diese Zwecksetzung damit schwer zu begründen und auch eine objektive Teleologie[444] müsste erklären, wie sie sich über den Wortlaut des Art. 5 Abs. 4 EUV i.V.m. Art. 5 S. 5 SubProt und den Vergleich mit Art. 52 Abs. 1 S. 2 GRC hinwegsetzen möchte. Allein auf die Binnensystematik des Art. 5 EUV ließe sich ein solches Verständnis stützen, was aber für sich genommen insbesondere die Überschreitung der Wortlautgrenze nicht rechtfertigen kann.

b) Kompetenzdrift im Zuständigkeitsgefüge der Verträge

Doch auch darüber hinaus sieht sich diese Art von Zielsetzung gewichtigen Bedenken ausgesetzt. Das BVerfG hat seine ablehnende Haltung zur Verwendung des deutschen Verständnisses vom Grundsatz der Verhältnismäßigkeit im Verhältnis von Bund und Ländern auf die treffende Formel gebracht, dass in diesem Verhältnis das mit dem Verhältnismäßigkeitsgrundsatz deutscher Prägung ver-

---

[442] S. hierzu nur: *A. Emmerich-Fritsche*, Der Grundsatz der Verhältnismäßigkeit als Direktive und Schranke der EG-Rechtsetzung, 2000, S. 140 ff.

[443] Verwendet im Sinne von: *R. Alexy*, Theorie der juristischen Argumentation, 1983, S. 305; *C. Hillgruber*, JZ 1996, S. 118, 121; s. hierzu: *T. M. J. Möllers*, Juristische Methodenlehre, 4. Aufl. 2021, S. 235 f.

[444] Klassisch: *K. Larenz/C.-W. Canaris*, Methodenlehre der Rechtswissenschaft, 3. Aufl. 1995, S. 135 ff.

bundene „Denken in den Kategorien von Freiraum und Eingriff"[445] keine Anwendung finden könne. Im föderalen Organisationsrecht gestattet das BVerfG zwar die Anwendung des Grundsatzes der Verhältnismäßigkeit deutscher Tradition, wenn „Träger öffentlicher Gewalt mit Rechten gegen den Staat ausgestattet sind"[446], was aber in Fragen der Zuständigkeitsausübung im Bund-Länder-Verhältnis eben nicht der Fall sein soll.[447] Dies müsste im Unionsrecht gänzlich anders gelagert sein, um einen Kompetenzdrift überhaupt identifizieren zu können und ihn mittels Art. 5 Abs. 4 EUV mit einem subjektivrechtlich geprägten Prüfzugriff einhegen zu können.

Die Kompetenzdrifteinhegung als Telos des Art. 5 Abs. 4 EUV zu setzen und darauf aufbauend einen subjektivrechtlich geprägten Prüfzugriff auf diese Norm anzuwenden, scheitert indes bereits daran, dass die Problemdiagnose des Kompetenzdrifts jedenfalls insoweit unzutreffend ist, als daraus nichts für die Handhabung der rechtlichen Zuständigkeitsgrenzen der EU *de lege lata* folgen könnte (aa)). Doch selbst wenn man diese Diagnose als zutreffend unterstellen wollte, so wäre ein subjektivrechtlich geprägter Prüfzugriff auf Art. 5 Abs. 4 EUV mit Blick auf die Zuständigkeitsordnung der Verträge und die Rolle der Mitgliedstaaten im Integrationsprozess jedenfalls die falsche Therapie (bb)).

aa) Kompetenzdrift ist die falsche Diagnose

Wie bereits ausgeführt, identifiziert die Diagnose vom Kompetenzdrift in der Ausnutzung der im Rahmen der Zuständigkeitsnormen bestehenden Handlungsspielräume durch die Institutionen der EU eine schleichende Ausweitung der ursprünglich enger verstandenen Zuständigkeiten der EU hinein in die bei den Mitgliedstaaten verbliebenen Zuständigkeiten, was die Begrenztheit der Hoheitsrechtsübertragung an die EU als Geschäftsgrundlage der Integration sowie die hinreichende demokratische Legitimation des unionalen Handelns strapazieren würde.[448] Einer kritischen Überprüfung hält indes keine dieser Annahmen stand.

Was den Vorwurf angeht, die Institutionen würden in ihrer Auslegung der Zuständigkeitstitel „die Verbindung zu dem von den Mitgliedstaaten historisch Gewollten"[449] kappen, indem sie diese zu weit auslegten, ist erstens daran zu

---

[445] BVerfGE 81, 310, 338.

[446] BVerfGE 138, 1, 19 f.; BVerfGE 147, 185, 223 f., wie es insb. auch für Art. 28 Abs. 2 GG der Fall ist.

[447] Zu Art. 72 Abs. 2 GG als eigenständigen föderalen Maßstab s. noch unten, 2. Kap. C. IV. 3. a). Graduell abweichende Herleitung bei *R. Poscher*, in: Herdegen/Masing/Poscher/Gärditz (Hrsg.), HdB VerfR, 2021, § 3, Rn. 94, für den es für die Anwendung des Grundsatzes der Verhältnismäßigkeit darauf ankommt, ob eine mit dem Grundsatz der Verhältnismäßigkeit zu lösende Spannungslage von verfassungsrechtlich geschütztem Freiraum und verfassungsrechtlich gestattetem Eingriff in diesem Freiraum vorliegt. S. zur Bedeutung des Bindungsproblems für die Entwicklung des Verhältnismäßigkeitsgrundsatzes deutscher Prägung bereits oben, 1. Kap. C. II. 2. c).

[448] S. hierzu oben, 2. Kap. B. I. 1.

[449] *U. Haltern*, in: Kischel/Kube (Hrsg.), HdB StR I, 2023, § 3, Rn. 45.

erinnern, dass eine klare Definition des von den Mitgliedstaaten mit einer bestimmten Zuständigkeitsnorm „historisch Gewollten“ mitunter schwieriger zu finden sein dürfte, als mit diesem Vorwurf insinuiert wird. Während die Quellenlage zum Lissabonvertrag zumindest besser ist als für frühere Verträge, so handelt es sich bei vielen Vertragsbestimmungen um hochpolitische Kompromisse, denen sich nur bedingt klare Vorstellungen über die intendierte Zuständigkeitsausstattung im Sinne eines klar geeinten Willens der Mitgliedstaaten entnehmen lassen.[450] Ein solcher Nachweis wäre aber jedenfalls von denjenigen zu erbringen, die einen Kompetenzdrift beklagen, was aber, soweit ersichtlich, nicht einmal versucht wird.

Zweitens ist in diesem Zusammenhang zu beachten, dass der pauschale Vorwurf einer grundsätzlich großzügigen Handhabung von Zuständigkeitstiteln durch die Unionsorgane bemerkenswert undifferenziert ist. Es ist unbestritten, dass die Auslegung mancher Zuständigkeitstitel gerade durch den EuGH vielfach nicht überzeugen kann: So liegt es eher an der äußeren Grenze des sinnvollerweise Vertretbaren, dass die Vorratsdatenspeicherungsrichtlinie von 2006, obwohl sie ein Instrument für die Kriminalitätsbekämpfung war, deshalb vom heutigen Art. 114 AEUV gedeckt gewesen sein soll, weil sie primär Speicherpflichten für private Telekommunikationsanbieter statuierte und damit Marktteilnehmer regulierte.[451] Aus dem Blick gerät beim Fokus auf solche problematischen Entscheidungen aber, dass eine große Anzahl an Zuständigkeitsnormen der EU spätestens seit dem Vertrag von Maastricht mit einer Genauigkeit abgefasst sind, die weit über die aus mitgliedstaatlichen Verfassungen bekannte Präzision hinausgeht und von den Institutionen auch so gehandhabt werden.[452] Auch lassen sich zahlreiche Beispiele dafür finden, dass der EuGH eben nicht immer die ggf. von anderen Institutionen favorisierte, weite Auslegung einer Zuständigkeitsnorm gewählt hat. In den unterschiedlichsten Bereichen und für verschiedenste Zuständigkeitstitel hat der EuGH immer wieder die Grenzen der Zuständigkeit der EU hervorgehoben oder eine Verletzung der Zuständigkeitstitel festgestellt.[453]

---

[450] S. allg. zur historischen Auslegungsmethode im Unionsrecht ausf.: *G. Conway*, The Limits of Legal Reasoning and the European Court of Justice, 2014, S. 247 ff. und: *G. Davies*, in: Garben/Govaere (Hrsg.), The Internal Market 2.0, 2021, S. 323, 328 ff.

[451] So: EuGH, Urt. v. 10.02.2009, Irland/Parlament und Rat, C-301/09, EU:C:2009:68, Rn. 65 ff.

[452] *S. Garben*, Oxford Journal of Legal Studies 35 (2015), S. 55, 58 f.

[453] Vgl.: EuGH, Urt. v. 29.10.1980, Roquette Frères, Rs. 138/79, EU:C:1980:249, Rn. 32 ff.; EuGH, Urt. v. 23.04.1986, Les Verts, Rs. 294/83, EU:C:1986:166, Rn. 54; EuGH, Urt. v. 09.07.1987, Deutschland u.a./Kommission, verb. Rs. 281, 283—85 und 287/85, EU:C:1987:351, Rn. 19 ff.; EuGH, Gutachten v. 28.03.1996, EMRK Beitritt I, Avis 2/94, EU:C:1996:140, Rn. 31 ff.; besonders markant auch: EuGH, Urt. v. 01.04.2008, Gouvernement de la Communauté française und Gouvernement wallon, C-212/06, EU:C:2008:178, Rn. 37 ff. Zur Annahme des mit dem Prinzip der begrenzten Einzelermächtigung verbundenen gerichtlichen Kontrollauftrags durch den EuGH: *D. Kiekebusch*, Der Grundsatz der begrenzten Einzelermächtigung, 2017, S. 157 ff. Für eine Analyse, wie sich der EuGH als Kompetenz-

Illustrativ für das Beharren auf die Grenzen der Zuständigkeitstitel der EU können drei jüngere Beispiele herangezogen werden: 2018 entschied der EuGH, dass die ausschließliche Zuständigkeit der Union für die Erhaltung der biologischen Meeresschätze im Rahmen der gemeinsamen Fischereipolitik (GFP) i.S.v. Art. 3 Abs. 1 d) AEUV dahin auszulegen sei, dass „sie allein die im Rahmen der GFP gewährleistete und somit untrennbar mit ihr verbundene Erhaltung der biologischen Meeresschätze von Art. 3 Abs. 1 Buchst. d AEUV erfasst“[454], während die Kommission noch jede Maßnahme zur Erhaltung der Meeresschätze von dieser Zuständigkeit umfasst sehen wollte.[455] Auch entschied der EuGH im September 2021, dass ein Ratsbeschluss über die Anwendung des Titels II des Partnerschaftsabkommens der EU mit Armenien, welcher Regelungen und Absichtserklärungen zur Zusammenarbeit in Fragen der GASP regelte, nicht auf den Zuständigkeitstitel des Art. 37 EUV für den Abschluss von Übereinkünften mit Staaten im Rahmen der GASP gestützt werden konnte. Er begründete seine Entscheidung damit, dass dieser Titel II keine eigenständige Komponente des Abkommens darstelle, für die ein eigener, nur auf Art. 37 EUV gestützter Beschluss möglich gewesen wäre.[456] Auch im Rahmen der Beurteilung der sog. Konditionalitätsverordnung,[457] die auf die Zuständigkeit für den Erlass von Haushaltsvorschriften aus Art. 322 Abs. 1 lit. a) AEUV gestützt wurde, betonte der EuGH mehrfach, dass diese Norm nur als Zuständigkeitstitel für die Konditionalitätsregeln in Fragen komme, wenn ein tatsächlicher Zusammenhang zwischen den Verstößen gegen die Rechtsstaatlichkeit und den Gefährdungen für den EU-Haushalt bestehe,[458] der mittels eines evidenzbasierten Ansatzes zu ermitteln sei.[459] Konditionalitätsmaßnahmen auf der Grundlage des Art. 322

---

gericht verhält, s. monographisch: *K. Boskovits*, Le juge communautaire et l'articulation des compétences normatives entre la Communauté européenne et ses États membres, 1999; außerdem: *U. Everling*, EuZW 2002, S. 357, 363 ff.; *N. Colneric*, EuZW 2002, S. 709, 710 ff.; aus rechtsvergleichender Perspektive: *M. Claes/M. de Visser*, in: Cloots/de Baere/Sottiaux (Hrsg.), Federalism in the European Union, 2012, S. 83, 86 ff.

[454] EuGH, Urt. v. 20.11.2018, Kommission/Rat, verb. Rs. C-626/15 und C-659/15, EU:C:2018:925, Rn. 83.

[455] Ebd., Rn. 80.

[456] EuGH, Urt. v. 02.09.2021, Kommission/Rat, C-180/20, EU:C:2021:658, Rn. 32 ff. Der Rat hatte die Aufspaltung in mehrere Anwendungsbeschlüsse und die Verankerung des streitgegenständlichen Beschlusses in Art. 37 EUV betrieben, um die GASP-relevanten Aspekte des Abkommens gem. Art. 218 Abs. 8 UAbs. 2 AEUV einstimmig annehmen zu müssen.

[457] Verordnung 2020/2092 des Europäischen Parlaments und des Rates v. 16.12.2020 über eine allgemeine Konditionalitätsregelung zum Schutz des Haushalts der Europäischen Union.

[458] EuGH, Urt. v. 16.02.2022, Ungarn/Parlament und Rat, C-156/21, EU:C:2022:97, Rn. 147, 176, 267. Dieses Erfordernis geht über den Wortlaut der VO hinaus, die in Art. 4 Abs. 1 davon spricht, dass „Verstöße gegen die Grundsätze der Rechtsstaatlichkeit in einem Mitgliedstaat die wirtschaftliche Führung des Haushalts der Union oder den Schutz ihrer finanziellen Interessen hinreichend unmittelbar beeinträchtigen oder ernsthaft zu beeinträchtigen drohen.“

[459] Ebd., Rn. 148, 239.

Abs. 1 lit. a) AEUV seien zu beenden, „sobald keine Auswirkung auf den Haushaltsvollzug mehr besteht, selbst wenn die festgestellten Verstöße gegen die Grundsätze der Rechtsstaatlichkeit möglicherweise fortdauern."[460] Mit alldem ist ausdrücklich nicht gesagt, dass es nicht zu einer methodisch nicht überzeugenden, zu weiten Auslegung von Zuständigkeitstiteln durch die Institutionen kommen kann oder vielfach auch gekommen ist. Allerdings sollte der pauschale Vorwurf einer zu weiten Zuständigkeitsauslegung, welcher die Diagnose der schleichenden Kompetenzerweiterung stützt, in Anbetracht dieser Überlegungen deutlich akzentuiert und abgeschwächt werden, wobei dann kritisch zu überprüfen wäre, ob eine differenzierte Beurteilung der Auslegungspraxis der Institutionen noch in der Lage ist, den Vorwurf der allzu weiten Zuständigkeitsauslegung zu stützen.

Drittens – und mit Blick auf den Zusammenhang von Auslegung der Zuständigkeitstitel und dem vermeintlichen mitgliedstaatlichen Willen besonders bedeutsam – ist zu bedenken, dass die Spielräume für eine weite Auslegung allein auf die Mitgliedstaaten und die von ihnen beim Vertragsschluss verfolgten Ziele zurückgehen. Es sind die Mitgliedstaaten, die in ihrer eigenen demokratischen Verantwortung, teilweise unterstützt von überwältigenden parlamentarischen Mehrheiten,[461] wieder und wieder der EU Zuständigkeiten eingeräumt haben und die auch für die Entwicklungs- und Interpretationsoffenheit sowie die funktionale Ausrichtung zahlreicher Zuständigkeitsnormen verantwortlich zeichnen.[462] Die Mitgliedstaaten haben die Abschwächung ihrer eigenen Determinierungskraft oft überhaupt erst eingeleitet,[463] sie ausdrücklich bestätigt[464] oder sich

---

[460] Ebd., Rn. 113; vgl. hierzu: *M. Fisicaro*, EU Constitutional Law Review 18 (2022), S. 334, 345.

[461] Es sei daran erinnert, dass der Bundestag dem Gesetz zum Vertrag von Lissabon mit 515 Ja-Stimmen bei 58 Gegenstimmen und einer Enthaltung und damit mit einer Mehrheit von fast 90 % der abgegebenen Stimmen zugestimmt hat, s.: Deutscher Bundestag, Plenarprotokoll 16/157, Stenografischer Bericht der 157. Sitzung v. 24.04.2008, S. 16482 ff. Im Bundesrat stimmten 15 Bundesländer mit ihren 66 Stimmen zu, nur Berlin enthielt sich seiner drei Stimmen, sodass dort eine Stimmenmehrheit von über 95 % zustimmte, s.: Bundesrat, Plenarprotokoll 844, Stenografischer Bericht der 844. Sitzung v. 23.05.2008, S. 136. Auch die Zustimmungswerte zu den Ratifizierungsgesetzen zu den vorherigen Verträgen lag im Bundestag stets zwischen 87 % und 99 %, vgl. die Nw. bei: *T. von Danwitz*, in: FS Streinz, 2023, S. 41, 48, Fn. 40.

[462] S. für nicht allein mit rechtlichen Kategorien beschreibbaren Gründen für ein mitgliedstaatliches Interesse an einer Erosion ihrer eigenen Kompetenzen: *U. Haltern*, Europarecht, Bd. I, 3. Aufl. 2017, S. 360 ff.

[463] So insbesondere die Einführung und Ausweitung der Mehrheitsentscheidung im Rat zum normalen Entscheidungsmodus nach Art. 16 Abs. 3 EUV; s. zur Kompetenzausweitung der EU durch die Mitgliedstaaten: *S. Weatherill*, Yearbook of European Law 24 (2004), S. 1, 5 ff.; *U. Haltern*, Europarecht, Bd. I, 3. Aufl. 2017, S. 360 ff.

[464] Vgl. insb. die 17. Erklärung zur Schlussakte der Regierungskonferenz, die den Vertrag von Lissabon angenommen hat, mit der die Regierungskonferenz darauf hinwies, „dass die Verträge und das von der Union auf der Grundlage der Verträge gesetzte Recht im Einklang

durch ihre wiederholte und in entscheidender Hinsicht stets vorbehaltlose Ratifikation der Verträge bzw. ihres Beitritts dazu bekannt.[465] Wie Art. 3 EUV und die Präambeln von EUV und AEUV in aller Deutlichkeit bezeugen, verfolgt die EU bestimmte Ziele, um derentwillen die Mitgliedstaaten die EU gegründet haben. Die Integration der Mitgliedstaaten ist überhaupt erst der in den Zielvorgaben zum Ausdruck kommende Daseinsgrund und gleichzeitig die Handlungsgrenze der EU.[466] Gerade weil die Zuständigkeiten der EU qualitativ über das hinausgehen, was die Mitgliedstaaten allein leisten können und viele Ziele der EU überhaupt nur durch die EU erreicht werden können,[467] wirkt das Unionsrecht nicht nur als Begrenzung mitgliedstaatlicher Handlungsmöglichkeiten, sondern schafft diese überhaupt erst, sei es im Verbund mit den anderen Mitgliedstaaten, sei es, wie im dezentralen Verwaltungsvollzug im Rahmen von ausschließlichen Zuständigkeiten für den einzelnen Mitgliedstaat. Und es waren auch die Mitgliedstaaten, die einen unabhängigen Gerichtshof und allein diesen Gerichtshof mit der letztverbindlichen Auslegung der Verträge und damit auch der dort niedergelegten Zuständigkeitstitel betraut haben, wie sich heute unmissverständlich aus Art. 19 Abs. 1 EUV, Art. 274 und Art. 344 AEUV ergibt. Der Gerichtshof kann in diesem Rahmen mehr oder weniger überzeugend entscheiden und die ihm gegebenen Spielräume mehr oder weniger überzeugend nutzen; aber das sind dann in erster Linie methodische Diskussionen und keine Diskussionen über die generelle Einhaltung der vertraglichen Vorgaben oder der Geschäftsgrundlage der Integration. Es stand den Mitgliedstaaten bei allen sukzessiven Vertragsänderungen frei, alternative Mechanismen zu finden, durch die der „Zusammenhang von Ausweitung und Staatenwille"[468] besser zur Geltung gebracht wird als durch die Rechtsprechung des EuGH. Wenn ein Bedürfnis danach in den Mitgliedstaaten bestehen sollte, so hat es jedenfalls nie Eingang in die Verträge gefunden – und sich damit nie als konsensfähig erwiesen.

Viertens ist zu berücksichtigen, dass die größten Potenziale für einen vermeintlichen Kompetenzdrift dort liegen, wo die Mitgliedstaaten funktionale Zuständigkeitstitel in die Verträge geschrieben haben oder sachgebietsübergreifende Verhaltensvorschriften gelten. Im Rahmen offen und vage formulierter und

mit der ständigen Rechtsprechung des Gerichtshofs der Europäischen Union unter den in dieser Rechtsprechung festgelegten Bedingungen Vorrang vor dem Recht der Mitgliedstaaten haben." und ein entsprechendes Gutachten des Juristischen Dienstes des Rates der Schlussakte hinzufügte; s. hierzu auch: EuGH, Urt. v. 21.12.2021, Euro Box Promotion, verb. Rs. C-357/19, C-379/19, C-547/19, C-811/19 und C-840/19, EU:C:2021:1034, Rn. 248.

465 S. mit Blick auf die Vorrangdiskussion zur Unterscheidung zwischen Gründungs- und Beitrittsländern, *V. Skouris*, EuR 2021, S. 3, 7.

466 Besonders anschaulich für dieses Verständnis aus der Rechtsprechung z.B.: EuGH, Urt. v. 09.02.1982, Polydor, Rs. 270/80, EU:C:1982:43, Rn. 16 ff.; prägnant: *J. Basedow*, in: FS Ulrich Everling, Bd. 1, 1995, S. 49; s. auch: *W. Schroeder*, Das Gemeinschaftsrechtssystem, 2002, S. 156 ff.

467 Präzise hierzu: *W. Schroeder*, Das Gemeinschaftsrechtssystem, 2002, S. 156.

468 *U. Haltern*, in: Kischel/Kube (Hrsg.), HdB StR I, 2023, § 3, Rn. 45.

funktional ausgerichteter Zuständigkeitstitel[469] bleibt reichlich Raum für politische Gestaltung, der man sich mittels Normauslegung nur schwer in den Weg stellen kann.[470] Zielbezogene Zuständigkeitsnormen wie der heutige Art. 114 AEUV[471] verpflichten geradezu zu einer teleologischen Auslegung und entziehen sich einer Zuordnung zu regulatorischen Sachbereichen. Solche Zuständigkeitsnormen als eng begrenzte, auf minimalen Souveränitätsverlust der Staaten abstellende Normen oder wie normativ-rezeptiv oder normativ-deskriptiv angelegte Kompetenztitel nach dem Vorbild des unter dem deutschen GG herrschenden Regelungsmodell auszulegen,[472] würde sich gerade von den Verträgen und den dort vorgesehenen Mitteln zur Realisierung eines ambitionierten Integrationsprogramms der Mitgliedstaaten entfernen. Zielbezogene Zuständigkeiten wären sinnlos, müssten sie in Bereichen aufhören, für die der EU keine ausdrückliche Zuständigkeit zugewiesen wurde. Gleiches gilt für die rechtsgebietsübergreifend angelegten primärrechtlichen oder aufgrund von zielbezogenen Zuständigkeiten erlassenen und rechtsgebietsübergreifend ausgestalteten sekundärrechtlichen Vorgaben für mitgliedstaatliches Handeln. Wenn das Primärrecht z.B. allgemeine unionsrechtliche Diskriminierungs- und Beschränkungsverbote oder Wettbewerbsregeln aufstellt bzw. diese Vorgaben sekundärrechtlich präzisiert werden, bedeutet das keine Anmaßung einer Regelungszuständigkeit in all den Rechtsbereichen, in denen diese Verbote zum Einsatz kommen können: Vielmehr wird lediglich darauf beharrt, dass rechtsgebietsübergreifend angelegtes Unionsrecht auch tatsächlich gilt.[473] Weil das Unionsrecht in der Lage ist, Vorgaben zu machen, die Regelungsbereiche transzendieren, bleiben den Mitgliedstaaten zwar ihre Zuständigkeiten, sie dürfen nur in diesen Bereichen keine unionsrechtswidrigen Regelungen erlassen.[474] Diese Möglichkeit haben sie sich selbst genommen, als sie die rechtsbereichsübergreifenden Regeln aufstellten. Das gilt ebenso für Zuständigkeitsbereiche, welche die Verträge deklaratorisch ausdrücklich den Mitgliedstaaten vorbehalten. Der Ruf nach einer zuständigkeitsorientierten Auslegung dieser Vorschriften[475] verkennt gerade den Sinn die-

---

[469] Vgl. hierzu erneut: *M. Nettesheim*, in: von Bogdandy/Bast, Europäisches Verfassungsrecht, 2. Aufl. 2009, S. 389, 394.

[470] Zur dieser Erkenntnis auch: *C. Neumeier*, Kompetenzen, 2022, S. 402.

[471] Den Unterschied zur sachbereichsbezogenen Formulierung des Art. 74 Nr. 11 GG und dem heutigen Art. 114 AEUV sowie den Konsequenzen darauf erläutert treffend: *U. Kischel*, in: Erbguth/Masing (Hrsg.), Verwaltung unter dem Einfluss des Europarechts, 2006, S. 11, 13; s. außerdem nur: *H. D. Jarass*, AöR 121 (1996), S. 173, 178 f.; *H. Steinberger*, VVDStRL 50 (1991), 9, 19; *U. Everling*, EuR 1987, S. 214, 216.

[472] S. hierzu aktuell: *S. Drechsler*, Der Staat 61 (2022), S. 261, 264 ff.

[473] S. hierzu treffend: *B. de Witte*, in: Garben/Govaere (Hrsg.), The Division of Competences between the EU and the Member States: Reflections on the Past, the Present, and the Future, 2017, S. 59, 60 ff.

[474] Dies wird teilweise plastisch, aber unter Verwendung eines weiten Kompetenzbegriffs mit dem Begriff einer *compétence abolie* umschrieben, vgl.: *D. Simon*, Le système juridique communautaire, 3. Aufl. 2001, S. 83 ff.

[475] Stellvertretend und aktuell aus der Literatur: *V. Vėlyvytė*, European Law Review 48

ser Art der negativen Integration; denn gerade da, wo Regelungsbefugnisse fehlen, ist die Durchsetzung der unionalen Normen für die Funktionsfähigkeit des gemeinsamen Marktes und der Wettbewerbsordnung von besonderer Bedeutung. All dies ist auch völkerrechtlich letztlich eine bloße Selbstverständlichkeit: Sachbereichsübergreifende Vorgaben können losgelöst von Befugnissen zur Gesetzgebung völkerrechtlich statuiert werden und so wenig wie der Europarat beispielsweise regulatorische Zuständigkeiten im Umweltrecht vorweisen muss, damit der EGMR umweltrechtliche Handlungen von Mitgliedstaaten am Maßstab der EMRK prüfen kann, braucht die EU beispielsweise keine legislative Zuständigkeit für Fragen der öffentlichen Ordnung, um die allgemeine unionsrechtliche Verpflichtung zur Gleichbehandlung von Frauen und Männern auch im Polizeidienst durchzusetzen.[476]

Zu beobachten ist nach alldem nicht, dass die EU-Institutionen kollusiv ihre Zuständigkeiten systematisch über das hinaus ausweiten, was die Mitgliedstaaten erlaubt haben, sondern dass die von den Mitgliedstaaten festgelegten Zuständigkeiten in dem Rahmen und von den Akteuren entfaltet werden, die dazu im mitgliedstaatlichen Auftrag befugt sind.

Gleichwohl ist anzuerkennen, dass die Sorge um die Erosion unionaler Zuständigkeitsgrenzen, welche die grundlegende Begrenzung unionaler Gewalt als Geschäftsgrundlage eines ambitionierten Integrationsprojekts mit unmittelbar anwendbaren und vorrangigem Recht in Zweifel zu ziehen droht, und um die hinreichende demokratische Legitimation der Zuständigkeitsausstattung der EU größte Aufmerksamkeit verdienen. Weder sind Zuständigkeitstitel stets expansiv auszulegen noch darf die EU im Rahmen des von den Verträgen vorgegebenen Rahmens eine Allzuständigkeit erlangen. Schon die ggf. unzureichende demokratische Legitimation der EU,[477] ebenso wie die demokratischen Vorzüge von dezentraler Regierung und Regulierung im Allgemeinen[478] oder die Notwendigkeit von sprachlicher, kultureller und politischer Diversität in Europa im Besonderen sprechen dagegen.[479] Unabhängig davon, ob man diesen oder anderen Gründen gegen eine Unbegrenztheit der Unionsgewalt anhängt, geben die Verträge eben diese Begrenzung auch vor. Daseinsgrund der EU ist die Erreichung bestimmter, heute in Art. 3 EUV niedergelegter Ziele[480] und ihr kommen gem.

(2023), S. 636 ff. Insbesondere ist zu bedenken, dass diese Art der negativen Integration gerade im Bereich des gemeinsamen Marktes aufgrund der stetig wachsenden Bedeutung des Sekundärrechts an Bedeutung zu verlieren scheint.

[476] EuGH, Urt. v. 15.05.1986, Johnston, Rs. 222/84, EU:C:1986:206, Rn. 22 ff.

[477] Vgl. hierzu, mit unterschiedlicher Argumentationstiefe: *D. Grimm*, Europa ja – aber welches?, 2. Aufl. 2016, 71 ff.; *A. Follesdal/S. Hix*, Journal of Common Market Studies 44 (2006), S. 533 ff.; differenziert zum Diskurs über Demokratiedefizite in der EU: *U. Haltern*, Europarecht, Bd. I, 3. Aufl. 2017, S. 540 ff.

[478] *J. H. H. Weiler*, Yale Law Journal 100 (1991), S. 2403, 2472 f.

[479] *S. Garben*, Oxford Journal of Legal Studies 35 (2015), S. 55, 56.

[480] Anschaulich bereits: EuGH, Urt. v. 09.02.1982, Polydor, Rs. 270/80, EU:C:1982:43, Rn. 16 ff.; prägnant: *J. Basedow*, in: FS Ulrich Everling, Bd. I, 1995, S. 49; s. auch: *W. Schroeder*, Das Gemeinschaftsrechtssystem, 2002, S. 156 ff.

Art. 1 Abs. 1 EUV nur die ihr eingeräumten Zuständigkeiten zu. Sie ist als Teilrechtsordnung mit bestimmten Zielen unter Beschränkung der mitgliedstaatlichen Souveränität in begrenztem Rahmen gegründet worden[481] und würde daher in der Tat die Geschäftsgrundlage der Verträge verlassen, nähme sie unbegrenzte Zuständigkeiten in Anspruch. In Anbetracht von Tiefe und Breite der unionalen Zuständigkeitsausstattung ist es ferner essenziell, die Zuständigkeitsausstattung der EU hinreichend demokratisch abzusichern.

Wie allerdings die bereits dargelegten Beispiele zeigen, sind Grenzen der unionalen Zuständigkeiten mit selbstverständlicher Regelmäßigkeit in der Praxis erkannt und durchgesetzt worden. Und auch die in diesem Abschnitt bereits kritisierte, weite Auslegung des Art. 114 AEUV hat ihn nicht als eine allgemeine Befugnisnorm verstanden.[482] Auch diese Norm kennt für den EuGH Grenzen, so vage sie aufgrund der Zielbezogenheit und Unschärfe der Norm auch sein mögen.[483] Letztlich geht es also nicht darum, dass die Begrenztheit der Zuständigkeit der EU in Frage stehen würde, sondern dass anscheinend von den Mahnern vor einem Kompetenzdrift eine stärkere Begrenzung gewünscht wird, was durchaus mit Blick auf manch eine Zuständigkeitsnorm in bestimmten Konstellationen gut vertretbar sein mag, aber kaum mehr für die Warnung vor einem Kollaps der Geschäftsgrundlage der Integration taugt – sofern denn wirklich die Geschäftsgrundlage der konkret mit den Verträgen konstituierten Integration gemeint war und nicht eher der Wunsch nach einer ganz anderen, weniger ambitionierten Zusammenarbeit in Europa geäußert werden soll.

Damit verbleibt von dem als Kompetenzdrift beschriebenen Problem letztlich noch die Frage, ob die unionsrechtliche Einrahmung der mitgliedstaatlichen Zuständigkeitswahrnehmung hinreichend demokratisch legitimiert ist.[484] Nach dem positiven Recht ist diese Frage schnell beantwortet: Wo die Verträge die Berüh-

---

[481] Schon 1957 wurde der „den Vertrag beherrschende Rechtsgrundsatz der begrenzten Zuständigkeit" von GA Lagrange, Schlussanträge v. 14.06.1957 in den verb. Rs. 7/56, 3/57 bis 7/57, Algera u.a., EU:C:1957:6, S. 167 herausgearbeitet. S. auch die Betonung der begrenzten Zuständigkeiten in: EuGH, Urt. v. 05.02.1963, Van Gend & Loos, Rs. 26/62, EU:C:1963:1, S. 25; EuGH, Urt. v. 15.07.1964, Costa/ENEL, Rs. 6/64, EU:C:1964:66, S. 1269, bis heute weiterentwickelt in: EuGH, Gutachten v. 08.03.2011, Einheitliches Patentgericht, Avis 1/09, EU:C:2011:123, Rn. 65; EuGH, Gutachten v. 18.12.2014, EMRK-Beitritt II, Avis 2/13, EU:C:2014:2454, Rn. 157; EuGH, Urt. v. 28.04.2015, Kommission/Rat, C-28/12, EU:C:2015:282, Rn. 39; EuGH, Urt. v. 10.12.2018, Wightman u.a., C-621/18, EU:C:2018:999, Rn. 44.

[482] EuGH, Urt. v. 05.10.2000, Deutschland/Parlament und Rat, C-376/98, EU:C:2000:544, Rn. 83 ff.

[483] Die aktuellen Rechtsprechungsformeln zu dieser Norm finden sich etwa in: EuGH, Urt. v. 22.01.2014, Vereinigtes Königreich/Parlament und Rat, C-270/12, EU:C:2014:18, Rn. 99 ff.; klar und präzise oder gar eng mögen diese Vorgaben nicht sein, wie *U. Haltern*, Europarecht, Bd. I, 3. Aufl. 2017, S. 379 dargelegt hat. Bei funktionaler Zuständigkeit ist das freilich auch kaum möglich.

[484] So insb.: *U. Haltern*, Europarecht, Bd. I, 3. Aufl. 2017, S. 356; *S. Garben*, Oxford Journal of Legal Studies 35 (2015), S. 55, 65.

rung von Lebensbereichen durch das Unionsrecht gestatten, greifen auch die unionsrechtlich vorgesehenen Legitimationsmechanismen. Im Falle der positiven Integration durch Rechtssetzung greifen die kombinierten unionalen und mitgliedstaatlichen Legitimationsstränge, welche die Unionsrechtssetzung stützen. Im Rahmen der Durchsetzung von primärrechtlichen Vorgaben durch den EuGH sind diese Vorgaben durch die vertragsgebenden Herren der Verträge legitimiert. Dass hierbei ein Gericht mitgliedstaatlich demokratisch legitimierte Entscheidungen in Frage stellt,[485] ist nur eine besondere Spielart der *countermajoritarian difficulty*, die in einem rechtsstaatlichen System als Folge von gerichtlichen Normenkontrollbefugnissen nicht überbewertet werden sollte.[486]

Nicht ausgeräumt sind damit Zweifel daran, ob diese demokratische Legitimation im System der Verträge für die unionsrechtliche Einhegung mitgliedstaatlicher Entscheidungen ausreichend ist[487] oder ob es nicht zumindest einer vertraglichen Klarstellung über die Reichweite der Unionszuständigkeiten bedarf.[488] Solange aber keine Methode dafür herausgearbeitet wurde, wie man stärkere oder schwächere demokratische Legitimation messen kann und für welche Art der Hoheitsgewalt welches Niveau an demokratischer Legitimation nötig ist, verkörpern diese Bedenken letztlich den Wunsch nach einem bestimmten, aber bisher nicht eingelösten Legitimationsniveau für die Einhegung mitgliedstaatlicher Entscheidungen durch das Unionsrecht wenn nicht eine grundsätzliche Skepsis gegenüber der demokratischen Legitimationsleistung der EU. Eine entsprechende Vorsicht kann für das Regieren in der EU und in den Mitgliedstaaten auch eine wichtige Richtschnur sein: Nicht alles, was rechtlich von der Zuständigkeitsausstattung der EU gedeckt sein mag, ist auch integrationspolitisch ein kluges Projekt; oftmals mag eine Zurückhaltung bei der Nutzung politischer Spielräume der Integration sogar förderlich sein, unabhängig davon, dass in der konkreten Entscheidungssituation ohnehin mehr die Lösung bestimmter regulatorischer Probleme als der Fortgang des Integrationsprojekt im Mittelpunkt stehen dürfte. Doch tragen im aktuellen Rahmen der Verträge Überlegungen zur Legitimationsleistung innerhalb des Vertragssystems kaum zur rechtlichen Steuerung der Zuständigkeitsordnung der EU bei, da sie sich auf einen außerrechtlichen Maßstab berufen. Sie haben ihren Platz damit bei der Erörterung im Rahmen der Zweckmäßigkeit eines Handelns der EU und in den Debatten um die Zukunft der Integration und um Vertragsreformen. Über die Notwendigkeit der rechtlichen Grenzen der Wahrnehmung der unionalen Zuständigkeiten unter den geltenden Verträgen sagen sie nichts aus.

---

[485] Krit. hierzu: *S. Garben*, Journal of Common Market Studies 57 (2019), S. 205, 215 f.

[486] Mit besonderem Nachdruck für das deutsche Rechtsstaatsverständnis: *P. M. Huber* in Herdegen/Masing/Poscher/Gärditz (Hrsg.), HdB VerfR, 2021, § 6, Rn. 88.

[487] Ausdrücklich: *U. Haltern*, Europarecht, Bd. I, 3. Aufl. 2017, S. 356.

[488] *S. Garben*, Oxford Journal of Legal Studies 35 (2015), S. 55.

bb) Eine subjektivrechtlich geprägte föderale Verhältnismäßigkeit ist die falsche Therapie

Doch auch wenn man sich diesen Überlegungen nicht anschließen mag, sollte man sich die Frage stellen, inwieweit eine subjektivrechtlich geprägte Anwendung des Art. 5 Abs. 4 EUV einen Beitrag zur Moderation der föderalen Spannungslage in der EU leisten könnte. Dieses Verständnis insinuiert nämlich zunächst eine Zuständigkeitsordnung, in der sich unionale und mitgliedstaatliche Zuständigkeiten exakt voneinander trennen lassen und sich weitgehend reziprok exklusiv gegenüberstehen müssen, sodass überhaupt davon gesprochen werden kann, dass unionale Handlungen in eine den Mitgliedstaaten zustehenden Freiheitssphäre eingreifen, was unter einen Vorbehalt der Verhältnismäßigkeit gestellt wird. Diese Vorstellung entspricht aber nicht der von den Verträgen etablieren Zuständigkeitsordnung. Ferner unterstellt eine subjektivrechtlich geprägte föderale Verhältnismäßigkeit einen Antagonismus von unionalem Einheitsstreben und mitgliedstaatlichem Autonomieinteresse, der den Beziehungen zwischen EU und Mitgliedstaaten nur bedingt gerecht wird und insbesondere die Einflussmöglichkeiten der Mitgliedstaaten innerhalb der EU herunterspielt.

Wie soeben dargelegt, vermag das Unionsrecht mittels der Wahrnehmung funktionaler Zuständigkeiten und über rechtsgebietsübergreifende Querschnittsvorgaben, Sach- und Zuständigkeitsbereiche zu transzendieren. Hinzu kommt, dass die Unionszuständigkeiten in weitem Umfang mit den Mitgliedstaaten geteilte Zuständigkeiten sind und ohnehin durch die Nutzung mitgliedstaatlicher Verwaltung und Justiz zur Durchführung des Unionsrechts eine ganz besonders intensive Verschränkung der Zuständigkeiten von EU und Mitgliedstaaten etabliert wurde. Anders als in stärker dualistisch geprägten föderalen Ordnungen wie z.B. in Kanada[489] lassen sich die Zuständigkeiten von EU und Mitgliedstaaten damit zunächst nicht reziprok exklusiv voneinander trennen, sodass unionale „Übergriffe" in mitgliedstaatliche Zuständigkeitsbereiche auch nicht ohne Weiteres mühelos identifiziert und unter den Vorbehalt der Eingriffsverhältnismäßigkeit gestellt werden könnten.

Die verschiedentlich anzutreffenden Harmonisierungsverbote, Bereichsausnahmen und Schutznormen für bestimmte Bereiche erwecken zwar den Eindruck, als wollten sie diese Bereiche von unionsrechtlichem Einfluss vollständig freihalten.[490] Hierzu ist aber zunächst zu bedenken, dass die Unionsverträge, weil sie allein Verfassung der EU und nicht Verfassung von EU und Mitgliedstaaten sind,[491] nur die Hoheitsrechte der EU und nicht die der Mitgliedstaaten konstituieren können.[492] Mit anderen Worten speisen sich die originären mitgliedstaat-

---

[489] S. hierzu noch unten, 2. Kap. C. IV. 1.

[490] Hierzu auch: *S. Garben*, Oxford Journal of Legal Studies 35 (2015), S. 55, 78 f.

[491] *A. von Bogdandy*, in: Ders./Bast, Europäisches Verfassungsrecht, 2. Aufl. 2009, S. 13, 30.

[492] *J. Bast*, in: Grabitz/Hilf/Nettesheim EUV, Art. 5, Rn. 35.

lichen Zuständigkeiten nicht aus den Verträgen[493] und ausschließlich mitgliedstaatliche Zuständigkeiten konstituieren die Verträge nicht. Die Verträge kennen hingegen einige Bereichsausnahmen, die den Wirkkreis des Unionsrechts in bestimmten Gebieten in der Tat begrenzen, diese sind aber rar und in ihrer Reichweite begrenzt: So verhindern z.B. Art. 51 Abs. 1 AEUV für die Niederlassungsfreiheit, Art. 62 i.V.m. Art. 51 Abs. 1 AEUV für die Dienstleistungsfreiheit und Art. 45 Abs. 4 AEUV für die Arbeitnehmerfreizügigkeit eindeutig die Anwendung dieser Grundfreiheiten im Bereich der öffentlichen Verwaltung bzw. der öffentlichen Gewalt. Wann diese eng auszulegenden[494] Ausnahmen greifen, ist unionsrechtlich autonom festzulegen,[495] beschränkt sich auf eine Begrenzung der fraglichen Grundfreiheit und schützt die Mitgliedstaaten nicht vor sonstigen unionsrechtlichen Vorgaben.

Punktuell lassen sich Bereiche ausmachen, in denen umfassendere Grenzen der Rechtswirkung des Unionsrechts statuiert wurden, so etwa in Art. 4 Abs. 2 S. 1 und 2 EUV oder Art. 17 Abs. 1 AEUV. Es handelt sich hierbei um Achtungspflichten, die nicht als absolute Grenze des unionsrechtlichen Handelns[496] formuliert wurden.[497] Trotz verbleibender Randunschärfen[498] gestatten Achtungsgebote und Beeinträchtigungsverbote aber nur verhältnismäßige Einschränkungen ihrer Schutzgüter.[499] Auch die Bekräftigung der Zuständigkeit der Mitglied-

[493] S. erneut nur: *I. Härtel*, Handbuch Europäische Rechtssetzung, 2006, S. 55.

[494] Vgl.: *M. Herberger*, ‚Ausnahmen sind eng Auszulegen' – Die Ansichten beim Gerichtshof der Europäischen Union, 2017, S. 23 ff.

[495] S. grundlegend zum heutigen Art 51 AEUV: EuGH, Urt. v. 21.06.1974, Reyners, Rs. 2/74, EU:C:1974:68, Rn. 48/50; grundlegend zum heutigen Art. 45 Abs. 4 AEUV: EuGH, Urt. v. 26.05.1980, Kommission/Belgien, Rs. 149/79, EU:C:1980:195, Rn. 12, 18.

[496] Jedenfalls bezogen auf den mitgliedstaatlichen Identitätsschutz entspricht das auch der Rechtsprechung vor und um die Zeit des Inkrafttretens des Vertrags von Lissabon, vgl.: EuGH, Urt. v. 28.11.1989, Groener, C-379/87, EU:C:1989:599, Rn. 19, aufbauend auf GA *Darmon*, Schlussanträge v. 16.05.1989 in der Rs.C-379/87, Groener, EU:C:1989:197, Rn. 22 ff.; EuGH, Urt. v. 12.05.2011, Runevič-Vardyn, C-391/09, EU:C:2011:291, Rn. 91; EuGH, Urt. v. 24.05.2011, Kommission/Luxemburg, C-51/08, EU:C:2011:336, Rn. 124; implizit bereits in: EuGH, Urt. v. 02.07.1996, Kommission/Luxemburg, C-473/93, EU:C:473/93, EU:C:1996:263, Rn. 35, aufbauend auf GA *Léger*, Schlussanträge v. 05.03.1996 in der Rs. C-473/93, Kommission/Luxemburg, EU:C:1996:80, Rn. 206 ff.

[497] Gegen den Art. 4 Abs. 2 EUV als absolute Grenze auch: *W. Obwexer* in: von der Groeben EUV, Art. 4, Rn. 49; *S. Schill/C. Krenn*, in: Grabitz/Hilf/Nettesheim EUV, Art. 4, Rn. 43; ausf. *E. Cloots*, National Identity in EU Law, 2015, S. 181 ff.; S. hierzu ausf. bereits oben, 2. Kap. A. I. 4. b); *C. Waldhoff*, in: Calliess/Ruffert AEUV, Art. 17, Rn. 13 sieht auch in Art. 17 AEUV keine Bereichsausnahme.

[498] So z.B. zu der Frage, wie die Kontrolldichte des EuGH unter welchen Vorzeichen auszufallen hat, vgl. hierzu: GA *Kokott*, Schlussanträge v. 15.04.2021 in der Rs. C-490/20, V.M.A., EU:C:2021:296, Rn. 89 ff.

[499] Vgl. zu Art. 17 AEUV: EuGH, Urt. v. 17.04.2018, Egenberger, C-414/16, EU:C:2018:257, Rn. 56 ff.; EuGH, Urt. v. 11.09.2018, IR, C-68/17, EU:C:2018:696, Rn. 48 und zum Schutz mitgliedstaatlicher Identität z.B.: EuGH, Urt. v. 15.07.2021, B.K., C-742/19, EU:C:2021:597, Rn. 43 ff.

staaten für Fragen der nationalen Sicherheit in Art. 4 Abs. 2 S. 3 EUV oder sonstiger Unterstreichungen der legislativen Zuständigkeiten der Mitgliedstaaten in bestimmten Bereichen verdeutlicht einen für das Unionsrecht nicht frei zur Verfügung stehenden Aktionsradius, wenn das auch nicht bedeuten kann, dass in diesem Bereich vorgenommene mitgliedstaatliche Handlungen keinerlei unionsrechtlichen Vorgaben unterliegen.[500] All diese Einschränkungen können damit nicht bewirken, dass sich mitgliedstaatliche und unionale Zuständigkeitssphären klar und reziprok exklusiv voneinander trennen ließen, wenn den zielbezogenen Zuständigkeiten nicht wiederum ihre Zielbezogenheit abgesprochen werden soll. Rechtsbereiche, die von unionsrechtlichen Vorgaben völlig freigestellt sind, sind damit nicht ersichtlich.[501] Vielmehr schützen bestimmte vertragliche Einschränkungen punktuell bestimmte mitgliedstaatliche Interessen und Prärogativen vor allzu starkem unionalen Einfluss, legen damit aber gerade kein Zeugnis über eine allgemeine klare Trennung der Zuständigkeitssphären ab oder wären Belege für die Möglichkeit eines allgemeinen Verhältnismäßigkeitsvorbehalts zugunsten der Mitgliedstaaten.

Hierzu passt es auch, dass sich die Zuständigkeitsausstattung der EU auch deshalb der Vorstellung von reziprok exklusiven und voneinander trennbaren Bereichen entzieht, weil sie nicht auf einer quasi-dinglichen Hoheitsrechtsübertragung der Mitgliedstaaten an die EU beruht, wie ein klassisch dualistisches Verständnis nahelegen würde.[502] Zwar verleitet die Formulierung des Art. 5 Abs. 2 S. 2 EUV schnell zu der Annahme, dass der EU zusteht, was die Mitgliedstaaten vormals selbst innehatten und ihr „übertragen" haben, während alles weitere bei den Mitgliedstaaten verbleibt, sodass eine unionale Beeinflussung dieser mitgliedstaatlichen Bereiche das Mandat der EU überdehnen würde. Dieses Konzept von einem Mehrebenensystem mag aufgrund seiner kategorialen Klarheit und konzeptionellen Simplizität durchaus attraktiv sein.[503] Gleichwohl wird diese Einfachheit nur mit einer realitätsfernen Unterstellung der Unzweideutigkeit von Hoheitsakten und der damit ebenfalls insinuierten Eindimensionalität menschlicher Interaktion erkauft.[504] In der deutschen Tradition steht hinter diesem Verständnis sicherlich auch die Vorstellung, dass Souveränität niemals teilbar sei und jede Art der Hoheitsgewalt immer vom allzuständigen Staat mittels derivater Kompetenzzuweisung ausgehe.[505] Ob die Freilegung der ideen-

[500] Vgl. EuGH, Urt. v. 06.10.2020, La Quadrature du Net u.a., verb. Rs. C-511/18, C-512/18 und C-520/18, EU:C:2020:791, Rn. 135 ff.

[501] So auch: *A. Schnettger*, Verbundidentität, 2020, S. 210. Die Ableitung von absolut integrationsfesten und jedem unionsrechtlichem Einfluss entzogenen Rechtsbereichen aus nationalem Verfassungsrecht wie z.B. in BVerfGE 134, 366, 386 f. bzw. BVerfGE 140, 317, 341 vermag diesen unionsrechtlichen Befund naturgemäß nicht in Zweifel zu ziehen.

[502] S. hierzu spezifisch für die EU: *R. Schütze*, From Dual to Cooperative Federalism, 2009, S. 347 f.

[503] Ebd., S. 348.

[504] Vgl. zu diesem Phänomen: *J. Resnik*, Yale Law Journal 111 (2001), S. 619, 620.

[505] S. etwa: *S. Oeter*, ZaöRV 55 (1995), S. 659, 705 f.; *C. Schönberger*, Der Staat 48 (2009), S. 535, 542.

geschichtlichen Idiosynkrasien der Entwicklung dieses Kompetenzverständnisses,[506] nach dem insbesondere die EU als eine „in den Raum des internationalen Rechts ausgegliederte Verwaltungseinheit"[507] erscheinen muss, kritische Reflexionsentwicklungen ermöglicht,[508] bleibt abzuwarten.

Jedenfalls ist aber die Zuständigkeitsordnung der EU in ihrer konkreten Form nur unzureichend mit von den Mitgliedstaaten an die EU übertragenen Zuständigkeiten beschrieben. Die Zuständigkeiten der EU beschränken sich nicht auf die Summe abgetretener, vormals mitgliedstaatlicher Zuständigkeiten, sondern unterscheiden sich von ihnen in qualitativer Hinsicht.[509] Z.B. wären weder der Binnenmarkt bzw. die Zollunion noch die GASP noch die gemeinsame Handelspolitik adäquat als Summe einzelner zuvor bei den Mitgliedstaaten liegender Kompetenzen beschrieben, weil sich die Regelungsprofile und Gestaltungsmöglichkeiten im Rahmen der Zuständigkeiten der EU grundlegend von denjenigen unterscheiden, die ansonsten bei den Mitgliedstaaten liegen würden. Es handelt sich um neu geschaffene, erst im Rahmen der EU überhaupt existierende Zuständigkeiten, die der EU durch die Verträge eingeräumt statt übertragen wurden.[510] Dies findet unionsrechtlich auch darin seine Bestätigung, dass die Unionszuständigkeiten nicht zu einem spiegelbildlichen Verlust an Kompetenz auf Seiten der Mitgliedstaaten führen, die nämlich gem. Art. 2 Abs. 2 AEUV nur einer unionsrechtlichen Sperrwirkung in den Bereichen der ausschließlichen Zuständigkeit unterliegen, aber dennoch rechtssetzend tätig werden können, wenn das gesetzte Recht auch unanwendbar ist.[511]

Doch auch jenseits der konkreten Ausgestaltung der Zuständigkeitsordnung ist zu überlegen, ob der durch eine subjektivrechtlich geprägte, föderale Verhältnismäßigkeitsprüfung vorgegebene Antagonismus von unionalem Einheitsstreben und mitgliedstaatlichem Autonomiewunsch den Realitäten der EU gerecht wird. Hielte man die EU vor allem für ein intergouvernementales Konstrukt, bedürfte es wohl kaum eines prononcierten Schutzes mitgliedstaatlicher Handlungsinteressen durch eine föderale Verhältnismäßigkeitsprüfung. Denn wenn die EU letztlich allein das tut, was mitgliedstaatlich beschlossen und mitgliedstaatlich demokratisch verantwortet wird,[512] dann sind die Vorgänge auf euro-

---

[506] *C. Neumeier*, Kompetenzen, 2022, S. 184 ff., 301 ff.

[507] *C. Möllers*, in: Herdegen/Masing/Poscher/Gärditz, HdB VerfR, 2021, § 5, Rn. 32.

[508] Aktuelle Ansätze mit Blick auf die EU: *K. Klopp*, ZaöRV 83 (2023), S. 186, 190 f.

[509] *W. Hallstein*, Der unvollendete Bundesstaat, 1969, S. 41; *H. P. Ipsen*, Europäisches Gemeinschaftsrecht, 1972, S. 58 ff.; *H. Sauer*, in: Jabloner/Olechowski/Zeleny (Hrsg.), Der Stufenbau des Rechts auf dem Prüfstand, 2022, S. 61, 73 f.

[510] *W. D. Grussmann*, in: von Danwitz u.a. (Hrsg.), Auf dem Wege zur Europäischen Staatlichkeit, 1993, S. 47, 59 f.; *F. C. Mayer*, in: Kahl/Ludwigs, HVwR II, 2021, § 33, Rn. 36; zur Unterscheidung von Übertragung und Einräumung von Hoheitsrechten: *H. Sauer*, in: Bonner Kommentar GG, Art. 24, Rn. 37.

[511] *M. Nettesheim*, in: von Bogdandy/Bast (Hrsg.), Europäisches Verfassungsrecht, 2. Aufl. 2009, S. 389, 424; *Ders.*, in: Grabitz/Hilf/Nettesheim AEUV, Art. 2, Rn. 22; *J. Bast*, in: Grabitz/Hilf/Nettesheim AEUV, Art. 5, Rn. 34.

[512] Vgl. hier insb.: *P. Kirchhof*, in: Isensee/Kirchhof (Hrsg.), HdB StR X, 2012, § 214,

päischer Ebene stets im Interesse der Mitgliedstaaten.[513] Und wenn man Integration in funktionalistischer Tradition vor allem als Folge apolitischer Verwaltungstätigkeit[514] mit einem von externen politischen Impulsen abhängigen *spill-over* begreifen würde,[515] kommt es nur dann nicht zu einer mitgliedstaatlich verantworteten Beschränkung mitgliedstaatlicher Handlungsfreiheit, wenn diese externen Impulse nicht auf die Mitgliedstaaten selbst zurückgehen. Damit es zu Unionshandlungen käme, vor denen die Mitgliedstaaten zu schützen wären, bedürfte es systemfremder Anomalien durch ungewollte und unvorhergesehene Entwicklungen.[516] Die Einführung des Art. 3b Abs. 3 EGV würde in diesem Narrativ die Auswirkungen dieser Anomalien zu limitieren suchen.

Die EU ist zwar in einigen Bereichen von zahlreichen intergouvernementalen Elementen gekennzeichnet und die Mitgliedstaaten lenken in ganz prononcierter Art und Weise die Geschicke der EU.[517] Ebenso erfüllt die EU im Alltagsgeschäft viele ökonomisch-technisch-administrative Aufgaben. Doch gehört es ebenfalls zum Gesamtbild, dass selbst diese Aufgaben nie unpolitisch sind oder waren, sondern stets auf politischen Richtungsentscheidungen mit umfassenden gesellschaftlichen Auswirkungen beruhten.[518] Der Zuständigkeitsrahmen der EU ist überdies längst weit über technokratische Fragen hinausgewachsen und die Bewältigung der COVID-19-Pandemie hat einmal mehr bewiesen, dass die EU auch in einem ereignispolitischen Entscheidungsmodus arbeiten kann und dies realpolitisch auch muss.[519] Insgesamt ist auch die Determinierungskraft der Mitglied-

---

Rn. 3 ff., der die Impulse durch den Europäischen Rat und den Rat als Gesetzgeber in den Fokus stellt, das Europäische Parlament „keinesfalls" für einen „herkömmlichen Gesetzgeber" hält und die Rolle der Kommission im Gesetzgebungsprozess vollständig verschweigt; nicht minder deutlich: *Ders.*, in: von Bogdandy/Bast (Hrsg.), Europäisches Verfassungsrecht, 2. Aufl. 2009, S. 1009, 1020, wonach der Staatenverbund „im Wesentlichen durch die Regierungen der Mitgliedstaaten" handele „und sich in deren Parlamenten demokratisch" legitimiere.

[513] Dieses Verständnis ergibt sich mit besonders großer Wirkmacht aus: *J. H. H. Weiler*, Yale Law Journal 100 (1991), S. 2403, 2456 ff. mit seiner Theorie eines Ausgleichs der Optionen der Mitgliedstaaten von „exit" und „voice".

[514] Besonders prägend: *H. P. Ipsen*, Europäisches Gemeinschaftsrecht, 1972, S. 196 ff.

[515] Vgl. zu diesem Neofunktionalismus insb. die Formulierung in der Präambel des Vertrags von Maastricht, wonach die Mitgliedstaaten „den wirtschaftlichen und sozialen Fortschritt ihrer Völker [...] fördern und Politiken verfolgen [wollen], die gewährleisten, dass Fortschritte bei der wirtschaftlichen Integration mit parallelen Fortschritten auf anderen Gebieten einhergehen."

[516] Als solche beschreibt *A. Moravcsik*, CMLR 31 (1993), S. 473, 513 die maßgeblich vom EuGH vorangetriebene Konstitutionalisierung des Gemeinschaftsrechts.

[517] Das gilt im Besonderen für den Europäischen Rat nach Art. 15 EUV; nach *D. Dittert*, Europarecht, 5. Aufl. 2017, S. 31 entscheidet dieser „de facto über das Wohl und Wehe der europäischen Integration." Einzelne Bereiche, wie das Rechtsstaatsverfahren nach Art. 7 EUV oder die Gemeinsame Außen- und Sicherheitspolitik, sind ebenfalls offensichtlich intergouvernemental ausgestaltet.

[518] *A. Peters*, Elemente einer Theorie der Verfassung Europas, 2001, S. 205.

[519] Vgl. hierzu: *L. van Middelaar*, Das europäische Pandämonium, 2021, S. 31 ff.

staaten an vielen Stellen relativiert, so z.B. durch die Befugnisse der Kommission nach Art. 293 AEUV und die daraus resultierenden Beschlussdynamiken im Rat, welche die dortige im Grundsatz intergouvernementale Arbeit erheblich modifiziert[520] sowie durch die Aufwertung des Europäischen Parlaments zum gleichberechtigten Co-Gesetzgeber.[521] Weder werden in der EU allein Entscheidungen der Mitgliedstaaten ausgeführt noch sind die getroffenen Entscheidungen apolitischer Natur – vielmehr werden in der EU eigene politische und rechtliche Entscheidungen mit dem Individuum als normativem Bezugspunkt getroffen,[522] wie aus jüngerer Zeit[523] die entscheidenden Beiträge des Europäischen Parlaments zum Inhalt der DSGVO[524] illustrieren. Zur Beschreibung dieses Zustands ist der Begriff eines *generative space* der Herrschaftsausübung vorgeschlagen worden.[525] Die entsprechenden Entscheidungsspielräume, in denen diese politischen und rechtlichen Entscheidungen getroffen werden können, ergeben sich hierbei wiederum nicht aus Machtprätentionen der europäischen Institutionen, sondern unmittelbar aus den von den Mitgliedstaaten geschaffenen Verträgen. Ganz konkret: Wenn etwa die Mitgliedstaaten aktuell nicht in der Lage sind, ihre Wunschvorstellung von einer anlasslosen Vorratsdatenspeicherungspflicht für Telekommunikationsanbieter auf Unionsebene durchzusetzen, dann liegt das nicht an systemfremden Anomalien, sondern daran, dass der EuGH die ihm als Prüfungsmaßstab überantwortete GRC zur Anwendung bringt[526] und das Par-

---

[520] S. hierzu schon, krit.: *J.H.H. Weiler*, Yale Law Journal 100 (1991), S. 2403, 2456 ff.; an *Weilers* Beobachtungen anschließend: *U. Haltern*, Europarecht, Bd. I, 3. Aufl. 2017, S. 486 ff.

[521] S., statt vieler: *J. Schoo*, in: Schwarze EUV, Art. 14, Rn. 12; neuerdings auch besonders deutlich: BVerfG, Beschluss des Zweiten Senates v. 06.02.2024 – 2 BvR 6/23 –, Rn. 123 f.

[522] *D. Halberstam*, in: Maduro/Wind (Hrsg.), The Transformation of Europe, 2017, S. 219, 228.

[523] Ältere Beispiele etwa bei: *D. Halberstam*, European Law Review 30 (2005), S. 775, 782 ff., 789 ff.

[524] Je nach Zählweise machte das EP über 3000 (so: *N. Fercher/E. Riedl*, DSGVO: Entstehungsgeschichte und Problemstellungen aus österreichischer Sicht, in: Knyrim (Hrsg.), Datenschutzgrundverordnung, 2016, S. 7, 14) oder beinahe 4000 (so: *J.-P. Albrecht/F. Jotzo*, Das neue Datenschutzrecht der EU, 2017, S. 41) Änderungsvorschläge zum Entwurf der Kommission. Auch im Trilogverfahren war das EP, in Zusammenarbeit mit der Kommission, maßgeblich für viele zentrale Aspekte der Gesetzgebung verantwortlich, s. nur: *M. Selmayer/E. Ehmann*, in: Ehmann/Selmayer (Hrsg.), DS-GVO, 2. Aufl. 2018, Einführung, Rn. 57.

[525] Diese Terminologie entstammt: *D. Halberstam*, in: Maduro/Wind (Hrsg.), The Transformation of Europe, 2017, S. 219 und beruht der Sache nach auf den Überlegungen aus: *D. Halberstam*, European Law Review 30 (2005), S. 775, 778 ff.

[526] S. nur: EuGH, Urt. v. 08.04.2014, Digital Rights Ireland u.a., verb. Rs. C-293/12 und C-594/12, EU:C:2014:238, Rn. 24 ff.; EuGH, Urt. v. 21.12.2016, Tele2 Svergie u.a., verb. Rs. C-203/15 und C-698/15, EU:C:2016:970, Rn. 82 ff.; EuGH, Urt. v. 06.10.2020, La Quadrature du Net u.a., verb. Rs. C-511/18, C 512/18 und C-520/18, EU:C:2020:791, Rn. 105 ff.; EuGH, Urt. v. 06.10.2020, Privacy International, C-623/17, EU:C:2020:790, Rn. 50 ff.; EuGH, Urt. v. 05.04.2022, Commissioner of An Garda Siochána, C-140/20, EU:C:2022:258, Rn. 31 ff.; EuGH, Urt. v. 20.09.2022, SpaceNet, verb. Rs. C-793/19 und C-794/19, EU:C:2022:702, Rn. 59 ff.

lament als Co-Gesetzgeber ein solches Vorhaben bisher nicht mitträgt[527] – also beide Institutionen die ihnen vertraglich zugedachten Aufgaben wahrnehmen.

In Anbetracht dieses Verlustes an Steuerungskraft der Mitgliedstaaten in Art. 5 Abs. 4 EUV eine subjektivrechtlich angelegte föderale Schutznorm der Mitgliedstaaten zu sehen, würde aber dennoch verkennen, dass die Schaffung dieses politischen *generative space* kein europäischer Selbstzweck ist, sondern eine komplexe Form zielgebundenen pluralistischen Regierens unter wesentlicher Einbeziehung der Mitgliedstaaten als Interessenträger und Akteure. Zahlreiche Beschränkungen mitgliedstaatlicher Handlungsfreiheit gehen zwar zwangsläufig mit der Gründung der EU einher, sind aber von den Mitgliedstaaten zur Erreichung ihrer gemeinsamen Ziele bewusst vorgenommen worden.[528] Im Rahmen der Entscheidungsfindung zur Zielverwirklichung nehmen wiederum die Mitgliedstaaten eine Schlüsselposition ein: Trotz Abschwächung der Determinierungskraft des einzelnen Mitgliedstaates kann die EU ohne den Rat nicht gesetzgeberisch tätig werden und sie ist in wichtigen politischen Fragen auf Impulse der Staats- und Regierungschefs aus dem Europäischen Rat angewiesen.[529] Doch nicht nur legislativ, auch zur Durchsetzung des Unionsrechts ist die EU auf die Mitgliedstaaten, ihre Verwaltungsbehörden und Gerichte existenziell angewiesen.[530] Das bedeutet nicht, dass die EU nicht in der Lage wäre, das Integrationsprogramm zu Ungunsten mitgliedstaatlicher Interessen zu überspannen. Insbesondere die Mitwirkung der Mitgliedstaaten am politischen Entscheidungsprozess allein beugt dem nicht vor. Im Ausgangspunkt sind aber durch den Integrationsprozess herbeigeführte Beschränkungen und Belastungen mitgliedstaatlicher Interessen nicht notwendigerweise Eingriffe in ihnen zugestandene Freiheitssphären, sondern die notwendige Konsequenz daraus, dass die Mitgliedstaaten sich der EU in ihrer vertraglich konstituierten Form bedienen, um ihre allgemeinen, vertraglich fixierten und die konkreten, am politischen Projekt verwirklichten regulatorischen Ziele zu erreichen.[531]

---

[527] Vgl. nur: Europäisches Parlament, Resolution v. 17.12.2020 on the EU Security Strategy, 2020/2791(RSP); Europäisches Parlament, Resolution v. 26.11.2020 on the situation of Fundamental Rights in the European Union, 2019/2199(INI).

[528] Diesen Umstand beschreibt z.B.: EuGH, Gutachten v. 08.03.2011, Einheitliches Patentgericht, Avis 1/09, EU:C:2011:123, Rn. 65; EuGH, Gutachten v. 18.12.2014, EMRK-Beitritt II, Avis 2/13, EU:C:2014:2454, Rn. 157; EuGH, Urt. v. 10.12.2018, Wightman u.a., C-621/18, EU:C:2018:999, Rn. 44; EuGH; Gutachten v. 06.10.2021, Übereinkommen von Istanbul, Avis 1/19, EU:C:2021:832, Rn. 230.

[529] *L. van Middelaar*, Vom Kontinent zur Union, 2016, S. 44 ff. unterscheidet insofern zwischen der „Innensphäre" der EU-Institutionen und der, auch staatliche Akteure einbindenden, „Zwischensphäre".

[530] Insofern handelt es sich bei der EU, wie auch bei Deutschland und der Schweiz, um ein System des vertikalen Föderalismus, statt um einen horizontalen Föderalismus wie in den USA oder Kanada, s. hierzu: *D. Halberstam*, in: Caldeira/Kelemen/Whittington (Hrsg.), The Oxford Handbook of Law and Politics, 2008, S. 142, 145.

[531] Vgl. pointiert: EuGH, Urt. v. 07.02.1973, Kommission/Italien, Rs. 39/72, EU:C:1973:13, Rn. 24.

In diesem verschränkten System scheint ein simpler Antagonismus von europäischem Einheitsstreben und mitgliedstaatlichem Autonomieinteresse, von rechtfertigungsbedürftigen unionalen Eingriffen in mitgliedstaatliche Freiheitssphären, zu unterkomplex, um Unionshandlungen pauschal unter einen subjektiv föderalen Verhältnismäßigkeitsvorbehalt zu stellen. Damit ist nicht gesagt, dass unionale Maßnahmen nach Maßgabe des Art. 5 Abs. 4 EUV nie die Auswirkungen des Unionsrechts auf mitgliedstaatliche Handlungsspielräume zu berücksichtigen hätten, um etwa die durchaus fortgeschrittene Abkopplung von mitgliedstaatlicher Willensbildung zu kompensieren. Weil aber der Integrationsprozess nur unzureichend mit der Vorstellung von einem Konflikt zwischen unionalem Zentralisierungsstreben und einem mitgliedstaatlichen Dezentralisierungsinteresse beschrieben ist, auf den sich das Denken in den Kategorien von grundrechtlichem Freiraum und hoheitlichem Eingriff übertragen ließe, sollte sich Art. 5 Abs. 4 EUV nicht allein auf die mitgliedstaatlichen Freiräume konzentrieren. Die politische Entscheidungsfindung in der EU kann mitgliedstaatliche Autonomieinteressen sicherlich nicht ausblenden, kann sich aber auch nicht darauf beschränken.

c) Fazit

Wird ein Kompetenzdrift identifiziert und problematisiert, dem mit einer subjektiv föderalen Verhältnismäßigkeitsprüfung aus Art. 5 Abs. 4 EUV Einhalt geboten werden soll, so wird versucht, die bestehende Zuständigkeitsordnung gegen ein Phänomen zu wenden, das durch diese Zuständigkeitsordnung nicht nur ermöglicht und in Kauf genommen wird, sondern notwendiger Ausdruck ihrer Ausgestaltung ist. Es geht damit nicht um die Wahrung der etablierten Zuständigkeitsordnung und des geltenden Rechts, sondern um die Schaffung einer neuen Zuständigkeitsordnung, in der die Mitgliedstaaten und unionsrechtsfreie Entscheidungsspielräume stärker im Vordergrund stehen. Ob die dahinterstehenden rechtspolitischen Impulse in ihrem Anliegen der Sicherstellung demokratischer Legitimation Zustimmung verdienen, ob die Sicherung mitgliedstaatlicher Entscheidungsfreiheit nicht in der Praxis auf eine Selbstverzwergung mitgliedstaatlicher Handlungspotenziale in einer globalisierten Welt hinausläuft oder ob es hierbei politisch gangbare Mittelwege gibt, kann an dieser Stelle nicht vertieft werden. Impulse für eine überzeugende Anwendung des geltenden Vertragsrechts oder des Art. 5 Abs. 4 EUV sind dies aber nicht.

5. Fazit

Mittels Normauslegung lässt sich eine subjektiv föderale Ausrichtung des Art. 5 Abs. 4 EUV folglich nicht begründen. Interessant ist in diesem Zusammenhang vor allem zu beobachten, dass eine solchen Ausrichtung in der Literatur in der Regel vorausgesetzt statt begründet wird. Diese Setzung scheint stark von der klassisch deutschen Vorstellung geprägt, dass der Verhältnismäßigkeit stets ein subjektivrechtlicher Prüfzugriff innewohne. Löst man sich aufgrund der Einsicht der Existenz einer gesamtbilanzierenden Herangehensweise an den unionsrechtlichen Verhältnismäßigkeitsgrundsatzes von dieser Gewissheit, wird der subjektivrechtliche Zugriff auf Art. 5 Abs. 4 EUV begründungsbedürftig. Eine solche Begründung konnte nicht gefunden werden.

IV. Keine Alternative in der Subsidiarität als föderale Verhältnismäßigkeit

1. Subsidiarität als föderale Verhältnismäßigkeit

Eine in der Literatur ausgearbeitete Möglichkeit zur Fruchtbarmachung von Verhältnismäßigkeitsüberlegungen im Föderalismus der EU besteht darin, die mit Kategorien der Verhältnismäßigkeit beschriebenen föderalen Spannungslagen in eine Prüfung des Art. 5 Abs. 3 EUV zu integrieren. Teilweise werden solche Ansätze mit Äußerungen der Staats- und Regierungschefs, der Unionsorgane und der Zusammenschau verschiedener Vertragsbestimmungen begründet,[532] teilweise berufen sie sich auf den Wortlaut des Art. 5 Abs. 3 EUV.[533] Letztlich liegt alldem wohl die Ansicht zugrunde, dass sich die Frage nach dem „ob" der unionalen Tätigkeit, die der Rat von Edinburgh im Subsidiaritätsprinzip verortete, und die Frage nach dem „wie" der unionalen Handlung, die der Rat allein dem Verhältnismäßigkeitsgrundsatz zuordnete, nicht sinnvoll voneinander trennen ließen.[534] Weder passe der alleinige Fokus auf das „ob" der Tätigkeit in den kooperativen Föderalismus der EU,[535] noch könne die Frage „ob" gehandelt werden solle, ohne Ansehung der ins Auge gefassten Art und Weise der Handlung beantwortet werden[536] – zumal die Möglichkeit zur unionalen Handlung bereits durch das Prinzip der begrenzten Einzelermächtigung geklärt werde.[537] Subsidiarität als föderale Verhältnismäßigkeit bedeute, dass Art. 5 Abs. 3 EUV die mitgliedstaatliche Handlungssphäre vor unverhältnismäßigen Eingriffen schützen soll.[538]

Für eine Umsetzung dieser Vorstellung in eine Prüfung des Art. 5 Abs. 3 EUV bieten sich zwei Anknüpfungspunkte. Zunächst wird der Negativtest von manchen als Test der Erforderlichkeit ausgelegt.[539] Wenn zielführende nationale

---

[532] S. insb.: *W. Kahl*, AöR 118 (1993), S. 414, 426 ff.

[533] *K. Lenaerts*, Fordham International Law Journal 17 (1994), S. 846, 849 ff., 882 ff.; *R. von Borries*, EuR 1994, S. 263, 277.

[534] Vgl. *J. Bast*, in: Grabitz/Hilf/Nettesheim EUV, Art. 5, Rn. 55; *W. Kahl*, AöR 118 (1993), S. 414, 427, Fn. 71.

[535] *R. Schütze*, From Dual to Cooperative Federalism, 2009, S. 262.

[536] Ebd., S. 263; s. auch: *H. D. Jarass*, AöR 121 (1996), S. 173, 194.

[537] *R. Schütze*, From Dual to Cooperative Federalism, 2009, S. 262 f.

[538] Besonders deutlich: *K. Lenaerts*, Fordham International Law Journal 17 (1994), S. 846, 883; *R. Schütze*, From Dual to Cooperative Federalism, 2009, S. 263 f.

[539] So z. B.: *W. Kahl*, AöR 118 (1993), S. 414, 426 ff.; *K. Lenaerts*, Fordham International Law Journal 17 (1994), S. 846, 849 ff., 882 ff.; *B. Schima*, Das Subsidiaritätsprinzip im Europäischen Gemeinschaftsrecht, 1994, S. 112; *R. von Borries*, EuR 1994, S. 263, 277.

Handlungsoptionen existieren, sind diese nationalen Handlungen im Vergleich zu unionalen Maßnahmen ein weniger intensiver Eingriff in die mitgliedstaatliche Handlungsautonomie und daher „ausreichend“ i.S.d. Art. 5 Abs. 3 EUV. Doch auch Elemente einer Angemessenheitsprüfung könnten schon an dieser Stelle Berücksichtigung finden, um etwa festzulegen, ab wann die mitgliedstaatlichen Maßnahmen, auch wenn sie das Handlungsziel nicht ebenso optimal erreichen wie die EU, dennoch zur Zielerreichung „ausreichend“ sind.[540]

Der Schwerpunkt einer Aufladung der Subsidiarität durch Verhältnismäßigkeitsüberlegungen liegt aber wohl in der Auslegung des Positivkriteriums des Art. 5 Abs. 3 EUV. Hier soll es nach verbreiteter Ansicht vor allem zu einer Abwägung von Integrationsgewinn durch die Verwirklichung des Maßnahmenziels und dem Verlust an nationaler Regulierungsautonomie kommen.[541] Unklar bleibt aber, welche widerstreitenden Interessen hierbei zu berücksichtigen sind[542] – namentlich, ob eine Abwägung zwischen dem unionalen Mehrwert und dem Verlust der nationalen Gestaltungskraft vorzunehmen,[543] oder ob ein umfassender Vergleich von Kosten und Nutzen der hypothetischen unionalen und mitgliedstaatlichen Maßnahme nötig ist, bei dem neben der mitgliedstaatlichen Autonomie insbesondere die finanziellen Auswirkungen und die anderen in Art. 5 S. 4 und 5 SubProt gelisteten Belange zu berücksichtigen sind.[544]

Auch wenn eine Verwandtschaft von Subsidiarität und Verhältnismäßigkeit allein wegen den notwendigen Prognose- und Abwägungsentscheidungen nicht geleugnet werden kann,[545] bestehen gegen dieses Verständnis von Art. 5 Abs. 3 EUV doch durchgreifende Bedenken, die im Folgenden darzustellen sind.

2. An der Grenze des Wortlauts

a) Das Negativkriterium und die Erforderlichkeit

Das Negativkriterium als Erforderlichkeitsprüfung zu verstehen, mag *de lege ferenda* umfassende Unterstützung verdienen.[546] Auch mag es kaum Fälle geben, in denen die hergebrachte Insuffizienzprüfung mitgliedstaatlichen Handelns und

[540] I.E. ablehnend: *G. Davies*, CMLR 43 (2006), S. 63, 71 f.

[541] Diese Ansicht vertreten u.a.: *C. Calliess*, in: Calliess/Ruffert EUV, Art. 5, Rn. 42; *I. Härtel*, in: Niedobitek (Hrsg.), Europarecht, 2. Aufl. 2020, § 6, Rn. 117; *E. Pache*, in: Frankfurter Kommentar EUV, Art. 5, Rn. 98; *C. Ritzer*, Europäische Kompetenzordnung, 2005, S. 88; *G. Ress*, DÖV 1992, S. 944, 948 f.

[542] Diese Beobachtung macht auch: *R. Streinz*, in: Streinz EUV, Art. 5, Rn. 51.

[543] So insb.: *C. Ritzer*, Europäische Kompetenzordnung, 2005, S. 88.

[544] In diese Richtung, jeweils mit eigenen Akzenten: *C. Calliess*, Subsidiaritäts- und Solidaritätsprinzip in der EU, 2. Aufl. 1999, S. 275; *C. Calliess*, in: Calliess/Ruffert EUV, Art. 5, Rn. 42; *I. Härtel*, in: Niedobitek (Hrsg.), Europarecht, 2. Aufl. 2020, § 6, Rn. 117.

[545] S. z.B.: *N. Emiliou*, European Law Review 17 (1992), S. 383, 401 f.; *N. Bernard*, CMLR 33 (1996), S. 633, 654; *V. Kosta*, in: Mendes (Hrsg.), EU Executive Discretion and the Limits of Law, 2019, S. 198, 202 f.; *K. Lenaerts/P. van Nuffel*, EU Constitutional Law, 2021, S. 108.

[546] So auch: *C. Calliess*, EuGRZ 2003, S. 181, 196 f.

eine Prüfung nach der Existenz zielführender mitgliedstaatlicher Handlungsalternativen tatsächlich unterschiedliche Ergebnisse produzieren: Sind die Handlungsoptionen der Mitgliedstaaten zur Zielerreichung unzureichend, gibt es keine zielführenden mitgliedstaatlichen Handlungsalternativen. Sind die Mitgliedstaaten zur Zielerreichung in der Lage, liegt in der Wahrnehmung dieses Handlungspotenzials ein autonomieschonenderes Alternativmittel.[547] Der entscheidende Unterschied liegt in der Prüfperspektive. Mit der Erforderlichkeitsprüfung wird die Autonomie der Mitgliedstaaten in ein grundrechtsäquivalentes Schutzgut umgedacht. Eine Insuffizienzprüfung begnügt sich insoweit mit einer Art Machbarkeitsanalyse mit Blick auf das Maßnahmenziel.

Der Wortlaut des Art. 5 Abs. 3 EUV spricht klar für Letzteres,[548] und auch der Art. 5 Abs. 4 EUV, der explizit das „erforderliche Maß" der Unionshandlung zum Tatbestandsmerkmal hat, macht ein anderes Verständnis von Abs. 3 unwahrscheinlich. Außerdem wurden die deutschen Formulierungsvorschläge für das Subsidiaritätsprinzip, die maßgeblich auf die Erforderlichkeit abstellen,[549] im Vertragstext in Art. 3b Abs. 2 EGV gerade nicht aufgegriffen. Als Ausgleich wurde in Art. 3b Abs. 3 EGV die Erforderlichkeit explizit als Handlungsschranke der Union aufgenommen.[550] Das Merkmal der Erforderlichkeit wurde damit aus dem Subsidiaritätsprinzip ausgeklammert. Daher liegt die Entwicklung eines eigenständigen Maßstabs zur Anwendung des Negativkriteriums, der auf die Regelungs- und Gestaltungskapazitäten der Mitgliedstaaten abstellt, nahe.

b) Das Positivkriterium und die Angemessenheit

Die Überlegung, dass die „bessere" Verwirklichung eines Maßnahmenziels auf Unionsebene darauf hinausläuft, dass der Integrationsgewinn in einem angemessenen Verhältnis zum Verlust mitgliedstaatlicher Autonomie durch die Unionsmaßnahme stehen müsse, konzipiert ebenfalls die unionale Tätigkeit als Ein-

---

[547] S. hierzu: *G. Lienbacher*, in: Schwarze EUV, Art. 5, Rn. 24.

[548] S. insb.: *C. Calliess*, Subsidiaritäts- und Solidaritätsprinzip in der Europäischen Union, 2. Aufl. 1999, S. 110 ff.; *C. Calliess*, in: Calliess/Ruffert EUV, Art. 5, Rn. 37 f.

[549] „Die Gemeinschaft übt die ihr nach diesem Vertrag zustehenden Befugnisse nur aus, wenn und soweit das Handeln der Gemeinschaft *notwendig* ist, um die in diesem Vertrag genannten Ziele wirksam zu erreichen und hierzu Maßnahmen der einzelnen Mitgliedstaaten bzw. der Länder, Regionen und autonomen Gemeinschaften nicht ausreichen." (Hervorhebung nur hier), BR-Drs. 550/90, Anlage S. 1; „[Die Gemeinschaft] wird nur insoweit tätig, wie die Maßnahmen aufgrund ihrer Tragweite oder ihrer Auswirkungen die Grenzen eines Mitgliedstaates überschreitende Lösungen *erfordern* und wenn und soweit der verfolgte Zweck durch Maßnahmen auf den Ebenen der einzelnen Mitgliedstaaten allein nicht ausreichend verwirklicht werden kann." (Hervorhebung nur hier), KONF UP 1840/91, zit. nach *P. Molsberger*, Das Subsidiaritätsprinzip im Prozess europäischer Konstitutionalisierung, 2009, S. 47.

[550] S. hierzu insb. *O. Koch*, Der Grundsatz der Verhältnismäßigkeit in der Rechtsprechung des Gerichtshofs der Europäischen Gemeinschaften, 2003, S. 167 f.; *J. Saurer*, JZ 2014, S. 281, 282.

schränkung einer schützenswerten mitgliedstaatlichen Autonomie und orientiert sich damit an den Kategorien des Grundrechtsschutzes.[551] Vom Wortlaut des Art. 5 Abs. 3 EUV wäre ein solches Verständnis gedeckt, wenn an dieser Stelle nicht bloß die Fähigkeit zur Erreichung eines Maßnahmenziels, sondern allgemeiner die Sinnhaftigkeit der unionalen Tätigkeit sichergestellt werden soll. Die EU müsste dann nicht nur besser in der Lage sein, das fragliche Ziel zu erreichen, sondern es müsste auch insgesamt vorzugswürdig sein, dass die EU dieses Ziel überhaupt verfolgt. Hierfür könnte auch sprechen, dass Art. 5 S. 4 SubProt Vorgaben für die Begründung von Rechtsakten mit Blick auf das Positivkriterium des Subsidiaritätsprinzips macht und S. 5 daraufhin bestimmt, dass „dabei" spezifische von der Maßnahme ausgehende Belastungen „in einem angemessenen Verhältnis zu den angestrebten Zielen stehen müssen".[552]

Zustimmung verdient die Überlegung, dass das Wort „besser" einen Vergleich impliziert.[553] Dies könnte aber auch ein Vergleich zwischen den bereits für unzureichend befundenen mitgliedstaatlichen Handlungsoptionen und den unionalen Handlungsmöglichkeiten mit Blick auf das von den Unionsorganen formulierte Maßnahmenziel sein.[554] Der Textbefund stärkt letztere Auslegung. Denn Art. 5 Abs. 3 EUV setzt erst nach Formulierung des Maßnahmenziels durch die politischen Organe der Union an und bezieht sich nur auf die Potenziale zur Verwirklichung dieser Maßnahmenziele. Dies fügt sich gut in die zielorientierte Ausrichtung der Verträge[555] ein. Überlegungen, die jenseits der Effektivität der Zielerreichung agieren, wie die hier diskutierte Angemessenheitsprüfung, wirken insofern fehl am Platze.

Auch der Verweis auf das SubProt verfängt nicht. Den Zusammenhang zwischen dem Positivkriterium aus Art. 5 S. 4 SubProt und der Angemessenheitsprüfung aus Art. 5 S. 5 SubProt stellt das Adverb „dabei" her. Doch könnte sich dies auf den gesamten Art. 5 SubProt und die dort dargelegten Vorgaben zur Begründung von Gesetzgebungsvorhaben mit Blick auf Subsidiarität und Verhältnismäßigkeit beziehen. Das wird vor allem dadurch gestützt, dass eine vergleichbare adverbiale Konstruktion in anderen Sprachfassungen nicht vorkommt, die allgemein auf die Ausarbeitung von Gesetzgebungsakten abstellen.[556]

---

[551] S. nur: *C. Calliess*, in: Calliess/Ruffert EUV, Art. 5, Rn. 42; *I. Härtel*, in: Niedobitek (Hrsg.), Europarecht, 2. Aufl. 2020, § 6, Rn. 117; *E. Pache*, in: Frankfurter Kommentar EUV, Art. 5, Rn. 98; *C. Ritzer*, Europäische Kompetenzordnung, 2005, S. 88; *G. Ress*, DÖV 1992, S. 944, 948 f.

[552] Eine Verwertbarkeit des Art. 5 S. 5 SubProt für das Subsidiaritätsprinzip vertritt: *C. Calliess*, in: Kahl/Ludwigs (Hrsg.), HVwR II, 2021, § 34 Rn. 14; ähnlich: *R. Streinz*, in: Streinz EUV, Art. 5, Rn. 28.

[553] So insb.: *C. Calliess*, in: Calliess/Ruffert EUV, Art. 5, Rn. 42; *Ders.*, in: Kahl/Ludwigs (Hrsg.), HVwR II, 2021, § 34, Rn. 16.

[554] So auch: *G. Lienbacher*, in: Schwarze EUV, Art. 5, Rn. 25.

[555] S. hierzu: *S. Seyr*, Der effet utile in der Rechtsprechung des Europäischen Gerichtshofs, 2010, S. 359 f.

[556] Englisch: „Draft legislative acts shall take account of the need for any burden, whether

Das schließt nicht aus, dass an dieser Stelle komplexe Abwägungsvorgänge[557] nötig sind. Eine föderal verstandene Angemessenheitsprüfung ergibt sich daraus aber nicht.

3. An der Grenze der Systematik

Verknüpft man Art. 5 Abs. 3 EUV mit Überlegungen zur Verhältnismäßigkeit, stellt sich die Frage nach einer Abgrenzung zu Art. 5 Abs. 4 EUV. Auch hierzu gibt es einige Ansätze in der Literatur.

a) „Kleine Lösung" – Versuch einer Abgrenzung

Teilweise wird als Abgrenzung zwischen einem als subjektiv föderale Verhältnismäßigkeit verstandenen Art. 5 Abs. 3 EUV und dem Art. 5 Abs. 4 EUV vorgeschlagen, dass letzterer allein auf den Schutz von subjektiven Rechten von Individuen angewendet werden soll.[558] In Anbetracht des Art. 52 Abs. 1 S. 2 GRC würde Art. 5 Abs. 4 EUV auf den Schutz aller nicht-grundrechtlich geschützten subjektiven Rechte Anwendung finden, während Art. 5 Abs. 3 EUV die mitgliedstaatlichen Autonomieinteressen durch eine föderale Verhältnismäßigkeitsprüfung schützt. Mit Blick auf die im ersten Kapitel herausgearbeitete Genese des unionsrechtlichen Verhältnismäßigkeitsgrundsatzes wäre eine solche Beschränkung allein auf subjektive Rechte im Unionsrecht künstlich. Treffender könnte man diese Ansicht eher dahingehend formulieren, dass Art. 5 Abs. 4 EUV festlegt, dass Maßnahmen der EU alle vom Unionsrecht als schützenswert anerkannten Interessen und Werte nur in verhältnismäßiger Weise einschränken dürfen.[559] Art. 5 Abs. 3 EUV wäre im Vergleich dazu eine Spezialnorm zum verhältnismäßigen Schutz der mitgliedstaatlichen Handlungsfreiheit und Art. 52 Abs. 1 S. 2 GRC eine Spezialnorm für den Grundrechtsschutz.

---

financial or administrative, falling upon the Union, national governments, regional or local authorities, economic operators and citizens, to be minimised and commensurate with the objective to be achieved."; Französisch: „Les projets d'actes législatifs tiennent compte de la nécessité de faire en sorte que toute charge, financière ou administrative, incombant à l'Union, aux gouvernements nationaux, aux autorités régionales ou locales, aux opérateurs économiques et aux citoyens soit la moins élevée possible et à la mesure de l'objectif à atteindre."; Spanisch: „Los proyectos de actos legislativos tendrán debidamente en cuenta la necesidad de que cualquier carga, tanto financiera como administrativa, que recaiga sobre la Unión, los Gobiernos nacionales, las autoridades regionales o locales, los agentes económicos o los ciudadanos sea lo más reducida posible y proporcional al objetivo que se desea alcanzar."; Italienisch: „I progetti di atti legislativi tengono conto della necessità che gli oneri, siano essi finanziari o amministrativi, che ricadono sull'Unione, sui governi nazionali, sugli enti regionali o locali, sugli operatori economici e sui cittadini siano il meno gravosi possibile e commisurati all'obiettivo da conseguire.".

[557] Wie z.B. die von *C. Calliess*, Subsidiaritäts- und Solidaritätsprinzip in der EU, 2. Aufl. 1999, S. 275 ausgearbeitete Abwägung.

[558] S. *W. Kahl*, AöR 118 (1993), S. 414, 427 f.; *R. Schütze*, From Dual to Cooperative Federalism, 2009, S. 264; dagegen: *A. Schnettger*, Verbundidentität, 2020, S. 228.

[559] So: *K. Lenaerts*, Fordham International Law Journal 17 (1994), S. 846, 883 f.

Art. 52 Abs. 1 S. 2 GRC eignet sich erkennbar als spezielle Verankerung des Verhältnismäßigkeitsgrundsatzes im Grundrechtsschutz. Bei Art. 5 Abs. 3 EUV ist das bereits weniger offensichtlich. Instinktiv scheint sich als *lex specialis* für föderale Verhältnismäßigkeit gerade Art. 5 Abs. 4 EUV anzubieten. Wenn man aber Art. 5 Abs. 3 EUV als föderale Verhältnismäßigkeit verstehen will, dann muss Art. 5 Abs. 4 EUV eben andere Interessen schützen. Diese Abgrenzung ist aber nicht aus sich heraus, sondern nur unter Zugrundlegung einer bestimmten Überzeugung von der Bedeutung des Art. 5 Abs. 3 EUV plausibel.

b) „Große Lösung" – Ein großer Test für Art. 5 EUV

Statt sich auf solcherlei ergebnisgeleitete Abgrenzungsdiskussionen einzulassen, könnte man auch auf Abgrenzungen verzichten. So kann man die Absätze des Art. 5 EUV allgemein als eng miteinander verbundene, komplementäre Aspekte eines Subsidiaritätsprinzips im weiteren Sinne verstehen.[560] Das hat für die Rechtsanwendung einen praktischen Charme und beugt auch der Gefahr vor, durch zu kleinteilige Auslegungsarbeit dem Art. 5 EUV seine praktische Wirksamkeit zu nehmen.

Nach *Kumm* ist der ganze Art. 5 EUV zumindest im Rahmen der Binnenmarktharmonisierung als Verhältnismäßigkeitsprüfung auszulegen.[561] Aus dem Negativkriterium i.V.m. dem Prinzip der begrenzten Einzelermächtigung leitet er ab, dass unionales Handeln stets zum Ziel haben muss, Probleme zu lösen, die einer gemeinsamen Bewältigung bedürfen – nur solche Ziele seien legitime Handlungsziele der Union.[562] Aus dem Positivkriterium und dem Grundsatz der Verhältnismäßigkeit ergäbe sich, dass die Handlung in Form des für die mitgliedstaatliche Autonomie am wenigsten belastenden Mittels erfolgen müsste[563] und eine Güterabwägung zwischen dem Verlust mitgliedstaatlicher Autonomie und den Vorteilen der Regelung zu bestehen sei.[564]

Entstehungsgeschichtliche Anknüpfungspunkte sind hierfür allerdings nicht ersichtlich und auch die Formulierung des Art. 5 EUV gibt für diese Auslegung keine Hinweise. Insbesondere die ausdrückliche Nennung drei verschiedener Grundsätze in Art. 5 Abs. 1 EUV spricht recht deutlich dagegen. Hält man Subsidiarität im weiten Sinne für eine allumspannende Richtschnur des Art. 5 EUV[565]

---

[560] So insb.: *F. Jürgens*, Die Kompetenzabgrenzung zwischen der Europäischen Union und den Mitgliedstaaten, 2010, S. 82; s. auch: *S. Weatherill*, GLJ 12 (2011), S. 827, 887 f.; *C. Calliess*, in: Stiftung Gesellschaft für Rechtspolitik (Hrsg.), Bitburger Gespräche Jahrbuch 2011 Bd. 1, 2012, S. 47, 49. Dieser Ansicht liegen aber voraussetzungsvolle Vorverständnisse zugrunde, was Subsidiarität auch jenseits einer spezifischen Normierung bedeuten soll.

[561] *M. Kumm*, European Law Journal 12 (2006), S. 503, 518 ff., 524 ff.

[562] Ebd., S. 519 ff.

[563] Ebd., S. 520 f.

[564] Ebd., S. 522 ff.

[565] Vgl. etwa: *C. Calliess*, in: Stiftung Gesellschaft für Rechtspolitik (Hrsg.), Bitburger Gespräche Jahrbuch 2011 Bd. 1, 2012, S. 47, 49.

und versteht man diese von vorneherein als föderale Verhältnismäßigkeit, werden solche Vermischungslösungen plausibler. Dies stützt sich aber auf spezifische teleologische Vorverständnisse vom Begriff der Subsidiarität und von den Begrenzungen der Handlungsspielräume der EU, deren Überzeugungskraft einer kritischen Würdigung bedarf.

4. An der Grenze der Teleologie

Das Verständnis von Art. 5 Abs. 3 EUV als subjektiv föderale Verhältnismäßigkeit steht und fällt also, wie schon bei der konkurrierenden Verortung subjektiv föderaler Verhältnismäßigkeit in Art. 5 Abs. 4 EUV, mit teleologischen Argumenten. Für Art. 5 Abs. 3 EUV ist die spezifische Schutzrichtung zugunsten mitgliedstaatlicher Handlungsspielräume leichter zu erkennen: Art. 5 Abs. 3 EUV setzt der Ausübung der Unionszuständigkeiten Grenzen, wo die Mitgliedstaaten ebenso gut oder die EU zumindest nicht besser handeln könnte. Die Einführung des Subsidiaritätsprinzips mit dem Vertrag von Maastricht steht in direkter Verbindung zur Zuständigkeitserweiterung auf europäischer Ebene[566] und der Vorschlag zu seiner Einführung sollte einen Schutz der Mitgliedstaaten vor ausufernden Befugnissen der Union gewährleisten.[567]

Es ist bereits herausgearbeitet worden, dass der Subsidiaritätsgrundsatz der Verträge diese Ziele aufgrund seiner konkreten Ausgestaltung nur in deutlich eingeschränktem Umfang erreichen kann. Insofern scheint eine Auslegung des Art. 5 Abs. 3 EUV gerade die Schutzlücke gegen einen Kompetenzdrift zu schließen, welche die positive Ausgestaltung dieser Norm lässt. Vor allem ließe sich die Gefahr einer allzu offensichtlichen Vorbestimmung des Prüfungsergebnisses durch eine bestimmte Art der Zielformulierung verhindern. Auch ist mit einer Auslegung als subjektiv föderale Verhältnismäßigkeit die Hoffnung verbunden, gerichtlich leichter handhabbare Kategorien zu schaffen, um den EuGH zu einer aktiveren Kontrolle zu bewegen.[568]

Auf diese Weise würde aber eine Vorstellung von Subsidiarität zur Anwendung kommen, die gerade nicht in die Verträge aufgenommen wurde. Man würde jedenfalls den politischen Kompromiss und die deutliche Abschwächung des Subsidiaritätsgedankens die dem Art. 5 Abs. 3 EUV zugrunde liegen[569] verkennen, wollte man den deutschen Visionen an den Normierungen der Verträge vorbei noch zum Durchbruch verhelfen. Maßgeblich bleibt der Vertrag und nicht eine politische Vorstellung vom Vertrag, die nicht realisiert wurde. Das ist auch

[566] S. hierzu nur die Darstellung bei: *C. Mazzucelli*, in: Laursen (Hrsg.), Designing the European Union. From Paris to Lisbon, 2012, S. 147, 149 ff.

[567] *W. Moersch*, Leistungsfähigkeit und Grenzen des Subsidiaritätsprinzips, 2001, S. 228; s. auch: *A. Weber*, JZ 1993, S. 325, 328; *C. Starck*, in: FS Rupert Scholz, 2007, S. 179, 186; *W. Frenz*, JURA 2010, S. 641.

[568] So: *M. Kumm*, European Law Journal 12 (2006), S. 503, 528; s. auch: *R. Schütze*, Cambridge Law Journal 68 (2009), S. 525, 533 ff.

[569] S. hierzu auch: *G. Konow*, DÖV 1993, S. 405, 406.

nicht geboten, weil Art. 5 Abs. 3 EUV andernfalls reine „Verfassungslyrik“[570] bliebe. Die hergebrachten Prüfkriterien sind zwar unbestimmt. Doch ihre Verwirklichung im politischen Prozess erscheint erfolgversprechend.[571] In diesem Sinne haben auch die Mitgliedstaaten in den Subsidiaritätsprotokollen ganz erheblich auf eine Integration von Subsidiaritätsüberlegungen in den politischen Prozess hingewirkt.[572]

Die Anforderungen an das Handeln der Union aus Art. 5 Abs. 3 EUV sollten nicht überspannt werden. Zwar zieht die Norm Grenzen für das Unionshandeln, aber in Art. 5 Abs. 3 EUV sollte keine teleologisch aufgeladene Welterklärungsformel[573] hineingelesen werden. Die Auslegung des Art. 5 Abs. 3 EUV als subjektiv föderale Verhältnismäßigkeitsprüfung bringt jedenfalls die Tragfähigkeit teleologischer Argumentation an ihre Grenze. Sie ignoriert die entscheidenden politischen Weichenstellung bei der Schaffung der Norm, verwischt die aus diesen politischen Festlegungen resultierenden normsystematischen Gegebenheiten bis zur Unkenntlichkeit und operiert am äußersten Rand des Wortlauts.

V. Verhältnismäßigkeitsprüfungen in der föderalen Spannungslage im Rechtsvergleich

Schließlich stellt sich die Frage, ob sich eine subjektivrechtlich ausgerichtete föderale Verhältnismäßigkeitsprüfung überhaupt zur Lösung föderaler Konflikte eignet und sich eine solche in das Aufgabenprofil von Höchstgerichten bei der Bewältigung von föderalen Spannungslagen einpassen lässt.

1. Zielsetzung und Eingrenzung

Untersucht wird im Folgenden die Frage, ob und wie in föderalen Systemen der Verlust gliedstaatlicher Autonomie durch zentrale Intervention mit dem Ziel dieses Vorhabens in ein Verhältnis gesetzt wird, ob und wie also die Denk- und Argumentationskategorien des Grundsatzes der Verhältnismäßigkeit zur Bewältigung von föderalen Spannungslagen eingesetzt werden. Ziel ist es damit zu

---

[570] *P. Molsberger*, Das Subsidiaritätsprinzip im Prozess europäischer Konstitutionalisierung, 2009, S. 51.

[571] S. hierzu nur: *J. A. Frowein*, in: FS Peter Lerche, 1993, S. 401, 407 f.; *M. Kumm*, European Law Journal 12 (2006), S. 503, 532 f.; *A. Estella*, The EU Principle of Subsidiarity and Its Critique, 2003, S. 177 ff. Für eine frühe Studie zur Umsetzung des Maastrichter Subsidiaritätsprotokolls in der politischen Praxis, s.: *G. Winter*, EuR 1996, S. 247, 248 ff.

[572] S. nur, statt vieler: *P. Molsberger*, Das Subsidiaritätsprinzip im Prozess europäischer Konstitutionalisierung, 2009, S. 175, 190 ff., 231 ff.; *X. Groussot/S. Bogojević*, in: Azoulai (Hrsg.), The Question of Competence in the European Union, 2014, S. 234, 236 ff.; für eine umfassende Beschreibung dieser prozessualen Sicherungen s.: *H.-P. Folz*, in: Fastenrath/Nowak (Hrsg.), Der Lissabonner Reformvertrag: Änderungsimpulse in einzelnen Regelungs- und Politikbereichen, 2009, S. 65, 70 ff.

[573] Diese Formulierung ist angelehnt an: *P. Lerche*, VVDStRL 21 (1963), S. 66, 76.

klären, ob eine subjektiv föderale Verhältnismäßigkeitsprüfung dem Aufgabenprofil von Höchstgerichten in föderalen Systemen zugeordnet werden kann, um als Basis für eine unionsrechtliche Entwicklung eines solchen Grundsatzes zu dienen.

Dies setzt eine sinnvolle Auswahl der Vergleichsobjekte voraus. Ein gewisser kulturell-historischer Zusammenhang der verglichenen Systeme ist nötig, wenn der Rechtsvergleich zur Unterstützung der Auslegungsarbeit herangezogen wird.[574] Da vorliegend Rechtsinstitute auf ihre Funktion in föderalen Systemen zu untersuchen sind, scheiden nicht-föderal organisierte Rechtsordnungen aus. Außerdem kann es nicht darum gehen, jede noch so minimale Andeutung von Verhältnismäßigkeitsüberlegungen in föderalen Kontexten aufzuspüren. Von Interesse sind vielmehr solche Rechtsinstitute, die in der Praxis so ausgeformt sind, dass sie erkennbar die Kategorien der Verhältnismäßigkeit verwenden und die Spannungslagen adressieren, die auch Art. 5 Abs. 4 EUV in den Blick nimmt.[575] Ohne einen Anspruch auf Vollständigkeit zu erheben,[576] finden sich solche Rechtsinstitute prominent im Verfassungsrecht Kanadas, der USA und Deutschlands, auf die sich die folgende Untersuchung beschränkt.

2. Das Beispiel Kanada

An zwei Stellen versucht die Rechtsprechung des SCC, föderale Spannungslagen mit Überlegungen zur Verhältnismäßigkeit der Kompetenzausübung aufzulösen. Der SCC entwickelte erstens im Rahmen seiner Rechtsprechung zu den *ancilliary powers* eine Eignungs- und eine Erforderlichkeitsprüfung für die Kompetenzausübung. Zweitens hat sich in der Auslegung der sog. *Peace, Order, and Good Government*-Klausel (im Folgenden: POGG) der Sec. 91 des *Canadian Constitu-*

---

[574] S. hierzu: *P. Häberle*, JZ 1989, S. 913, 916 ff.; *Ders.*, Europäische Verfassungslehre – Ein Projekt, in: Ders./Morlok/Skouris (Hrsg.), Staat und Verfassung in Europa, 2000, S. 9 ff.

[575] So kennt zwar Art. 5 Abs. 2 der Schweizerischen Bundesverfassung eine im föderalen Kontext stehende Verankerung des Grundsatzes der Verhältnismäßigkeit, der jedoch in Rechtsprechung und Verfassungspraxis bisher bedeutungslos geblieben ist, s.: *A. Edenharter*, Grundrechtsschutz im föderalen Mehrebenensystem, 2018, S. 44, 863 f. und damit kein hinreichendes Vergleichsmaterial liefert. Auch die Andeutungen aus der Rechtsprechung des spanischen Verfassungsgerichts, dass die Wirtschaftsregulierung des Staates die Befugnisse der Autonomen Gemeinschaften nicht unverhältnismäßig beschränken dürfe und vereinzelte Andeutungen einer föderalen Verhältnismäßigkeitsprüfung aus der Rechtsprechung des polnischen Verfassungsgerichts und des polnischen obersten Verwaltungsgerichts, liefern mangels hinreichender Konkretisierung der Prüfung nicht genügend Anhaltspunkte für eine ausführliche Analyse; vgl. zu diesen Ansätzen aber: *W. Kahl*, in: FS Streinz, 2023, S. 161, 166 f.

[576] So findet sich etwa in Belgien die Vorgabe, dass die Ausübung der jeweils exklusiven Kompetenztitel der föderalen und der Gemeinschaftsebene nicht so erfolgen darf, dass die Ausübung der Kompetenzen der jeweils anderen Ebene unmöglich gemacht wird oder über Gebühr eingeschränkt werden darf, was sich durchaus am Verhältnismäßigkeitsgrundsatz orientiert. Ebenso werden Verhältnismäßigkeitserwägungen im Rahmen einzelner Kompetenztitel in der italienischen Verfassung zur Anwendung gebracht, vgl. hierzu jeweils *W. Kahl*, in: FS Streinz, 2023, S. 161, 165 f.

tion Acts von 1867 im sog. *national-concern*-Test als letzter Prüfschritt der *scale-of-impact*-Test herausgebildet, eine Art föderale Angemessenheitsprüfung.

a) Eignung und Erforderlichkeit im Rahmen der ancilliary powers

Im kanadischen Verfassungsrecht beschreiben die sogenannten *ancilliary powers* die Bundeskompetenz, auch für solche Probleme Regelungen zu erlassen, die ein notwendiges Nebenprodukt anderer, bereits kompetenzgerecht erlassener Regelungen sind.[577] Diese Überlegungen sind z.B. verwandt mit der *necessary and proper clause* aus Art. 1 s. 8, cl. 18 der US-Verfassung, der *incidental power* aus Art. 51 (39) der Verfassung Australiens und der Kompetenz kraft Sachzusammenhangs aus dem deutschen Verfassungsrecht.

aa) Die Prüfung des SCC

Der SCC hat 1989 zwei Stränge seiner früheren Rechtsprechung[578] kombiniert und als einheitlichen Test mit zwei Alternativen konsolidiert:[579] Handelt es sich bei der fraglichen Maßnahme um einen geringfügigen Eingriff in die Kompetenzsphären der Provinzen sei zu prüfen, ob eine *rational connection* zwischen den als *ancilliary powers* in Anspruch genommenen Kompetenzen und den ausdrücklichen Bundeskompetenzen bestehe. Bei schwerwiegenden Eingriffen in die Kompetenzsphären der Provinzen wird i.S.e. Erforderlichkeitsprüfung verlangt, dass es keine zielführenden Alternativen zur Inanspruchnahme dieser *ancilliary power* gibt. Diese Linie wird seither beibehalten.[580]

Der SCC hat aber konsequent entschieden, dass die fraglichen Maßnahmen immer nur minimale Eingriffe in die Kompetenzsphären der Provinzen darstellten und hat daher nur nach einer *rational connection* zwischen *ancilliary power* und geschriebener Bundeskompetenz gefragt.[581] Im einzigen Fall, in dem der SCC

---

[577] S. nur: *G. Régimbald/D. Newman*, The Law of the Canadian Constitution, 2. Aufl. 2017, S. 195.

[578] S. einerseits: SCC, Urt. v. 01.05.1978, R. v. Zelensky, [1978] 2 SCR 940, 955; SCC, Urt. v. 09.08.1982, Multiple Access v. McCutcheon, [1982] 2 SCR 161, 183 und andererseits: SCC, Urt. v. 21.12.1979, R. v. Thomas Fuller Construction, [1980] 1 SCR 695, 713, wiederum auf älteren Entscheidungen aufbauend, wie.: *E. Brouillet*, Supreme Court Law Review 34 (2006), S. 307, 321 f., Fn. 52 zeigt, sodann bestätigt in: SCC, Urt. v. 22.07.1982, Regional Municipality of Peel v. Mackenzie, [1982] 2 SCR 9, 19.

[579] Grundlegend: SCC, Urt. v. 20.04.1989, General Motors v. City National Leasing, [1989] 1 SCR 641, 617, 668 f.

[580] Nur andeutungsweise in: SCC, Urt. v. 28.03.2002, Kitkatla Band v. British Columbia, [2002] 2 SCR 146, Rn. 64 ff.; s. aber insb.: SCC, Urt. v. 17.11.2005, Kirkbi v. Ritvik Holdings, [2005] 3 SCR 302, Rn. 32 ff.

[581] So in: SCC, Urt. v. 28.03.2002, Kitkatla Band v. British Columbia, [2002] 2 SCR 146, Rn. 64 ff.; SCC, Urt. v. 17.11.2005, Kirkbi v. Ritvik Holdings, [2005] 3 SCR 302, Rn. 33; SCC, Urt. v. 22.12.2010, Re: Assisted Human Reproduction Act, [2010] 3 SCR 457, Rn. 137; SCC, Urt. v. 15.10.2010, Attorney General of Québec v. Lecombe, [2010] 2 SCR 453, Rn. 44; krit: *E. Brouillet*, Supreme Court Law Review 34 (2006), S. 307, 324.

einen bedeutenderen Eingriff in die Kompetenzsphäre der Mitgliedstaaten angenommen hat, verzichtete er dennoch auf die Erforderlichkeitsprüfung, die nach seinen eigenen Obersätzen nötig gewesen wäre: Vielmehr beließ es der SCC bei der Feststellung, dass die als *ancilliary power* in Anspruch genommene Maßnahme so eng in das auf eine ausdrückliche Bundeskompetenz gestützte Gesetz eingebunden war, dass sie vom Bund miterlassen werden konnte.[582]

bb) Würdigung

Die Prüfung einer *rational connection* zwischen der *ancilliary power* und der geschriebenen Bundeskompetenz entspricht, zumal es sich um dieselbe Terminologie handelt, die auf der entsprechenden Stufe in der grundrechtsbezogenen Verhältnismäßigkeitsprüfung des SCC verwendet wird, einer Art Eignungsprüfung. Die Frage nach für die Provinzen weniger eingriffsintensiven Alternativmitteln scheint eine subjektiv föderal ausgerichtete Erforderlichkeitsprüfung darzustellen.

Im Grundsatz ist dieser Ansatz im kanadischen Föderalismus auch einleuchtend. Der kanadische Föderalismus ist dualistisch gestaltet: Sec. 91 des *Constitution Acts* listet die ausschließlichen Kompetenzen des Bundes und Sec. 92 des *Constitution Acts* die ausschließlichen Kompetenzen der Provinzen. Es gibt nur vereinzelte konkurrierende Kompetenztitel.[583] Die Kompetenzabgrenzung ist damit grundsätzlich eine binäre Entscheidung[584] und es lassen sich viel eher als im Unionsrecht Kompetenzbereiche der Provinzen und des Bundes reziprok exklusiv unterscheiden.

Wenn der SCC dennoch bisher keine subjektiv föderale Erforderlichkeitsprüfung bei der Wahrnehmung von *ancilliary powers* zur Anwendung gebracht hat, dann mag das vor allem daran liegen, dass die Zuordnung von Maßnahmen zu einem Zuständigkeitstitel primär nach der sog. *pith and substance* Doktrin erfolgt. Diese Prüfung möchte den wahren Gegenstand einer Regelung klären, um dann eine Subsumtion unter die Kompetenztitel in der Verfassung zu ermöglichen. Der SCC sucht hierfür in Gesetzestext und -materialien nach Aussagen über Ziel und Zweck des Gesetzes und berücksichtigt dessen rechtliche und tatsächliche Effekte.[585] Wenn aber ein bestimmtes Gesetz nach seiner *pith and sub-*

---

[582] SCC, Urt. v. 25.06.1992, Re: Goods and Services Tax, [1992] 2 SCR 445, 471.

[583] Vgl. etwa: Sec. 94A und Sec. 95 des *Constitution Acts.*

[584] Wenn in Kanada vom kooperativen Föderalismus die Rede ist, wie z.B. in: SCC, Urt. v. 22.12.2011, Reference re Securities Act, [2011] 3 SCR 837, Rn. 56 ff. oder bei *H. Cyr*, Constitutional Forum 23 (2014), S. 20, 21 ff. und *J. Webber*, The Constitution of Canada, 2015, S. 169 ff., so geht es v.a. um informelle Zusammenarbeit und die Interaktion der exklusiven Kompetenztitel, s.: hierzu ausf.: *J.-F. Gaudreault-DesBiens/J. Poirier*, in: Oliver/Macklem/Des Rosiers (Hrsg.), The Oxford Handbook of the Canadian Constitution, 2017, S. 391, 398 ff., 400 ff., 406 ff.

[585] SCC, Urt. v. 25.03.2021, References re Greenhouse Gas Pollution Pricing Act, 2021 SCR 11, Rn. 57 ff.

stance dieser Bundeszuständigkeit zuzuordnen ist, stellt sich die Frage, ob es einer eigenen, gesonderten Prüfung einer in Anspruch genommenen *ancilliary power* noch bedarf: Entfernt sich das Gesetz in seiner *pith and substance* zu weit von der geschriebenen Bundeskompetenz, lässt es sich hierunter nicht mehr subsumieren, ist es hingegen eng genug an eine Bundeskompetenz angebunden, lässt es sich seiner *pith and substance* nach der Bundeskompetenz zuordnen.[586] Dementsprechend prüft auch der SCC, wenn ein einzelner Aspekt eines grundsätzlich auf eine bestimmte Bundeskompetenz gestützten Gesetzes als mögliche Ausprägung einer *ancilliary power* in Frage steht, ob der ggf. eher der Kompetenz der Provinzen zufallende Aspekt fest in das gesamte Maßnahmenpaket integriert wurde.[587] Insofern stellt die im Rahmen einer *ancilliary power* angedachte subjektivrechtlich geprägte, föderale Erforderlichkeitsprüfung eine Ergänzung und Abwandlung der eigentlich vorherrschenden *pith and substance* Doktrin dar, der bisher keine praktische Relevanz zukam.

b) Die POGG-Klausel und der national-concern-Test

aa) Grundlagen

Die POGG-Klausel, der erste Satz der Sec. 91 des *Constitution Acts*,[588] konnte ursprünglich so verstanden werden, dass nicht den Provinzen übertragene Kompetenzen dem Bund zustehen.[589] Eine starke Strömung in der kanadischen Rechtswissenschaft geht davon aus, dass Text und Intention der kanadischen Verfassung eine starke Zentralisierung vorgegeben hatten, die von der Rechtsprechung des *Privy Council*[590] zugunsten der Provinzen in ihr Gegenteil verkehrt

---

[586] Ähnlich: *P. W. Hogg*, Constitutional Law of Canada, 2020, S. 15–43.

[587] SCC, Urt. v. 17.11.2005, Kirkbi v. Ritvik Holdings [2005] 3 SCR 302, Rn. 58; krit. gegen die Etablierung einer eigenen Prüfung von *ancilliary powers* auch noch: SCC, Urt. v. 26.03.1962, Nykorak v. Attorney General of Canada [1962] SCR 331, 335; SCC, Urt. v. 13.10.1983, Attorney General of Canada v. Can. Nat. Transportation, Ltd. [1983] SCR 206, 228; s. hierzu: *P. W. Hogg*, Constitutional Law of Canada, 2020, S. 15–39.

[588] Dieser lautet: „It shall be lawful for the Queen, by and with the Advice and Consent of the Senate and House of Commons, to make Laws for the Peace, Order, and good Government of Canada, in relation to all Matters not coming within the Classes of Subjects by this Act assigned exclusively to the Legislatures of the Provinces;".

[589] S. hierzu, mit ausf. Nw aus der Rechtsprechung: *G. Régimbald/D. Newman*, The Law of the Canadian Constitution, 2. Aufl. 2017, S. 288 ff.; *P. W. Hogg*, Constitutional Law of Canada, 2020, S. 17–1 f.; *D. Brühl-Moser*, in: Härtel (Hrsg.), Handbuch Föderalismus IV, 2012, § 97, Rn. 38. Ältere Überlegungen, wonach Sec. 92 (16) des *Constitution Acts* eine zweite Residualkompetenz der Provinzen wäre, wie von: *A. S. Abel*, Western Ontario Law Review 7 (1968), S. 1, 4 ff. haben sich nicht durchgesetzt.

[590] Bis 1949 war das *Judicial Committee of the Privy Council*, ein Ausschuss des geheimen Kronrats der britischen Krone, das höchste Gericht in Kanada, so wie es das bis heute für einige Kronbesitzungen und Überseegebiete des UK und einzelne Commonwealth Staaten noch ist. Diese Rolle nahm 1949 für Kanada der SCC ein. Eine ausf. Beschreibung der Entscheidungen des JCPC zugunsten der Rechte der Provinzen findet sich bei: *P. W.*

wurde.[591] Die Existenz von weit formulierten Kompetenztiteln der Provinzen wird dieser Deutung von einer anderen rechtswissenschaftlichen Strömung entgegengehalten.[592] Die Rechtsprechung ist in dieser Hinsicht zurückhaltend und scheut zur ausladende Bundeszuständigkeiten.[593] Die POGG-Klausel wird jedenfalls nicht als allgemeine Kompetenzzuschreibung angesehen, die durch die weiteren Kompetenztitel konkretisiert wird und von der die Kompetenzen der Provinzen zu subtrahieren wären.[594] Stattdessen wird sie heute lediglich in dreierlei Hinsicht als Kompetenznorm verwendet. Zunächst kommt ihr eine auf wenige Ausnahmesituationen begrenzte, eng gefasste Residualfunktion zur Lückenfüllung zu.[595] Auch dient sie als Kompetenz zur zeitlich begrenzten Bewältigung von

---

Hogg/W. K. Wright, University of British Columbia Law Review 38 (2005), S. 329, 339. S. ferner: *A. C. Cairns*, Canadian Journal of Political Science 4 (1971), S. 301 ff.

[591] S. hierzu nur: *B. Laskin*, Canadian Bar Review 25 1947, S. 1054, 1057; *M. A. Field*, Law and Contemporary Problems 55 (1992), S. 107 f. Es gibt zahlreiche Hinweise auf eine starke Rolle der Bundesregierung, gegenüber denen die dezentralen Tendenzen der Praxis auffallend sind, s. zu alledem: *P. W. Hogg*, Constitutional Law of Canada, 2020, S. 5–16 ff.

[592] *P. W. Hogg/W. K. Wright*, University of British Columbia Law Review 38 (2005), S. 329, 334 f. Dies führt einige Autoren dazu, ein stärker dezentrales Narrativ des kanadischen Föderalismus zu vertreten, s. hierfür: *J. Beetz*, in: Crépau/Macpherson (Hrsg.), The Future of Canadian Federalism, 1965, S. 113, 115 ff., 130 ff.; *L.-P. Pigeon*, Canadian Bar Review 29 (1951), S. 1126, 1127 ff.

[593] Vgl. etwa die Formulierungen in: SCC, Urt. v. 19.04.2018, R. v. Comeau, [2018] 1 SCR 342, Rn. 82; SCC, Urt. v. 12.07.1976, Re: Anti-Inflation Act [1976] 2 SCR 373, 445, 461 ff. (Beetz, J., dissenting); SCC, Urt. v. 25.03.2021, References re Greenhouse Gas Pollution Pricing Act, 2021 SCR 11, Rn. 109. Werden Zentralisierungstendenzen entdeckt, fällt die französischsprachige Kritik regelmäßig harsch aus: S. nur ausf.: *E. Brouillet*, La négation de la nation. L'identité culturelle québécoise et le fédéralisme canadien, 2005, S. 155 ff.

[594] Dies entspricht nicht dem Wortlaut, der Norm, in der die enumerierten Bundeskompetenzen wie folgt eingeleitet werden: „and for greater Certainty, but not so as to restrict the Generality of the foregoing Terms of this Section, it is hereby declared that […] the exclusive Legislative Authority of the Parliament of Canada extends to all Matters coming within the Classes of Subjects next hereinafter enumerated;". Warum die herrschende Auslegung aber u.a. aus historischen Gründen zutreffend ist, beschreibt: *W. R. Ledermann*, Canadian Bar Review 53 (1975), S. 597, 601 ff.

[595] *P. W. Hogg*, Constitutional Law of Canada, 2020, S. 17–5 ff. Es geht hier nur um die logische Komplettierung der unvollständig formulierten Kompetenztitel, nicht um die Feststellung, dass neue, bisher nicht gelistete Regelungsgebiete stets dem Bund zufallen würden. Es gibt einige Fälle, in denen die historische Neuartigkeit einer Frage als Indiz dafür gehandhabt wurde, dass eine Bundeskompetenz unter der POGG-Klausel anzunehmen sei, etwa: SCC, Urt. v. 01.05.1979, R. v. Hauser, [1979] 1 SCR 984, 1000. Krit. z.B.: ebd., 1059 (Dickson, J., dissenting) und *K. Lysyk*, Constiutional Reform and the Introductory Clause of Section 91, 57 Canadian Bar Review 1979, S. 531, 571 f.; der SCC hat die Neuartigkeit als Kriterium im Rahmen der POGG-Klausel relativiert, s.: SCC, Urt. v. 24.03.1988, R. v. Crown Zellerbach [1988] 1 SCR 401, Rn. 33 und sie im Rahmen des *national concern*-Tests gänzlich für untauglich befunden, s.: SCC, Urt. v. 25.03.2021, References re Greenhouse Gas Pollution Pricing Act, 2021 SCR 11, Rn. 134 ff. Andere Fälle, in denen Neuartigkeit als Kriterium besprochen wurde, wie etwa SCC, Urt v. 12.07.1976, Re: Anti-Inflation Act [1976] 2 SCR 373, 458 (Beetz., J., dissenting), s. hierzu: *J. Leclair*, Queen's Law Journal 28 (2003),

Krisensituationen.[596] Schließlich soll die POGG-Klausel dem Bund die Möglichkeit geben, Angelegenheiten von nationaler Bedeutung zu regeln. In deutscher Terminologie handelt es sich um eine Art weit verstandene Kompetenz kraft Natur der Sache.

Nach einer Findungsphase über mehrere Jahrzehnte, in welcher der SCC die unterschiedlichsten Kriterien für die Anwendung dieser Kompetenz andeutete und entwickelte,[597] konsolidierte, präzisierte und erweiterte der SCC Anfang 2021 in einem umfangreichen Urteil zur Gültigkeit des Gesetzes zu Mindestpreisen für Treibhausgase (dem *Greenhouse Gas Pollution Pricing Act*, im Folgenden: GGPPA) diese *national concern* Kompetenz.[598] In einer im Ergebnis mit 6:3, im Maßstabsteil aber mit 7:2 Stimmen ergangenen Entscheidung hielt der SCC den GGPPA für eine verfassungsmäßige Ausübung der *national concern* Kompetenz aus der POGG-Klausel.[599] Soweit relevant, sah das Gesetz Mindestzahlungen und Mindestpreise vor, die bei Produktion, Handel und Import von fossilen Brennstoffen bzw. für den Ausstoß von Treibhausgasen zu zahlen waren. Diese Regelungen wurden aber nur in solchen Provinzen angewandt, in denen entsprechende Regelungen der Provinzen von der Bundesregierung für unzureichend erachtet wurden.

Der SCC definierte zunächst die *pith and substance* dieser Regelungen als die Errichtung eines nationalen Mindestpreissystems für den Ausstoß von Treibhausgasen und lehnte damit eine Charakterisierung ab, wonach es um die Regulierung von Treibhausgasen insgesamt gegangen sei und die finanziellen Regelungen nur das Mittel zur Zielerreichung waren.[600] Ob diese *pith and substance* aber eine nationale Angelegenheit ist, soll nach der neuesten Rechtsprechung des SCC anhand eines dreistufigen Tests ermittelt werden.

Der erste Schritt stellt die Frage, ob das fragliche Vorhaben auf ein Problem abzielt, das ganz Kanada betrifft.[601] Hiermit soll lediglich verhindert werden, dass

---

S. 411, 429, meinten Neuartigkeit wohl in dem Sinne, dass Themen mit der Zeit eine nationale Dimension angenommen haben, anstatt historisch eine gänzlich neue Kategorie darzustellen; so jedenfalls: SCC, Urt. v. 25.03.2021, References re Greenhouse Gas Pollution Pricing Act, 2021 SCR 11, Rn. 136.

[596] S. hierzu mit ausf. Besprechung der frühen Rspr.: *G. Régimbald/D. Newman*, The Law of the Canadian Constitution, 2. Aufl. 2017, S. 238 ff; SCC, Urt. v. 12.07.1976, Re: Anti-Inflation Act [1976] 2 SCR 373, 427, 437, 461, 467; SCC, Urt. v. 24.03.1988, R. v. Crown Zellerbach [1988] 1 SCR 401, Rn. 33.

[597] Einen Überblick über die eigene Rechtsprechung gibt: SCC, Urt. v. 25.03.2021, References re Greenhouse Gas Pollution Pricing Act, 2021 SCR 11, Rn. 92 ff.; wegen ihrer zentralistischen Neigung krit. zu der Entwicklung: *J. Leclair*, University of British Columbia Law Review 38 (2005), S. 353, 359 ff.

[598] SCC, Urt. v. 25.03.2021, References re Greenhouse Gas Pollution Pricing Act, 2021 SCR 11, Rn. 132 ff.

[599] Ebd., Rn. 221.

[600] S. hierzu: *J. Hunter*, Supreme Court Law Review 100 (2021), S. 59, 72 ff.

[601] SCC, Urt. v. 25.03.2021, References re Greenhouse Gas Pollution Pricing Act, 2021 SCR 11, Rn. 142 ff.

die *national concern* Kompetenz für jedes Problem herangezogen wird, sondern dass sie von vorneherein auf die Probleme beschränkt bleibt, die erkennbar das ganze Land betreffen.[602]

Im zweiten Schritt sollen sodann die „Singleness, Distinctiveness, and Individisbility“[603] des Maßnahmenziels geprüft werden. In diesem Prüfungsschritt sei herauszuarbeiten, ob sich, erstens, das Regelungsziel erkennbar als ein Ziel von nationalem Rang einordnen lässt und, zweitens, kein Ziel provinzieller Regelung sein kann.[604] Um das Regelungsziel als eindeutig national zu charakterisieren, prüft der SCC, ob es hauptsächlich internationale oder inter-provinzielle Merkmale hat. Außerdem darf es bestehende Kompetenztitel der Provinzen nicht zusammenführen oder sie duplizieren.[605] Hinzu kommt eine Art Subsidiaritätsprüfung, in der die Unfähigkeit der Provinzen das Regelungsziel zu erreichen, positiv festgestellt werden muss.[606] Hierzu fragt der SCC, ob die Provinzen gemeinsam oder einzeln dieses Ziel erreichen könnten,[607] ob das Nichterreichen des Ziels durch eine Provinz die erfolgreiche Zielerreichung des gesamten Projekts gefährden würde[608] und schließlich, ob die Nichterreichung des Ziels durch eine Provinz auch außerhalb dieser Provinz schwere Nachteile bringen würde.[609] All diese Hürden vermochte der GGPPA zu nehmen. Hier ist besonders von Interesse, dass die Unfähigkeit der Provinzen das Regelungsziel zu erreichen damit begründet wurde, dass eine Harmonisierungsmaßnahme schon angesichts ihres Charakters von den Provinzen einzeln nicht durchführbar ist.[610] Vergleichbares lässt sich auch im Unionsrecht beobachten.[611]

Im dritten und letzten Schritt, dem *scale of impact*-Test, sei sicherzustellen, dass durch die Maßnahme nicht das System der Kompetenzverteilungen ausge-

---

[602] Ebd.

[603] Ebd., Rn. 145 ff. Dies übernimmt die Terminologie aus: SCC, Urt. v. 24.03.1988, R. v. Crown Zellerbach [1988] 1 SCR 401, Rn. 33.

[604] Ebd., Rn. 146.

[605] Ebd., Rn. 147 ff.

[606] Ebd., Rn. 152 ff.; krit. hierzu, weil dieser Test in der Praxis eine zentralisierende Wirkung entfalten dürfte: *G. Baier*, National Journal of Constitutional Law 9 (1998), S. 277, 290 ff.

[607] SCC, Urt. v. 25.03.2021, References re Greenhouse Gas Pollution Pricing Act, 2021 SCR 11, Rn. 152.

[608] Ebd.

[609] Ebd., Rn. 153 ff.

[610] SCC, Urt. v. 25.03.2021, References re Greenhouse Gas Pollution Pricing Act, 2021 SCR 11, Rn. 181 ff.

[611] S. hierzu erneut: EuGH, Urt. v. 12.11.1996, Vereinigtes Königreich/Rat, C-84/94, EU:C:1996:431, Rn. 47, dazu auch: GA *Léger*, Schlussanträge v. 12.03.1996 in der Rs. C-84/94, Vereinigtes Königreich/Rat, EU:C:1996:93, Rn. 129; GA *Fennelly*, Schlussanträge v. 15.06.2000 in der Rs. C-376/98, Deutschland/Parlament und Rat, EU:C:2000:324, Rn. 135 ff.; EuGH, Urt. v. 22.05.2003, Kommission/Deutschland, C-103/01, EU:C:2003:301, Rn. 47; EuGH, Urt. v. 12.07.2005, Alliance for Natural Health u.a., verb. Rs. C-154/04 und C-155/04, EU:C:2005:449, Rn. 103 ff.

hebelt wird und eine Balance zwischen zentraler Handlung und Handlungsspielraum der Provinzen bestehen bleibt, was immer eine Abwägung im Einzelfall erfordere.[612] Der SCC formulierte, dass der Eingriff in die Autonomie der Provinzen gegen die Nachteile abgewogen werden sollten, die entstünden, wenn keine solche bundesweite Maßnahme ergriffen würde, wobei letztere Interessen überwiegen müssten.[613]

bb. Würdigung

Im *scale of impact*-Test geht es um den Schutz gliedstaatlicher Autonomie vor zentraler Intervention, indem sichergestellt wird, dass der Mehrwert der zentralen Intervention schwerer wiegt als die Beschränkung gliedstaatlicher Prärogativen. Diese Abwägung hat jedoch aufgrund der Ausgestaltung der *national concern* Kompetenz und der Anwendung der *pith and substance* Doktrin keine nennenswerte Bedeutung. Wenn nämlich ein Gesetz den *national concern* Test besteht, erstreckt sich eine exklusive Bundeskompetenz auf all das, was im Rahmen der *pith and substance* Prüfung als wahrer Inhalt dieses Gesetzes herausgearbeitet wurde, aber nicht auf einen allgemeineren Regelungsbereich, dem das konkrete Gesetz zugeordnet werden könnte.[614] Die Beschränkung der Autonomie der Provinzen, die im *scale of impact* Test zu berücksichtigen ist, bleibt von vornherein auf das begrenzt, was der SCC zuvor als Inhalt des fraglichen Gesetzes herausgearbeitet hat. Hierbei entspricht es wiederum der ständigen Rechtsprechung, dass der Inhalt des Gesetzes, soweit es das Gesetz und die hinzugezogenen Materialien erlauben, so eng wie möglich beschrieben wird.[615] Kombiniert mit der engen Auslegung der *national concern* Doktrin werden sich im Rahmen der *scale of impact*-Analyse nur dann bedeutende Autonomiebeschränkungen der Provinzen feststellen lassen, wenn das fragliche Gesetz tatsächlich sehr weit und umfassend angelegt ist. Je weiter und umfassender das Regelungsziel aber ist, desto eher dürfte es auf einen anderen Kompetenztitel zu stützen sein.

Ebenfalls von vorneherein auf geringfügige Autonomiebeschränkungen begrenzt wird ein auf die *national concern* Kompetenz gestütztes Gesetz dadurch, dass im zweiten Schritt der Prüfung sichergestellt wird, dass sich die im Gesetz behandelte Angelegenheit klar von denen unterscheidet, die in die Kompetenz der Provinzen fallen. Das liegt daran, dass in dem Fall, dass ein Problembereich provinzübergreifenden Charakter hat und auch nicht aus einer Zusammensetzung oder Doppelung provinzieller Kompetenztitel besteht und außerdem festgestellt wird, dass die Provinzen einzeln oder gemeinsam zur Zielerreichung nicht in der Lage sind, sich die Frage stellt, welche provinzielle Autonomie überhaupt

---

[612] SCC, Urt. v. 25.03.2021, References re Greenhouse Gas Pollution Pricing Act, 2021 SCR 11, Rn. 160.

[613] Ebd., Rn. 161.

[614] Ebd., Rn. 115 ff.

[615] Ebd., Rn. 52.

eingeschränkt werden soll. Denn zumindest im Rahmen des Gesetzesinhalts bestand schon keine Handlungsmöglichkeit für die Provinzen.

Fraglos kann das Gesetz dennoch anderweitige Auswirkungen auf gliedstaatliche Autonomie haben. Diese Gefahr wird aber durch eine Besonderheit des kanadischen Föderalismus, die ihr Pendant in der sog. Gesichtspunkttheorie des österreichischen Verfassungsgerichtshofs[616] findet, deutlich abgeschwächt. Ein Regelungsproblem kann nämlich trotz exklusiver Bundeskompetenz aus anderer Perspektive und mit anderen inhaltlichen Schwerpunkten durch die Provinzen geregelt werden, wenn die *pith and substance* dieser Regeln unter die Provinzkompetenzen subsumierbar ist.[617] So entsteht Raum für die parallele Anwendung nationaler und provinzieller Gesetze innerhalb ihrer jeweiligen Kompetenz.[618] Im Konfliktfall setzt sich nach der sog. *paramountcy* Doktrin die Bundesgesetzgebung durch.[619] Durch die Anwendung dieser *double aspect* Doktrin auch im Rahmen der *national concern* Kompetenz[620] wird sichergestellt, dass spezifisch provinzielle Aspekte noch immer von den Provinzen geregelt werden können.

Schon im Ausgangspunkt muss die vom Gesetz behandelte Problemstellung außerdem so bedeutend erscheinen, dass sie als Angelegenheit von nationaler Bedeutung eingeordnet werden kann. Die wenigsten transprovinziellen Angelegenheiten werden aber gesellschaftlich und wirtschaftlich irrelevant sein. Bei der Prüffrage, ob ein Handeln der Provinzen zur Zielerreichung genügend wäre, konzentriert sich der SCC darauf, ob die Nichterreichung des Ziels durch das alleinige Handeln einer Provinz schwerwiegende Folgen auch jenseits der Provinz hätte. Der Bundesgesetzgeber muss also schwerwiegende Gründe des Gemeinwesens dafür liefern, das Regelungsziel erreichen zu wollen.

---

[616] S. hierzu nur: *L. K. Adamovich/B.-C. Funk/G. Holzinger/S. L. Frank*, Österreichisches Staatsrecht, Bd. 1: Grundlagen, 3. Aufl. 2020, S. 316 f.; in Deutschland sind Doppelzuständigkeiten nicht gestattet, s. nur: BVerfGE 106, 62, 114 m.w.N.

[617] SCC, Urt. v. 25.03.2021, References re Greenhouse Gas Pollution Pricing Act, 2021 SCR 11, Rn. 125 ff. S. hierzu ausf.: *E. Brouillet/B. Ryder*, in: Oliver/Macklem/Des Rosiers (Hrsg.), The Oxford Handbook of the Canadian Constitution, 2017, S. 415, 422 f. Ein besonders anschauliches Beispiel hierfür ist SCC, Urt. v. 29.07.1987, Rio Hotel Ltd. v. New Brunswick (Liquor Licensing Board), [1987] 2 SCR 59, in dem es um die Regelungen für Schankgenehmigungen in New Brunswick ging, die u.a. nur dann erteilt wurden, wenn in den fraglichen Etablissements keine Nackttänze angeboten wurden. Zwar hatte die Bundesregierung Nackttänze bereits auf der Grundlage ihrer Kompetenzen für das Strafrecht reglementiert, doch entscheid der SCC, dass die Vorschrift der Provinz ihrer Natur nach auf die zur Vermarktung von Alkohol eingesetzten Mittel abziele und damit auch von den Provinzen gestützt auf Sec. 92 (13) und (16) des *Constitution Acts* geregelt werden könne. Die bundesrechtliche Regel sei strafrechtlicher Natur und könne daher vom Bund erlassen werden.

[618] *G. Régimbald/D. Newman*, The Law of the Canadian Constitution, 2. Aufl. 2017, S. 191 f.

[619] *E. Brouillet/B. Ryder*, in: Oliver/Macklem/Des Rosiers (Hrsg.), The Oxford Handbook of the Canadian Constitution, 2017, S. 415, 428 ff.

[620] SCC, Urt. v. 25.03.2021, References re Greenhouse Gas Pollution Pricing Act, 2021 SCR 11, Rn. 125 ff.

Wenn ein Gesetz also dem *scale of impact* Test unterzogen wird, ist bereits anderweitig sichergestellt, dass den Provinzen nicht in großem Stil Handlungsoptionen genommen wurden und gleichzeitig gewichtige bundesweite Probleme bestehen. In den allermeisten Fällen dürfte damit der Ausgang der Abwägung vorgezeichnet sein. Die mit der Güterabwägung beschriebene Spannungslage ist bereits auf anderen Wegen neutralisiert worden. So überrascht es nicht, dass der SCC im Urteil zum GGPPA im *scale of impact* Test vor allem wiederholt, wie gering die Autonomiebegrenzung der Provinzen sei,[621] wie schwerwiegend die Folgen einer Nichtbekämpfung des Klimawandels wären,[622] und dass die minimalen Eingriffe in die Autonomie der Provinzen damit gerechtfertigt seien.[623]

c) Fazit

Wenn sich damit das Denken in den Kategorien von Freiraum und Eingriff im kanadischen Föderalismus aufgrund seiner grundsätzlich dualistischen Ausgestaltung durchaus anbietet und damit die Nutzung von subjektiv föderalen Verhältnismäßigkeitsüberlegungen systemadäquat ist, kommt solchen Überlegungen in der Praxis keine bedeutende Steuerungskraft zu. Als Begrenzung von Kompetenzen kraft Sachzusammenhangs ist eine subjektiv föderale Erforderlichkeitsprüfung marginalisiert, weil auch hier die Subsumtion unter Bundeskompetenzen im Vordergrund steht. Eine subjektiv föderale Angemessenheitsprüfung für Bundeskompetenzen kraft Natur der Sache hat aufgrund ihrer Ausgestaltung keine eigenständige Funktion.

3. Das Beispiel USA

Die groben Linien der US-amerikanischen Föderalismusrechtsprechung sind an anderer Stelle ausführlich dargelegt worden,[624] sodass hier ein kurzer Überblick genügen muss. Die frühe Rechtsprechung unter Chief Justice *Marshall* legte die Bundeskompetenzen weit aus.[625] Unter Chief Justice *Taney* räumte der Supreme Court den Bundesstaaten lediglich in Sklaverei-Fragen einen größeren Spielraum ein.[626] Einen deutlichen Kompetenzzuwachs verzeichnete der Bund durch die nach dem Bürgerkrieg eingefügten Verfassungszusätze 13 bis 15, wobei der Supreme Court diese Befugnisse umfassend einzuhegen versuchte.[627] Um die Jahr-

[621] Ebd., Rn. 196 ff.

[622] Ebd., Rn. 206.

[623] Ebd., Rn. 206 a.E.

[624] S. nur z.B.: *B. Cushman*, in: Orren/Compton (Hrsg.), The Cambridge Companion to the United States Constitution, 2018, S. 185, 186 ff.; *W. N. Eskridge/ J. Ferejohn*, Vanderbildt Law Review 47 (1994), S. 1355 ff.

[625] Vgl.: US Supreme Court, Urt. v. 06.03.1819, McCulloch v. Maryland, 17 U.S. 316 (1819); US Supreme Court, Urt. v. 18.03.1824, Osborn v. Bank of the United States, 22 U.S. 738 (1824).

[626] S.: *M. Collins/A. Woolhandler*, The Supreme Court Review 2017, S. 337, 356 ff.

[627] S. etwa: US Supreme Court, Urt. v. 14.04.1873, The Butchers' Benevolent Association

tausendwende ins 20. Jahrhundert herum begann eine weite Auslegung der sog. *commerce clause* zur Regulierung des zwischenstaatlichen Handels,[628] obwohl zeitgleich die Begrenzung von unternehmerischen Freiheiten engen verfassungsrechtlichen Schranken unterworfen wurde.[629] In Ablehnung des *New Deals* von Präsident *Roosevelt* legte der Supreme Court die *commerce clause* wieder restriktiver aus,[630] bevor diese Rechtsprechung alsbald zugunsten expansiverer Tendenzen aufgegeben wurde.[631] Nach einer Stärkung der Grundrechte aus der Bundesverfassung in den 1950er und 60er Jahren gegenüber den Staaten[632] und einem unklaren Kurs zur Reichweite bundestaatlicher Prärogativen unter Chief Justice *Burger*[633] besteht seit 1991 mit dem Amtsantritt von Richter *Thomas* am Supreme Court grundsätzlich eine Mehrheit für eine bundesstaatenfreundliche Rechtsprechung.[634] Insbesondere die Begrenzung der Reichweite der *commerce clause* ist seither deutlicher geworden.[635] So wird mittlerweile eine substantielle Auswirkung auf den innerstaatlichen Handel verlangt, um ein Gesetz auf die *commerce clause* stützen zu können, statt allgemeinere wirtschaftliche Auswirkungen ge-

---

of New Orleans v. The Crescent City Live-Stock Landing and Slaughter-House Company u.a. [The Slaughter-House Cases], 83 U.S. 36 (1873); US Supreme Court, Urt. v. 18.05.1896, Plessy v. Ferguson, 163 U.S. 537 (1896).

[628] US Supreme Court, Urt. v. 23.02.1903, Champion v. Ames, 188 U.S. 321 (1903); US Supreme Court, Urt. v. 30.01.1905, Swift and Co. v. United States, 196 U.S. 375 (1905); US Supreme Court, Urt. v. 30.10.1911, Southern Railway v. United States, 222 U.S. 20 (1911); US Supreme Court, Urt. v. 08.06.1914, Houston East & West Texas Railway v. United States, 234 U.S. 342 (1914); s. allg. zu dieser Rechtsprechungsperiode: *B. Cushman*, University of Chicago Law Review 67 (2000), S. 1089, 1094 ff.

[629] US Supreme Court, Urt. v. 21.01.1895, United States v. E.C. Knight Co., 156 U.S. 1 (1895); US Supreme Court, Urt. v. 03.06.1918, Hammer v. Dagenhart, 247 U.S. 251 (1918).

[630] US Supreme Court, Urt. v. 27.05.1935, Schechter Poultry Copr., v. United States, 295 U.S. 495 (1935); US Supreme Court, Urt. v. 18.05.1936, Carter v. Carter Coal Co., 298 U.S. 238 (1936).

[631] US Supreme Court, Urt. v. 12.04.1937, NLRB v. Jones Laughlin Steel Corp., 301 U.S. 1 (1937); weitere Fälle, in denen die *commerce clause* weit ausgelegt wurde, waren z.B.: US Supreme Court, Urt. v. 03.02.1941, United States v. Darby Lumber Co., 321 U.S. 100 (1941); US Supreme Court, Urt. v. 09.11.1942, Wickard v. Filburn, 317 U.S. 111 (1942).

[632] Vgl. etwa die selektive Inkorporation der Rechte aus der sog. „bill of rights" über den 14. Verfassungszusatz und die damit einhergehende Grundrechtsbindung der Staaten nach Maßgabe von US Supreme Court, Urt. v. 20.05.1968, Duncan v. Louisiana, 391 U.S. 145 (1968).

[633] So wich der Supreme Court in US Supreme Court, Urt. v. 24.06.1976, National League of Cities v. Usery, 426 U.S. 833 (1976) deutlich zugunsten der Rechte der Staaten von einem erst acht Jahre alte Präzedenzfall, nämlich US Supreme Court, Urt. v. 10.06.1968, Maryland v Wirtz, 392 U.S. 183 (1968), ab, nur um neun Jahre später das Urteil aus *Usery* explizit wieder zu verwerfen, s.: US Supreme Court, Urt. v. 19.02.1985, Garcia v. San Antonio Metropolitan Transit Authority, 469 U.S. 528 (1985).

[634] S. nur: *T. R. Hensley*, The Rehnquist Court, 2006, S. 282.

[635] Art. I. Sec. 8 Cl. 3: „[The Congress shall have power] To regulate commerce with foreign nations, and among the several states, and with the Indian tribes;"; s. zu alledem ausf.: *T. von Danwitz*, AöR 131 (2006), S. 510, 532 ff.

nügen zu lassen – daran scheiterte sowohl der Versuch, Waffen in Schulen zu verbieten,[636] wie auch Maßnahmen gegen Gewalt an Frauen zu erlassen.[637] Diese Rechtsprechung findet ihr unionsrechtliches Pendant im Prinzip der begrenzten Einzelermächtigung, insbesondere in der Auslegung der Binnenmarktkompetenz.[638] Auch dort geht es vor allem um die Frage, wie eng die Verbindung des Regelungsziels zur Regelung des Binnenmarktes ist.[639] Anleihen an die Kategorien einer föderal subjektiven Verhältnismäßigkeit existieren gleichwohl, finden sich aber eher in randständigen Bereichen, die nachfolgend betrachtet werden.[640]

[636] US Supreme Court, Urt. v. 26.04.1995, United States v. Lopez, 514 U.S. 549, 564 (1995).

[637] US Supreme Court, Urt. v. 15.05.2000, United States v. Morrison, 529 U.S. 598, 613 ff. (2000); für die Schwierigkeiten, die diese doch eher formalistisch-kategoriale Unterscheidung aufwirft, s. die abweichenden Meinungen: Ebd., 644 (Souter, J., dissenting); Ebd., 656 ff. (Breyer, J., dissenting).

[638] So auch die Einschätzung bei: *G. A. Bermann*, in: Barnard/Scott (Hrsg.), The Law of the Single European Market: Unpacking the Premises, 2002, S. 75, 98.

[639] S. hierzu insb.: EuGH, Urt. v. 05.10.2000, Deutschland/Parlament und Rat, C-376/98, EU:C:2000:544, Rn. 83 ff.; EuGH, Urt. v. 10.02.2009, Irland/Parlament und Rat, C-301/09, EU:C:2009:68, Rn. 65 ff.; EuGH, Urt. v. 22.01.2014, Vereinigtes Königreich/Parlament und Rat, C-270/12, EU:C:2014:18, Rn. 99 ff.

[640] Außer Acht bleibt hier die sog. *dormant commerce clause*: In den 1820er Jahren wurde erstmals von Justice *Johnson* angedacht, dass die *commerce clause* eine ausschließliche Kompetenz des Bundes sein müsse, s. US Supreme Court, Urt. v. 02.03.1824, Gibbons v. Ogden, 22 U.S. 1, 227 (1824) (Johnson, J., concurring) und Regelungen der Staaten mit Auswirkungen auf den zwischenstaatlichen Handel daher verfassungswidrig seien. Dieser Ansicht wurde von Chief Justice *Marshall* „great force" attestiert, s. ebd., 209, und fortan als eine „dormant", also ruhende Kompetenz bezeichnet, s. z.B. ebd., 189, oder in: US Supreme Court, Urt. v. 19.03.1829, Willson v. Black Bird Creek Marsh Co., 27 U.S. 245, 252 (1829). Diese sog. *dormant commerce clause* schützt vor Ungleichbehandlungen von innerstaatlichem und außerstaatlichem Handelsverkehr durch Maßnahmen der einzelnen Bundesstaaten, indem diese Maßnahmen nur zulässig sind, wenn sie ein legitimes lokales Ziel verfolgen, das nicht auf diskriminierungsfreie Weise erreicht werden kann, s.: US Supreme Court, Urt. v. 31.05.1988, New Energy Co. v. Limbach, 486 U.S. 269, 278 (1988); US Supreme Court, Urt. v. 16.05.2005, Granholm v. Heald, 544 U.S. 460, 489 (2005), wobei dieser Test durch eine sehr hohe Kontrolldichte als eine „virtually per se rule of invalidity" gilt, s.: US Supreme Court, Urt. v. 23.06.1978, Philadelphia v. New Jersey, 437 U.S. 617, 624 (1978). Bei nichtdiskriminierenden, aber dennoch den zwischenstaatlichen Handel belastenden Maßnahmen wird geprüft, ob sie ein legitimes lokales Ziel verfolgen, dessen Erreichung in einem angemessenen Verhältnis zur Belastung des zwischenstaatlichen Handels steht, s.: grundlegend: US Supreme Court, Urt. v. 02.03.1970, Pike v. Bruce Church Inc., 397 U.S. 137, 142 (1970). In dieser Rechtsprechung werden gliedstaatliche Maßnahmen einer Art Verhältnismäßigkeitsprüfung unterworfen, wie auch in der Rechtsprechung des EuGH zu den Grundfreiheiten (s. für einen Vergleich: *G. Haibach*, The International and Comparative Law Quarterly 48 (1999), S. 155, 166 f.; *C. Barnard*, The Cambridge Law Journal 68 (2009), S. 575, 580 ff.). Die *dormant commerce clause* ist daher ein passendes Vergleichsobjekt für die unionsrechtliche Beurteilung der Verhältnismäßigkeit mitgliedstaatlicher Maßnahmen, nicht aber für den Einsatz von Überlegungen zur Verhältnismäßigkeit von Maßnahmen der zentralen Ebene in einem föderalen System.

a) „Congruent and Proportional" als richterrechtliche Begrenzung der Bundesgewalt in der Durchführungsklausel des 14. Verfassungszusatzes

Der 14. Verfassungszusatz war Teil der Verfassungsreformen nach dem Bürgerkrieg. Hauptsächlich[641] normiert er die Grundlagen des Staatsbürgerschaftsrechts[642] sowie die *due process* Klausel[643] und die *equal protection* Klausel[644]. Diese garantieren umfassende Gleichheits- und Freiheitsrechte.[645] Im fünften Absatz wird dem Kongress gestattet, zur Durchführung der in diesem Verfassungszusatz verbürgten Rechte tätig zu werden.[646] Der 14. Verfassungszusatz ist verschiedent-

---

[641] Andere Bestandteile des 14. Verfassungszusatzes sind die Zuteilung von Abgeordneten im Kongress (U.S. Const. Amend. XIV Sec. 2), die Behandlung von verfassungsfeindlichen Amtsträgern (U.S. Const. Amend. XIV Sec. 3), sowie der Umgang mit Schulden aus dem Bürgerkrieg (U.S. Const. Amend XIV Sec. 4).

[642] U.S. Const. Amend. XIV Sec. 1, cl. 1 and 2: „All persons born or naturalized in the United States, and subject to the jurisdiction thereof, are citizens of the United States and of the state wherein they reside. No state shall make or enforce any law which shall abridge the privileges and immunities of citizens of the United States;". Der Schutz dieser *pivileges and immunities* wurde schon früh in der Rechtsprechung neutralisiert, s.: US Supreme Court, Urt. v. 14.04.1873, The Butchers' Benevolent Association of New Orleans v. The Crescent City Live-Stock Landing and Slaughter-House Company u.a. [The Slaughter-House Cases], 83 U.S. 36 (1873).

[643] U.S. Const. Amend. XIV Sec. 1, cl. 3: „nor shall any state deprive any person life, liberty of property, without due process of law;".

[644] U.S. Const. Amend. XIV Sec. 1, cl. 4: „nor deny to any person within its jurisdiction the equal protection of the laws."

[645] S. nur, für die *equal protection*-Klausel mit Blick auf Rassendiskriminierung: US Supreme Court, Urt. v. 15.05.1954, Brown v. Board of Education of Topeka, 347 U.S. 483 (1954); US Supreme Court, Urt. v. 25.04.1984, Palmore v. Sidoti, 466 U.S. 429 (1984); für *equal protection* Garantien mit Blick auf Geschlechterdiskriminierung, s. nur: US Supreme Court, Urt. v. 20.12.1976, Craig v. Boren, 429 U.S. 190 (1976); US Supreme Court, Urt. v. 26.06.1996, US v. Virginia, 518 U.S. 515 (1996); für die prozessualen Rechte unter der *due process*-Klausel, s. nur: US Supreme Court, Urt. v. 24.04.1960, Mullane v. Central Hanover Bank & Trust Co., 339 U.S. 306 (1960); für aus der *due process*-Klausel abgeleitete Freiheitsrechte, s. nur: US Supreme Court, Urt. v. 07.06.1965, Griswold v. Connectictut, 381 U.S. 479 (1965); US Supreme Court, Urt. v. 22.01.1973, Roe v. Wade, 410 U.S. 113 (1973); US Supreme Court, Urt. v. 26.06.2003, Lawrence v. Texas, 539 U.S. 558 (2003). Die *due process*- und die *equal protection*-Klausel wurden in Verbindung miteinander herangezogen z.B. in: US Supreme Court, Urt. v. 12.06.1967, Loving v. Virginia, 388 U.S. 1 (1967) zur Unzulässigkeit des Verbotes von multiethnischen Ehen; US Supreme Court, Urt. v. 25.06.1973, US Dept. of Agriculture v. Moreno, 413 U.S. 528 (1973) zur Unzulässigkeit, Haushalten, in denen mehr als nur Familienangehörige wohnen, von Essensmarken auszuschließen; US Supreme Court, Urt. v. 26.06.2015, Obergefell v. Hodges, 576 U.S. __ (2015), zur Verpflichtung der Staaten aus dem 14. Verfassungszusatz, gleichgeschlechtliche Ehen zuzulassen und anzuerkennen. Auf der *due process*-Klausel aufbauende, freiheitsrechtliche Garantien geraten zunehmend unter Druck, s.: US Supreme Court, Urt. v. 24.06.2022, Dobbs v. Jackson Women's Health Organization, 597 U.S. __ (2022) (slip. op. at 3) (Thomas, J., concurring).

[646] U.S. Const. Amend. XVI, Sec. 5: „The Congress shall have the power to enforce, by appropriate legislation, the provisions of this article."

lich für den US-amerikanischen Föderalismus relevant.[647] Vor allem die Durchführungsklausel hat als eigene Kompetenzgrundlage für Bundeshandeln[648] besondere Bedeutung.

aa) Anfänglich expansive Tendenzen

Ähnlich wie die Durchführungsklauseln des 13. und des 15. Verfassungszusatzes,[649] die sich mit der Abschaffung der Sklaverei bzw. mit dem Wahlrecht beschäftigen, interpretierte der Supreme Court die Durchführungsklausel des 14. Verfassungszusatzes zunächst weit als Kompetenz dafür, alle Gesetze zu erlassen, die dem Kongress zur Stärkung der im 14. Verfassungszusatz verbürgten Rechte dienlich schienen.[650] Diese Rechtsprechung parallelisierte die Durchführungskompetenz mit der weit interpretierten Bundeskompetenz unter der *necessary and proper* Klausel,[651] was auf eine zurückhaltende Prüfung der Legitimität der Maßnahmenziele und ihre Eignung zur Erreichung des Gesetzesziels hinauslief.[652] Es liege in der Hand des Kongresses zu bestimmen, welche Regelungen zur

---

[647] Dies gilt insbesondere für Fragen der Grundrechtsbindung, da an den 14. Verfassungszusatz nur die Bundesstaaten über das Kriterium der „state action" gebunden sind, s. hierzu grundlegend: US Supreme Court, Urt. v. 14.10.1883, United States v. Stanley u.a. [The Civil Rights Cases], 109 U.S. 3 (1883). Gleichzeitig werden die meisten Garantien der ersten zehn Verfassungszusätze, die nur die Bundesgewalt verpflichten, in den 14. Verfassungszusatz inkorporiert und damit auch gegenüber den Staaten angewandt. Nur für wenige Garantien aus den ersten zehn Verfassungszusätzen wurde bisher explizit ihre Nichtinkroporation entscheiden. Das gilt etwa für das Recht für eine Anklage durch eine *Grand Jury* aus dem fünften Verfassungszusatz, s.: US Supreme Court, Urt. v. 03.03.1884, Hurtado v. California, 110 U.S. 516 (1884), sowie das Recht auf eine Jury in zivilrechtlichen Verfahren und dem Verbot für Richter, Tatsachenfeststellungen einer Jury zu verwerfen, die sich beide aus dem 7. Verfassungszusatz ergeben, s.: US Supreme Court, Urt. v. 22.05.1916, Minneapolis & St. Louis R. Co. v. Bombolis, 241 U.S. 211 (1916). Jüngere Entscheidungen zur Inkorporation betrafen das Recht auf Waffenbesitz aus dem 2. Verfassungszusatz, s.: US Supreme Court, Urt. v. 28.06.2010, McDonald v. City of Chicago, 561 U.S. 742 (2010) und das Recht auf eine einstimmige Juryentscheidung für Verurteilungen in strafrechtlichen Fällen aus dem sechsten Verfassungszusatz, s.: US Supreme Court, Urt. v. 20.04.2020, Ramos v. Louisiana, 590 U.S. __ (2020)

[648] In US Supreme Court, Urt. v. 13.06.1966, Katzenbach v. Morgan, 384 U.S. 641, 651 (1966) wurde die Durchführungsklausel als „a positive grant of legislative power" beschrieben.

[649] S. hierzu nur: US Supreme Court, Urt. v. 17.06.1968, Jones v. Alfred H. Mayer Co., 392 U.S. 409, 439 (1968) für den 13. und US Supreme Court, Urt. v. 04.05.1953, Terry v. Adams 345 U.S. 461, 468 (1953) für den 15. Verfassungszusatz.

[650] In diese Richtung bereits: US Supreme Court, Urt. v. 01.03.1880, ex parte Virginia, 100 U.S. 339, 345 f. (1880); s. auch: US Supreme Court, Urt. v. 13.06.1966, Katzenbach v. Morgan, 384 U.S. 641, 650 (1966).

[651] U.S. Const. Art. I, sec. 8, cl. 18: „[The Congress shall have Power…] To make all laws which shall be necessary and proper for carrying into execution the foregoing powers, and all other powers vested by this Constitution in the government of the United States, or in any department or officer thereof."

[652] Grundlegend für die *Necessary and Proper*-Klausel insoweit: US Supreme Court, Urt.

Durchsetzung der Rechte nötig seien.[653] Insbesondere schloss der Supreme Court aus, dass dem Kongress nur eine Kompetenz dafür zustehe, solche Sachverhalte zu regeln, die einen gerichtlich festgestellten Verstoß gegen die Rechte aus dem 14. Verfassungszusatz darstellten.[654]

bb) Entwicklung der „congruent and porportional" Begrenzung

Diese Auslegung, die dem Kongress umfassende Spielräume gab,[655] wurde seit den 1990er Jahren zurückgedrängt. Unter anderem entwickelte sich mit dem *congruent and proportional* Standard in der Rechtsprechung eine Begrenzung der Bundeskompetenz, die auf den ersten Blick Elemente einer Verhältnismäßigkeitsprüfung in die Föderalismusrechtsprechung aufzunehmen scheint. Eingeführt wurde sie erstmals im Fall *Boerne v. Flores*[656] aus dem Jahr 1997. Es ging um eine vom Erzbischof San Antonios beantragte Baugenehmigung für die Erweiterung einer Kirche, die aus planungsrechtlichen Gründen versagt wurde. Der Erzbischof berief sich auf seine Rechte aus dem 1993 verabschiedeten *Religious Freedom Restoration Act* (RFRA), der auch für indirekte Beeinträchtigungen der Religionsfreiheit hohe Rechtfertigungsanforderungen festgelegt hatte. Um den RFRA auch auf Maßnahmen der Staaten anwendbar zu machen, hatte sich der Kongress auf seine Durchführungskompetenz zum 14. Verfassungszusatz berufen, über den der erste Verfassungszusatz, der die Religionsfreiheit verbürgt, auch den Staaten gegenüber Bindungswirkung entfaltet.[657] Der Supreme Court hatte zu entscheiden, ob der Kongress mit dem Erlass des RFRAs seine Kompetenzen aus der Durchführungsklausel des 14. Verfassungszusatzes überschritten hatte.

Er befand daraufhin, dass die Durchführungskompetenz nur Maßnahmen gegen Grundrechtsverletzungen gestatte, aber nicht über den letztlich gerichtlich festzustellenden Inhalt des Rechts hinausgehen könne.[658] Dies könne präventive wie reaktive Maßnahmen umfassen,[659] diese Maßnahmen müssten aber „con-

---

v. 06.05.1819, McCulloch v. Maryland, 17 U.S. 316, 421 (1819): „Let the end be legitimate, let it be within the scope of the Constitution, and all means which are appropriate, which are plainly adapted to that end, which are not prohibited, but consistent with the letter and spirit of the Constitution, are Constitutional."

[653] US Supreme Court, Urt. v. 13.06.1966, Katzenbach v. Morgan, 384 U.S. 641, 651 (1966).

[654] Ebd., 648 f.; für eine umfassende Darstellung der zeitgenössischen Kritik dieser Position und eine Verteidigung des Supreme Courts, s.: *G. S. Buchanan*, Houston Law Review 17 (1979), S. 69, 103 ff.

[655] *A. Tsesis*, Washington and Lee Law Review 78 (2021), S. 849, 880.

[656] US Supreme Court, Urt. v. 25.06.1997, City of Boerne v. Flores, 521 U.S. 507 (1997).

[657] S. zur Bindungswirkung der Religionsfreiheit aus dem ersten Verfassungszusatz gegenüber den Staaten über den 14. Verfassungszusatz grundlegend: US Supreme Court, Urt. v. 20.05.1940, Cantwell v. Connecticut, 310 U.S. 296 (1940) und US Supreme Court, Urt. v. 10.02.1947, Everson v. Board of Education, 330 U.S. 1 (1947).

[658] US Supreme Court, Urt. v. 25.06.1997, City of Boerne v. Flores, 521 U.S. 507, 520 ff. (1997).

[659] Ebd., 519 f. Damit konnte der Supreme Court vermeiden, seine Entscheidung in *Kat-*

gruent and proportional“[660] zu einer zu verhindernden oder zu behebenden Grundrechtsverletzung sein. Dies sei nur dann der Fall, wenn viele der von der fraglichen Regelung betroffenen Zustände mit hoher Wahrscheinlichkeit verfassungswidrig wären.[661] Der RFRA bestand diesen Test nicht, da auch indirekte Beschränkungen der Religionsfreiheit höchsten Rechtfertigungsanforderungen unterworfen wurden, die über das hinausgingen, was der Supreme Court zum Schutzniveau der Religionsfreiheit aus dem ersten Verfassungszusatz entschieden hatte.[662] Damit waren die Garantien des RFRA nicht *congruent and proportional* zu einem Grundrechtsproblem und konnten sich nicht auf die Durchführungsklausel des 14. Verfassungszusatzes stützen.[663]

An diesem Maßstab scheiterte auch der Versuch im Fall *US v. Morrison,* den *Violence Against Women Act* und die Schadensersatzansprüche infolge von Gewaltstraftaten gegen Frauen auf die Durchführungsklausel des 14. Verfassungszusatzes zu stützen. Die Regierung hatte argumentiert, dass es aufgrund der nachweisbaren Geschlechterdiskriminierung durch die Polizei zu einer unzureichenden Strafverfolgung von Gewalttaten gegen Frauen komme, worin ein Verstoß gegen die *equal protection* Klausel des 14. Verfassungszusatzes liege, sodass zivilrechtliche Schadensersatzansprüche gegen die Täter nötig seien, die auf die entsprechende Durchführungsklausel gestützt werden konnten.[664] Der Supreme Court folgte dem nicht, da einerseits eine vorgebliche Gleichheitsrechtsverletzung durch die Polizei nicht durch privatrechtliche Schadensersatzansprüche gegen Gewalttäter behoben werden könne[665] und andererseits der Kongress eine

---

zenbach v. Morgan verwerfen zu müssen, da er weiterhin nicht darauf bestand, dass eine Rechtsverletzung positiv festzustellen sei, bevor der Kongress unter der Durchführungsklausel tätig werden könne.

[660] Ebd., 520.

[661] Ebd., 532.

[662] S. insb.: US Supreme Court, Urt. v. 17.04.1990, Employment Division of Oregon v. Smith, 494 U.S. 872 (1990). Der Kongress hatte RFRA als Reaktion auf die dort vorgenommene Auslegung des ersten Verfassungszusatzes erlassen, um einen weiteren Schutz einfachgesetzlich wiederherzustellen, s. hierzu: *M. A. Hamilton*, Cardozo Law Review 16 (1994), S. 357, 360 ff. Deshalb steht dieses Urteil auch im größeren Kontext der Debatte, in welchem Verhältnis der Kongress und der Supreme Court in Fragen der Verfassungsauslegung zueinanderstehen, s. hierzu nur: US Supreme Court, Urt v. 12.09.1958, Cooper v. Aaron, 358 U.S. 1 (1958); *J. T. Hunt Jr.*, Seton Hall Constitutional Law Journal 9 (1999), S. 609, 643 ff.

[663] US Supreme Court, Urt. v. 25.06.1997, City of Boerne v. Flores, 521 U.S. 507, 532 (1997): „RFRA is so out of proportion to a supposed remedial or preventive object that it cannot be understood as responsive to, or designed to prevent, unconstitutional behavior.“; ob darin eine Rückkehr zur verfassungsrechtlich vorgegebenen föderalen Balance liegt (so z.B.: *M. van Arsdall*, Catholic University Law Review 48 (1998), S. 249, 288 ff.), oder ob darin eine Abkehr von wichtigen Präzedenzfällen und eine undemokratische Überbetonung der Macht der Judikative zu sehen ist, wie etwa *A. Tsesis*, Washington and Lee Law Review 78 (2021), S. 849, 891 ff. meint, bleibt umstritten.

[664] S. zu dieser Argumentation: US Supreme Court, Urt. v. 15.05.2000, United States v. Morrison, 529 U.S. 598, 619 f. (2000).

[665] Ebd., 626.

Ungleichbehandlung der Geschlechter durch die Polizei nur in weniger als der Hälfte der Bundesstaaten belegen konnte, sodass der in allen Staaten anwendbare VAWA dazu in keinem Verhältnis mehr stünde.[666]

Interessanterweise hat der Supreme Court den *congruent and proportional* Test aus dem 14. Verfassungszusatz nicht auf die fast wortgleiche Durchführungskompetenz aus dem 15. Verfassungszusatz zum Wahlrecht angewendet. Obwohl die Reichweite der Durchführungskompetenz insbesondere mit Blick auf den *congruent and proportional* Tests ein zentrales Thema der Debatte um die Verfassungsmäßigkeit wichtiger Teile des Voting Rights Acts war,[667] ging der Supreme Court im Fall *Shelby County* von 2013[668] nicht auf diese Fragen ein und kam auch im Fall *Brnovich* von 2021[669] völlig ohne einen Hinweis auf seine mit dem Fall *Boerne* etablierte Rechtsprechungslinie aus. Neue Relevanz erhielt diese Rechtsprechung hingegen Anfang 2024, als der Supreme Court entschied, dass es für die Disqualifikation von öffentlichen Ämtern nach Maßgabe von Abs. 3 des 15. Verfassungszusatzes zunächst einer Umsetzungsgesetzgebung bedürfe, die ihrerseits unter dem *congruent and proportional* Test unterliege.[670]

cc) Verknüpfung mit dem 11. Verfassungszusatz

Neben diesen Klagemöglichkeiten gegen Private hat der Kongress verschiedentlich, gestützt auf die Durchführungsklausel des 14. Verfassungszusatzes, Klagemöglichkeiten gegen die einzelnen Staaten für Betroffene von Grundrechtsverletzungen geschaffen. Dieses Vorgehen steht jedoch im Widerspruch zum 11. Verfassungszusatz,[671] der in der Auslegung des Supreme Courts verbietet, dass Einzelne einen Bundestaat vor Gerichten des Bundes[672] oder eines Staates[673] verklagen können. Allerdings hat der Supreme Court auch entscheiden, dass der Kongress unter bestimmten Voraussetzungen im Rahmen seiner Durchführungs-

---

[666] Ebd., 626 f.

[667] S. z.B.: *R. L. Hansen*, Ohio State Law Journal 66 (2005), S. 177, 190 ff.

[668] US Supreme Court, Urt. v. 25.06.2013, Shelby County v. Holder, 570 U.S. 529 (2013).

[669] US Supreme Court, Urt. v. 01.07.2021, Brnovich v. Democratic National Committee, 594 U.S. __ (2021).

[670] US Supreme Court, Urt. v. 04.03.2024, Trump v. Anderson, 601 U.S. __ (2024) (slip op. at 10 f.).

[671] U.S. Const. Amend. XI: „The judicial power of the United States shall not be construed to extend to any suit in law or equity, commenced or prosecuted against one of the United States by citizens of another state, or by citizens of any foreign state."

[672] S. hierzu nur: US Supreme Court, Urt. v. 27.03.1996, Seminole Tribe of Florida v. Florida, 517 U.S. 44, 54 (1996) m.w.N.

[673] S. hierzu nur: US Supreme Court, Urt. v. 23.06.1999, Alden v. Maine, 527 U.S. 706, 712 ff. (1999).

kompetenz des 14. Verfassungszusatzes diese Immunität der Staaten außer Kraft setzen kann.[674]

Die Grenzen dieser Außerkraftsetzung bemisst der Supreme Court ebenfalls daran, ob diese *congruent and proportional* zu einem grundrechtlichen Problem ist. Dies verneinte er z.B. im Fall *Florida Prepaid I*[675]: Ein unzureichender Patentschutz durch die Staaten könne zwar die Eigentumsgarantie aus der *due process*-Klausel des 14. Verfassungszusatzes verletzen.[676] Damit der Kongress unter seiner Durchführungskompetenz aber für diese Fälle Klagemöglichkeiten gegen die Staaten vorsehen dürfe, müsse zunächst bewiesen werden, dass ein grundrechtswidriger, unzureichender Patentschutz in den fraglichen Staaten auch existiere, was vor dem Supreme Court nicht gelungen sei.[677] Ähnlich verhielt es sich mit vom Kongress geschaffenen Klagemöglichkeiten gegen die Staaten wegen Diskriminierungen im Arbeitsleben aufgrund von Behinderungen im Fall *Kimel* oder bei Altersdiskriminierung im Fall *Garett*, da der Kongress nicht zur Zufriedenheit des Supreme Courts nachgewiesen hatte, dass es tatsächlich zu systematischen Verletzungen der *equal protection*-Klausel aus Gründen der Behinderung oder des Alters kam, sodass die Klagemöglichkeiten nicht *congruent and proportional* zu einer Grundrechtsverletzung seien.[678] Anders hingegen beurteilte der Supreme Court die Klagemöglichkeit gegen die Verweigerung von unbezahltem Pflegeurlaub,[679] oder gegen die Verweigerung zum Zugang zu Gerichten aus Gründen einer Behinderung,[680] da dem Supreme Court die vorgelegten Nachweise für die Existenz der Grundrechtsverletzungen ausreichten, was auch dadurch vereinfacht wurde, dass für die in diesen Verfahren fraglichen Grundrechtsbeeinträchtigungen höhere Rechtfertigungsanforderungen gelten als in anderen Fällen.[681] Außerdem hielt der Supreme Court die Klagemöglichkeiten für

[674] Grundlegend: US Supreme Court, Urt. v. 28.06.1976, Fitzpatrick v. Bitzer, 427 U.S. 445 (1976). Krit.: *W. Baude/S. E. Sachs*, University of Pennsylvania Law Review 169 (2021), S. 609, 646 ff.

[675] US Supreme Court, Urt. v. 23.06.1999, Florida Prepaid Postsecondary Education Expense Board v. College Savings Bank, 527 U.S. 627 (1999).

[676] Ebd., 642.

[677] Ebd., 643.

[678] US Supreme Court, Urt. v. 11.01.2000, Kimel v. Florida Board of Regents, 528 U.S. 62, 82 ff. (2000); US Supreme Court, Urt. v. 21.02.2001, Board of Trustee of the University of Alabama v. Garett, 531 U.S. 356, 368 (2001).

[679] US Supreme Court, Urt. v. 27.05.2003, Nevada Department of Human Resources v. Hibbs, 538 U.S. 721 (2003).

[680] US Supreme Court, Urt. v. 17.05.2004, Tennessee v. Lane, 541 U.S. 509 (2004).

[681] US Supreme Court, Urt. v. 27.05.2003, Nevada Department of Human Resources v. Hibbs, 538 U.S. 721, 728 f., 730 ff. (2003); US Supreme Court, Urt. v. 17.05.2004, Tennessee v. Lane, 541 U.S. 509, 522 ff. (2004). Dies ist treffend als „inverse relation principle“ bezeichnet worden: *J. Schwartz*, Hastings Constitutional Law Quarterly 38 (2011), S. 259, 285 ff.

hinreichend auf das Grundrechtsproblem zugeschnitten.[682] Wie sehr diese Rechtsprechung die politischen Spielräume des Kongresses einengt, ist umstritten.[683]

b) Würdigung

Diese Rechtsprechung lässt sich auf den ersten Blick durchaus als eine subjektivrechtlich orientierte föderale Erforderlichkeitsprüfung verstehen. Der *congruent and proportional*-Test fokussiert sich auf die Zweck-Mittel-Relation von Maßnahme und Ziel und scheint insbesondere zu verlangen, dass der Kongress stets das für die Einflusssphäre der Staaten am wenigsten belastende Mittel wählt.[684] Eine subjektivrechtlich ausgelegte föderale Verhältnismäßigkeitsprüfung ist auch im Rahmen des 11. Verfassungszusatzes plausibel, da der Kongress in die verfassungsrechtlich geschützte Staatenimmunität der Bundesstaaten eingreift.[685] Überlegungen zu Verhältnismäßigkeit schützen an dieser Stelle eine spezifische Sphäre gliedstaatlichen Einflusses vor einer schleichenden Aushöhlung durch die Kompetenzwahrnehmung der Bundesebene. Zu bedenken ist außerdem, dass sich die mit *Boerne* eingeführte Rechtsprechung mit einem sehr spezifischen Kompetenztitel befasst, denn die Durchführungskompetenz für die Grundrechte des 14. Verfassungszusatzes ist kompetenzbegründend und die frühe Rechtsprechung hierzu[686] hat dem Kongress eine umfassende Machtfülle zugestanden. Die Rechtsprechung seit *Boerne* reagiert also auf die umfassenden Homogenisierungspotenziale einer kompetenzbegründenden Grundrechtsgarantie.[687]

---

[682] US Supreme Court, Urt. v. 27.05.2003, Nevada Department of Human Resources v. Hibbs, 538 U.S. 721, 738 (2003): „Unlike the statutes at issue in City of Boerne, Kimel, and Garrett, which applied broadly to every aspect of state employers' operations, the FMLA is narrowly targeted at the faultline between work and family-precisely where sex-based overgeneralization has been and remains strongest and affects only one aspect of the employment relationship."; s. auch: US Supreme Court, Urt. v. 17.05.2004, Tennessee v. Lane, 541 U.S. 509, 531 ff. (2004).

[683] Dafür, s. z.B.: *J. T. Noonan Jr.*, Narrowing the Nation's Power: The Supreme Court Sides with the States, 2002, S. 11, 15 ff.; *B. Dearinger*, Drake Law Review 53 (2005), S. 421, 475; dagegen, s. z.B.: *J. H. Choper/J. C. Yoo*, Columbia Law Review 106 (2006), S. 213, 260 ff.; *J. Schwartz*, Hastings Constitutional Law Quarterly 38 (2011), S. 259, 320 ff.

[684] In diesem Sinne: *E. H. Caminker*, Stanford Law Review 54 (2001), S. 1127, 1143 ff.

[685] S. hierzu: *E. T. Sullivan/R. S. Frase*, Proportionality Principles in American Law: Controlling Excessive Government Actions, 2008, S. 83 ff.

[686] Vgl. nur erneut: US Supreme Court, Urt. v. 13.06.1966, Katzenbach v. Morgan, 384 U.S. 641 (1966).

[687] In dieser Hinsicht besteht ein entscheidender Unterschied zum Unionsrecht, in dem Art. 51 Abs. 2 GRC eine zuständigkeitsbegründende Dimension der Unionsgrundrechte ausdrücklich ausschließt und diese nur akzessorisch zum Anwendungsbereich des Unionsrechts sind, s.: nur: EuGH, Urt. v. 06.03.2014, Siragusa, C-206/13, EU:C:2014:126, Rn. 24; EuGH, Urt. v. 10.07.2014, Hernández, C-198/13, EU:C:2014:2055, Rn. 34; EuGH, Urt. v. 17.09.2014, Liivimaa Lihaveis MTU, C-562/13, EU:C:2014:2229, Rn. 62; EuGH, Urt. v. 07.09.2017, Demarchi Gino, verb. Rs. C-177 und C-178/17, EU:C:2017:656, Rn. 19; EuGH, Urt. v. 22.04.2021, Profi Credit Slovakia, C-485/19, EU:C:2021:313, Rn. 37; zum begrenzten

Allerdings stellt sich bei genauerer Betrachtung der Entscheidungen des Supreme Courts die Rechtsprechung eher äußerlich denn inhaltlich als eine subjektivrechtlich geprägte, föderale Verhältnismäßigkeitsprüfung dar. In den Fällen *Boerne*[688], *Florida Prepaid I*[689], *Kimel*[690] und *Garett*[691] stellte der Supreme Court nämlich darauf ab, dass eine zu verhindernde oder zu behebende Grundrechtsverletzung vom Kongress nicht nachgewiesen wurde – mit anderen Worten war bereits nicht dargetan, ob die kompetenzbegründenden Grundrechte überhaupt berührt waren. Auf die Kongruenz und Verhältnismäßigkeit von Grundrechtsverletzung und Abhilfe kam es damit nicht mehr an.

In den Fällen *Morrison*[692], *Hibbs*[693] und *Lane*[694] akzeptierte der Supreme Court zwar die Existenz einer grundrechtlichen Problemlage, prüfte aber primär, ob die vom Kongress eingeführte Abhilfe tatsächlich passgenau auf das identifizierte Grundrechtsproblem zugeschnitten war,[695] was man als Erforderlichkeitsprüfung zugunsten der Staaten interpretieren kann. Auch könnte man die Passgenauigkeit als Angemessenheitsurteil verstehen, wenn mildere Mittel ersichtlich sind, deren gleiche Eignung im Vergleich zur gewählten Maßnahme aber nicht etabliert ist.[696] Doch der Supreme Court setzte sich an keiner Stelle mit für die Staaten weniger belastenden Alternativmitteln auseinander.[697] Insofern ist besonders zu beachten, dass der Supreme Court seine Analyse unter der Prämisse betreibt, dass die Durchführungskompetenz allein zur Durchsetzung und nicht zur Erweiterung bestehender Grundrechtspositionen berechtigt – die Prüfung der Kongruenz präzisiert insofern die in der Durchführungsklausel niedergelegte Kompetenz „to enforce [...] the provisions of this article“[698] und ist eine Kon-

---

Homogenisierungspotenzial der Unionsgrundrechte s.: *H. Hestermeyer*, Eigenständigkeit und Homogenität in föderalen Systemen, 2019, S. 400 ff.

[688] US Supreme Court, Urt. v. 25.06.1997, City of Boerne v. Flores, 521 U.S. 507 (1997).

[689] US Supreme Court, Urt. v. 23.06.1999, Florida Prepaid Postsecondary Education Expense Board v. College Savings Bank, 527 U.S. 627 (1999).

[690] US Supreme Court, Urt. v. 11.01.2000, Kimel v. Florida Board of Regents, 528 U.S. 62 (2000).

[691] US Supreme Court, Urt. v. 21.02.2001, Board of Trustee of the University of Alabama v. Garett, 531 U.S. 356 (2001).

[692] US Supreme Court, Urt. v. 15.05.2000, United States v. Morrison, 529 U.S. 598 (2000).

[693] US Supreme Court, Urt. v. 27.05.2003, Nevada Department of Human Resources v. Hibbs, 538 U.S. 721 (2003).

[694] US Supreme Court, Urt. v. 17.05.2004, Tennessee v. Lane, 541 U.S. 509 (2004).

[695] *D. S. Day*, South Dakota Law Review 47 (2002), S. 366, 376 bezeichnet dies anschaulich als den „tailored means prong“ (und eben nicht den „least restrictive means prong“) der Analyse.

[696] So verwendet das BVerfG häufig die Passgenauigkeit von Maßnahme und Ziel als Teil seiner Angemessenheitsprüfung, s. ausf.: *J. Petersen*, Verhältnismäßigkeit als Rationalitätskontrolle, 2015, S. 150 ff.

[697] So auch: *G. A. Bermann*, in: Barnard/Scott (Hrsg.), The Law of the Single European Market: Unpacking the Premises, 2002, S. 75, 96.

[698] Besonders prägnant: US Supreme Court, Urt. v. 25.06.1997, City of Boerne v. Flores,

kretisierung des Tatbestandsmerkmals „to enforce“. Damit umschreibt der *congruent and proportional* Standard vor allem die notwendige Verbindung von Grundrechtsverstoß und gesetzgeberischer Abhilfe und deutlich weniger als es zunächst den Anschein haben mag, einen Erfoderlichkeitsvorbehalt zugunsten der Handlungsfreiheit der Bundesstaaten.

c) Fazit

Als Reaktion auf die grundrechtsakzessorische Durchführungskompetenz des 14. Verfassungszusatzes achtet der Supreme Court in seiner Rechtsprechung seit dem Fall *Boerne* darauf, dass die Wahrnehmung dieser Kompetenz *congruent and proportional* zu Grundrechtsverletzungen in den Staaten ist. Obwohl in dieser Rechtsprechung das Potenzial für eine subjektiv föderale Erforderlichkeitsprüfung zu Gunsten der Bundesstaaten angelegt ist, konzentriert sich die Rechtsprechung vor allem auf die Darlegungslasten des Kongresses für den Beweis von Grundrechtsverletzungen in den Bundesstaaten, denen mittels Gesetzgebung des Kongresses abgeholfen werden müsste, sowie auf den Zuschnitt von dieser Gesetzgebung auf das belegte Grundrechtsproblem. Handlungsspielräume der Bundesstaaten werden hier nicht als grundrechtsäquivalente Schutzbereiche und die Bundesgesetzgebung nicht als Eingriff unter Verhältnismäßigkeitsvorbehalt verstanden. Vielmehr geht es darum sicherzustellen, dass es sich bei der auf der Grundlage der Durchführungsklausel des 14. Verfassungszusatzes ergangenen Bundesgesetzgebung tatsächlich um eine Durchführung bzw. Sicherung der Grundrechte aus diesem Verfassungszusatz handelt. Insbesondere eine Auseinandersetzung mit möglichen staatenfreundlicheren Alternativmitteln unterbleibt in der Rechtsprechung völlig, sodass es sich nicht um eine subjektiv föderale Erforderlichkeitsprüfung handelt.

4. Das Beispiel Deutschland

Auch in Deutschland wird die föderale Spannungslage mit Überlegungen zur Verhältnismäßigkeit verknüpft, namentlich im Rahmen des Art. 72 Abs. 2 GG und des Art. 28 Abs. 2 GG.[699] Doch auch in diesem Rahmen wird dem BVerfG

---

521 U.S. 507, 519 f. (1997): „In assessing the breadth of § 5's enforcement power, we begin with its text. Congress has been given the power 'to enforce' the 'provisions of this article.' [...] Congress' power under § 5, however, extends only to 'enforc[ing]' the provisions of the Fourteenth Amendment. The Court has described this power as 'remedial'.“

[699] Überdies gehen einige Autoren davon aus, dass im Rahmen des Art. 37 GG der Grundsatz der Verhältnismäßigkeit zur Beurteilung von Maßnahmen des Bundeszwanges Anwendung finden soll, s. etwa: *M. Schubert*, in: Sachs GG, Art. 37, Rn. 11; *J. Ennuschat*, NWVBl 2018, S. 309, 311; a.A.: *A. Hellermann*, in: BeckOK GG, Art. 37, Rn. 10; *T. von Danwitz*, in: Huber/Voßkuhle GG, Art. 37, Rn. 36, wobei sich in dieser Debatte wieder nur die Vorverständnisse zur Reichweite des Grundsatzes der Verhältnismäßigkeit jenseits des Staat-Bürger-Verhältnisses spiegeln. Mangels praktischer Relevanz unterbleibt eine genauere Analyse von Art. 37 GG für die vorliegenden Zwecke.

nur in äußerst begrenztem Umfang eine subjektivrechtlich geprägte föderale Verhältnismäßigkeitsprüfung ermöglicht.

a) Erforderlichkeitsklausel in Art. 72 Abs. 2 GG

aa) Grundlagen und die Diskussion um eine föderale Verhältnismäßigkeit

Die Bedürfnisklausel des ursprünglichen Art. 72 Abs. 2 GG stand in der Tradition der auf Eisenbahnen und Landstraßen beschränkten Erforderlichkeitsklauseln der §28 und §31 der Paulskirchenverfassung und der Bedürfnisklausel für Reichsgesetzgebung zur Wohlfahrt und zur öffentlichen Sicherheit und Ordnung nach Art. 9 WRV. Praktische Bedeutung entfaltete keine dieser Normen.[700] Die nach langwierigen Verhandlungen und alliierter Intervention schließlich verabschiedete Fassung des Art. 72 Abs. 2 GG a.F.[701] wurde von manchen Mitgliedern des Parlamentarischen Rates als Besatzerrecht wahrgenommen, dessen Länderfreundlichkeit sich nicht mit der geplanten föderalen Ordnung der Bundesrepublik vertrug.[702] Das BVerfG folgte früh denjenigen, die eine gerichtliche Nachprüfbarkeit von Art. 72 Abs. 2 GG ausschließen wollten[703] und hat die Frage des Bedürfnisses einer bundeseinheitlichen Regelung als Ermessensentscheidung dem Bundesgesetzgeber überantwortet, die nur in besonderen, praktisch nie eingetretenen Ausnahmefällen vom BVerfG zu überprüfen sei.[704] Die weiten Spielräume des Gesetzgebers und die zurückgenommene Rolle des BVerfG ergäben sich aus der politischen Natur der in Art. 72 Abs. 2 GG a.F. angesprochenen Fragen und dem hohen Maß an Unbestimmtheit der Vorgaben dieses Artikels.[705]

[700] Soweit ersichtlich erging zu Art. 9 WRV keine gerichtliche Entscheidung, s.: *S. Oeter/C. Krönke*, in: Huber/Voßkuhle GG, Art. 72, Rn. 11.

[701] S. zur Beratungs- und Entstehungsgeschichte ausf. und m. umfassenden Nw.: *R. W. Füßlein/W. Matz*, AöR 75 (1949), S. 346, 349 ff.; *M. Kenntner*, Justiziabler Föderalismus, 2000, S. 129 ff.; *F. Wollenschläger*, in: Bonner Kommentar GG, Art. 72, Rn. 46 ff.

[702] Wortbeitrag vom *G. A. Zinn*, in: Institut zur Förderung öffentlicher Angelegenheiten in Frankfurt a.M. (Hrsg.), Bundesrecht und Bundesgesetzgebung, 1950, S. 97 f. Es ist allerdings nicht gesichert, dass dies die Mehrheitsmeinung im Parlamentarischen Rat war, s.: *M. Kenntner*, Justiziabler Föderalismus, 2000, S. 134 f.

[703] Wortbeitrag von *W. Strauß*, in: Institut zur Förderung öffentlicher Angelegenheiten in Frankfurt a.M. (Hrsg.), Bundesrecht und Bundesgesetzgebung, 1950, S. 176.

[704] S. bereits: BVerfGE 1, 264, 272 f., sowie dann ausf. und in st. Rspr.: BVerfGE 2, 213, 224; BVerfGE 4, 115, 127 f.; BVerfGE 10, 234, 245; BVerfGE 13, 230, 233 f.; BVerfGE 26, 338, 382 f.; BVerfGE 33, 224, 229; BVerfGE 65, 1, 63; BVerfGE 65, 283, 289; BVerfGE 67, 299, 327; BVerfGE 78, 249, 270. Während sich diese Rechtsprechung wohl auf die damals herrschende Literaturmeinung stützen konnte (vgl. etwa: *O. Bachof*, Deutsche Rechtszeitschrift 1950, S. 341, 342 m.w.N.; *G. A. Zinn*, AöR 75 (1949), S. 291, 298), vermag der Hinweis des BVerfG auf die angeblich einhellige Auffassung zur fehlenden Justiziabilität des Art. 9 WRV in Anbetracht der umfassenden akademischen Diskussionen zu diesem Thema nicht zu überzeugen, vgl. nur einerseits: *G. Anschütz*, Die Verfassung des Deutschen Reichs, 14. Aufl. 1933, S. 85; andererseits aber: *F. Poetzsch-Heffter*, Handkommentar der Reichsverfassung, 3. Aufl. 1928, Art. 9, Rn. 8; hierzu m.w.N.: *M. Kenntner*, Justiziabler Föderalismus, 2000, S. 123 f.

[705] S. hierzu besonders anschaulich: BVerfGE 13, 230, 233 f.; BVerfGE 65, 283, 89; BVerfGE 67, 299, 327.

Die zunehmende Kritik an der Marginalisierung der Bundesländer führte zu einer Verschärfung des Art. 72 Abs. 2 GG durch die Verfassungsreform von 1994 hin zu einer Erforderlichkeitsklausel.[706] Nunmehr war das BVerfG vom verfassungsändernden Gesetzgeber ausdrücklich dazu berufen, die Erforderlichkeit von bundeseinheitlichen Regeln zu überprüfen und damit das Kräfteverhältnis von Bund und Ländern neu auszutarieren.[707] Dies stand in deutlichem Kontrast zu der Rechtsprechung des BVerfG, wonach eine Erforderlichkeitsprüfung im Bund-Länder-Verhältnis,[708] sowie die Anwendung des Grundsatzes der Verhältnismäßigkeit allgemein[709] in kompetenzrechtlichen Streitigkeiten[710] zu unterbleiben habe. Im Schrifttum wurde dieser bisherigen Rechtsprechung wegen der Notwendigkeit kategorialer Klarheit von Kompetenzgrenzen[711] und strikten Unterscheidung von grundrechtlichem Freiheitsschutz und Kompetenzstrukturen[712] beigepflichtet.[713]

Art. 72 Abs. 2 GG ist von anderen Stimmen dennoch als Einfallstor für den gesamten Verhältnismäßigkeitsgrundsatz verstanden worden.[714] Dies würde den Schutz der Länder vor einer Kompetenzaushöhlung deutlich stärken.[715] Wenn, wie verschiedentlich betont wird, dem GG insgesamt der Gedanke der Subsidiarität innewohnt[716] und dieser in Art. 72 Abs. 2 GG bloß einen spezifischen Ausdruck findet,[717] scheint außerdem das weit verbreitete Verständnis von einer Voll-

---

[706] S. hierzu m. ausf. Nw.: *C. Neumeyer*, in: FS Martin Kriele, 1997, S. 543, 558 ff.

[707] S. nur: Gesetzesentwurf der Fraktionen der CDU/CSU, SPD und F.D.P. – Entwurf eines Gesetzes zur Änderung des Grundgesetzes (Artikel 3, 20a, 20b, 28, 29, 72, 74, 75, 76, 77, 80. 87, 93, 118a und 125a), BTDrucks 12/633, S. 8; s. hierzu auch: *M. Kenntner*, Justiziabler Föderalismus, 2000, S. 148 f.; *O. Depenheuer*, Zeitschrift für Gesetzgebung 2003, S. 177, 178; zur krit. Diskussion um dieses Ziel s.: *F. Wollenschläger*, in: Bonner Kommentar GG, Art. 72, Rn. 347 Fn. 861.

[708] BVerfGE 67, 256, 289.

[709] Auf die Allgemeinheit dieses Ausschlusses verweist auch: *F. Ossenbühl*, in: FS Peter Lerche, 1993, S. 151, 162.

[710] BVerfGE 81, 310, 338.

[711] So insb.: BVerfGE 67, 256, 289.

[712] S. hierzu nur: *C. Degenhart*, VVDStRL 55 (1996), S. 190, 224; *J. Isensee*, in: Isensee/Kirchhof (Hrsg.), HdB StR IV, 3. Aufl. 2006, § 126, Rn. 126 ff.

[713] S. z.B.: *I. Härtel*, in: Dies. (Hrsg.), Handbuch Föderalismus, Bd. I, 2012, § 19, Rn. 119; *B. P. Kuttenkeuler*, Die Verankerung des Subsidiaritätsprinzips im Grundgesetz, 1998, S. 209; *H. Meyer*, Die Föderalismusreform 2006, 2008, S. 84 ff.; *P. Knorr*, Die Justiziabilität der Erforderlichkeitsklausel i.S.d. Art. 72 II GG, 1998, S. 149 ff. Ausf. zu dieser Diskussion: *A. Heusch*, Der Grundsatz der Verhältnismäßigkeit im Staatsorganisationsrecht, 2003, S. 47 ff.

[714] Vgl. z.B. nur: *M. Kenntner*, Justiziabler Föderalismus, 2000, S. 51 ff.; *Ders.*, NVwZ 2003, S. 821, 823 f.; *C. Calliess*, EuGRZ 2003, S. 181, 194.

[715] Krit. zur Rspr. daher: *W. Rüfner*, FS Josef Isensee, 2007, S. 389, 400.

[716] S. zu diesem Themenkomplex statt vieler: *J. Isensee*, Subsidiaritätsprinzip und Verfassungsrecht, 2. Aufl. 2001, S. 223 ff.; *G. Dürig*, JZ 1953, S. 193, 198; krit. und m. ausf. Nw.: *P. Knorr*, Die Justiziabilität der Erforderlichkeitsklausel i.S.d. Art. 72 II GG, 1998, S. 160 ff.

[717] S. hierzu: *J. Isensee*, in: FS Badura, 2004, S. 689, 710; *H. D. Jarass*, NVwZ 1996, S. 1041, 1042; *B. P. Kuttenkeuler*, Die Verankerung des Subsidiaritätsprinzips im Grundge-

kompetenz des Bundes für nicht von Art. 72 Abs. 2 GG erfasste Teile der konkurrierenden Gesetzgebung, die nicht durch Subsidiaritäts- und Verhältnismäßigkeitsüberlegungen begrenzt werden dürfte,[718] weniger zwingend.[719]

Nach der Einführung des Art. 72 Abs. 2 GG als Erforderlichkeitsklausel lässt sich freilich weiterhin eine grundsätzliche Skepsis gegen die Anwendung einer Verhältnismäßigkeitsprüfung jenseits von Grundrechtsfragen feststellen.[720] Dies wird auch dadurch unterstrichen, dass eine subjektivrechtlich gestaltete föderale Angemessenheitsprüfung im Rahmen von Art. 72 Abs. 2 GG in der Literatur auf strikte Ablehnung gestoßen ist.[721] Auch das BVerfG geht weiterhin davon aus, dass bei einer Auslegung der Kompetenztitel kein Raum für Zweckmäßigkeitsüberlegungen oder an den Grundsätzen der Subsidiarität bzw. der Verhältnismäßigkeit orientierte Abwägungen bleibt.[722] Trotz fortbestehender Kritik[723] befürworten weite Teile der Literatur mittlerweile aber zumindest eine Orientierung am grundrechtlich geprägten Verhältnismäßigkeitsgrundsatz für die Anwendung des Art. 72 Abs. 2 GG.[724]

---

setz, 1998, S. 210, 240 ff.; *T. Herbst*, Gesetzgebungskompetenzen im Bundesstaat, 2014, S. 90 f.

[718] So etwa: *C. Degenhart*, in: Heintzen/Uhle (Hrsg.), Neuere Entwicklungen im Kompetenzrecht, 2014, S. 65, 70 f.; *F. Wollenschläger*, in: Bonner Kommentar GG, Art. 72, Rn. 158; *A. Uhle*, in: Dürig/Herzog/Scholz GG, Art. 72, Rn. 125.

[719] Vgl. hierzu: *R. Stettner*, in: Dreier GG, 2. Aufl. Supplementum 2007, Art. 72, Rn. 19 ff.

[720] Manche Autoren wollen die Verhältnismäßigkeitsprüfung auf die Betroffenheit von subjektiven Rechten begrenzen: *H. D. Jarass*, in: Jarass/Pieroth GG, Art. 20, Rn. 115; *H. Schulze-Fielitz*, in: Dreier GG, Art 20, Rn. 188; *F. Ossenbühl*, in: FS Peter Lerche, 1993, S. 151, 158 ff. *M. Kenntner*, Justiziabler Föderalismus, 2000, S. 18 ff., 51 ff., will föderale Kompetenzzuweisungen als subjektive Rechtspositionen verstehen, um den Verhältnismäßigkeitsgrundsatz anwendbar zu machen. Etwas weiter gehen diejenigen, die bei jedem Eingriff in autonome Rechts- oder Kompetenzsphären die Anwendbarkeit des Verhältnismäßigkeitsgrundsatzes annehmen, s.: *K. P. Sommermann*, in: Huber/Voßkuhle GG, Art. 20, Rn. 318; *A. Heusch*, Der Grundsatz der Verhältnismäßigkeit im Staatsorganisationsrecht, 2003, S. 86 ff.

[721] S. nur, statt vieler: *I. Härtel*, in: Dies (Hrsg.), Handbuch Föderalismus, Bd. I., 2012, § 19, Rn. 120 aus Gründen der Rechtssicherheit; *A. Heusch*, Der Grundsatz der Verhältnismäßigkeit im Staatsorganisationsrecht, 2003, S. 144 ff. unter Verweis auf den Wortlaut; *C. Heitsch*, JöR n.F. 57 (2009), S. 333, 336, weil es für eine Abwägung zwischen Gewinn durch eine bundeseinheitliche Regelung und Verlusten für Länderautonomie keine rationalisierbaren Kriterien gäbe.

[722] Z.B.: BVerfGE 157, 223, 261. Die Ausführungen in BVerfGE 137, 108, 179 entlehnen zwar den Gedanken des Rechtsgüterschutzes aus der Grundrechtsdogmatik, betreffen aber einerseits nur die Kommunen und nicht das Bund-Länder-Verhältnis und knüpfen andererseits nicht an den Grundsatz der Verhältnismäßigkeit an; s. hierzu: *H. P. Aust*, AöR 141 (2016), S. 415, 434. BVerfGE 131, 230, 235 f.; BVerfGE 137, 185, 242, 262; BVerfGE 138, 1, 19 f.; BVerfGE 147, 50, 130 machen die Rechte insbesondere von Kommunen gegenüber dem Staat zum Anknüpfungspunkt für die Anwendbarkeit des Verhältnismäßigkeitsgrundsatzes.

[723] Vgl. insbesondere noch die besonders prägnanten Beiträge von: *C. Neumeyer*, in: FS Martin Kriele, 1997, S. 543, 563 und *P. Knorr*, Die Justiziabilität der Erforderlichkeitsklausel i.S.d. Art. 72 II GG, 1998, S. 149 ff.

[724] S. etwa.: *A. Uhle*, in: Dürig/Herzog/Scholz GG, Art. 72, Rn. 163 f.; *C. Calliess*, DÖV

bb) Rechtsprechungs- und Verfassungsentwicklung

Das BVerfG hat die Potenziale der Einführung einer Erforderlichkeitsklausel in Art. 72 Abs. 2 GG erst acht Jahre nach Einführung im sog. *Altenpflegeurteil* erstmals entfaltet.[725] Es klärte zunächst die Justiziabilität des neuen Art. 72 Abs. 2 GG,[726] definierte die dort vorgesehenen Zielsetzungen bundeseinheitlicher Regeln[727] und formulierte Maßstäbe für die bundesverfassungsgerichtliche Kontrolltätigkeit.[728] Bemerkenswert ist insbesondere, dass sich das BVerfG in seinem *Altenpflegeurteil* ausdrücklich an einer subjektivrechtlich geprägten Verhältnismäßigkeitsprüfung orientierte, indem es Art. 72 Abs. 2 GG als Verpflichtung des Bundes „auf den geringst möglichen Eingriff in das Gesetzgebungsrecht der Länder“[729] auslegte.

Noch deutlicher wurde das BVerfG wenig später in Sachen *Juniorprofessur*.[730] Neben den Ausführungen des BVerfG dazu, ob überhaupt ein den verfassungslegitimen Zielen des Art. 72 Abs. 2 GG entsprechendes Regelungsproblem bestand,[731] äußerte sich das BVerfG auch zu Alternativen zur bundeseinheitlichen Einführung der Juniorprofessur und befand im Wesentlichen, dass kein Problem der Wirtschaftseinheit ersichtlich sei, das nur durch die Einführung der Juniorprofessur zu beseitigen wäre.[732] Insbesondere seien alternative Zugangsvoraussetzungen zu Professuren oder Reformen des Habilitationsverfahrens denkbar.[733]

Zentraler Vorwurf des zu diesem Urteil formulierten Sondervotums[734] war, dass die Prüfung der Erforderlichkeit eines Gesetzes nach seinem konkreten Inhalt eine Verlagerung der Kompetenzprüfung hincin in Fragen der materiellen Rechtmäßigkeit bewirke, den Handlungsspielraum der Gesetzgebung einschränke und mangels belastbarer Kriterien für diese Entscheidungen Gefahr laufe, politische Anliegen statt verfassungsrechtlicher Standards durchzusetzen.[735] Auch blieb die Orientierung am Verhältnismäßigkeitsgrundsatz für Art. 72

1997, S. 889, 895 f.; *D. Krausnick*, DÖV 2005, S. 902, 905 f.; *W. Rüfner*, FS Isensee, 2007, S. 389, 399; *R. Stettner*, JZ 2005, S. 619, 621; *J. Isensee*, FS Badura, 2004, S. 689, 711 f.

[725] BVerfGE 106, 62, 135 ff.

[726] Ebd.

[727] Ebd., 143 ff.

[728] Ebd., 148 ff.

[729] Ebd., 149; s. auch ebd., 143 für eine weitere an die Verhältnismäßigkeit und subjektive Rechte erinnernde Terminologie.

[730] BVerfGE 111, 226, 265 ff.

[731] Ebd., 265.

[732] Ebd., 267.

[733] Ebd.

[734] BVerfGE 111, 226, 274 ff. (abweichende Meinung der Richterinnen *Osterloh* und *Lübbe-Wolff* und des Richters *Gerhardt*).

[735] Ebd., 277 ff. Ob sich dieser Prüfansatz, wie in BVerfGE 106, 62, 149 f. und BVerfGE 113, 167, 197 f. betont wird, aus der Formulierung „wenn und soweit“ ergibt, oder ob, wie BVerfGE 111, 226, 278 (abweichende Meinung der Richterinnen *Osterloh* und *Lübbe-Wolff* und des Richters *Gerhardt*) meint, sich das Gegenteil aus der Formulierung „eine bundesgesetzliche Regelung“ ergibt, kann hier offen bleiben.

Abs. 2 GG nicht widerspruchslos.[736] Der verfassungsändernde Gesetzgeber reagierte mit dem Ziel der Einhegung der Rechtsprechung[737] und beschränkte nur vier Jahre nach dem *Altenpflegeurteil* die Reichweite der Erforderlichkeitsklausel auf wenige Kompetenztitel.[738] Die strengen Vorgaben des BVerfG hatten sich in der politischen Realität als nicht überlebensfähig erwiesen und der Bund gewann Gestaltungsfreiräume zurück.[739] Die Literatur bleibt von einem Ringen um die adäquaten Prüfmaßstäbe des Art. 72 Abs. 2 GG geprägt.[740]

Das BVerfG wollte zwar im verbliebenen Rahmen an seiner strikten Erforderlichkeitsprüfung festhalten,[741] gleichwohl begann es, die Einschätzungsprärogative des Gesetzgebers offener zu formulieren.[742] Außerdem reduzierte es seine Kontrolldichte auf eine Vertretbarkeits- oder Plausibilitätskontrolle,[743] und das auch in Urteilen mit kontrollintensiven Maßstabsformulierungen.[744] Ohne immer ausdrücklich auf eine Einschätzungsprärogative des Gesetzgebers abzustellen,[745] hat es, soweit ersichtlich, eine Regelung nicht mehr kassiert, weil Alternativen in der Landesgesetzgebung denkbar schienen. Wenn der Art. 72 Abs. 2 GG mehr als nur oberflächlich gestreift wird,[746] macht die Glaubhaftmachung einer Gefahr für die Einheit von Lebensverhältnissen, Wirtschafts- oder Rechtsordnung den Schwerpunkt der Prüfung aus.[747] Auch eine zu stark am Verhältnismäßigkeitsgrundsatz orientierte Terminologie wird vermieden.[748]

cc) Eigener föderaler Maßstab statt subjektiv föderale Erforderlichkeitsprüfung

In der Entwicklungs- und Anwendungsgeschichte des Art. 72 Abs. 2 GG stellen die Urteile in Sachen *Juniorprofessur* und *Altenpflege* sowohl in ihrer Kontrolldichte als auch in ihrer prononcierten Orientierung an einem grundrechtlichen

---

[736] Eine Orientierung des Art. 72 Abs. 2 GG am Verhältnismäßigkeitsgrundsatz lehnen z.B. *C. Neumeyer*, in: FS Martin Kriele, 1997, S. 543, 563 und *P. Knorr*, Die Justiziabilität der Erforderlichkeitsklausel i.S.d. Art. 72 II GG, 1998, S. 149 ff. ab.

[737] S. hierzu nur, statt vieler: *K. Gerstenberg*, Zu den Gesetzgebungs- und Verwaltungskompetenzen nach der Föderalismusreform, 2009, S. 236 ff.

[738] S. hierzu ausf.: *S. Schubert*, Zeitschrift für Staats- und Europawissenschaften 3 (2006), S. 124, 138 f.

[739] Vgl. zu dieser Machtumverteilung: *C. Panara*, European Public Law 22 (2016), S. 305, 312; *G. Taylor*, ICON 7 (2009), S. 139, 142.

[740] S. hierzu den umfassenden Überblick bei: *F. Wollenschläger*, in: Bonner Kommentar GG, Art. 72, Rn. 365 ff.

[741] BVerfGE 140, 65, 95 ff.

[742] BVerfGE 119, 59, 82 f.; BVerfGE 138, 136, 177; BVerfGE 140, 65, 94 f.; etwas restriktiver formuliert es hingegen in BVerfGE 135, 155, 204.

[743] BVerfGE 119, 59, 81 f.; BVerfGE 125, 141, 155 ff.; BVerfGE 138, 136, 178.

[744] So: BVerfGE 135, 155, 204 f.

[745] Vgl. etwa: BVerfGE 122, 1, 21 f.; BVerfGE 126, 331, 357.

[746] Wie etwa in: BVerfGE 148, 40, 49; BVerfGE 155, 310, 349.

[747] Vgl. etwa: BVerfGE 125, 141, 156 ff.

[748] Vgl. z.B. BVerfGE 111, 226, 253 ff.; BVerfGE 112, 226, 242 ff.; BVerfGE 125, 141, 154 ff.; BVerfGE 140, 65, 79 ff.; s. hierzu: *H. P. Aust*, AöR 141 (2016), S. 415, 436.

Verständnis von Verhältnismäßigkeit, Ausreißer dar. Das zeitweise starke verfassungsrechtliche Mandat für einen kraftvollen Schutz von Länderkompetenzen durch das BVerfG wurde erheblich abgeschwächt, woran sich auch die Rechtsprechung zunehmend orientiert.

Doch eine genauere Analyse gerade dieser beiden Urteile zeigt, dass es sich auch hier nur in sehr begrenztem Ausmaß um die Entfaltung einer subjektivrechtlich gestalteten föderalen Erforderlichkeitsprüfung handelte. Schwerpunkt der Prüfung im *Altenpflegeurteil* war die Frage nach hinreichenden Tatsachengrundlagen für den Erlass einer bundeseinheitlichen Regel, die das BVerfG trotz erkennbarer Mängel in der Datenlage[749] bejahte. Diese Tatsachengrundlage belegt jedoch an keiner Stelle die Unzulänglichkeit potenzieller landesrechtlicher Regelungen, blendet also einen zentralen Aspekt einer subjektivrechtlich geprägten föderalen Erforderlichkeitsprüfung aus. Die Eignung der bundeseinheitlichen Altenpflegeregelungen zur Wahrung der Wirtschaftseinheit im gesamtstaatlichen Interesse wurde ebenfalls bejaht, ebenso wie die diesbezügliche Eignung einzelner Regeln dieses Gesetzes, da sie zum Erfolg des Regelungskonzepts des Bundes beitrugen.[750] Das BVerfG forderte also eine überzeugende Tatsachenwürdigung durch den Gesetzgeber, um die Notwendigkeit eines bundeseinheitlichen Handelns zu belegen und beschränkte sich ansonsten auf die Feststellung der Eignung der Regelungen zur Erreichung eines verfassungslegitimen Ziels. Eine Auseinandersetzung mit landesrechtlichen Alternativen fand nur insoweit statt, wie das BVerfG die aktuelle Rechtslage in den Ländern als unzureichend zur Wahrung der Wirtschaftseinheit beurteilte.[751] Ob potenzielle Landesregelungen zur Zielerreichung ebenso zielführend sein könnten, spielte keine Rolle. Das BVerfG beließ es bei einer Prozesskontrolle[752] und einer auf Plausibilitätserwägungen begrenzten Eignungsprüfung.

Und auch wenn sich das BVerfG in Sachen *Juniorprofessur* zu möglichen Alternativmaßnahmen verhielt, so machte es nur im Maßstabsteil explizit, dass landesrechtliche Maßnahmen als Alternativmaßnahmen in Betracht kommen.[753] Bei der Beschäftigung mit den konkreten Alternativen zur bundeseinheitlichen Einführung der Juniorprofessur wird vom BVerfG nicht präzisiert, ob es sich um bundes- oder landesrechtliche Regelungen handeln soll.[754] Wenn es, wie der Maßstabsteil nahelegt, um eine Sperrwirkung des Art. 72 Abs. 2 GG durch zielfüh-

[749] BVerfGE 106, 62, 158 f.

[750] Ebd., 162 ff.

[751] Ebd., 160 f.

[752] Eine ähnlich niedrigschwellige, nämlich auf das völlige Fehlen von Äußerungen zur Erforderlichkeit in den Gesetzgebungsmaterialien abstellende Prüfung nahm das BVerfG vor in: BVerfGE 111, 10, 28 f.

[753] BVerfGE 111, 226, 254.

[754] Ebd., 267. Die Verengung des Handlungsspielraums der Universitäten durch eine bundeseinheitliche Regelung bezieht das BVerfG ausdrücklich auf die unterschiedlichen tatsächlichen Gegebenheiten in den Fachbereichen und nicht auf die Homogenisierung allein durch Bundesgesetzgebung.

rende Maßnahmen der Länder gehen soll, steht deren Fähigkeit zur Zielerreichung in Rede. Zwar sind Handlungen der Länder fraglos für die Handlungsfreiheit der Länder mildere Mittel als bundesrechtliche Regelungen, doch verschiebt sich hier, der Unterscheidung von Subsidiarität und Verhältnismäßigkeit im Unionsrecht nicht unähnlich, die Perspektive der Prüfung weg vom Handlungsfreiraum der Länder als grundrechtsäquivalentem Freiraum unter Schutz des Verhältnismäßigkeitsgrundsatzes, hin zum Regelungspotenzial der Länder. Und wenn das BVerfG auch bundesrechtliche Vorgaben zulassen wollte, fehlt es an der Klärung, warum diese Regelungen aus Sicht der Länder weniger einschränkend gewesen wären. Im Fokus steht damit jeweils nicht ein Verständnis von Handlungsspielräumen der Länder als grundrechtsäquivalente Schutzbereiche.

Selbst in seiner kraftvollsten Anwendung durch das BVerfG handelte es sich somit bei Art. 72 Abs. 2 GG eher um die Entfaltung eines mit gewissen Denkmustern der Verhältnismäßigkeitsprüfung verwandten, aber doch eigenständigen föderalen Prüfungsmaßstabs. Hinweise auf die Entfaltung einer subjektiv föderalen Erforderlichkeitsprüfung im Rahmen von Art. 72 Abs. 2 GG sind mittlerweile allerdings selten geworden und die verfassungsgerichtliche Praxis fügt sich wieder deutlicher in die grundsätzliche Skepsis gegenüber der Verhältnismäßigkeit im Staatsorganisationsrecht ein.

b) Kommunale Selbstverwaltungsgarantie als grundrechtsäquivalenter Freiraum unter Verhältnismäßigkeitsvorbehalt nach Art. 28 Abs. 2 GG

Der Gesetzgeber unterliegt bei Einschränkungen des kommunalen Selbstverwaltungsrechts der Schranken-Schranke des Grundsatzes der Verhältnismäßigkeit.[755] Das BVerfG wendet in Art. 28 Abs. 2 GG alle aus dem Grundrechtsbereich bekannten Prüfschritte der Verhältnismäßigkeitsprüfung an.[756] In seinem *Rastede*-Beschluss hatte es die Anwendung des Verhältnismäßigkeitsgrundsatzes noch gemieden. Dies passt zur Festigung der Ansicht in der Rechtsprechung, dass Art. 28 Abs. 2 GG kein Grundrecht, sondern eine institutionelle Garantie enthalte,[757] worauf der Verhältnismäßigkeitsgrundsatz nicht leicht übertragbar schien. In der Tat ist die kommunale Selbstverwaltungsgarantie des GG im Grundsatz objektiv-rechtlich konzipiert.[758] Gleichzeitig rekurrierte die *Rastede*-

---

[755] BVerfGE 103, 332, 366 f.; BVerfGE 125, 141, 167; BVerfGE 147, 185, 245 ff.; BVerfGE 155, 310, 330; vgl. auch: *V. Mehde*, in: Dürig/Herzog/Scholz GG, Art. 28 Abs. 2, Rn. 118; *H. D. Jarass*, in: Jarass/Pieroth GG, Art. 28, Rn. 38; *C. Ernst*, in: von Münch/Kunig GG, Art. 28, Rn. 167.

[756] S. hierzu ausf.: *V. Mehde*, in: Dürig/Herzog/Scholz GG, Art. 28 Abs. 2, Rn. 118 ff.

[757] Offengelassen noch in: BVerfGE 1, 167, 173; dann aber: BVerfGE 48, 64, 79; BVerfGE 58, 117, 189; BVerfGE 79, 127, 143.

[758] S. hierzu ausf.: *M. Kenntner*, Justiziabler Föderalismus, 2000, S. 71 ff. Grundlegend waren die Arbeiten *Carl Schmitts* zu den institutionellen Garantien, s. hierzu ausf.: *A. Engels*, Die Verfassungsgarantie der kommunalen Selbstverwaltung, 2014, S. 32 ff.

Entscheidung sehr wohl implizit auf die Kategorien des Grundsatzes der Verhältnismäßigkeit,[759] indem die kommunale Selbstverwaltungsgarantie auch jenseits eines absoluten Kernbereichsschutzes thematisiert wurde.[760]

Ganz ähnlich wie bei den Grundrechtsgarantien des GG schützt Art. 28 Abs. 2 GG die Selbstverwaltung der Gemeinden und Gemeindeverbände „im Rahmen der Gesetze". Es stellte sich auch hier das Bindungsproblem[761] einer Gewährleistung der gemeindlichen Selbstverwaltung, auf die der Zugriff per Gesetz eröffnet war.[762] Ähnlich wie in ersten Versuchen aus dem Grundrechtsbereich[763] sollte die Gefahr einer gesetzlichen Aushöhlung der Selbstverwaltungsgarantie zunächst durch einen Kernbereichsschutz gebannt werden.[764] Hier duplizierten sich die aus dem Grundrechtsschutz bekannten Definitionsschwierigkeiten zur Festlegung eines Kernbereichs[765] und wie auch im Bereich der Grundrechte konnte dieses Problem durch die Anwendung des Grundsatzes der Verhältnismäßigkeit gelöst werden.

Nicht nur strukturell sind damit zahlreiche Parallelen zu den Bedingungen gegeben, in denen ein subjektiv ausgerichteter Verhältnismäßigkeitsgrundsatz besonders gut entfaltet werden konnte. Wenn es sich bei der kommunalen Selbstverwaltungsgarantie nicht um ein Grundrecht handelt, so folgt doch aus Art. 28 Abs. 2 S. 1 GG unmittelbar ein subjektivrechtlicher Schutzanspruch der Gemeinde.[766] Die Konzeption der kommunalen Selbstverwaltungsgarantie als Freiheitssphäre mit gesetzgeberischen Eingriffsmöglichkeiten unter Verhältnismäßigkeitsvorbehalt wird schließlich durch die Rechtsschutzmöglichkeiten vor den Verwaltungsgerichten über § 42 Abs. 2 VwGO[767] und insbesondere durch die Kommunalverfassungsbeschwerde komplettiert. Mag es sich bei ihr auch um ein spezifisches Normenkontrollverfahren handeln,[768] so gelten für sie prozessual

---

[759] *K. Waechter*, AöR 135 (2010), S. 327, 356.

[760] BVerfGE 79, 127, 147 ff.

[761] S. zum grundrechtlichen Bindungsproblem nur: *R. Poscher*, in: Herdegen/Masing/Poscher/Gärditz (Hrsg.), HdB VerfR, 2021, § 3, Rn. 23 ff.

[762] S. zum Gesetzesvorbehalt des Art. 28 Abs. 2 GG präzise: BVerfGE 79, 127, 143.

[763] S. hierzu nur die Andeutungen in: BVerfGE 1, 167, 175, BVerfGE 2, 266, 285; ausf.: *C. Bumke*, Der Grundrechtsvorbehalt, 1998, S. 123 ff.

[764] S. hierzu grundlegend: BVerfGE 11, 266, 274; BVerfGE 22, 180, 205; BVerfGE 50, 195, 202; BVerfGE 79, 127, 146.; s. ferner: *A. Katz*/*K. Ritgen*, DVBl 2008, S. 1525, 1535 f.

[765] Treffend: *F. Ossenbühl*, Energierechtsreform und kommunale Selbstverwaltung, 1998, S. 53: „definiens indefinibilis".

[766] BVerfGE 137, 108, 155; BVerfGE 147, 185, 212; BVerfGE 150, 1, 105 f.; *C. Ernst*, in: von Münch/Kunig GG, Art. 28, Rn. 87; *T. Mann*, in: Bonner Kommentar GG, Art. 28, Rn. 154; *H. Bethge*, in: Schmidt-Bleibtreu/Klein/Bethge, BVerfGG, § 91, Rn. 14

[767] BVerwGE 31, 263, 264; BVerwGE 31, 345, 349 f.; *R. Steinberg*, DVBl 1982, S. 13, 17 ff.; *T. Mann*, in: Bonner Kommentar GG, Art. 28, Rn. 154.

[768] *H. Bethge*, in: Schmidt-Bleibtreu/Klein/Bethge, BVerfGG, § 91, Rn. 102; *A. Voßkuhle*, in: Huber/Voßkuhle GG; Art. 93, Rn. 196; *C. Burkiczak*, in: Bonner Kommentar GG, Art. 93, Rn. 510; *K. Schlaich*/*S. Korioth*, Das Bundesverfassungsgericht, 12. Aufl. 2021, Rn. 192.

doch weitestgehend die Regeln über die Individualverfassungsbeschwerde.[769] Sie dient zwar dem Schutz der objektiven Selbstverwaltungsgarantie,[770] gewährleistet diesen aber durch eine Subjektivierung dieser Garantie zu Rechtsschutzzwecken, was eine subjektivrechtlich ausgerichtete Verhältnismäßigkeitsprüfung begünstigt.

Für die Anwendung eines subjektivrechtlich ausgerichteten Grundsatzes der Verhältnismäßigkeit im Verhältnis von Staat und Kommune bedurfte es folglich der grundgesetzlichen Garantie eines spezifisch kommunalen Handlungsspielraumes, der gleichzeitig dem gesetzgeberischen Zugriff geöffnet wurde und als subjektivrechtlicher Schutzanspruch der Gemeinde ausgelegt wurde, sodass durch die Einrichtung entsprechender Beschwerdemechanismen eine grundsätzlich objektive Garantie letztlich wie eine subjektive Rechtsposition behandelt wurde.[771] Insofern ist die Anwendung des Grundsatzes der Verhältnismäßigkeit im Rahmen des Art. 28 Abs. 2 GG ein Beleg für eine auch im staatsorganisationsrechtlichen Bereich fruchtbar gemachte, subjektivrechtlich ausgerichtete Verhältnismäßigkeitsprüfung. Sie unterliegt allerdings in ihrem Fokus auf die Rechtsstellung der Gemeinde erheblichen Begrenzungen und ist das Resultat einer ganzen Reihe von besonderen Voraussetzungen.

c) Fazit

Es überrascht wegen der in Deutschland geprägten subjektivrechtlichen Tradition des Grundsatzes der Verhältnismäßigkeit nicht, dass seine Anwendung jenseits des Grundrechtsschutzes strittig ist und zur Bewältigung der föderalen Spannungslage kaum entfaltet wurde. Selbst die Stärkung der Erforderlichkeitsklausel in Art. 72 Abs. 2 GG hat nur in sehr begrenztem Umfang zur Etablierung einer Erforderlichkeitsprüfung mit subjektivrechtlicher Qualität zum Schutz der Handlungsfreiheit der Länder geführt und ist mittlerweile von der Verfassungs- und Rechtsprechungsentwicklung auch weitegehend wieder zurückgedrängt worden. Erst die umfassende Subjektivierung der kommunalen Selbstverwaltungsgarantie unter dem Grundgesetz hat es ermöglicht, dass eine Verhältnismäßigkeitsprüfung in der Beziehung von Staat und Gemeinde etabliert werden konnte. Die klassisch föderale Spannungslage zwischen Bundesstaat und Gliedstaaten wird damit aber nicht geregelt.

---

[769] *F. Scheffczyk*, in: Beck-OK BVerfGG, § 91, Rn. 2; *C. Walter*, in: Dürig/Herzog/Scholz GG, Art. 93, Rn. 420.

[770] *S. Detterbeck*, in: Sachs GG, Art. 93, Rn. 100.

[771] Zur Subjektivierung der kommunalen Selbstverwaltungsgarantie schon treffend und konzise: *K. Stern*, StaatsR I, 2. Aufl. 1984, S. 408 ff.

5. Fazit

Rechtsvergleichend zeigt sich, dass es nicht völlig beispiellos wäre, föderale Spannungslagen mit Verhältnismäßigkeitsüberlegungen rechtlich handhabbar und kontrollierbar machen zu wollen. Allerdings sind in keinem der hier untersuchten System die Höchstgerichte mit der Prüfung betraut, ob eine Maßnahme der zentralen Ebene in unverhältnismäßiger Art und Weise unter Anwendung aller aus dem Grundrechtsbereich anerkannten Prüfschritte in die Handlungsfreiheit der unteren Ebene eingreift.

Dieses Vorgehen liegt dort besonders nahe, wo die Ausgestaltung des föderalen Systems tatsächlich auf der Vorstellung von räumlich gedachten Handlungsfreiräumen der Glieder des föderalen Systems beruht, wie es insbesondere in Kanada der Fall ist. Doch selbst dort handelt es sich bei dem *scale of impact* Test als subjektiv föderale Angemessenheitsprüfung lediglich um einen begrenzenden Faktor für eine Bundeskompetenz kraft Natur der Sache, die aufgrund ihrer Ausgestaltung keine eigenständige Funktion hat. Auch beim Schutz der kommunalen Selbstverwaltung nach Art. 28 Abs. 2 GG sorgt die Vorstellung von Freiräumen, in welche der Bund eingreifen kann, für die Anwendbarkeit einer subjektiv auf den Schutz dieser Freiräume ausgerichteten Verhältnismäßigkeitsprüfung.

Wo die Vorstellung von Freiräumen mit Eingriffsvorbehalt nicht ohne Weiteres anwendbar ist, fällt eine subjektivrechtlich ausgerichtete föderale Verhältnismäßigkeitsprüfung schwer. Zwar operieren sowohl der US Supreme Court zur Begrenzung der Durchführungsklausel des 14. Verfassungszusatzes als auch das BVerfG bzgl. Art. 72 Abs. 2 GG mit der Erforderlichkeit des Bundeshandelns. Allerdings handelt es sich hierbei in den USA um eine spezifische Prüfung der Passgenauigkeit von Bundeshandeln und Grundrechtsverletzung und eben nicht um eine subjektivrechtlich geprägte föderal ausgerichtete Erforderlichkeitsprüfung nach grundrechtlichem Vorbild. Die schwankende Maßstabsbildung und Anwendung des Art. 72 Abs. 2 GG hat schließlich eindrücklich gezeigt, dass in einem verschränkten föderalen System, das gerade nicht in „den Kategorien von Freiraum und Eingriff“[772] denkt, ein grundrechtlich orientierter Erforderlichkeitsmaßstab systemfremd bleibt und kaum operationalisierbar ist.

Damit die mit einer subjektivrechtlich geprägten föderalen Verhältnismäßigkeitsprüfung notwendigen Abwägungsentscheidung zum Repertoire föderaler Höchstgerichte gezählt werden können, muss also zunächst etabliert werden, dass die Glieder allein ihnen zustehende Handlungsspielräume haben, in welche die zentrale Ebene zwar eingreifen kann, wobei dieser Eingriff jedoch unter den Vorbehalt der Verhältnismäßigkeit gestellt wird. Doch selbst dort, wo diese Bedingungen grundsätzlich gegeben sind, handelt es sich bei Anleihen an den Verhältnismäßigkeitsgrundsatz eher nur um Marginalien. Dies fügt sich in den allgemeineren Befund der rechtsvergleichenden Föderalismusforschung ein, wo-

[772] BVerfGE 81, 310, 338.

nach eine vertikale Kompetenzkontrolle durch Höchstgerichte anhand von rechtlichen Maßstäben zwar möglich ist,[773] der Fokus hierbei aber zur Vermeidung von politischem Dezisionismus auf einer Kontrolle der hinreichenden Berücksichtigung der föderalen Spannungslagen im politischen Entscheidungsprozess liegt.[774]

Die mit einer subjektiv föderalen Verhältnismäßigkeit verbundene Einführung nicht völlig rationalisierbarer Abwägungsentscheidungen zur richtigen Balance zwischen Einheit und Vielfalt hat sich in anderen föderalen Systemen nicht belegen lassen. Die Auslegung des Art. 5 Abs. 4 EUV als eine subjektiv föderale Verhältnismäßigkeitsprüfung oder die Einführung einer solchen Vorgabe wäre damit rechtsvergleichend eine föderale Anomalie. Selbst Systeme, in denen das Denken in kompetenziellen Handlungsfreiräumen wegen ihrer dualistischen Ausgestaltung nicht fernliegt, haben sich des Primats der politischen Aushandlung dieser föderalen Balance nicht umfassend durch föderal subjektive Verhältnismäßigkeitsüberlegungen entledigen können. Dies sollte zur Zurückhaltung mahnen, solche Vorstellungen auch in der EU umsetzen zu wollen.

VI. Fazit

Art. 5 Abs. 4 EUV ist nicht so auszulegen, dass er die Handlungsfreiheit der Mitgliedstaaten schützt, indem er Beschränkungen dieser Handlungsfreiheit durch unionsrechtliche Vorgaben unter einen Verhältnismäßigkeitsvorbehalt stellen würde.

Als Eindämmung zentripetaler Verschiebungen von Zuständigkeitsbereichen von den Mitgliedstaaten hin zur Union wäre ein solches Verständnis ausgerechnet bei der Ausübung ausschließlicher Zuständigkeiten der EU aufgrund fehlender schützenswerter Handlungsspielräume der Mitgliedstaaten begrenzt und es könnte darüber hinaus auch nicht die Zuständigkeitsgrenzen der EU einhegen, sondern lediglich die Wahrnehmung der Zuständigkeiten eingrenzen.

Jedenfalls sprechen aber der Wortlaut und ein systematischer Vergleich mit Art. 52 Abs. 1 S. 2 GRC dagegen, dass in Art. 5 Abs. 4 EUV ein vom gesamtbilanzierenden allgemeinem Rechtsgrundsatz des Unionsrechts abweichender subjektiv föderaler Verhältnismäßigkeitsgrundsatz normiert wurde. Auch historische Zeugnisse aus der Zeit der Schaffung des Art. 3b Abs. 3 EGV als Vorgänger dieser Norm stützen diesen Eindruck. Ein Kompetenzdrift, den ein solches Verständnis von Art. 5 Abs. 4 EUV adressieren möchte, ist darüber hinaus jedenfalls *de lege lata* bloße Konsequenz der Ausgestaltung der Zuständigkeitsordnung des Unionsrechts und kein Problem, das mit Mitteln des geltenden Unionsrechts zu bekämpfen wäre. Schließlich würde dieser Zugriff die konstruktive Rolle der

[773] S. hierzu: *T. von Danwitz*, AöR 131 (2006), S. 510, 551 ff.

[774] *D. Halberstam*, in: Caldeira/Kelemen/Wittington (Hrsg.) Oxford Handbook of Law and Politics, 2008, S. 142, 160; *T. von Danwitz*, AöR 131 (2006), S. 510, 575.

Mitgliedstaaten im Integrationsprozess verkennen und die Schutzbedürftigkeit von rein mitgliedstaatlichen Handlungsbereichen im vertikal integrierten, zielbezogenen Föderalismus der EU deutlich überzeichnen.

Schließlich würde es sich bei der Einführung einer subjektiv föderalen Verhältnismäßigkeitsprüfung rechtsvergleichend um eine Anomalie handeln. Anleihen an Argumentationsmuster des Verhältnismäßigkeitsgrundsatzes lassen sich zwar auch in anderen föderalen Systemen finden, eine subjektivrechtlich geprägte föderale Verhältnismäßigkeitsprüfung ist aber nicht wirkmächtig etabliert worden. Die damit einhergehenden Entscheidungsspielräume von Höchstgerichten würden ihre Rolle im Föderalismus, die rechtsvergleichend vor allem auf der Sicherung einer funktionierenden politischen Aushandlung der föderalen Balance besteht, überspannen.

D. Würdigung des gesamtbilanzierenden Ansatzes im Föderalismus der EU

Im Vergleich mit dem soeben diskutierten subjektiv föderalen Ansatz fügt sich ein gesamtbilanzierender Prüfungszugriff auf Art. 5 Abs. 4 EUV deutlich besser in das System der Verträge ein und stellt sich auch als adäquateres Verständnis der Norm dar (I.). Gleichwohl kann die Anwendung dieses Prüfzugriffs unter Berücksichtigung mitgliedstaatlicher Interessen durch den EuGH nicht immer überzeugen und bleibt insgesamt blass (II.).

I. Gesamtbilanzierung als Operationalisierung des Art. 5 Abs. 4 EUV

Spiegelbildlich zu den Argumenten, die gegen die Anwendung eines subjektiv föderalen Prüfzugriffs auf Art. 5 Abs. 4 EUV sprechen, lassen sich die Gründe formulieren, die für ein gesamtbilanzierendes Verständnis unter Einbeziehung mitgliedstaatlicher Interessen sprechen.

So ist ein gesamtbilanzierender Prüfzugriff nicht darauf angewiesen, dass mitgliedstaatliche Handlungsspielräume existieren, für die er als Eingriffsschranke fungieren kann. Vielmehr genügt die Betroffenheit jedes denkbaren Interesses. So liefe der Vorbehalt des Art. 5 Abs. 4 EUV im Rahmen der Ausübung der ausschließlichen Unionszuständigkeit nicht leer, sondern würde weiterhin alle betroffenen Interessen in ein ausgewogenes Verhältnis bringen wollen. Insbesondere können hier auch finanzielle Belastungen der Mitgliedstaaten zur Sprache kommen. Weil der Grundsatz der Verhältnismäßigkeit aufgrund der Beschränkung des Subsidiaritätsgrundsatzes die einzige Schranke für die Ausübung der Unionszuständigkeiten ist,[775] liegt in einem gesamtbilanzierenden Ansatz die Möglichkeit, dieses Potenzial nicht unnötig zu verengen.

---

[775] Conférence de presse conjointe de MM. Cavaco Silva et Delors à l'issue du Conseil européen v. 27.06.1992, S. 4 f.; Conseil 'Affaires Générales' v. 20.07.1992, Intervention de M.

Auch der Wortlaut des Art. 5 Abs. 4 EUV spricht deutlich für die Anwendung eines gesamtbilanzierenden Prüfzugriffs. Die Formulierung des Art. 5 Abs. 4 EUV gibt keine Fokussierung auf mitgliedstaatliche Belange vor, erhält aber durch Art. 5 S. 5 SubProt Präzisierungen für die zu berücksichtigenden Interessen, die deutlich über den Kreis mitgliedstaatlicher Interessen hinausgehen. Zwar gilt Art. 5 S. 5 SubProt nur für den Gesetzgebungsprozess, es ist aber nicht zu erklären, wieso eine Berücksichtigung der dort genannten Belange gem. Art. 5 Abs. 4 UAbs. 2 EUV eine Anwendung des Grundsatzes der Verhältnismäßigkeit darstellen kann, diese Belange aber im restlichen Anwendungsbereich zu ignorieren und allein mitgliedstaatliche Belange in Art. 5 Abs. 4 EUV einzubeziehen wären. Sollen aber durch Art. 5 Abs. 4 EUV die in Art. 5 S. 5 SubProt gelisteten Belange in der Verhältnismäßigkeitsprüfung bedacht werden,[776] führt dies in multipolaren Interessenlagen zur Anwendung eines gesamtbilanzierenden Prüfzugriffs auf Art. 5 Abs. 4 EUV.

Der Hinweis des Art. 5 Abs. 4 EUV auf die formale Verhältnismäßigkeit einer Norm würde außerdem die mit der Handlungsformenwahl verbundenen Spannungslagen nur sehr unzureichend treffen, wenn nicht auch die Interessen von anderen Akteuren als nur den Mitgliedstaaten berücksichtigt werden würden. Das entsprach nicht nur bereits dem Verständnis der Kommission im Jahr 1992,[777] sondern wird auch der Komplexität der Rechtssetzung in der EU gerecht: Je nach Inhalt der fraglichen Regelung mag es für Betroffene günstiger sein, wenn diese unmittelbar und in der ganzen EU gelten,[778] oder sie mögen es vorziehen, dass im Rahmen von Regelungsspielräumen in der Umsetzung durch die Mitgliedstaaten noch Chancen verbleiben, strengen Vorgaben zu entgehen. Ebenfalls mögen gerade die Mitgliedstaaten grundsätzlich ein Interesse an einheitlichen Regeln im Beihilfenrecht haben, während Wirtschaftsteilnehmende hier grundsätzlich von größeren Handlungsspielräumen einzelner Mitgliedstaaten profitieren könnten. Diese komplizierten Interessenlagen, die auch mit der Handlungsformenwahl zusammenhängen aus dem Anwendungsbereich des Art. 5 Abs. 4 EUV ausnehmen zu wollen und auf einen Antagonismus von unionaler Zentralisierung und mitgliedstaatlicher Handlungsvielfalt verkürzen zu wollen, erscheint künstlich und wenig sachgerecht.

Darüber hinaus finden sich aus der Zeit der Schaffung des Vertrags von Maastricht genügend Hinweise darauf, dass Art. 3b Abs. 3 EGV die Normierung des

---

Delors – Subsidiarité, S. 3; Conférence interinstitutionnelle sur la subsidiarité et la transparence, tenue à Bruxelles, le 10.11.1992 – Texte intégral de l'intervention du Président Delors, S. 3 f.

[776] So: *K. Lenaerts/P. van Nuffel*, EU Constitutional Law, 2021, S. 107; *V. Kosta*, in: Mendes (Hrsg.), EU Executive Discretion and the Limits of Law, 2019, S. 198, 204.

[777] Conseil 'Affaires Générales' v. 20.07.1992, Intervention de M. Delors – Subsidiarité, S. 3.

[778] *F. Rösch*, Zur Rechtsformenwahl des europäischen Gesetzgebers im Lichte des Verhältnismäßigkeitsgrundsatzes, 2013, S. 158.; *C. Ladenburger*, ZEuS 2011, S. 389, 397 f.

allgemeinen, gesamtbilanzierenden Grundsatzes der Verhältnismäßigkeit als Maßstab des Handelns des Unionsrechts darstellen sollte, wenn auch unter besonderer Betonung der in diesem Zugriff ebenfalls zu berücksichtigenden mitgliedstaatlichen Interessen.[779] Da schließlich die Herren der Verträge mit Art. 52 Abs. 1 S. 2 GRC gezeigt haben, dass sie durchaus in der Lage sind, in Abkehr von der bisherigen gesamtbilanzierenden Rechtsprechung des EuGH einen subjektivrechtlich geprägten Prüfzugriff im Grundrechtsbereich zu normieren, lässt sich eine umfassende Korrektur der gesamtbilanzierenden Rechtsprechung hin zu einer subjektiv föderalen Rechtsprechung nicht begründen.

Jenseits der Normauslegung fügt sich ein gesamtbilanzierender Prüfzugriff unter Berücksichtigung mitgliedstaatlicher Belange besser in das föderale System der EU ein. Gerade aufgrund der vielfachen Verschränkungen von EU und Mitgliedstaaten und der von den Mitgliedstaaten ausgehenden zielbezogenen Schaffung der EU ist die Herstellung einer föderalen Balance nicht allein davon abhängig, wie stark den Mitgliedstaaten Handlungsspielräume genommen werden. Anders als ein subjektivrechtlich geprägter föderaler Prüfzugriff insinuiert, geht es bei der Zuständigkeitsausübung der EU eben nicht nur darum, auf Kosten mitgliedstaatlicher Vielfalt Vereinheitlichung herbeizuführen, sondern unter maßgeblicher Beteiligung der Mitgliedstaaten auf politischem Wege die gemeinsamen Ziele zu erreichen. Aufgrund der größeren Bedeutung der Gliedstaaten für die zentrale Ebene sind vertikal föderale Systeme wie die EU oder Deutschland allgemein besser darin, die Interessen der Glieder zu schützen.[780] In Ermangelung einer entsprechenden klaren vertraglichen Vorgabe sollte dieser Schutz nicht künstlich durch die Erfindung einer subjektivrechtlich geprägten föderalen Verhältnismäßigkeitsprüfung überspannt werden. Nach alldem lässt sich der gesamtbilanzierende Prüfzugriff und damit auch die nicht spezifisch föderale Machtfülle des EuGH in Anwendung des Art. 5 Abs. 4 EUV deutlich überzeugender aus den Verträgen ableiten und besser mit dem politischen System der EU wie mit der rechtsvergleichenden Rolle von Höchstgerichten in föderalen Systemen in Einklang bringen als der subjektivrechtlich geprägte föderale Prüfzugriff auf diese Norm aus der deutschen Literatur.

Dennoch bleibt es dabei, dass der EuGH durch dieses Verständnis von Art. 5 Abs. 4 EUV jedenfalls jenseits von offensichtlichen Disproportionalitäten nicht

---

[779] S. nur erneut: Direction Générale des Études v. 10.09.1992, Note sur le principe de subsidiarité et la communauté européenne, S. 9; Commission Européenne v. 27.10.1992, Le Principe de Subsidiarité, SEC(92) 1990 final, S. 2; Europäischer Rat v. 11.–12.12.1992, Gesamtkonzept für die Anwendung des Subsidiaritätsprinzips und des Artikels 3b des Vertrags über die Europäische Union durch den Rat, SN/456/92, Teil A Anlage 1, S. 12, 14; Conseil 'Affaires Générales' v. 20.07.1992, Intervention de M. Delors – Subsidiarité, S. 3; Parlement Européen, Résolution commune sur la mise en oeuvre du principe de subsidiarité, B3–1514 et 1520/92, S. 54; White Paper on Denmark and the Maastricht Treaty, Okt. 1992, SN 4364/92, S. 13.

[780] S. hierzu ausf.: *D. Halberstam/R. M. Hills Jr.*, Annals of the American Academy of Political and Social Science 574 (2001), S. 173, 178 ff.

völlig rationalisierbare Abwägungsentscheidungen treffen kann. Zwar handelt es sich dann nicht mehr um eine Abwägungsentscheidung, die im Einzelfall die richtige Balance von Einheit und Vielfalt herstellen müsste, allerdings verschwindet das Problem der Inkommensurabilität hier nicht. Es wird in der Gesamtbilanzierung eher noch dadurch verschärft, dass zahlreiche inkommensurable Interessen ins Verhältnis gesetzt werden sollen. Gerade die Summe an Vorteilen oder Nachteilen zu etablieren, die für die gesamtbilanzierende Prüfung sowohl für die Erforderlichkeits- wie auch für die Angemessenheitsprüfung unerlässlich ist, gestaltet sich bei inkommensurablen Gütern komplex. Der EuGH begegnet dieser Komplexität durch eine Reduktion seiner Kontrolldichte.[781]

II. Defizite der Rechtsprechung

Ist damit zwar etabliert, dass der Prüfzugriff des EuGH auf Art. 5 Abs. 4 EUV in einer Gesamtbilanzierung unter Mitberücksichtigung mitgliedstaatlicher Interessen überzeugt, sagt dies noch nichts über die Qualität der Handhabung dieses Prüfzugriffs in der Praxis aus. In Fällen, in denen mitgliedstaatliche Interessen vom EuGH im Rahmen einer gesamtbilanzierenden Prüfung berücksichtigt wurden, fällt das Gesamtbild ernüchternd aus. Die Rechtsprechung schwankt zwischen unzureichenden und verkürzten Prüfungen und formt die Berücksichtigung mitgliedstaatlicher Interessen jedenfalls nicht prominent aus. Dennoch bietet die Rechtsprechung Anhaltspunkte dafür, dass die Berücksichtigung mitgliedstaatlicher Interessen durch entsprechenden Vortrag der Beteiligten zumindest verbessert werden könnte. In jedem Fall sticht aber die pauschale Absenkung der Kontrolldichte durch den EuGH als zentrales Hindernis für eine effektive gerichtliche Durchsetzung mitgliedstaatlicher Interessen heraus.

1. Unzureichende Erfassung und Berücksichtigung mitgliedstaatlicher Belange

Es gibt Fälle, in denen sich der EuGH völlig unzureichend mit mitgliedstaatlichen Interessen im Rahmen der gesamtbilanzierenden Verhältnismäßigkeitsprüfung auseinandergesetzt hat. Ein besonders eindrückliches Beispiel für dieses Kontrollversagen des EuGH ist das Urteil über die Gültigkeit der Richtlinie über Einlagensicherungssysteme[782] aus dem Jahr 1997.[783] Deutschland hatte u.a. als nicht erforderlich gerügt, dass gem. Art. 4 Abs. 2 dieser Richtlinie, Zweigniederlassungen von Kreditinstituten zusätzlich zu den Einlagensicherungssystemen in ihren Herkunftsstaaten in die Einlagensicherungssysteme des Aufnahmemit-

---

[781] S. hierzu noch ausf. unten, 3. Kap. C. II.

[782] Richtlinie 94/19/EG des Europäischen Parlaments und des Rates v. 20.05.1994 über Einlagensicherungssysteme, ABl. L 135, S. 5.

[783] EuGH, Urt. v. 13.05.1997, Deutschland/Parlament und Rat, C-233/94, EU:C:1997:231; s. zu diesem Urteil: *U. Everling*, Zeitschrift für das gesamte Handelsrecht und Wirtschaftsrecht, 162 (1998), S. 120 ff.

gliedstaates einzugliedern seien, wodurch die Aufnahmestaaten, soweit der Herkunftsstaat niedrigere Deckungen vorsah, teilweise oder insgesamt für die Sicherung eintreten müsse und entsprechende Risiken für die Einlagensicherungssysteme des Aufnahmestaates entstünden.[784] Deutschlands alternative Regelungsvorschläge[785] wies der EuGH als ungeeignet zur Zielerreichung ab.[786] Er prüfte noch[787] die Angemessenheit dieser Verpflichtung und kam zu dem Ergebnis, dass die Sicherungssysteme der Aufnahmestaaten wegen verschiedener Vorkehrungen der Richtlinie, die das Ausfallrisiko minimieren sollten, nicht unverhältnismäßig belastet würden.[788] Ganz nach etabliertem Muster genügte es dem EuGH, dass die Summe der Belastungen minimiert worden war, sodass von einem Überwiegen der Belastungen keine Rede sein konnte.

Allerdings hatte Deutschland auch vorgebracht, dass eine Pflichtmitgliedschaft in Einlagensicherungssystemen nicht hätte vorgesehen werden dürfen, weil sich in Deutschland ein System der freiwilligen Mitgliedschaft im Sicherungsfond bewährt habe und sich den Mitgliedstaaten kein Raum mehr für alternative Regelungsmodelle böte.[789] Der EuGH wies dieses Vorbringen zurück. Zu Beginn stellte er heraus, dass bei einer Harmonisierung nicht jedes bewährte Regelungsmodell berücksichtigt werden könne, zumal das deutsche Modell unter den Mitgliedstaaten einzigartig sei.[790] Weil es in manchen Mitgliedstaaten völlig an Einlagensicherungssystemen fehle, sei die Entscheidung für eine Pflichtmitgliedschaft im Rahmen der Harmonisierung nicht zu beanstanden.[791] Außerdem habe diese nur für wenige deutsche Kreditinstitute, die bisher nicht am Sicherungsfond teilnahmen, zur Folge, dass sie sich dem Einlagensicherungssystem anschließen müssten, was keine übermäßige Belastung sei.[792]

Diese kursorische Prüfung fällt durch ihre unsaubere Argumentationsweise auf: Auch die Option eines freiwilligen Einlagensicherungssystems hätte ein Mindestmaß an Harmonisierung, das vom EuGH an dieser Stelle als Maßnahmenziel identifiziert wird,[793] herbeigeführt, weil damit wenigstens in allen Mitgliedstaaten ein Einlagensicherungssystem etabliert worden wäre. Nur wenn das Regelungsziel die umfassende Sicherung aller Einlagen gewesen wäre,[794] wäre auch ein frei-

[784] EuGH, Urt. v. 13.05.1997, Deutschland/Parlament und Rat, C-233/94, EU:C:1997:231, Rn. 66 ff.

[785] Ebd., Rn. 69.

[786] Ebd., Rn. 71.

[787] Auf Anregung seines Generalanwalts, vgl.: GA *Léger*, Schlussanträge v. 10.12.1996 in der Rs. C-233/94, Deutschland/Parlament und Rat, EU:C:1996:478, Rn. 136 ff.

[788] EuGH, Urt. v. 13.05.1997, Deutschland/Parlament und Rat, C-233/94, EU:C:1997:231, Rn. 72.

[789] Ebd., Rn. 76 ff.

[790] Ebd., Rn. 80 f.

[791] Ebd., Rn. 82.

[792] Ebd., Rn. 80 ff.

[793] Ebd., Rn. 82.

[794] So dann auch die Annahme an anderer Stelle der Argumentation, vgl.: ebd., Rn. 84.

williges System keine Option mehr gewesen. Insbesondere argumentiert der EuGH aber glatt am spezifisch föderalen Vorbringen Deutschlands, den Mitgliedstaaten sei kein hinreichender regulatorischer Freiraum im Rahmen der Richtlinie verblieben, vorbei, sondern stellte nur auf das Harmonisierungsziel ab. Stärker konzentrierte sich der EuGH dann auf das Interesse weniger Kreditinstitute, dem Einlagensicherungssystem nicht beitreten zu wollen. Zwar ist die Berücksichtigung dieser variablen Interessen typisch für die gesamtbilanzierende Prüfung des EuGH,[795] allerdings blieb er jede ausdrückliche Auseinandersetzung mit der regulatorischen Autonomie der Mitgliedstaaten schuldig.

Ebenso defizitär behandelte der EuGH im Jahr 2009 das Vorbringen Belgiens, wonach es unverhältnismäßig sei, im Rahmen der Umsetzung der Erdgasbinnenmarktrichtlinie[796] zu verlangen, dass im nationalen Recht eine Veröffentlichungspflicht für Ausnahmegenehmigungen vorzusehen sei, obwohl solche Entscheidungen nach innerstaatlichem Recht ohnehin zu veröffentlichen wären.[797] Der EuGH sah Belgien trotzdem in der Pflicht, die Veröffentlichung der fraglichen Entscheidungen gesetzlich vorzusehen, weil nicht dargelegt worden sei, dass alle von der Richtlinie vorgesehenen Ausnahmegenehmigungen stets unter die nationalrechtlich verankerte Veröffentlichungspflicht fielen und löste den Fall damit allein über seine etablierte Rechtsprechung zur Reichweite der Richtlinienumsetzung.[798] Eine Auseinandersetzung mit dem Argument der Unverhältnismäßigkeit der Reichweite der Umsetzungsverpflichtungen erfolgte an keiner Stelle. Auch im Verfahren um die Designation einer privaten Dienstleistungsgesellschaft als zuständige Behörde zur Zertifizierung von Triebfahrzeugführenden nach Maßgabe der Triebfahrzeugführendenzertifizierungsrichtlinie[799] stellte der EuGH allein darauf ab, dass nach Maßgabe dieser Richtlinie diejenige Stelle zur Zertifizierung berufen werden müsse, die bereits nach Maßgabe der Eisenbahnsicherheitsrichtlinie[800] als Sicherheitsbehörde benannt worden war, ohne der von Österreich aufgeworfenen Frage, ob dies nicht in unverhältnismäßiger Weise die

---

[795] Deutschland hatte auch die Interessen dieser Kreditinstitute plädiert, aber nur insoweit, als dass es für ihre Interessen weniger belastenden Regelungsalternativen gegeben hätte, was der EuGH separat zurückwies, s. ebd., Rn. 84.

[796] Richtlinie 2003/55/EG des Europäischen Parlaments und des Rates vom 26. Juni 2003 über gemeinsame Vorschriften für den Erdgasbinnenmarkt und zur Aufhebung der Richtlinie 98/30/EG (ABl. L 176, S. 57).

[797] EuGH, Urt. v. 03.12.2009, Kommission/Belgien, C-475/08, EU:C:2009:751, Rn. 36.

[798] Ebd., Rn. 39 ff.

[799] Richtlinie 2007/59/EG des Europäischen Parlaments und des Rates vom 23.10.2007, ABl. L 315/51.

[800] Richtlinie 2004/49/EG des Europäischen Parlaments und des Rates vom 29. April 2004 über Eisenbahnsicherheit in der Gemeinschaft und zur Änderung der Richtlinie 95/18/EG des Rates über die Erteilung von Genehmigungen an Eisenbahnunternehmen und der Richtlinie 2001/14/EG über die Zuweisung von Fahrwegkapazität der Eisenbahn, die Erhebung von Entgelten für die Nutzung von Eisenbahninfrastruktur und die Sicherheitsbescheinigung (ABl. 2004, L 164, S. 44).

Handlungs- und Organisationsfreiheit der Republik Österreich beschränken würde, nachzugehen.[801] Auch in anderen Verfahren ging der EuGH nicht auf Parteivorträge zur Verhältnismäßigkeit mit föderalem Einschlag ein.[802]

Etwas weniger eindeutig gelingt die Bewertung solcher Fälle, in denen der EuGH die föderal gefärbte Verhältnismäßigkeitsprüfung auf bestimme Prüfstufen beschränkt. So kritisiert etwa *Emmerich-Fritsche*, dass sich der EuGH im Urteil zur allgemeinen Produktsicherheitsrichtlinie[803] auf eine Effizienzprüfung zurückziehe und die Angemessenheit der Beeinträchtigung nationaler Zuständigkeiten nicht prüfe.[804] Tatsächlich prüfte der EuGH lediglich die Eignung der Richtlinie zur Gewährleistung eines hohen Schutzniveaus der öffentlichen Gesundheit[805] und setzte sich mit dem Vertragsverletzungsverfahren als mögliche für die Mitgliedstaaten weniger einschränkende Alternative zum Kontrollverfahren nach Art. 9 der angegriffenen Richtlinie auseinander.[806] Ähnliche Vorwürfe wurden auch gegen das Urteil zur Arbeitszeitrichtlinie[807] formuliert, da sich der EuGH auch hier auf eine Eignungs- und Erforderlichkeitsprüfung beschränkte und Angemessenheitsüberlegungen lediglich implizit einfließen ließ.[808]

Der Verhältnismäßigkeitsgrundsatz kommt in diesen eher unvollständig anmutenden Entscheidungen nicht zur vollen Entfaltung und auch die föderalen Interessenlagen sind mitunter kaum erkennbar. Wird etwa lediglich die Eignung der Richtlinie zur Zielerreichung und die gleiche Eignung eines Alternativmittels zur Erreichung dieses Ziels geprüft, bleiben die Prüfschritte, in denen spezifisch föderale Aspekte gewürdigt werden könnten, nämlich ob ein Alternativmittel weniger stark in die Interessen der Mitgliedstaaten eingreift oder ob die Beschränkung mitgliedstaatlicher Interessen in einem angemessenen Verhältnis zum Ziel der Richtlinie steht, außen vor. Ausweislich der Urteilsbegründungen hat sich der EuGH aber in all diesen Urteilen auf die Argumente konzentriert, die von Seite der klagenden Mitgliedstaaten vorgebracht worden waren. Wie bereits ausgeführt, wären diese Prüfungen dem EuGH nur vorwerfbar, wenn er bestimmte Vorbringen absichtlich unter den Tisch fallen ließe. Es ist ein nur akademisch bedauerlicher Nebeneffekt dieses Vorgehens, dass Fälle, die durchaus Anlass zu einer stärker föderal gefärbten Verhältnismäßigkeitsprüfung gegeben hätten, diese Dimension nicht entfalten konnten.

---

[801] EuGH, Urt. v. 12.11.2020, Kommission/Österreich, C-796/19, EU:C:2020:990, Rn. 60 ff.

[802] So auch in: EuGH, Urt. v. 15.11.2011, Kommission/Deutschland, C-539/09, EU:C:2011:733, Rn. 85; EuGH, Urt. v. 14.02.2012, Toshiba, C-17/10, EU:C:2012:72, Rn. 68 ff.

[803] EuGH, Urt. v. 09.08.1994, Deutschland/Rat, C-359/92, EU:C:1994:306.

[804] *A. Emmerich-Fritsche*, Der Grundsatz der Verhältnismäßigkeit als Direktive und Schranke der EG-Rechtssetzung, 2000, S. 308 f.

[805] EuGH, Urt. v. 09.08.1994, Deutschland/Rat, C-359/92, EU:C:1994:306, Rn. 45.

[806] Ebd., Rn. 46 ff.

[807] EuGH, Urt. v. 12.11.1996, Vereinigtes Königreich/Rat, C-84/94, EU:C:1996:431.

[808] *A. Emmerich-Fritsche*, Der Grundsatz der Verhältnismäßigkeit als Direktive und Schranke der EG-Rechtssetzung, 2000, S. 309 f.

Gleichwohl finden sich auch Fälle, in denen mitgliedstaatliche Interessen deutlicher in der Verhältnismäßigkeitsprüfung des EuGH zutage treten, wie etwa in den bereits erwähnten Urteilen zur Geflüchtetenverteilung oder zur Flughafenentgeltrichtlinie.[809] Während eine Erfassung und Berücksichtigung dieser Interessen dem EuGH damit nicht fremd ist, so schwankt doch die Qualität seiner Judikate zu dieser Frage erheblich. Zentrales Desiderat ist an dieser Stelle also, eine Konturierung mitgliedstaatlicher Interessen zu ermöglichen, die im Rahmen einer gesamtbilanzierenden Prüfung des Art. 5 Abs. 4 EUV gewinnbringend dem EuGH vorgetragen werden können.

2. *Möglichkeiten des Parteivortrags*

In Anbetracht der bereits herausgearbeiteten Eigenheiten der Begründungen der Verhältnismäßigkeitsentscheidungen am EuGH zeigt sich für die Berücksichtigung mitgliedstaatlicher Interessen in diesem Zusammenhang einmal mehr, dass es zunächst in den Händen der Parteien liegt, dem EuGH darzulegen, warum ein bestimmtes mitgliedstaatliches Interesse eine prominente Rolle in seiner Verhältnismäßigkeitsprüfung spielen sollte, um die von einem Fall aufgeworfene föderale Spannungslage hinreichend zu ihrer Berücksichtigung zu verhelfen.

Insofern erklärt sich auch, warum z.B. in der Rechtssache *Weiss* eine auf die mitgliedstaatlichen Handlungsspielräume bezogene Verhältnismäßigkeitsprüfung unterblieben ist, denn das BVerfG hat in seinem Vorlagebeschluss die Verhältnismäßigkeit des PSPP vor allem wegen seiner der wirtschaftspolitischen Auswirkungen in Zweifel gezogen.[810] Diese wirtschaftspolitischen Auswirkungen nahm das BVerfG zwar ausdrücklich als Zuständigkeitsproblematik wahr,[811] unterbreitete dem EuGH in seiner Vorlagefrage 3c) jedoch allein die Frage der Verhältnismäßigkeit des PSPP wegen seiner nachteiligen wirtschaftspolitischen Auswirkungen in Anbetracht der währungspolitischen Ziele des PSPP[812] und eben nicht als Problem der verbleibenden mitgliedstaatlichen Handlungsfreiheit. Dies prüfte auch der EuGH.[813] Auch das Vorbringen der Tschechischen Republik zur Unverhältnismäßigkeit der Waffenerwerbs- und Waffenbesitzrichtlinie im sog. *Tschechischen Waffenfall*[814] zielte prozessual auf die Nichtdurchführung von Folgenabschätzungen[815] und stellte auch inhaltlich nicht auf mitgliedstaatliche Interessen ab. Stattdessen rügte sie insbesondere, dass das Verbot bestimmter

---

[809] S. hierzu bereits oben, 1. Kap. B. I. 2. a) bb), 3. b) bb) sowie 2. Kap. B. II. 3.

[810] BVerfGE 146, 216, 288.

[811] Ebd., 281.

[812] Ebd., 221.

[813] EuGH, Urt. v. 11.12.2018, Weiss u.a., C-493/17, EU:C:2018:1000, Rn. 71 ff.

[814] Richtlinie (EU) 2017/853 des Europäischen Parlaments und des Rates vom 17. Mai 2017 zur Änderung der Richtlinie 91/477/EWG des Rates über die Kontrolle des Erwerbs und des Besitzes von Waffen (ABl. 2017, L 137, S. 22).

[815] EuGH, Urt. v. 03.12.2019, Tschechische Republik/Parlament und Rat, C-482/17, EU:C:2019:1035, Rn. 65 ff.

Waffen stärker an die Gefahr der Begehung von Straftaten hätte gekoppelt werden können, was vor allem auf die Interessen von Waffenbesitzenden abzielte, ebenso wie der Vortrag zur unangemessenen Beschränkungen von deren Eigentumsrechten.[816] Darauf fokussierte sich auch der EuGH.[817]

Nur wenn der EuGH trotz eines auf die spezifisch mitgliedstaatliche Dimension des Art. 5 Abs. 4 EUV abstellenden Parteivortrags eine Auseinandersetzung mit diesen Problemen verweigert, kommt er seinem Rechtsschutzauftrag nicht nach. Doch ohne entsprechenden Vortrag bleibt eine nur rudimentäre Ausformung der Berücksichtigung mitgliedstaatlicher Interessen im Rahmen des Grundsatzes der Verhältnismäßigkeit lediglich die Konsequenz der Begründungskultur des EuGH. Umso mehr liegt es im Interesse der Mitgliedstaaten, ihre Anliegen in einer für Art. 5 Abs. 4 EUV adäquaten Art und Weise herausarbeiten zu können.

3. *Pauschale Kontrolldichteabsenkung*

Doch auch wenn dies gelingen sollte, so dürfte eine bedeutende Schwierigkeit darin liegen, dass der EuGH im Rahmen seiner Prüfung des Art. 5 Abs. 4 EUV pauschal und letztlich stets unter Rückgriff auf die immer gleichen Rechtsprechungsformeln die Kontrolldichte niedrig ansetzt und kaum bereit ist, die Wertungen der anderen Unionsorgane durch eigene zu ersetzen.[818] Unabhängig davon, welche Gründe es für diese Herangehensweise geben mag, kann unter Hinweis auf eine solche niedrige Kontrolldichte jede effektive Durchsetzung mitgliedstaatlicher Interessen und letztlich jede Art der gesamtbilanzierenden Verhältnismäßigkeitsprüfung ohne Rücksicht auf die Notwendigkeiten des Einzelfalls schnell zu einem aussichtslosen Unterfangen werden. Insofern bedarf es einer Rekonstruktion und kritischen Bewertung der aktuellen Rechtsprechung, um Ansatzpunkte dafür zu finden, wann eine solche niedrige Kontrolldichte angemessen ist und wann sie ggf. doch zu Gunsten mitgliedstaatlicher Interessen höher ausfallen kann.

---

[816] Ebd., Rn. 95 ff.

[817] Ebd., Rn. 76 ff., 116 ff.

[818] S. für leicht variierte Formeln z.B.: EuGH, Urt. v. 16.06.2015, Gauweiler u.a., C-62/14, EU:C:2015:400, Rn. 68; EuGH, Urt. v. 11.12.2018, Weiss u.a., C-493/17, EU:C:2018:1000, Rn. 73; EuGH, Urt. v. 13.03.2019, Polen/Parlament und Rat, C-128/17, EU:C:2019:194, Rn. 95; EuGH, Urt. v. 09.07.2020, Haswani, C-241/19 P, EU:C:2020:545, Rn. 100; EuGH, Urt. v. 08.12.2020, Polen/Parlament, C-626/18, EU:C:2020:1000, Rn. 95; EuGH, Urt. v. 08.12.2020, Ungarn/Parlament, C-620/18, EU:C:2020:1001, Rn. 112; EuGH, Urt. v. 04.02.2021, Azienda Agricola Ambrosi Nicola Giuseppe u.a., C-640/19, EU:C:2021:97, Rn. 76 f.; EuGH, Urt. v. 10.02.2022, OE, C-522/20, EU:C:2022:87, Rn. 21.

III. Fazit

Grundsätzlich ist damit davon auszugehen, dass der gesamtbilanzierende Prüfzugriff des EuGH auf Art. 5 Abs. 4 EUV zutreffend ist. Das bedeutet aber nicht, dass die Handhabung dieser Norm durch die Rechtsprechung gerade in Bezug auf die hier besondere interessierenden mitgliedstaatlichen Interessen in der föderalen Spannungslage stets zufriedenstellend gelungen ist. Vielmehr zeigen sich insbesondere bei der Darlegung dieser Interessen durch die Verfahrensbeteiligten, aber auch in ihrer Erfassung durch den EuGH, teilweise erhebliche Defizite. Darüber hinaus stellt die niedrige Kontrolldichte des EuGH ein erhebliches Hindernis bei der Effektivierung dieser Prüfung dar. Im folgenden Kapitel ist daher aufbauend auf diesem Befund zu untersuchen, welche mitgliedstaatlichen Interessen auf welche Weise erfolgsversprechend in die Prüfung des Art. 5 Abs. 4 EUV einfließen können und ob es Ansatzpunkte für eine variablere Handhabung der gerichtlichen Kontrolldichte gibt.

E. Zusammenfassung

Dieses Kapitel hat sich mit Wesen und Funktion von Art. 5 Abs. 4 EUV im Föderalismus der EU beschäftigt. Mit Wurzeln im EGKSV und in der akademischen Diskussion um ein als Interventionsminimum zugunsten der Mitgliedstaaten verstandenen Grundsatz der Verhältnismäßigkeit wurde die föderale Dimension des Verhältnismäßigkeitsgrundsatzes Anfang der 1990er Jahre als Kompromisslösung im festgefahrenen Streit um die Reichweite des Subsidiaritätsprinzips wiederentdeckt und in den Verträgen verankert. Art. 5 Abs. 4 EUV ist als umfassende Handlungsschranke der EU angelegt und auf alle Handlungen jeglicher auf Grundlage der Verträge konstituierten Stellen anwendbar. Diese Vorgabe steht gleichberechtigt neben anderen föderalen Steuerungsmechanismen wie begrenzter Einzelermächtigung, Subsidiarität, Identitätsschutz und Loyalitätsgrundsatz und wird für die Anwendung im Legislativprozess durch die Vorgaben des SubProts präzisiert.

Welche Funktion zur Moderation der föderalen Spannungslage der EU diese Norm allerdings leisten kann, hängt entscheidend davon ab, ob man sie in subjektivrechtlicher Tradition als Eingriffsschranke mitgliedstaatlicher Autonomieinteressen versteht oder als Positivierung der gesamtbilanzierenden Handlungsschranke der EU, wonach diese auch unter Berücksichtigung mitgliedstaatlicher Interessen auf allgemeine Ausgewogenheit verpflichtet wird. In ersterem Fall könnte Art. 5 Abs. 4 EUV nämlich einen entscheidenden Beitrag zur Bremse des Kompetenzdrifts leisten, indem das mit einer Unionsmaßnahme verfolgte Ziel mit der damit einhergehenden Beschränkung mitgliedstaatlicher Handlungsfreiheit ins Verhältnis gesetzt würde und damit Handlungsspielräume der Mitgliedstaaten als grundrechtsäquivalente Schutzbereiche gegen eine schleichende Ausweitung des unionalen Handlungsradius in mitgliedstaatliche Handlungssphären hinein geschützt würden. In letzterem Fall würden zwar mitgliedstaatliche Interessen ebenfalls Berücksichtigung finden, allerdings lediglich neben allen anderen von einer Maßnahme betroffenen Belangen mit dem Ziel, die allgemeine Ausgewogenheit der fraglichen Unionsmaßnahme und damit eine allgemeine Mäßigung der Unionsgewalt auch zugunsten der Mitgliedstaaten sicherzustellen.

Ein subjektivrechtlich geprägte föderales Verständnis von Art. 5 Abs. 4 EUV sieht sich aber durchgreifenden Bedenken ausgesetzt: Zunächst ist schon zweifelhaft, dass es sich einem Kompetenzdrift tatsächlich wirksam in den Weg stellen kann, könnte Art. 5 Abs. 4 EUV doch gem. Art. 5 Abs. 1 EUV nur zur Steuerung der Zuständigkeitsausübung der EU eingesetzt werden. Demgemäß könnte es jedenfalls nicht die Grenzen der Zuständigkeiten der EU im Verhältnis zu den Mitgliedstaaten bestimmen, sondern nur deren unverhältnismäßige Ausübung. Außerdem setzt dieser Prüfzugriff die Existenz von unionsrechtlich anerkannten Handlungsspielräumen der Mitgliedstaaten voraus, die insbesondere bei der Wahrnehmung von ausschließlichen Unionszuständigkeiten nicht immer klar auszumachen sein dürften, wodurch die Effektivität dieses Ansatzes in der Praxis erheblich eingeschränkt würde.

Darüber hinaus widerspricht ein solcher Prüfzugriff dem Wortlaut des Art. 5 Abs. 4 EUV i.V.m. Art. 5 S. 5 SubProt, der ausdrücklich neben mitgliedstaatlichen Interessen u.a. auch Interessen von Wirtschaftsteilnehmenden und Privatpersonen schützen möchte. Auch der Entstehungsgeschichte der Norm lässt sich nicht entnehmen, dass mit der Einführung des Art. 3b Abs. 3 EGV eine umfassende Subjektivierung der bisher gesamtbilanzierenden Rechtsprechung des EuGH bezweckt war, vielmehr wurde mehrfach ausdrücklich auf diese Rechtsprechung und den Schutz auch anderer Interessen – neben denen der Mitgliedstaaten – durch den Grundsatz der Verhältnismäßigkeit Bezug genommen. Ein Vergleich mit Art. 52 Abs. 1 S. 2 GRC belegt ferner, dass die Herren der Verträge durchaus in der Lage waren, eine spezifisch subjektivrechtlich angelegte Verhältnismäßigkeitsprüfung zu normieren, um die Rechtsprechung des EuGH von einer gesamtbilanzierenden hin zu einer subjektivrechtlichen Verhältnismäßigkeitsprüfung zu ändern. Dies ist aber in Form des heutigen Art. 5 Abs. 4 EUV eben nicht passiert.

Die Sorge um den Kompetenzdrift ist außerdem primär Ausdruck einer Ablehnung der bestehenden Zuständigkeitsordnung und kein Phänomen, für das diese Zuständigkeitsordnung Lösungen bereithalten kann. Aufgrund der Zielbezogenheit der EU und der funktionalen Ausrichtung zahlreicher Zuständigkeitstitel können sowohl Maßnahmen der positiven wie der negativen Integration nicht an vorbehaltenen Zuständigkeitsbereichen der Mitgliedstaaten haltmachen. Vielmehr kennt das Unionsrecht keine mitgliedstaatlichen Zuständigkeitsräume ohne unionsrechtliche Beeinflussung. Somit ist schon die Vorstellung von unionsrechtlichen Eingriffen in mitgliedstaatliche Schutzbereiche, die sowohl der Sorge um den Kompetenzdrift wie auch dem subjektiv föderalen Verständnis von Art. 5 Abs. 4 EUV zugrunde liegt, verfehlt. Auch steht der mit diesem Verständnis intendierte Schutz im starken Kontrast zur ohnehin starken

Stellung der Mitgliedstaaten im Integrationsprozess und zu den zahlreichen Mechanismen zu ihrer Interessensicherung.

Rechtsvergleichend zeigt sich schließlich, dass eine subjektiv föderal ausgerichtete Verhältnismäßigkeitsprüfung durch Höchstgerichte eher eine Anomalie darstellen würde. Vorbilder könnte man höchstens solchen föderalen Systemen entnehmen, die stärker dualistisch ausgestaltet sind als die EU,[819] wobei das Beispiel Kanada zeigt, dass eine Anleihe an den Verhältnismäßigkeitsgrundsatz auch in diesen föderalen Spannungslagen kaum ausgeformt ist. Andere Systeme, denen das Denken in Freiräumen der Gliedstaaten mit Eingriffsmöglichkeiten der zentralen Ebene fremder ist, tun sich noch schwerer damit, Verhältnismäßigkeitsüberlegungen zur Steuerung föderaler Spannungslagen einzusetzen und nehmen höchstens in bestimmten Situationen terminologisch aber nicht inhaltlich Anleihen an den Grundsatz der Verhältnismäßigkeit.

Demgegenüber entspricht ein gesamtbilanzierender Ansatz deutlich mehr dem Wortlaut von Art. 5 Abs. 4 EUV i.V.m. Art. 5 S. 5 SubProt, fügt sich besser in einen systematischen Vergleich mit Art. 52 Abs. 1 S. 2 GRC ein und verengt die von mitgliedstaatlicher Seite vorzubringenden Interessen nicht auf Interessen an ihrer Handlungsfreiheit, sondern ermöglicht es den Mitgliedstaaten, alle denkbaren Interessen vorzutragen. Auch wird die von Art. 5 Abs. 4 EUV normierte formelle Dimension der Verhältnismäßigkeit der Handlungsformenwahl nicht auf die Mitgliedstaaten verengt, betrifft diese Entscheidung doch auch andere von einer Unionshandlung Betroffene. Weil außerdem aufgrund der starken Stellung der Mitgliedstaaten in der EU und der Verschränkung von unionalen und mitgliedstaatlichen Zuständigkeiten die föderale Balance in der EU nicht allein vom Verhältnis von unionaler Vereinheitlichung und mitgliedstaatlicher Vielfalt abhängt, passt eine Prüfung, die vor allem auf die allgemeine Ausgewogenheit einer Maßnahme achtet, besser in das von den Verträgen konstituierte Integrationswerk als eine Verhältnismäßigkeitsprüfung als Eingriffsschranke für mitgliedstaatliche Handlungsspielräume.

Wenn damit zwar der auch vom EuGH für Art. 5 Abs. 4 EUV gewählte Prüfzugriff überzeugen mag, gilt das nicht für alle Fälle, in denen der EuGH in dieser Prüfung mitgliedstaatliche Interessen hätte berücksichtigen können. Allzu oft ließ der EuGH entsprechende Parteivorträge völlig unberücksichtigt. In Anbetracht der Eigenheiten der Begründungskultur am EuGH sind aber Parteivorträge, die auf eine Berücksichtigung der mitgliedstaatlichen Interessen in einer gesamtbilanzierenden Prüfung hinwirken, der erfolgversprechendste Weg, auch in der Rechtsprechung des EuGH zu einer Schärfung der föderalen Dimension des Art. 5 Abs. 4 EUV beizutragen. Wie diese föderale Dimension zu operationalisieren ist, soll nun Thema des dritten Kapitels sein.

---

[819] Was wohl auch die Rechtslage in Belgien plausibilisieren dürfte, auf die *W. Kahl*, in: FS Streinz, 2023, S. 161, 165 verweist.

3. Kapitel

Föderale Operationalisierung des gesamtbilanzierenden Prüfzugriffs

Auf Grundlage der bisherigen Untersuchungsergebnisse soll im Folgenden betrachtet werden, wie die föderale Dimension in der gesamtbilanzierenden Prüfung des Art. 5 Abs. 4 EUV zur Anwendung gebracht werden kann. Potenziale und Grenzen der Berücksichtigung föderaler Spannungslagen scheinen in der Praxis kaum geklärt. Die folgenden Ausführungen dienen der Profilierung und verbesserten Berücksichtigung der föderalen Spannungslagen im Rahmen der unionsgerichtlichen Verhältnismäßigkeitskontrolle und verstehen sich als ein konstruktiver Beitrag dazu, mitgliedstaatlichen Belangen auch im Rahmen der etablierten Verhältnismäßigkeitsprüfung des EuGH zu besserer Kontur zu verhelfen.

Hierbei geht es nicht um eine Wiederholung der Ausführungen zu Form und Gestalt des unionsrechtlichen Grundsatzes der Verhältnismäßigkeit oder zur gesamtbilanzierenden Prüfung. Es geht auch nicht darum, alle denkbaren Anwendungsbereiche des Art. 5 Abs. 4 EUV abzudecken. Vielmehr steht im Vordergrund, wie gerade die Einbeziehung föderaler Spannungslagen in die Verhältnismäßigkeitsprüfung des EuGH gelingen kann, welche Besonderheiten hierbei zu berücksichtigen sind und welche Eigenheiten antizipiert werden müssen, wenn dem EuGH mitgliedstaatliche Interessen zur Berücksichtigung in der Verhältnismäßigkeitsprüfung unterbreitet werden.

Zunächst ist herauszuarbeiten, welche mitgliedstaatlichen Interessen im Rahmen einer gesamtbilanzierenden Prüfung des Art. 5 Abs. 4 EUV eingebracht werden können und auf welche Einschränkungen und Besonderheiten hier jeweils zu achten ist (A.). Daran anschließend wird untersucht, ob sich aus Sicht mitgliedstaatlicher Interessen Unterschiede zwischen der vom Art. 5 Abs. 4 EUV unterschiedenen formalen und inhaltlichen Verhältnismäßigkeit ausmachen lassen und worauf jeweils bei der Geltendmachung dieser Dimensionen zu achten ist (B.). Schließlich ist zu betrachten, wie die Kontrolldichte im Rahmen des Art. 5 Abs. 4 EUV allgemein und insbesondere bei der Geltendmachung von föderalen Spannungslagen sinnvollerweise bestimmt werden kann (C.).

A. Mitgliedstaatliche Schutzgüter des Art. 5 Abs. 4 EUV

Wenn auch Art. 5 Abs. 4 EUV nicht allein auf mitgliedstaatliche Interessen anwendbar ist, so gehören sie doch, ebenso wie alle anderen denkbaren Belange von unionsrechtlich Betroffenen, zu den berücksichtigungsfähigen Interessen im Rahmen der gesamtbilanzierenden Prüfung. Neben der mitgliedstaatlichen Handlungsfreiheit als zentrales föderales Anliegen, gestattet der gesamtbilanzierende Prüfzugriff den Rekurs auf eine ganze Reihe weiterer mitgliedstaatlicher Interessen. Dies erlaubt es den Mitgliedstaaten, das gesamte Spektrum der für sie von Unionsrechtsakten ausgehenden Belastungen und Einschränkungen in ein Verfahren einzubringen, sodass eine ganze Bandbreite an Argumentationsschwerpunkten und Prozessstrategien ermöglicht wird.

Hierbei lassen sich drei grobe Kategorien von mitgliedstaatlichen Interessen unterscheiden. Diese dienen hier vor allem der Ordnung und Darstellung, sind nicht abschließend gemeint und ihre Grenzen untereinander und zu anderen Interessen sind fließend. Durch die hier vorgenommene Einteilung sollen in Art. 5 Abs. 4 EUV angelegte und typische Interessenlagen der Mitgliedstaaten konturiert und exemplifiziert werden, um ihren Inhalt und ihre Besonderheiten genauer untersuchen zu können. Hierbei handelt es sich um die vom SubProt genannten mitgliedstaatlichen Interessen (I.), dem klassisch föderalen Interesse an mitgliedstaatlicher Handlungsfreiheit (II.), sowie um das Interesse an einer allgemeinen Belastungsfreiheit der Mitgliedstaaten infolge unionsrechtlicher Handlungen (III.).

I. Vom Subsidiaritätsprotokoll anerkannte mitgliedstaatliche Interessen

Die Protokolle zu den Unionsverträgen sind gem. Art. 51 EUV Bestandteile der Verträge und haben den Rang von Primärrecht.[1] Insbesondere das SubProt stellt zur Entlastung des Vertragstextes eine Konkretisierung und authentische Interpretation des Art. 5 EUV dar.[2] Das SubProt gibt in Art. 5 S. 5 Hinweise für die Berücksichtigung bestimmter Interessen im Rahmen der Begründung von Gesetzgebungsakten im Hinblick auf ihre Verhältnismäßigkeit. Angesprochen werden hier „die finanzielle Belastung und der Verwaltungsaufwand der Union, der nationalen Regierungen, der regionalen und lokalen Behörden, der Wirtschaftsteilnehmer und der Bürgerinnen und Bürger“. Weil gem. Art. 5 Abs. 4 UAbs. 2 EUV das SubProt eine Anwendung des Art. 5 Abs. 4 EUV darstellt, sind diese Interessen im Umkehrschluss auch jenseits der Begründung von Legislativakten für Art. 5 Abs. 4 EUV relevant.

---

[1] S. hierzu: GA *Szpunar*, Schlussanträge v. 20.05.2014 in der Rs. 202/13, McCarthy, EU:C:2014:345, Rn. 143; s. ausf.: *O. Dörr*, in: Grabitz/Hilf/Nettesheim EUV, Art. 51, Rn. 29 ff.; *K. Schmalenbach*, in: Calliess/Ruffert EUV, Art. 51, Rn. 3; *A. von Arnauld*, EuR 2003, S. 191, 195 ff.

[2] *B. Hofstötter*, in: von der Groeben EUV, Art. 51, Rn. 7.

1. Schützenswerte mitgliedstaatliche Interessen

Das SubProt schützt die Mitgliedstaaten gem. seines Art. 5 S. 5 in seiner deutschen Sprachfassung vor finanziellen Belastungen und vor Verwaltungsaufwand. Andere Sprachfassungen sind großzügiger. So spricht etwa die englische Fassung von „*any* burden, whether financial or administrative" und die Französische von „*toute* charge, financière ou administrative".[3] Diese Fassungen legen nahe, dass mit dem SubProt nicht zwei spezifische Arten von Belastungen angesprochen waren, sondern durch die Benennung von finanziellen und administrativen Belastungen ein möglichst umfassender Schutz vor Belastungen gewährleistet werden sollte.[4]

Die besondere Betonung finanzieller und administrativer Belastungen und die Funktion des SubProts schränken den Schutzbereich dieser Norm dennoch ein. Es scheint gewisser Auswirkungen zu bedürfen, die sich insbesondere finanziell beziffern oder anhand eines gestiegenen Verwaltungsaufwands schon im Zuge des Gesetzgebungsverfahrens, in das Art. 5 S. 5 SubProt eingebettet ist, darstellen lassen. Da ausdrücklich nur vor Belastungen geschützt wird, unterfallen nur finanzielle Mehrausgaben oder ein erhöhter Verwaltungsaufwand dem Schutzbereich des SubProts. Andere finanzielle oder administrative Folgen, wie z.B. Einwirkungen auf die Verwaltungsorganisation der Mitgliedstaaten, die den administrativen Aufwand bloß umgestalten oder sogar verringern, unterfallen zwar als Beschränkungen der mitgliedstaatlichen Handlungsfreiheit (dazu sogleich) dem Art. 5 Abs. 4 EUV, aber nicht dem SubProt. Solange finanzielle oder administrative Belastungen der Wirtschaftsteilnehmer nicht klar erkennbare volkswirtschaftliche Auswirkungen zeitigen und daher auch Belastungen der Mitgliedstaaten darstellen, sind sie zwar im Rahmen des SubProts zu beachten, allerdings nicht auf Seiten der Mitgliedstaaten, sondern als Belastungen Einzelner.

2. Interessenschutz auf allen mitgliedstaatlichen Ebenen

Die Belastungen der Mitgliedstaaten werden vom SubProt nicht nur für die Regierungen der Mitgliedstaaten, sondern auch für regionale und lokale Behörden anerkannt. Durch die Abgrenzung von den ebenfalls geschützten Interessen von Wirtschaftsteilnehmenden und den Belangen der Bürgerinnen und Bürger wird deutlich, dass an dieser Stelle vor allem Interessen des Staates geschützt werden, unabhängig davon, ob sie auf nationaler, regionaler oder lokaler Ebene bestehen.

Dieser organisationsrechtliche Dreischritt ist dahin zu verstehen, dass alle hoheitlichen Stellen eines Mitgliedstaates inklusive aller denkbaren Untergliederungen erfasst sind.[5] Dies ergibt sich schon daraus, dass die interne Organi-

---

[3] Hervorhebungen jeweils nur hier.

[4] So auch: *V. Kosta*, in: Mendes (Hrsg.), EU Executive Discretion and the Limits of Law, 2019, S. 198, 204.

[5] Die ausdrückliche Nennung von regionaler und lokaler Ebene in Art. 5 Abs. 3 EUV hat zu einer erbitterten Diskussion geführt, ob eine solche Präzisierung gestattet ist, s. nur für die

sationsgewalt weiterhin den Mitgliedstaaten zukommt.[6] Es wäre kaum möglich, diese Prärogativen und die Gleichheit der Mitgliedstaaten aus Art. 4 Abs. 1 S. 1 Hs. 1 EUV hinreichend zu achten, müsste unionsrechtlich autonom festgelegt werden, welche Gliederungsebenen in den Mitgliedstaaten gemeint sein könnten. Zur Verdeutlichung: So könnte man schon die französischen *communes* als lokale Ebene qualifizieren und die ihnen übergeordneten *régions* als regionale Ebene, obgleich auch die Interessen der den *régions* übergeordneten *départements* oder der den *communes* untergeordneten *arrondissements* oder *secteurs* bzw. *communes déléguées* oder *associées* betroffen sein könnten. Eine solche Herangehensweise wäre nicht zielführend.

II. Mitgliedstaatliche Handlungsfreiheit

Auch wenn Art. 5 Abs. 4 EUV keine Eingriffsschranke für die mitgliedstaatliche Handlungsfreiheit ist, ist diese mitgliedstaatliche Handlungsfreiheit als genuin föderales Interesse der Mitgliedstaaten schon aufgrund des systematischen Zusammenhangs des Art. 5 EUV sowie infolge der Entstehungsgeschichte des Art. 5 Abs. 4 EUV und seiner Vorgängernormen[7] ein in der gesamtbilanzierenden Prüfung nach Art. 5 Abs. 4 EUV zu berücksichtigendes Interesse. Auch das Amsterdamer Subsidiaritätsprotokoll betonte diese Schutzrichtung in seinem Art. 7. So klar Art. 5 Abs. 4 EUV nicht allein die Mitgliedstaaten schützt, so wenig ist ersichtlich, dass im Rahmen dieser Norm die föderale Spannungslage gar keine Rolle spielen sollte, sodass das Interesse an mitgliedstaatlicher Handlungsfreiheit gegenüber der EU auch nicht völlig aus dem Blick geraten sollte. Ohnehin ist es gerade der Kern eines gesamtbilanzierenden Prüfzugriffs auf Art. 5 Abs. 4 EUV, dass grundsätzlich alle legitimen Interessen in eine Ausgewogenheitsprüfung einbezogen werden sollen, zu denen das Interesse der Mitgliedstaaten an der Ausübung ihrer Handlungsfreiheit sicherlich gehört.

Die Wahrung eines Raumes für mitgliedstaatliche Entscheidungen frei von unionsrechtlichem Einfluss steht auch im Zentrum zahlreicher Überlegungen zu Art. 5 Abs. 4 EUV in der Literatur.[8] Eine genaue Umschreibung, was mit dieser mitgliedstaatlichen Handlungsfreiheit gemeint ist, findet sich in der Literatur

---

Kritik: *M. Ludwigs*, ZEuS 2004, 211, 218, Fn. 30; *R. von Borries*, EuR 1994, S. 263, 276 m.w.N.; *B. Schima*, Das Subsidiaritätsprinzip im Europäischen Gemeinschaftsrecht, 1994, S. 158. Richtigerweise geht es aber auch dort nur darum, möglichst alle Untergliederungen der Mitgliedstaaten einzubeziehen, s.: *E. Pache*, in: Frankfurter Kommentar EUV, Art. 5, Rn. 85 m.w.N.

[6] *J. Bast*, in: Grabitz/Hilf/Nettesheim EUV, Art. 5, Rn. 56.

[7] S. nur: Europäische Kommission, Bericht an den Europäischen Rat über die Anpassung der geltenden Rechtsvorschriften an das Subsidiaritätsprinzip, KOM(93) 545 final v. 24.11.1993, S. 1; Conférence Intergouvernementale/Maastricht, Subsidiarité – Note Interne, Sept. 1992, S. 1.

[8] S. nur: *G. Lienbacher*, in: Schwarze EUV, Art. 5, Rn. 36; *J. Bast*, in: Grabitz/Hilf/Nettesheim EUV, Art. 5, Rn. 66 f.; *J. Saurer*, JZ 2014, S. 281, 282 f.

allerdings nicht. Das Interesse der Mitgliedstaaten an der Wahrung ihrer Handlungsfreiheit besteht eingedenk der Einpassung des Art. 5 Abs. 4 EUV in die geltende Zuständigkeitsordnung der Union nicht in der Sicherung von allein den Mitgliedstaaten zustehenden Handlungssphären ohne unionsrechtlichen Einfluss, sondern in einem Gegenstück zu den Pflichten der Mitgliedstaaten aus ihrer Rechtsbindung an das Unionsrecht und kann aus dieser Perspektive anschaulich konturiert werden (1.). Auf dieser Einsicht aufbauend kann das Interesse an mitgliedstaatlicher Handlungsfreiheit für mitgliedstaatliche Gesetzgebung (2.), Verwaltung (3.) und Rechtsprechung (4.) genauer bestimmt werden.

1. Mitgliedstaatliche Handlungsfreiheit als Gegenstück zur Unionsrechtsbindung der Mitgliedstaaten

Wie im zweiten Kapitel bereits ausführlich dargelegt, trennt das Unionsrecht nicht zwischen räumlich gedachten rein unionalen und rein mitgliedstaatlichen Zuständigkeitsbereichen. Zwar ist die Zuständigkeit der EU beschränkt, doch im Rahmen ihrer Zuständigkeit können ihre Handlungen grundsätzlich auch auf Regelungsbereiche Auswirkungen haben, die nicht ihrer Legislativzuständigkeit unterfallen. Insofern kann es beim Schutz mitgliedstaatlicher Handlungsfreiheit nicht darum gehen, im Sinne einer „Handlungsautonomie" Residualbereiche vollkommener mitgliedstaatlicher Freiheit zu konstruieren und zu schützen. Vielmehr ist der durch unionsrechtliche Vorgaben herbeigeführte Verlust mitgliedstaatlicher Handlungsfreiheit mit den durch die unionsrechtlichen Vorgaben verfolgten Zielen in ein Verhältnis zu setzen, bzw. dieser Verlust in die gesamtbilanzierende Verhältnismäßigkeitsprüfung einzuspeisen.

Das Unionsrecht schränkt den Gestaltungsspielraum der Mitgliedstaaten in der Breite und Tiefe seiner Regelung ein.[9] Die Bestimmung des Umfangs der Bindung an Unionsrecht, also die unionsrechtliche Beeinträchtigung mitgliedstaatlicher Handlungsfreiheit, ist also eine Frage der Auslegung des jeweils fraglichen Rechtsakts bzw. der primärrechtlichen Vorgabe. Das Protokoll Nr. 25 zum Vertrag von Lissabon[10] hat insofern festgelegt, dass sich die Ausübung einer geteilten Zuständigkeit durch die Union nur auf die durch den entsprechenden Rechtsakt geregelten Elemente und nicht auf den gesamten Bereich erstreckt. Damit wurde zunächst der Überlegung, dass sich geteilte Zuständigkeiten durch ihre Ausübung seitens der EU punktuell in ausschließliche Zuständigkeiten verwandeln könnten,[11] eine Absage erteilt. Es belegt aber vor allem, dass sich die Bindungswirkung einer Unionshandlung gegenüber den Mitgliedstaaten immer

---

[9] S. dazu: *R. Streinz*, in: FS Alfred Söllner, S. 1139, 1154 ff.

[10] Protokoll über die Ausübung der geteilten Zuständigkeiten v. 13. Dezember 2007, ABl. Nr. C 306 S. 158.

[11] S. hierzu ausf.: *D. Dittert*, Die ausschließlichen Kompetenzen der Europäischen Gemeinschaft im System des EG-Vertrags, 2001, S. 68 ff., 125 ff.

nur auf die Vorgaben der fraglichen Norm in ihrer Breite und Tiefe bezieht.[12] Diese ist letztlich im Rahmen der Auslegung zu ermitteln.

Im Rahmen dieser Rechtsbindung greifen dann die Mechanismen zur Durchsetzung des Unionsrechts. Unionsrechtswidriges Handeln kann durch ein Vertragsverletzungsverfahren sogar pekuniär sanktioniert werden. Unionsrechtswidriges Recht[13] darf im Kollisionsfall von gleich welcher mitgliedstaatlichen Stelle,[14] nicht angewendet werden,[15] obgleich es keinen Geltungsvorrang beansprucht.[16] Unionsrechtswidrige Handlungen der Mitgliedstaaten eröffnen schließlich unter bestimmten Voraussetzungen[17] als eine eigene Sanktionskategorie für unionsrechtswidriges Handeln zur Stärkung der Durchsetzbarkeit der Unionsrechtsbindung der Mitgliedstaaten[18] Ansprüche aus dem unionsrechtlichen Staatshaftungsanspruch.

Schließlich ist sicherzustellen, dass durch die fragliche unionsrechtliche Vorgabe tatsächlich Verpflichtungen der Mitgliedstaaten erwachsen, die sie im Rahmen ihrer grundsätzlich bestehenden Entscheidungsfreiräume zu beachten haben. Ausgeschlossen werden damit die Bereiche, in denen die ausschließlichen Zuständigkeiten der EU eine Sperrwirkung gegenüber mitgliedstaatlichen Handlungen entfalten. Wo aber den Mitgliedstaaten aus unionsrechtlicher Sicht grundsätzlich Handlungsspielräume zustehen, korrespondiert das Ausmaß der unionsrechtlichen Vorgaben für die Wahrnehmung dieser Handlungsspielräume mit dem in einer gesamtbilanzierenden Verhältnismäßigkeitsprüfung nach Art. 5 Abs. 4 EUV zu berücksichtigenden Interesse an mitgliedstaatlicher Handlungsfreiheit. Mit anderen Worten ist nicht der mitgliedstaatliche Zuständigkeitsbereich Schutzgut des Art. 5 Abs. 4 EUV, sondern vielmehr das Interesse an einer von unionsrechtlichen Vorgaben möglichst wenig eingehegten Entscheidungs-

---

[12] I.E. ebenso und mit anschaulichen Beispielen: *R. Schütze*, European Constitutional Law, 3. Aufl. 2021, S. 216 ff.; vgl. auch Art. 2 Abs. 2 S. 2 AEUV.

[13] Dies umfasst Recht jeder Rangstufe, s.: EuGH, Urt. v. 17.12.1970, Internationale Handelsgesellschaft, Rs. 11/70, EU:C:1970:114, Rn. 3; EuGH, Urt. v. 08.09.2010, Winner Wetten, C-409/06, EU:C:2010:503, Rn. 61.

[14] Vgl. nur: EuGH, Urt. v. 22.06.1989, Fratello Costanzo, Rs. 103/88, EU:C:1989:256, Rn. 29 ff.; EuGH, Urt. v. 12.01.2010, Petersen, C-341/08, EU:C:2010:4, Rn. 80.

[15] Vgl. hierzu nur: EuGH, Urt. v. 09.03.1978, Simmenthal, Rs. 106/77, EU:C:1978:49, Rn. 22 f.; EuGH, Urt. v. 22.07.2010, Melki und Abdeli, verb. Rs. C-188/10 und C-189/10, EU:C:2010:363, Rn. 43 f.; EuGH, Urt. v. 21.12.2021, Euro Box Promotion, verb. Rs. C-357/19, C-379/19, C-547/19, C-811/19 und C-840/19, EU:C:2021:1034, Rn. 258; EuGH, Urt. v. 22.02.2022, RS, C-430/21, EU:C:2022:99, Rn. 63.

[16] EuGH, Urt. v. 08.09.2010, Winner Wetten, C-409/06, EU:C:2010:503, Rn. 53.

[17] Grundlegend: EuGH, Urt. v. 19.11.1991, Francovich, verb. Rs. C-6/90 und C-9/90, EU:C:1991:428, Rn. 38 ff.; EuGH, Urt. v. 05.03.1996, Brasserie du Pêcheur & Factortame III, verb. Rs. C-46/93, C-48/93, EU:C:1996:79, Rn. 51, 55.

[18] *T. von Danwitz*, DVBl 1997, S. 1, 2 f.; konsequenterweise besteht der unionsrechtliche Staatshaftungsanspruch wegen Verletzung der Grundfreiheiten nicht in rein innerstaatlichen Konstellationen, s. EuGH, Urt. v. 15.11.2016, Ullens de Schooten, C-268/15, EU:C:2016:874, Rn. 45 ff.

freiheit der Mitgliedstaaten im Rahmen ihrer Zuständigkeiten. Es geht um das Maß der rechtlichen Entscheidungsfreiheit der Mitgliedstaaten im Rahmen der von ihnen wahrzunehmenden Zuständigkeiten.

Wird das Schutzgut der mitgliedstaatlichen Handlungsfreiheit des Art. 5 Abs. 4 EUV als Gegenstück zur Rechtsbindung der Mitgliedstaaten an das Unionsrecht verstanden, fallen faktische Auswirkungen einer Unionsmaßnahme, die bestimmte mitgliedstaatliche Entscheidungen zwar rechtlich nicht ausschließen, aber unpraktisch, wirkungslos oder wenig sinnvoll erscheinen lassen, nicht in diese Kategorie. Auch Konsequenzen aus dem *soft law* der EU sind als Einschränkungen der mitgliedstaatlichen Handlungsfreiheit nicht adäquat beschrieben, da sie keine Rechtsbindung entfalten. Aus Sicht des Unionsrechts bleibt die Opportunität nicht unionsrechtswidriger mitgliedstaatlicher Maßnahmen grundsätzlich dem politischen Ermessen der Mitgliedstaaten überantwortet. Es steht den Mitgliedstaaten frei, unionsrechtskonforme, wenn auch wenig opportune Entscheidungen zu treffen. Die Mitgliedstaaten sind in ihrer Handlungsfreiheit damit rechtlich nicht eingeschränkt. Die dennoch zu konstatierenden faktischen Belastungen und Einschränkungen der Mitgliedstaaten insbesondere in wirtschaftlicher oder sozialer Hinsicht, können dennoch im Rahmen des Art. 5 Abs. 4 EUV eingebracht werden, weil der gesamtbilanzierende Prüfansatz eben nicht auf das Interesse an mitgliedstaatlicher Handlungsfreiheit beschränkt ist.[19] Sie stellen nur kein Problem mitgliedstaatlicher Handlungsfreiheit von unionsrechtlichen Vorgaben dar. Insofern geht es bei dieser Unterscheidung vor allem darum, die fragliche Belastung so zu konturieren, dass sie möglichst überzeugend in einem auf Art. 5 Abs. 4 EUV gestützten Vortrag eingebracht werden kann.

2. Legislative Handlungsfreiheit der Mitgliedstaaten

Unionsrechtliche Bindungen der mitgliedstaatlichen Gesetzgebung lassen sich grob in zwei Kategorien unterteilen. Einerseits geht es um Konstellationen, in denen die mitgliedstaatliche Legislative zur Umsetzung unionsrechtlicher Vorgaben tätig wird und andererseits geht es um sonstige mitgliedstaatliche Gesetzgebung, die den Vorgaben des Unionsrechts genügen muss.

Geht es um die Umsetzung von Unionsrecht, bezieht sich das mitgliedstaatliche Interesse an legislativer Handlungsfreiheit darauf, im Rahmen der Umsetzung möglichst viele Entscheidungen selbst treffen zu können und möglichst wenig konkreten Vorgaben aus dem Unionsrecht zu unterliegen. Weil die Mitgliedstaaten dazu verpflichtet sind,[20] in Richtlinien vorgesehene Rechtszustände im innerstaatlichen Bereich herzustellen[21] und insofern eben kein Ermessen be-

[19] S. bereits oben, 2. Kap. B. II.

[20] Zum Streit um den Rechtsgrund der Umsetzungsverpflichtung s. die Diskussion bei: *A. Funke*, Umsetzungsrecht, 2010, S. 122 ff. Der EuGH geht wohl von einer Kombination von Art. 288 Abs. 3 AEUV und Art. 4 Abs. 3 UAbs. 2 und 3 EUV aus, so: *T. von Danwitz*, JZ 2007, S. 697; *I. Pernice*, EuR 1994, S. 325, 328.

[21] *H. P. Ipsen*, Europäisches Gemeinschaftsrecht, 1972, S. 458.

steht,[22] hängen die Spielräume der Mitgliedstaaten gerade davon ab, was vom Unionsrecht inhaltlich zur Umsetzung vorgeschrieben wird, und was offenbleibt. Von bloßen Zielvorgaben und Rahmenregelungen über Mindeststandards bis hin zur Vollharmonisierung[23] sind unterschiedlich intensive Vorgaben für die mitgliedstaatliche Umsetzungslegislative denkbar,[24] mit denen deren Entscheidungsspielräume unterschiedlich intensiv eingehegt werden. Wenn auch die Regelungsbreite des Unionsrechtsakts eine gewisse Rolle spielt, so ist die Handlungsfreiheit der mitgliedstaatlichen Umsetzungslegislative doch vor allem eine Frage der Regelungsdichte der umzusetzenden Unionsrechtsakte,[25] denn je konkreter die Vorgaben, desto weniger Spielraum wird für die Umsetzungsgesetzgebung bestehen, ohne sich in Widerspruch zum Unionsrecht zu setzen.

Hingegen kommt es für die eigenständige, nicht unionsrechtlich indizierte mitgliedstaatliche Gesetzgebungstätigkeit neben der Tiefe der unionsrechtlichen Regelungen auch entscheidend auf ihre Breite an, denn in der gesamten Breite und Tiefe seiner normativen Vorgaben erlegt das Unionsrecht den Mitgliedstaaten Rechtsbindungen auf.[26] Kerninteresse aus Sicht der legislativen Handlungsfreiheit der Mitgliedstaaten ist zu ergründen, welche Handlungsoptionen bei einem bestimmten Regelungsvorhaben bestehen, die sich nicht zum Unionsrecht in Widerspruch setzen. In Bereichen der geteilten Zuständigkeiten bedeutet dies vor allem die Ermittlung der Breite und Tiefe der Ausschöpfung der Zuständigkeiten durch die EU zu einer bestimmten Frage, in deren Umfang keine Handlungsspielräume der Mitgliedstaaten verbleiben.[27] Unabhängig vom Regelungsbereich stets zu beachten sind rechtsgebietsübergreifende primärrechtliche Gewährleistungen, sowie die auf Grundlage dieser primärrechtlichen Verbote bzw. der rechtsgebietsübergreifenden Zuständigkeitsnormen der EU erlassenen sekundärrechtlichen Normen. Hierzu zählen z.B. auch die mittlerweile vom EuGH primär aus Art. 19 Abs. 1 UAbs. 2 EUV entwickelten Vorgaben für die Organisation der mitgliedstaatlichen Judikative.

---

[22] *A. Funke*, Umsetzungsrecht, 2010, S. 126 f.

[23] S. hierfür und für weitere Abstufungen: *C. Calliess*, in: Calliess/Ruffert EUV, Art. 5, Rn. 57.

[24] Zur Bestimmung und Reichweite von Umsetzungsspielräumen in Richtlinien s.: *E. J. Lohse*, Rechtsangleichungsprozesse in der Europäischen Union, 2017, S. 297 ff.

[25] Vgl. auch: *G. Lienbacher*, in: Schwarze EUV, Art. 5, Rn. 37; *E. Pache*, in: Frankfurter Kommentar EUV, Art. 5, Rn. 148.

[26] S. nur erneut: *R. Streinz*, in: FS Alfred Söllner, S. 1139, 1154 ff.

[27] Vgl. auch: *U. Häde*, in: Frankfurter Kommentar AEUV, Art. 2, Rn. 41; für Zwecke dieser Arbeit nebensächlich ist der Streit, ob die Mitgliedstaaten bei Regelung bereits unionsrechtlich geregelter Sachverhalte aus dem Bereich der geteilten Zuständigkeiten gegen das bereits erlassene, vorrangige Unionsrecht verstoßen, oder gegen die primärrechtliche Sperrwirkung des Art. 2 Abs. 2 S. 2 EUV. S. für erstere Ansicht etwa: *T. Eilmansberger*, in: Hummer/Obwexer (Hrsg.), Der Vertrag von Lissabon, 2009, S. 189, 196 f.; *H.-P. Folz*, in: Fastenrath/Nowak (Hrsg.), Der Lissabonner Reformvertrag: Änderungsimpulse in einzelnen Regelungs- und Politikbereichen, 2009, S. 65, 67; für letztere Ansicht: *M. Nettesheim*, in: Grabitz/Hilf/Nettesheim AEUV, Art. 2, Rn. 27; *Ders.*, EuR 2004, S. 511, 529.

3. Exekutive Handlungsfreiheit der Mitgliedstaaten

Auch für die Durchführung von Recht können mitgliedstaatliche Stellen unionsrechtlichen Bindungen unterliegen, die in ihrer Reichweite mitgliedstaatliche Handlungsspielräume beschränken können. In dieser Hinsicht drängt sich die sog. Verfahrensautonomie der Mitgliedstaaten[28] als schützenswertes Interesse auf. Wenn Art. 5 Abs. 4 EUV sicherstellen soll, dass den Mitgliedstaaten nur verhältnismäßige Vorgaben aus dem Unionsrecht gemacht werden, so liegt es nahe, auch durch unionsrechtliche Vorgaben für die Durchführung des Unionsrecht verengte eigene Entscheidungsspielräume in eine Prüfung nach Art. 5 Abs. 4 EUV einspeisen zu können.[29] An der Existenz der Verfahrensautonomie sind aber wiederholt Zweifel laut geworden, sodass die Verzahnung von Verhältnismäßigkeit und dezentralem Verwaltungsvollzug einer genaueren Betrachtung bedarf.

a) Die Existenz der sog. Verfahrensautonomie

Die sog. Verfahrensautonomie der Mitgliedstaaten ist Ausfluss der grundlegenden Aufgabenverteilung zwischen der EU und den Mitgliedstaaten[30] – die EU wird rechtssetzend tätig,[31] während sich die verfahrensrechtliche Durchsetzung dieser Rechte nach nationalem Recht richtet.[32] Der EuGH beschrieb die Durchführung des Unionsrechts nach Maßgabe des mitgliedstaatlichen Rechts dahingehend, dass die Mitgliedstaaten aus ihrer Loyalitätspflicht heraus den Rechtsschutz zur Durchsetzung der Rechte aus dem unmittelbar anwendbaren Gemeinschaftsrecht zu gewährleisten haben und in Abwesenheit unionsrechtlicher Re-

---

[28] Der Begriff stammt wahrscheinlich aus dem französischen Schrifttum, s. insb.: *R. Kovar*, in: Ders. (Hrsg.), Les recours des individus devant les instances nationales en cas de violation du droit européen, 1978, S. 245, 248; er verbreitete sich in der gemeinschaftsrechtlichen Forschung, vgl. nur für Deutschland: *H. W. Rengeling*, in: GS Christoph Sasse, 1981, S. 197, 198 f., wurde zunächst in der Generalanwaltschaft aufgegriffen, s. z.B. GA *Jacobs*, Schlussanträge v. 15.06.1995 in den verb. Rs. C-430/93 und C-431/93, van Schijndel, EU:C.1995:185, Rn. 18, und fand schließlich seinen Weg in die Rechtsprechung mit EuGH, Urt. v. 07.01.2004, Wells, C-201/02, EU:C:2004:12, Rn. 65 ff. Der Sache nach ist dieser Grundsatz allerdings tief in der Rechtsprechung verwurzelt, s. bereits: EuGH, Urt. v. 19.12.1968, Salgoil, Rs. 13/68, EU:C:1968:54, S. 693; EuGH, Urt. v. 11.02.1971, Fleischkontor, Rs. 39/70, EU:C:1971:16, Rn. 5.

[29] Besonders deutlich bei *C. Krönke*, Die Verfahrensautonomie der Mitgliedstaaten der Europäischen Union, 2013, S. 72 ff., für den die Verfahrensautonomie ein durch Art. 5 Abs. 4 EUV als kompetenzrechtliche Verhältnismäßigkeitsprüfung abgesicherter normativer Spielraum der Mitgliedstaaten ist.

[30] Den Aspekt der Aufgabenteilung betont z.B. auch: *K. Lenaerts*, The Irish Jurist 46 (2011), S. 13.

[31] Insofern ist von einer „Rechtssetzungsgemeinschaft" die Rede, s. nur: *T. von Danwitz*, Europäisches Verwaltungsrecht, 2008, S. 307.

[32] S. statt vieler: *D. Dittert*, Europarecht, 5. Aufl. 2017, S. 115 f.

gelungen[33] die Bestimmung der zuständigen Gerichte und die Ausgestaltung des Verfahrens zum Schutz der unionsrechtlich verbürgten Rechte nach ihrem innerstaatlichen Recht übernehmen.[34] Die Grenzen dieses Freiraumes definierte der EuGH zunächst[35] als ein Diskriminierungsverbot von unionsrechtlichen gegenüber mitgliedstaatlichen Sachverhalten, das er später zu einem Gebot der Äquivalenz zuspitzte,[36] und als ein Verhinderungsverbot für die Realisierung von unionsrechtlichen Rechten, welches zu einem Effektivitätsgebot aufgewertet wurde.[37]

Der Begriff der Verfahrensautonomie ist sicherlich unglücklich, da er dazu verleitet, die Durchführung des Unionsrechts als unantastbare mitgliedstaatliche Domäne zu verstehen.[38] Doch auch jenseits terminologischer Spitzfindigkeit wurde die Existenz einer mitgliedstaatlichen Eigengesetzlichkeit bei der Durchführung des Unionsrechts in Anbetracht zeitweilig recht kleinteiliger Anforderungen des EuGH an mitgliedstaatliches Vollzugsrecht[39] immer wieder in Zweifel gezogen:[40] Demnach sei die Durchsetzung nach mitgliedstaatlichem Verfahrensrecht allein akzessorisch zum durchzusetzenden Unionsrecht, sodass sich die Rolle der mitgliedstaatlichen Stellen darauf zu beschränken habe, dem Unionsrecht zur vollen Wirksamkeit zu verhelfen. Dabei hätten alle dies verhindernden Regelungen wegen des Vorrangs des Unionsrechts zurückzutreten.[41] *Kakouris* brachte dies mit der Vorstellung von einem *dédoublement fonctionnel* von mit-

---

[33] Einschließlich der allgemeinen Grundsätze des Unionsrechts, wie EuGH, Urt. v. 21.09.1983, Deutsche Milchkontor, verb. Rs. 205 bis 215/82, EU:C:1983:233, Rn. 17 präzisiert hat.

[34] Grundlegend: EuGH, Urt. v. 16.12.1976, Rewe, Rs. 33/76, EU:C:1976:188, Rn. 5; EuGH, Urt. v. 16.12.1976, Comet, Rs. 45/76, EU:C:1976:191, Rn. 11/18.

[35] Ebd.

[36] S. etwa: EuGH, Urt. v. 15.09.1998, Edis, C-231/96, EU:C:1998:401, Rn. 34.

[37] EuGH, Urt. v. 09.11.1983, San Giorgio, Rs. 199/82, EU:C:1983:318, Rn. 14.

[38] Vgl. nur: *M. Bobek*, in: de Witte/Micklitz (Hrsg.), The European Court of Justice and the Autonomy of the Member States, 2011, S. 305, 319 ff.

[39] S. für die schrittweise Intensivierung der Kontrolle mitgliedstaatlicher Verfahrensregeln z.B.: *T. von Danwitz*, Verwaltungsrechtliches System und Europäische Integration, 1996, S. 352 ff. Zu denken ist hier insb. aus dem Bereich des einstweiligen Rechtsschutzes an: EuGH, Urt. v. 19.06.1990, ex parte Factortame, C-213/89, EU:C:1990:257, Rn. 21 f.; EuGH, Urt. v. 21.02.1991, Zuckerfabrik Süderdithmarschen, C-143/88, EU:C:1991:65, Rn. 23 ff.; EuGH, Urt. v. 09.11.1995, Atalanta Fruchthandelsgesellschaft, C-465/93, EU:C:1995:369, Rn. 28 ff.; aus dem Bereich des Staatshaftungsrechts an: EuGH, Urt. v. 19.11.1991, Francovich, verb. Rs. C-6/90 und C-9/90, EU:C:1991:428, Rn. 37 ff. und besonders in Deutschland aufsehenerregend für die Einwirkung auf Verfahrensvorschriften an: EuGH, Urt. v. 20.03.1997, Alcan II, C-24/95, EU:C:1997:163, Rn. 24 f.

[40] Vgl. hierzu treffend: *S. Schill/C. Krenn*, in: Grabitz/Hilf/Nettesheim EUV, Art. 4, Rn. 89.

[41] Prominent: *M. Bobek*, in: de Witte/Micklitz (Hrsg.), The European Court of Justice and the Autonomy of the Member States, 2011, S. 305, 319 ff.; *C. N. Kakouris*, CMLR 34 (1997), S. 1389, 1396 f., 1408; ähnlich: *U. Stelkens*, EuR 2012, S. 511, 535 f.

gliedstaatlichen Gerichten und Verfahrensnormen als funktionale Unionsgerichte und unionsrechtliche Normen auf den Punkt.[42]

Für Art. 5 Abs. 4 EUV hätte dies zur Konsequenz, dass ein eigenständiges Interesse an mitgliedstaatlicher Handlungsfreiheit bei der Durchführung des Unionsrechts nicht bestünde. Wenn die Mitgliedstaaten in verfahrensrechtlicher Hinsicht allein die Rolle hätten, die volle Wirksamkeit des Unionsrechts zu gewährleisten, hätten sie unionsrechtlich kein berechtigtes Interesse an einer möglichst eigenständigen Durchführung des Unionsrechts. Unionsrechtliche Vorgaben für den dezentralen Verwaltungsvollzug und die gerichtliche Durchsetzung wären dann nicht als eine Beschränkung eines grundsätzlich bestehenden Handlungsspielraumes der Mitgliedstaaten zu verstehen.

Doch eine unionsrechtlich zuerkannte Handlungssphäre der Mitgliedstaaten lässt sich aus der vertikalen Organisationsverschränkung von EU und Mitgliedstaaten ableiten.[43] Zunächst gilt schon für das dezentrale Rechtsschutzsystem aus Art. 19 Abs. 1 UAbs. 2 EUV, dass das Unionsrecht die mitgliedstaatlichen Gerichte nicht konstituiert, sondern sie als in ihrer Existenz und Organisation mitgliedstaatliche Institutionen voraussetzt.[44] Sie werden zwar in das Rechtsschutzsystem der EU integriert und müssen daher die unionsrechtlichen Voraussetzungen für die Wahrnehmung dieser Funktion erfüllen,[45] allerdings ändert das nichts daran, dass Art. 19 EUV und auch Art. 267 AEUV sich der in den Mitgliedstaaten existierenden Gerichte und der entsprechend anwendbaren verfahrensrechtlichen Normen bedienen[46] und sie eben nicht teilweise selbst schaffen.[47] Die freiwillige, jedenfalls unionsrechtlich im Einzelfall nicht erzwingbare Gerichtsko-

---

[42] *C. N. Kakouris*, CMLR 34 (1997), S. 1389, 1393. Diese Vorstellung insbesondere von den Gerichten der Mitgliedstaaten als die ordentlichen Gerichte des Unionsrechts steht Pate für die Rechtsprechung des EuGH zu Art. 267 AEUV, s. EuGH, Gutachten v. 08.03.2011, Einheitliches Patentgericht, Avis 1/09, EU:C:2011:123, Rn. 66, 68 f., 84 und auch für die neuere Rechtsprechung zu Art. 19 EUV, s. nur: EuGH, Urt. v. 27.02.2018, Associação Sindical dos Juízes Portugueses, C-64/16, EU:C:2018:117, Rn. 32 ff.

[43] S. zu alldem und m. ausf. Nw.: *M. Ludwigs* in: Kahl/Ludwigs (Hrsg.), HVwR I, 2021, § 8, Rn. 18

[44] S. hierzu, auch mit rechtsvergleichenden Überlegungen: *D. Halberstam*, Cambridge Yearbook of European Legal Studies 23 (2021), S. 128, 136 ff.

[45] Dies kommt besonders deutlich zum Ausdruck in: EuGH, Urt. v. 24.06.2019, Kommission/Polen, C-619/18, EU:C:2019:531, Rn. 52.

[46] Anschaulich: *D. Halberstam*, Cambridge Yearbook of European Legal Studies 23 (2021), S. 128, 137.

[47] S. auch: *C. Krönke*, Die Verfahrensautonomie der Mitgliedstaaten der Europäischen Union, 2013, S. 35 f.

operation[48] als Grundlage für das Vorabentscheidungsverfahren,[49] die Ausnahmen von der Vorlagepflicht nach Art. 267 Abs. 3 AEUV,[50] die niedrigen Hürden für die Zulässigkeit eines Vorabentscheidungsverfahrens vor dem EuGH[51] und die vom EuGH strikt gehandhabte Beschränkung auf die Klärung der ihm gestellten Fragen[52] akzentuieren die Eigenständigkeit der mitgliedstaatlichen Gerichte. Auch durch die restriktive Ausgestaltung der Individualklagemöglichkeiten vor dem EuG[53] trägt der EuGH zur Dezentralität des Rechtsschutzes vor mitgliedstaatlichen Gerichten bei.

In Ansehung des Art. 291 Abs. 1 AEUV gilt ein vergleichbarer Befund für die mit der Durchführung des Unionsrechts betrauten mitgliedstaatlichen Behörden: Der dezentrale Vollzug des Unionsrechts in Eigenverantwortung der Mitgliedstaaten ist die primärrechtliche Regel, die Eigenverwaltung durch die EU die Ausnahme.[54] Schon davor haben die Mitgliedstaaten diese verwaltungsverfahrensrechtliche Eigenverantwortung verschiedentlich betont[55] und sogar im Amsterdamer Subsidiaritätsprotokoll[56] verankert.[57] Mangels einer dem Art. 19 Abs. 1

---

[48] Vertragsverletzungsverfahren und Verurteilungen von Mitgliedstaaten wegen Verletzung der Vorlagepflicht sind zwar möglich, s.: EuGH, Urt. v. 04.10.2018, Kommission/Frankreich, C-416/17, EU:C:2018:811, Rn. 105 ff., aufbauend auf: EuGH, Urt. v. 05.05.1970, Kommission/Belgien, Rs. 77/69, EU:C:1970:34, Rn. 15; EuGH, Urt. v. 09.12.2003, Kommission/Italien, C-129/00, EU:C:2003:656, Rn. 29; EuGH, Urt. v. 12.11.2009, Kommission/Spanien, C-154/08, EU:C:2009:695, Rn. 125 ff.; EuGH, Urt. v. 09.08.2015, Ferreira da Silva e Brito u.a., C-160/14, EU:C:2015:565, Rn. 36 ff., können aber nicht zu einer Vorlage im fraglichen Verfahren führen.

[49] S. hierzu ausf.: *U. Haltern*, Europarecht, Bd. II, 3. Aufl. 2017, S. 64 ff.

[50] Klassisch: EuGH, Urt. v. 06.10.1982, CILFIT, Rs. 231/81, EU:C:1982:335, Rn. 13 ff.; präzisiert durch: EuGH, Urt. v. 06.10.2021, Consorzio Italiano Management, C-561/19, EU:C:2021:799, Rn. 32 ff.

[51] Konzise zusammengefasst bei: *J. Schwarze/N. Wunderlich*, in: Schwarze AEUV, Art. 267, Rn. 31 ff.; s. aus der Rspr. z.B.: EuGH, Urt. v. 10.11.2018, Wightman u.a., C-621/18, EU:C:2018:999, Rn. 27; EuGH, Urt. v. 24.02.2022, Naumur-Est Environment ASBL, C-463/20, EU:C:2022:121, Rn. 39.

[52] S. nur: EuGH, Urt. v. 10.11.2018, Wightman u.a., C-621/18, EU:C:2018:999, Rn. 26; EuGH, Urt. v. 19.12.2019, Junqueras Vines, C-502/19, EU:C:2019:1115, Rn. 55; EuGH, Urt. v. 24.02.2022, Naumur-Est Environment ASBL, C-463/20, EU:C:2022:121, Rn. 38.

[53] S. hierzu nur: EuGH, Urt. v. 03.10.2013, Inuit Tapiriit Kanatami, C-583/11 P, EU:C:2013:625, Rn. 68 ff.

[54] Anschaulich: *M. Ruffert*, in: Calliess/Ruffert AEUV, Art. 291, Rn. 2; s. auch: *M. Ludwigs*, NVwZ 2018, S. 1417, 1419 f.

[55] Erklärung Nr. 43 zum Protokoll über die Anwendung der Grundsätze der Subsidiarität und der Verhältnismäßigkeit (Amsterdam): „Die Hohen Vertragsparteien bekräftigen zum einen die der Schlußakte zum Vertrag über die Europäische Union beigefügte Erklärung zur Anwendung des Gemeinschaftsrechts und zum anderen die Schlußfolgerungen des Europäischen Rates von Essen, wonach die administrative Durchführung des Gemeinschaftsrechts grundsätzlich Sache der Mitgliedstaaten gemäß ihren verfassungsrechtlichen Vorschriften bleibt."

[56] Protokoll Nr. 2 zum EG-Vertrag über die Anwendung der Grundsätze der Subsidiarität und der Verhältnismäßigkeit, ABl. C 340, 105.

[57] S. hierzu und für weitere primärrechtliche Klarstellungen: *T. von Danwitz*, Europäisches Verwaltungsrecht, 2008, S. 308 f.

UAbs. 2 EUV vergleichbaren Norm für die mitgliedstaatlichen Behörden sind diese, auch wenn sie ebenfalls vollumfänglich unionsrechtlich gebunden sind, weniger unmittelbar in das Unionsrechtssystem integriert als mitgliedstaatliche Gerichte. Trotz ihrer unionsrechtlich determinierten Tätigkeit sind sie keine lediglich nachgeordneten Behörden,[58] sondern sie bleiben mitgliedstaatlich konstituierte und organisierte Stellen.[59]

Diese organisationsrechtliche Entscheidung für das mitgliedstaatliche Verfahrensrecht[60] impliziert einen entsprechenden normativen Freiraum der Mitgliedstaaten, dem sich ein Wirksamkeitspostulat des Unionsrecht nicht pauschal entgegenstellen kann. Dieses unterscheidet nämlich nicht nur ausdrücklich zwischen unionalen und mitgliedstaatlichen Organen,[61] es differenziert auch zwischen dem Unionsrecht bzw. den aus dem Unionsrecht erwachsenden Rechtspositionen einerseits und deren Durchsetzung andererseits, für die es sich der mitgliedstaatlichen Stellen bedient[62] und die das Unionsrecht so zu behandeln haben, wie das Recht ihres Mitgliedstaats. Exakt diese Gleichbehandlung tritt ein, wenn mitgliedstaatliche Verfahrensvorschriften für eine Einschränkung der Wirksamkeit des Unionsrechts sorgen, da sie in der Regel in gleichem Maße die Wirksamkeit von mitgliedstaatlichem Recht hemmen.[63] Auch wenn eine Verfahrensautonomie damit nicht als absoluter Schutzwall gegen jeglichen unionsrechtlichen Einfluss auf mitgliedstaatliches Verfahrensrecht verstanden werden kann, setzt das Unionsrecht doch einen Freiraum der Mitgliedstaaten bei der Durchführung des Unionsrecht voraus.

b) Der Rewe-Simmenthal-Widerspruch

Zweifel an einem solchen Freiraum könnten daher rühren, dass der EuGH in zahlreichen und prominenten Fällen mitgliedstaatlichen Verfahrensregelungen schlicht den Vorrang des durchzuführenden Unionsrechts entgegengehalten hat, ohne überhaupt auf die Existenz einer Verfahrensautonomie einzugehen. Insofern stehen sich zwei Rechtsprechungslinien gegenüber: Eine auf Äquivalenz- und Effektivität abstellende Linie, die bis auf die Entscheidung in *Rewe*[64] zurück-

---

[58] Hierzu aber aus dem deutschen Schrifttum prominent: *M. Zuleeg*, Das Recht der Europäischen Gemeinschaften im innerstaatlichen Bereich, 1969, S. 211.

[59] S. hierzu schon: *H. P. Ipsen*, Europäisches Gemeinschaftsrecht, 1972, S. 215; s. auch: *T. von Danwitz*, Europäisches Verwaltungsrecht, 2008, S. 307.

[60] So auch: *T. von Danwitz*, Europäisches Verwaltungsrecht, 2008, S. 306; *C. Krönke*, Die Verfahrensautonomie der Mitgliedstaaten, 2013, S. 37 ff., 133 ff.; *M. Ludwigs*, NVwZ 2018, S. 1417, 1419 f.

[61] S. hierzu nochmals: *H. P. Ipsen*, Europäisches Gemeinschaftsrecht, 1972, S. 215.

[62] Deutlich: *D. Halberstam*, Cambridge Yearbook of European Legal Studies 23 (2021), S. 128, 137.

[63] *S. Prechal*, CMLR 35 (1998), S. 681, 686.

[64] EuGH, Urt. v. 16.12.1976, Rewe, Rs. 33/76, EU:C:1976:188, Rn. 5; EuGH, Urt. v. 16.12.1976, Comet, Rs. 45/76, EU:C:1976:191, Rn. 11/18.

reicht und eine auf das Urteil *Simmenthal*[65] zurückgehende Tradition, die mitgliedstaatliche Verfahrensvorschriften zur Sicherstellung der vollen Wirksamkeit des durchzuführenden Unionsrechts aus Vorranggründen beiseitelässt. In der Tradition von *Simmenthal* bleibt auf den ersten Blick kein Raum für eine begrenzende Wirkung von Art. 5 Abs. 4 EUV. Hindern die mitgliedstaatlichen Normen die volle Wirksamkeit des Unionsrechts, so müssen sie dem Vorranganspruch des Unionsrechts weichen, für Abwägungen bliebe hier kein Raum.

Die Spekulationen darüber, wann die *Simmenthal*- und wann die *Rewe*-Linie zum Einsatz kommen, sind vielfältig – Versuche, empirisch oder anekdotisch belegte Unterscheidungen herausarbeiten zu wollen, kamen zu divergierenden Ergebnissen.[66] Vielfach wurde daher im Schrifttum angeregt, zwischen direkten und indirekten Kollisionen zu differenzieren.[67] Nur wenn jeweils anwendbare unionsrechtliche und mitgliedstaatliche Normen für denselben Regelungsgegenstand unterschiedliche Rechtsfolgen anordnen, könne diese direkte Normenkollision mittels des Anwendungsvorrangs des Unionsrechts aufgelöst werden,[68] sodass die *Simmenthal*-Rechtsprechung zur Anwendung komme. Indirekte Kollisionen hingegen seien Situationen, in denen nationale Regeln die volle Wirksamkeit des Unionsrechts hemmen.[69] Dabei komme es nicht zu einer Anordnung unterschiedlicher Rechtsfolgen für denselben Regelungsgegenstand, sondern zu einer Verhinderung der Wirkungen des Unionsrechts durch nationale Vollzugsnormen, weil das Unionsrecht für seinen Vollzug selbst keine Normen bereithalte und daher bewusst auf entsprechende mitgliedstaatliche Regeln zurückgreife.[70] Bei solchen indirekten Kollisionen wäre auf die *Rewe*-Rechtsprechung zu verweisen.[71]

---

[65] Besonders prominent: EuGH, Urt. v. 09.03.1978, Simmenthal, Rs. 106/77, EU:C:1978:49, Rn. 17 ff.; EuGH, Urt. v. 19.06.1990, Factortame, C-213/89, EU:C:1990:257, Rn. 18 ff.

[66] *M. Dougan*, National Remedies before the Court of Justice, 2004, S. 201 f., 310 ff. kommt in dieser Hinsicht zu dem Ergebnis, dass verfahrensrechtliche Autonomie in weniger stark harmonisierten Bereichen eher gewährt wird als in stark harmonisierten Bereichen; *D. Halberstam*, Cambridge Yearbook of European Legal Studies 23 (2021), S. 128, 151 f. sieht eine Anwendung der *Simmenthal*-Rechtsprechung, wenn es um die Durchführung von Primärrecht geht, während *Rewe* bei der Durchführung von Sekundärrecht zum Einsatz komme.

[67] Begriffsprägend: *W. Komendera*, Normenkonflikte zwischen EWG- und BRD-Recht, 1975, S. 3; daran anschließend z.B.: *T. von Danwitz*, Verwaltungsrechtliches System und europäische Integration, 1996, S. 114 ff.; *S. Kadelbach*, Allgemeines Verwaltungsrecht unter europäischem Einfluss, 1999, S. 25 ff.; *W. Schroeder*, Das Gemeinschaftsrechtssystem, 2000, S. 387 ff.; *C. Krönke*, Die Verfahrensautonomie der Mitgliedstaaten der EU 2013, S. 175 ff. m.w.N. in Fn. 541.

[68] *C. Krönke*, Die Verfahrensautonomie der Mitgliedstaaten der EU 2013, S. 176 f.

[69] Angelehnt an EuGH, Urt. v. 25.11.1986, Cerafel, Rs. 218/85, EU:C:1986:440, Rn. 13, wo von einer Behinderung des ordnungsgemäßen Funktionierens des Unionsrechts die Rede ist.

[70] Ausf.: *C. Krönke*, Die Verfahrensautonomie der Mitgliedstaaten der EU 2013, S. 177 ff.

[71] Einen Schritt weiter geht *S. Prechal*, CMLR 35 (1998), S. 681, 685, für die gerade die

Diesen Überlegungen ist zugutezuhalten, dass sie präzise herausarbeiten, welche Spannungslage bei der Hemmung des Unionsrechts durch mitgliedstaatliche Vollzugsnormen entsteht, denn dadurch fällt die dem Unionsrecht zukommende Wirksamkeit für die aus dem Unionsrecht Berechtigten in den Mitgliedstaaten unterschiedlich aus. Diesen Zustand der Ungleichbehandlung kann man als bloße Folge des dezentralen Verwaltungsvollzugs vollumfänglich hinnehmen.[72] Dann besteht hier aber ein Konflikt[73] mit der Notwendigkeit einer *equal justice under EU law* aller Rechtssubjekte,[74] die vom Grundsatz der einheitlichen Wirksamkeit des Unionsrechts final verwirklicht wird.[75] Es bietet sich jedoch auf der anderen Seite in Anbetracht der Verfahrensfreiheit der Mitgliedstaaten nicht an, diese Spannungslage pauschal und einseitig mittels Anwendungsvorrang zugunsten der einheitlichen Wirksamkeit des Unionsrechts auflösen zu wollen.[76] Viel eher scheinen Abwägungslösungen und ggf. auch ein Rückgriff auf Art. 5 Abs. 4 EUV sachgerecht.[77]

Überzeugend ist dieser Ansatz allerdings nicht, denn die Überlegungen zu indirekten Kollisionen und die darauf aufbauende Entziehung der Durchführungskonstellation vom Zugriff des Vorrangs des Unionsrechts können weder in ihren Prämissen überzeugen, noch entsprechen sie der Rechtsprechung. Zunächst wird mit der vermeintlich klaren Kategorie der indirekten Kollision verschleiert, wie schwierig die ihr zugrunde liegende Trennung von materieller Unionsrechtsnorm und mitgliedstaatlichen Verfahrensnormen ist. Man muss nicht *Kelsens* Vorstellung vom Recht als Zwangsnorm anhängen[78] und man muss auch

Konstellation in *Simmenthal* kein Vorrangproblem aufwarf und unter Rückgriff auf Äquivalenz und Effektivität hätte gelöst werden sollen.

[72] So: GA *Reischl*, Schlussanträge v. 09.01.1980 in der Rs. 61/79, Denkavit Italiana, EU:C:1980:2, S. 1233.

[73] Diesen Konflikt rekonstruiert ausf.: *C. Krönke*, Die Verfahrensautonomie der Mitgliedstaaten der EU 2013, S. 185 ff.

[74] *W. Schroeder*, Das Gemeinschaftsrechtssystem, 2002, S. 427 ff.

[75] Grundlegend: *M. Nettesheim*, in: GS Eberhard Grabitz, 1995, S. 447 ff.; s. auch: *W. Schroeder*, Das Gemeinschaftsrechtssystem, 2002, S. 426 f. Zur Notwendigkeit einer wirksamkeitsorientierten Auslegung des Unionsrechts, s.: *R. Lecourt*, L'Europe des juges, 1976, S. 236 ff.; *A. Mackenzie Stuart*, The European Communities and the Rule of Law, 1977, S. 78.

[76] A.A. insb.: *J. M. Baumann*, Die Rechtsprechung des EuGH zum Vorrang von Gemeinschaftsrecht vor mitgliedstaatlichen Verwaltungsakten und Gerichtsurteilen, 2010, S. 5, 30 ff.; s. auch: *A. Funke*, DÖV 2007, S. 733, 740.

[77] Verschiedene Vorschläge unterbreiten insoweit z.B.: *S. Prechal*, CMLR 35 (1998), S. 681, 690 ff.; *C. Krönke*, Die Verfahrensautonomie der Mitgliedstaaten der EU 2013, S. 193 ff., 226 ff.; *D. Halberstam*, Cambridge Yearbook of European Legal Studies 23 (2021), S. 128, 146 f.

[78] *H. Kelsen*, Reine Rechtslehre, 1. Aufl. 1934, S. 25 ff; s. hierzu aber auch: H. *L. A. Hart*, The Concept of Law, 3. Aufl. 2012, S. 20 ff.

nicht das römische[79] bzw. das preußische Recht[80] oder Chief Justice *Marshall*[81] bemühen, sondern es genügt schon ein wenig Realismus, um den engen Zusammenhang von Norm und Durchführung zu erkennen.[82] Ohne effektive Durchsetzung bleibt vom materiellen Recht eben nicht viel übrig.[83] Graduelle Unterscheidungen wie zwischen direkten und indirekten Kollisionen[84] eignen sich schlecht für kategoriale Konsequenzen. Gerade im dezentralen Verwaltungsvollzug des Unionsrechts, z.B. ganz besonders deutlich im Beihilfenrecht, zeigt sich, dass mitgliedstaatliche Vorschriften von bloßen Wirksamkeitshemmnissen zu kraftvollen und umfassenden Anwendungshindernissen werden können.[85] Betrachtet man erneut die Formulierung aus *Rewe*, so fällt überdies auf, dass die Durchführung des Unionsrechts in den Mitgliedstaaten von vorneherein als Verpflichtung aus der vertraglichen Loyalitätspflicht zur Gewährleistung des Unionsrechtsschutzes angelegt war.[86] Die als indirekte Kollisionen bezeichneten Situationen der Wirksamkeitshemmung sind damit letztlich doch direkte Kollisionen zwischen nationalen Verfahrensregeln und der Durchführungsverpflichtung der Mitgliedstaaten aus Art. 4 Abs. 3 EUV.[87]

Außerdem hat der EuGH in mittlerweile ständiger Rechtsprechung entschieden, dass die Beeinträchtigung von Einheit und Wirksamkeit des Unionsrechts unter Berufung einer mitgliedstaatlichen Stelle auf mitgliedstaatliches Recht wegen des Vorrangs des durchzuführenden Unionsrechts zu unterbleiben hat.[88] Zu Art. 19 EUV und Art. 267 AEUV hat der EuGH außerdem entschieden, dass

---

[79] *Ubi ius, ibi remidium.*

[80] § 89 Einleitung zum ALR: „Wem die Gesetze ein Recht geben, dem bewilligen sie auch die Mittel, ohne welches dasselbe nicht ausgeübt werden kann."

[81] US Supreme Court, Urt. v. 24.02.1803, Marbury v. Madison, 5 US 137, 163 ff. (1803).

[82] So mit Bezug auf die Verfahrensautonomie ausf.: *D. Halberstam*, Cambridge Yearbook of European Legal Studies 23 (2021), S. 128, 149 ff.

[83] Pointiert: *K. Llewwllyn*, The Bramble Bush, 1951, S. 83 f., auf den *D. Halberstam*, Cambridge Yearbook of European Legal Studies 23 (2021), S. 128, 150 verweist.

[84] So auch: *H. Sauer*, Öffentliches Reaktionsrecht, 2021, S. 351.

[85] S. aus dem Beihilfenrecht hierzu nur: GA *Jacobs*, Schlussanträge v. 12.11.1996 in der Rs. 24/95, Alcan II, EU:C:1996:433, Rn. 26; *K. F. Gärditz*, NVWBl 2006, S. 441, 442; *P. M. Huber*, KritV 82 (1999), S. 359, 375.

[86] EuGH, Urt. v. 16.12.1976, Rewe, Rs. 33/76, EU:C:1976:188, Rn. 5; EuGH, Urt. v. 16.12.1976, Comet, Rs. 45/76, EU:C:1976:191, Rn. 11/18.

[87] So z.B. auch: *H. Sauer*, Öffentliches Reaktionsrecht, 2021, S. 351; *D. Ehlers*, in: Schulze/Janssen/Kadelbach (Hrsg.), Europarecht, 4. Aufl. 2020, § 11, Rn. 45.

[88] EuGH, Urt. v. 15.01.2013, Križan u. a., C-416/10, EU:C:2013:8, Rn. 70; EuGH, Urt. v. 23.02.2013, Melloni, C-399/11, EU:C:2013:107, Rn. 59; EuGH, Urt. v. 02.03.2021, A.B., C-824/18, EU:C:2021:153, Rn. 148; EuGH, Urt. v. 18.05.2021, Asociaţia „Forumul Judecătorilor din România" u.a., verb. Rs. C-83/19, C-127/19, C-195/19, C-291/19, C-355/19 und C-397/19, EU:C:2021:393, Rn. 244; EuGH, Urt. v. 06.10.2021, W.Ż., C-487/19, EU:C:2021:768, Rn. 156; EuGH, Urt. v. 23.11.2021, IS, verb. Rs. C-564/19, EU:C:2021:949, Rn. 79; EuGH, Urt. v. 21.12.2021, Euro Box Promotion, C-357/19, C-379/19, C-547/19, C-811/19 und C-840/19, EU:C:2021:1034, Rn. 250; EuGH, Urt. v. 22.02.2022, RS, C-430/21, EU:C:2022:99, Rn. 50.

jedes mitgliedstaatliche Gericht mitgliedstaatliche Normen beiseite zu lassen hat, die die volle Wirksamkeit des Unionsrechts schmälern[89] und ebenso zur Sicherstellung der Funktionsfähigkeit des Vorabentscheidungsverfahrens direkt aus Art. 267 AEUV dazu ermächtigt ist, mitgliedstaatliche Verfahrensnormen, die es an einer Vorlage hindern, außer Acht zu lassen.[90] Damit wird für mitgliedstaatliche Behörden über das Loyalitätsgebot und über Art. 19 EUV ggf. i.V.m. Art. 267 AEUV auch für mitgliedstaatliche Gerichte die Sicherstellung der vollen Wirksamkeit des Unionsrechts zur primärrechtlichen Pflicht, mit der die wirksamkeitshemmenden mitgliedstaatlichen Normen direkt kollidieren und wegen des Vorrangs des Unionsrechts nicht mehr angewendet werden können. Auf den ersten Blick scheint damit kein Raum mehr für Abwägungen zur Auflösung von indirekten Kollisionen zu bleiben und der Vorrang griffe letztlich doch.

c) Kombinationslösung: Modulation der Vollzugspflichten durch den Grundsatz der Verhältnismäßigkeit

Es scheint zu einer Pattsituation zu kommen: Einerseits erkennt das Unionsrecht einen normativen Freiraum der Mitgliedstaaten bei der Durchführung des Unionsrechts an und das Wechselspiel von Unionsrecht und mitgliedstaatlichem Vollzugsrecht ist darüber hinaus präzise mit einer abwägungsfähigen Gemengelage von einheitlicher Wirksamkeit, rechtsstaatlichen Zwecken der Verfahrensvorschriften und der Sicherung der Verfahrensfreiheit der Mitgliedstaaten beschrieben. Andererseits kommt es trotzdem, wenn man sich von eher künstlichen Kategorisierungen freimacht, zu einem Vorrangproblem, in dem kein Raum für Abwägungen nach einem um Art. 5 Abs. 4 EUV angereichertes Effektivitätsprinzip bleibt.

Diese Gemengelage löst sich allerdings auf, wenn man beide Rechtsprechungslinien nicht im Widerspruch zueinander,[91] sondern als aufeinander auf-

---

[89] EuGH, Urt. v. 09.03.1978, Simmenthal, Rs. 106/77, EU:C:1978:49, Rn. 22 f.; EuGH, Urt. v. 22.06.2010, Melki und Abdeli, verb. Rs. C-188/10 und C-189/10, EU:C:2010:363, Rn. 44 f.; EuGH, Urt. v. 26.03.2020, Miasto Łowicz, verb. Rs. C-558/18 und C-563/18, EU:C:2020:234, Rn. 59; EuGH, Urt. v. 23.11.2021, IS, verb. Rs. C-564/19, EU:C:2021:949, Rn. 91; EuGH, Urt. v. 21.12.2021, Euro Box Promotion, verb. Rs. C-357/19, C-379/19, C-547/19, C-811/19 und C-840/19, EU:C:2021:1034, Rn. 257 f.; EuGH, Urt. v. 22.02.2022, RS, C-430/21, EU:C:2022:99, Rn. 62 f.

[90] Vgl. hierzu erneut: EuGH, Urt. v. 09.03.1978, Simmenthal, Rs. 106/77, EU:C:1978:49, Rn. 17 ff.; EuGH, Urt. v. 22.06.2010, Melki und Abdeli, verb. Rs. C-188/10 und C-189/10, EU:C:2010:363, Rn. 45; EuGH, Urt. v. 05.07.2016, Ognyanov, C-614/14, EU:C:2016:514, Rn. 25 sowie: EuGH, Urt. v. 23.11.2021, IS, C-564/19, EU:C:2021:949, Rn. 73; EuGH, Urt. v. 22.02.2022, RS, C-430/21, EU:C:2022:99, Rn. 64 f.

[91] Auch organisationssoziologisch mag eine solche Betrachtungsweise indiziert sein, waren doch in vielen der in den vorstehenden Fußnoten zitierten Urteilen ausgerechnet *Sacha Prechal* und *Thomas von Danwitz* als Berichterstatter am EuGH tätig, die in ihren bereits zitierten akademischen Schriften eine stärkere Betonung der Verfahrensautonomie und eine Abwägung zwischen Wirksamkeit bzw. Vorrang des Unionsrechts und den Anliegen hinter den mitgliedstaatlichen Verfahrensnormen gefordert haben.

bauende Prüfschritte wahrnimmt: Zunächst ist mittels Äquivalenz- und Effektivitätsprinzip zu klären, welche Anforderungen für die „volle“ Wirksamkeit des Unionsrechts an die mitgliedstaatlichen Durchführungsnormen gestellt werden. Das Unionsrecht strebt im indirekten Verwaltungsvollzug nicht nach größtmöglicher, sondern nach praktischer Wirksamkeit.[92] Die „volle“ Wirksamkeit kann also gewisse Wirksamkeitshemmungen akzeptieren. Anders ließe sich auch nicht erklären, dass der EuGH in weitem Umfang Wirksamkeitshemmungen durch mitgliedstaatliches Verfahrensrecht mit bemerkenswerter Regelmäßigkeit hingenommen hat.[93] An dieser Stelle ließe sich auch auf Art. 5 Abs. 4 EUV zurückgreifen. Miteinander in Einklang zu bringen sind hier die auch unionsrechtlich anerkannten,[94] letztlich rechtsstaatlich begründeten Zwecke der mitgliedstaatlichen Verfahrensvorschriften und die einheitliche Wirksamkeit des Unionsrechts, ergänzt um das spezifisch mitgliedstaatliche Interesse an einer eigenständigen Regelung der Durchführung des Unionsrechts. Konkret ist das durchzuführende Unionsrecht im Lichte des Art. 5 Abs. 4 EUV unter Einbeziehung der vorgenannten Interessen in die Gesamtbilanzierung auszulegen, um zu ermitteln, welche Anforderungen das Unionsrecht an das mitgliedstaatliche Durchführungsrecht stellt. Im Prüfraster der Verhältnismäßigkeit als Auslegungsmethode könnten die dem zu vollziehenden Unionsrecht zugrunde liegenden Ziele, die Ausarbeitung der zu ihrer Verwirklichung notwendigen Vorgaben ebenso wie die dem ggf. entgegenstehenden Belange – seien sie rechtsstaatlicher Natur oder seien sie im Autonomiestreben der Mitgliedstaaten begründet – deutlich besser expliziert wer-

---

[92] S. nur: *A. Mackenzie Stuart*, The European Communities and the Rule of Law, 1977, S. 78; *R. Streinz*, ZEuS 2004, S. 387, 406 f. Es ist in diesem Zusammenhang daran zu erinnern, dass *effet utile* richtigerweise eben nicht mit „größtmöglicher Wirksamkeit“, sondern mit „praktischer Wirksamkeit“ zu übersetzen ist, s. auch: *M. Potacs*, EuR 2009, S. 465, 467; *C. D. Classen*, JöR n.F. 68 (2020), S. 489, 497. Wo der EuGH die „volle Wirksamkeit“ einer Vorschrift gesichert sehen will, spricht er in der französischen Originalfassung seiner Urteile von „pleine efficacité“ oder „plein effet“, vgl.: *S. Seyr*, Der effet utile in der Rechtsprechung des Europäischen Gerichtshofs, 2010, S. 281.

[93] Vgl. nur: EuGH, Urt. v. 06.10.2015, Târşia, C-69/14, EU:C:2015:662, Rn. 36 ff.; EuGH, Urt. v. 21.12.2021, Randstad Italia, C-497/20, EU:C:2021:1037, Rn. 62 ff.; EuGH, Urt. v. 10.02.2022, LM, C-219/20, EU:C:2022:89, Rn. 41 ff.; EuGH, Urt. v. 07.04.2022, IFAP, verb. Rs. C-447/20 und C-448/20, EU:C:2022:265, Rn. 55 ff.; EuGH, Urt. v. 07.04.2022, Caixabank, C-385/20, EU:C:2022:278, Rn. 49 ff. Auf die Möglichkeit, höhere Wirksamkeitserfordernisse aufzustellen als der EuGH es tut verweist auch: *R. Streinz*, in: FS Ulrich Everling, Bd. II, 1995, S. 1491, 1501.

[94] Grundlegend: EuGH, Urt. v. 21.09.1983, Deutsche Milchkontor, verb. Rs. 205 bis 215/82, EU:C:1983:233, Rn. 30; s. aus jüngerer Zeit z.B.: EuGH, Urt. v. 11.09.2019, Călin, C-676/17, EU:C:2019:700, Rn. 26; EuGH, Urt. v. 04.03.2020, Telecom Italia, C-34/19, EU:C:2020:148, Rn. 64; EuGH, Urt. v. 16.07.2020, UR, C-424/19, EU:C:2020:581, Rn. 22; EuGH, Urt. v. 07.04.2022, SC Avio Lucos, C-116/20, EU:C:2022:273, Rn. 92; vgl. hierzu insb.: *S. Kadelbach*, Allgemeines Verwaltungsrecht unter europäischem Einfluss, 1999, S. 129 ff.; *W. Schroeder*, Das Gemeinschaftsrechtssystem, 2002, S. 423 f., *C. N. Kakouris*, CMLR 34 (1997), S. 1389, 1409.

den als in der eher unspezifischen Formel von einer übermäßigen Erschwerung oder praktischen Unmöglichmachung aus der ständigen Rechtsprechung des EuGH.[95] Dementsprechend liefe die Verzahnung von Effektivitätsprinzip und Art. 5 Abs. 4 EUV nicht auf eine Neuerfindung des Effektivitätsgrundsatzes hinaus, sondern würde vor allem die Möglichkeit eröffnen, mehr konzeptionelle Klarheit in der Ausarbeitung unionsrechtlicher Vollzugsvorgaben zu schaffen.

Erst wenn das Unionsrecht nach dieser Maßgabe so auszulegen ist, dass es eine höhere Wirksamkeit einfordert, als das mitgliedstaatliche Verfahrensrecht gestattet, setzt es sich mittels Vorrangs der durchzuführenden Norm durch, abgesichert durch Art. 4 Abs. 3 EUV bei mitgliedstaatlichen Behörden und durch Art. 19 Abs. 1 UAbs. 2 EUV, ggf. i.V.m. Art. 267 AEUV bei mitgliedstaatlichen Gerichten.

Dieser Zusammenhang lässt sich auch der Rechtsprechung entnehmen: Kommt der EuGH nach Prüfung von Äquivalenz- und Effektivitätsprinzip zu dem Schluss, dass die mitgliedstaatliche Verfahrensnorm nicht die hinreichende Wirksamkeit des Unionsrechts gewährleistet, spricht er aus, dass die durchzuführende Unionsrechtsnorm der Anwendung der mitgliedstaatlichen Verfahrensnorm entgegensteht und bringt damit nacheinander Äquivalenz- und Effektivitätsprinzip sowie den Vorrang zu Anwendung.[96] Wird hingegen direkt auf den Vorrang des Unionsrechts abgestellt, wie es für die Urteile der *Simmenthal*-Rechtsprechung prägend ist, wird ebenfalls in der Regel die durchzuführende Norm, oftmals Art. 267 AEUV, ausgelegt.[97] Die Besonderheit gerade des Art. 267 AEUV liegt aber darin, dass wegen der fundamentalen Bedeutung dieser Norm für das Rechtsschutzsystem in der Regel keinerlei Wirksamkeitshemmungen hingenommen werden können.[98] Die hinreichende Effektivität des Art. 267 AEUV

---

[95] Gelegentlich spricht der EuGH bereits davon, ob eine nationale Verfahrensregel „bei vernünftiger Betrachtung" zu rechtfertigen ist, s. z.B.: EuGH, Urt. v. 03.09.2009, Fallimento Olimpiclub, C-2/08, EU:C:2009:506, Rn. 31; EuGH, Urt. v. 02.04.2020, Vueling Airlines, verb. Rs. C-370/17 und C-37/18, EU:C:2020:260, Rn. 96; EuGH, Urt. v. 07.04.2022, SC Avio Lucos, C-116/20, EU:C:2022:273, Rn. 104 oder von einer Angemessenheit der nationalen Vorgaben, s. z.B.: EuGH, Urt. v. 10.02.2022, LM, C-219/20, EU:C:2022:89, Rn. 51, was auf Abwägungen zumindest hindeutet.

[96] Vgl. nur aus der jüngeren Rechtsprechung: EuGH, Urt. v. 10.06.2021, BNP Paribas Personal Finance, verb. Rs. C-776/19 und C-782/19, EU:C:2021:470, Rn. 43; EuGH, Urt. v. 28.04.2022, Vinařství U Kapličky, C-86/20, EU:C:2022:320, Rn. 75 ff.; EuGH, Urt. v. 17.05.2022, Impuls Leasing România, C-725/19, EU:C:2022:396, Rn. 45 ff.

[97] Vgl. erneut: EuGH, Urt. v. 09.03.1978, Simmenthal, Rs. 106/77, EU:C:1978:49, Rn. 22 f.; EuGH, Urt. v. 22.06.2010, Melki und Abdeli, verb. Rs. C-188/10 und C-189/10, EU:C:2010:363, Rn. 44 f.; EuGH, Urt. v. 26.03.2021, Miasto Łowicz, verb. Rs. C-558/18 und C-563/18, EU:C:2020:234, Rn. 59; EuGH, Urt. v. 23.11.2021, IS, verb. Rs. C-564/19, EU:C:2021:949, Rn. 91; EuGH, Urt. v. 21.12.2021, Euro Box Promotion, verb. Rs. C-357/19, C-379/19, C-547/19, C-811/19 und C-840/19, EU:C:2021:1034, Rn. 257 f.; EuGH, Urt. v. 22.02.2022, RS, C-430/21, EU:C:2022:99, Rn. 62 f.

[98] S. auch: *D. Halberstam*, Cambridge Yearbook of European Legal Studies 23 (2021), S. 128, 152.

ist ihre größtmögliche Wirksamkeit, sodass direkt auf die Vorrangproblematik abgestellt werden kann. Doch auch das lässt sich zumindest als implizite Abwägung verstehen: Das Interesse an einer größtmöglichen Wirksamkeit des Vorabentscheidungsverfahrens überwiegt aus Sicht des EuGH stets die mit den mitgliedstaatlichen Verfahrensregeln verfolgten Ziele, die diese Wirksamkeit hemmen.

Diese Verortung des Art. 5 Abs. 4 EUV in der einer mittels Vorrang aufzulösenden Kollision vorgelagerten Analyse, ob diese Kollision vorliegt, entspricht schließlich seiner bereits zuvor herausgearbeiteten Funktion: Diese Norm moderiert, wie umfassend die unionsrechtlichen Vorgaben ausfallen, die gegenüber den Mitgliedstaaten u.a. mit dem Vorranganspruch des Unionsrechts durchgesetzt werden und damit zur Beschränkung ihrer Handlungsfreiheit führen. Auch in der in diesem Abschnitt vorgestellten Konzeption kann Art. 5 Abs. 4 EUV als Prüfraster der als Effektivitätsprinzip eingeführten Prüfung moderieren, wie umfassend die unionsrechtlichen Vorgaben an mitgliedstaatliche Verfahrensnormen ausfallen. Wenn die unionsrechtlichen Vorgaben dergestalt festgestellt sind, werden – dann auch in verhältnismäßiger Weise – die Handlungsspielräume der Mitgliedstaaten durch den Vorrang bei der Durchführung von Unionsrecht begrenzt.

4. Judikative Handlungsfreiheit der Mitgliedstaaten

Das Unionsrecht ist von den mitgliedstaatlichen Gerichten anzuwenden. Sie haben zwar die Möglichkeit, ihre eigene Auslegung des Unionsrechts zu entwickeln und in einem Fall anzuwenden, doch sind Höchstgerichte dazu nur in Zusammenarbeit mit dem EuGH nach Art. 267 Abs. 3 AEUV befähigt und mitgliedstaatliche Gerichte sind an die verbindliche Auslegung des Unionsrechts durch den EuGH gebunden.[99] Auch gerichtliche Handlungsspielräume in den Mitgliedstaaten beginnen damit dort, wo die Unionsrechtsbindung endet und mitgliedstaatliche Gerichte allein nach Maßgabe des von ihnen auszulegenden mitgliedstaatlichen Rechts agieren können. Einseitige Abweichungsbefugnisse der mitgliedstaatlichen Gerichte vom Unionsrecht zugunsten der Anwendung des mitgliedstaatlichen Rechts gibt es im Unionsrecht nicht. Somit ist auch die Freiheit von unionsrechtlichen Vorgaben für mitgliedstaatliche Gerichte eine Frage von Breite und Tiefe der unionsrechtlichen Regelungen.

Wegen der Funktion der Rechtsprechung zur Rechtsauslegung und Anwendung ist aber die unionsrechtliche Einhegung der gerichtlichen Tätigkeit den unionsrechtlichen Einhegungen der anderen mitgliedstaatlichen Staatsgewalten gegenüber nachrangig. Aus gerichtlicher Sicht stellt sich primär die Frage, ob eine mitgliedstaatliche Norm oder eine Norm des Unionsrechts anzuwenden ist, bzw. inwieweit die Auslegung der mitgliedstaatlichen Norm durch das Unions-

---

[99] S. hierzu etwa: *U. Karpenstein*, in: Grabitz/Hilf/Nettesheim AEUV, Art. 267, Rn. 104 f.; *M. Pechstein/N. Görlitz*, Frankfurter Kommentar AEUV, Art. 267, Rn. 96.

recht determiniert wird.[100] Wird ein Sachverhalt unionsrechtlich auf eine bestimmte Art und Weise geregelt, werden damit zwar ggf. unter dem bisherigen mitgliedstaatlichem Recht mögliche Lösungen ausgeschlossen oder verändert, doch für mitgliedstaatliche Gerichte tritt grundsätzlich nur die Rechtsbindung des Unionsrechts an die Stelle der Rechtsbindung an das mitgliedstaatliche Recht. Dies als Einschränkung einer richterlichen Handlungsfreiheit zu betrachten, ist wenig zielführend.

Unionsrechtliche Einschränkungen der Handlungsfreiheit von mitgliedstaatlichen Gerichten sind sinnvollerweise vor allem im Rahmen des Gerichtsdialogs nach Art. 267 AEUV zu suchen, und zwar in der Bestimmung des Umfangs des Mandats des EuGH. Der EuGH kann in Vorabentscheidungsersuchen nur auf die ihm gestellten Fragen antworten[101] und legt niemals mitgliedstaatliches Recht aus.[102] Die mitgliedstaatlichen Gerichte entscheiden den konkreten Fall und der EuGH überlässt ihnen die Anwendung des von ihm verbindlich ausgelegten Unionsrechts auf ebendiesen Fall.[103] Freilich lassen sich Auslegung und Anwen-

---

[100] Die unionsrechtskonforme Auslegung des mitgliedstaatlichen Rechts ist nach der Rechtsprechung des EuGH der Unionsrechtsordnung immanent, s.: EuGH, Urt. v. 05.10.2004, Pfeiffer, verb. Rs. C-397/01 bis C-403/01, EU:C:2004:584, Rn. 114; EuGH, Urt. v. 15.04.2008, Impact, C-268/06, EU:C:2008:223, Rn. 99; s. zur richtlinien- bzw. allgemein unionsrechtskonformen Auslegung etwa: EuGH, Urt. v. 04.02.1988, Murphy, Rs. 157/86, EU:C:1988:62, Rn. 11; EuGH, Urt. v. 11.01.2007, ITC, C-208/05, EU:C:2007:16, Rn. 68; EuGH, Urt. v. 24.01.2012, Dominguez, C-282/10, EU:C:2012:33, Rn. 24; EuGH, Urt. v. 13.06.2016, Pöpperl, C-187/15, EU:C:2016:550, Rn. 43.

[101] Vgl. nur: EuGH, Urt. v. 16.06.2015, Gauweiler u.a., C-62/14, EU:C:2015:400, Rn. 24; EuGH, Urt. v. 07.02.2018, American Express, C-304/16, EU:C:2018:66, Rn. 31; EuGH, Urt. v. 10.12.2018, Wightman u.a., C-621/18, EU:C:2018:999, Rn. 26. Während der EuGH die Vorlagefragen auch umformulieren kann und auf Unionsrechtsnormen eingehen kann, wenn ihre Auslegung für eine vollständige Antwort auf eine Frage nötig ist (s. hierfür z.B.: EuGH, Urt. v. 19.04.2012, Bonnier Audio, C-461/10, EU:C:2012:219, Rn. 45 ff.; EuGH, Urt. v. 05.12.2019, Centraal Justitiel Incoassobureau, C-671/18, EU:C:2019:1054, Rn. 26), geht er nur dann erkennbar über den Gehalt der Vorlagefragen hinaus, wenn ein unionsrechtliches Problem eindeutig vor dem vorlegenden Gericht diskutiert und vor dem EuGH selbst über diese Fragen ausführlich verhandelt wurde, s. z.B.: EuGH, Urt. v. 06.10.2015, Schrems, C-362/14, EU:C:2015:650, Rn. 67.

[102] S. hierfür nur bspw.: EuGH, Urt. v. 14.10.2010, van Delft, C-345/09, EU:C:2010:610, Rn. 110 ff.; EuGH; Urt. v. 17.01.2013, Zakaria, C-23/12, EU:C:2013:24, Rn. 29. Das gilt auch für die Fälle, in denen der EuGH unionsrechtliche Normen auslegt, die der mitgliedstaatliche Gesetzgeber inhaltsgleich auch jenseits ihres Anwendungsbereichs ins mitgliedstaatliche Recht aufgenommen hat, um einer Inländerdiskriminierung vorzubeugen, wie z.B. in: EuGH, Urt. v. 17.07.1997, Leur-Bloem, C-28/95, EU:C:1997:369, Rn. 34; EuGH, Urt. v. 20.05.2010, Zwijnenburg, C-352/08, EU:C:2010:282, Rn. 31 ff. Krit. insb.: GA *Jacobs*, Schlussanträge v. 17.09.1996 in der Rs. C-28/95, Leur-Bloem, EU:C:1996:332, Rn. 47 ff. Trotz dieser besonderen Konstellation legt der EuGH auch hier nur die unionsrechtliche Norm aus, wiewohl dann vom mitgliedstaatlichen Gericht eine inhaltsgleiche mitgliedstaatliche Norm zur Anwendung gebracht wird.

[103] Allein im Juni 2022 haben die folgenden Urteile dieses Vorgehen explizit gemacht: EuGH, Urt. v. 02.06.2022, Skeyes, C-353/20, EU:C:2022:423, Rn. 67; EuGH, Urt. v.

dung kaum sauber trennen und sehr konkrete Vorlagefragen können den EuGH in die Nähe der konkreten Rechtsanwendung am Fall bringen. Doch ist der EuGH keineswegs darum bemüht, den vorlegenden Gerichten die korrekte Anwendung immer präzise zu diktieren. Eine Auslegung des Art. 267 AEUV, durch die sich der EuGH zu einer immer präzisieren Vorgabe der vollständigen Lösung des jeweiligen Falles genötigt sähe, wäre auch ein Problem der Verhältnismäßigkeit dieser Einschränkung der Handlungsspielräume, die mitgliedstaatlichen Gerichten nach dem Unionsrecht zustehen.

III. Allgemeiner Belastungsschutz der Mitgliedstaaten

Weil Art. 5 Abs. 4 EUV nicht allein die föderale Spannungslage moderiert, sondern allgemein der Ausgewogenheit einer Maßnahme dient und eine Vielzahl an Interessen im Rahmen der Prüfung geltend gemacht werden können, steht es auch den Mitgliedstaaten frei, Interessen vorzubringen, die nicht allein ihre Handlungsfreiheit betreffen. Gerade aufgrund des allgemeinen Ausgewogenheitspostulats der in Art. 5 Abs. 4 EUV verankerten Verhältnismäßigkeitsprüfung sind auch außerrechtliche Interessen hier von Belang. So entspricht es der gängigen Praxis der Mitgliedstaaten, Verhältnismäßigkeitsrügen gegen Unionsrechtsakte vorzubringen, weil durch sie die Interessen bestimmter Wirtschaftsteilnehmenden zu sehr belastet würden.[104] Ebenso wie Mitgliedstaaten nicht daran gehindert sind, die unverhältnismäßige Belastung privater Interessen im Rahmen von Art. 5 Abs. 4 EUV zu rügen, sind Private nicht daran gehindert, mitgliedstaatliche Interessen vorzubringen.[105] Dies passt prozessual zunächst dazu, dass es in den Verfahren vor dem EuGH grundsätzlich nicht um einen subjektiven Rechtsschutz geht, in denen klägerseitig erlittene Rechtsverletzungen zur Diskussion stehen. Ebenfalls passt dies zu der privilegierten Äußerungs-

---

02.06.2022, Austrian Airlines AG, C-589/20, EU:C:2022:424, Rn. 30; EuGH, Urt. v. 02.06.2022, X BV, C-112/21, EU:C:2022:428, Rn. 63; EuGH, Urt. v. 16.06.2022, DuoDecard Kft., C-596/20, EU:C:2022:474, Rn. 40; EuGH, Urt. v. 16.06.2022, Obshtina Razlog, C-376/21, EU:C:2022:472, Rn. 64; EuGH, Urt. v. 21.06.2022, Ligue des droits humains, C-817/19, EU:C:2022:491, Rn. 236; EuGH, Urt. v. 22.06.2022, Volvo AB (publ.), C-267/20, EU:C:2022:494, Rn. 51, 75; EuGH, Urt. v. 30.06.2022, KM, C-625/20, EU:C:2022:508, Rn. 54; EuGH, Urt. v. 30.06.2022, Allianz Elementar Versicherungs AG, C-652/20, EU:C:2022:514, Rn. 28; EuGH, Urt. v. 30.06.2022, Profi Credit Bulgaria, C-170/21, EU:C:2022:518, Rn. 37, 48; EuGH, Urt. v. 30.06.2022, Clemente, C-192/21, EU:C:2022:513, Rn. 49.

[104] S. nur z.B.: EuGH, Urt. v. 12.07.1979, Italien/Rat, Rs. 166/78, EU:C:1979:195, Rn. 22 ff. zum Schutz von Kartoffelbauern; EuGH, Urt. v. 18.09.1986, Kommission/Deutschland, Rs. 116/82, EU:C:1986:332, Rn. 19 ff. im Interesse deutscher Weinbauern; EuGH, Urt. v. 13.05.1997, Deutschland/Parlament und Rat, C-233/94, EU:C:1997:231, Rn. 50 ff. im Interesse deutscher Kreditinstitute; EuGH, Urt. v. 06.11.2003, Niederlande/Kommission, C-491/01, EU:C:2003:593, Rn. 10 ff. im Interesse der Schweineindustrie.

[105] S. hierzu ausf.: *D. Harvey*, Nordic Journal of International Law 89 (2020), S. 303, 314 ff.

berechtigung der Mitgliedstaaten im Vorabentscheidungsverfahren, an dem sie sich nach ihrem Ermessen als *amici curiae* beteiligen können und es ihnen freisteht, ob und wie sie sich äußern und ob sie damit eine Partei des Ausgangsverfahrens unterstützen möchten.

Durch die Ausgestaltung des Art. 5 Abs. 4 EUV als Ausgewogenheitsverpflichtung sind die Mitgliedstaaten überdies in der Lage, alle Auswirkungen des Unionsrechts auf die Mitliedstaaten jenseits der Einwirkung auf die mitgliedstaatliche Handlungsfreiheit zu plädieren. Das können z.B. volkswirtschaftliche Auswirkungen sein,[106] doch auch die Einschränkung mitgliedstaatlicher kultureller Besonderheiten kann hierzu zählen.[107] Auch Auswirkungen durch das *soft law* der EU lassen sich, sofern dadurch tatsächlich konkrete Belastungen der Mitgliedstaaten herbeigeführt werden, berücksichtigen.

An dieser Stelle lassen sich abstrakt keine festen Kategorien denkbarer mitgliedstaatlicher Belastungen festlegen. Letztlich sind von dieser Kategorie alle Belastungen erfasst, die keine Beschränkungen der Handlungsfreiheit der Mitgliedstaaten durch Rechtsbindung darstellen und sich auch nicht unter die finanziellen und administrativen Belastungen der Mitgliedstaaten im Sinne des SubProts subsumieren lassen. Alle von Unionsrechtsakten ausgehenden Auswirkungen auf die Mitgliedstaaten können von den Mitgliedstaaten als Aspekt der gesamtbilanzierenden Verhältnismäßigkeitsprüfung im Rahmen des Art. 5 Abs. 4 EUV vorgebracht werden, sodass sich der EuGH mit ihnen in seiner Ausgewogenheitskontrolle beschäftigen muss. Die Ausgewogenheitskontrolle ermöglicht den Mitgliedstaaten zahlreiche und flexible Argumentationsansätze, um die Ausgewogenheit einer Unionsmaßnahme im Rahmen der Prüfung nach Art. 5 Abs. 4 EUV in Zweifel zu ziehen.

IV. Der Schutz von Interessen einzelner Mitgliedstaaten

Der Geltendmachung all der in diesem Abschnitt herausgearbeiteten mitgliedstaatlichen Interessen hat der EuGH allerdings in seiner Rechtsprechung eine entscheidende Grenze gesetzt. Demnach fallen Belastungen, die einen Mitgliedstaat aufgrund seiner besonderen Situation treffen und von einer auf alle Mit-

---

[106] So z.B. der Vortrag Polens, unterstützt von Rumänien in EuGH, Urt. v. 04.05.2016, Polen/Parlament und Rat, C-358/14, EU:C:2016:323, Rn. 73, wonach das Verbot von mit Menthol versetzten Tabakprodukten schwere Auswirkungen in Form von Arbeitsplatzverlusten und Einkommenseinbußen haben würde.

[107] Vgl. etwa den Vortrag in EuGH, Urt. v. 13.10.1992, Portugal und Spanien/Rat, verb. Rs. C-63/90 und C-67/90, EU:C:1992:381, Rn. 40 ff., in dem Portugal und Spanien ihre Nichtberücksichtigung für die Fangquoten im Nordatlantik angriffen und hierbei die Interessen der Fischereiflotte, wie auch die alte und starke Fangtradition in grönländischen Gewässern (Rn. 46), die portugiesische Tradition des Kabeljaufangs und entsprechenden Ernährungsgewohnheiten der Bevölkerung (s. hierzu: GA Lenz, Schlussanträge v. 06.05.1992 in den verb. Rs. C-63/90 und 67/90, Portugal und Spanien/Rat, EU:C:1992:191, Rn. 114) vorgebracht haben.

gliedstaaten anwendbaren Maßnahme ausgehen, nicht mehr ins Gewicht. Was auf den ersten Blick unpassend scheint, lässt sich allerdings auch als konsequente Fortführung des gesamtbilanzierenden Prüfansatzes verstehen.

1. Rechtsprechung des EuGH

Die Republik Estland hatte die Verhältnismäßigkeit der Richtlinie 2013/34/EU[108] in Zweifel gezogen. Diese Richtlinie sollte zur besseren Vergleichbarkeit der Unternehmensabschlüsse im Binnenmarkt die mitgliedstaatlichen Vorschriften über die der Öffentlichkeit zugänglichen Informationen zu Unternehmensabschlüssen harmonisieren, ohne kleine Unternehmen hierbei zu stark zu belasten.[109] Hierzu sah die Richtlinie vor, dass die Mitgliedstaaten grundsätzlich nur von großen Unternehmen über die in der Richtlinie vorgesehenen Informationen hinausgehende Angaben verlangen konnten und solche nur in eng begrenzten Ausnahmen auch von kleinen Unternehmen erheben durften. Estland bezweifelte vor allem die Eignung dieser Vorschriften zur Erreichung ihrer Ziele,[110] trug aber auch vor, dass der Grundsatz der Verhältnismäßigkeit u.a. deshalb verletzt sei, weil die besonders fortschrittlichen elektronischen Verwaltungsverfahren in Estland bei der Ausgestaltung der Richtlinie keine Berücksichtigung gefunden hätten.[111] Nach einer in der Gedankenführung etwas umständlichen, auf Eignungs- und Angemessenheitsüberlegungen fokussierten Prüfung präzisierte der EuGH, dass die fragliche Richtlinie an alle Mitgliedstaaten gerichtet sei und alle beteiligten Interessen in ein Gleichgewicht zu bringen habe, sodass die Nichtberücksichtigung der besonderen Situation eines Mitgliedstaats allein keinen Verstoß gegen den Grundsatz der Verhältnismäßigkeit begründe.[112]

Diese Formel griff dieselbe Kammer des EuGH in identischer Besetzung zunächst im Verfahren um das Verbot des Inverkehrbringens von Mentholzigaretten als Antwort auf ein Vorbringen der Republik Polen auf, welche plädiert hatte, dass die gesellschaftlichen und wirtschaftlichen Kosten eines solchen Verbots außer Verhältnis zu seinen Vorteilen stünden, weil in Polen sehr viele mentholhaltige Tabakerzeugnisse hergestellt und konsumiert würden.[113] Sodann machte

---

[108] Richtlinie 2013/34/EU des Europäischen Parlaments und des Rates vom 26. Juni 2013 über den Jahresabschluss, den konsolidierten Abschluss und damit verbundene Berichte von Unternehmen bestimmter Rechtsformen und zur Änderung der Richtlinie 2006/43/EG des Europäischen Parlaments und des Rates und zur Aufhebung der Richtlinien 78/660/EWG und 83/349/EWG des Rates, ABl. L 182, S. 19.

[109] Vgl. Art. 4, 6 und 16 sowie die Erwägungsgründe 8, 10, 38 und 55 der Richtlinie 2013/34/EU.

[110] EuGH, Urt. v. 18.06.2015, Estland/Parlament und Rat, C-508/13, EU:C:2015:403, Rn. 20 ff.

[111] Ebd., Rn. 23.

[112] Ebd., Rn. 39.

[113] EuGH, Urt. v. 04.05.2016, Polen/Parlament und Rat, C-358/14, EU:C:2016:323, Rn. 103.

sich die Große Kammer des EuGH diese Herangehensweise auch im Verfahren um die quotierte Verteilung von Geflüchteten zu eigen. Auf diese Weise sollte dem Argument Ungarns begegnet werden, dass die Aufnahme von Geflüchteten gemäß der quotierten Verteilung eine unverhältnismäßige Belastung in Anbetracht der spezifisch ungarischen Notlage durch den Migrationsdruck auf seine Grenzen darstellen würde.[114] In mittlerweile ständiger Rechtsprechung geht der EuGH seither davon aus, dass die besondere Betroffenheit eines Mitgliedstaats durch eine an alle Mitgliedstaaten gerichtete Maßnahmen allein keinen Verstoß gegen den Grundsatz der Verhältnismäßigkeit darstellt.[115] Für die Verhältnismäßigkeit zu berücksichtigen seien vielmehr die Auswirkungen der Maßnahme auf alle Mitgliedstaaten.

2. *Würdigung*

Diese Rechtsprechung verwundert zunächst aus zwei Gründen: Erstens hat der EuGH in seiner früheren Rechtsprechung die besonders belastenden Auswirkungen von Maßnahmen, die an alle Mitgliedstaaten gerichtet waren, auf einzelne Mitgliedstaaten aufgrund ihrer besonderen Situation durchaus berücksichtigt.[116] Zweitens ist es nicht offensichtlich, dass ausgerechnet besondere Belastungen eines Mitgliedstaates in einer gesamtbilanzierenden Prüfung, die gerade alle beteiligten Interessen in einen Ausgleich bringen will, außen vor bleiben sollen.

Hierzu ist zunächst zu bedenken, dass der EuGH diese Rechtsprechungslinie ausschließlich bei Maßnahmen zur Anwendung bringt, die alle Mitgliedstaaten betreffen.[117] Für die Beurteilung der Verhältnismäßigkeit von an einen bestimmten Mitgliedstaat gerichteten Maßnahmen bleiben die spezifischen Belastungen dieses Mitgliedstaates relevant. Sodann ist darauf hinzuweisen, dass der EuGH nicht entschieden hat, dass die aufgrund der besonderen Situation eines Mitgliedstaates herbeigeführten Belastungen durch eine Unionsmaßnahme für die Verhältnismäßigkeitsprüfung irrelevant wären. Vielmehr geht der EuGH davon aus,

---

[114] EuGH, Urt. v. 06.09.2017, Slowakei und Ungarn/Parlament und Rat, verb. Rs. C-643/15 und C-647/15, EU:C:2017:631, Rn. 289 f.

[115] Vgl. seither etwa: EuGH, Urt. v. 21.06.2018, Polen/Parlament und Rat, C-5/16, EU:C:2018:483, Rn. 167; EuGH, Urt. v. 29.05.2018, Liga van Moskeeën en Islamitische Organisaties Provincie Antwerpen VZW u. a., C-426/16, EU:C:2018:335, Rn. 74; EuGH, Urt. v. 13.05.2019, Polen/Parlament und Rat, C-128/17, EU:C:2019:194, Rn. 106.

[116] S.: EuGH, Urt. v. 09.11.1995, Deutschland/Rat, C-426/93, EU:C:1995:367, Rn. 36 ff.

[117] Vgl. erneut: EuGH, Urt. v. 18.06.2015, Estland/Parlament und Rat, C-508/13, EU:C:2015:403, Rn. 39; EuGH, Urt. v. 04.05.2016, Polen/Parlament und Rat, C-358/14, EU:C:2016:323, Rn. 103; EuGH, Urt. v. 06.09.2017, Slowakei und Ungarn/Parlament und Rat, verb. Rs. C-643/15 und C-647/15, EU:C:2017:631, Rn. 290; EuGH, Urt. v. 21.06.2018, Polen/Parlament und Rat, C-5/16, EU:C:2018:483, Rn. 167; EuGH, Urt. v. 29.05.2018, Liga van Moskeeën en Islamitische Organisaties Provincie Antwerpen VZW u. a., C-426/16, EU:C:2018:335, Rn. 74; EuGH, Urt. v. 13.05.2019, Polen/Parlament und Rat, C-128/17, EU:C:2019:194, Rn. 106.

dass sie allein nicht dafür sorgen könnten, dass eine Maßnahme als unverhältnismäßig einzustufen wären.[118]

Diese in ihrer Pauschalität nicht zwingende Aussage ist letztlich die konsequente Fortführung des gesamtbilanzierenden Prüfzugriffs. Der EuGH war in den fraglichen Verfahren jeweils mit dem Argument konfrontiert, dass die in Rede stehende Maßnahme deshalb unverhältnismäßig sei, weil sie in einem Mitgliedstaat besonders schwere Belastungen hervorrief. Wenn der EuGH nun betont, dass die in einem Mitgliedstaat durch die Maßnahme herbeigeführten Belastungen nicht allein die Unverhältnismäßigkeit der Maßnahme begründen können, dann liegt das daran, dass die Summe der Belastungen bzw. die Summe der Vorteile einer Maßnahme in der Gesamtbilanzierung den Ausschlag geben. Im Rahmen eines subjektivrechtlichen Zugriffs zum Schutz der Interessen des individuellen Mitgliedstaates wären sehr wohl die für den klagenden Mitgliedstaat besonders belastenden Umstände maßgeblich für die Beurteilung, welche für den Mitgliedstaat weniger belastenden Alternativmaßnahmen in Betracht kämen oder ob die Belastungen außer Verhältnis zu den mit ihnen verfolgten Zielen stünden. In der gesamtbilanzierenden Prüfung kommt es aber in Erforderlichkeits- und Angemessenheitsprüfung auf die Summe der Belastungen aller Betroffenen und damit auch aller Mitgliedstaaten an, sodass die Belastungen eines Mitgliedstaats durch seine bestimmte Situation zwar zu berücksichtigen sind, aber wegen des gesamtbilanzierenden Prüfzugriffs nicht allein maßstäblich sein können.

In dieser Hinsicht darf die mittlerweile etablierte Rechtsprechung des EuGH nicht dazu verleiten, dass aus der besonderen Situation eines einzelnen Mitgliedstaats resultierende Belastungen ganz ignoriert werden. Diese Gefahr besteht auch deshalb, weil der EuGH in seiner Rechtsprechung nach dem Hinweis darauf, dass besondere Situationen der Mitgliedstaaten für die Verhältnismäßigkeitsprüfung nicht allein maßstäblich sind, die Prüfung dieser Aspekte nicht mehr aufgreift.[119] Hierin mag die implizite Feststellung liegen, dass den spezifischen Belastungen eines Mitgliedstaates in der Gesamtbilanzierung im konkreten Fall kein entscheidendes Gewicht zukam. Dies sollte aber explizit gemacht werden, denn auch diese spezifischen Belastungen sind als Teil der Summe an Belastungen anzusehen, die in der gesamtbilanzierenden Prüfung zu berücksichtigen sind. Belastungen gänzlich zu ignorieren, nur weil sie das Resultat einer bestimmten Situation in einem Mitgliedstaat sind, wäre nicht überzeugend.

Aus mitgliedstaatlicher Sicht ergibt sich hieraus, dass sie dem EuGH weiterhin auch bestimmte, sich aus ihrer spezifischen Situation ergebende Belastungen zur

[118] So besonders präzise: EuGH. Urt. v. 04.05.2016, Polen/Parlament und Rat, C-358/14, EU:C:2016:323, Rn. 103.

[119] Besonders deutlich in: EuGH, Urt. v. 18.06.2015, Estland/Parlament und Rat, C-508/13, EU:C:2015:403, Rn. 39; EuGH, Urt. v. 04.05.2016, Polen/Parlament und Rat, C-358/14, EU:C:2016:323, Rn. 103; EuGH, Urt. v. 06.09.2017, Slowakei und Ungarn/Parlament und Rat, verb. Rs. C-643/15 und C-647/15, EU:C:2017:631, Rn. 290.

Kenntnis bringen können. Erfolgversprechend ist indes, auch andere, ggf. auch in weiteren Mitgliedstaaten spürbare Folgen der Maßnahmen herauszuarbeiten, um den Belastungen eines Mitgliedstaats im Zusammenhang mit anderen Belastungen im Rahmen der Gesamtbilanzierung besonderes Gewicht zu verleihen.

V. Fazit

In diesem Abschnitt wurden drei Kategorien an Schutzgütern des Art. 5 Abs. 4 EUV herausgearbeitet, die zusammengenommen die föderale Dimension dieser Norm ausmachen. Zunächst sind die Mitgliedstaaten in all ihren Untergliederungen vor unverhältnismäßigen finanziellen oder administrativen Mehrbelastungen durch Unionsrechtsakte durch Art. 5 Abs. 4 EUV geschützt, wie sich aus Art. 5 Abs. 4 UAbs. 2 EUV i.V.m. Art. 5 S. 5 SubProt ergibt. Ein weiteres Schutzgut ist die Handlungsfreiheit der Mitgliedstaaten, die im Sinne des Umfangs der unionsrechtlichen Rechtsbindung der Mitgliedstaaten in ihrer Breite und Tiefe zu verstehen ist, wobei Art. 5 Abs. 4 EUV diesen Umfang der Rechtsbindung moduliert. Neben legislativen Entscheidungsspielräumen ist davon auch die sog. „Verfahrensautonomie" der Mitgliedstaaten umfasst, wobei sich Art. 5 Abs. 4 EUV hier als Auslegungsmaßstab für das Effektivitätsgebot anbietet. Judikative Entscheidungsspielräume spielen demgegenüber eine untergeordnete Rolle. Schließlich steht es den Mitgliedstaaten frei, alle anderen durch eine unionsrechtliche Maßnahme herbeigeführte Beeinträchtigungen ins Feld zu führen, die ihre wirtschaftlichen, finanziellen, kulturellen o.ä. Interessen betreffen, sodass Art. 5 Abs. 4 EUV hier als allgemeiner Belastungsschutz für die Mitgliedstaaten fungiert. Bei alldem ist der Maßstab allerdings nicht allein die Belastung eines Mitgliedstaats durch die fragliche Maßnahme, sondern in konsequenter Fortführung des gesamtbilanzierenden Prüfzugriffs die Summe aller Belastungen.

B. Formale und inhaltliche Elemente der föderalen Dimension des Art. 5 Abs. 4 EUV

Art. 5 Abs. 4 EUV gibt vor, dass die Maßnahmen der Union „inhaltlich wie formal" verhältnismäßig sein müssen. Dies impliziert zwei Dimensionen der von dieser Vorschrift normierten Verhältnismäßigkeitsprüfung, nämlich die Berührung von Interessen durch die Form einer Unionshandlung einerseits und durch ihre inhaltliche Ausgestaltung andererseits. Im Folgenden sind beide Dimensionen in ihrer Bedeutung für die soeben entfalteten im Rahmen von Art. 5 Abs. 4 EUV relevanten mitgliedstaatlichen Interessen zu konkretisieren.

I. Das föderale Scheinproblem der Mittelhierarchie

Die Verknüpfung der Wahl der Handlungsform mit dem Grundsatz der Verhältnismäßigkeit war bereits vor ihrer primärrechtlichen Verankerung in Art. 5 Abs. 4 EUV i.V.m. Art. 296 Abs. 1 AEUV in der Literatur herausgearbeitet worden.[120] Art. 5 Abs. 4 EUV i.V.m. Art. 296 Abs. 1 AEUV gibt nunmehr vor, dass dort, wo die Union zwischen verschiedenen Handlungsformen wählen kann, die Handlungsform einzelfallbezogen von den Organen beschlossen wird – dieses Entscheidungsermessen wird eingerahmt durch die jeweils einzuhaltenden Verfahren und den Grundsatz der Verhältnismäßigkeit. Wegen der ausdrücklichen Einzelfallbezogenheit des Art. 296 Abs. 1 AEUV lässt sich den Verträgen somit keine generelle Präferenz für eine bestimmte Handlungsform entnehmen.[121]

Es handelt sich bei Art. 296 Abs. 1 EUV ausweislich seines Wortlauts nicht um eine Normierung eines eigenen Grundsatzes der Verhältnismäßigkeit zur Formenwahl, sondern um eine Verweisung auf den allgemeinen Grundsatz der Verhältnismäßigkeit. Somit gestattet Art. 296 Abs. 1 EUV die Einspeisung der durch die Wahl der Handlungsform tangierten Interessen in die gesamtbilanzierende Verhältnismäßigkeitsprüfung nach Art. 5 Abs. 4 EUV.[122] Die Wahl der Handlungsform ist aus Sicht der im Rahmen von Art. 5 Abs. 4 EUV relevanten Interessen eine Frage der mitgliedstaatlichen Handlungsfreiheit: Geht man davon aus, dass sich die Handlungsformen der EU nach der durch sie herbeigeführten Tiefe der Vorgaben für mitgliedstaatliches Handeln staffeln lassen,[123] steht das Ausmaß der Rechtsbindung der Mitgliedstaaten in Frage. Das aus mitgliedstaatlicher Sicht bei der formalen Verhältnismäßigkeit im Rahmen des Art. 5 Abs. 4 EUV betroffene Schutzgut ist damit das der mitgliedstaatlichen Handlungsfreiheit.

Dies ist im Rahmen der Eignungsprüfung recht unkompliziert umzusetzen (1). Auch im Rahmen der Erforderlichkeitsprüfung findet das mitgliedstaatliche Handlungsfreiheitsinteresse Beachtung, allerdings in deutlich begrenzterem Umfang, als es auf den ersten Blick scheint, was auch Auswirkungen auf eine ggf. durchzuführende Angemessenheitsprüfung hat (2.).

---

[120] S. hierzu erneut: *P. Reuter*, in: Centro Italiano di studi giuridici (Hrsg.), Actes officiels du Congrès international d'Études sur la Communauté du charbon et de l'acier, Bd. V, 1957, S. 9, 36 ff.; *M. Zuleeg*, JöR n.F. 20 (1971), S. 1, 16.

[121] *T. von Danwitz*, Rechtsetzung und Rechtsangleichung, in: Dauses/Ludwigs (Hrsg.), Handbuch des EU-Wirtschaftsrechts, Rn. 104; *C. Ladenburger*, ZEuS 2011, S. 389, 398.

[122] Vgl. schon: *C. Calliess*, Subsidiaritäts- und Solidaritätsprinzip in der Europäischen Union, 2. Aufl. 1999, S. 125 f.

[123] So etwa: *C. Calliess*, Subsidiaritäts- und Solidaritätsprinzip in der Europäischen Union, 2. Aufl. 1999, S. 125 f.; *A. Emmerich-Fritsche*, Der Grundsatz der Verhältnismäßigkeit als Direktive und Schranke der EG-Rechtsetzung, 2000, S. 300 ff.; *H. Lecheler*, Das Subsidiaritätsprinzip, 1993, S. 15; s. auch: *C. Calliess*, in: Callies/Ruffert EUV, Art. 5, Rn. 56; *R. Streinz*, in: Streinz EUV, Art. 5, Rn. 48; S. *Kadelbach*, in: von der Groeben EUV, Art. 5, Rn. 52.

1. Geeignetheit und Rechtsformenwahl

Eine Unionsmaßnahme muss nicht nur inhaltlich so gestaltet sein, dass sie ihr Regelungsziel erreichen kann, sondern muss sich auch einer Rechtsform bedienen, die in der Lage ist, ihr Ziel zu erreichen. Allerdings ist es schwer vorstellbar, dass sich die Unionsorgane einer Handlungsform bedienen, welche die intendierten Effekte nicht zeitigen kann. Dass die Unionsorgane z.B. mit einer Empfehlung oder Stellungnahme nach Art. 288 Abs. 4 AEUV ein bestimmtes Harmonisierungsziel erreichen oder mit einem adressatenspezifischen Beschluss Regeln von allgemeiner Geltung schaffen wollen, erscheint zumindest unwahrscheinlich.

Für die Rechtssetzung sind Verordnung und Richtlinie grundsätzlich gleich geeignet,[124] sofern im fraglichen Regelungsbereich beide Handlungsformen zugelassen sind. Das gilt auch in den Regelungsbereichen, in denen eine Rechtsangleichung angestrebt wird bzw. aus primärrechtlichen Gründen anzustreben ist. In der älteren Literatur findet sich zwar die Annahme, dass Rechtangleichung und Rechtsvereinheitlichung wesensverschieden seien[125] und Verordnungen somit eine Vereinheitlichung, Richtlinien hingegen eine Angleichung herbeiführten, sodass die Verordnung zur Rechtsangleichung ungeeignet sei.[126] Unabhängig davon, ob sich Rechtsangleichung und -vereinheitlichung tatsächlich kategorial oder nicht doch eher graduell durch die Intensität der herbeigeführten Einheitlichkeit unterscheiden,[127] spricht gegen eine solche starre Verknüpfung von Rechtsangleichung und Richtlinie sowie der Rechtsvereinheitlichung und der Verordnung, dass die Verordnung als Instrument zur Rechtsangleichung primärrechtlich mittlerweile zugelassen ist.[128] Man mag dies als einen Systembruch kritisieren[129] und man mag Verordnung und Richtlinie für tendenziell zur Erreichung des einen oder des anderen Ziels besser geeignet halten.[130] Daraus ergibt sich aber keine fehlende Eignung der jeweils anderen Handlungsform, denn für die gerichtliche Kontrolle der Eignung einer Maßnahme genügt, wenn sie das

---

[124] So auch: *F. Rösch*, Zur Rechtsformenwahl des europäischen Gesetzgebers im Lichte des Verhältnismäßigkeitsgrundsatzes, 2013, S. 153.

[125] S. z.B.: *C. Eiden*, Die Rechtsangleichung gem. Art. 100 des EWG-Vertrages, 1984, S. 15; *A. Ihns*, Entwicklung und Grundlagen der europäischen Rechtsangleichung, 2005, S. 16.

[126] Mit variierenden Begründungen aber i.E. einig: *J. Taupitz*, Europäische Privatrechtsvereinheitlichung heute und morgen, 1993, S. 20; *P. VerLoren van Themaat*, in: FS Carl Friedrich Ophüls, 1965, S. 243, 244.

[127] Anschaulich: GA *Stix-Hackl*, Schlussanträge v. 12.07.2005 in der Rs. C-436/03, Europäische Genossenschaft, EU:C:2005:447, Rn. 61; ausf.: *E. J. Lohse*, Rechtsangleichungsprozesse in der Europäischen Union, 2017, S. 54 ff.

[128] S. hierzu: *E. J. Lohse*, Rechtsangleichungsprozesse in der Europäischen Union, 2017, S. 61.

[129] So mit Bezug auf Art. 95 EGV: *T. von Danwitz*, JZ 2007, S. 697, 698.

[130] *F. Rösch*, Zur Rechtsformenwahl des europäischen Gesetzgebers im Lichte des Verhältnismäßigkeitsgrundsatzes, 2013, S. 153.

angestrebte Ziel fördert,[131] also lediglich nicht ungeeignet ist.[132] Solange die intendierten Rechtswirkungen mit den Rechtswirkungen, welche die Handlungsform herbeizuführen im Stande ist, übereinstimmen, wird die Eignung der Handlungsform keine Schwierigkeiten bereiten. Die ggf. bessere Eignung kann nur im Rahmen der Erforderlichkeit oder Angemessenheit relevant werden.[133]

2. Erforderlichkeit und Angemessenheit der Rechtsformenwahl

Für die formale Verhältnismäßigkeit aus mitgliedstaatlicher Sicht ist die Vorstellung prägend, Handlungsformen der EU seien unter Gesichtspunkten der Verhältnismäßigkeit danach staffelbar, wie intensiv sie die Handlungsspielräume der Mitgliedstaaten einengen.[134] Diese Prämisse ist aber nur begrenzt tragfähig, sodass die formale Verhältnismäßigkeit aus Sicht der Mitgliedstaaten weitestgehend funktionslos wird.

a) Wahl zwischen Richtlinie und Verordnung

Vor allem zwischen Richtlinie und Verordnung soll in der Handlungsform ein Unterschied hinsichtlich der Handlungsspielräume bestehen, die sie den Mitgliedstaaten lassen.[135] Schon die vollumfängliche Verbindlichkeit der Verordnung, ihre unmittelbare Anwendbarkeit in den Mitgliedstaaten[136] und das grundsätzliche Verbot von Verordnungsumsetzungsakten[137] scheinen die Handlungsmöglichkeiten des nationalen Gesetzgebers empfindlich zu beschneiden. Demgegenüber muten die bloße Zielverbindlichkeit der Richtlinie, ihre Umsetzungsbedürftigkeit und die damit angestrebte schonende Einspeisung des Unionsrechts in den historisch gewachsenen Rechtszustand in den Mitgliedstaaten autonomieschonend an. Vor der Vertragsreform von Lissabon konnte sich dieses Verständnis auch auf die Art. 6 und 7 des Amsterdamer Subsidiaritätsprotokolls stützen,[138] das indes in Anbetracht der eindeutigen Nichthierarchisie-

---

[131] Vgl. nur: EuGH, Urt. v. 21.02.1979, Stölting, Rs. 138/78, EU:C:1979:46, Rn. 7.

[132] *A. Emmerich-Fritzsche*, Der Grundsatz der Verhältnismäßigkeit als Direktive und Schranke der EG-Rechtsetzung, 2000, S. 208 f.

[133] Ebd.

[134] S. erneut: *C. Calliess*, Subsidiaritäts- und Solidaritätsprinzip in der Europäischen Union, 2. Aufl. 1999, S. 125 f.; *A. Emmerich-Fritsche*, Der Grundsatz der Verhältnismäßigkeit als Direktive und Schranke der EG-Rechtsetzung, 2000, S. 300 ff.; *H. Lecheler*, Das Subsidiaritätsprinzip, 1993, S. 15; s. auch: *C. Calliess*, in: Callies/Ruffert EUV, Art. 5, Rn. 56; *R. Streinz*, in: Streinz EUV, Art. 5, Rn. 48; S. *Kadelbach*, in: von der Groeben EUV, Art. 5, Rn. 52.

[135] *R. Streinz*, in: Streinz EUV, Art. 5, Rn. 48; *C. Calliess*, in: Calliess/Ruffert EUV, Art. 5, Rn. 56.

[136] Auf diese beiden Charakteristika stellen insbesondere ab: *N. Wunderlich/T. Pickartz*, EuR 2013, S. 659, 663.

[137] Grundlegend: EuGH, Urt. v. 10.10.1973, Variola, Rs. 34/73, EU:C:1973:101, Rn. 10 f.

[138] Eine heutige Relevanz dieses Protokolls vertreten z.B.: *N. Wunderlich/T. Pickartz*, EuR 2013, S. 659, 665 m.w.N.; schon vor der Neufassung der Verträge a.A.: *P. Pescatore*, in: FS Everling, Bd. I, 1995, S. 1071, 1079.

rung der Handlungsformen durch den Vertrag von Lissabon zumindest an Überzeugungskraft eingebüßt hat.[139]

Die Handlungsform der Richtlinie bietet ein in der Praxis oft ungenutztes Potenzial zur Stärkung der Legitimität und Subsidiarität unionsrechtlicher Maßnahmen. Eine gewisse Integrationsklugheit sowie rechtliche Vorgaben nach Art. 5 Abs. 3 und Abs. 4 EUV und die Begrenzungen der jeweils anwendbaren Kompetenznormen[140] sollten dazu führen, dieses Potenzial zu nutzen. Auch wenn die Richtlinie als Regelungsinstrument insbesondere mit Blick auf z.B. Effizienz, Zweckmäßigkeit, die Zeitverzögerung der Umsetzung, Umsetzungsdefizite und Rechtsunsicherheit im Vergleich zur Verordnung einige Schwächen aufweist,[141] sind diese Interessen nur Faktoren im Rahmen der Abwägung, die nicht zwangsläufig insbesondere die mitgliedstaatliche Handlungsfreiheit aufwiegen müssen.

Eine Staffelung von Richtlinie und Verordnung nach den Spielraumbeschränkungen der Mitgliedstaaten allein durch die Handlungsform ist trotzdem nicht möglich,[142] denn auch eine Richtlinie kann sehr detaillierte Regelungen ohne jeden Umsetzungsspielraum enthalten und sogar eine Vollharmonisierung vorgeben,[143] genauso wie eine Verordnung Öffnungs- und Ermächtigungsklauseln vorsehen kann.[144] Damit scheint die inhaltliche Ausgestaltung der Rechtsakte ungleich wichtiger für die Beurteilung der Autonomiebegrenzung als ihre Form.[145]

Einziger aus Sicht der legislativen Handlungsfreiheit relevanter Unterschied zwischen den Wirkungen einer Verordnung und einer Richtlinie, der allein auf die

---

139 S. hierzu auch: *C. Ladenburger*, ZEuS 2011, S. 389, 396 f., 398.

140 S. z.B. für Art. 114 AEUV: EuGH, Urt. v. 04.05.2016, Polen/Parlament und Rat, C-358/14, EU:C:2016:323, Rn. 32 m.w.N. Wo die EU lediglich Mindestharmonisierungen erlassen darf, wie z.B. im Umweltrecht gem. Art. 193 AEUV, muss es den Mitgliedstaaten stets möglich bleiben, höhere Standards festzulegen, s.: EuGH, Urt. v. 21.07.2011, Azienda Agro-Zootecnica Franchini, C-2/10, EU:C:2011:502, Rn. 48 ff.

141 S. z.B.: *C. Ladenburger*, ZEuS 2011, S. 389, 397.

142 So auch schon: *J. Bast*, Grundbegriffe der Handlungsformen der EU, 2006, S. 370.

143 Schon früh für die Zulässigkeit eines solchen Vorgehens: *H.-P. Ipsen*, Europäisches Gemeinschaftsrecht, 1972, S. 182 ff. Entgegen seiner ursprünglichen Meinung (vgl. *M. Zuleeg*, Das Recht der Europäischen Gemeinschaften im innerstaatlichen Bereich, 1969, S. 261 ff.), konzedierte *Zuleeg* später, um die Erfahrungen des Richteramtes am EuGH bereichert, dass es jedenfalls in „Praxis und Doktrin […] keine Kompetenzschranken aus der Eigenart der Richtlinie“ gebe, s.: *M. Zuleeg*, Der rechtliche Zusammenhalt der Europäischen Union, 2004, S. 91.

144 EuGH, Urt. v. 05.05.2015, Spanien/Parlament und Rat, C-146/13, EU:C:2015:298, Rn. 104 ff.; s. hierzu auch: *C. Bumke*, in: Folke Schuppert/Pernice/Haltern (Hrsg.), Europawissenschaft, 2005, S. 643, 674.

145 So auch: *N. Wunderlich/T. Pickartz*, EuR 2013, S. 659, 664; vgl. ferner: *M. Wendel*, EuR 2022, S. 327, 356 f. Auch der Verweis eines Vorrangs einer Rahmenrichtlinie vor detaillierten Vorgaben aus Art. 6 des Amsterdamer Subsidiaritätsprotokolls greift diese inhaltliche Dimension der Autonomiebeschränkung auf. S. dazu auch: *M. Krajewski/U. Rösslein*, in: Grabitz/Hilf/Nettesheim AEUV, Art. 296, Rn. 51.

Rechtsform selbst zurückgeht, ist, dass von mitgliedstaatlicher Seite eine Umsetzung stattfindet.[146] Die allein auf die Rechtsform gegründete Handlungsfreiheit der mitgliedstaatlichen Gesetzgebung liegt darin, dass die Richtlinienumsetzung und ihre Form grundsätzlich den Mitgliedstaaten vorbehalten bleibt – ob weitere Spielräume dazukommen, hängt allein vom Inhalt, nicht aber von der Handlungsform ab.[147] Aber auch die Formenwahl bei der Umsetzung kann je nach dem Inhalt der Richtlinie vorbestimmt sein.[148] Generell ist die fristgerechte, vollständige[149] und hinreichend bestimmte, klare und transparente[150] Umsetzung in verbindliches nationales Recht[151] nötig, was die Umsetzungsfreiheit der Mitgliedstaaten bereits erheblich einschränkt. Die unzureichende Umsetzungstätigkeit des nationalen Gesetzgebers führt außerdem zur Anwendbarkeit unbedingter und hinreichend genauer Richtlinienbestimmungen,[152] sodass die Zwischenschaltung nationaler Stellen umgangen wird.

In Anbetracht dieses engen Korsetts für die Richtlinienumsetzung noch von einer Handlungsfreiheit zu sprechen, die sich allein aus der Rechtsform speist, überzeugt nicht. Allein in der Zwischenschaltung liegt noch keine Handlungsfreiheit. Aus der Handlungsform allein abzuleiten, ob für die legislativen Freiräume der Mitgliedstaaten potenziell mildere Mittel zur Verfügung stehen, ist zwischen Richtlinie und Verordnung somit kaum möglich.

Die Einebnung von Unterschieden kann man als Wesensveränderung der Handlungsformen kritisieren.[153] Selbstverständlich stellt sich auch die Frage, wozu es der Unterscheidung von Richtlinie und Verordnung bedarf, wenn der Unionsgesetzgeber scheinbar ohne Grenze vom Idealtypus der jeweiligen Handlungsform abweichen kann. Dies bleibt aber zunächst ein politischer Vorwurf an die Bestimmung der Regelungsintensität,[154] solange nicht dargetan ist, dass sich aus den Verträgen eine Zuordnung von Handlungsform und Handlungszweck ergibt, woraus sich ein Verbot des Handlungsformenmissbrauchs ableiten ließe

---

[146] Darauf verweist auch: *U. Haltern*, Europarecht, Bd. I, S. 406.

[147] So besonders präzise: *S. Prechal*, Directives in EC Law, 2. Aufl. 2006, S. 73.

[148] Grundlegend: EuGH, Urt. v. 06.05.1980, Kommission/Belgien, Rs. 109/79, EU:C:1980:120, Rn. 10.

[149] S. nur: *D. Dittert*, Europarecht, 5. Aufl. 2017, S. 56.

[150] S. nur: EuGH, Urt. v. 30.05.1991, Kommission/Deutschland, C-361/88, EU:C:1991:224, Rn. 24.

[151] Vgl. für unterschiedliche Spielarten einer nicht hinreichend verbindlichen Umsetzung: EuGH, Urt. v. 06.05.1980, Kommission/Belgien, Rs. 102/79, EU:C:1980:120, Rn. 10; EuGH, Urt. v. 02.12.1986, Kommission/Belgien, Rs. 239/85, EU:C:1986:457, Rn. 7; EuGH, Urt. v. 30.05.1991, Kommission/Deutschland, C-361/88, EU:C:1991:224, Rn. 21; EuGH, Urt. v. 20.03.1997, Kommission/Deutschland, C-96/95, EU:C:1997:165, Rn. 39; EuGH, Urt. v. 14.01.2010, Kommission/Tschechien, C-343/08, EU:C:2010:14, Rn. 39.

[152] S. nur: *D. Dittert*, Europarecht, 5. Aufl. 2017, S. 63 ff.

[153] So z.B.: *T. von Danwitz*, Rechtssetzung und Rechtsangleichung, in: Dauses/Ludwigs (Hrsg.), Handbuch des EU-Wirtschaftsrechts, Rn. 99.

[154] S. hierzu: *M. Nettesheim*, in: Grabitz/Hilf/Nettesheim AEUV, Art. 288, Rn. 133.

und welche Kriterien dafür anzulegen sind.[155] Jedenfalls der EuGH sah sich zur Entwicklung solcher Maßstäbe bisher außerstande.[156] Vor allem knüpft die Vorstellung von einem Handlungsformenmissbrauch an die Typisierung verschiedener Handlungsformen in Art. 288 AEUV an, sodass für die potenzielle Entwicklung der Figur eines Handlungsformenmissbrauchs auf diese Norm ankäme, es sich aber nicht um ein Problem des Art. 5 Abs. 4 EUV handelt.

Dennoch ist die formale Verhältnismäßigkeit bei der Wahl zwischen Richtlinie und Verordnung nicht ohne Anwendungsbereich. Die Wahl der Handlungsform dürfte nämlich für die Interessen der von der fraglichen Regulierung betroffenen Privaten relevant sein. So birgt die Zwischenschaltung 27 mitgliedstaatlicher Stellen das Risiko von Umsetzungsdefiziten und von zeitlich weit auseinanderfallenden Umsetzungen in den Mitgliedstaaten, was zu einer Rechtsunsicherheit für die regulierten Bereiche führen und insbesondere eine grenzüberschreitende Tätigkeit erschweren kann.[157] Auch die Möglichkeit zur überschießenden Richtlinienumsetzung durch die Mitgliedstaaten führt zu uneinheitlichen Wettbewerbsbedingungen und zu erhöhtem Verwaltungsaufwand für die Betroffenen.[158] Je nach Situation könnte damit die Verordnung das gegenüber der Richtlinie mildere Mittel für die Interessen Privater sein.[159] Im Rahmen einer Gesamtbilanzierung wären auch diese Belastungen einzubeziehen.

b) Der Beschluss

aa) Der adressatengerichtete Beschluss

Die Handlungsform des an einen Mitgliedstaat gerichteten Beschlusses ist hinsichtlich ihrer Begrenzung mitgliedstaatlicher Handlungsfreiheit der Verordnung und der Richtlinie ähnlich. Durch ihre umfassende Verbindlichkeit lassen Beschlüsse im Rahmen ihrer Regelungsbreite und -tiefe keine Möglichkeit mehr zu autonomen Entscheidungen der Mitgliedstaaten, an die sie gerichtet sind. Bedarf es keiner Umsetzungsmaßnahmen, sind an die Mitgliedstaaten gerichtete Beschlüsse in ihrer formalen Begrenzungswirkung mitgliedstaatlicher Handlungsfreiheit mit dem Idealtypus der Verordnung vergleichbar. Bedürfen diese Be-

---

[155] Diesen Versuch unternimmt: *B. Biervert*, Der Missbrauchs von Handlungsformen im Gemeinschaftsrecht, 1999, S. 74 ff., 90 ff., 105 ff.; krit.: *C. Bumke*, in: Schuppert/Pernice/Haltern (Hrsg.), Europawissenschaft, 2005, S. 643, 670 f., 674 f.

[156] *U. Haltern*, Europarecht, Bd. I, S. 408; *J. Bast*, Grundbegriffe der Handlungsformen der EU, 2006, S. 39. Im Gegenteil hat der EuGH sogar anerkannt, dass eine Vollharmonisierung via Richtlinie in gewissen Konstellationen möglich sein muss, s.: EuGH, Urt. v. 23.11.1977, Enka, Rs. 38/77, EU:C:1977:190, Rn. 11 f.

[157] *F. Rösch*, Zur Rechtsformenwahl des europäischen Gesetzgebers im Lichte des Verhältnismäßigkeitsgrundsatzes, 2013, S. 158.

[158] *C. Ladenburger*, ZEuS 2011, S. 389, 397 f.

[159] *F. Rösch*, Zur Rechtsformenwahl des europäischen Gesetzgebers im Lichte des Verhältnismäßigkeitsgrundsatzes, 2013, S. 158; allg. zu diesem Problem auch: *J. Bast*, Grundbegriffe der Handlungsformen der EU, 2006, S. 371.

schlüsse, wie im Regelfall, einer Umsetzungsmaßnahme,[160] ähneln sie eher dem Urbild der Richtlinie. Hierbei ist allerdings zu beachten, dass die Beschlüsse umfassend und nicht lediglich hinsichtlich ihres Ziels verbindlich sind, sodass sie zumindest in der Tendenz den Mitgliedstaaten weniger Handlungsspielraum belassen werden als eine idealtypische Richtlinie,[161] obgleich dies je nach inhaltlicher Ausgestaltung auch variieren kann und sich auch hier formale Staffelungen verbieten.

Umgekehrt ist der an einen bestimmten Mitgliedstaat gerichtete Beschluss aus Gründen der mitgliedstaatlichen Spielraumsicherung vorzugswürdig, wenn das mit einer Verordnung verfolgte Ziel auch mit einem an einen oder mehrere Mitgliedstaaten gerichteten Beschluss hätte erreicht werden können.[162] Die Handlungsspielräume der anderen, von der Problematik nicht betroffenen Mitgliedstaaten müssen dann nicht eingeschränkt werden. Freilich ist die hierfür notwendige gleiche Eignung von der Formulierung des Maßnahmenziels abhängig: So kann zwar das Verhalten eines Mitgliedstaats Grund für eine Verordnung sein, doch solange es das Ziel der Verordnung ist, dieses Verhalten auch in anderen Mitgliedstaaten, die zu diesem potenziell in der Lage wären, zu unterbinden, ist der Beschluss kein gleich geeignetes Alternativmittel zur Verordnung.

bb) Der adressatenlose Beschluss

Um den adressatenlosen Beschluss aus Art. 288 Abs. 4 S. 1 AEUV in Hinblick auf seine Beschränkung mitgliedstaatlicher Interessen zu qualifizieren, kommt es entscheidend darauf an, wie man seine Rechtswirkungen versteht. Einige Stimmen im Schrifttum gehen davon aus, dass ein Beschluss nach Art. 288 Abs. 4 S. 1 AEUV nur für die Einrichtungen der Union in all seinen Teilen verpflichtend sei.[163] Dies beruht maßgeblich auf der Annahme, dass Art. 288 Abs. 4 S. 1 AEUV die in der Praxis entstandene vormalige Handlungsform des Beschlusses normierte[164] und dass im Unterschied zur Verordnung für Beschlüsse gem. Art. 288 Abs. 4 S. 1 EUV keine allgemeine Geltung vorgesehen ist.[165]

---

[160] S. hierzu: *W. Frenz*, Handbuch Europarecht, Bd. 5, 2010, S. 396; *A. Glaser*, Die Entwicklung des Europäischen Verwaltungsrechts aus der Perspektive der Handlungsformenlehre, 2013, S. 366 ff

[161] Ebd., S. 396 f.

[162] Vgl. für den Erlass allgemeiner Normen aus Anlass des Verhaltens von Privaten: *B. Biervert*, Der Missbrauch von Handlungsformen im Gemeinschaftsrecht, 1999, S. 114 ff.

[163] So z.B.: *W. Schroeder*, in: Streinz AEUV, Art. 288, Rn. 119; *M. Nettesheim*, in: Grabitz/Hilf/Nettesheim AEUV, Art. 288, Rn. 195; *M. Geismann*, in: von der Groeben AEUV, Art. 288, Rn. 61.

[164] Diese Art des Beschlusses galt als allein für die Unionsorgane verbindlich, s. grundlegend: *A. von Bogdandy/J. Bast/F. Arndt*, ZaöRV 77 (2002), S. 77, 102 ff.; *J. Bast*, Handlungsformen im Unionsrecht, S. 127 ff., 179 ff.; *I. Härtel*, Handbuch Europäische Rechtsetzung, 2006, S. 197; *M. Geismann*, in: von der Groeben AEUV, Art. 288, Rn. 61.

[165] S. hierzu insb.: *M. Nettesheim*, in: Grabitz/Hilf/Nettesheim AEUV, Art. 288, Rn. 195.

Rechtswirkungen adressatenloser Beschlüsse für die Mitgliedstaaten ergeben sich in Kombination mit Art. 4 Abs. 3 EUV, wonach die Mitgliedstaaten verpflichtet sind, eine Beeinträchtigung der Beschlüsse zu unterlassen und daran mitzuwirken, ihre Ziele zu verwirklichen.[166] Wie umfassend diese Pflichten ausfallen, ließe sich dann mittels Art. 5 Abs. 4 EUV modulieren. Je nach Inhalt des adressatenlosen Beschlusses mögen die resultierenden Mitwirkungspflichten aber recht genau und konkret ausfallen und es wird sogar angenommen, dass solche Beschlüsse die über Art. 4 Abs. 3 EUV für die Mitgliedstaaten verbindlichen Mitwirkungspflichten selbst benennen dürften.[167] Wegen dieser Präzisierungsmöglichkeiten ließe sich auch für den so verstandenen adressatenlosen Beschluss nicht mit letzter Sicherheit sagen, dass allein die Handlungsform zu weniger intensiven Einhegungen der mitgliedstaatlichen Handlungsspielräume führt als andere Handlungsformen.[168] Wiederum steht damit für das Ausmaß der Vorgaben für mitgliedstaatliches Handeln der Inhalt des fraglichen Beschlusses im Vordergrund.[169]

c) Die Wahl zwischen verbindlichen und unverbindlichen Handlungsformen

Eher von Bedeutung für die Beschränkung mitgliedstaatlicher Handlungsfreiheit ist die Unterscheidung zwischen verbindlichen und unverbindlichen Handlungsformen. Unverbindliche Handlungsformen sind zwar rechtlich nicht wirkungslos,[170] haben aber keine eigene Rechtsverbindlichkeit.[171] Unverbindliche Handlungsformen sind daher grundsätzlich als mildere Mittel für mitgliedstaatliche Handlungsspielräume einzustufen.

Doch ist diese Wahl eher eine Frage der Geeignetheit der fraglichen Handlungsform zur Erreichung des fraglichen Ziels und hängt damit ganz wesentlich von der Bestimmung des Maßnahmenziels ab. Nur wenn unverbindliche Maßnahmen ebenso gut geeignet sind, ein bestimmtes Ziel zu erreichen, sind sie dabei als mildere Mittel den verbindlichen Maßnahmen vorzuziehen. Sobald es um die Herbeiführung von Rechtsfolgen geht, sind unverbindliche Handlungen schon

---

[166] Grundlegend: EuGH, Urt. v. 30.05.1989, Kommission/Rat, Rs. 242/87, EU:C:1989:217, Rn. 11, 19; s. auch: *M. Geismann*, in: von der Groeben AEUV, Art. 288, Rn. 61. Bereits vor dem Lissabonvertrag: *J. Bast*, Grundbegriffe der Handlungsformen der EU, 2006, S. 234 ff.; s. auch: *A. Glaser*, Die Entwicklung des Europäischen Verwaltungsrechts aus der Perspektive der Handlungsformenlehre, 2013, S. 366 ff.

[167] So.: *J. Bast*, Grundbegriffe der Handlungsformen der EU, 2006, S. 239, der die Möglichkeiten der Handlungsform des Beschlusses damit ausgeschöpft sieht.

[168] S. aber, freilich mit zahlreichen wohlbegründeten Einschränkungen: *J. Bast*, Grundbegriffe der Handlungsformen der EU, 2006, S. 371.

[169] *W. Frenz*, Handbuch Europarecht, Bd. 5, 2010, S. 416, 426 f.

[170] Grundlegend: EuGH, Urt. v. 13.12.1989, Grimaldi, Rs. 322/88, EU:C:1989:646, Rn. 18; ausf.: *M. Knauff*, Der Regelungsverbund: Recht und Soft Law im Mehrebenensystem, 2010, S. 296 ff.

[171] Grundlegend: EuGH, Urt. v. 10.12.1957, Usines à tubes de la Sarre/Hohe Behörde, verb. Rs. 1 und 14/57, EU:C:1957:13, S. 236.

nicht zur Zielerreichung geeignet. Nur wenn das Ziel eines Rechtsakts keiner Verbindlichkeit bedarf, kommen unverbindliche Rechtsakte als alternative, insbesondere für die Mitgliedstaaten weniger belastende Handlungsform in Betracht.

d) Angemessenheit und Rechtsformenwahl

Zur Prüfung, ob die Wahl einer konkreten Handlungsform dazu beiträgt, dass die Nachteile einer Maßnahme ihre Vorteile überwiegen, bräuchte es bestimmbarer Nachteile, die allein durch die Wahl der Handlungsform entstünden. Die vorstehenden Betrachtungen haben gezeigt, dass die Handlungsformenwahl allein kaum beeinflusst, inwieweit mitgliedstaatliche Handlungsspielräume und Interessen durch Maßnahmen der EU beeinträchtigt werden. Dies ist vielmehr in den allermeisten Konstellationen eine Frage der inhaltlichen Ausgestaltung der Handlung, wenn nicht die Frage der Handlungsformenwahl auf Ebene der Geeignetheit geklärt wird. Doch ohne eine erkennbare Beeinträchtigung durch die Handlungsformenwahl kann auch eine Prüfung der Angemessenheit der Handlungsformenwahl mit Blick auf mitgliedstaatliche Interessen wenig beisteuern. Erst der Inhalt der fraglichen Handlung bestimmt, welche Handlungsoptionen den Mitgliedstaaten verbleiben, ohne gegen den fraglichen Unionsrechtsakt zu verstoßen.

3. Konsequenzen

Aus mitgliedstaatlicher Sicht kann eine Rüge der Unverhältnismäßigkeit der Handlungsformenwahl lediglich darauf abstellen, dass statt eines verbindlichen Rechtsakts ein unverbindlicher hätte gewählt werden sollen oder dass ein an einen oder einige Mitgliedstaaten gerichteter Beschluss statt einer Verordnung hätte erlassen werden sollen. Alle weiteren Beschränkungen mitgliedstaatlicher Handlungsspielräume werden durch die konkrete Ausgestaltung eines Rechtsakts, nicht durch die Wahl der Handlungsform allein herbeigeführt. Für die Überzeugungskraft mitgliedstaatlicher Vorträge scheint es daher dienlich, vor allem die konkreten Auswirkungen durch die inhaltlichen Vorgaben des fraglichen Rechtsakts herauszuarbeiten, statt die mit dem Idealtypus eines Rechtsakt verbundenen Handlungsspielräume als Alternativmaßnahmen einzufordern.

II. Verhältnismäßigkeit des Maßnahmeninhalts

Entscheidender Bedeutung kommt damit jedenfalls für die Berücksichtigung von mitgliedstaatlichen Interessen im Rahmen des Art. 5 Abs. 4 EUV der Vorgabe zu, dass Maßnahmen der Union auch „inhaltlich“ verhältnismäßig sein müssen.

1. Betroffenheit mitgliedstaatlicher Interessen durch Unionshandlungen

Geht es um den Schutz der mitgliedstaatlichen Handlungsfreiheit, steht die Ermittlung der mitgliedstaatlichen Rechtsbindung durch die fragliche Unionsmaßnahme im Vordergrund. Beim Schutz der im SubProt genannten Interessen und im Rahmen des allgemeinen Belastungsschutzes geht es vor allem um die in Folge der Handlung entstandenen faktischen Auswirkungen und Beschränkungen.

Bei den von Art. 5 Abs. 4 EUV ggf. i.V.m. Art. 5 S. 5 SubProt geschützten Interessen der Mitgliedstaaten und den im Rahmen des allgemeinen Belastungsschutzes zu berücksichtigenden Interessen ist eine Orientierung an der grundrechtlichen Eingriffsdogmatik sachgerecht. Zwar unterscheidet sich die gesamtbilanzierende Verhältnismäßigkeitsprüfung maßgeblich von ihrer im Grundrechtsbereich zum Einsatz kommenden subjektivrechtlich geprägten Schwester. Doch dient die grundrechtliche Eingriffsdogmatik dazu, die Anforderungen an die rechtliche Qualifikation von Auswirkungen eines Rechtsakts auf geschützte Interessen zu konturieren, wie es auch bei der Bestimmung des Zusammenhangs von unionsrechtlicher Maßnahme und mitgliedstaatlichem Interesse nötig ist. So entspricht es nicht nur dem Gedanken eines umfassenden Grundrechtsschutzes, sondern auch eines allgemeinen Belastungs- und Interessenschutzes, dass jedenfalls unmittelbar bewirkte oder bezweckte nachteilige Auswirkungen[172] einer Maßnahme hier Berücksichtigung finden. Ungeachtet aller dogmatischen Unklarheiten über die Grenzen der Berücksichtigung von mittelbaren und faktischen Auswirkungen[173] ist auch in dieser Hinsicht bei Art. 5 Abs. 4 EUV keine Zurückhaltung angezeigt. Schon im grundrechtlichen Bereich zählen mittelbare Auswirkungen zu den Erscheinungsformen eines Grundrechtseingriffs,[174] wobei mittlerweile[175] an die Zurechnung keine besonderen Anforderungen mehr gestellt werden,[176] ohne dass freilich der EuGH verallgemeinerbare Kriterien hierfür entwickelt hätte.[177]

In Anbetracht des von Art. 5 Abs. 4 EUV deutlich formulierten Anspruchs, eine umfassende Handlungsschranke für das Handeln der EU zu normieren,

---

[172] Vgl. für den Grundrechtsschutz grundlegend etwa: EuGH, Urt. v. 28.10.1992, Ter Voort, C-219/91, EU:C:1992:414, Rn. 36 f.; EuGH, Urt. v. 28.04.1998, Metronome Musik, C-200/96, EU:C:1998:12, Rn. 28.

[173] S. nur für die entsprechenden Probleme aus dem Bereich der deutschen Eingriffsdogmatik: *H. Sauer*, in: Dreier GG, Vorbem. Art. 1, Rn. 146 ff.

[174] So schon: EuGH, Urt. v. 30.07.1996, Bosphorus, C-84/95, EU:C:1996:312, Rn. 22; hierzu: *K. F. Gärditz*, in: Grabenwarter (Hrsg.), Europäischer Grundrechteschutz, 2. Aufl. 2022, § 6, Rn. 59.

[175] Anders, aber auch weil auf einen Grundrechtsschutz im Kernbereich reduziert, noch: EuGH, Urt. v. 06.12.1984, Biovilac, Rs. 59/83, EU:C:1984:380, Rn. 22.

[176] Vgl. z.B.: EuGH, Urt. v. 28.04.1998, Metronome Musik, C-200/96, EU:C:1998:12, Rn. 28; EuGH, Urt. v. 26.04.2022, Polen/Parlament und Rat, C-401/19, EU:C:2022:297, Rn. 53 ff.

[177] Hierzu: *K. F. Gärditz*, in: Grabenwarter (Hrsg.), Europäischer Grundrechteschutz, 2. Aufl. 2022, § 6, Rn. 61.

lassen sich engere Vorstellungen im Rahmen des allgemeinen Belastungsschutzes kaum sinnvoll zur Anwendung bringen. Gerade weil ausweislich des Wortlauts die weit zu verstehenden Maßnahmen der Union schon als solche verhältnismäßig sein sollen, erscheinen strikte Anforderungen an die Darlegung einer konkret auf die fragliche Handlung zurückführbaren Beeinträchtigung nicht nötig. Vielmehr dürfte es genügen, wenn die Folgen der fraglichen Maßnahme plausibel mit den gerügten, vorgeblich unverhältnismäßigen Auswirkungen in Verbindung gebracht werden können. Die Engführung des Eingriffs würde den Prüfanspruch, die allgemeine Ausgewogenheit einer Maßnahme sicherzustellen, konterkarieren. Dies entspricht auch dem Vorgehen des EuGH, der keine besonderen Anforderungen an die Darlegung einer Interessenbeeinträchtigung aufstellt und oftmals entsprechende Parteivorträge unhinterfragt akzeptiert.[178]

Beschränkungen der mitgliedstaatlichen Handlungsfreiheit ergeben sich hingegen nicht aus faktischen, mittelbaren Auswirkungen, sondern daraus, inwieweit die fragliche Unionsmaßnahme Vorgaben für die Mitgliedstaaten enthält und in ihrer Regelungsbreite und -tiefe den Mitgliedstaaten die Möglichkeit zu Handlungen ohne unionsrechtliche Einhegung nimmt. Insofern ist bei einer Auslegung der fraglichen Maßnahme vor allem darauf abzustellen, wie umfassend ein bestimmter Regelungsbereich unionsrechtlich geregelt wurde, wie spezifisch Vorgaben für mitgliedstaatliche Handlungen ausgefallen sind, ob es Öffnungs- oder Ermächtigungsklauseln gibt, usw. Es ist letztlich im Einzelfall auszuloten, inwieweit Raum für mitgliedstaatliche Handlungen verbleibt, ohne einen Unionsrechtsverstoß zu begehen.

2. Spielraumverengung durch Unionsgrundrechte

Im Rahmen der Sicherstellung mitgliedstaatlicher Handlungsfreiheit ist zu bedenken, dass das Interesse an einer für die mitgliedstaatlichen Handlungsspielräume schonenden inhaltlichen Ausgestaltung einer Unionsmaßnahme mit anderen unionsrechtlichen Vorgaben kollidieren kann. Besonders augenfällig sind diese Spannungen, wenn im Sekundärrecht offene und wenig präzise gehaltene Normen, welche die Handlungsspielräume der Mitgliedstaaten bewahren wollen, auf grundrechtliche Anforderungen aus der GRC treffen.

Während die Mitgliedstaaten ein Interesse daran haben, dass ihnen von Unionsmaßnahmen möglichst weitgehende Handlungsspielräume belassen werden, kann es aus Sicht des Grundrechtsschutzes geboten sein, klare und präzise Regelungen zu treffen. In mittlerweile ständiger und dem Datenschutzbereich entwachsener Rechtsprechung betont der EuGH, dass auch Richtlinien klare und präzise Regelungen für ihre Anwendung enthalten und insbesondere Mindesterfordernisse für den wirksamen Schutz von Grundrechten vorsehen müssen.[179]

---

[178] Besonders deutlich in: EuGH, Urt. v. 13.03.2019, Polen/Parlament und Rat, C-128/17, EU:C:2019:194, Rn. 86 ff. und Rn. 107.

[179] Grundlegend: EuGH, Urt. v. 08.04.2014, Digital Rights Ireland u.a., verb. Rs.

Das föderale Spannungsverhältnis wird gut sichtbar in der Leitentscheidung *Digital Rights Ireland.*[180] Die streitgegenständliche Richtlinie hatte die Ausgestaltung der Vorratsdatenspeicherpflicht für Telekommunikationsunternehmen in erheblichem Umfang den Mitgliedstaaten überlassen, sodass der EuGH in einem vorherigen Verfahren die zuständigkeitsrechtlichen Zweifel an der Richtlinie gerade noch ausräumen konnte, weil diese sich auf hinreichend mit dem Binnenmarkt verbundene Aspekte beschränkte.[181] Der EuGH verlangte zum Schutz der Grundrechte dann jedoch gerade die Arten von klaren und präzisen Mindestanforderungen für den Grundrechtsschutz, die zur Schonung der Mitgliedstaaten nicht vorgesehen worden waren.[182] In anderen Verfahren hat der EuGH die dort fraglichen Richtlinien zwar noch grundrechtskonform auslegen können, jedoch nur unter erheblichen Präzisierungen der Vorgaben dieser Richtlinien und mit der Folge einer Verengung der verbleibenden Umsetzungsspielräume der Mitgliedsstaaten.[183] Es kommt hier zu einer Verengung mitgliedstaatlicher Handlungsspielräume aus grundrechtlichen Gründen, sodass sich die Frage stellt, in welchem Verhältnis diese Vorgaben zur Berücksichtigung des mitgliedstaatlichen Handlungsfreiheitsinteresse im Rahmen der Gesamtbilanzierung nach Art. 5 Abs. 4 EUV stehen. So scheint es denkbar, dass auch die grundrechtlichen Vorgaben an die Präzision der unionsrechtlichen Normen im Verhältnis zum damit einhergehenden Verlust mitgliedstaatlicher Handlungsfreiheit stehen müssten.

Die Rechtsprechung des EuGH zur grundrechtlichen Verpflichtung des Richtliniengesetzgebers auf klare und präzise Regelungen in grundrechtssensiblen Bereichen scheint problematisch, wenn man in der zweistufigen Rechtsetzung mittels Richtlinie die Verantwortung für den Grundrechtseingriff nicht in der nach ihrem Ziel und für die Mitgliedstaaten verbindlichen Richtlinie, sondern

C-293/12 und C-594/12, EU:C:2014:238, Rn. 54 unter Übernahme entsprechender Maßstäbe des EGMR; EuGH, Urt. v. 21.12.2016, Tele 2 Svergie, verb. Rs. C-203/15 und C-698/15, EU:C:2016:970, Rn. 109, 117; EuGH, Gutachten v. 26.07.2017, PNR-Kanada, Avis 1/15, EU:C:2017:592, Rn. 141; EuGH, Urt. v. 16.07.2020, Facebook Ireland und Schrems, C-311/18, EU:C:2020:559, Rn. 176; EuGH, Urt. v. 26.04.2022, Polen/Parlament und Rat, C-401/19, EU:C:2022:297, Rn. 67; EuGH, Urt. v. 21.06.2022, Ligue des droits humains, C-817/19, EU:C:2022:491, Rn. 119; krit. etwa: *F. Schorkopf*, in: Grabenwarter (Hrsg.), Europäischer Grundrechteschutz, 2. Aufl. 2022, § 5, Rn. 15; *U. Haltern*, Europarecht, Bd. I, 3. Aufl. 2017 Rn. 410 f.

[180] Richtlinie 2006/24 EG des Europäischen Parlaments und des Rates v. 15.03.2006 über die Vorratsspeicherung von Daten die bei der Bereitstellung öffentlich zugänglicher Kommunikationsdienste oder öffentlicher Kommunikationsnetze erzeugt oder verarbeitet werden, und zur Änderung der Richtlinie 2002/58/EG, ABl. L 105, S. 54 ff.

[181] EuGH, Urt. v. 10.02.2009, Irland/Parlament und Rat, C-301/06, EU:C:2009:68, Rn. 56 ff., insb. Rn. 80 ff.

[182] *C. D. Classen*, EuR 2014, S. 441, 444 ff.

[183] S. nur: EuGH, Urt. v. 26.04.2022, Polen/Parlament und Rat, C-401/19, EU:C:2022:297, Rn. 72 ff.; EuGH, Urt. v. 21.06.2022, Ligue des droits humains, C-817/19, EU:C:2022:491, Rn. 127 ff.

bei den Umsetzungsmaßnahmen der Mitgliedstaaten verortet.[184] Ein Störgefühl in Anbetracht dieser Rechtsprechung mag auch daraus resultieren, dass Art. 51 Abs. 1 S. 1 GRC sogar die Bindung der Unionsorgane an die GRC von der Einhaltung des Subsidiaritätsprinzips abhängig macht. So ist es denkbar, dass man gerade bei der Richtlinienumsetzung den Grundrechtsschutz durch nationales Recht gegen nationale Umsetzungsmaßnahmen für ausreichend hält[185] und keinen erkennbaren Mehrwert in einer eigenen Grundrechtsprüfung der Richtlinie sieht, wo diese den Mitgliedstaaten Handlungsspielräume belässt.

In der Folge müsste der Unionsgesetzgeber beim Erlass von Richtlinienvorschriften mit Umsetzungsspielraum nur für die Möglichkeit einer grundrechtskonformen Richtlinienumsetzung sorgen[186] und wäre ansonsten von jeder Grundrechtsbindung freigestellt. Mit Art. 51 Abs. 1 S. 1 Hs. 1 GRC ist das kaum zu vereinbaren. Schon im Ausgangspunkt ist insofern fraglich, ob Richtlinienvorgaben tatsächlich derartig grundrechtlich irrelevant sind, dass nur aus der Umsetzungsgesetzgebung eine grundrechtliche Verantwortlichkeit erwächst. Eine weitgehende Freistellung von jeglichen Grundrechtsbindungen führt jedenfalls kaum zu einem ausreichenden Grundrechtsschutz unter Subsidiaritätsgesichtspunkten. Denn selbst bei der Verbürgung weiter Umsetzungsspielräume sind Richtlinien kein rechtliches Vakuum,[187] sondern stets Anlass und Rahmen mitgliedstaatlicher Umsetzungsgesetzgebung. Auch wenn sich nationale Gesetzgeber aus voller inhaltlicher Überzeugung an eine Richtlinienumsetzung begeben, tun sie das doch in Ausübung ihrer unionsrechtlichen Pflicht zur Richtlinienumsetzung.[188] Umsetzungsspielräume in Richtlinien sind keine Bereiche ohne normative Bindungswirkung,[189] sondern setzen den Rahmen für den Erlass konkreter Regelungen, und je größer der unionsrechtliche Spielraum ist, desto schwerwiegendere Grundrechtseingriffe können mit Billigung des Unionsrechts herbeigeführt werden. Fraglos trifft den Umsetzungsgesetzgeber ebenfalls eine Verantwortung für die Entscheidungen bei der Umsetzung – den Unionsgesetz-

---

[184] Noch deutlicher sogar: *C. Teetzmann*, EuR 2016, S. 90, 92 f. der Richtlinien generell die Möglichkeit abspricht, in Grundrechte einzugreifen.

[185] In diese Richtung zumindest andeutungsweise: *E. Pache*, in: Frankfurter Kommentar GRCh, Art. 51, Rn. 42; deutlicher: *H. D. Jaras*s, GRCh, Art. 51, Rn. 18; *C. Teetzmann*, EuR 2016, S. 90, 91 f.

[186] So explizit: *C. Teetzmann*, EuR 2016, S. 90, 97 ff.

[187] So aber: ebd., S. 99.

[188] Es besteht mindestens eine Pflicht zur, ggf. in der Form bereits prädeterminierten (s. EuGH, Urt. v. 06.05.1980, Kommission/Belgien, Rs. 109/79, EU:C:1980:120, Rn. 10), fristgerechten, vollständigen und hinreichend transparenten (EuGH, Urt. v. 30.05.1991, Kommission/Deutschland, C-361/88, EU:C:1991:224, Rn. 24) Umsetzung in verbindliches (EuGH, Urt. v. 02.12.1986, Kommission/Belgien, Rs. 239/85, EU:C:1986:457, Rn. 7; EuGH, Urt. v. 30.05.1991, Kommission/Deutschland, C-361/88, EU:C:1991:224, Rn. 21; EuGH, Urt. v. 20.03.1997, Kommission/Deutschland C-96/95, EU:C:1997:165, Rn. 39; EuGH, Urt. v. 14.01.2010, Kommission/Tschechien, C-343/08, EU:C:2010:14, Rn. 39) nationales Recht.

[189] S. hierzu ausf.: *H. Sauer*, JURA 2021, S. 387, 398 f.

geber aber für seine normative Beteiligung und Determinierung der nationalen Umsetzungshandlung von grundrechtlicher Verantwortung freizusprechen, nimmt die Zweistufigkeit der Rechtssetzung mittels Richtlinie, die eben auch die EU umfasst, gerade nicht ernst.

Je eher man der Überlegung zuneigt, dass die GRC die Mitgliedstaaten bei der Umsetzung von Richtlinien mit Umsetzungsspielräumen nicht bindet,[190] desto plausibler mag es auch scheinen, in dieser Konstellation nur die nationale, aber keine Grundrechtsbindung der EU anzunehmen. Nicht nur beruht diese Ansicht aber, wie dargelegt, auf einem Missverständnis von der Natur der Richtlinie und findet überdies keine Unterstützung in der Rolle der GRC als Grundrechtskatalog für die gesamte Unionsgewalt aus Art. 51 Abs. 1 S. 1 Hs. 1 GRC.[191] Sie stand auch noch nie mit der unionsgerichtlichen Praxis im Einklang[192] und ist mittlerweile sogar in Deutschland vom BVerfG aufgegeben worden.[193] Freilich schließt es die GRC nicht aus, dass nationale Grundrechtsstandards an Richtlinienumsetzungsgesetzgebung zur Anwendung gebracht werden, sofern die Erfordernisse von Vorrang, Einheit und Wirksamkeit des Unionsrechts gewahrt werden.[194] Die GRC findet damit aber jedenfalls subsidiär Anwendung. Eine Freistellung des Richtliniengesetzgebers von seiner Grundrechtsbindung würde folglich dazu führen, dass eine Richtlinienumsetzung für mit der GRC unvereinbar befunden werden könnte, die Richtlinie selbst mit ihrem bis in die Grundrechtswidrigkeit hineinreichenden Spielraum aber keinerlei grundrechtlicher Kontrolle unterliegt. Das ist weder aus Sicht des Individualrechtsschutzes noch aus Subsidiaritätsgründen sinnvoll.

Dennoch hat der EuGH, wenn er lediglich davon spricht, dass „Mindestanforderungen" für „ausreichende Garantien" festgelegt werden müssen,[195] durchaus die Möglichkeit offengelassen, die Anforderungen noch nach der jeweils fraglichen Handlungsform und der Art ihrer Nutzung zu modulieren und damit

---

[190] S. für den Begriff der sog. „Trennungsthese": *D. Thym*, NVwZ 2013, S. 889, 892 und *M. Ludwigs/P. Sikora*, JuS 2017, S. 385, 390. Artikuliert wird diese etwa bei *T. Kingreen*, JZ 2013, S. 801, 802; *G. Britz*, EuGRZ 2015, S. 275 ff.

[191] Vgl. hierzu: *T. von Danwitz*, in: Grabenwarter (Hrsg.), Europäischer Grundrechteschutz, 2. Aufl. 2022, § 27, Rn. 31.

[192] Vgl. nur grundlegend: EuGH, Urt v. 27.06.2006, Parlament/Rat, C-540/03, EU:C:2006:429, Rn. 101 ff.

[193] Grundlegend: BVerfGE 152, 152, 170 ff.; s. zum neuen Rechtsstand umfassend: *M. Wendel*, JZ 2020, S. 157, 160 ff.; *E. Neumann/F. S. Eichberger*, JuS 2020, S. 502, 505.

[194] Grundlegend: EuGH, Urt v. 26.02.2013, Melloni, C-399/11, EU:C:2013:107, Rn. 60.

[195] S. erneut: EuGH, Urt. v. 08.04.2014, Digital Rights Ireland u.a., verb. Rs. C-293/12 und C-594/12, EU:C:2014:238, Rn. 54 unter Übernahme entsprechender Maßstäbe des EGMR; EuGH, Urt. v. 21.12.2016, Tele 2 Svergie, verb. Rs. C-203/15 und C-698/15, EU:C:2016:970, Rn. 109, 117; EuGH, Gutachten v. 26.07.2017, PNR-Kanada, Avis 1/15, EU:C:2017:592, Rn. 141; EuGH, Urt. v. 16.07.2020, Facebook Ireland und Schrems, C-311/18, EU:C:2020:559, Rn. 176; EuGH, Urt. v. 26.04.2022, Polen/Parlament und Rat, C-401/19, EU:C:2022:297, Rn. 67; EuGH, Urt. v. 21.06.2022, Ligue des droits humains, C-817/19, EU:C:2022:491, Rn. 119.

auch die ggf. auftretenden föderalen Spannungslagen zu verarbeiten. Letztlich ist aber der Fokus auf die grundrechtliche Spannungslage nur konsequent: Wenn auch die grundrechtlichen Vorgaben in einer Wechselbeziehung u.a. zu Handlungsspielrauminteressen der Mitgliedstaaten stünden, wären die Unionsgrundrechte letztlich weiterhin wie andere Interessen im Rahmen einer gesamtbilanzierenden Verhältnismäßigkeitsprüfung zu berücksichtigen. Wie dargelegt, läuft aber die Verhältnismäßigkeitsprüfung nach Art. 52 Abs. 1 S. 2 GRC nunmehr allein auf die Verhältnismäßigkeit des Grundrechtseingriffs hinaus. Dies verdrängt die grundsätzlich berechtigten und schützenswerten Interessen der Mitgliedstaaten an Handlungsspielräumen.[196] Als Konsequenz der gerade von deutscher Seite stets vehement geforderten stärkeren grundrechtlichen Kontrolle der Hoheitsgewalt der EU und der subjektivrechtlichen Wende in der Anwendung des grundrechtlichen Verhältnismäßigkeitsgrundsatzes ist diese Entwicklung jedoch uneingeschränkt zu begrüßen.

3. Konsequenzen

Aus mitgliedstaatlicher Sicht ergibt sich hieraus, dass zunächst konkret herauszuarbeiten ist, wie die fragliche Unionshandlung ein mitgliedstaatliche Interesse konkret tangiert und welches Interesse betroffen ist. Geht es um faktische, finanzielle, administrative oder sonstige Belastungen im Sinne des allgemeinen Belastungsschutzes, sind auch mittelbare und faktische Auswirkungen zu berücksichtigen. Belastungen der mitgliedstaatlichen Handlungsfreiheit sind hingegen primär Fragen der Auslegung der betroffenen Unionsvorschrift. Insofern zeigt sich auch, dass sich Einschränkungen der mitgliedstaatlichen Handlungsfreiheit besonders gut dafür eignen, mittels Art. 5 Abs. 4 EUV eine bestimmte, die Mitgliedstaaten schonende Auslegung einer unionalen Maßnahme zu erreichen, während Aspekte des allgemeinen Belastungsschutzes eher im Rahmen eines auf Art. 5 Abs. 4 EUV gestützten Angriffs auf die Gültigkeit einer Unionsmaßnahme eine Rolle spielen dürften.

III. Fazit

Die formale Verhältnismäßigkeit aus Art. 5 Abs. 4 EUV hat sich für die Interessen der Mitgliedstaaten weitgehend als Scheinproblem erwiesen. Zwar kann so sichergestellt werden, dass die EU keine Maßnahmen einsetzt, die zur Erreichung ihrer Ziele ungeeignet sind, allerdings trifft die Auswahl zwischen den verbindlichen Handlungsformen der EU an sich noch keine Aussage darüber, ob und in welchem Umfang die Handlungsspielräume der Mitgliedstaaten durch das Unionsrecht eingehegt werden. Trotz ihrer unterschiedlichen Wirkungsweisen bestimmt sich bei allen verbindlichen Handlungsformen der EU die Beeinträchti-

---

[196] *U. Haltern*, Europarecht, Bd. I, 3. Aufl. 2017, S. 410 f.

gung mitgliedstaatlicher Handlungsfreiheit allein nach ihrem Inhalt, nicht nach ihrer Form. Insbesondere ist die Einschaltung mitgliedstaatlicher Stellen zur Umsetzung von Richtlinien allein kein Zugewinn an Handlungsfreiheit gegenüber den anderen verbindlichen Handlungsformen, da auch diese Akte ohne jegliche Umsetzungsspielräume ausgestaltet sein können und eine inhaltsleere, rein formale Handlungsmöglichkeit kaum ein sinnvolles Schutzinteresse der Mitgliedstaaten darstellt.

Nur in zwei Konstellationen konnte ein echter Unterschied für mitgliedstaatliche Interessen allein durch die Rechtsformenwahl ausgemacht werden: Wenn eine Verordnung erlassen wird, wo ein an einen oder wenige Mitgliedstaaten gerichteter Beschluss genügt hätte, sowie bei der Wahl zwischen verbindlichen und unverbindlichen Handlungen. Dennoch ist die formale Verhältnismäßigkeit nicht irrelevant. Private Akteure können durch die Wahl einer bestimmten Rechtsform in ihren Interessen mehr oder weniger stark beeinträchtigt werden, so z.B. durch einen an sie gerichteten Beschluss oder durch die Rechtsunsicherheit, die mit der Richtlinienumsetzung einhergeht. Mit Blick auf die Moderation föderaler Spannungslagen erweist sich die formale Verhältnismäßigkeit aber als weitgehend funktionslos.

Die inhaltliche Verhältnismäßigkeit einer Maßnahme nach Art. 5 Abs. 4 EUV bedeutet für mitgliedstaatliche Interessen vor allem die Moderation der durch die Maßnahme herbeigeführten rechtlichen oder faktischen Beeinträchtigungen. Dies ist eine Frage der Auslegung und der Auswirkungen der Maßnahme. Sofern das mitgliedstaatliche Handlungsspielrauminteresse mit grundrechtlichen Vorgaben zu möglichst präzisen und begrenzten Regelungen eines Grundrechtseingriffs kollidiert, können diese Interessen seit der subjektivrechtlichen Wende des EuGH in seiner Grundrechtsjudikatur nicht mehr miteinander saldiert werden.

C. Kontrolldichte

Die Diskussion um das sachgerechte Niveau der gerichtlichen Kontrolldichte ist ein zentrales Problem des unionsrechtlichen Grundsatzes der Verhältnismäßigkeit.[197] Weil die gerichtliche Kontrolldichte stets auch das Produkt normativer, institutioneller und rechtskultureller Vorprägungen ist (I.), bedarf es einer präzisen Aufarbeitung der Faktoren, die geeignet sind, die Festlegung dieser Kontrolldichte im Einzelfall anzuleiten (II.).

---

[197] S. nur: *G. de Búrca*, Yearbook of European Law 13 (1993), S. 105, 110 ff.; *N. Emiliou*, The Principle of Proportionality in European Law, 1996, S. 177 ff.; *B. Oreschnik*, Verhältnismäßigkeit und Kontrolldichte, 2019, S. 229 ff. Krit. z.B. und statt vieler: *S. Storr*, Der Staat 36 (1997), S. 547, 566 ff.; jünger: *P. M. Huber*, in: Herdegen/Poscher/Masing/Gärditz, HdB VerfR, 2021, § 6, Rn. 37, 45; *W. Kahl*, NVwZ 2020, S. 824, 826.

I. Annäherung an das Problem gerichtlicher Kontrolldichte

Unter Kontrolldichte versteht man die Bereitschaft von Gerichten, Entscheidungen der anderen Gewalten zu hinterfragen und ihre eigenen Beurteilungen an die Stelle der ursprünglich zu dieser Entscheidung berufenen Institutionen zu setzen.[198] Ungeachtet aller gebotenen Differenzierungen im Detail bewegt sich die Frage richterlicher Kontrolldichte damit an der Schnittstelle von Gewaltenteilung, Demokratie und Rechtsstaatlichkeit.[199] Weil der Grundsatz der Verhältnismäßigkeit auch im Unionsrecht keine inhaltlichen Vorgaben für die Kontrollintensität enthält,[200] handelt es sich bei der Kontrolldichte nicht nur um eine Entscheidung richterlichen Ermessens[201] im Einzelfall,[202] sondern auch um die konkretisierte Anwendung eines bestimmen Verständnisses von Gewaltenteilung, Demokratie und Rechtsstaatlichkeit und ihrer Beziehung zueinander.[203] Aussagen über die jeweils an den Tag zu legende Kontrolldichte sind damit von Vorprägungen abhängig, die rechtskulturell und von den normativen Vorgaben einer Rechtsordnung angeleitet werden.

1. Das Beispiel Deutschland

In Deutschland ist der verwaltungs- und verfassungsgerichtliche Rechtsschutz vor allem auf das subjektiv-öffentliche Recht[204] und wegen des expansiven Verständnisses von Art. 2 Abs. 1 GG[205] damit vor allem auf den Schutz von Grundrechten ausgelegt, für deren Wahrung sich der Grundsatz der Verhältnismäßigkeit als entscheidender Maßstab herauskristallisiert hat.[206] In dieser Logik ist der Grundrechtsschutz und damit auch die Anwendung des Grundsatzes der Verhältnismäßigkeit gerade die Aufgabe der Gerichte, sodass auch eine kontrollintensive Handhabung dieses Grundsatzes naheliegt.[207] Objektiv-rechtlich flankiert

---

[198] S. nur: *B. Oreschnik*, Verhältnismäßigkeit und Kontrolldichte, 2019, S. 229.

[199] Vgl. zu alldem: Ebd., S. 229 ff.

[200] So auch, mit spezifischem Bezug auf die Kritik des BVerfG an der Verhältnismäßigkeitsrechtsprechung des EuGH: *M. Nettesheim*, NJW 2020, S. 1631, 1633.

[201] *T. von Danwitz*, in: Essays in Honour of Pernilla Lindh, 2012, S. 367, 374 f.

[202] *N. Emiliou*, The Principle of Proportionality in European Law, 1996, S. 177 ff.

[203] Ebenso mit Blick auf die Kontrolldichte der Verwaltungsgerichtsbarkeit: *S. Unger*, in: von Bogdandy/Huber/Marcusson (Hrsg.), IPE IX, 2022, § 148, Rn. 5.

[204] Wirkmächtig: *O. Bachof*, GS Walter Jellinek, 1955, S. 287 ff.; s. allg.: *U. Ramsauer*, JuS 2012, S. 769 ff.

[205] Grundlegend: BVerfGE 6, 32, 36 ff.; s. hierzu auch die Entfaltung in BVerfGE 157, 30, 131.

[206] *M. Eifert*, in: Herdegen/Masing/Poscher/Gärditz, HdB VerfR, § 18, Rn. 17 ff.

[207] S. für den Zusammenhang zwischen dem Schutz subjektiv-öffentlicher Rechte und einer hohen Kontrolldichte nur: *T. von Danwitz*, Verwaltungsrechtliches System und Europäische Integration, 1996, S. 76 f. Der Zusammenhang von grundrechtlichem Schutzauftrag und erhöhter Kontrolldichte kommt z.B. auch zum Ausdruck in: BVerfGE 45, 187, 237 f.: „Zwar ist dem Bundesverfassungsgericht der Schutz der Grundrechte gegenüber dem Gesetzgeber übertragen. Das Gericht ist daher bei seiner Prüfung nicht an die Rechtsauffassung des

wird dieser Auftrag durch eine strikte Rechts- und Verfassungsbindung aller Gewalten und dem unter dem GG deutlich konturierten Vorrang der Verfassung.[208] Dem zugrunde liegt eine bestimmte Konzeption von Demokratie und Gewaltenteilung, die in einer gerichtlichen Einhegung politischer Entscheidungen mit hoher Kontrolldichte[209] einen entscheidenden rechtsstaatlichen Mehrwert sieht.[210]

Damit ist nicht behauptet, dass deutsche Verwaltungsgerichte und das BVerfG pauschal eine hohe Kontrolldichte im Rahmen der Verhältnismäßigkeitsprüfung an den Tag legen würden.[211] So unterscheidet das BVerfG in seiner Rechtsprechung zwischen Evidenz-, Vertretbarkeits- und intensivierter Kontrolle,[212] wobei die Unterscheidung zwischen diesen Stufen vage geblieben ist[213] und Kriterien für die Anwendung der jeweiligen Stufen fehlen.[214] Es finden sich jedenfalls sowohl zurückhaltende Tendenzen[215] als auch Entscheidungen, in denen das BVerfG sich zu umfassenden eigenen Wertungsentscheidungen im Rahmen der Verhältnismäßigkeitsprüfung befähigt sah.[216] Bei der Anwendung des Grundsatzes der Verhältnismäßigkeit im Verwaltungsrecht stehen die Verwaltungsgerichte zwischen der Anforderung, einerseits das Verwaltungsermessen zu

---

Gesetzgebers gebunden. Soweit dabei jedoch Wertungen und tatsächliche Beurteilungen des Gesetzgebers von Bedeutung sind, kann sich das Gericht über sie nur hinwegsetzen, wenn sie widerlegbar sind. Allerdings erscheint es bedenklich, dass auch dann, wenn schwere Grundrechtseingriffe in Frage stehen, Unklarheiten in der Bewertung von Tatsachen zu Lasten des Grundrechtsträgers gehen sollen."; s. hierzu auch: *S. Unger*, in: von Bogdandy/Huber/Marcusson (Hrsg.), IPE IX, 2022, § 148, Rn. 16, der allerdings zu Recht darauf hinweist, dass der Zusammenhang von subjektivem Rechtsschutz und hoher Kontrolldichte rechtsvergleichend nicht zwingend ist.

[208] S. für die Entwicklungslinien in rechtsvergleichender Perspektive: *R. Wahl*, Der Staat 31 (1981), S. 485, 488 ff.

[209] Prägnant für dieses Verständnis: *P. M. Huber* in Herdegen/Masing/Poscher/Gärditz (Hrsg.), HdB VerfR, 2021, § 6, Rn. 88: „Je intensiver die gerichtliche Kontrolle ausfällt, je besser die rechtliche Einhegung der Politik gelingt, umso stärker ist auch der Rechtsstaat."

[210] Vgl. für das bundesverfassungsgerichtliche Verständnis von seiner Kontrolltätigkeit schon: BVerfGE 7, 377, 409 f.; mit rechtsvergleichender Perspektive: *S.-P. Hwang*, Verfassungsgerichtlicher Jurisdiktionsstaat?, 2005, S. 18 ff. m.w.N.

[211] Krit. an einer zu geringen Kontrolldichte in BVerfGE 159, 223, 297 ff. äußert z.B.: *K.-A. Schwarz*, NVwZ-Beilage 2022, S. 3, 4 ff.

[212] Grundlegend: BVerfGE 50, 290, 333; s. hierzu etwa: *M. Raabe*, Grundrechte und Erkenntnis, 1998, S. 389 ff.; *K. Schlaich*/*S. Korioth*, Das Bundesverfassungsgericht, 12. Aufl. 2021, Rn. 532 ff.; zur Kritik s.: *N. Petersen*, Verhältnismäßigkeit als Rationalitätskontrolle, 2015, S. 92.

[213] S. hierzu etwa: *K. Meßerschmidt*, Legisprudence 6 (2012), S. 347, 366 f.

[214] S.: *N. Petersen*, in: Kahl/Ludwigs (Hrsg.), HVwR III, 2022, § 73, Rn. 49.

[215] S. hierzu mit ausf. empirischen Belegen die i.E. übereinstimmenden Studien von: *N. Petersen*, Verhältnismäßigkeit als Rationalitätskontrolle, 2015, S. 161 ff. und *A. Lang*, AöR 145 (2020), S. 75, 122.

[216] Besonders prägnant hier z.B.: BVerfG 94, 1, 21 ff.; BVerfGE 108, 282, 303 ff.; BVerfGE 138, 296, 333 ff.; BVerfGE 153, 182, 268 ff.

achten[217] und andererseits den Grundsatz der Verhältnismäßigkeit als Ermessensschranke anzuwenden.[218] Das BVerwG führt insofern vor allem eine Evidenzkontrolle durch.[219] Gleichwohl bleibt die gerichtliche Kontrolle der Verhältnismäßigkeit schon durch die Ausrichtung auf den subjektiven Rechtsschutz Kern des gerichtlichen Aufgabenprofils. Nimmt man die in Deutschland auch rechtskulturell und historisch bedingte Skepsis gegen Verwaltungsentscheidungen hinzu, lässt sich trotz aller im Detail gebotenen Differenzierungen die gerichtliche Einhegung der anderen Gewalten durch die gerichtliche Anwendung des Grundsatzes der Verhältnismäßigkeit jedenfalls flächendeckend und umfassend beschreiben.

2. Das Beispiel Frankreich

Trotz zunehmender Subjektivierung in den letzten Jahren[220] liegen die Ausgangsbedingungen für die Festlegung einer gerichtlichen Kontrolldichte in Frankreich ganz anders.[221] Ein tiefes Misstrauen gegenüber der Justiz und die Vorstellung einer Garantie der Grundrechte durch das Parlament sind noch heute prominente Erben der französischen Revolution,[222] die dem französischen Verwaltungsrecht klassischerweise die Aufgabe zuweisen, das reibungslose Funktionieren der Verwaltung zum Wohle der Allgemeinheit durch Wahrung der Gesetzmäßigkeit der Verwaltung sicherzustellen.[223] Kontrollmaßstab war daher stets die Rechtmäßigkeit im Gegensatz zur Zweckmäßigkeit einer Maßnahme,[224] wobei dieser Trennung die Vorstellung zugrunde lag, dass Gerichte keine eigenen Beurteilungen und Abwägungen in der Sache vornehmen sollten.[225] Um den Schutz subjektiver Rechtspositionen ging es nur am Rande.[226] Zwar erodiert – maßgeb-

---

[217] *F. C. Mayer*, in: von Bogdandy/Huber/Marcusson (Hrsg.), IPE VIII, § 129, Rn. 179.

[218] *N. Petersen*, in: Kahl/Ludwigs (Hrsg.), HVwR III, § 73, Rn. 52.

[219] BVerwGE 87, 155, 166 ff.

[220] S. hierzu: *C. D. Classen*, JöR n.F. 68 (2020), S. 213, 236 ff.; *L.-A. Thio*, in: Cane/Hofmann/Ip/Lindseth (Hrsg.), The Oxford Handbook of Comparative Administrative Law, 2020, S. 721, 725 ff.

[221] Vgl. allg. auch die Gegenüberstellung bei: *C. Warin*, Individual Rights Under European Union Law, 2019, S. 43 ff.

[222] *O. Koch*, Der Grundsatz der Verhältnismäßigkeit in der Rechtsprechung des Gerichtshofs der Europäischen Gemeinschaften, 2003, S. 64 f. m.w.N.

[223] S. nur, statt vieler und monographisch: *A. Mestre*, Le Conseil d'État – Protecteur des Prérogatives de l'Administration, 1974.

[224] S. hierzu: *C. D. Classen*, Die Europäisierung der Verwaltungsgerichtsbarkeit, 1996, S. 116.

[225] Ausf.: *N. Emiliou*, The Principle of Proportionality in European Law, 1996, S. 67 ff.

[226] *J.-M. Woehrling*, NVwZ 1998, S. 462, 463; *R. Halfmann*, VerwArch 91 (2000), S. 74, 80. Als deutscher Kontrast eignen sich hier z.B.: BVerfGE 15, 275, 281 f.; BVerfGE 84, 59, 77; BVerfGE 103, 142, 156; grundlegend bereits: *G. Jellinek*, System der subjektiven öffentlichen Rechte, 2. Aufl. 1905, S. 51.

lich durch die EMRK und das Unionsrecht vorangetrieben[227] – das Dogma einer strikten Gewaltenteilung im französischen Verwaltungsrecht seit Jahrzehnten,[228] was sogar zu einem inzidenten Grundrechts- oder subjektiven Interessenschutz unter Herausbildung einer gewissen Verhältnismäßigkeitskontrolle geführt hat,[229] bei dem die gerichtliche Kontrolldichte mitunter höher ausgefallen ist.[230] Es bleibt aber in der Regel bei einer Kontrolle auf manifeste Beurteilungsfehler (*erreur manifeste d'appréciation*) und, entwickelt im Bau-, Sanktions- und Beamtenrecht, bei einem Kosten-Nutzen-Abgleich (*contrôle du bilan coût-avantage*), die beide nicht auf eine besonders enge Begrenzung verwaltungsgerichtlicher Ermessensentscheidungen hinauslaufen.[231]

Die erweiterte, grundrechtsbezogene gerichtliche Kontrolle der Gesetzgebung durch den *Conseil constitutionnel* nach Einführung der *question prioritaire de constitutionnalité*[232] hat vor allem der gerichtlichen Einhegung des Gesetzgebers zum Durchbruch verholfen und damit einen regelrechten verfassungsrechtlichen Kulturwandel herbeigeführt.[233] Vermehrt greift nun auch der *Conseil constitutionnel* auf Argumentationsfiguren der Verhältnismäßigkeit zurück.[234] Doch ist die Kontrolldichte hier auch eher noch im Fluss, wenngleich sie, bedingt durch den nunmehr klaren verfassungsrechtlichen Auftrag zu einem intensiveren Grundrechtsschutz, mittlerweile durchaus hoch ausfallen kann.[235] Sog. *actes de gouvernement*, die als politische und nicht rechtlich einzuhegende Entscheidungen begriffen werden, bleiben von einer gerichtlichen Kontrolle jedoch stets frei.[236]

---

[227] Vgl.: *D. Halberstam*, in: Albert (Hrsg.), Revolutionary Constitutionalism, 2020, S. 239, 250 ff.

[228] Vgl. etwa schon: *C. Lerche*, in: Frowein (Hrsg.), Die Kontrolldichte bei der gerichtlichen Überprüfung von Handlungen der Verwaltung, 1993, S. 1, 7 ff.; *O. Koch*, Der Grundsatz der Verhältnismäßigkeit in der Rechtsprechung des Gerichtshofs der Europäischen Gemeinschaften, 2003, S. 64 f.

[229] S. hierzu ausf.: *A. Marketou*, Local Meanings of Proportionality, 2021, S. 45 ff.

[230] Vgl. z.B. grundlegend: CE, Urt. v. 19.02.1909, N°27355, Abbé Olivier, Rec. S. 181 zur Religionsfreiheit und CE, Urt v. 19.05.1933, N° 17413 und N° 17520, Benjamin, Rec. S. 541 zur Versammlungsfreiheit; s. weiterführend etwa: *G. Braibant*, Le principe de proportionnalité, in: Mélanges offerts à Marcel Waline, Tome II, 1974, S. 297 ff.; *J.-P. Costa*, AJDA 1988, S. 434 ff.

[231] So i.E. auch: *B. Oreschnik*, Verhältnismäßigkeit und Kontrolldichte, 2019, S. 37 ff.; allg. zur Zurückhaltung der französischen Verwaltungsgerichtsbarkeit: *A. von Arnauld*, EuR 2008 – Beiheft 1, S. 41, 58 ff.

[232] *F. V. Lange*, Grundrechtsbindung des Gesetzgebers, 2010, S. 22 ff., 57 ff., 128 ff.; *Dies.*, DVBl 2008, S. 1427 ff.

[233] Vgl. nur: *L. Steltens*, Gerichtlicher Grundrechtsschutz in Frankreich, 2018, S. 94 ff.; rechtsvergleichend: *M. K. Walter*, Verfassungsprozessuale Umbrüche, 2015.

[234] Vgl. hierzu. *J.-B. Duclercq*, Nouveaux Cahiers du Conseil Constitutionnel (49) 2015, S. 121 ff.

[235] S. z.B.: CC, Entsch. v. 25.02.2022, Habib A e.a., N°2021–976/977 QPC, Rn. 11 ff.

[236] S. hierzu nur: *J. Ziller*, in: v. Bogdandy/Huber/Marcusson (Hrsg.), IPE VIII, 2019, § 130, Rn. 39.

3. *Das Beispiel USA*

Noch einmal anders liegen die Dinge in den USA. Dem *federal administrative law* liegt die Vorstellung einer gestaltenden statt einer vollziehenden Verwaltung[237] zugrunde.[238] Verwaltungsstellen sind im Allgemeinen mit einer gesetzlich nur minimal gesteuerten Entscheidungsmacht ausgestattet.[239] Eine Delegation von Normsetzungsbefugnissen an die Verwaltung ist zulässig, wenn ein *intelligible principle* Vorgaben für das Verwaltungshandeln macht[240] Die Kontrolltätigkeit der Gerichte ist auf bestimmte Fehlertatbestände im Verfahren fokussiert[241] und die Gerichte sollen die Auslegung des Fachrechts durch die *agencies*[242] wie auch die Auslegung des von diesen *agencies* gesetzten Rechts nur in engen Grenzen hinterfragen.[243] Jüngere Entwicklungen in der Rechtsprechung,[244] Früchte jah-

---

[237] Auch in Deutschland besitzt die Verwaltung politische Gestaltungsmöglichkeiten, s. nur: *G. F. Schuppert*, Verwaltungswissenschaft, 2000, S. 661 ff.; für die Ausrichtung des Rechtsschutzes gegen Verwaltungsentscheidungen prägend bleibt aber jedenfalls das Bild einer bloß gesetzesvollziehenden Verwaltung, s. zu alldem im Rechtsvergleich mit den USA: *E. Schmidt-Aßmann*, Das Verwaltungsrecht der Vereinigten Staaten von Amerika, 2021, S. 371 f.

[238] *E. Schmidt-Aßmann*, Das Verwaltungsrecht der Vereinigten Staaten von Amerika, 2021, S. 27 f., 345 ff., 371 ff.

[239] Eine gute Übersicht für ein deutsches Publikum bietet: *O. Lepsius*, Verwaltungsrecht unter dem Common Law, 1997, S. 128 ff. Vgl. für die Gründe den Überblick bei: *L. Schultz Bressman/E. L. Rubin/K. M. Stack*, The Regulatory State, 2. Aufl. 2013, S. 9 ff. und für eine politikwissenschaftliche Erklärung der Ausstattung der *agencies* mit umfassenden Entscheidungsbefugnissen: *D. Epstein/S. O'Halloran*, Cardozo Law Review 20 (1999), S. 947, 960 ff.

[240] Vgl. etwa: US Supreme Court, Urt. v. 18.01.1989, Mistretta v. U.S., 488 U.S. 361, 375 (1989); US Supreme Court, Urt. v. 20.06.2019, Gundy v. U.S., 588 U.S. __, __ (2019) (slip op. at 15 ff.); guter Überblick bei *C. Möllers*, Gewaltengliederung, 2005, S. 182 ff.

[241] Diese Fehlertatbestände können, jedenfalls nach deutscher Lesart, zwar durchaus Ermessens- und Auslegungsfehler betreffen, die gesetzlich vorgegebene Kontrolle ist aber dann meist darauf beschränkt zu kontrollieren, ob die Gesetzesanwendung „arbitrary and capricious" war, vgl. aus der Rechtsprechung insb.: US Supreme Court, Urt. v. 02.03.1971, Citizens to Preserve Overton Park, Inc. v. Volpe, 401 U.S. 402 (1971); US Supreme Court, Urt. v. 24.06.1983, Motor Vehicle Manufacturers Association of the United States, Inc., v. State Farm Mutual Automobile Insurance Co., 463 U.S. 29 (1983); US Supreme Court, Urt. v. 28.04.2009, FCC v. Fox Television Stations, Inc., 556 U.S. 502 (2009); ausf.: *E. Schmidt-Aßmann*, Das Verwaltungsrecht der Vereinigten Staaten von Amerika, 2021, 273 ff.

[242] Grundlegend: US Supreme Court, Urt. v. 24.06.1984, Chevron U.S.A. v. National Resources Defense Fund, 467 U.S. 837 (1984).

[243] Grundlegend: US Supreme Court, Urt. v. 19.02.1997, Auer v. Robbins, 519 U.S. 452 (1997).

[244] So wird z.B. *Chevron* in einigen jüngeren, einschlägigen Fällen nicht erwähnt, z.B. in: US Supreme Court, Urt. v. 15.06.2022, American Hospital Association v. Becerra, 596 U.S. __, __ (2022) (slip op. at 10); in US Supreme Court, Urt. v. 09.03.2015, Perez v. Mortage Bankers Association, 575 U.S. __, __ (2015) (slip op. at 8 ff.) und US Supreme Court, Urt. v. 26.06.2019, Kisor v. Wilkie 588 U.S. __, __ (2019) (slip op. at 4 ff.) wurde die Zurückhaltung unter *Auer* zumindest teilweise aufgegeben, s. dazu ausf.: *C. R. Sunstein/A. Vermeule*, Law & Leviathan, 2020, S. 70 ff.; in US Supreme Court, Urt. v. 30.06.2022, West Virginia v.

relanger Bemühungen der Kritiker[245] des *administrative state*[246], legen ihrer Kritik ausdrücklich ein gänzlich anderes Verständnis des Verhältnisses der Hierarchie zwischen und der Trennung von Legislative und Exekutive zu Grunde.[247] Verbunden wird dies mit einem aus deutscher Sicht rechtsstaatlichen Impuls zur gerichtlichen Durchsetzung der Steuerungsleistung des Gesetzes für die Verwaltung.[248] Ob und wie diese Denkweisen, für die es – entgegen anderslautender Behauptungen[249] – wohl keine Absicherung in einer originalistischen Verfassungsauslegung gibt,[250] zu einer Änderung der gerichtlichen Kontrolldichte führen und ob sie in einem System, das die Schwerfälligkeit des Gesetzgebungsprozesses zu einem entscheidenden Designelement zugunsten der Einhegung des Legislativgewalt gemacht hat, sachgerecht ist,[251] ist zur Zeit noch offen.

Environmental Protection Agency, 597 U.S. __, __ (2022) (slip op. at 16 ff.) wurde in Anwendung der sog. „major-questions-doctrine" sichergestellt, dass *agencies* ihre weit ausgestalteten Handlungsspielräume nicht zur Entscheidung besonders wichtiger politischer Entscheidungen nutzen (s. zu dieser Doktrin eher kritisch: *J. J. Monast*, Administrative Law Review 68 (2016), S. 445, 453 ff.; offener: *C. T. Summers*, Arkansas Law Review 74 (2021), S. 83, 95 ff.), nachdem die Möglichkeit für den Kongress umfangreiche Normsetzungsbefugnisse zu delegieren in US Supreme Court, Urt. v. 20.06.2019, Gundy v. U.S., 588 U.S. __, __ (2019) nur deshalb aufrechterhalten wurde, weil Justice *Alito* nur mit einer Mehrheit von mindestens fünf *Justices* eine Rechtsprechungsänderung gutgeheißen hätte, die es aber im zum Entscheidungszeitpunkt nur mit acht *Justices* besetzen Gericht nicht gab, sodass er trotz inhaltlichen Vorbehalten für die Beibehaltung der bisherigen Rechtsprechung stimmte, s. US Supreme Court, Urt. v. 20.06.2019, Gundy v. U.S., 588 U.S. __, __ (2019) (Alito, J., concurring in the judgment) (slip op. at 1).

[245] Grundlagen schon bei: *R. Pound*, Administrative Law: Its Growth, Procedure, and Significance, 1942, S. 132; s. aus der Literatur nur: *F. H. Buckley*, The Once and Future King, 2014, S. 235 ff.; *P. Hamburger*, Is Administrative Law Unlawful?, 2014, S. 31 ff. .

[246] Zur Konnotation des Begriffs aufschlussreich: *E. Schmidt-Aßmann*, Das Verwaltungsrecht der Vereinigten Staaten von Amerika, 2021, 348 f.

[247] Aus der Rechtsprechung besonders deutlich in: US Supreme Court, Urt. v. 20.06.2019, Gundy v. U.S., 588 U.S. __, __ (2019) (Gorsuch, J., dissenting) (slip op. at 5 ff.); US Supreme Court, Urt. v. 09.03.2015, Perez v. Mortage Bankers Association, 575 U.S. __, __ (2015) (Thomas, J., concurring in the judgment) (slip op. at 5 ff.); US Supreme Court, Urt. v. 30.06.2022, West Virginia v. Environmental Protection Agency, 597 U.S. __, __ (2022) (Gorsuch, J., concurring) (slip op. at 3 ff.); vgl. aus der Literatur: *C. Murray*, By the People: Rebuilding Liberty without Permission, 2015, S. 65 ff.

[248] So betonte schon *U. Kischel*, Administrative Law Review 46 (1997), S. 213, 240, dass zahlreiche in den USA bisher zulässige Delegationen unter dem Grundgesetz nicht zulässig gewesen wären, während z.B. sogar das Verkehrsfinanzgesetz aus BVerfGE 18, 52 in den USA wohl zulässig gewesen wäre. Die rechtsstaatlich durchaus problematischen Folgen der US-amerikanischen Herangehensweise schildert eindrücklich: *E. Schmidt-Aßmann*, Das Verwaltungsrecht der Vereinigten Staaten von Amerika, 2021, 376 ff.

[249] S. bereits: US Supreme Court, Urt. v. 27.02.2001, Whitman v. American Trucking Associations, Inc., 531 U.S. 457, 487 (2001) (Thomas, J., concurring); *L. Alexander/S. Prakash*, University of Chicago Law Review 70 (2003), S. 1297, 1310 ff.; *P. Hamburger*, Is Administrative Law Unlawful?, 2014, S. 12 f., 21 ff.

[250] Ausf. hierzu: *N. Bagley/J. Mortenson*, Columbia Law Review 121 (2021), S. 277, 289 ff.

[251] Ausf.: *J. Plebuch/S. Pielhoff*, Der Staat 61 (2022), S. 167, 198 f.

Nicht minder mit Vorverständnissen zum Verhältnis von Gewaltenteilung, Demokratie und Rechtsstaat behaftet ist die Diskussion um die gerichtliche Kontrolldichte von Legislativakten. Wenn auch der Vorrang der Verfassung sowie die Normkontrollkompetenz des US Supreme Courts und damit die moderne Verfassungsgerichtsbarkeit bereits 1803 aus der Taufe gehoben wurden,[252] ist der grundsätzlich angewandte Kontrollmaßstab der einer sog. *rational basis review*, der eine Maßnahme vor allem daraufhin überprüft, ob sie einen nachvollziehbaren Bezug zu einem legitimen Handlungsziel hat. Die *intermediate* oder *strict scrutiny*, also eine erhöhte Kontrolldichte,[253] bilden im Rahmen mancher Grundrechtsverbürgungen die begründungsbedürftige Ausnahme.[254] Dazu gesellt sich noch die *political question doctrine*, die manche Fragen ganz dem Zugriff der Gerichte entzieht.[255]

4. Konsequenzen

Schon dieser nur schlaglichtartige Überblick[256] zeigt, dass die Herangehensweise an gerichtliche Kontrolldichte je nach den Prämissen, die mitunter tiefe rechtskulturelle und systemspezifische Wurzeln aufweisen, höchst unterschiedlich ausfallen kann. Diese Erkenntnis verbietet keinesfalls, in einem bestimmten System zur Entfaltung gebrachte Überlegungen als Ressource, Impulse und Ansätze für Kritik an einem anderen Systems zu nutzen. Unbedingt bedarf es dafür aber eines kontext- und vor allem systemsensiblen Zugriffs auf die und einer kritischen Reflexion der im jeweils untersuchten System zur Anwendung gebrachten Grundannahmen, sowie der diesen Grundannahmen vorausgehenden Vorverständnissen und ihrer Radizierung. Es nützt wenig, Prägungen eines Systems zum Maßstab für Aussagen über andere Systeme zu machen, solange diese Prägungen nicht kritisch reflektiert und in den Zusammenhang des anderen Systems integriert werden.

---

[252] US Supreme Court, Urt. v. 24.02.1803, Marbury v. Madison, 5 U.S. 137 (1803).

[253] Ob der Supreme Court mittlerweile für die Meinungsäußerungsfreiheit mit „exacting scrutiny" eine Stufe zwischen „intermediate" und „strict" eingeführt hat, werden weitere Fälle zeigen müssen, s. hierzu ausf.: *A. Chemerinsky*, Tulsa Law Review 57 (2022), S. 341, 355 ff.

[254] Die Entwicklung dahin, dass nur Rechtspositionen, die als „fundamental rights" zu qualifizieren waren, eines intensiveren gerichtlichen Schutzes bedürfen und mit diesen in Konflikt geratende Gesetze einer erhöhten richterlichen Kontrolldichte unterliegen, zeichnet ausf. nach: *R. E. Barnett*, Michigan Law Review 106 (2008), S. 1479, 1481 ff., 1488 ff.

[255] S. hierzu nur grundlegend: US Supreme Court, Urt. v. 25.03.1962, Baker v. Carr, 369 U.S. 186 (1962).

[256] Vertiefte rechtsvergleichende Analyse bei: *S. Unger*, in: von Bogdandy/Huber/Marcusson (Hrsg.), IPE IX, 2022, § 148, Rn. 7 ff.

II. Gerichtliche Kontrolldichte der Verhältnismäßigkeit im Unionsrecht

Es verwundert nach dem Vorgesagten nicht, dass es gerade innerhalb der EU immer wieder zu Missverständnissen und Konflikten kommt, wenn Grundüberzeugungen vom Verhältnis von Rechtsstaatlichkeit, Demokratie und Gewaltenteilung im Rahmen der gemeinsamen Entscheidungsfindung aufeinanderprallen.[257] Das wird auch innerhalb des EuGH nicht anders sein. Aus den Unterschieden eine für alle akzeptable Vorgehensweise, aus der Vielfalt eine für eine gemeinsame Rechtsprechung nötige Einheitlichkeit, aus den mitgliedstaatlichen Prägungen Impulse für ein gemeinsames Urteil abzuleiten, ist die überaus komplizierte Aufgabe in den Beratungen des EuGH,[258] die bei sensiblen Fragen wie der Kontrolldichte eine besondere Komplexität erreicht.

Obwohl sich die Frage der Kontrolldichte in vielen Konstellationen stellen kann, sind die potenziellen Verwerfungen gerade bei der Anwendung des Grundsatzes der Verhältnismäßigkeit besonders tief. Zwar ist man sich im europäischen Vergleich im Verwaltungsrecht weitgehend einig darüber, dass die Normauslegung und -anwendung einer vollen gerichtlichen Kontrolle unterliegen, doch bestehen gewichtige Unterschiede darin, wo man die Grenze der gerichtlich durchzusetzenden Rechtsbindung und rechtlich nicht determinierten Ermessensfreiräume zieht.[259] Mitten in diesen diffusen Grenzbereich fällt aber der Grundsatz der Verhältnismäßigkeit: Das damit vorgesehene Prüfraster macht nämlich in besonderem Maße die Würdigung von Tatsachen und Prognoseentscheidungen nötig und läuft auf eine letztlich wohl nicht völlig rationalisierbare Wertungsentscheidung[260] hinaus. Die Vorstellung, dass eine gerichtliche Verhältnismäßigkeitsprüfung ohne Weiteres als Durchsetzung von Rechtsbindung zu qualifizieren wäre, mag daher im europäischen Kontext nicht per se anschlussfähig sein.

Diese Schwierigkeiten bei der Findung von gemeinsamem Recht bedeuten freilich nicht, dass auch faule Kompromisse zu akzeptieren wären. Ein solcher fauler Kompromiss ist das Vorgehen des EuGH aufgrund der Komplexität des Regelungsbereichs, aus dem eine zu kontrollierende Maßnahme stammt, die Kontrolldichte zurückzunehmen (1.). In Art. 5 Abs. 4 EUV ist allerdings aus anderen Gründen eine im Grundsatz zurückhaltende Kontrolldichte angelegt (2.). Im Einzelfall können unterschiedliche Determinanten diese Einschätzung stützen oder sie auch entkräften (3.). Die Betroffenheit mitgliedstaatlicher Interessen in einer Verhältnismäßigkeitsprüfung zählt allerdings nicht zu denjenigen

---

[257] Hierzu auch: *P. M. Huber* in Herdegen/Masing/Poscher/Gärditz (Hrsg.), HdB VerfR, 2021, § 6, Rn. 91 f., für den die dem deutschen „formell-legalistische[n] Verständnis des Rechtsstaats" auf europäischer Ebene mitunter entgegengebrachte „Verwunderung" freilich kein Anlass dafür ist, „das Insistieren auf rechtliche Vorgaben und Schranken" kritisch zu reflektieren.

[258] Formulierungen inspiriert von: *R. Lecourt*, in: FS Hans Kutscher, 1981, S. 261, 262.

[259] *S. Unger*, in: von Bogdandy/Huber/Marcusson (Hrsg.), IPE IX, 2022, § 148, Rn. 39 ff.

[260] Vgl. bereits oben, 2. Kap. B. IV.

Faktoren, die eine Erhöhung der Kontrolldichte nötig machen (4.). Die in diesem Zusammenhang als Lösung diskutierte Prozesskontrolle vermag an dieser Stelle nicht alles einzuhalten, was sie verspricht (5.).

1. Die Unterkomplexität des ‚komplexen' Regelungsbereichs

Der EuGH hat seit den 1970er Jahren[261] eine zurückgenommene Kontrolldichte bei seiner Verhältnismäßigkeitsprüfung etabliert, wenn es sich sowohl um politische als auch um wirtschaftliche und soziale, manchmal auch technische[262] Entscheidungen handelt und komplexe Beurteilungen und Prüfungen vorzunehmen sind.[263] Diese Rechtsprechungslinie ist jedenfalls nicht erkennbar auf bestimmte Sachbereiche beschränkt[264] und gilt, findet sie auch besonders oft auf den Unionsgesetzgeber Anwendung,[265] für alle Stellen der Union.[266]

Nicht nur aus einem eher deutschen Reflex gegen sachbereichsbezogene Kontrollrücknahmen, der seine Wurzeln in der Diskussion um das besondere Gewaltverhältnis haben mag, aber in Europa trotz entsprechender Tendenzen (noch) nicht anschlussfähig sein dürfte,[267] ist diesem Vorgehen mit Skepsis zu begegnen, denn in seiner Pauschalität und seiner Konturlosigkeit fällt es schnell in sich zusammen. Zunächst hat der EuGH nie näher ausgeführt, was eine Be-

[261] Grundlegend: EuGH, Urt. v. 07.02.1973, Schröder/Deutschland, Rs. 40/72, EU:C:1973:14, Rn. 14; EuGH, Urt. v. 24.10.1973, Balkan-Import-Export Rs. 5/73, EU:C:1973:109, Rn. 22.

[262] S. für leicht variierte Formeln z.B. in: EuGH, Urt. v. 13.03.2019, Polen/Parlament und Rat, C-128/17, EU:C:2019:194, Rn. 95; EuGH, Urt. v. 16.06.2015, Gauweiler u.a., C-62/14, EU:C:2015:400, Rn. 68; EuGH, Urt. v. 11.12.2018, Weiss u.a., C-493/17, EU:C:2018:1000, Rn. 73.

[263] S. nur, aus jüngerer Zeit: EuGH, Urt. v. 09.07.2020, Haswani, C-241/19 P, EU:C:2020:545, Rn. 100; EuGH, Urt. v. 08.12.2020, Polen/Parlament, C-626/18, EU:C:2020:1000, Rn. 95; EuGH, Urt. v. 08.12.2020, Ungarn/Parlament, C-620/18, EU:C:2020:1001, Rn. 112; EuGH, Urt. v. 04.02.2021, Azienda Agricola Ambrosi Nicola Giuseppe u.a., C-640/19, EU:C:2021:97, Rn. 76 f.; EuGH, Urt. v. 10.02.2022, OE, C-522/20, EU:C:2022:87, Rn. 21.

[264] S. nur, statt vieler: EuGH, Urt. v. 19.11.1998, Vereinigtes Königreich/Rat, C-150/94, EU:C:1998:547, Rn. 49; EuGH, Urt. v. 10.12.2002, British American Tobacco (Investments) Ldt., C-491/01, EU:C:2002:741, Rn. 123; EuGH, Urt. v. 10.07.2003, Kommission/EZB, C-11/00, EU:C:2003:395, Rn. 157; EuGH, Urt. v. 12.07.2005, Alliance for Natural Health u.a., verb. Rs. C-154 und 155/04, EU:C:2004:848, Rn. 52; s. hierzu auch: *T. Tridimas*, in: Schütze/Tridimas (Hrsg.), Oxford Principles of European Union Law, Vol. I: The European Union Legal Order, 2018, S. 243, 251.

[265] S. nur: EuGH, Urt. v. 10.02.2022, OE, C-522/20, EU:C:2022:87, Rn. 21; EuGH, Urt. v. 22.02.2022, Stichting Rookpreventie Jeugd, C-160/20, EU:C:2022:101, Rn. 44.

[266] So schon EuGH, Urt. v. 07.02.1973, Schröder/Deutschland, Rs. 40/72, EU:C:1973:14, Rn. 14 mit Bezug auf die Kommission; vgl. auch für die EZB: EuGH, Urt. v. 16.06.2015, Gauweiler u.a., C-62/14, EU:C:2015:400, Rn. 68; EuGH, Urt. v. 11.12.2018, Weiss u.a., C-493/17, EU:C:2018:1000, Rn. 73.

[267] S. zur Freistellung ganzer Sachbereiche von der verwaltungsgerichtlichen Kontrolle im europäischen Vergleich: *S. Unger*, in: von Bogdandy/Huber/Marcusson (Hrsg.), IPE IX, 2022, § 148, Rn. 41 ff.

urteilung oder Prüfung komplex genug macht oder unter welchen Bedingungen eine Maßnahme als politisch, wirtschaftlich und sozial zu qualifizieren ist. In Anbetracht der Großzügigkeit, mit welcher der EuGH diese Qualifizierung den unterschiedlichsten Maßnahmen angedeihen lässt, scheinen die Kriterien nicht allzu eng zu sein. Die Überlegung, dass diese Art von ausdrücklicher Rücknahme der Kontrolldichte aus Komplexitätsgründen impliziere, dass eine niedrige Kontrolldichte nur ausnahmsweise für besonders komplexe Regelungsbereiche vorgesehen sei,[268] verschleiert, dass eine inflationäre Komplexitätsannahme die Ausnahme zur Regel macht.

Darüber hinaus sind die Situationen, in denen eine höhere Kontrolldichte angewandt wird, nicht ersichtlich durch besonders einfache Sachlagen oder ihren unpolitischen Charakter geprägt: Weder stützt der EuGH seine erhöhte Kontrolldichte auf einen solchen Befund, noch hält er in allen Rechtsmaterien, die in manchen Konstellationen als besonders komplex qualifiziert wurden, wie etwa dem Agrarrecht,[269] eine niedrige Kontrolldichte durch.[270] Allgemein spielt die Komplexität des der Maßnahme zugrundeliegenden Entscheidungsvorgangs bei der Prüfung der Angemessenheit von Sanktionen,[271] im Beamtenrecht[272] oder sobald die Grundrechte aus der GRC impliziert sind,[273] keine entscheidende Rolle mehr für die Festlegung der gerichtlichen Kontrolldichte. Diese Rechtsprechungslinien haben durchaus ihre Rationalitäten, sie zeigen aber hier vor allem, dass der EuGH seinen eigenen Obersatz nicht durchhält.

---

[268] So aber: *T. von Danwitz*, in: Essays in Honor of Pernilla Lindh, 2012, S. 367, 376.

[269] S. nur, statt vieler: EuGH, Urt. v. 21.02.1979, Stölting, Rs. 138/78, EU:C:1979:46, Rn. 7; EuGH, Urt. v. 06.12.1984, Biovilac, Rs. 59/83, EU:C:1984:380, Rn. 17; EuGH, Urt. v. 09.07.1985, Bozzetti, Rs. 179/84, EU:C:1985:306, Rn. 30; EuGH, Urt. v. 11.07.1989, Schräder, Rs. 265/87, EU:C:1989:303, Rn. 22.

[270] Namentlich, wenn es um Sanktionen, Kautionssysteme und Einfuhrabgaben geht; s. hierzu und mit ausf. Nw.: *N. Emiliou*, The Principle of Proportionality in European Law, 1996, S. 206 ff.; *O. Koch*, Der Grundsatz der Verhältnismäßigkeit in der Rechtsprechung des Gerichtshofs der Europäischen Gemeinschaften, 2003, S. 325 f., 326 ff., 340 ff.

[271] S. nur: EuGH, Urt. v. 17.12.1959, Macchiorlatti Dalmas/Hohe Behörde, Rs. 1/59, EU:C:1959:29, S. 445; s. auch: EuGH, Urt. v. 14.07.1972, BASF/Kommission, Rs. 49/69, EU:C:1972:71, Rn. 38; EuGH, Urt. v. 14.07.1972, Bayer Farbenfabriken/Kommission, Rs. 51/69, EU:C:1972:72, Rn. 42; EuGH, Urt. v. 31.01.1984, IFG, Rs. 1/83, EU:C:1984:36, Rn. 10, 18; sowie aus jüngerer Zeit, statt vieler: EuGH, Urt. v. 08.07.2019, Kommission/Belgien, C-543/17, EU:C:2019:573, Rn. 83; EuGH, Urt. v. 12.09.2019, Maksimovic u.a., verb. Rs. C-64/18, C-140/18, C-146/18 und C-148/18, EU:C:2019:723, Rn. 46; EuGH, Urt. v. 16.07.2020, Kommission/Rumänien, C-549/18, EU:C:2020:563, Rn. 72; EuGH, Urt. v. 25.02.2021, Kommission/Spanien, C-658/19, EU:C:2021:138, Rn. 62. S. zu alldem ausf.: *O. Koch*, Der Grundsatz der Verhältnismäßigkeit in der Rechtsprechung des Gerichtshofs der Europäischen Gemeinschaften, 2003, S. 219 ff., 293 ff.

[272] Zurückgehend auf: EuGH, Urt. v. 19.03.1964, Schmitz, Rs. 18/63, EU:C1964:15, S. 204.

[273] S. hierzu bereits oben, 1. Kap. B. II. 3.

Auch etwas vertiefte Rechtfertigungen vermögen das vom EuGH verwendete Muster nicht zu stützen: Teilweise heißt es, dem EuGH stünde es nicht zu, solche komplexen Entscheidungen zu treffen.[274] Etwas präziser wird geäußert, der EuGH müsse seine Kontrolle zurücknehmen, wo anderen Institutionen ausdrücklich umfassende Entscheidungsbefugnisse eingeräumt wurden.[275] Hier scheinen Überlegungen zur unionalen Gewaltenteilung durch, die zwar durchaus tragfähig sein mögen, aber das Kriterium der Komplexität der zu entscheidenden Frage trotzdem nicht retten können:[276] Zunächst umfasst jede Rechtsprechungstätigkeit des EuGH notwendigerweise die Befassung entweder mit technischen und hoch komplexen Sachfragen, wie im Marken-, Wettbewerb-, Zoll-, Agrar-, oder Fischereirecht, oder aber mit politisch, sozial und wirtschaftlich höchst relevanten Fragen, wie dem Recht des Binnenmarktes, dem Migrationsrecht, der Außenhandelspolitik oder dem Umweltrecht. Soweit außerdem in der komplexitätsbezogenen Zurückhaltung des EuGH ein funktionales Verständnis der EU[277] zum Ausdruck kommen sollte, so hat diese Tendenz jedenfalls mit dem Fortschreiten der Integration und der damit einhergehenden Zurückdrängung der funktionalen Integrationslogik erheblich an Überzeugungskraft eingebüßt.[278]

2. Institutionelles Gleichgewicht und gerichtlicher Kontrollauftrag

a) Das institutionelle Gleichgewicht als unionsrechtlicher Anknüpfungspunkt der Kontrolldichtediskussion

Verwaltungs- und verfassungsgerichtliche Kontrolle kann man, wie gesehen, unterschiedlich begründen, so etwa, bei allen im Detail gebotenen Differenzierungen, in Deutschland tendenziell mit rechtsstaatlichen Erwägungen[279] oder in

---

[274] *K. Lenaerts*, in: European Central Bank (Hrsg.), Continuity and change – how the challenges of today prepare the ground for tomorrow, 2022, S. 25, 31 f.

[275] *T. von Danwitz*, in: Essays in Honor of Pernilla Lindh, 2012, S. 367, 376. Dies dürfte sowohl für vertragliche Zuweisungen gelten wie auch für sekundärrechtlich zugestandene Spielräume für die EU-Verwaltung, s.: EuGH, Urt. v. 19.12.2013, Koushkaki, C-84/12, EU:C:2013:862, Rn. 61; s. auch: *M. Wendel*, Verwaltungsermessen als Mehrebenenproblem, 2019, S. 191.

[276] Der EuGH spricht in st. Rspr. insbesondere davon, dass dem Gesetzgeber die Beurteilung der tatsächlichen Umstände wirtschaftlicher und technischer Art anvertraut worden seien, sodass der Gerichtshof seine Beurteilung nicht an die Stelle der Beurteilung durch den Gesetzgeber setzen dürfe, womit das Kriterium der thematischen Komplexität mit Fragen des institutionellen Gleichgewichts verknüpft wird, vgl.: EuGH, Urt. v. 15.10.2009, Enviro Tech (Europe) Ltd, C-425/08, EU:C:2009:635, Rn. 47; EuGH, Urt. v. 08.07.2010, Afton Chemical, C-343/09, EU:C:2010:419, Rn. 28; EuGH, Urt. v. 21.06.2018, Polen/Parlament und Rat, C-5/16, EU:C:2018:483, Rn. 150; EuGH, Urt. v. 13.03.2019, Polen/Parlament und Rat, C-128/17, EU:C:2019:194, Rn. 94 f.

[277] Prägend: *H. P. Ipsen*, Europäisches Gemeinschaftsrecht, 1972, S. 196 ff.

[278] S. hierzu nur: *A. Peters*, Elemente einer Theorie der Verfassung Europas, 2001, S. 205.

[279] Vgl. erneut: *P. M. Huber* in Herdegen/Masing/Poscher/Gärditz (Hrsg.), HdB VerfR, 2021, § 6, Rn. 88.

Frankreich vorwiegend mit Demokratievorstellungen.[280] Ebenso gibt es unterschiedliche Ansatzpunkte für Plädoyers zugunsten einer reduzierten gerichtlichen Kontrolldichte: So kann man z.B. eine hohe gerichtliche Kontrolldichte im Sinne einer *counter-majoritarian difficulty*[281] vor allem als Demokratieproblem oder im Sinne einer *gouvernement des juges*[282] primär als ein Problem der Gewaltenteilung begreifen. Wegen dieser in der Regel systemspezifischen Kontingenz der Debattenparameter soll im Folgenden herausgearbeitet werden, welche spezifisch unionsrechtlichen Ansatzpunkte für die Kontrolldichtendiskussion bestehen, um anschließend deren Potenziale und Grenzen auszuloten.

Trotz der Kritik an der ständigen Rechtsprechung des EuGH zur Begründung der Kontrolldichte mag dem darin zum Ausdruck kommenden Fokus auf die Aufgabenverteilung zwischen EuGH und den anderen Institutionen der EU[283] durchaus etwas abzugewinnen sein. Obwohl der Begriff der Gewaltenteilung im Unionsrecht bereits Verwendung gefunden hat,[284] dürfte der weiterhin vorherrschende und funktional parallele[285] Begriff des Prinzips des institutionellen Gleichgewichts[286] hier sachgerechter sein.[287] Das mit dem institutionellen Gleich-

[280] Konzise m. ausf. Nw.: *S. Unger*, in: von Bogdandy/Huber/Marcusson (Hrsg.), IPE IX, 2022, § 148, Rn. 17 f.

[281] Begriffsprägend: *A. M. Bickel*, The Least Dangerous Branch, 1962, S. 16 f.; einen umfassenden Überblick gibt: *B. Friedman*, New York University Law Review 73 (1998), S. 333 ff.; *Ders.*, Georgetown Law Review 91 (2002), S. 1 ff.,; *Ders.*, New York University Law Review 76 (2001), S. 1383 ff.; *Ders.*, University of Pennsylvania Law Review 148 (2000), S. 971 ff.; *Ders.*, Yale Law Journal 112 (2002), S. 153 ff.; s. auch: *M. Tushnet*, Michigan Law Review 94 (1995), S. 245 ff.; *Ders.*, Taking the Constitution Away from the Courts, 2000, S. 180; für Deutschland und die USA: *U. Haltern*, Verfassungsgerichtsbarkeit, Demokratie und Mißtrauen, 1998, S. 172 ff.

[282] Begriffsprägend: *E. Lambert*, Le gouvernement des juges et la lutte contre la législation sociale aux États-Unis, 1921; s. für einen rechtsphilosophischen und vergleichenden Zugriff: *M. La Torre*, in: Brondel/Foulquier/Heuschling (Hrsg.), Gouvernement des Juges et Démocracie, 2001, S. 133, 139 ff.; paradigmatisch für das klassische französische Verständnis ist der Général *de Gaulle* zugeschriebene Satz: „En France, la meilleure cour suprême, c'est le peuple!"; vgl. für Ansätze zu dieser Diskussion in Deutschland allg.: *M. Hailbronner*, Traditions and Transformations, 2015, S. 69 ff.; und insb. die Kritik bei: *E.-W. Böckenförde*, NJW 1974, S. 1529 ff.; *Ders.*, Der Staat 29 (1990), S. 1 ff., sowie: *C. Hillgruber*, JZ 2011, S. 861, 862 f.; *O. Depenheuer*, in: Hillgruber (Hrsg.), Gouvernement des juges – Fluch oder Segen?, 2014, S. 79 ff.

[283] S. hierzu auch: *K. Lenaerts*, in: European Central Bank (Hrsg.), Continuity and change – how the challenges of today prepare the ground for tomorrow, 2022, S. 25, 31.

[284] EuGH, Urt. v. 18.04.2013, Germanwings, C-413/11, EU:C:2013:246, Rn. 16.

[285] *H.-G. Dederer*, in: Hofmann/Naumann (Hrsg.), Europäische Demokratie in guter Verfassung?, 2010, S. 89, 101.

[286] S. nur für die Verwendung des Begriffs in der jüngeren Rechtsprechung: EuGH, Urt. v. 28.07.2016, Rat/Kommission, C-660/13, EU:C:2016:616, Rn. 30 ff.; EuGH, Urt. v. 04.08.2018, Kommission/Rat, C-244/17, EU:C:2018:662, Rn. 22 ff.; EuGH, Gutachten v. 06.10.2021, Übereinkommen von Istanbul, Avis 1/19, EU:C:2021:832, Rn. 235.

[287] S. hierzu nur: *U. Haltern*, Europarecht, Bd. I, 3. Aufl. 2017, S. 202.

gewicht verbundene Gebot, dass „jedes Organ seine Befugnisse unter Beachtung der Befugnisse der anderen Organe ausübt“[288] folgt aus dem heutigen Art. 13 Abs. 2 EUV[289] und ist eine Ausprägung des Prinzips der begrenzten Einzelermächtigung.[290] Die vertraglich vorgegebene Trennung der Befugnisse der Institutionen steht einer allzu starken Befugnisverschränkung im Wege.[291] Auf das Problem der Kontrolldichte gewendet würde sich in einem vom institutionellen Gleichgewicht geprägten Verständnis des Problems vor allem die Frage stellen, wie weit der EuGH innerhalb seiner Zuständigkeit „zur Wahrung des Rechts“ gem. Art. 19 Abs. 1 S. 2 EUV handelt und ab wann er durch hohe gerichtliche Kontrolldichte in die Zuständigkeitsbereiche anderer Organe übergreift. Um das zuvor skizzierte Spannungsfeld der Kontrolldichte von Demokratie, Rechtsstaat und Gewaltenteilung wieder aufzugreifen, handelt es sich hierbei um eine stark von Überlegungen zur Gewaltenteilung angeleitete Verständnisfolie, der durch das von Art. 19 Abs. 1 S. 2 EUV formulierte Aufgabenprofil des EuGH auch eine rechtsstaatliche Komponente innewohnt.

Eine stärkere Anbindung der Kontrolldichtendebatte an das unionsrechtliche Demokratieprinzip scheint hier hingegen grundsätzlich nicht geboten. Hinter der Vorstellung einer *counter-majoritarian-difficulty* steht eine prononcierte Gleichsetzung von Demokratie und Mehrheitsherrschaft, wodurch die gegenseitige Verstärkung und die wechselseitige Abhängigkeit von Rechtsstaat und Demokratie unnötig in den Hintergrund rücken.[292] Zur Beschreibung demokratischer Prozesse in der EU gibt es mittlerweile zahlreiche Angebote, von denen Überlegungen zu Konsens- und Konkordanzdemokratie[293] bzw. zum Exekutivföderalismus[294] aktuell besonders wirkmächtig scheinen. Ohne diese Debatten hier vertiefen zu wollen, legt jedenfalls der Befund zahlreicher, demokratisch unterschiedlich verantwortlicher Akteure im komplexen unionalen Rechtssetzungsprozess[295] nahe, dass Entscheidungsfindungen in der EU weit weniger von einem Gegensatz

[288] EuGH, Urt. v. 22.05.1990, Parlament/Rat, Rs. 70/88, EU:C:1990:217, Rn. 22.

[289] So etwa: *M. Hilf*, Die Organisationsstruktur der EG, 1982, S. 312 ff.; *C. Möllers*, Gewaltengliederung, 2005, S. 260 ff.; krit.: *M. Nettesheim*, in: Grabitz/Hilf/Nettesheim EUV, Art. 13, Rn. 30 ff.; *T. Läufer*, Die Organe der EG, 1990, S. 220 ff.

[290] EuGH, Urt. v. 06.05.2008, Parlament/Rat, C-133/06, EU:C:2008:257, Rn. 54 ff.; hierzu: *U. Haltern*, Europarecht, Bd. I, 3. Aufl. 2017, S. 203.

[291] S. hierzu präzise: *D. Dittert*, Europarecht, 5. Aufl. 2017, S. 29 f.

[292] Krit. auch: *P. M. Huber*, in: Herdegen/Masing/Poscher/Gärditz (Hrsg.), HdB VerfR, 2021, § 6, Rn. 88.

[293] S. hierzu etwa: *U. Haltern*, Europarecht, Bd. I, 3. Aufl. 2017, S. 558 ff.; *S. Oeter*, in: von Bogdandy/Bast (Hrsg.), Europäisches Verfassungsrecht, 2. Aufl. 2009, S. 73, 102 ff., 112 ff.; *A. von Bogdandy*, Strukturwandel des öffentlichen Rechts, 2022, S. 248 f.

[294] *P. Dann*, in: von Bogdandy/Bast (Hrsg.), Europäisches Verfassungsrecht, 2. Aufl. 2009, S. 335, 343 f., 382 ff.

[295] Für eine demokratietheoretische Rekonstruktion der Co-Gesetzgebung von Parlament und Rat s.: *J. von Achenbach*, Demokratische Gesetzgebung in der Europäischen Union, 2014, S. 327 ff.

von demokratischer Mehrheit und Minderheit geprägt sind, als dies in anderen politischen Systemen der Fall sein mag. Das bedeutet nicht, dass die Frage der gerichtlichen Kontrolldichte nicht trotzdem auch in der EU als demokratisches Problem wahrgenommen werden kann, insbesondere wenn man z.B. dem Konsens einen demokratischen Eigenwert zumisst,[296] und den EuGH als auch insoweit schwächer demokratisch legitimierte Institution wahrnimmt. Es geht aber auch dann in erster Linie eher um die adäquate Verkoppelung von Legitimation und Befugnis und damit um ein Problem der Aufgabenverteilung und des institutionellen Gleichgewichts. Für das Unionsrecht dürfte damit die Frage des institutionellen Gleichgewichts die passende Verständnisfolie sein, um Fragen der gerichtlichen Kontrolldichte so zu behandeln, dass sie den rechtlichen Bedingungen des Unionsrechtssystems gerecht werden.

b) Institutionelle Aufgabenprofile und ihre Konfliktlinien

Schon in den frühesten Tagen der Integration waren dem EuGH in Art. 33 EGKSV in dieser Hinsicht Beschränkungen seiner Aufgaben vorgegeben. Nach dieser Vorschrift war es dem EuGH nicht gestattet, „die Würdigung der aus den wirtschaftlichen Tatsachen oder Umständen sich ergebenden Gesamtlage, […] die zu den angefochtenen Entscheidungen oder Empfehlungen geführt hat" zu überprüfen. Nur bei Ermessensmissbrauch oder wenn eine Rechtsnorm „offensichtlich verkannt" worden war, konnte der EuGH nach dem Willen der Herren der Verträge eingreifen.[297] Es ist insofern bemerkenswert, dass sich insbesondere die niederländischen[298] und deutschen[299] Vorstellungen der Einrichtung eines eigenen Gerichtshofs für die EGKS entgegen der französischen Vorstellungen einer Befassung des Internationalen Gerichtshofs oder eines Schiedsorgans[300] durchsetzen konnten, gerade weil dessen Befugnisse klar begrenzt waren.[301] Aus den Entstehungsmaterialien des Art. 33 EGKSV leitete Ge-

---

[296] *A. von Bogdandy*, Strukturwandel des öffentlichen Rechts, 2022, S. 252 ff.

[297] Die Parallelen mit den hergebrachten Grundsätzen des französischen Verwaltungsrechts sind an dieser Stelle kaum zu übersehen, vgl. insoweit etwa: *T. von Danwitz*, Europäisches Verwaltungsrecht, 2008, S. 65 ff.

[298] Gecombineerde vergadering van de Commissies voor Buitenlandse Zaken en voor de Handelspolitiek v. 07.07.1950, in: Schulze/Hoeren (Hrsg.), Dokumente zum Europäischen Recht, Bd. II, 2000, S. 31.

[299] Mittagssitzung der Juristen-Kommission v. 28.06.1950, in: Schulze/Hoeren (Hrsg.), Dokumente zum Europäischen Recht, Bd. II, 2000, S. 27; Sitzung des Juristischen Sachverständigenausschusses am 14.07.1950 nachmittags im Bundesjustizministerium, in: Schulze/Hoeren (Hrsg.), Dokumente zum Europäischen Recht, Bd. II, 2000, S. 34 f.

[300] Projet d'une schéma de traité par Paul Reuter v. 16.05.1950, in: Schulze/Hoeren (Hrsg.), Dokumente zum Europäischen Recht, Bd. II, 2000, S. 7; Schéma de traité: recours contre les décisions de la Haute Autorité par Pierre Uri v. 12.06.1950, in: Schulze/Hoeren (Hrsg.), Dokumente zum Europäischen Recht, Bd. II, 2000, S. 15.

[301] Protokoll über die Zusammenkunft der deutschen Delegation mit Monnet in Houjarray v. 02.07.1950, in: Schulze/Hoeren (Hrsg.), Dokumente zum Europäischen Recht, Bd. II,

neralanwalt *Roemer* insoweit ab, dass der EuGH nicht das „oberste Willensorgan“[302] der Gemeinschaft werden sollte. Schon bei der ersten Anwendung des Art. 5 Abs. 2 EGKSV orientierte sich der EuGH an dieser Vorgabe und prüfte nur zurückhaltend die Eignung der angegriffenen Maßnahme zur Zielerreichung.[303] Die Entscheidung, ob und welche Maßnahmen erforderlich waren, wurde als die Konsequenz einer Würdigung der Marktsituation durch die Hohe Behörde angesehen.[304] Auch bei der Schaffung der EWG lässt sich das Anliegen der Vertragsparteien entnehmen, dass der EuGH ausschließlich die Rechtmäßigkeit, nie aber die Zweckmäßigkeit von Unionshandlungen kontrollieren dürfe.[305]

Eine Vorschrift wie Art. 33 EGKSV findet sich in den heutigen Verträgen nicht mehr. Art. 261 AEUV gestattet es aber den Co-Gesetzgebern, dem EuGH die Zuständigkeit für eine uneingeschränkte Ermessensprüfung von Zwangsmaßnahmen zu übertragen. Praktisch relevant ist diese Befugnis im Wettbewerbsrecht und der Verkehrspolitik.[306] Man wird aufgrund der Beschränkung dieser Vorschrift auf die Kontrolle von Zwangsmaßnahmen nicht so weit gehen können, aus ihr allein abzuleiten, dass die Verträge dem EuGH allgemein nur dann die Möglichkeit zur vollen Ermessenskontrolle der anderen Institutionen zugestehen, wenn er spezifisch dazu ermächtigt wird.[307] Jedenfalls für Zwangsmaßnahmen ergibt sich aber im Umkehrschluss, dass der EuGH in Abwesenheit einer spezifischen Ermächtigung nicht zu einer uneingeschränkten Ermessensprüfung in der Lage ist, sodass der Grundgedanke des Art. 33 EGKSV, wenn auch sach-

2000, S. 29, 40 f.; paradigmatisch: Bericht über die in Paris von den Delegationen der sechs Länder in der Zeit vom 20 Juli bis 10. August 1950 geleistete Arbeit, in: Schulze/Hoeren (Hrsg.), Dokumente zum Europäischen Recht, Bd. II, 2000, S. 47, 48: „Andererseits muss vermieden werden, dass seine Beschlüsse nicht tatsächlich zur Übertragung der Befugnisse der Hohen Behörde auf den Gerichtshof führen. Diese Gefahr lässt sich dadurch vermeiden, dass eine strenge Trennung der Befugnisse vorgenommen wird, wodurch der Gerichtshof verhindert wird, sich an die Stelle irgendeines der durch den Vertrag geschaffenen Organe zu setzen.“

[302] GA *Roemer*, Schlussanträge v. 04.02.1955 in der Rs. 6/54, Niederlande/Hohe Behörde, EU:C:1955:1, S. 244, 258 f. *Roemer* verweist auch auf zeitgenössische Literatur, die diese Kontrollrücknahme als unausweichlich billigte, vgl. ebd., S. 259.

[303] EuGH, Urt. v. 21.03.1955, Niederlande/Hohe Behörde, Rs. 6/54, EU:C:1955:5, S. 219, S. 237.

[304] Ebd., S. 235 ff.; so auch: GA *Roemer*, Schlussanträge v. 04.02.1955 in der Rs. 6/54, Niederlande/Hohe Behörde, EU:C:1955:1, S. 244, 256 ff.

[305] M. Raymond Bousquet, Ambassadeur de France en Belgique à son Excellence M. Christian Pineau; a.s. état actuel des travaux de la Conférence de Bruxelles sur le plan du Marché Commun v. 10.12.1956, in: Schulze/Hoeren (Hrsg.), Dokumente zum Europäischen Recht, Bd. II, 2000, S. 371, 372; Entwurf des Vertrags zur Gründung der Europäischen Wirtschaftsgemeinschaft v. 24.01.1957, deutsche Übersetzung, in: Schulze/Hoeren (Hrsg.), Dokumente zum Europäischen Recht, Bd. II, 2000, S. 408, 413.

[306] S. hierzu: *J. Schwarze/P. Voet van Vormizeele*, in: Schwarze AEUV, Art. 261, Rn. 5 ff.

[307] So aber: *O. Koch*, Der Grundsatz der Verhältnismäßigkeit in der Rechtsprechung des Gerichtshofs der Europäischen Gemeinschaften, 2003, S. 540 f.

lich eingeschränkt, bis heute in den Verträgen ausdrücklich festgelegt ist. Überdies bezeugt der Gründungsauftrag des EuGH, dem man eine gewisse institutionelle Prägekraft wird zusprechen können, die Vorstellung, dass Zweckmäßigkeitsentscheidungen grundsätzlich nicht zu seinem Aufgabenprofil zählen sollten.

Die Aufgabenzuweisung an den EuGH nach Art. 19 Abs. 1 S. 2 EUV, wonach der EuGH für die Wahrung des Unionsrechts zuständig ist, bestätigt aber im Grundsatz ein genuin gerichtliches Aufgabenprofil des EuGH und eben nicht das eines politischen Willensorgans.[308] Nun ist Art. 5 Abs. 4 EUV, dessen Justiziabilität weder in der Literatur noch in der Rechtsprechung erkennbar in Zweifel steht,[309] aber Teil des vom EuGH zu wahrenden Rechts, sodass bei der in diesem Artikel kodifizierten gesamtbilanzierenden, selbstständigen Verhältnismäßigkeitsprüfung das zu wahrende Recht darin besteht, die allgemeine Ausgewogenheit aller Unionsmaßnahmen sicherzustellen.

Auch wenn sich damit eine kontrollintensive Prüfung des Art. 5 Abs. 4 EUV vertretbar in die Befugnisse des EuGH einpassen lässt, entstehen gewisse Konfliktpotenziale mit den Befugnissen anderer Organe. Konkret würde dem EuGH damit aufgegeben, die Eignung einer Maßnahme zur Erreichung ihres Ziels festzustellen, zu verifizieren, dass die Summe der durch die Maßnahme herbeigeführten Belastungen niedriger ist als bei zumindest ähnlich geeigneten Maßnahmen, und schließlich zu bestimmen, ob die Vorteile der Maßnahme ihre Nachteile überwiegen. Schon die Eignung einer Maßnahme zur Erreichung ihres Ziels festzustellen, ebenso wie die Prüfung der gleichwertigen Eignung einer Alternativmaßnahme zur Zielerreichung, sind im Kern empirische Fragen, die mit umfassenden Tatsachenwürdigungen und prognostischen Unsicherheiten belastet sein können. Sogar im Rahmen der Grundrechtsverhältnismäßigkeit beim BVerfG wird aus diesen Gründen insbesondere bei der Kontrolle von Gesetzen tendenziell eine reduzierte Kontrolldichte an den Tag gelegt.[310] Die gesamtbilanzierende Prüfung verlangt in der Erforderlichkeit darüber hinaus die komplexe Abschätzung der Summe von Vor- und Nachteilen einer hinreichend geeigneten Alternativmaßnahme. Schließlich bedarf es einer Bewertung der Vorteile einer Maßnahme, sowie der durch sie herbeigeführten Nachteile und eine Abwägung zwischen diesen Effekten.

---

[308] Vgl. nur: *B. Wegener*, in: Calliess/Ruffert EUV, Art. 19, Rn. 4; mit Nachdruck: *K. Lenaerts*, in: European Central Bank (Hrsg.), Continuity and change – how the challenges of today prepare the ground for tomorrow, 2022, S. 27, 31: „Like any other court, the CJEU decides the cases brought before it in accordance with the law *and only* the law." (Hervorhebung im Original).

[309] Das betonen auch: *G. Lienbacher*, in: Schwarze EUV, Art. 5, Rn. 39; *P. M. Huber*, in Herdegen/Masing/Poscher/Gärditz (Hrsg.), HdB VerfR, 2021, § 6, Rn. 42.

[310] S. hierzu: *R. Poscher*, in: Herdegen/Masing/Poscher/Gärditz (Hrsg.), HdB VerfR, 2021, § 3, Rn. 62.

Es geht damit um die Betrachtung, Auswertung, Gewichtung und Priorisierung aller beteiligten Interessen zu einer bestimmten Frage. Bei hoher Kontrolldichte im Rahmen des Art. 5 Abs. 4 EUV müsste der EuGH eine umfassende Würdigung der Gesamtlage vornehmen und die aus dieser Gesamtwürdigung zur Erreichung eines bestimmten Ziels zu ziehenden Schlüsse selbst vorgeben. Insbesondere die Zusammenstellung und Würdigung der relevanten Gesamtlage, die Abschätzung der positiven Wirkungen einer Maßnahme, die Kalkulation der dadurch beeinträchtigten anderen Interessen und die Entscheidung, die Summe der Nachteile zur Erreichung der summierten Vorteile in Anbetracht aller Umstände hinzunehmen, sind notwendigerweise Bestandteil einer Wahrnehmung der Befugnis zur Sekundärrechtserzeugung durch Rat und Parlament sowie der umfangreichen exekutiven und gubernativen Befugnisse der Kommission, ebenso wie der aller anderer Stellen der Union im Rahmen ihrer Entscheidungsbefugnisse. Das wird auch dadurch akzentuiert, dass die Stellen der EU unter dem Schlagwort „better regulation" auf möglichst umfassender empirischer Basis und unter ausführlicher Darlegung der vorgenommenen Wertungen zu entscheiden haben.[311]

c) Vermeidung einer Maßstabsannäherung

Hierdurch kommt es zu einer erheblichen Annäherung zwischen der Aufgabe des EuGH und der von ihm am Maßstab des Art. 5 Abs. 4 EUV zu kontrollierenden Stellen der EU. Eine solche Maßstabsannäherung[312] ist nicht als solche ein Argument gegen eine gerichtliche Kontrolltätigkeit; allein die verfahrensrechtliche Einhegung und gerichtsförmige Organisation des EuGH lassen durchaus noch Unterschiede bestehen. Ebenso ändert die Maßstabsannäherung nichts am Charakter des Art. 5 Abs. 4 EUV als gem. Art. 19 Abs. 1 S. 2 EUV vom EuGH zu wahrendes Recht. Dennoch kann eine hohe Kontrolldichte im Rahmen des Art. 5 Abs. 4 EUV die Aufgabe des EuGH zur Rechtswahrung strapazieren. Zunächst wäre der EuGH durch diese Maßstabsannäherung in erheblichem Maße zur Tatsachenerhebung und Würdigung genötigt, die von einer gerichtsförmig organisierten Institution weder mit den ihr zu Verfügung stehenden Ressourcen noch mit dem dort versammelten Sachverstand[313] bewältigt werden können, so-

---

[311] Vgl. hierzu nur: Commission Staff Working Document: Better Regulation Guidelines v. 07.07.2017, SWD (2017) 350; Beschluss der Kommission v. 11.05.2020 über die Einrichtung der Plattform „Fit für die Zukunft", C 2020/2977, ABl. C 163/3.

[312] S. zum Problem der Maßstabsgleichheit mit Bezug auf das Verhältnis von Exekutive und Judikative: *C. Möllers*, Gewaltengliederung, 2005, S. 163 f.

[313] Anders als noch im Rahmen der EGKS, an deren Gerichtshof mit dem Niederländer *Petrus Serrarens* als Richter zur Repräsentation der Arbeiterschaft und dem Franzosen *Jacques Rueff* zwei Richter ohne juristische Ausbildung tätig waren (s. dazu: *V. Fritz*, Juges et avocats généraux de la Cour de Justice de l'Union européenne (1952–1972), 2018, S. 38 f., 40 f., 89 ff.), soll heutzutage die hohe juristische Befähigung durch den Ausschuss gem. Art. 255 AEUV sichergestellt werden.

dass zu klären wäre, warum dies zum Aufgabenprofil dieser Institution gehören sollte.[314] Die mit dem Kontrollauftrag des Art. 5 Abs. 4 EUV verbundenen Aufgaben sind außerdem dazu geeignet, den EuGH sehr nahe daran heranzuführen, eine ihm in Anbetracht der Umstände sachgerecht erscheinende Maßnahme vorzugeben.[315] Die ohnehin fließenden Grenzen zwischen Rechtswahrung, Rechtserzeugung und Rechtsdurchsetzung würden, entgegen Art. 19 Abs. 1 S. 2 EUV, letztlich völlig obsolet, wenn dem EuGH durch die „Wahrung“ des Art. 5 Abs. 4 EUV die Letztentscheidung über die Beurteilung der Gesamtlage wie auch die aus dieser Gesamtlage zu ziehenden Konsequenzen für die Wahrnehmung der Befugnisse der anderen Institutionen zukäme. Der EuGH würde oberstes Willensorgan der EU werden. Dies gilt umso mehr bei Politikbereichen, in denen gesicherte Erkenntnisse über die nur offenkundige Verfehlung der Verhältnismäßigkeit hinaus schon aus der Natur der Sache nicht möglich sind, wie es wohl bei der Geldpolitik der Fall ist.[316]

Zu berücksichtigen sind an dieser Stelle auch die Grenzen der rationalisierbaren gerichtlichen Abwägungsentscheidung. Wie bereits ausgeführt, scheinen intersubjektiv belastbare gerichtliche Abwägungsentscheidungen vor allem in Fällen von offensichtlicher Disproportionalität möglich, während darüber hinaus subjektive Wertungen immer stärker an Bedeutung gewinnen. Neben den Herausforderungen einer hohen gerichtlichen Kontrolldichte für die Differenzierung der Aufgabenprofile der Organe durch die gesamtbilanzierende Prüfung führt die Forderung nach einer erhöhten Kontrolldichte, jedenfalls soweit es an einem spezifischen gerichtlichen Kontrollauftrag fehlt, dazu, dass Gerichte das Terrain noch rationalisierbarer Abwägungsentscheidungen verlassen und auch damit eher in Bereiche vordringen, die tendenziell den politischen Entscheidungsorganen zuzuordnen sind.

Zwar reicht auch im Rahmen einer stärker subjektivrechtlich geprägten Verhältnismäßigkeitsprüfung wie gem. Art. 52 Abs. 1 S. 2 GRC die gerichtliche Verhältnismäßigkeitskontrolle weit in die Entscheidungssphären der anderen Institutionen hinein, doch sind die dem EuGH in dieser Situation zugestandenen

---

[314] Vgl. allg. zur funktionsgerechten Aufgabenzuweisung: *R. Schmidt*, in: Hoffmann-Riem/Schmidt-Aßmann (Hrsg.), Innovation und Flexibilität des Verwaltungshandelns, 1994, S. 67, 71 ff.; *C. Möllers*, Gewaltengliederung, 2005, S. 164. Die Absenkung der Kontrolldichte in diesen Situationen wird z.B. akzeptiert von: *W. Sauter*, Cambridge Yearbook of European Legal Studies 15 (2012/13), S. 439, 464 ff.; *H. Sauer*, GLJ 16 (2015), S. 971, 981 f.; *M. Payandeh*, European Constitutional Law Review 13 (2017), S. 400, 410; *E. Pache*, in: Frankfurter Kommentar EUV, Art. 5, Rn. 154.

[315] Dies scheut der EuGH ausdrücklich, vgl.: EuGH, Urt. v. 20.05.2014, Glatzel, C-356/12, EU:C:2014:350, Rn. 52; EuGH, Urt. v. 17.12.2015, Bitter, C-580/14, EU:C:2015:835, Rn. 24 f.; EuGH, Urt. v. 21.06.2018, Polen/Parlament und Rat, C-5/16, EU:C:2018:483, Rn. 150; EuGH, Urt. v. 13.03.2019, Polen/Parlament und Rat, C-128/17, EU:C:2019:194, Rn. 94 f.; EuGH, Urt. v. 30.04.2019, Italien/Rat, C-611/17, EU:C:2019:332, Rn. 56 f.

[316] S. hierzu die ausf. Studie von *P. Nicolaides/C. Kool*, European Law Review 46 (2021), S. 746, 752 ff.

Würdigungen und Entscheidungsspielräume wegen des spezifisch subjektivrechtlichen Fokus der Prüfung nicht so groß wie bei der gesamtbilanzierenden Prüfung. Freilich besteht auch in der Festlegung des Ausmaßes des Grundrechtseingriffs durch eine Alternativmaßnahme, einer Abwägung zwischen diesen Effekten und einer Gegenüberstellung vom Grad der Zielerreichung mit Grad der Rechtebeeinträchtigung durch eine Maßnahme ein erhebliches gerichtliches Wertungspotenzial. Im Vergleich sind aber die gerichtlichen Entscheidungsspielräume im Rahmen der gesamtbilanzierenden Prüfung durch die Abschätzung der Summe von Vor- und Nachteilen einer hinreichend geeigneten Alternativmaßnahme und der Bewertung der Vorteile einer Maßnahme sowie der durch sie herbeigeführten Nachteile deutlich weiter.

Der entscheidende Unterschied zwischen Art. 5 Abs. 4 EUV und Art. 52 Abs. 1 S. 2 GRC liegt außerdem darin, dass der rechtsstaatliche Auftrag zur Wahrung des Rechts beim Einsatz der Verhältnismäßigkeitskontrolle im Rahmen des subjektiven Rechtsschutzes ein anderer ist. Durch eine grundrechtsbezogene Verhältnismäßigkeitsprüfung verpflichtet der EuGH die von ihm zu kontrollierenden Institutionen auf das von ihm zu wahrende Recht, nämlich auf die Grundrechte aus der GRC.[317] Es kommt hier zu einer hermeneutischen Ausdifferenzierung der Grundrechtsbindung der EU.[318] Im Rahmen von Art. 5 Abs. 4 EUV kommt der Grundsatz der Verhältnismäßigkeit jedoch nicht zur Durchsetzung eines spezifisch geschützten Rechtsguts zum Einsatz, sondern für sich alleinstehend. Die Herrschaftsgewalt der kontrollierten EU-Organe würde weniger auf die Einhaltung bestimmter Regeln verpflichtet als vielmehr die ihnen zugewiesene Gewichtung und Priorisierung der in einer Entscheidung involvierten Interessen durch ein anderes, gerichtsförmig organisiertes Organ gedoppelt. Weil eine Beeinträchtigung der Aufgabenverteilung zwischen den Unionsorganen durch eine kontrollintensive Anwendung des Art. 5 Abs. 4 EUV in Folge der weitreichenden Maßstabsdoppelung erheblich, der rechtsstaatliche Mehrwert aber tendenziell gering ausfällt, liegt eine Rücknahme der Kontrolldichte auf offensichtliche Unverhältnismäßigkeiten nahe. Demgegenüber lässt sich, bei geringerer Beeinträchtigung der Aufgabenverteilung innerhalb der Union, ein größeres rechtsstaatliches Bedürfnis nach einer erhöhten Kontrolldichte beim Einsatz des Grundsatzes der Verhältnismäßigkeit zum Schutz subjektiver Rechte konstatieren. Mit diesem Befund lässt sich überdies auch erklären, warum die Kontrolldichte der Bewertung mitgliedstaatlicher Maßnahmen, welche die

---

[317] Dies führt grds. zu einer höheren Kontrolldichte, wie klargestellt in: EuGH, Urt. v. 08.04.2014, Digital Rights Ireland u.a, verb. Rs. C-293/12 und C-594/12, EU:C:2014:238, Rn. 47 f.; s. auch: *B. Oreschnik*, Verhältnismäßigkeit und Kontrolldichte, 2019, S. 230 f. Diese Überlegungen verdeutlichen einmal mehr die rechtsstaatlich äußerst unbefriedigende Handhabung der Grundrechtsverhältnismäßigkeitsprüfung durch den EuGH vor Inkrafttreten der GRC, s. zur Kritik erneut: *T. von Danwitz*, EWS 2003, S. 393, 400 f.

[318] Vgl. für das deutsche Verfassungsrecht: *R. Poscher*, in: Herdegen/Masing/Poscher/Gärditz (Hrsg.), HdB VerfR, 2021, § 3, Rn. 77 ff.

Grundfreiheiten als auch subjektive Rechtspositionen beschränken,[319] in der Tendenz höher ausfällt als die Kontrolle unionaler Maßnahmen am Maßstab von Art. 5 Abs. 4 EUV.[320]

In Art. 5 Abs. 4 EUV zumindest im Grundsatz eine zurückgenommene Kontrolldichte des EuGH angelegt zu sehen, resultiert in diesem Verständnis weder aus einer Skepsis gegenüber kontrollintensiven gerichtlichen Entscheidungen über die Verhältnismäßigkeit einer Maßnahme, noch aus dem Vorverständnis, der EuGH müsse die Entscheidungsspielräume der Union schützen, statt sie rechtsstaatlich einzuhegen,[321] oder aus einer vom EuGH selbst behaupteten eigenen Unfähigkeit, in komplexen Entscheidungsbereichen zu judizieren. Stattdessen geht es um die Grenzen dessen, was die „Wahrung des Rechts" in Abgrenzung zu den Aufgaben der anderen Institutionen bedeuten kann. Wo rechtliche Grenzen unionaler Herrschaftsgewalt normiert sind, ist es Aufgabe des EuGH, diese durchzusetzen[322] und insbesondere im Rahmen der Grundrechtsprüfung kann dies trotz aller praktischen Schwierigkeiten eine kontrollintensive Verhältnismäßigkeitsprüfung bedeuten.[323] Bei der Prüfung des Art. 5 Abs. 4 EUV

---

[319] Zur subjektivrechtlichen Qualität der Grundfreiheiten grundlegend: *T. Kingreen*, Die Struktur der Grundfreiheiten des Europäischen Gemeinschaftsrechts, 1999, S. 23 ff.

[320] Vgl. hierzu nur: *G. de Búrca*, Yearbook of European Law 13 (1993), S. 105, 114 ff.; *P. M. Huber*, in Herdegen/Masing/Poscher/Gärditz (Hrsg.), HdB VerfR, 2021, § 6, Rn. 45.

[321] So unterstellt z.B. *K. F. Gärditz*, VerfBlog v. 21.05.2020 dem EuGH ein Selbstverständnis als „Schutzpatron einer unabhängigen europäischen Verwaltung und ihrer Routinen". Auch jenseits der Kritik an der Handhabung des Verhältnismäßigkeitsgrundsatzes hält sich der Mythos eines EuGH, der kaum jemals zulasten der Union urteilt, hartnäckig. Ohne diese Diskussion hier vertiefen zu wollen, seien als anekdotische Belege dafür, dass der EuGH auch in politisch hochsensiblen Bereichen den Vorhaben der anderen Institutionen deutliche Grenzen aufzuzeigen bereit ist, nur angeführt: EuGH, Urt. v. 30.05.2006, Parlament/Rat, verb. Rs. C-317 und C-318/04, EU:C:2006:346; EuGH, Gutachten v. 30.11.2009, GATS-Abkommen, Avis 1/08, EU:C:2009:739; EuGH, Urt. v. 08.04.2014, Digital Rights Ireland u.a, verb. Rs. C-293/12 und C-594/12, EU:C:2014:238; EuGH, Gutachten v. 18.12.2014, EMRK-Beitritt II, Avis 2/13, EU:C:2014:2545; EuGH, Urt. v. 06.10.2015, Schrems, C-362/14, EU:C:2015:650; EuGH, Gutachten v. 26.07.2017, PNR-Kanada, Avis 1/15, EU:C:2017:592; EuG, Urt. v. 15.07.2020, Irland/Kommission, verb. Rs. T-778/16 und T-892/16, EU:T:2020:338, EuGH, Urt. v. 16.07.2020, Schrems und Facebook Ireland, C-311/18, EU:C:2020:559; EuGH, Urt. v. 02.09.2021, Kommission/Rat, C-180/20, EU:C:2021:658; EuGH, Urt. v. 21.06.2022, Ligue des droit humains, C-817/19, EU:C:2022:491.

[322] Einen Überblick über vielfältige Anwendungsbereiche des Rechtsstaatsgedankens in der Rechtsprechung des EuGH liefert: *T. von Danwitz*, Fordham International Law Journal 37 (2014), S. 1311, 1314 ff., 1322 ff.

[323] Insofern gilt auch im Unionsrecht, was das BVerfG so wirkmächtig bereits im *Apothekenurteil* gegen die Einwände vorgebracht hatte, eine kontrollintensive Verhältnismäßigkeitsprüfung führe das Gericht an die Grenzen seiner Befugnisse: „Dem Gericht ist der Schutz der Grundrechte gegenüber dem Gesetzgeber übertragen. Wenn sich aus der Auslegung eines Grundrechts Grenzen für den Gesetzgeber ergeben, muss das Gericht ihre Einhaltung überwachen können; es darf sich dieser Aufgabe nicht entziehen, wenn anders es nicht die Grundrechte praktisch zum guten Teil entwerten und seiner ihm vom Grundgesetz zugewiesene Funktion ihren eigentlichen Sinn nehmen will.", BVerfGE 7, 377, 410.

den pauschalen Vorwurf einer unzureichenden Kontrolle zu erheben, setzt aber die Praxis der deutschen, grundrechtsbezogenen Verhältnismäßigkeitstradition absolut und macht sie auch jenseits des Grundrechtsschutzes zum Vorbild für das Unionsrecht. Gleichzeitig werden damit die historisch bedingte Eigenheit der vom EuGH durchgeführten Prüfung und ihre Rückwirkungen auf das institutionelle Gleichgewicht der EU ausgeblendet.

3. Determinanten der Kontrolldichte

Natürlich ist eine Rückführung der Kontrolltätigkeit des EuGH in Anwendung des Art. 5 Abs. 4 EUV auf die „Wahrung des Rechts" nicht trivial und Abgrenzungen sind im Zweifelsfall schwierig. Der Konturierung dieser Grenzen ist sicherlich nicht mit Plattitüden geholfen, wonach „Politik zu treiben"[324] nicht Sache der Gerichte sei, sondern es bedarf der Suche nach Unterscheidungsmerkmalen zu gesetzgeberischen und exekutiven Entscheidungen, die als Negativfolie der gerichtlichen Entscheidung den „Charakter einer Rechtsentscheidung"[325] geben.

Gerade aus einer für das institutionelle Gleichgewicht sensibilisierten Perspektive heraus lassen sich hierfür Kriterien entwickeln, die der Festlegung der Kontrolldichte bei der Anwendung von Art. 5 Abs. 4 EUV im Einzelfall dienen können, weil diese Perspektive vor allem auf einen jeweiligen Eigenbestand institutioneller Aufgabenprofile achtet. Diese Kriterien können eine zurückgenommene Kontrolldichte präziser begründen als der EuGH es bisher tut und auch für eine fallbezogene Erhöhung der Kontrolldichte streiten. Sie sind auch nicht abschließend oder exklusiv zueinander zu verstehen, sondern sollen lediglich illustrieren, welche für den Art. 5 Abs. 4 EUV adäquaten Parameter bei der einzelfallbezogenen Festlegung der Kontrolldichte sinnvoll berücksichtigt werden könnten.

a) Ausmaß der Aufgabendopplung

Primär entscheidender Gradmesser für die Festlegung der Kontrolldichte im Einzelfall ist nach dem Vorgesagten das Ausmaß der tatsächlichen Doppelung der Aufgabenprofile von EuGH und den zu kontrollierenden Institutionen durch den gesamtbilanzierenden Ansatz. In der klassischen Konstellation der gesamtbilanzierenden Prüfung im Rahmen eines multipolaren Belastung- und Vorteilsgeflechts ist von einer erheblichen Aufgabendopplung auszugehen. Bereits in dieser Arbeit erwähnte Beispiele für solche Situationen aus jüngerer Zeit sind die Rechtssachen *Gauweiler*[326], *Weiss*[327], *Pesce*,[328] die Urteile zur quotierten Vertei-

[324] So: BVerfGE 36, 1, 14.

[325] *F. Ossenbühl*, in: Badura/Scholz (Hrsg.), Verfassungsgerichtsbarkeit und Gesetzgebung, 1998, S. 75, 87.

[326] EuGH, Urt. v. 16.06.2015, Gauweiler u.a., C-62/14, EU:C:2015:400.

[327] EuGH, Urt. v. 11.12.2018, Weiss u.a., C-493/17, EU:C:2018:1000.

[328] EuGH, Urt. v. 09.06.2016, Pesce u.a., verb. Rs. C-78/16 und C-79/16, EU:C:2016:428.

lung von Geflüchteten[329], zur Luftschadstoffrichtlinie[330] oder zur Flughafenentgeltrichtlinie.[331] Jedenfalls sollte aber verifiziert werden, ob im Einzelfall das, was eine hohe Kontrolldichte im Rahmen des Art. 5 Abs. 4 EUV vom EuGH verlangen würde, tatsächlich dazu führen müsste, dass der EuGH die Beurteilung von Tatsachen und die aus ihnen zu ziehenden Schlüsse in Form von konkreten Entscheidungen der anderen Institutionen durch seine eigenen ersetzen müsste, ohne dass seine Prüfperspektive von einem spezifischen Kontrollauftrag geprägt wäre.

Es sind nämlich Konstellationen denkbar, in denen die Funktionsdopplung durch eine hohe Kontrolldichte im Rahmen des Art. 5 Abs. 4 EUV etwas weniger stark ausfällt. Gerade wenn von der fraglichen Maßnahme nur ein Interesse betroffen ist, wandelt sich die Ausgewogenheitsprüfung aus Art. 5 Abs. 4 EUV automatisch in eine Zumutbarkeitsprüfung. Schon in Folge der Fallkonstellation nimmt der EuGH dann in Anwendung des Art. 5 Abs. 4 EUV eine Schutzfunktion für das betroffene Individualinteresse wahr, die jedenfalls nicht primär dem Aufgabenprofil der anderen Institutionen entspricht. Zu denken ist hier z.B. an individuelle Beschlüsse,[332] finanzielle Sanktionen und Fälle aus dem Beamtenrecht. Eine solche Unterscheidung findet auch Rückhalt in der Rechtsprechung, die seit jeher bei der alleinigen oder jedenfalls überwiegenden Betroffenheit von spezifischen Individualinteressen eine höhere Kontrolldichte an den Tag gelegt hat.[333] Dies müsste auch für Fälle gelten, in denen allein ein mitgliedstaatliches Interesse betroffen ist.

b) Garantien institutioneller Unabhängigkeit und spezifische Aufgabenzuweisungen

Aus Sicht des institutionellen Gleichgewichts und zur Vermeidung einer Aufgabendopplung spielen auch spezifische Aufgabenzuweisungen und die Garantie von institutioneller Unabhängigkeit bestimmter Stellen der EU eine Rolle. Je klarer umrissen eine Aufgabenzuweisung an eine Stelle der Union ist, desto deutlicher ergibt sich im Umkehrschluss aus Sicht des institutionellen Gleichgewichts, welche Entscheidungen der EuGH im Rahmen der Verhältnismäßigkeitsprüfung nach Art. 5 Abs. 4 EUV nicht treffen darf, um das institutionelle Gleichgewicht zu wahren. Je weniger präzise hingegen eine spezifische Aufgabenzuweisung an die Institutionen ausfällt, desto weniger eindeutig wird sich eine Maßstabsdopplung durch die gesamtbilanzierende Verhältnismäßigkeitskontrolle des EuGH feststellen lassen, sodass eine erhöhte Kontrolldichte möglich wird.

---

[329] EuGH, Urt. v. 06.08.2016, Slowakei und Ungarn/Rat, verb. Rs. C-643/15 und C-647/15, EU:C:2017:631.

[330] EuGH, Urt. v. 13.03.2019, Polen/Parlament und Rat, C-128/17, EU:C:2019:194.

[331] EuGH, Urt. v. 12.05.2011, Luxemburg/Parlament und Rat, C-176/09, EU:C:2011:290.

[332] I.E. ebenso: *G. Lienbacher*, in: Schwarze EUV, Art. 5, Rn. 41.

[333] S. zu alldem ausf.: *O. Koch*, Der Grundsatz der Verhältnismäßigkeit in der Rechtsprechung des Gerichtshofs der Europäischen Gemeinschaften, 2003, S. 219 ff., 293 ff.

Damit verbunden sind auch spezifische Verbürgungen der Unabhängigkeit von Institutionen: Wenn schon die politische und institutionelle Unabhängigkeit für bestimmte Politikbereiche gewährleistet wird, ist erst recht davon auszugehen, dass der EuGH die dergestalt abgeschirmte, inhaltliche Arbeit nicht übernehmen sollte. Zu denken ist hier insbesondere an die vertraglich garantierte Unabhängigkeit der Europäischen Zentralbank und der Europäischen Investitionsbank, sowie an die zahlreichen Ausschüsse, Agenturen und anderweitigen Gremien, die in weitem Umfang selbstständig tätig werden, gleichzeitig aber bedeutende Entscheidungsbefugnisse innehaben.[334]

Hierzu ist zunächst darauf hinzuweisen, dass sowohl primär- als auch sekundärrechtliche Zuweisungen diese Zurückhaltung begründen können. Die Einhegung von sekundärrechtlichen Aufgaben- und Unabhängigkeitszuweisungen, wie sie insbesondere für die Agenturen der EU vorgenommen werden, findet im Unionsrecht zunächst über die Grenzen der Delegationsbefugnisse statt. Zurückgehend auf die *Meroni*-Entscheidung[335] hat der Gerichtshof insbesondere für die delegierte Rechtssetzung eine Art Wesentlichkeitsdoktrin geschaffen.[336] Die Verlagerung der politischen Entscheidungsverantwortung auf solche Stellen ist unzulässig.[337] Werden diese Grenzen aber eingehalten, so ist die damit zum Ausdruck kommende Entscheidungsbefugnis nach Maßgabe des institutionellen Gleichgewichts ebenso zu respektieren wie entsprechende primärrechtliche Vorgaben, was gemäß dem Vorgesagten Auswirkungen auf die Kontrolldichte im Rahmen der Verhältnismäßigkeit haben sollte.

Mit alldem ist ausdrücklich nicht gesagt, dass eine gerichtliche Kontrolle in solchen Zusammenhängen ausfallen sollte. Die dem EuGH garantierte richterliche Unabhängigkeit dient ja auch gerade der Wahrnehmung dieser spezifisch gerichtlichen Aufgabe der Rechtswahrung. Eine gerichtliche Kontrolle dieser Stellen nach Maßgabe der auf sie anwendbaren Regeln bleibt selbstverständlich.[338] Das gilt auch und gerade für ihre Zuständigkeitsgrenzen.[339] Allerdings dient die Prüfung der Verhältnismäßigkeit nach Art. 5 Abs. 4 EUV eben nicht der Abgrenzung von Zuständigkeiten und birgt auch als Maßstab für die Einhegung der Entscheidungsgewalt unabhängiger und mit spezifischen Aufgaben ausgestatteter Stellen, wie bereits dargelegt, erhebliche Probleme für das institutionelle

[334] S. hierzu nur: *W. Kluth*, in: Schulze/Janssen/Kadelbach, Europarecht, 4. Aufl. 2020, § 5, Rn. 25.

[335] Grundlegend: EuGH, Urt. v. 13.06.1958, Meroni/Hohe Behörde, Rs. 9/56, EU:C:1958:7, S. 39 ff.

[336] Vgl. nur die Leitentscheidung EuGH, Urt. v. 05.09.2012, Parlament/Kommission, C-355/10, EU:C:2012:516, Rn. 64 ff. m. ausf. Nw.

[337] Prägnant: EuGH, Urt. v. 22.01.2014, Vereinigtes Königreich/Rat und Parlament, C-270/12, EU:C:2014:18, Rn. 42.

[338] In diesem Sinne: Ebd., Rn. 50 ff.; EuGH, Urt. v. 16.06.2015, Gauweiler u.a., C-62/14, EU:C:2015:400, Rn. 41.

[339] S. hierzu mit Bezug auf die EZB: BVerfGE 142, 123, 220 ff., s. aber auch: EuGH, Urt. v. 16.06.2015, Gauweiler u.a., C-62/14, EU:C:2015:400, Rn. 41.

Gleichgewicht und strapaziert die Befugnisgrenzen des EuGH, ohne einen erkennbaren rechtsstaatlichen Mehrwert herbeizuführen.

Um in diesen Konstellationen trotzdem eine besondere Notwendigkeit für eine erhöhte Kontrolldichte im Rahmen der Verhältnismäßigkeit zu belegen, könnte man die Überlegungen des BVerfG zur Kompensation demokratischer „Einflussknicke“[340] durch gerichtliche Kontrolle[341] übernehmen und damit gestützt auf das Demokratieprinzip ein strengeres Kontrollregime etablieren. Das BVerfG überträgt die z.B. für die Situation der verwaltungsrechtlichen Beleihung unter dem Grundgesetz entwickelte Idee,[342] ein Weniger an persönlicher Legitimation mangels politischer Weisungsabhängigkeit könne durch ein Mehr an sachlicher Legitimation und prozeduraler Einhegung aufgefangen werden, in einen unionsrechtlichen Kontext.

Die diesen Überlegungen zugrundeliegenden Homogenitätsvorstellungen als Voraussetzungen für eine funktionierende Demokratie,[343] die Vorstellung eines vor allem verfassungsgerichtlich propagierten nationalen Legitimationsmonismus für die EU,[344] die ohnehin vielfältigen Unzulänglichkeiten des deutschen Legitimationskettenmodells,[345] dessen aus dem Grundgesetz kaum ableitbare Übertragung auf die EU[346] sowie seine unzureichende Anschlussfähigkeit an das politische System der EU[347] sind an anderer Stelle ausführlich kritisiert worden, sodass es hier keiner Wiederholung dieser Einwände bedarf. Konkret auf die Verhältnismäßigkeit aus Art. 5 Abs. 4 EUV bezogen sind jedenfalls Zweifel an-

---

340 Vgl. hierzu nur: BVerfGE 151, 202, 292 m. ausf. Nw.; s. insb. auch: *G. Hermes*, in: Bauer/Huber/Sommermann (Hrsg.), Demokratie in Europa, 2005, S. 457, 474 ff.

341 So grundlegend: BVerfGE 142, 123, 220 f.; BVerfGE 151, 202, 293 f.; *P. M. Huber*, in: Herdegen/Masing/Poscher/Gärditz (Hrsg.), HdB VerfR, 2021, § 6, Rn. 89.

342 S. nur: BVerfGE 17, 371, 377 ff.; BVerfGE 130, 76, 123 ff.; vgl. hierzu: *C. Möllers*, in: Herdegen/Masing/Poscher/Gärditz (Hrsg.), HdB VerfR, 2021, § 5, Rn. 42.

343 Prononciert: BVerfGE 83, 37, 50 f.; BVerfGE 89, 155, 182, 184 ff.; *E.-W. Böckenförde*, in: Isensee/Kirchhof (Hrsg.), HdB StR II, 3. Aufl. 2004, § 24, Rn. 58 ff.; *U. Di Fablo*, Der Staat 32 (1993), S. 191, 202 ff.; krit. schon: *W. Schmidt*, AöR 87 (1962), S. 253, 293 f.; *G. Lübbe-Wolff*, ZAR 2007, S. 121 ff.; *S. Oeter*, in: von Bogdandy/Bast (Hrsg.), Europäisches Verfassungsrecht, 2. Aufl. 2009, S. 73, 99 ff.; *C. Schönberger*, AöR 129 (2004), S. 81, 95 ff.

344 BVerfGE 89, 155, 184 ff.; BVerfGE 123, 267, 370 ff.; zur Rechtsprechung: *H. Sauer*, Staatsrecht III, 7. Aufl. 2022, S. 212 f.; krit.: *C. Schönberger*, Der Staat 48 (2009), S. 535, 543 f., 551 ff.; *A. von Bogdandy*, NJW 2010, S. 1, 2 f.

345 Vgl. nur die unterschiedlichen Facetten bei: *C. Möllers*, in: Herdegen/Masing/Poscher/Gärditz (Hrsg.), HdB VerfR, 2021, § 5, Rn. 43; *Ders.*, Gewaltengliederung, 2005, S. 35 f.; *Ders.*, AöR 132 (2007), S. 493, 552; *T. Blanke*, KritJ 31 (1998), S. 452, 458.

346 S. nur: *H. Sauer*, Der Staat 58 (2019), S. 7, 15; *C. Möllers*, Staat als Argument, 2. Aufl. 2011, S. 408 f.; *Ders.*, in: Herdegen/Masing/Poscher/Gärditz (Hrsg.), HdB VerfR, 2021, § 5, Rn. 31 f.; *B.-O. Bryde*, Staatswissenschaft und Staatspraxis 5 (1994), S. 305, 320 f.

347 Vgl. nur: *S. Oeter*, in: von Bogdandy/Bast (Hrsg.), Europäisches Verfassungsrecht, 2. Aufl. 2009, S. 73, 97 ff.; *C. Schönberger*, AöR 129 (2004), S. 81 ff.; allgemeiner auch: *A. Peters*, Elemente einer Theorie der Verfassung Europas, 2001, S. 580 ff.; *U. Schliesky*, Souveränität und Legitimität von Herrschaftsgewalt, 2004, S. 659 ff.

gebracht, ob mit einer Intensivierung der Verhältnismäßigkeitskontrolle überhaupt, selbst wenn man sachliche Legitimation mittels Dichte der Rechtsbindung für steigerungsfähig hielte,[348] eine erhöhte sachliche Legitimation erreichbar wäre. Nach tradierter Auffassung ergibt sich sachliche Legitimation daraus, dass durch die Einhaltung der durch demokratische Willensbildung zustande gekommenen Regeln die Rückführung auf den Willen des Legitimationssubjektes geleistet wird.[349] Die von den Herren der Verträge in Art. 5 Abs. 4 EUV geformte Regel der für sich allein stehenden, gesamtbilanzierenden Verhältnismäßigkeit sorgt aber, wie dargelegt, bei hoher gerichtlicher Kontrolldichte nicht für eine regelgebundene Einhegung der Herrschaftsgewalt, sondern für eine Verlagerung der Aufgabenwahrnehmung auf den EuGH. Zugespitzt könnte man sagen, dass durch diese Art der Kontrolle die Herrschaftsausübung einer funktional auf spezifische Aufgaben zugeschnittenen Stelle nun in weitem Umfang von einer hierfür funktional deutlich schlechter befähigten, personal nicht besonders ausgeprägt demokratisch legitimierten und am äußersten Rande ihrer Befugnis zur Rechtswahrung operierenden Stelle übernommen würde. Weil mit der Verhältnismäßigkeit aus Art. 5 Abs. 4 EUV keine spezifische Rechtsbindung durchgesetzt wird, fällt jede kompensatorische sachliche Legitimation durch striktere Rechtsbindung, so man sie denn überhaupt für möglich hält, aus.

Ob allerdings auch der EuGH in seiner Rechtsprechung einen solchen kompensatorischen Ansatz für unabhängige Verwaltungsstellen etabliert hat, ist nicht völlig klar. Zwar hat er das Demokratieprinzip zur Auslegung von Sekundärrecht in Bezug auf unabhängige Verwaltungseinheiten herangezogen und in diesem Zusammenhang auch davon gesprochen, dass solche Stellen an das Gesetz gebunden und richterlicher Kontrolle unterworfen seien.[350] Doch stellte er damit vor allem fest, dass die Existenz gerichtlich kontrollierter unabhängiger Verwaltungsstellen kein Verstoß gegen das unionale Demokratieprinzip darstellte und griff insbesondere die im konkreten Verfahren von Deutschland angeregte, kompensatorisch angelegte striktere gerichtliche Kontrolltätigkeit gerade nicht auf.[351] Der EuGH verband zwar abgesenkte parlamentarische Einflussmöglichkeiten mit dem Erfordernis der Rechtsbindung, sprach aber an keiner Stelle davon, dass diese Rechtsbindung mittels besonders akzentuierter gerichtlicher Kontrolldichte durchzusetzen sei. Gerade weil der EuGH nicht von der geringeren parlamentarischen Einflussnahme auf eine verstärkte Kontrolldichte schloss, ist in der Rechtsprechung ein Zusammenhang von Demokratie und gerichtlicher Kontrolldichte nur in äußerst begrenztem Umfang angelegt.

---

[348] Hierzu krit.: *C. Möllers*, in: Herdegen/Masing/Poscher/Gärditz (Hrsg.), HdB VerfR, 2021, § 5, Rn. 38.

[349] S. nur: BVerfGE 83, 60, 71 f.; BVerfGE 93, 37, 66 f.; BVerfGE 151, 202, 291; statt vieler: *E.-W. Böckenförde*, in: Isensee/Kirchhof (Hrsg.), HdB StR II, 3. Aufl. 2004, § 24, Rn. 21; *B. Grzezick*, in: Dürig/Herzog/Scholz GG, Art. 20, Rn. 122.

[350] Grundlegend: EuGH, Urt. v. 09.03.2010, Kommission/Deutschland, C-518/07, EU:C:2010:125, Rn. 41 f.

[351] Ebd., Rn. 40 und 42 f.

Mit alldem ist noch nichts darüber gesagt, ob die alternativen Legitimationsmechanismen für die zahlreichen selbstständigen Stellen der EU in der Lage sind, legitimatorische Probleme zu beseitigen,[352] bzw. wie die gerichtliche Kontrolle solcher Stellen der EU im Allgemeinen auszusehen hat. Legitimatorische Defizite sollen insofern nicht kleingeredet werden. Es geht an dieser Stelle allein darum darzulegen, dass sich die institutionelle Unabhängigkeit nicht gut für die Begründung einer hohen Kontrolldichte im Rahmen des Art. 5 Abs. 4 EUV eignet. Eine erhöhte gerichtliche Kontrolldichte im Rahmen des Art. 5 Abs. 4 EUV ist, mit anderen Worten, nicht die Lösung der von unabhängigen Unionsstellen aufgeworfenen Probleme.

Damit bleibt es bei dem Befund, dass eine niedrige Kontrolldichte im Rahmen der Prüfung des Art. 5 Abs. 4 EUV dort sachgerecht ist, wo es um die Ausgewogenheit von Entscheidungen geht, zu denen eine bestimmte Stelle der EU konkret in den Verträgen ermächtigt wurde und umso mehr, wo ihr hierfür eine institutionelle Unabhängigkeit zugesichert wurde. Je pauschaler die Aufgabenzuweisung der Verträge hingegen ausfällt, desto geringer ist die Gefahr einer Aufgabendopplung durch eine kontrollintensive gerichtliche Handhabung der gesamtbilanzierenden Prüfung durch den EuGH

c) Völkerrechtliche Einflüsse

Schließlich wäre es denkbar, die Kontrolldichte im Rahmen der Verhältnismäßigkeitskontrolle aufgrund des völkerrechtlichen Kontextes der Sachlage zu variieren. Hier lassen sich zwei Konstellationen unterscheiden. Zunächst geht es um die Überprüfung der Verhältnismäßigkeit eines völkerrechtlichen Abkommens selbst am Maßstab des Art. 5 Abs. 4 EUV. In einer solchen Konstellation, allerdings im Zuge der Prüfung der Grundrechtskonformität, hatte GA *Mengozzi* angedacht, dass die völkerrechtlichen Entscheidungsbedingungen Rückwirkungen auf die grundrechtliche Verhältnismäßigkeitsprüfung des sog. PNR-Abkommens mit Kanada haben könnten.[353] Eine andere denkbare Konstellation ist die Rücknahme der Kontrolldichte im Rahmen der Prüfung einer Unionsmaßnahme, die aufgrund völkerrechtlicher Verpflichtungen der EU erlassen wurde, am Maßstab des Art. 5 Abs. 4 EUV.

Wie bereits ausgeführt, sind auch von der EU geschlossene völkerrechtliche Abkommen der EU am Maßstab des Art. 5 Abs. 4 EUV auf ihre allgemeine Verhältnismäßigkeit hin zu beurteilen. Gerade weil diese Abkommen unmittelbar Bestandteil der Rechtsordnung der EU werden und sie damit den anderen

[352] Vgl. z.B.: *W. Kluth*, in: Schulze/Janssen/Kadelbach (Hrsg.), Europarecht, 4. Aufl. 2020, § 5, Rn. 26; s. weiterführend: *T. Groß*, Die Legitimation der polyzentralen EU-Verwaltung, 2015, 87 ff.; *E. Westermann*, Legitimation im europäischen Regulierungsverbund, 2017, S. 349 ff.

[353] GA *Mengozzi*, Schlussanträge v. 08.09.2016 im Gutachtenverfahren 1/15, PNR-Kanada, EU:C:2016:656, Rn. 175.

Maßnahmen der EU gleichgestellt sind, sieht der Vertrag das Gutachtenverfahren nach Art. 218 Abs. 11 AEUV zur Vermeidung von Verwerfungen durch eine nachträglich erklärte Primärrechtswidrigkeit des Abkommens vor[354] und sichert damit die Einhaltung primärrechtlicher Vorgaben auch beim Handeln der EU auf internationalem Parkett.[355] Das Gutachtenverfahren ist damit die gerichtsverfassungsrechtliche Reaktion auf die vollständige Inkorporation der von der EU geschlossenen Abkommen in das Unionsrecht und sichert den Rechtswahrungsauftrag des EuGH trotz der völkerrechtlichen Provenienz der Maßnahme.[356] Die Kontrolldichte bei der Prüfung eines völkerrechtlichen Abkommens auf seine Vereinbarkeit mit Art. 5 Abs. 4 EUV speziell aus diesem Grunde abzusenken, würde diese primärrechtliche Sicherung des Kontrollauftrags des EuGH konterkarieren. Findet diese Prüfung erst *ex post* statt, bleibt der Kontrollauftrag des EuGH weiterhin bestehen, obgleich die drohenden völkerrechtlichen Schwierigkeiten hier für eine völkerrechtsfreundliche Handhabung des Unionsrechts streiten. Dies sollte aber eher zur vorübergehenden Aufrechterhaltung der Wirkung des Ratsbeschlusses nach Art. 218 Abs. 2 AEUV gem. Art. 264 Abs. 2 AEUV führen[357] als zur pauschalen Absenkung der Kontrolldichte. Unbenommen bleibt es dem EuGH, hierbei aus anderen Gründen des institutionellen Gleichgewichts eine niedrige Kontrolldichte zu veranschlagen.

Zu unterscheiden ist diese Konstellation von der Überprüfung von Maßnahmen der EU, die auf Grund von völkerrechtlichen Verpflichtungen der EU vorgenommen wurden, auf ihre Verhältnismäßigkeit nach Art. 5 Abs. 4 EUV. Denkbar wäre hier, Art. 5 Abs. 4 EUV in völkerrechtsfreundlicher Manier mit deutlich zurückgenommener Kontrolldichte zu handhaben, um einen Konflikt mit den völkerrechtlichen Verpflichtungen der EU zu vermeiden. Hierbei geht es nicht um die Situation, in der die Völkerrechtskonformität des Sekundärrechts fraglich ist, denn weil die völkerrechtlichen Übereinkünfte der EU in einem Zwischenrang zwischen Primär- und Sekundärrecht stehen, kann der Völkerrechtsverstoß zur Ungültigkeit des fraglichen Unionsrechtsakts führen.[358] Vielmehr geht es um die Konstellation, dass in Übereinstimmung mit den völkerrechtlichen Verpflichtungen der EU eine Maßnahme ergeht, deren Ausgewogenheit nach dem Maßstab des Art. 5 Abs. 4 EUV in Frage steht.

---

[354] S. nur: EuGH, Gutachten v. 18.12.2014, EMRK II, Avis 2/13, EU:C:2014:2454, Rn. 145 f.; EuGH, Gutachten v. 26.07.2017, PNR-Kanada, Avis 1/15, EU:C:2017:592, Rn. 69.

[355] *R. Mögele*, in: Streinz AEUV, Art. 218, Rn. 44.

[356] In diesem Sinne auch: *T. Giegerich*, in: Frankfurter Kommentar AEUV, Art. 218, Rn. 215.

[357] So etwa in: EuGH, Urt. v. 07.03.1996, Parlament/Rat, C-360/93, EU:C:1996:84, Rn. 35; EuGH, Urt. v. 11.09.2003, Kommission/Rat, C-211/01, EU:C:2003:452, Rn. 54 ff.; EuGH, Urt. v. 30.05.2006, Parlament/Rat, verb. Rs. C-317/04 und C-318/04, EU:C:2006:346, Rn. 73 f.

[358] S. hierzu: EuGH, Urt. v. 21.12.2011, Air Transport Association of America, C-366/10, EU:C:2011:864, Rn. 50.

Gegen eine Absenkung der Kontrolldichte in dieser Konstellation spricht zunächst die sog. *Kadi*-Rechtsprechung des EuGH. Nachdem der EuGH bereits in *Kadi I* einen Anspruch auf die Kontrolle auch völkerrechtlich determinierter Maßnahmen der EU deutlich gemacht hatte,[359] wies er in *Kadi II* unmissverständlich das Ansinnen von GA *Bot* und zahlreichen Mitgliedstaaten, aufgrund des völkerrechtlichen Überbaus die materielle Rechtmäßigkeit der streitgegenständlichen Verordnung nur auf offensichtliche Sachverhaltsfeststellungsfehler und offensichtliche Unverhältnismäßigkeiten zu überprüfen,[360] zurück und beharrte auf eine vollumfassende Prüfzuständigkeit für die Ermittlung von Tatsachen und für den Inhalt der angegriffenen Verordnung am Maßstab der Unionsgrundrechte.[361] Nun führte der EuGH in den *Kadi*-Fällen lediglich seine in Sanktionsfällen ohnehin intensivierte Kontrolle weiter[362] und begründete seine Kontrollbefugnis vor allem mit der herausragenden Bedeutung der Grundrechte für das Unionsrecht.[363] Allerdings waren jedenfalls zum Zeitpunkt der Entscheidung *Kadi I* die Unionsgrundrechte noch ebenso allgemeine Rechtsgrundsätze[364] wie auch der Grundsatz der Verhältnismäßigkeit. Auch setzte der EuGH spezifisch zum Schutz vor Beeinträchtigungen der „Verfassungsgrundsätze" der Gemeinschaften bzw. zur Einhaltung der „Verfassungsurkunde" der Gemeinschaften zur Kontrolle an.[365] Ausgerechnet im für das Unionsrecht so bedeutsamen Grundsatz der Verhältnismäßigkeit kein hinreichend wichtiges Fundamentalprinzip des Unionsrechts zu sehen, wäre wenig überzeugend. Insofern scheint es eher der Rechtsprechung des EuGH zu entsprechen, auch bei einer Prüfung völkerrechtlich determinierter Sekundärrechtsakte die Kontrolldichte im Rahmen des Art. 5 Abs. 4 EUV nicht wegen der völkerrechtlichen Prägung der Konstellation abzusenken. Davon unberührt bleibt die Absenkung der Kontrolldichte aus Gründen des institutionellen Gleichgewichts, die in Abgrenzung zu der in den *Kadi*-

---

[359] EuGH, Urt. v. 03.09.2008, Kadi I, verb. Rs. C-402/05 P und C-415/05 P, EU:C:2008:461, Rn. 281, 285.

[360] GA *Bot*, Schlussanträge v. 19.03.2013 in den verb. Rs. C-584/10 P, C-593/10 P und C-595/10 P, Kadi II, EU:C:2013:176, Rn. 105 ff.

[361] EuGH, Urt. v. 18.07.2013, Kadi II, verb. Rs. C-584/10 P, C 593/10 P und C-595/10 P, EU:C:2013:518, Rn. 119 ff. s. zu alldem ausf.: *U. Haltern*, Europarecht, Bd. II, 3. Aufl. 2017, S. 769, 799, 801 f.

[362] Zu dieser Rspr. ausf.: *O. Koch*, Der Grundsatz der Verhältnismäßigkeit in der Rechtsprechung des Gerichtshofs der Europäischen Gemeinschaften, 2003, S. 219 ff., 293 ff.

[363] EuGH, Urt. v. 03.09.2008, Kadi I, verb. Rs. C-402/05 P und C-415/05 P, EU:C:2008:461, Rn. 283 f.; EuGH, Urt. v. 18.07.2013, Kadi II, verb. Rs. C-584/10 P, C-593/10 P und C-595/10 P, EU:C:2013:518, Rn. 119. In diesem Sinne auch: GA *Maduro*, Schlussanträge v. 16.01.2008 in den verb. Rs. C-402/05 P und C-415/05 P, Kadi I, EU:C:2008:11, Rn. 44, der davon ausging, dass eine völkerrechtlich motivierte Rücksichtnahme dort ihr Ende finden müsste, wo der EuGH ansonsten den „Grundwerten den Rücken kehren [würde], die der Gemeinschaftsordnung zugrunde liegen und zu deren Schutz er verpflichtet ist."

[364] So ausdrücklich EuGH, Urt. v. 03.09.2008, Kadi I, verb. Rs. C-402/05 P und C-415/05 P, EU:C:2008:461, Rn. 283.

[365] Ebd., Rn. 281, 285.

Verfahren maßgebliche Grundrechtsverhältnismäßigkeit im Rahmen des Art. 5 Abs. 4 EUV uneingeschränkt greifen sollte.

Darüber hinaus ist zu bedenken, dass der völkerrechtlichen Determinierung auch dadurch Rechnung getragen werden kann, dass das Interesse der EU an völkerrechtskonformem Verhalten als Belang in die Gesamtbilanzierung eingeführt wird. So würde gewährleistet, dass die maßstäbliche Bedeutung völkerrechtlicher Verpflichtungen für das Sekundärrecht berücksichtigt wird, gleichwohl die primärrechtliche Ausgewogenheitsverpflichtung aus Art. 5 Abs. 4 EUV nicht überspielt würde. Völkerrechtlich determinierte Maßnahmen führen damit nicht zu einer Absenkung der Kontrolldichte im Rahmen des Art. 5 Abs. 4 EUV, wiewohl das Interesse an völkerrechtskonformem Handeln hinreichend in der Gesamtbilanzierung zu beachten ist.

4. Die Kontrolldichte in der föderalen Spannungslage

Die bisher angestellten Überlegungen gelten unabhängig davon, ob im Rahmen der Prüfung nach Art. 5 Abs. EUV mitgliedstaatliche Interessen im konkreten Fall eine Rolle spielen oder nicht. Allerdings mag man, sobald mitgliedstaatliche Interessen Teil der Ausgewogenheitsprüfung werden, die horizontalen Auswirkungen dieser Prüfung zum Anlass nehmen wollen, die gerichtliche Kontrolldichte zu erhöhen bzw. den mitgliedstaatlichen Interessen ein besonderes Gewicht beizumessen, das der EuGH bei seiner Kontrolle der Ausgewogenheit auch gegen abweichende Abwägungen der anderen Institutionen durchzusetzen habe. In diesem Sinne würde man umfangreiche gerichtliche Entscheidungsspielräume zur Sicherung einer letztlich gerichtlich festzulegenden föderalen Balance für das Kerngeschäft einer Verfassungsgerichtsbarkeit halten und dementsprechend nichts Besonderes an ihnen finden.[366]

In dieser Hinsicht ist jedoch im zweiten Kapitel bereits ausgeführt worden, dass die vergleichende Föderalismusforschung dazu tendiert, die Rolle von Höchstgerichten in föderalen Systemen eher als die eines Garanten einer hinreichenden Berücksichtigung aller Belange im Einzelfall zu konturieren, die offene Abwägungsentscheidungen über die korrekte föderale Balance im Einzelfall vorwiegend zu vermeiden suchen.[367] Dem EuGH im föderalen System der EU eine solche eher zurückgenommene Rolle zu geben, passt zu der ebenfalls bereits herausgearbeiteten komplexen Verschränkung von mitgliedstaatlichen und unionalen Interessen, in der nicht nur der von der Idee einer föderalen Verhältnismäßigkeit implizierte Antagonismus von mitgliedstaatlicher Vielfalt und unionaler Einheitlichkeit, sondern auch kontrollintensive Abwägungsbefugnisse des EuGH unpassend scheinen.

---

[366] So: *R. Schütze*, From Dual to Cooperative Federalism, 2009, S. 265.

[367] So das Ergebnis der vergleichenden Analyse von *D. Halberstam*, in: Caldeira/Kelemen/Wittington (Hrsg.) Oxford Handbook of Law and Politics, 2008, S. 142, 160.

Vor allem haben aber die Mitgliedstaaten die beiden Schranken zur Ausübung der Unionskompetenzen mit dem Ziel der Schonung mitgliedstaatlicher Interessen, nämlich Subsidiarität und Verhältnismäßigkeit, vor allem als Faktoren im politischen Prozess ausgestaltet. Ihre Offenheit und Vagheit haben, trotz ihrer unbestrittenen Justiziabilität, berechtigte Zweifel an der wirkungsvollen gerichtlichen Durchsetzung von Art. 5 Abs. 3 und 4 EUV aufkommen lassen,[368] sind aber gerade ein Vorteil für ihren Einsatz im politischen Prozess.[369] Dies wird insbesondere dadurch deutlich, dass das SubProt für Gesetzgebungsakte eine erhebliche Prozessualisierung und damit auch eine Politisierung von Subsidiarität und Verhältnismäßigkeit herbeigeführt hat.[370] Ein Austausch über Fragen der Subsidiarität und Verhältnismäßigkeit soll unter Einbeziehung nationaler Parlamente zunächst auf politischer Ebene stattfinden. Für die Anwendung von Art. 5 Abs. 3 und 4 EUV steht damit die Suche nach einer politischen Lösung und Vermittlung im Vordergrund. Dieser institutionelle und prozessuale Rahmen bietet gute Bedingungen dafür, Probleme der föderalen Balance im politischen Prozess auszutarieren. An der umfassenden politischen Interessenwürdigung sind die Mitgliedstaaten nicht nur entscheidend beteiligt, sie können auch spezifisch föderale Bedenken eigens in den Entscheidungsprozess einbringen und zum Gegenstand der politischen Entscheidungsfindung machen. Föderale Belange werden aber im Rahmen dieser Entscheidungsfindung zur politischen Handlungsmasse, die den Sachzwängen und -logiken der jeweiligen politischen Aushandlung überantwortet wird. Insofern ist daran zu erinnern, dass sich, wie bereits dargelegt, jede Beschränkung mitgliedstaatlicher Handlungsfreiheit im politischen System der EU nicht nur unter maßgeblichem Einfluss der Mitgliedstaaten, sondern auch zur Erreichung der von den Mitgliedstaaten vorgegebenen Zielen vollzieht.[371]

Freilich fällt es ohne umfassende und aktuelle empirische Analysen[372] schwer zu beurteilen, wie umfassend die mitgliedstaatlichen Interessen tatsächlich im politischen Prozess berücksichtigt werden. Beobachter zeigen sich skeptisch[373]

---

[368] S. nur: *J. Isensee*, Subsidiaritätsprinzip und Verfassungsrecht, 2. Aufl. 2001, S. 315; s. auch: *C. Bickenbach*, EuR 2013, S. 523, 543 ff.; *M. Leschke/M. Möstl*, in: Heine/Kerber (Hrsg.), Zentralität und Dezentralität von Regulierung in Europa, 2007, S. 78, 87.

[369] S. für die Subsidiarität z.B.: *A. Estella*, The EU Principle of Subsidiarity and Its Critique, 2003, S. 177 ff.

[370] S. nur, statt vieler: *P. Molsberger*, Das Subsidiaritätsprinzip im Prozess europäischer Konstitutionalisierung, 2009, S. 175, 190 ff., 231 ff.; *X. Groussot/S. Bogojević*, in: Azoulai (Hrsg.), The Question of Competence in the European Union, 2014, S. 234, 236 ff.; für eine umfassende Beschreibung dieser prozessualen Sicherungen s.: *H.-P. Folz*, in: Fastenrath/Nowak (Hrsg.), Der Lissabonner Reformvertrag: Änderungsimpulse in einzelnen Regelungs- und Politikbereichen, 2009, S. 65, 70 ff.

[371] Vgl. ausf. oben, 2. Kap. C. III. 4.

[372] S., jedoch auf die Arbeit des Ausschusses für Regulierungskontrolle von 2010 und 2011 beschränkt: *A. Meuwese/S. Gomtsian*, Maastricht Journal of European and Comparative Law 22 (2015), S. 483, 490 ff.

[373] *C. Koenig/R. A. Lorz*, JZ 2003, S. 167, 168; *M. Nettesheim*, EuR 2004, S. 511, 533 ff.

und insbesondere die von den Unionsorganen gegebenen Begründungen von Rechtsakten wirken in dieser Hinsicht zuweilen recht formelhaft und inhaltsleer. Der intensive Dialog der Kommission mit den nationalen Parlamenten und die umfangreichen Bemühungen zur Verbesserung der Anwendung von Subsidiarität und Verhältnismäßigkeit in der Praxis[374] sprechen aber wenigstens rein quantitativ gegen eine allzu gedankenlose Handhabung dieser Grundsätze.

Diesen Entwurf nun durch eine beim Schutz mitgliedstaatlicher Handlungsfreiheit erhöhte Kontrolldichte bei der Verhältnismäßigkeitsprüfung durch den EuGH zu komplettieren, überzeugt nicht. Wenn die Herstellung einer adäquaten föderalen Balance primär dem politischen Prozess überantwortet wurde, ist es wenig sinnvoll, just für die Interessen der Mitgliedstaaten einen besonders kontrollintensiven Schutzauftrag aus einer Norm herauszulesen, der dieser föderale Schutzauftrag eben nicht exklusiv innewohnt. Entgegen diesem politischen Primat eine gerichtliche Wertungsentscheidung mit weitreichenden Entscheidungsbefugnissen über das Verhältnis von EU und Mitgliedstaaten zu etablieren, verliert das delikate Miteinander der Ebenen in der EU und die ihnen zur Verfügung stehenden Möglichkeiten zur wechselseitigen Einflussnahme und politischer Entscheidungsfindung aus dem Blick und bildet damit erneut eine Frage des institutionellen Gleichgewichts.

5. Prozesskontrolle

In Anbetracht der notwendigen Rücknahme der Kontrolldichte bei der inhaltlichen Überprüfung von Wertungsentscheidungen durch den EuGH und die vom SubProt vorgezeichnete maßgebliche Prozessualisierung dieser Wertungsentscheidungen im Rahmen des Gesetzgebungsprozesses, liegt ein stärkerer Fokus auf das Zustandekommen der im Kontext einer Verhältnismäßigkeitsprüfung zu prüfenden Maßnahme im Unionsrecht nahe. Potenziale und Schwierigkeiten einer solchen prozessorientierten Kontrolle[375] der Verhältnismäßigkeit nach Art. 5 Abs. 4 EUV sollen daher den Abschluss für die Betrachtungen zur Kontrolldichte bilden.

---

[374] Vgl. nur für aktuelle Einblicke aus der Praxis: Europäische Kommission v. 01.08.2022, Annual Report 2021 on the application of the principles of subsidiarity and proportionality and on relations with national parliaments, COM(2022) 366 final; s. auch: Report of the Taskforce on Subsidiarity, Proportionality and ‚Doing Less More Efficiently' (10.07.2018); s. auch die erneuerte und erweiterte „Better Regulation"-Initiative der Kommission *von der Leyen*: Europäische Kommission v. 29.04.2021, Mitteilung der Kommission an das Europäische Parlament, den Rat, den Europäische Wirtschafts- und Sozialausschuss und den Ausschuss der Regionen – Bessere Rechtssetzung: Mit vereinten Kräften für bessere Rechtsvorschriften, COM(2021) 219 final.

[375] So etwa der Begriff bei: *K. Lenaerts*, Yearbook of European Law 31 (2012), S. 3; *D. Harvey*, European Public Law 23 (2017), S. 93.

a) Stoßrichtung und Ziele der Debatte zur Prozesskontrolle

Überlegungen zu einer gerichtlichen Prozesskontrolle haben in Deutschland, zumindest auf der Ebene des Verfassungsrechts, in der Regel die Stoßrichtung, dass verfahrensrechtliche Vorgaben zur Ermöglichung einer rationalen Entscheidungsfindung streng zu kontrollieren seien, wohingegen wegen der Vagheit der materiellen Vorgaben der Verfassung bei inhaltlichen Wertungsentscheidungen dem Gesetzgeber oder der Exekutive ein Handlungsspielraum innerhalb der Verfahrensvorgaben belassen werden sollen, weil solche Entscheidungen grundsätzlich nur diesen Gewalten und nicht den Gerichten zustünden.[376] Die funktional parallele Diskussion in den USA zur sog. „process-review" ist anders gelagert. *Ely* geht es in seinem Modell der Kontrolle des demokratischen Entscheidungsprozesses um einen Schutz demokratischer Minderheiten als Mittelweg zwischen der einerseits aus Gründen der Gewaltenteilung und der geringeren demokratischen Legitimation der Gerichtsbarkeit abzulehnenden vollen inhaltlichen Kontrolle des Gesetzgebers und andererseits der ebenfalls nicht ratsamen Abschaffung der gerichtlichen Kontrolle, ohne die es keinen hinreichenden Minderheitenschutz geben könne.[377]

Als Ausgangspunkt ist allerdings zu beachten, dass mit dem Begriff einer verfahrens- oder prozessorientierten gerichtlichen Kontrolle in der Regel nicht nur die Kontrolle der Einhaltung aller spezifischen Verfahrensvorgaben aus Verträgen, Verfassungen oder Geschäftsordnungen gemeint ist.[378] Vielmehr handelt es sich um die Entwicklung bestimmter Standards für das Verfahren, die eine Aussage über die Vereinbarkeit der fraglichen Maßnahme ihrem Inhalt nach mit dem Prüfungsmaßstab treffen sollen.[379] In diesem Rahmen geht es wiederum nicht um eine Ergänzung der inhaltlichen Kontrolle durch eine verfahrensorientierte Kontrolle,[380] sondern um die Etablierung eines alternativen Maßstabs, der statt einer inhaltlichen Kontrolle zum Einsatz kommt.

Bei der Konturierung dieses alternativen Maßstabs sind allerdings wiederum unterschiedliche Stoßrichtungen zu unterscheiden: Insbesondere im Gefolge der

---

[376] S. hierzu etwa: *E. G. Mahrenholz*, in: Badura/Scholz (Hrsg.), Verfassungsgerichtsbarkeit und Gesetzgebung, 1998, S. 23, 30; plastisch: *F. Ossenbühl*, FS 25 Jahre BVerfG, 1976, S. 458, 513: „Administrative Wertungen sind ebenso wie legislative Prognosen unvertretbare Entscheidungen, d.h., sie können prinzipiell nicht von einer anderen Instanz vollzogen werden."

[377] *J. H. Ely*, Maryland Law Review 37 (1978), S. 451, 486; ähnlich: *B.-O. Bryde*, Verfassungsentwicklung, 1982, S. 328 f.

[378] *K. Meßerschmidt*, Legisprudence 6 (2012), S. 347, 352 spricht plastisch von einer „procedural review writ small".

[379] *Bar-Siman-Tov* hat diesen Umstand treffend als „semi-procedural review" beschrieben, s.: *I. Bar-Siman-Tov*, Boston University Law Review 91 (2011), S. 1915, 1924; *Ders.*, Legisprudence 6 (2012), S. 271, 272 ff.

[380] *K. Meßerschmidt*, Gesetzgebungsermessen, 2000, S. 862 ff. bezeichnet dies treffend als „Additionsmodell" und führt überzeugend aus, warum es nicht tragfähig ist.

amerikanischen Debatte geht es primär um die Kontrolle des demokratischen Eigenwertes des Entscheidungsfindungsprozesses, wenn *Ely* eine gerichtliche Kontrolle des Entscheidungsprozesses daraufhin vorschlägt, ob die Mehrheit die Minderheit systematisch von der Machterlangung ausschließt oder im Verfahren systematische Benachteiligungen bestimmter Gruppen stattfinden würden,[381] wenn *de Witte* die Motivtransparenz der politischen Entscheidungen fordert[382] und *Harbo* die Aufrichtigkeit der Diskussionen und Entscheidungsprozesse zum Maßstab macht.[383] Damit verwandt, aber nicht deckungsgleich sind Verfahrensanforderungen, die vor allem auf die Rationalität des Entscheidungsprozesses abstellen und damit z.B. Begründungserfordernisse und die Zusammenstellung und Würdigung von Tatsachen in den Fokus rücken, wie sie insbesondere in der deutschen Diskussion vorherrschen.[384] Insofern ist bemerkenswert, dass beide Varianten die verfahrensorientierte Kontrolle als *aliud* zur inhaltlichen Kontrolle begreifen, aber vor allem die Literatur zur Rationalitätskontrolle darauf besteht, dass diese Verfahrensvorgaben als Kompensation einer zurückgenommenen inhaltlichen Kontrolle besonders strikt ausfallen müssten.[385] Die Literatur zur Kontrolle des demokratischen Wertes des Entscheidungsverfahrens begnügt sich eher mit einer solchen Verschiebung des Prüffokus und verhält sich nicht zur nötigen Intensität der gerichtlichen Kontrolle der Erreichung demokratischer Standards.[386]

Auch in der unionsrechtlichen Debatte zu einer verfahrensbasierten gerichtlichen Kontrolle wird regelmäßig betont, dass der EuGH für inhaltliche Wertungsentscheidungen im Vergleich zu der mitgliedstaatlichen oder unionalen Legislative oder Exekutive unzureichend legitimiert sei.[387] Bemerkenswert ist aber auch, dass die Debatte um eine verfahrensorientierte Kontrolle bei der Beurteilung der Verhältnismäßigkeit mitgliedstaatlicher Entscheidungen vor allem auf

[381] *J. H. Ely*, Maryland Law Review 37 (1978), S. 451, 486.

[382] *F. de Witte*, CMLR 50 (2013), S. 1545, 1573, 1576.

[383] *T.-I. Harbo*, Leiden Journal of International Law 30 (2017), S. 25, 36.

[384] Aus der verwaltungsgerichtlichen Praxis in Deutschland etwa: BVerwGE 39, 197, 204; aus der verfassungsgerichtlichen Praxis z.B.: BVerfGE 33, 303, 351; BVerfGE 54, 173, 191; zur Rechtsprechung des BVerfG ausf.: *N. Petersen*, Verhältnismäßigkeit als Rationalitätskontrolle, 2015, S. 199 ff.; aus der Literatur etwa: *F. Ossenbühl*, FS 25 Jahre BVerfG, 1976, S. 458, 513 f.; *E. G. Mahrenholz*, in: Badura/Scholz (Hrsg.), Verfassungsgerichtsbarkeit und Gesetzgebung, 1998, S. 23, 32 f.; *B.-O. Bryde*, Verfassungsentwicklung, 1982, S. 326; *K. Meßerschmidt*, Gesetzgebungsermessen, 2000, S. 795.

[385] S.: *F. Ossenbühl*, FS 25 Jahre BVerfG, 1976, S. 458, 513 f.; *B.-O. Bryde*, Verfassungsentwicklung, 1982, S. 326; *F. Ossenbühl*, in: Badura/Scholz (Hrsg.), Verfassungsgerichtsbarkeit und Gesetzgebung, 1998, S. 78, 94; *N. Petersen*, in: Kahl/Ludwigs (Hrsg.), HVwR III, § 73, Rn. 50.

[386] Vgl. *F. de Witte*, CMLR 50 (2013), S. 1545, 1576; *T.-I. Harbo*, Leiden Journal of International Law 30 (2017), S. 25, 36.

[387] *K. Lenaerts*, Yearbook of European Law 31 (2012), S. 3, 15; *J. Öberg*, EU Constitutional Law Review 13 (2017), S. 248, 252; *C. Newdick*, CMLR 43 (2006), S. 645, 652; *J. Gerards*, European Law Journal 17 (2011), S. 80, 115.

die demokratische Qualität mitgliedstaatlicher Entscheidung abstellen möchte, was erklärtermaßen für eine weniger hohe Kontrolldichte des EuGH gegenüber mitgliedstaatlichen Handlungen sorgen soll, als dies bisher im Rahmen der Verhältnismäßigkeitsprüfung mitgliedstaatlicher Entscheidungen durch den EuGH der Fall sei.[388] Geht es hingegen um die Kontrolle von Maßnahmen der EU, soll der EuGH die Rationalität des unionalen Verfahrens[389] durch bestimmte rechtliche Verfahrensstandards durchsetzen,[390] womit die Kontrolldichte im Vergleich zur bisherigen Verhältnismäßigkeitskontrolle durch den EuGH erhöht werden soll.[391] Hier rückt der aus dem deutschen Diskurs bekannte Kompensationsgedanke stärker in den Vordergrund. Vorstellungen von einer prozessorientierten Verhältnismäßigkeitskontrolle durch den EuGH sind insofern einerseits von dem Wunsch geprägt, die als zu intensiv empfundene Kontrolldichte gegenüber mitgliedstaatlichen Maßnahmen aus demokratischen Gründen abzusenken und andererseits die als zu niedrig empfundene Kontrolldichte gegenüber Unionsmaßnahen zur Sicherstellung ihrer Rationalität zu erhöhen.[392]

b) *Enttäuschte Hoffnungen*

Dem Wunsch nach einer rationalisierenden, verstärkten Verfahrenskontrolle entsprechende Hoffnungen auf eine Intensivierung der Kontrolldichte gegenüber Unionshandlungen löste das Urteil *Spanien/Rat*[393] von 2006 aus,[394] in dem der EuGH der Verhältnismäßigkeitsrüge Spaniens gegen ein neues Beihilfenregime für Baumwolle[395] stattgab. Nach seinen etablierten Obersätzen zu einer geringen Kontrolldichte in der Agrarpolitik[396] prüfte der EuGH, ob die baumwollkultur-

---

[388] Vgl.: *F. de Witte*, CMLR 50 (2013), S. 1545, 1567; *J. Gerards*, European Law Journal 17 (2011), S. 80, 115; *T.-I. Harbo*, Leiden Journal of International Law 30 (2017), S. 25, 32.

[389] *K. Lenaerts*, Yearbook of European Law 31 (2012), S. 3, 9; *J. Öberg*, EU Constitutional Law Review 13 (2017), S. 248, 277.

[390] *A. Meuwese/P. Popelier*, European Public Law 17 (2011), S. 455, 459; *U. Karpen*, European Journal of Law Reform 7 (2005), S. 59, 61.

[391] *X. Groussot/S. Bogojević*, in: Azoulai (Hrsg.), The Question of Competence in the European Union, 2014, S. 234, 244; *K. Lenaerts*, Yearbook of European Law 31 (2012), S. 3, 15; *J. Öberg*, EU Constitutional Law Review 13 (2017), S. 248, 280.

[392] So auch: *A. Woodhouse*, European Law Review 45 (2020), S. 373, 380 ff., 383 f.

[393] EuGH, Urt. v. 07.09.2006, Spanien/Rat, C-310/04, EU:C:2006:521.

[394] Vgl. *A. Alemanno*, European Public Law 17 (2011), S. 485, 501.

[395] Streitgegenständlich war das durch Artikel 1 Nr. 20 der Verordnung (EG) Nr. 864/2004 des Rates v. 29.04.2004 (Amtsblatt L 161, S. 48, berichtigt in Amtsblatt 2004, L 206, S. 20) eingefügte Kapitel 10a des Titels IV der Verordnung (EG) Nr. 1782/2003 des Rates vom 29.09.2003 mit gemeinsamen Regeln für Direktzahlungen im Rahmen der gemeinsamen Agrarpolitik und mit bestimmten Stützungsregelungen für Inhaber landwirtschaftlicher Betriebe und zur Änderung der Verordnungen (EWG) Nr. 2019/93, (EG) Nr. 1452/2001, (EG) Nr. 1453/2001, (EG) Nr. 1454/2001, (EG) Nr. 1868/94, (EG) Nr. 1251/1999, (EG) Nr. 1254/1999, (EG) Nr. 1673/2000, (EWG) Nr. 2358/71 und (EG) Nr. 2529/2001 (Amtsblatt L 270, S. 1, berichtigt in Amtsblatt 2004, L 94, S. 70).

[396] EuGH, Urt. v. 07.09.2006, Spanien/Rat, C-310/04, EU:C:2006:521, Rn. 95 ff.

spezifischen Beihilfen auf Basis einer sie stützenden Datenlage[397] hätten erlassen werden können. Erstmalig[398] verlangte der EuGH, dass die Organe tatsächlich eine Ermessensausübung nachweisen können, wobei sie alle erheblichen Faktoren der zu regelnden Situation zu berücksichtigen und die entsprechenden Daten vorzuweisen hätten.[399] Da weder Arbeitskosten[400] noch eine Folgenabschätzung für die Baumwollverarbeitung bei der Berechnung der Beihilfen berücksichtigt worden waren,[401] die der EuGH jedoch beide für entscheidende Grunddaten bei der Einschätzung der Lage hielt,[402] wurden die angegriffenen Regelungen für nichtig erklärt.[403] Der prozessorientierte Ansatz schien sich im Urteil *Vodafone*[404] zu verstetigen, in dem u.a. zu klären war, ob die Schaffung von Obergrenzen für Endkundenentgelte bei Roaming-Tarifen sowie entsprechende Informationspflichten[405] mit dem Grundsatz der Verhältnismäßigkeit vereinbar waren. Unter mehrfacher Bezugnahme auf die Folgenabschätzung und andere Gesetzgebungsmaterialien[406] entschied der EuGH, dass ersichtlich alle Interessen berücksichtigt worden waren und auf ihrer Grundlage eine vertretbare Entscheidung getroffen worden war.[407] Ein verfahrensorientierter Prüfzugriff gehört mittlerweile zur ständigen Rechtsprechung des EuGH.[408]

Es kann trotzdem keine Rede davon sein, dass damit eine höhere Kontrolldichte gegenüber Unionsmaßnahmen einhergehen würde. Solange den fraglichen Entscheidungen nicht eine offensichtlich völlig unzureichende Datenlage zugrunde gelegt wurde, werden die vom Unionsgesetzgeber durchgeführten Folgenabschätzungen vom EuGH unhinterfragt akzeptiert,[409] selbst wenn Fehler in der Datenermittlung ausdrücklich gerügt wurden.[410] Stützt sich der Gesetzgeber

---

[397] Ebd., Rn. 110 ff.

[398] Dieser Prüfmaßstab hat sich seither in der Rechtsprechung etabliert, s. nur: EuGH, Urt. v. 08.07.2010, Afton Chemical, C-343/09, EU:C:2010:419, Rn. 34; EuGH, Urt. v. 21.06.2018, Polen/Parlament und Rat, C-5/16, EU:C:2018:483, Rn. 152; EuGH, Urt. v. 03.12.2019, Tschechische Republik/Parlament und Rat, C-482/17, EU:C:2019:1035, Rn. 81; EuGH, Urt. v. 08.12.2020, Polen/Parlament, C-626/18, EU:C:2020:1000, Rn. 99; EuGH, Urt. v. 08.12.2020, Ungarn/Parlament, C-620/18, EU:C:2020:1001, Rn. 116.

[399] EuGH, Urt. v. 07.09.2006, Spanien/Rat, C-310/04, EU:C:2006:521, Rn. 122.

[400] Ebd., 124 ff.

[401] Ebd., Rn. 128 ff.

[402] Ebd., Rn. 126, 132.

[403] Ebd., Rn. 137.

[404] EuGH, Urt. v. 08.06.2010, Vodafone u.a., C-58/08, EU:C:2010:321.

[405] Diese waren enthalten in der VO (EG) Nr. 717/2007 des Europäischen Parlaments und des Rates v. 27.06.2007 über das Roaming in öffentlichen Mobilfunknetzen in der Gemeinschaft und zur Änderung der Richtlinie 2002/21/EG, (Amtsblatt. L 171, S. 32).

[406] EuGH, Urt. v. 08.06.2010, Vodafone u.a., C-58/08, EU:C:2010:321, Rn. 45, 55, 58, 65.

[407] Ebd., Rn. 70.

[408] Hierzu ausf.: *N. Petersen*, in: Kahl/Ludwigs (Hrsg.), HVwR III, § 73, Rn. 53.

[409] EuGH, Urt. v. 08.07.2010, Afton Chemical, C-343/09, EU:C:2010:419, Rn. 56 ff.; EuGH, Urt. v. 04.05.2016, Pillbox 38, C-477/14, EU:C:2016:324, Rn. 64 ff.

[410] EuGH, Urt. v. 18.06.2015, Estland/Parlament und Rat, C-508/13, EU:C:2015:403, Rn. 32 ff.

auf die von ihm erhobenen Daten, dienen sie dem EuGH zur Bestätigung der vom Gesetzgeber gezogenen Schlüsse, während Mitgliedstaaten nur bei offensichtlichen Fehlern in der Lage sind, die Folgenabschätzungen in Zweifel zu ziehen.[411] In ständiger Rechtsprechung betont der EuGH, dass sich das weite Ermessen des Unionsgesetzgebers im Rahmen der Verhältnismäßigkeit einer Maßnahme auch auf die Festlegung der dieser Entscheidung zugrundeliegenden Daten bezieht.[412] Die Nichtdurchführung einer Folgenabschätzung ist für den EuGH zwar nur dann kein Verstoß gegen den Grundsatz der Verhältnismäßigkeit, „wenn sich der Unionsgesetzgeber in einer besonderen Lage befindet, die es erforderlich macht, davon abzusehen, und über ein ausreichenden Maß an Informationen verfügt, die es ihm ermöglichen, die Verhältnismäßigkeit der Maßnahme zu beurteilen."[413] Bei der konkreten Prüfung dieser Vorgaben im sog. *tschechischen Waffenfall* beschränkte sich der EuGH aber auf die Wiedergabe der dem Unionsgesetzgeber zur Verfügung stehenden Informationen und ging nicht darauf ein, ob eine besondere Lage bestand, in der ein Absehen von einer Folgenabschätzung nötig wäre.[414] Nach der Rechtsprechung steht es dem Unionsgesetzgeber sogar frei, von den Empfehlungen der Folgenabschätzungen abzuweichen,[415] wobei der EuGH Begründungen hierfür zwar zur Kenntnis genommen, aber nicht ausdrücklich verlangt hat.[416] Insofern hat der EuGH in geeigneten Fällen seinen Prüffokus bei der Verhältnismäßigkeitsprüfung weg vom Inhalt der Maßnahme und hin zum Entscheidungsverfahren gelenkt, ohne seine Kontrolle zu intensivieren.

Bei der Überprüfung von mitgliedstaatlichen Maßnahmen nach den Vorgaben des unionsrechtlichen Grundsatzes der Verhältnismäßigkeit ist mit dem Einsatz einer prozessorientierten Prüfung, anders als von der Literatur gefordert, keine erkennbare Abschwächung der Kontrolldichte einhergegangen.[417] Ebenso wie sich im Rahmen einer inhaltlichen Kontrolle je nach Einzelfall sowohl weite Einschätzungsprärogativen wie auch strenge Prüfmaßstäbe finden,[418] fällt die

---

[411] *D. Harvey*, European Public Law 23 (2017), S. 93, 120; ausf. auch: *A. Woodhouse*, European Law Review 45 (2020), S. 373, 386 f.

[412] Grundlegend schon: EuGH, Urt. v. 07.09.2006, Spanien/Rat, C-310/04, EU:C:2006:521, Rn. 121; st. Rspr.: EuGH, Urt. v. 08.07.2010, Afton Chemical, C-343/09, EU:C:2010:419, Rn. 33; EuGH, Urt. v. 21.06.2018, Polen/Parlament und Rat, C-5/16, EU:C:2018:483, Rn. 151; EuGH, Urt. v. 03.12.2019, Tschechien/Parlament und Rat, C-482/17, EU:C:2019:1035, Rn. 78.

[413] EuGH, Urt. v. 03.12.2019, Tschechien/Parlament und Rat, C-482/17, EU:C:2019:1035, Rn. 85.

[414] Ebd., Rn. 86 ff.

[415] EuGH, Urt. v. 04.05.2016, Pillbox 38, C-477/14, EU:C:2016:324, Rn. 65.

[416] Ebd., 66 f.

[417] So i.E. auch: *A. Woodhouse*, European Law Review 45 (2020), S. 373, 390.

[418] S. hierzu bereits oben, 1. Kap. B. I. 3 und II. 4.

Intensität von Verfahrensvorgaben durch den EuGH mal gering[419] und mal überaus hoch aus.[420]

Der EuGH behält damit bei Anwendung eines prozessorientierten Prüfzugriffs auf den Grundsatz der Verhältnismäßigkeit die Kontrolldichte bei, die er auch bei einer inhaltlichen Prüfung anlegen würde. Weder führt ein solcher Zugriff zu einem kompensatorischen Ausgleich der Rücknahme der Kontrolldichte bei Maßnahmen der EU noch zu mehr Gestaltungsspielräumen der Mitgliedstaaten.

c) Problematische Prämissen der Prozesskontrolle im Unionsrecht

Die Prozesskontrolle löst in der Praxis damit nicht ein, was sich einige Stimmen aus der Literatur von ihr erhoffen, und sie bietet keine Möglichkeit, im Rahmen der Prüfung von Unionsmaßnahmen nach Art. 5 Abs. 4 EUV die Kontrolldichte zu erhöhen. Wie im Folgenden auszuführen ist, wäre dies aufgrund einiger Schwächen des prozessorientierten Kontrollansatzes und der Eigenheiten der unionsrechtlichen Verhältnismäßigkeitsprüfung auch nicht überzeugend.

Wie bereits im ersten Kapitel herausgearbeitet, hängt die Kontrolldichte des EuGH im Rahmen der Verhältnismäßigkeitsprüfung, entgegen der Darstellung aus der Literatur zur Prozesskontrolle, nicht allein davon ab, ob unionale oder mitgliedstaatliche Maßnahmen in Rede stehen. Viel eher geht es darum, ob der Grundsatz der Verhältnismäßigkeit als Eingriffsschranke für ein subjektives Recht zum Einsatz kommt oder nicht. Da dies bei Anwendung der Grundfreiheiten auf mitgliedstaatliche Maßnahmen der Fall ist, fällt in dieser Hinsicht die Kontrolldichte gegenüber den Mitgliedstaaten zumindest im Grundsatz hoch aus, ebenso wie gegenüber der EU bei der Durchsetzung der Grundrechte aus der GRC. Kommt der Grundsatz der Verhältnismäßigkeit nach Art. 5 Abs. 4 EUV als Gesamtbilanzierung gegenüber der EU zur Anwendung, fällt die Kontrolldichte niedriger aus.[421] Die Literatur zur Prozesskontrolle im Unionsrecht unterstellt insoweit eine Ungleichbehandlung von Mitgliedstaaten und Union, der abgeholfen werden müsste, ohne die Gründe für die unterschiedliche Kontrolldichte hinreichend aufzudecken.

Kritisch zu hinterfragen ist außerdem die Belastbarkeit der Prämissen der Vorschläge zur verfahrensorientierten Kontrolle. Vor allem kann bezweifelt werden, ob eine Unterscheidung zwischen inhaltlichen Wertungs- und rein prozessualen Verfahrensfragen mit hinreichender Klarheit möglich ist. Schon in den

[419] So etwa in: EuGH, Urt. v. 25.10.2001, Finalerte, verb. Rs. C-49/98, C-50/98, C-52/98 bis C-54/98 und C-68/98 bis C-71/98, EU:C:2001:564, Rn. 40; EuGH, Urt. v. 16.07.2009, Kommission/Polen, C-165/08, EU:C:2009:473, Rn. 52.

[420] EuGH, Urt. v. 31.01.1984, Kommission/Vereinigtes Königreich, Rs. 40/82, EU:C:1984:33, Rn. 38; EuGH, Urt. v. 15.11.2005, Kommission/Österreich, C-320/03, EU:C:2005:684, Rn. 87 ff. Besonders extrem: EuGH, Urt. v. 13.04.2010, Bressol u.a., C-73/08, EU:C:2010:181, Rn. 72 ff.

[421] S. bereits oben, 1. Kap. B. I. 3.

USA ist *Elys* Vorschlag vorgehalten worden, dass auch die Überlegung, wann eine bestimmte Minderheitenposition systematisch aus dem Entscheidungsverfahren oder von politischer Gestaltungsmacht ausgeschlossen wird, gerichtliche Wertungsentscheidungen notwendig mache und eben keine wertungsfreie gerichtliche Kontrolle ermögliche.[422] Ähnliches gilt für die Vorstellung, der EuGH könne die Qualität der demokratischen Entscheidungsfindung in den Mitgliedstaaten wertungsfrei kontrollieren, fehlen doch dem EuGH als Wahrer des Unionsrechts jegliche Kriterien für die Bewertung der Bonität eines mitgliedstaatlichen Entscheidungsverfahrens. Den Überlegungen zu einer verfahrensbezogenen Rationalitätskontrolle begegnen ähnliche Vorbehalte. Es ist schon nicht leicht zu lokalisieren, wo das Entscheidungsverfahren aufhört, und die Sachentscheidung beginnt.[423] Auch in der Diktion des EuGH kann die Frage, welche „Faktoren und Umstände der Situation, die mit diesem Rechtsakt geregelt werden sollte“ tatsächlich „erheblich“[424] sind, eine politische Wertungsentscheidung sein und dem EuGH umfassende inhaltliche Wertungs- und Entscheidungsspielräume eröffnen. Das gilt auch für klassischerweise im Rahmen einer Rationalitätskontrolle diskutierte Kriterien wie dem Aufdecken systematischer Fehlentwicklungen im politischen Prozess, also insbesondere illegitime Motive und Informationsdefizite: Wann ein Informationsdefizit besteht, illegitime Motive verwendet werden oder systematische Fehlentwicklungen im politischen Prozess zu beklagen sind, ist keine wertfreie Feststellung.[425] Außerdem ist es bisher nicht gelungen, rechtliche Kriterien für rationale Entscheidungsverfahren zu etablieren.[426] Mit alldem ist nicht gesagt, dass das Konzept der Rationalitätskontrolle normativ oder deskriptiv ohne Nutzen wäre. Lediglich die kategoriale Unterscheidung zwischen Verfahrens- und Wertungsentscheidungen und die Belastbarkeit darauf aufbauender Unterscheidungen soll an dieser Stelle bezweifelt werden.

d) Konsequenzen

Damit kommt es auch durch ein Ausweichen auf eine prozessorientierte Kontrolle im Rahmen des Art. 5 Abs. 4 EUV nicht zu einer erhöhten Kontrolldichte. Gerade mit Blick auf mitgliedstaatliche Interessen ist daher nicht davon auszugehen, dass sich die gerichtliche Kontrolldichte erhöhen müsste, wenn von mitgliedstaatlicher Seite die unzureichende Berücksichtigung ihrer Interessen im politischen Entscheidungsprozess gerügt wird.

---

[422] S. hierzu nur: *N. K. Komesar*, Michigan Law Review 86 (1988), S. 657, 666; *L. Tribe*, Yale Law Journal 89 (1980), S. 1063, 1065 ff.

[423] S. hierzu auch: *A. Woodhouse*, European Law Review 45 (2020), S. 373, 384.

[424] EuGH, Urt. v. 07.09.2006, Spanien/Rat, C-310/04, EU:C:2006:521, Rn. 122.

[425] S. hierzu: *A. Woodhouse*, European Law Review 45 (2020), S. 373, 392 f.

[426] *N. Petersen*, in: Kahl/Ludwigs (Hrsg.), HVwR III, § 73, Rn. 50; s. ausf.: *K. Messerschmidt*, Gesetzgebungsermessen, 2000, S. 875.

Doch auch in diesem Rahmen verbleiben Möglichkeiten, auch mitgliedstaatlichen Interessen zu einer prominenteren Würdigung zu verhelfen. Unionsrechtlich treffenderer Anhaltspunkt ist nach dem Vorgesagten weniger die kategoriale Trennung von prozessualen und inhaltlichen Fragen als vielmehr weiterhin die graduelle Abstufung der Kontrolldichte nach dem Ausmaß der Funktionsdoppelung durch eine gerichtliche Kontrolltätigkeit. Eher graduell denn kategorial lassen sich an dieser Stelle aber einige Überlegungen aus der Diskussion um eine verfahrensorientierte Kontrolle fruchtbar machen, denn manche Elemente, die eher dem Entscheidungsfindungsprozess zuzuordnen sind, könnten mit Blick auf das institutionelle Gleichgewicht als Gradmesser der Kontrolldichte tendenziell eine höhere Kontrolldichte erfordern. Wird der Prüffokus unter Art. 5 Abs. 4 EUV z.B. auf die nachvollziehbare Darlegung der tatsächlichen Entscheidungsgrundlage gelenkt, wird dem EuGH weder abverlangt, die „maßgeblichen" Umstände zusammenzustellen, noch eine wertende Beurteilung dieser Umstände zugemutet. Etwa eine genauere Kontrolle der Gründe für die Nichtdurchführung eines Folgenabschätzungsverfahrens durch den Gesetzgeber als bisher[427] würde den EuGH kaum an die Grenzen seines Mandats bringen. Auch die Abweichung von den Ergebnissen einer Folgenabschätzung könnte zumindest höheren Begründungserfordernissen unterworfen werden, als der EuGH sie aufstellt.[428] Es ist nicht ersichtlich, warum eine Auseinandersetzung mit von mitgliedstaatlicher Seite gerügten methodischen Fehlern bei der Erstellung der Folgenabschätzung[429] das institutionelle Gleichgewicht beschädigen würde. Insofern komm es vor allem darauf an, dass die Mitgliedstaaten darlegen können, dass bestimmte Interessen ihrerseits im Verfahren keine hinreichende Berücksichtigung erfahren haben, und warum eine entsprechende Kontrolle des EuGH das institutionelle Gleichgewicht nicht beschädigen würde.

Die notwendigerweise durchzuführende Einzelfallbeurteilung erschwert hier die Festlegung genauerer, abstrakter Standards. Je weniger aber die wertende Würdigung der Tatsachen und der Gesamtlage im Raume steht und je eher die nachvollziehbare oder begründbare Zusammenstellung der Basis für die politischen Wertungsentscheidungen in den Vordergrund der Kontrolle rückt, desto eher scheint eine präzisere Kontrolle durch den EuGH möglich. Auch Belange der Mitgliedstaaten können hier relevant sein und ihre erkennbare Nichtberücksichtigung kann vom EuGH gerügt werden, ohne dass es zwingend zur Beeinträchtigung des institutionellen Gleichgewichts käme.

---

[427] S. hierfür insb.: EuGH, Urt. v. 03.12.2019, Tschechien/Parlament und Rat, C-482/17, EU:C:2019:1035, Rn. 85 ff.

[428] Vgl. nur: EuGH, Urt. v. 04.05.2016, Pillbox 38, C-477/14, EU:C:2016:324, Rn. 64 ff.

[429] In EuGH, Urt. v. 18.06.2015, Estland/Parlament und Rat, C-508/13, EU:C:2015:403, Rn. 20 hatte Estland eine entsprechende Rüge vorgebracht, die der EuGH in seiner Begründung nicht aufgriff.

III. Fazit

Als systemspezifisch und rechtskulturell geprägte Anwendung eines bestimmten Verständnisses von Demokratie, Gewaltenteilung und Rechtsstaatlichkeit bedarf es für Aussagen über die Festlegung der gerichtlichen Kontrolldichte eines genauen Blicks auf ihre rechtlichen und institutionellen Rahmenbedingungen. Im Unionsrecht ist in dieser Hinsicht der Grundsatz des institutionellen Gleichgewichts prägend, der durch eine hohe Kontrolldichte im Rahmen des Art. 5 Abs. 4 EUV als allgemeine Ausgewogenheitskontrolle in besonderer Wiese herausgefordert wird, weil der EuGH in weitem Umfang Tatsachen selbst erheben und die aus ihnen mit Blick auf ein bestimmtes Regelungsproblem zu ziehenden Schlüsse selbst ziehen müsste und damit Gefahr liefe, das oberste politische Willensorgan der EU zu werden. Steht eine solche Aufgabenannäherung aufgrund der Umstände des Einzelfalls nicht im Raum, kommt eine Anhebung der Kontrolldichte in Betracht. Ausdrückliche Aufgabenzuweisungen an bestimmte Stellen der EU und ihre Absicherung durch institutionelle Unabhängigkeit verstärken hingegen eher die Notwendigkeit für gerichtliche Zurückhaltung. Die völkerrechtliche Provenienz von unionsrechtlichen Handlungen ist dagegen für sich genommen kein Anhaltspunkt für eine abgesenkte Kontrolldichte im Rahmen des Art. 5 Abs. 4 EUV.

Aufgrund der Ausgestaltung des politischen Systems der EU und seiner Vorgaben für die Berücksichtigung föderaler Spannungslagen besteht schließlich kein besonderer Schutzauftrag des EuGH zugunsten föderaler Belange, der eine erhöhte Kontrolldichte in der Anwendung von Art. 5 Abs. 4 EUV rechtfertigen würde, wenn Interessen der Mitgliedstaaten in Rede stehen. Überlegungen zur Intensivierung der Kontrolldichte bei der Überwachung des Entscheidungsprozesses beruhen schließlich auf einer wenig tragfähigen Unterscheidung von Entscheidungsprozess und Entscheidungsinhalt, wobei tatsächlich aus Sicht des institutionellen Gleichgewichts eine erhöhte Kontrolldichte des EuGH nach Art. 5 Abs. 4 EUV in Betracht kommt, je weniger die wertende Würdigung von Tatsachen und desto mehr die Schaffung einer Tatsachengrundlage für politische Entscheidungen in Rede steht.

D. Zusammenfassung

Dieses Kapitel hat versucht zu umreißen, wie Art. 5 Abs. 4 EUV in seiner föderalen Dimension angewendet werden kann. Herausgearbeitet wurde zunächst, dass der Schutz vor finanziellen oder administrativen Belastungen aus dem SubProt sowie grundsätzlich alle durch Unionsmaßnahmen herbeigeführten Belastungen der Mitgliedstaaten in den Schutzbereich von Art. 5 Abs. 4 EUV fallen. Geht es um die Handlungsfreiheit der Mitgliedstaaten, so sind keine räumlich verstandenen Residualbereiche mitgliedstaatlicher Zuständigkeit gemeint, die vor unionsrechtlichem Einfluss geschützt werden müssten, weil ein solches Verständnis nicht zur Zuständigkeitsordnung der EU passen würde. Vielmehr geht es um die Ausgestaltung der unionsrechtlichen Rechtsbindungen der Mitgliedstaaten in ihrer Breite und Tiefe, die mittels Art. 5 Abs. 4 EUV gesteuert werden kann.

Die Verpflichtung auf eine formale Verhältnismäßigkeit kann deshalb keine besondere Schutzwirkung zugunsten der Mitgliedstaaten entfalten, weil sich die Handlungsformen der EU nicht hinreichend anhand von formellen Gesichtspunkten nach ihrer Eingriffsintensität in die mitgliedstaatliche Handlungsfreiheit staffeln lassen. Entscheidend sind damit stets die durch die inhaltlichen Vorgaben einer Maßnahme herbeigeführten Effekte.

In den typischen Konstellationen einer gesamtbilanzierenden Verhältnismäßigkeitsprüfung nach Art. 5 Abs. 4 EUV liegt eine grundsätzlich niedrige Kontrolldichte nahe, um das institutionelle Gleichgewicht nicht zu beeinträchtigen, obgleich Abweichungen hiervon je nach Fallkonstellation geboten sind. Insbesondere im Rahmen der gerichtlichen Kontrolle des Abwägungsverfahrens der EU bestehen noch Potenziale, um auch die Berücksichtigung mitgliedstaatlicher Interessen zu verstärken.

Schluss

A. Zusammenfassung der Ergebnisse

Die Ergebnisse der Befassung dieser Arbeit mit Art. 5 Abs. 4 EUV und seiner föderalen Dimension sollen im Folgenden thesenartig zusammenfasst werden.

1) Der Grundsatz der Verhältnismäßigkeit lässt sich bis in die früheste Rechtsprechung des EuGH einerseits als Ausgewogenheitsvorgabe für das Handeln der EU und andererseits als Schutz vor unverhältnismäßigen Belastungen für Einzelne zurückverfolgen. Beide Strömungen werden unter dem gemeinsamen Dach eines allgemeinen Rechtsgrundsatzes unter der Verwendung aller aus der deutschen Grundrechtsdogmatik bekannten Prüfstufen der Verhältnismäßigkeit vereint.

2) Innerhalb des unionsrechtlichen Grundsatzes der Verhältnismäßigkeit lassen sich entsprechend dieser beiden Strömungen bis heute zwei Prüfzugriffe unterscheiden: Einerseits fungiert der Grundsatz der Verhältnismäßigkeit im Unionsrecht als eigenständige Handlungsschranke allen Unionshandelns, indem er ein Gebot der Ausgewogenheit und Sachgerechtigkeit aufstellt, was zu einem gesamtbilanzierenden Prüfungsansatz führt. Andererseits dient der Grundsatz der Verhältnismäßigkeit dort, wo subjektive Rechte betroffen sind, als Eingriffsschranke für diese Rechte. Insbesondere die Erforderlichkeits- und die Angemessenheitsprüfung fallen je nach Prüfzugriff unterschiedlich aus. Die Kontrolldichte ist bei der Verwendung des Grundsatzes der Verhältnismäßigkeit als Eingriffsschranke grundsätzlich höher als im Rahmen der Ausgewogenheitsprüfung.

3) Die Herausbildung dieser unterschiedlichen Prüfzugriffe ist das Resultat einer unionsrechtsspezifischen Operationalisierung des ideengeschichtlichen Erbes von Verhältnismäßigkeit im Recht. Insbesondere das Rechtsschutzsystem des Unionsrechts und die Entwicklung des Unionsrechts an der Schnittstelle unterschiedlicher mitgliedstaatlicher Rechtsordnungen haben zur Entstehung dieser unterschiedlichen Zugriffe beigetragen.

4) Art. 5 Abs. 4 EUV verortet diesen unionsrechtlichen Grundsatz der Verhältnismäßigkeit im Kontext des Verhältnisses der EU zu ihren Mitgliedstaaten. Entwicklungsgeschichtlich griffen die Mitgliedstaaten darauf zurück, dass die gesamtbilanzierende Prüfung des EuGH auch mitgliedstaatliche Interessen berücksichtigen konnte und schufen den damaligen Art. 3b Abs. 3 EGV als Kompromiss im Streit um die Formulierung des Subsidiaritätsprinzips. Die Vorstel-

lungen der Mitgliedstaaten und europäischen Institutionen von dieser Norm blieben seinem Kompromisscharakter entsprechend diffus. In seiner heutigen Ausgestaltung adressiert Art. 5 Abs. 4 EUV alle Stellen der EU, ist auf all ihre Handlungen anwendbar, betrifft den Inhalt einer Maßnahme sowie die Handlungsformenwahl und wird durch die Vorgaben des Subsidiaritätsprotokolls konkretisiert.

5) Angesichts dieser Vagheit konkurrieren in Literatur und Praxis zwei Verständnisse von Art. 5 Abs. 4 EUV und seiner föderalen Funktion, die sich jeweils den beiden bereits identifizierten Prüfzugriffen auf den unionsrechtlichen Grundsatz der Verhältnismäßigkeit zuordnen lassen. Nach Ansicht insbesondere der deutschen Literatur und einiger Generalanwälte dient Art. 5 Abs. 4 EUV als Eingriffsschranke der Handlungsfreiheit der Mitgliedstaaten, womit einem sog. Kompetenzdrift entgegengewirkt und Schutzlücken anderer föderaler Organisationsgrundsätze geschlossen werden sollen. Der EuGH versteht Art. 5 Abs. 4 EUV als allgemeine Normierung der objektiven Ausgewogenheitsverpflichtung der EU, wobei jegliche denkbaren mitgliedstaatlichen Interessen neben allen anderen betroffenen Faktoren in der Gesamtbilanzierung berücksichtigt werden können, was eine allgemeine Mäßigung der Unionshandlungen zum Ziel hat.

6) Art. 5 Abs. 4 EUV ist nicht in subjektivrechtlicher Tradition der Verhältnismäßigkeit als Eingriffsschranke der mitgliedstaatlichen Autonomie zu verstehen. Es bestehen insofern schon Zweifel, ob ein solches Verständnis überhaupt sein selbsterklärtes Ziel der Einhegung des Kompetenzdrifts erreichen könnte. Jedenfalls widerspricht ein solches Verständnis dem Wortlaut, der Entstehungsgeschichte und dem systematischen Vergleich mit Art. 52 Abs. 1 S. 2 GRC als der anderen Teilpositivierung des Grundsatzes der Verhältnismäßigkeit im Primärrecht. Die Vorstellung eines Kompetenzdrifts als Gefahr für die Zuständigkeitsordnung beruht überdies auf einer unzutreffenden Charakterisierung der Zuständigkeitsordnung in der EU und passt nicht zur Stellung der Mitgliedstaaten im Integrationsprozess, sodass auch eine teleologische Begründung dieses Prüfzugriffs scheitert und er sich *de lege lata* damit weder im Rahmen des Art. 5 Abs. 4 EUV noch hilfsweise im Rahmen des Art. 5 Abs. 3 EUV operationalisieren lässt. Schließlich stellen gerichtliche Wertungsentscheidungen in Form von subjektivrechtlich ausgerichteten Verhältnismäßigkeitsüberlegungen zur Moderation von föderalen Spannungslagen im Rechtsvergleich eine Anomalie dar, sodass die Entwicklung einer subjektivrechtlich geprägten föderalen Verhältnismäßigkeit auch *de lege ferenda* skeptisch zu betrachten wäre.

7) Ein gesamtbilanzierender Prüfzugriff auf Art. 5 Abs. 4 EUV passt hingegen besser zu Wortlaut, Systematik und Entstehungsgeschichte der Norm und fügt sich auch deutlich besser in das föderale System der EU ein. Die Anwendung dieses Prüfzugriffs durch den EuGH in Fällen, in denen auch mitgliedstaatliche Interessen zu berücksichtigen waren, ist hingegen in vielen Fällen defizitär geblieben. Das macht es notwendig, die föderale Dimension der in Art. 5 Abs. 4 EUV positivierten Ausgewogenheitsprüfung zu schärfen.

8) Im Rahmen dieser gesamtbilanzierenden Prüfung können die Mitgliedstaaten alle im Subsidiaritätsprotokoll gelisteten Interessen, ihre Handlungsfreiheit im Sinne einer unionsrechtlich nicht determinierten legislativen, exekutiven und judikativen Entscheidungsbefugnis sowie alle weiteren Belastungen der Mitgliedstaaten durch das Unionsrecht, etwa in volkswirtschaftlicher oder kultureller Hinsicht, geltend machen.

9) Mit Blick auf die mitgliedstaatliche Handlungsfreiheit entpuppt sich die Frage der Verhältnismäßigkeit der Handlungsformenwahl weitestgehend als Scheinproblem, da die Wahl der Handlungsform allein zum aktuellen Stand der unionalen Handlungsformenlehre nur in äußerst begrenztem Umfang etwas über das Ausmaß der Rechtsbindung der Mitgliedstaaten durch das Unionsrecht aussagt. Relevant ist vielmehr allein die Belastung der Mitgliedstaaten durch den Inhalt einer Unionsmaßnahme.

10) Während die Begründung des EuGH für die Zurücknahme der Kontrolldichte in der gesamtbilanzierenden Verhältnismäßigkeitsprüfung nicht überzeugen kann, ist diesem Vorgehen doch im Ergebnis zuzustimmen, da der gesamtbilanzierende Prüfansatz ansonsten zu einem Ausmaß an Aufgabendopplung von EuGH und den politischen Organen führen würde, welches das institutionelle Gleichgewicht der EU gerade in föderalen Spannungslagen zu stark stören würde. Situationsspezifisch ist eine Erhöhung der Kontrolldichte aber dennoch denkbar. Die vom EuGH verschiedentlich durchgeführte und in der Literatur ausgeformte verfahrensorientierte Verhältnismäßigkeitskontrolle leistet in dieser Hinsicht nur in begrenztem Ausmaße einen Beitrag dazu, die Kontrolldichte zu variieren.

B. Ausblick

Die hier gefundenen Ergebnisse regen zu einigen weiterführenden Überlegungen an, die in Form eines Ausblicks nur noch kurz skizziert werden sollen.

Die Beschäftigung mit dem Grundsatz der Verhältnismäßigkeit im Unionsrecht hat erneut vor Augen geführt, dass die Durchdringung des Unionsrechts eine dauerhafte Wachsamkeit für den eigenständigen Charakter des Unionsrechts und der Bedeutung der durch diese Rechtsordnung geregelten Fragestellungen nötig macht. Zu den Funktionslogiken des Unionsrechts gehört es, mitgliedstaatliche Erfahrungen und Prägungen als unentbehrliche Ressourcen zu nutzen, die den Ausgangspunkt für die unionsrechtlich spezifische Evolution der supranationalen Rechtsfiguren bilden. Nicht nur ist dies ein rechtskulturell spannendes Unterfangen, sondern gewährleistet auch die praktische Funktionsfähigkeit der rechtlichen Integration von ca. 450 Millionen Unionsbürgerinnen und Unionsbürgern aus 27 Mitgliedstaaten.

Gerade für die föderale Dimension des Art. 5 Abs. 4 EUV ist ein spezifisch unionsrechtliches Verständnis der Schlüssel für die rechtspraktische Entfaltung seines Potenzials. Indem sich die Mitgliedstaaten und ihre Gerichte die unionsrechtlichen Eigenheiten, Potenziale und Grenzen dieser Norm vor Augen führen, können mitgliedstaatliche Interessen präziser berücksichtigt werden. Wenn z.B. das konkret geltend gemachte mitgliedstaatliche Interesse und seine Beeinträchtigung durch das Unionsrecht sauber herausgearbeitet, gleichzeitig die gesamtbilanzierende Prüfung durch den EuGH in der Argumentation antizipiert und schließlich am institutionellen Gleichgewicht ausgerichtete Überlegungen zur Kontrolldichte angestellt werden, können dem EuGH überzeugende Argumentationslinien zur Anwendung des Art. 5 Abs. 4 EUV unterbreitet werden. Zu einer in der Praxis noch ausstehenden Präzisierung der föderalen Dimension des Art. 5 Abs. 4 EUV hofft die vorliegende Arbeit bescheidene Beiträge geleistet zu haben.

Auch die Anforderungen an die Arbeit des EuGH bei der Anwendung des Art. 5 Abs. 4 EUV lassen sich in Anlehnung an die Erkenntnisse dieser Arbeit akzentuieren. Besonderes Augenmerk gilt insofern der Mindestanforderung, dass der EuGH tatsächlich alle ihm zur Kenntnis gebrachten Belange erkennbar in seiner gesamtbilanzierenden Prüfung berücksichtigt und seine Abwägungen erläutert. Auch die Gründe für die im Einzelfall angelegte Kontrolldichte könnten, wie gezeigt, noch deutlich präziser gefasst werden. Gerade die Besonderheiten in Prüfzugriff und institutionellem Setting der Verhältnismäßigkeitsprüfung am EuGH sollten wegen des ggf. abweichenden Verständnishorizonts der involvierten Mitgliedstaaten und ihrer Gerichte Anlass dazu geben, diese Eigenheiten, soweit es für den jeweiligen Fall nötig ist, auszuflaggen, um eine bessere Anschlussfähigkeit der Entscheidungen zu ermöglichen und eine höhere rechtsstaatliche Qualität seiner Abwägungen zu gewährleisten. In dieser Hinsicht sind, bei aller in dieser Arbeit am PSPP-Urteil des BVerfG geäußerten Kritik, die in diesem Urteil erkennbaren Vorwürfe an den EuGH hinsichtlich einer unzureichenden Würdigung bestimmter Aspekte und die allzu pauschale Annahme einer geringen Kontrolldichte noch am ehesten nachvollziehbar. Der EuGH hätte gut daran getan, seine Abwägungsentscheidung und seine Festlegung der Kontrolldichte gegenüber der EZB präziser und fallbezogener zu begründen, statt altbekannte, wenig aussagekräftige Rechtsprechungsformeln wiederzugeben.[1]

Auch jenseits von Art. 5 Abs. 4 EUV mag diese Arbeit einen Ausgangspunkt dafür bilden, allgemeiner über die Verwendung des Grundsatzes der Verhältnismäßigkeit in föderalen Kontexten nachzudenken. Die Pfadabhängigkeit der Entwicklung und ihre Umstände hin zu einem meist grundrechtsbezogenen Verständnis von Verhältnismäßigkeit ist stärker zu betonen, ebenso wie die Tatsache, dass der Grundgedanke von Verhältnismäßigkeit im Recht weit über diese spezifische Ausprägung hinausgehen kann. Darauf aufbauend mag besser zu bewerten und zu entwickeln sein, inwieweit Überlegungen zur Verhältnismäßigkeit geeignet sind, föderale Spannungslagen zu bewältigen und bis zu welchem Grad Gerichte diese Entscheidungen treffen sollten.

---

[1] So auch: *T. Ćapeta*, in: Essays in honour of Nada Bodiroga-Vukobrat, 2021, S. 145, 156.

Literaturverzeichnis

Abel, Albert S., What Peace, Order and Good Government?, Western Ontario Law Review 7 (1968), S. 1 ff.

von Achenbach, Jelena, Demokratische Gesetzgebung in der Europäischen Union, Berlin 2013.

Ackermann, Laurie W. H., Constitutional Comparativism in South Africa, in: Markensinis/Fedtke (Hrsg.), Judicial Recourse to Foreign Law, London 2006, S. 263 ff.

Adamovich, Ludwig K./Funk, Bernd-Christian/Holzinger, Gerhart/Frank, Stefan Leo, Österreichisches Staatsrecht, Bd. 1: Grundlagen, 3. Aufl., Wien 2020.

Albin, Silke, Das Subsidiaritätsprinzip in der EU – Anspruch und Wirklichkeit, NVwZ 2006, S. 629 ff.

Albrecht, Jan-Philipp/Jotzo, Florian, Das neue Datenschutzrecht der EU, München 2017.

Alemanno, Alberto, Regulatory Impact Assessment and European Courts: When Ex Ante Evaluation Meets Ex Post Judicial Control, European Public Law 17 (2011), S. 485 ff.

Alexander, Larry/Prakash, Saikrishna, Reports of the Nondelegation Doctrine's Death Are Greatly Exaggerated, University of Chicago Law Review 70 (2003), S. 1297 ff.

Alexy, Robert, Theorie der juristischen Argumentation, Berlin 1983.

–, Theorie der Grundrechte, Baden-Baden 1985.

–, On Balancing and Subsumption, Ratio Iuris 16 (2003), S. 433 ff.

Alter, Maximilian J., ‚Judicial Review' im englischen Sicherheitsrecht, ZaöRV 75 (2015), S. 847 ff.

Anschütz Gerhard/Thoma, Richard (Hrsg.), Handbuch des Deutschen Staatsrechts, Zweiter Bd., Tübingen 1932.

Anschütz, Gerhard, Die Verfassung des Deutschen Reichs, 14. Aufl., Berlin 1933.

von Arnauld, Andreas, Theorie und Methode des Grundrechtsschutzes in Europa – am Beispiel des Grundsatzes der Verhältnismäßigkeit, EuR 2008 – Beiheft 1, S. 41 ff.

Arnull, Anthony/Chalmers, Damian (Hrsg.), The Oxford Handbook of European Union Law, Oxford 2015.

van Arsdall, Michael, Enforcing the Enforcement Clause: City of Boerne v. Flores Chips Away at Congressional Power, Catholic University Law Review 48 (1998), S. 249 ff.

Aust, Helmut Philipp, Grundrechtsdogmatik im Staatsorganisationsrecht?, AöR 141 (2016), S. 415 ff.

Bachof, Otto, Die Vereinheitlichung der Verwaltungsgerichtsbarkeit durch eine Verwaltungsgerichtsordnung des Bundes, Deutsche Rechtszeitschrift 1950, S. 341 ff.

–, Reflexwirkungen und subjektive Rechte im öffentlichen Recht, in: Bachof/Drath/Gönnewein/Walz (Hrsg.), Forschungen und Berichte aus dem öffentlichen Recht. Gedächtnisschrift für Walter Jellinek, München 1959, S. 287 ff.

Badura, Peter, Bewahrung und Veränderung demokratischer und rechtsstaatlicher Verfassungsstruktur in den internationalen Gemeinschaften, VVDStRL 23 (1966), S. 34 ff.

–, Die ‚Kunst der föderalen Form' – Der Bundesstaat in Europa und die europäische Föderation, in: Badura/Scholz (Hrsg.), Wege und Verfahren des Verfassungslebens. Festschrift für Peter Lerche zum 65. Geburtstag, München 1993, S. 369 ff.

de Baere, Geert/Roes, Timothy, EU Law as Good Faith, The International and Comparative Law Quarterly 64 (2015), S. 829 ff.

Bagley, Nicholas/Mortenson, Julian Davis, Delegation at the Founding, Columbia Law Review 121 (2021), S. 277 ff.

Bahlmann, Kai, Der Grundrechtsschutz in der Europäischen Gemeinschaft, EuR 1984, S. 1 ff.

Baier, Gerald, Tempering Peace, Order and Good Government: Provincial Inability and Canadian Federalism, National Journal of Constitutional Law 9 (1998), S. 277 ff.

Bar-Siman-Tov, Ittar, The Puzzling Resistance to Judicial Review of the Legislative Process, Boston University Law Review 91 (2011), S. 1915 ff.

–, Semiprocedural Judicial Review, Legisprudence 6 (2012), S. 271 ff.

Barak, Aharon, Proportionality, Cambridge 2012.

Barents, René, Agricultural Law of the EC, Dordrecht 1994.

Barnard, Catherine, Restricting Restrictions: Lessons for the EU from the US?, The Cambridge Law Journal 68 (2009), S. 575 ff.

Barnett, Randy E., Scrutiny Land, Michigan Law Review 106 (2008), S. 1479 ff.

Basedow, Jürgen, Zielkonflikte und Zielhierarchien im Vertrag über die Europäische Gemeinschaft, in: Due/Lutter/Schwarze (Hrsg.), Festschrift für Ulrich Everling, Bd. I, Baden-Baden 1995, S. 49 ff.

Bast, Jürgen, Grundbegriffe der Handlungsformen der EU, Berlin 2006.

Baude, William/Sachs, Stephen E., The Misunderstood Eleventh Amendment, University of Pennsylvania Law Review 169 (2021), S. 609 ff.

Baumann, Johannes Maria, Die Rechtsprechung des EuGH zum Vorrang von Gemeinschaftsrecht vor mitgliedstaatlichen Verwaltungsakten und Gerichtsurteilen, Frankfurt 2010.

Beaudoin/Ratushny (Hrsg.), The Canadian Charter of Rights and Freedoms, 2. Aufl., Toronto 1998.

Bebr, Gerhard, Development of judicial control of the European Communities, Den Haag 1981.

Becker, Joachim, Die Anwendbarkeit der Theorie von den implied powers im Recht der Europäischen Gemeinschaften, Münster 1976.

Becker, Ulrich/Hatje, Armin/Schoo, Johann/Schwarze, Jürgen (Hrsg.), EU-Kommentar, 4. Aufl., Baden-Baden 2019.

Beetz, Jean, Les attitudes changeantes du Québec à l'egard de la Constitution de 1867, in: Crépau/Macpherson (Hrsg.), The Future of Canadian Federalism, Toronto 1965, S. 113 ff.

Benoît-Rohner, Florence, Identité européenne et identité nationale: absorption, complémentarité ou conflit?, in: Chemins d'Europe – Mélanges en l'honneur de Jean-Paul Jacqué, Paris 2010, S. 63 ff.

Benz, Arthur, Die EU als Föderation eigener Art, in: Tsatsos (Hrsg.), Die Unionsgrundordnung, Berlin 2010, S. 319 ff.

von Berg, Günther Heinrich, Handbuch des Teutschen Policeyrechts, Erster Theil, Hannover 1799.

Bermann, George, A., Taking Subsidiarity Seriously: Federalism in the European Community and the United States, Columbia Law Review 94 (1994), S. 331 ff.

–, Proportionality and Subsidiarity, in: Barnard/Scott (Hrsg.), The Law of the Single European Market: Unpacking the Premises, London 2002, S. 75 ff.

Bernard, Nicolas, The Future of European Economic Law in the Light of the Principle of Subsidiarity, CMLR 33 (1996), S. 633 ff.

Bernhardt, Rudolf, Die Auslegung völkerrechtlicher Verträge insbesondere in der Rechtsprechung internationaler Gerichte, Köln 1963.

–, Probleme eines Grundrechtskatalogs für die Europäischen Gemeinschaften, in: Europäische Gemeinschaften (Hrsg.), Der Schutz der Grundrechte in der Europäischen Gemeinschaft, Bulletin der Europäischen Gemeinschaften – Beilage 5/1976, S. 19 ff.

Berrisch, Georg M., Zum „Bananen" Urteil des EuGH v. 5.10.1994, EuR 1994, S. 461 ff.

Biagi, Francesco, European Constitutional Courts and Transitions to Democracy, Cambridge 2020.

Bickel, Alexander M., The Least Dangerous Branch, New York 1962.

Bickenbach, Christian, Das Subsidiaritätsprinzip in Art. 5 EUV und seine Kontrolle, EuR 2013, S. 523 ff.

–, Die Einschätzungsprärogative des Gesetzgebers, Tübingen 2014.

Biervert, Bernd, Der Missbrauchs von Handlungsformen im Gemeinschaftsrecht, Baden-Baden 1999.

Bilchitz, David, Necessity and Proportionality: Towards a Balanced Approach?, in: Lazarus/McCrudden/Bowles (Hrsg.), Reasoning Rights: Comparative Judicial Engagement, Oxford 2014, S. 41 ff.

Bjorge, Eirik/William, Jack R., The Protean Principle of Proportionality: How Different Is Proportionality in EU Contexts, Cambridge Law Journal 75 (2016), S. 186 ff.

Blackstone, William, Commentaries on the Laws of England, in: Cooley (Hrsg.), Commentaries on the Laws of England in Four Books by Sir William Blackstone, Vol. 1 including Books I & II, 3. Aufl., Chicago 1884.

Blanke, Thomas, Antidemokratische Effekte der verfassungsgerichtlichen Demokratietheorie, KritJ 31 (1998), S. 452 ff.

Bleckmann, Albert, Zum Ermessensmißbrauch im europäischen Gemeinschaftsrecht, in: Grewe/Rupp/Schneider (Hrsg.), Europäische Gerichtsbarkeit und nationale Verfassungsgerichtsbarkeit. Festschrift für Hans Kutscher zum 70. Geburtstag, Baden-Baden 1981, S. 25 ff.

–, Begründung und Anwendungsbereich des Verhältnismäßigkeitsprinzips, JuS 1994, S. 177 ff.

Bobek, Michal, Why there is No Principle of ‚Procedural Autonomy' of the Member States, in: de Witte/Micklitz (Hrsg.), The European Court of Justice and the Autonomy of the Member States, Cambridge 2011, S. 305 ff.

Böckenförde, Ernst-Wolfgang, Grundrechtstheorie und Grundrechtsinterpretation, NJW 1974, S. 1529 ff.

–, Grundrechte als Grundsatznormen, Der Staat 29 (1990), S. 1 ff

–, Zur Lage der Grundrechtsdogmatik nach 40 Jahren Grundgesetz, München 1990.

–, Schutzbereich, Eingriff, Verfassungsimmanente Schranken, Der Staat 42 (2003), S. 165 ff.

von Bogdandy, Armin, Grundprinzipien, in: von Bogdandy/Bast (Hrsg.), Europäisches Verfassungsrecht, 2. Aufl., Berlin 2009, S. 13 ff.

–, Prinzipien der Rechtsfortbildung im europäischen Rechtsraum – Überlegungen zum Lissabon-Urteil des BVerfG, NJW 2010, S. 1 ff.

–, Strukturwandel des öffentlichen Rechts, Berlin 2022.

von Bogdandy, Armin/Bast, Jürgen/Arndt, Felix, Handlungsformen im Unionsrecht, ZaöRV 62 (2002), S. 77 ff.

von Bogdandy, Armin/Grabenwarter, Christoph/Huber, Peter M. (Hrsg.), Ius Publicum Europaeum, Bd. VI: Verfassungsgerichtsbarkeit I, Heidelberg 2007.

von Bogdandy, Armin/Huber, Peter M./Marcusson, Lena (Hrsg.), Ius Publicum Europaeum, Bd. VIII: Verwaltungsgerichtsbarkeit in Europa, Heidelberg 2019.

–, (Hrsg.), Ius Publicum Europaeum, Bd. IX: Verfassungsgerichtsbarkeit in Europa, Heidelberg 2022.

Boriello, Fillipo, Principle of Proportionality and the Principle of Reasonableness, Review of European Administrative 13 (2020), S. 155 ff.

Borowski, Martin, Grundrechte als Prinzipien, Baden-Baden 1998.

von Borries, Reimer, Das Subsidiaritätsprinzip im Recht der Europäischen Union, EuR 1994, S. 263 ff.

Boskovits, Kosmas, Le juge communautaire et l'articulation des compétences normatives entre la Communauté européenne et ses États membres, Brüssel 1999.

Boucon, Lena, EU Law and Retained Powers of Member States, in: Azoulai (Hrsg.), The Question of Competence in the European Union, Oxford 2014, S. 168 ff.

Braibant, Guy, Le principe de proportionnalité, in: Mélanges offerts à Marcel Waline: le juge et le droit public, Tome II, Paris 1974, S. 297 ff.

Brenz, Jan, Das Polizeirecht als ein durch den Verhältnismäßigkeitsgrundsatz bestimmtes System von Abwägungsentscheidungen, Berlin 2008.

Brett, Paul, Reflections on the Canadian Bill of Rights, Alberta Law Review 7 (1969), S. 294 ff.

Brigola, Alexander, Der Grundsatz der Verhältnismäßigkeit im Gefüge der Grundfreiheiten – Steuerungsinstrument oder Risikofaktor?, EuZW 2017, S. 406 ff.

Britz, Gabriele, Grundrechtsschutz durch das Bundesverfassungsgericht und den Europäischen Gerichtshof, EuGRZ 2015, S. 275 ff.

Brosius-Gersdorf, Frauke (Hrsg.), Dreier Grundgesetz-Kommentar, Bd. I, 4. Aufl., Tübingen 2023.

Brouillet, Eugénie, La négation de la nation. L'identité culturelle québécoise et le fédéralisme canadien, Québéc 2005.

–, The Federal Principle and the 2005 Balance of Powers in Canada, Supreme Court Law Review 34 (2006), S. 307 ff.

Brünger, Pola M., Der Vorwurf des Politischen, in: Dux/Groß/Kraft/Militz/Ness (Hrsg.), Frau.Macht.Recht, Baden-Baden 2023, S. 183 ff.

Bryde, Brun-Otto, Verfassungsentwicklung, Baden-Baden 1982.

–, Die bundesrepublikanische Volksdemokratie als Irrweg der Demokratietheorie, Staatswissenschaft und Staatspraxis 5 (1994), S. 305 ff.

–, Rolle der Verfassungsgerichtsbarkeit in Umbruchsituationen, in: Hesse/Schuppert/Harms (Hrsg.), Verfassungsrecht und Verfassungspolitik in Umbruchsituationen, Baden-Baden 2000, S. 197 ff.

–, The ECJ's Fundamental Rights Jurisprudence – A Milestone in Transnational Constitutionalism, in: Maduro/Azoulai (Hrsg.), The Past and Future of EU Law, London 2010, S. 119 ff.

Buchanan, G. Sidney, Katzenbach v. Morgan and the Congressional Enforcement Power under the Fourteenth Amendment: A Study in Conceptual Confusion, Houston Law Review 17 (1979), S. 69 ff.

Buckley, Francis H., The Once and Future King, New York 2014.

Bühler, Margit, Einschränkungen von Grundrechten nach der Europäischen Grundrechtecharta, Berlin 2005.

Bülow, Erich, Das Verhältnis des Rechts der Europäischen Gemeinschaften zum nationalen Recht, in: Europarechtliches Kolloquium (Hrsg.), Aktuelle Fragen des europäischen Gemeinschaftsrechts, Stuttgart 1965, S. 57 ff.

Bumke, Christian, Der Grundrechtsvorbehalt, Baden-Baden 1998.

–, Rechtssetzung in der Europäischen Gemeinschaft, in: Schuppert/Pernice/Haltern (Hrsg.), Europawissenschaft, Baden-Baden 2005, S. 643 ff.

–, Die Entwicklung der Grundrechtsdogmatik im deutschen Staatsrecht unter dem Grundgesetz, AöR 144 (2019), S. 1 ff.

de Búrca, Grainne, The Principle of Proportionality and its Application in EC Law, Yearbook of European Law 13 (1993), S. 105 ff.

Burgorgue-Larsen, Laurence, A Huron at the Kirchberg-Plateau, in: Saiz Arnaiz/Alcoberro Llivina (Hrsg.), National Constitutional Identity and European Integration, Cambridge 2013, S. 275 ff.

von Busse, Carl-David, Die Methoden der Rechtsvergleichung im öffentlichen Recht als richterliches Instrument der Interpretation von nationalem Recht, Baden-Baden 2015.

Cairns, Allan C., The Judicial Committee and Its Critics, Canadian Journal of Political Science 4 (1971), S. 301 ff.

Caldeira, Gregory A./Kelemen, R. Daniel/Whittington, Keith E. (Hrsg.), The Oxford Handbook of Law and Politics, Oxford 2008.

Calliess, Christian/Ruffert, Matthias (Hrsg.), EUV/AEUV – Das Verfassungsrecht der Europäischen Union mit Europäischer Grundrechtecharta, 6. Aufl., München 2022.

Calliess, Christian, Die Justiziabilität des Art. 72 Abs. 2 GG vor dem Hintergrund von kooperativem und kompetitivem Föderalismus, DÖV 1997, S. 889 ff.

–, Subsidiaritäts- und Solidaritätsprinzip in der Europäischen Union, 2. Aufl., Baden-Baden 1999.

–, Kontrolle zentraler Kompetenzausübung in Deutschland und Europa: Ein Lehrstück für die Europäische Verfassung, EuGRZ 2003, S. 181 ff.

–, Grundsatz der Subsidiarität: Nur ein leeres Versprechen?, in: Stiftung Gesellschaft für Rechtspolitik (Hrsg.), Bitburger Gespräche Jahrbuch 2011 Bd. 1, Berlin 2012, S. 47 ff.

–, Konfrontation statt Kooperation zwischen BVerfG und EuGH?, NVwZ 2020, S. 897 ff.

Cameron, Jamie, The Forgotten Half of Dolphin Delivery: A Comment on the Relationship between the Substantive Guarantees and Section 1 of the Charter, University of British Columbia Law Review 22 (1988), S. 147 ff.

Camilo de Oliveira, Renata, Zur Kritik der Abwägung in der Grundrechtsdogmatik, Berlin 2013.

Caminker, Evan H., ‚Appropriate' Means-Ends Constraints on Section 5 Powers, Stanford Law Review 5 (2001), S. 1127 ff.

Cane, Peter/Hofmann, Herwig C. H./Ip, Eric C/Lindseth, Peter L. (Hrsg.), The Oxford Handbook of Comparative Administrative Law, Oxford 2020.

Čapeta, Tamara, The Weiss/PSPP Case and the Future of Constitutional Pluralism in the EU, in: Sander/Poščić/Martinović (Hrsg.), Exploring the Social Dimension of Europe – Essays in honour of Nada Bodiroga-Vukobrat, Hamburg 2021, S. 145 ff.

Cass, Deborah Z., The Word that Saves Maastricht? The Principle of Subsidiarity and the Division of Powers within the European Community, CMLR 29 (1992), S. 1107 ff.

Chapman, Bruce, Law, Incommensurability, and Conceptually Sequenced Argument, University of Pennsylvania Law Review 146 (1998), S. 1487 ff.

Cheadle/Davis/Hansom (Hrsg.), South African Constitutional Law: The Bill of Rights, Durban 2002.

Chemerinsky, Alex, Tears of Scrutiny, Tulsa Law Review 57 (2022), S. 341 ff.

Choper, Jesse H./Yoo, John C., Who's Afraid of the Eleventh Amendment? The Limited Impact of the Court's Sovereign Immunity Rulings, Columbia Law Review 106 (2006), S. 213 ff.

Christensen, Ralph/Lerch, Kent D., Dass das Ganze die Wahrheit ist, ist nicht ganz unwahr, JZ 2007, S. 438 ff.

Christensen, Ralph/Sokolowski, Michael, Juristisches Entscheiden unter der Vorgabe von Mehrsprachigkeit, in: Müller/Burr (Hrsg.), Rechtssprache Europas, Berlin 2004, S. 113 ff.

Cicero, Vom rechten Handeln, 4. Aufl., Zürich 1994.

Claes, Monika/de Visser, Maartje, The Court of Justice as a Federal Constitutional Court: A Comparative Perspective, in: Cloots/de Baere/Sottiaux (Hrsg.), Federalism in the European Union, Oxford 2012, S. 83 ff.

Claes, Monika, The National Court's Mandate in the European Constitution, London 2006.

Classen, Claus-Dieter, Die Europäisierung der Verwaltungsgerichtsbarkeit, Tübingen 1996.

–, Das Prinzip der Verhältnismäßigkeit im Spiegel europäischer Rechtsentwicklungen, in: Sachs/Siekmann (Hrsg.), Der grundrechtsgeprägte Verfassungsstaat. Festschrift für Klaus Stern zum 80. Geburtstag, Berlin 2012, S. 651 ff.

–, Datenschutz ja – aber wie?, EuR 2014, S. 441 ff.

–, Unionsrecht als Integrationsrecht verstehen!, JöR n.F. 68 (2020), S. 489 ff.

–, Kann eine gemeineuropäische Grundrechtsdogmatik entstehen?, EuR 2022, S. 279 ff.

–, Perspektiven der europäischen Rechtsgemeinschaft, JZ 2023, S. 53 ff.

Claudi, Hubertus, Die Bindung der EWG an Grundrechte, München 1976.

Clérico, Laura, Die Struktur der Verhältnismäßigkeit, Baden-Baden 2001.

Cloots, Elke, National Identity in EU Law, Oxford 2015.

Cohen, Antonin, ‚Ten Majestic Figures in Long Amaranth Robes': The Formation of the Court of Justice of the European Communities, in: Vauchez/de Witte (Hrsg.), Lawyering Europe, London 2013, S. 21 ff.

Cohen-Eliya, Moshe/Porat, Iddo, Proportionality and Constitutional Culture, Cambridge 2013.

Collings, Justin, Democracy's Guardians, Oxford 2015.

Collins, Michael/Woolhandler, Ann, Judicial Federalism under Marshall and Taney, The Supreme Court Review 2017, S. 337 ff.

Colneric, Ninon, Der Gerichtshof der Europäischen Gemeinschaften als Kompetenzgericht, EuZW 2002, S. 709 ff.

Conway, Gerard, The Limits of Legal Reasoning and the European Court of Justice, Cambridge 2014.

Constantinesco, Vlad, Who is Afraid of Subsidiarity?, Yearbook of European Law 11 (1991), S. 317 ff.

Corbett, Richard, The Treaty of Maastricht: From Conception to Ratification – A Comprehensive Reference Guide, London 1993.

Costa, Jean-Paul, Le principe de proportionnalité dans la jurisprudence du Conseil d'État, AJDA 1988, S. 434 ff.

Craig, Paul, The Lisbon Treaty, Oxford 2010.

–, Proportionality and Judicial Review: A UK Historical Perspective, in: Vogenauer/Weatherill (Hrsg.), General Principles of Law: European and Comparative Perspectives, London 2017, S. 145 ff.

Crones, Christian, Selbstbindungen der Verwaltung im Europäischen Gemeinschaftsrecht, Baden-Baden 1997.

da Cruz Vilaça, José Luis/ Piçarra, Nuno José, Y a-t-il des limites matérielles à la révision des traités instituant les communautés européennes?, Cahiers de droit européen 1993, S. 3 ff.

Cunha Rodrigues, José N., The Incorporation of Fundamental Rights in the Community Legal Order, in: Maduro/Azoulai (Hrsg.), The Past and Future of EU Law – The Classics of EU Law Revisited on the 50th Anniversary of the Rome Treaty, London 2010, S. 89 ff.

Currie, Ian/de Waal, Johan, The Bill of Rights Handbook, 6. Aufl., Kapstadt 2013.

Cushmann, Barry, Formalism and Realism in Commerce Clause Jurisprudence, University of Chicago Law Review 67 (2000), S. 1089 ff.

Cyr, Hugo, Autonomy, Subsidiarity, Solidarity: Foundations of Cooperative Federalism, Constitutional Forum 23 (2014), S. 20 ff.

Daiber, Birgit, Verhältnismäßigkeit im engeren Sinne, JA 2020, S. 37 ff.

Daig, Hans-Wolfram, Die Gerichtsbarkeit in der Europäischen Wirtschaftsgemeinschaft und der Europäischen Atomgemeinschaft, AöR 83 (1958), S. 134 ff.

Dann, Philipp, Die politischen Organe, in: von Bogdandy, Armin/Bast, Jürgen (Hrsg.), Europäisches Verfassungsrecht, 2. Aufl., Berlin 2009, S. 335 ff.

von Danwitz, Luc, Der Grundsatz des gegenseitigen Vertrauens zwischen den Mitgliedstaaten der EU, EuR 2020, S. 61 ff.

von Danwitz, Thomas, Verwaltungsrechtliches System und Europäische Integration, Tübingen 1996.

–, Die gemeinschaftsrechtliche Staatshaftung in den Mitgliedstaaten, DVBl 1997, S. 1 ff.

–, Der Grundsatz der Verhältnismäßigkeit im Gemeinschaftsrecht, Europäisches Wirtschafts- und Steuerrecht 2003, S. 393 ff.

–, Rechtswirkungen von Richtlinien in der neueren Rechtsprechung des EuGH, JZ 2007, S. 697 ff.

–, Europäisches Verwaltungsrecht, Berlin 2008.

–, Vertikale Kompetenzkontrolle in föderalen Systemen, AöR 131 (2006), S. 510 ff.

–, Thoughts on Proportionality and Coherence in the Jurisprudence of the Court of Justice, in: Cardonnel/Rosas/Wahl (Hrsg.), Constitutionalizing the EU Judicial System. Essays in Honour of Pernilla Lindh, Oxford 2012, S. 367 ff.

–, The Rule of Law in the Recent Jurisprudence of the ECJ, Fordham International Law Journal 37 (2014), S. 1311 ff.

–, Der Vorrang des Rechts der Europäischen Union vor dem Recht der Mitgliedstaaten, in: Pechstein/Weiß/Ohler/Herrmann/Eisenmenger/Wiater/Michl/Heidebach (Hrsg.), Zur Verwirklichung eines Vereinten Europas. Festschrift für Rudolf Streinz zum 70. Geburtstag, München 2023, S. 41 ff.

Dauses, Manfred (Begr.)/Ludwigs, Markus (Hrsg.), Handbuch des EU-Wirtschaftsrechts, 59. EL, München 2023.

Davies, Bill, Resisting the European Court of Justice, Cambridge 2012.

–, Internationale Handelsgesellschaft and the Miscalculation at the Inception of the ECJ's Human Rights Jurisprudence, in: Fernada/Davies (Hrsg.), EU Law Stories, Cambridge 2017, S. 157 ff.

Davies, Gareth, Subsidiarity: The Wrong Idea, In the Wrong Place, At the Wrong Time, CMLR 43 (2006), S. 63 ff.

–, Originalism at the Court of Justice, in: Garben/Govaere (Hrsg.), The Internal Market 2.0, London 2021, S. 323 ff.

Day, David S., New Dimensions of the Section 5 Enforcement Power, South Dakota Law Review 47 (2002), S. 366 ff.

Dearinger, Bryan, The State of the Nation, not the State of the Record: Finding Problems with Judicial ‚Review' of Eleventh Amendment Abrogation Legislation, Drake Law Review 53 (2005), S. 421 ff.

Dechsling, Rainer, Das Verhältnismäßigkeitsgebot, München 1989.

Dederer, Hans-Georg, Zur Gewaltenteilung in der Union: Checks and Balances, institutionelles Gleichgewicht oder Konfusion?, in: Hofmann/Naumann (Hrsg.), Europäische Demokratie in guter Verfassung?, Baden-Baden 2010, S. 89 ff.

Degenhart, Christoph, Kontrolle der Verwaltung durch Rechnungshöfe, VVDStRL 55 (1996), S. 190 ff.

–, Die Charakteristika der konkurrierenden Gesetzgebung des Bundes nach der Föderalismusreform, in: Heintzen/Uhle (Hrsg.), Neuere Entwicklungen im Kompetenzrecht, Berlin 2014, S. 65 ff.

Depenheuer, Otto, Vom ‚Bedürfnis' zur ‚Erforderlichkeit', Zeitschrift für Gesetzgebung 2003, S. 177 ff.

–, Grenzenlos gefährlich – Selbstermächtigungen des Bundesverfassungsgerichts, in: Hillgruber (Hrsg.), Gouvernement des juges – Fluch oder Segen?, Paderborn 2014, S. 79 ff.

Di Fabio, Udo, Der neue Art. 23 des Grundgesetzes, Der Staat 32 (1993), S. 191 ff.

Dilthey, Wilhelm, Das Preußische Landrecht, in: Weniger (Hrsg.), Wilhelm Dilthey Gesammelte Schriften, Bd. XII., Zur preußischen Geschichte, Stuttgart 1936, S. 154 ff.

Dittert, Daniel, Die ausschließlichen Kompetenzen der Europäischen Gemeinschaft im System des EG-Vertrags, Frankfurt a.M. 2001.

–, Europarecht, 5. Aufl., München 2017.

Ditze, Jan/Kellerbauer, Manuel/Klamert, Marcus/Malferrari, Luigi/Scharf, Tibor/Schnichels, Dominik, Europa – Quo Vadis? Ein kritischer Kommentar zum EZB-Urteil des BVerfG, EuZW 2020, S. 525 ff.

Dodek, Adam M., The Charter Debates, Toronto 2018.

Doehring, Karl, Staatsrecht der Bundesrepublik Deutschland, 3. Aufl., Frankfurt a.M. 1984.

Dörr, Dieter, Die Rückforderung gemeinschaftswidriger Subventionen – ein Problem des nationalen oder des europäischen Rechts?, in: Arndt/Knemeyer/Kugelmann/Meng/Schweitzer (Hrsg.), Völkerrecht und deutsches Recht. Festschrift für Walter Rudolf zum 70. Geburtstag, München 2001, S. 137 ff.

Donnarumma, Maria Rosaria, Intégration européenne, et sauvegarde de l'identité nationale dans la jurisprudence de la Cour de justice et des cours constitutionnelles, Revue française du droit constitutionnel 2010, S. 719 ff.

Dornacher, Corinna, Schlusskapitel oder Zwischenakt?, EuR 2019, S. 546 ff.

Dougan, Michael, The Convention's Draft Constitutional Treaty: Bringing Europe Closer To Its Lawyers?, European Law Review 28 (2003), S. 763 ff.

–, National Remedies before the Court of Justice, London 2004.

Drechsler, Stefan, (Re-)Konstruktion des Systems der Gesetzgebungskompetenzen, Der Staat 61 (2022), S. 261 ff.

Dreier, Horst (Hrsg.), Grundgesetz Kommentar Bd. II, 3. Aufl., München 2015.

Driedger, Elmar A., The Meaning and Effect of the Canadian Bill of Rights: A Draftman's Viewpoint, Ottawa Law Review 9 (1977), S. 303 ff.

Dreyfus, Françoise, Les limitations du pouvoir discrétionnaire par l'application du principe de proportionnalité, Revue du Droit Public 1974, S. 691 ff.

Dubout, Edouard, Droit constitutionnel de l'Union européenne, Brüssel 2021.

Duclercq, Jean-Baptiste, Les mutations du contrôle de proportionnalité dans la jurisprudence du Conseil constitutionnel, Paris 2015.

Due, Ole, Der Grundsatz der Gemeinschaftstreue in der Europäischen Gemeinschaft nach der neueren Rechtsprechung des Gerichtshofs, Bonn 1992.

Dürig, Günther, Verfassung und Verwaltung im Wohlfahrtsstaat, JZ 1953, S. 193 ff.
–, Der Grundrechtssatz von der Menschenwürde, AöR 81 (1956), S. 117 ff.
–, Anmerkung zu BVerfG, Urteil v. 16.01.1957, 1 BvR 253/56, JZ 1957, S. 167 ff.
Dürig, Günther (Begr.)/Herzog, Roman/Scholz, Ruprecht (Hrsg.), Grundgesetz Kommentar, 102. EL, München 2023.
Edenharter, Andrea, Grundrechtsschutz im föderalen Mehrebenensystem, Tübingen 2018.
Edicott, Thomas, Proportionality and Incommensurability, in: Huscroft/Miller/Webber (Hrsg.), Proportionality and the Rule of Law, Cambridge 2014, S. 311 ff.
Edward, David A. O./Lane, Robert, European Union Law, Cheltenham 2013.
Ehlers, Dirk/Fehling, Michael/Pünder, Hermann (Hrsg.), Besonders Verwaltungsrecht Bd. 1: Öffentliches Wirtschaftsrecht, 4. Aufl., Heidelberg 2019.
Ehlers, Dirk (Hrsg.), Europäische Grundrechte und Grundfreiheiten, 4. Aufl., Berlin 2014.
Ehmann, Eugen/Selmayer, Martin (Hrsg.), DS-GVO, 2. Aufl., München 2018.
Eiden, Christoph, Die Rechtsangleichung gem. Art. 100 des EWG-Vertrages, Berlin 1984.
Eilmannsberger, Thomas, Vertikale Kompetenzverteilung zwischen der Union und den Mitgliedstaaten, in: Hummer/Obwexer (Hrsg.), Der Vertrag von Lissabon, Baden-Baden 2009, S. 189 ff.
Eisner, Carolin, Die Schrankenregelung der Grundrechtecharta der Europäischen Union, Baden-Baden 2005.
Elazar, Daniel, The United States and the European Union: Models for their Epochs, in: Nicolaidis/Howse (Hrsg.), The Federal Vision: Legitimacy and Levels of Governance in the United States and the European Union, 2001, S. 31 ff.
Eleftheriadis, Pavlos, Federalism and Jurisdiction, in: Cloots/de Baere/Sottiaux (Hrsg.), Federalism in the European Union, Oxford 2012, S. 45 ff.
Ely, John H., Towards a Representation-reinforcing of Judicial Review, Maryland Law Review 37 (1978), S. 451 ff.
Emarcora, Felix, Das Verhältnismäßigkeitsprinzip im österreichischen Recht sowie aus der Sicht der Europäischen Menschenrechtskonvention, in: Deutsche Sektion der Internationalen Juristen-Kommission (Hrsg.), Der Grundsatz der Verhältnismäßigkeit in europäischen Rechtsordnungen, Heidelberg 1985, S. 67 ff.
Emiliou, Nicholas, Subsidiarity: An Effective Barrier Against 'the Enterprises of Ambition'?, European Law Review 17 (1992), S. 383 ff.
–, The Principle of Proportionality in Community Law, London 1996.
Emmerich-Fritzsche, Angelika, Der Grundsatz der Verhältnismäßigkeit als Direktive und Schranke der EG-Rechtsetzung, Berlin 2000.
Engels, Andreas, Die Verfassungsgarantie kommunaler Selbstverwaltung, Tübingen 2014.
Engle, Eric, The History of the General Principle of Proportionality: An Overview, Dartmouth Law Journal 10 (2012), S. 1 ff.
Ennuschat, Jörg, Der Bundeszwang gem. Art. 37 GG, NWVBl 2018, S. 309 ff.
Epiney, Astrid, Das Subsidiaritätsprinzip – Eine Kompetenzausübungsregel zur Begrenzung gemeinschaftlicher Tätigkeit, Aktuelle Juristische Praxis/Pratique Juridique Actuelle, 1993, S. 950 ff.
Epping, Volker/Hillgruber, Christian (Hrsg.), BeckOK Grundgesetz, München 57. Edition 2024.
Epstein, David/O'Halloran, Sharyn, The Nondelegation Doctrine and the Separation of Powers: A Political Science Approach, Cardozo Law Review 20 (1999), S. 947 ff.
Eskridge, William N./Ferejohn, John, The Elastic Commerce Clause: A Political Theory of American Federalism, Vanderbildt Law Review 47 (1994), S. 1355 ff.

Estella, Antonio, The EU Principle of Subsidiarity and its Critique, Oxford 2002.

Everling, Ulrich, Sind die Mitgliedstaaten der Europäischen Gemeinschaft noch Herren der Verträge? Zum Verhältnis von Europäischem Gemeinschaftsrecht und Völkerrecht, in: Bernhardt/Geck/Jaenicke/Steinberger (Hrsg.), Völkerrecht als Rechtsordnung – Internationale Gerichtsbarkeit – Menschenrechte. Festschrift für Hermann Mosler, Heidelberg 1983, S. 173 ff.

–, Gestaltungsbedarf des Europäischen Rechts, EuR 1987, S. 214 ff.

–, Reflections on the Structure of the European Union, CMLR 29 (1992), S. 1053 ff.

–, Will Europe slip on Bananas?, CMLR 33 (1996), S. 401 ff.

–, Einlagensicherung der Banken im Europäischen Binnenmarkt, Zeitschrift für das gesamte Handelsrecht und Wirtschaftsrecht 162 (1998), S. 120 ff.

–, Richterliche Rechtsfortbildung in der Europäischen Gemeinschaft, JZ 2000, S. 217 ff.

–, Quis custodiet custodes ipsos? Zur Diskussion über die Kompetenzordnung der Europäischen Union und ein europäisches Kompetenzgericht, EuZW 2002, S. 357 ff.

–, Rechtsschutz in der Europäischen Union nach dem Vertrag von Lissabon, EuR 2009 – Beiheft 1, S. 71 ff.

Fercher, Natalie/Riedl, Eckhard, DSGVO: Entstehungsgeschichte und Problemstellungen aus österreichischer Sicht, in: Knyrim (Hrsg.), Datenschutzgrundverordnung, Wien 2016, S. 7 ff.

Field, Martha A., The Differing Federalisms of Canada and the United States, Law and Contemporary Problems 55 (1992), S. 107 ff.

Fisicaro, Marco, Protection of the Rule of law and ‚Competence Creep' via the Budget: the Court of Justice on the Legality of the Conditionality Regulation, EU Constitutional Law Review 18 (2022), S. 334 ff.

Fleiner, Fritz, Institutionen des Deutschen Verwaltungsrechts, 6. und 7. Aufl., Tübingen 1922.

Follesdal, Andreas/Hix, Simon, Why there is a Democratic Deficit in the EU: A Response to Majone and Moravcsik, Journal of Common Market Studies 44 (2006), S. 533 ff.

Folz, Hans-Peter, Die Kompetenzverteilung zwischen der Europäischen Union und ihren Mitgliedstaaten, in: Fastenrath/Nowak (Hrsg.), Der Lissabonner Reformvertrag: Änderungsimpulse in einzelnen Regelungs- und Politikbereichen, Berlin 2009, S. 65 ff.

Freedman, Warren, Understanding the Constitution of the Republic of South Africa, Kapstadt 2013.

Friedman, Barry, The History of the Countermajoritarian Difficulty, Part One: The Road to Judicial Supremacy, New York University Law Review 73 (1998), S. 333 ff.

–, History of the Countermajoritarian Difficulty Part Four: Law's Politics, University of Pennsylvania Law Review 148 (2000), S. 971 ff.

–, The History of the Countermajoritarian Difficulty, Part Three: The Lesson of Lochner, New York University Law Review 76 (2001), S. 1383 ff.

–, The History of the Countermajoritarian Difficulty, Part II: Reconstruction's Political Court, Georgetown Law Review 91 (2002), S. 1 ff.

–, The Birth of an Academic Obsession: The History of the Countermajoritarian Difficulty, Part Five, Yale Law Journal 112 (2002), S. 153 ff.

Fritz, Vera, Juges at avocats généraux de la Cour de Justice de l'Union européenne (1952–1972), Frankfurt a.M. 2018.

Frenz, Walter, Handbuch Europarecht, Bd. 4: Europäische Grundrechte, Heidelberg 2009.

–, Handbuch Europarecht, Bd. 5: Wirkungen und Rechtsschutz, Heidelberg 2010.

–, Subsidiaritätsprinzip und -klage nach dem Vertrag von Lissabon, JURA 2010, S. 641 ff.

Frowein, Jochen Abr., Konkurrierende Zuständigkeit und Subsidiarität. Zur Kompetenzverteilung in bündischen Systemen, in: Badura/Scholz (Hrsg.), Wege und Verfahren des Verfassungslebens. Festschrift für Peter Lerche zum 65. Geburtstag, München 1993, S. 401 ff.
Fründ, Friederike, Subsidiarität – Recht und Kontrolle, Berlin 2021.
Fürst, Walter/Günther, Hellmuth, Grundgesetz, 3. Aufl., Stuttgart 1982.
Füßlein, Rudolf Werner/Matz, Werner, Zur Entstehungsgeschichte des Grundgesetzes, AöR 75 (1949), S. 346 ff.
Funke, Andreas, Der Anwendungsvorrang des Gemeinschaftsrechts, DÖV 2007, S. 733 ff.
–, Umsetzungsrecht, Tübingen 2010.
Fuss, Ernst-Werner, Der Grundrechtsschutz in den Europäischen Gemeinschaften aus deutscher Sicht, Heule 1975.
Gärditz, Klaus-Ferdinand, Die Bestandskraft gemeinschaftsrechtswidriger Verwaltungsakte zwischen Kasuistik und Systembildung, NVWBl 2006, S. 441 ff.
–, Glaubwürdigkeitsprobleme im Unionsverfassungsrecht, EuZW 2020, S. 505 ff.
Galetta, Diana-Urania, The EU law principle of proportionality and judicial review: its origin, development, dissemination and the lessons to be learnt from the Court of Justice of the European Union, in: European Central Bank (Hrsg.), Continuity and change – how the challenges of today prepare the ground for tomorrow, Frankfurt 2022, S. 55 ff.
Gallwas, Hans-Ullrich, Grundrechte, Frankfurt a.M. 1985.
Garben, Sacha, Confronting the Competence Conundrum, Oxford of Legal Studies 35 (2015), S. 55 ff.
–, Competence Creep Revisited, Journal of Common Market Studies 57 (2019), S. 205 ff.
Gerards, Janneke, Pluralism, deference and the margin of appreciation doctrine, European Law Journal 17 (2011), S. 80 ff.
Gerstenberg, Katrin, Zu den Gesetzgebungs- und Verwaltungskompetenzen nach der Föderalismusreform, Berlin 2009.
van Gerwen, Walter, The Effect of Proportionality on the Actions of Member States of the European Community: National Viewpoints from Continental Europe, in: Ellis (Hrsg.), The Principle of Proportionality in the Laws of Europe, Oxford 1999, S. 37 ff.
Glaser, Andreas, Die Entwicklung des Europäischen Verwaltungsrechts aus der Perspektive der Handlungsformenlehre, Tübingen 2013.
Goesel-Le Bihan, Valérie, Réflexion iconoclaste sur le contrôle de proportionnalité exercé par le Conseil constitutionnel, Revue Française de Droit Constitutionnel 1997, S. 227 ff.
Goffart, Patrick, Der unionsrechtliche Verhältnismäßigkeitsgrundsatz als Grenze der Rückforderung unionsrechtwidriger mitgliedstaatlicher Beihilfen, Baden-Baden 2021.
Goldhammer, Michael, Die Achtung der nationalen Identität durch die Europäische Union, JöR n.F. 63 (2015), S. 105 ff.
–, Kritik und Rekonstruktion kompetenzbezogener Verhältnismäßigkeit im Unionsorganisationsrecht, in: Baade/Ehricht/Fink/Frau/Möldner/Risini/Stirner (Hrsg.), Verhältnismäßigkeit im Völkerrecht, Tübingen 2016, S. 125 ff.
Grabenwarter, Christoph (Hrsg.), Europäischer Grundrechteschutz, 2. Aufl., Baden-Baden 2022.
Grabitz, Eberhart (Begr.)/Hilf, Meinhard (Fortgef.)/Nettesheim, Martin (Hrsg.), Das Recht der Europäischen Union, 80. EL, München 2023.
Grabitz, Eberhart, Der Grundsatz der Verhältnismäßigkeit in der Rechtsprechung des Bundesverfassungsgerichts, AöR 98 (1973), S. 568 ff.
Grévisse, Fernand, À propos de quelques institutions, Revue du Marché Commun et de l'Union Européenne 1998, S. 569 ff.

Grimm, Dieter, Effektivität und Effektivierung des Subsidiaritätsprinzips, KritV 1994, S. 6 ff.

–, Proportionality in Canadian and German Constitutional Jurisprudence, University of Toronto Law Journal 57 (2007), S. 383 ff.

–, Europa ja – aber welches?, 2. Aufl., München 2016.

–, Recht oder Politik?, Berlin 2020.

von der Groeben, Hans, Über das Problem der Grundrechte in der Europäischen Gemeinschaft, in: von Caemmerer/Schlochauer/Steindorff (Hrsg.), Probleme des Europäischen Rechts. Festschrift für Walter Hallstein zu seinem 65. Geburtstag, Frankfurt a.M., 1966, S. 226 ff.

von der Groeben, Hans (Begr.)/Schwarze, Jürgen/Hatje, Armin (Hrsg.), Europäisches Unionsrecht, 7. Aufl., Baden-Baden 2015.

Grosche, Nils, Effektive Kompetenzabgrenzung aufgrund oder durch Verhältnismäßigkeit?, Der Staat 60 (2021), S. 267 ff.

Groß, Daniela, Die Rechtfertigung einer Altersdiskriminierung auf der Grundlage der Richtlinie 2000/78/EG, Baden-Baden 2010.

Groß, Thomas, Die Legitimation der polyzentralen EU-Verwaltung, Tübingen 2015.

Groussot, Xavier/Bogojévic, Sanja, Subsidiarity as a Political Safeguard of Federalism, in: Azoulai (Hrsg.), The Question of Competence in the European Union, Oxford 2014, S. 234 ff.

Grussmann, Wolf-Dietrich, Grundnorm und Supranationalität – Rechtsstrukturelle Sichtweisen der europäischen Integration, in: von Danwitz u.a. (Hrsg.), Auf dem Wege zu einer Europäischen Staatlichkeit, Stuttgart 1993, S. 47 ff.

Gusy, Christoph, Richterliches Prüfungsrecht, Berlin 1985.

Häberle, Peter, Die Wesensgehaltsgarantie des Art. 19 Abs. 2 GG, Karlsruhe 1962.

–, Grundrechtsgeltung und Grundrechtsinterpretation im Verfassungsstaat – Zugleich zur Rechtsvergleichung als ‚fünfter Auslegungsmethode', JZ 1989, S. 913 ff.

–, Europäische Verfassungslehre – Ein Projekt, in: Häberle/Morlok/Skouris (Hrsg.), Staat und Verfassung in Europa, Baden-Baden 2000, S. 9 ff.

Härtel, Ines, Handbuch Europäische Rechtsetzung, Berlin 2006.

–, (Hrsg.), Handbuch Föderalismus, Bd. I: Grundlagen des Föderalismus und der deutsche Bundesstaat, Heidelberg 2012.

–, (Hrsg.), Handbuch Föderalismus, Bd. IV: Föderalismus in Europa und der Welt, Heidelberg 2012.

Haibach, Georg, The Interpretation of Article 30 of the EC Treaty and the ‚Dormant' Commerce Clause by the European Court of Justice and the US Supreme Court, The International and Comparative Law Quarterly 48 (1999), S. 155 ff.

Hailbronner, Michaela, Traditions and Transformations, Oxford 2015.

Halberstam, Daniel, Of Power and Responsibility: The Political Morality of Federal Systems, Virginia Law Review 90 (2004), S. 731 ff.

–, The Bride of Messina: Constitutionalism and Democracy in Europe, European Law Review 30 (2005), S. 75 ff.

–, Joseph Weiler, Eric Stein, and the Transformation of Constitutional Law, in: Maduro/Wind (Hrsg.), The Transformation of Europe, Cambridge 2017, S. 219 ff.

–, How Europe brought Judicial Review to France: A Response to Bruce Ackermann, in: Albert (Hrsg.), Revolutionary Constitutionalism, Oxford 2020, S. 239 ff.

–, Understanding National Remedies and the Principle of National Procedural Autonomy: A Constitutional Approach, Cambridge Yearbook of European Legal Studies 23 (2021), S. 128 ff.

Halberstam, Daniel/Hills Jr., Roderick M., State Autonomy in Germany and the United States, Annals of the American Academy of Political and Social Science 574 (2001), S. 173 ff.

Halberstam, Daniel/Reimann, Mathias, Federalism and Legal Unification: Comparing Methods, Results, and Explanations Across 20 Systems, in: Dies. (Hrsg.), Federalism and Legal Unification, Dordrecht 2014, S. 3 ff.

Halfmann, Ralf, Entwicklung des Verwaltungsrechtsschutzes in Deutschland, Frankreich und Europa, VerwArch 91 (2000), S. 74 ff.

Hallstein, Walter, Der unvollendete Bundesstaat, Düsseldorf 1969.

Haltern, Ulrich, Verfassungsgerichtsbarkeit, Demokratie und Mißtrauen, Berlin 1998.

–, Europarecht, Bd. I, 3. Aufl., Tübingen 2017.

–, Revolutions, real contradictions, and the method of resolving them: The relationship between the Court of Justice of the European Union and the German Federal Constitutional Court, ICON 19 (2021), S. 208 ff.

–, Wirkliche Widersprüche und die Methode, wodurch sie sich lösen lassen, AöR 146 (2021), S. 195 ff.

Hamburger, Philip, Is Administrative Law Unlawful?, Chicago 2014.

Hamilton, Marci A., The Religious Freedom Restoration Act: Letting the Fox into the Henhouse under Cover of Section 5 of the Fourteenth Amendment, Cardozo Law Review 16 (1994), S. 357 ff.

Hansen, Richard L., Congressional Power to Renew the Preclearance Provisions of the Voting Rights Act After Tennessee v. Lane, Ohio State Law Journal 66 (2005), S. 177 ff.

Harbo, Tor-Inge, The Functioning of the Proportionality Principle in EU Law, European Law Journal 16 (2010), S. 158 ff.

–, The Function of Proportionality Analysis in European Law, Leiden 2015.

–, Introducing Procedural Proportionality Review in European Law, Leiden Journal of International Law 30 (2017), S. 25 ff.

Hardcastle, Lorian, Proportionality Analysis by the Canadian Supreme Court, in: Kremnitzer/Steiner/Lang (Hrsg.), Proportionality in Action, Cambridge 2020, S. 134 ff.

Hart, Herbert L. A., The Concept of Law, 3. Aufl., Oxford 2012.

Hartlieb, Johannes, Verpflichtungszusagen im europäischen Kartellrecht und der Grundsatz der Verhältnismäßigkeit, Baden-Baden 2020.

Hartmann, Bernd J., Das richterliche Prüfungsrecht unter der Weimarer Reichsverfassung, Jahrbuch der Juristischen Zeitgeschichte 8 (2006/2007), S. 154 ff.

Harvey, Darren, Towards Process-Oriented Proportionality Review in the European Union, European Public Law 23 (2017), S. 93 ff.

–, Federal Proportionality Review in EU Law: Whose Rights are they Anyway?, Nordic Journal of International Law 89 (2020), S. 303 ff.

Hatje, Armin/Müller-Graff, Peter-Christian (Hrsg.) Europäisches Organisations- und Verfassungsrecht, 2. Aufl., Baden-Baden 2020.

Hatje, Armin, Loyalität als Rechtsprinzip in der Europäischen Union, Baden-Baden 2001.

Hay, Peter, Federal Jurisdiction of the Common Market Court, American Journal of Comparative Law 12 (1963), S. 21 ff.

Heintzen, Markus, Subsidiaritätsprinzip und Europäische Gemeinschaft, JZ 1991, S. 317 ff.

–, Die ‚Herrschaft' über die Europäischen Gemeinschaftsverträge – Bundesverfassungsgericht und Europäischer Gerichtshof auf Konfliktkurs?, AöR 119 (1994), S. 564 ff.

Heinsohn, Stephanie, Der öffentlichrechtliche Grundsatz der Verhältnismäßigkeit, Münster 1997.

Heitsch, Christian, Die asymmetrische Neuverflechtung der Kompetenzordnung durch die deutsche „Föderalismusreform I“, JöR n.F. 57 (2009), S. 333 ff.
Hellwig, Hans-Jürgen, Verhältnismäßigkeit als Hebel gegen die Union. Ist die Ultra-vires-Kontrolle des BVerfG in der Sache Weiss noch mit dem Grundsatz der Gewaltenteilung vereinbar?, NJW 2020, S. 2497 ff.
Hensley, Thomas R., The Rehnquist Court, Santa Barbara 2006.
Herberger, Marie, ‚Ausnahmen sind eng auszulegen‘ – Die Ansichten beim Gerichtshof der Europäischen Union, Berlin 2017.
Herbst, Tobias, Gesetzgebungskompetenzen im Bundesstaat, Tübingen 2014.
Herdegen, Matthias/Masing, Johannes/Poscher, Ralf/Gärditz, Klaus Ferdinand (Hrsg.), Handbuch des Verfassungsrechts, München 2021.
Hermes, Georg, Legitimationsprobleme unabhängiger Behörden, in: Bauer/Huber/Sommermann (Hrsg.), Demokratie in Europa, Tübingen 2005, S. 457 ff.
Herrmann, Chritsoph/Rosenfeldt, Herbert, Europäisches Prozessrecht, Heidelberg 2019.
Heselhaus, F. Sebastian M./Nowak, Carsten (Hrsg.), Handbuch der Europäischen Grundrechte, 2. Aufl., München 2020.
Hestermeyer, Holger, Eigenständigkeit und Homogenität in föderalen Systemen, Tübingen 2019.
Heun, Werner, Der staatsrechtliche Positivismus in der Weimarer Republik, Der Staat 28 (1989), S. 377 ff.
Heusch, Andreas, Der Grundsatz der Verhältnismäßigkeit im Staatsorganisationsrecht, Berlin 2003.
Hilf, Meinhard, Die Organisationsstruktur der Europäischen Gemeinschaften, Berlin 1982.
–, Europäische Union und nationale Identität der Mitgliedstaaten, in: Randelzhofer/Scholz/Wilke (Hrsg.), Gedächtnisschrift für Eberhard Grabitz, München 1995, S. 157 ff.
–, Sekundäres Gemeinschaftsrecht und deutsche Grundrechte, ZaöRV 35 (1975), S. 51 ff.
Hillgruber, Christian, Grenzen der Rechtsfortbildung durch den EuGH – Hat Europarecht Methode?, in: von Danwitz u.a. (Hrsg.), Auf dem Wege zu einer Europäischen Staatlichkeit, Stuttgart 1993, S. 31 ff.
–, Richterliche Rechtsfortbildung als Verfassungsproblem, JZ 1996, S. 118 ff.
–, Ohne rechtes Maß? Eine Kritik des Bundesverfassungsgerichts nach 60 Jahren, JZ 2011, S. 861 ff.
Hirsch, Günther, Das Verhältnismäßigkeitsprinzip im Gemeinschaftsrecht, Bonn 1997.
Hirschberg, Lothar, Der Grundsatz der Verhältnismäßigkeit, Göttingen 1981.
Hoffmann, Leonard, The Influence of the European Principle of Proportionality upon UK Law, in: Ellis (Hrsg.), The Principle of Proportionality in the Laws of Europe, London 1999, S. 107 ff.
Hogg, Peter W., Constitutional Law of Canada. 2020 Student Edition, Toronto 2020.
–/*Wright, Wade K.*, Canadian Federalism, the Privy Council and the Supreme Court: Reflections on the Debate about Canadian Federalism, University of British Columbia Law Review 38 (2005), S. 329 ff.
Honer, Mathias, Die Grundrechte der EU-Grundrechtecharta, JA 2021, S. 219 ff.
Huber, Peter M., Bundesverfassungsgericht und Europäischer Gerichtshof als Hüter der gemeinschaftsrechtlichen Kompetenzordnung, AöR 116 (1991), S. 210 ff.
–, Das Kooperationsverhältnis zwischen BVerfG und EuGH in Grundrechtsfragen, EuZW 1997, S. 517 ff.

–, ‚Beihilfen' (Art. 87, 88 EGV) und Vertrauensschutz im Gemeinschaftsrecht und im nationalen Verwaltungsrecht, KritV 82 (1999), S. 359 ff.

–, Das Recht der Europäischen Integration, 2. Aufl., München 2002.

–, The Principle of Proportionality, in: Schroeder (Hrsg.), Strengthening the Rule of Law in Europe, Oxford 2016, S. 98 ff.

–, Die gemeinsamen Verfassungsüberlieferungen der Mitgliedstaaten – Identifizierung und Konkretisierung, EuR 2022, S. 145 ff.

–, Warum der EuGH Kontrolle braucht, SächsVBl. 2022, S. 273 ff.

Huber, Peter M./Voßkuhle, Andreas (Hrsg.), Grundgesetz, 8. Aufl., München 2023.

Hufeld, Ulrich/Ohler, Christoph (Hrsg.), Europäische Wirtschafts- und Währungsunion, Baden-Baden 2022.

Hunt Jr., James T., Section Five Enforcement Power – Congress Exceeded Its Constitutional Authority under the Enforcement Clause of the Fourteenth Amendment by Enacting the Religious Freedom Restoration Act, Seton Hall Constitutional Law Journal 9 (1999), S. 609 ff.

Hunter, Josh, Saving the Planet Doesn't Mean You Can't Save the Federation: Greenhouse Gases Are Not a Matter of National Concern, Supreme Court Law Review 100 (2021), S. 59 ff.

Huscroft, Grant/Miller, Bradley W./Webber, Grégoire, Introduction, in: Dies. (Hrsg.), Proportionality and the Rule of Law, Cambridge 2015, S. 1 ff.

Hwang, Shu-Perng, Verfassungsgerichtlicher Jurisdiktionsstaat?, Berlin 2005.

–, Vorrang der Verfassungsidentität als Herausforderung für die Rechtsordnung der Europäischen Union, Der Staat 56 (2017), S. 107 ff.

–, Nach wessen Willen?, JZ 2022, S. 1069 ff.

Ingold, Albert, Die verfassungsrechtliche Identität der Bundesrepublik Deutschland, AöR 140 (2015), S. 1 ff.

Ipsen, Hans-Peter, Rechtsfragen der Investitionsbeihilfe, AöR 78 (1952/53), S. 284 ff.

–, Europäisches Gemeinschaftsrecht, Tübingen 1972.

–, BVerfG versus EuGH re ‚Grundrechte', EuR 1975, S. 1 ff.

Isensee, Josef, Subsidiaritätsprinzip und Verfassungsrecht, 2. Aufl., Berlin 2001.

–, Die dreifache Hürde der Bundeskompetenz ‚Hochschulwesen', in: Huber/Brenner/Möstl (Hrsg.), Der Staat des Grundgesetzes – Kontinuität und Wandel. Festschrift für Peter Badura zum siebzigsten Geburtstag, Tübingen 2004, S. 689 ff.

Isensee, Josef/Kirchhof, Paul (Hrsg.), Handbuch des Staatsrechts der Bundesrepublik Deutschland, Bd. II: Verfassungsstaat, 3. Aufl., Heidelberg 2004.

– (Hrsg.), Handbuch des Staatsrechts der Bundesrepublik Deutschland, Bd. IV: Aufgaben des Staates, 3. Aufl., Heidelberg 2006.

– (Hrsg.), Handbuch des Staatsrechts der Bundesrepublik Deutschland, Bd. X: Deutschland in der Staatengemeinschaft, 3. Aufl., Heidelberg 2012.

Jacobs, Francis G., Recent Developments in the Principle of Proportionality in European Community Law, in: Ellis (Hrsg.), The Principle of Proportionality in the Laws of Europe, Oxford 1999, S. 1 ff.

Jakab, András, Verfassungsrechtliche Argumentation, in: Ders. (Hrsg.), Methoden und theoretische Grundfragen des österreichischen Verfassungsrechts, Wien 2021, S. 179 ff.

Jarass, Hans D., Die Kompetenzverteilung zwischen der europäischen Gemeinschaft und den Mitgliedstaaten, AöR 121 (1996), S. 173 ff.

–, Regelungsspielräume des Landesgesetzgebers im Bereich der konkurrierenden Gesetzgebung und in anderen Bereichen, NVwZ 1996, S. 1041 ff.

–, Charta der Grundrechte der Europäischen Union, 4. Aufl., München 2021.
Jarass, Hans D. (Bearb.)/Pieroth, Bodo (Begr.)/Kment, Martin (Bearb.), Grundgesetz Kommentar, 18. Aufl., München 2024.
Jellinek, Georg, Das System der subjektiven öffentlichen Rechte, 2. Aufl. Tübingen 1905.
Jellinek, Walter, Verwaltungsrecht, 3. Aufl., Berlin 1931.
Jerusalem, Franz W., Die Grundrechte des Bonner Grundgesetzes und ihre Durchsetzung in der Rechtsprechung, Süddeutsche Juristenzeitung 1950, Sp. 1 ff.
–, Das Recht der Montanunion, Berlin 1954.
Jestaedt, Matthias, Grundrechtsentfaltung im Gesetz, Tübingen 1999.
Jürgens, Fabian, Die Kompetenzabgrenzung zwischen der Europäischen Union und den Mitgliedstaaten, München 2010.
Kadelbach, Stefan, Allgemeines Verwaltungsrecht unter europäischem Einfluss, Tübingen 1999.
Kahl, Wolfgang, Möglichkeiten und Grenzen des Subsidiaritätsprinzips nach Art. 3b EG-Vertrag, AöR 118 (1993), S. 414 ff.
–, Dogmatik im EU-Recht, AöR 144 (2019), S. 159 ff.
–, Optimierungspotenzial im ‚Kooperationsverhältnis' zwischen EuGH und BVerfG, NVwZ 2020, S. 824 ff.
–, Die kompetenzrechtliche Dimension des unionsrechtlichen Verhältnismäßigkeitsgrundsatzes, in: Pechstein/Weiß/Ohler/Herrmann/Eisenmenger/Wiater/Michl/Heidebach (Hrsg.), Zur Verwirklichung eines Vereinten Europas. Festschrift für Rudolf Streinz zum 70. Geburtstag, München 2023, S. 161 ff.
Kahl, Wolfgang/Ludwigs, Markus (Hrsg.), Handbuch des Verwaltungsrechts, Bd. II: Grundstrukturen des europäischen und internationalen Verwaltungsrechts, Heidelberg 2021.
–, (Hrsg.), Handbuch des Verwaltungsrechts, Bd. III: Verwaltung und Verfassungsrecht, Heidelberg 2022.
Kahl, Wolfgang/Waldhoff, Christian/Walter, Christian (Hrsg.), Bonner Kommentar zum Grundgesetz, Loseblattsammlung, 218. EL, München 2022.
Kainer, Friedemann, Aus der nationalen Brille: Das PSPP-Urteil des BVerfG, EuZW 2020, S. 533 ff.
Kakouris, Constantinos, La jurisprudence de la Cour de Justice des Communautés Européennes relative aux Droits de l'Homme, in: Iliopoulos-Strangas (Hrsg.), Grundrechtsschutz im europäischen Raum, Baden-Baden 1993, S. 183 ff.
–, Do the Member States Possess Judicial Procedural ‚Autonomy'?, CMLR 34 (1997), S. 1389 ff.
Kalflèche, Grégory, Le contrôle de proportionnalité exercé par les juridictions administratives, Les Petites Affiches 2009, S. 46 ff.
Kampfer, Georg K., Die Europäische Union auf dem Weg zu einem Bundesstaat?, Baden-Baden 2010.
Katz, Alfred/Ritgen, Klaus, Bedeutung und Gewicht der kommunalen Selbstverwaltungsgarantie, DVBl 2008, S. 1525 ff.
Kelsen, Hans, Reine Rechtslehre, 1. Aufl., Leipzig 1934.
–, Reine Rechtslehre, 2. Aufl., Wien 1960.
–, Wesen und Entwicklung der Staatsgerichtsbarkeit, in: van Ooyen (Hrsg.), Wer soll Hüter der Verfassung sein?, 2. Aufl., Tübingen 2019, S. 1 ff.
Kenntner, Markus, Justiziabler Föderalismus, Berlin 2000.
–, Der Förderalismus ist (doch) justiziabel! – Anmerkungen zum ‚Altenpflegegesetz-Urteil' des BVerfG, NVwZ 2003, S. 821 ff.

Khosla, Madhav, Proportionality: An assault on human rights ? A Response, ICON ((2010), S. 298 ff.

Kingreen, Thorsten, Die Struktur der Grundfreiheiten des Europäischen Gemeinschaftsrechts, Berlin 1999.

–, Die Grundrechte des Grundgesetzes im Europäischen Grundrechtsföderalismus, JZ 2013, S. 801 ff.

Kirchhof, Paul, Der europäische Staatenverbund, in: von Bogdandy/Bast (Hrsg.), Europäisches Verfassungsrecht, 2. Aufl., Berlin 2009, S. 1009 ff.

Kischel, Uwe, Delegation of Legislative Power to Agencies: A Comparative Analysis of United States and German Law, Administrative Law Review 46 (1997), S. 213 ff.

–, Die Kontrolle der Verhältnismäßigkeit durch den Europäischen Gerichtshof, EuR 2000, S. 380 ff.

–, Souveränität, Einbindung und Autonomie – Die Entwicklung der Kompetenzverteilung zwischen der Europäischen Union und ihren Mitgliedstaaten, in: Erbguth/Masing (Hrsg.), Verwaltung unter dem Einfluss des Europarechts, Stuttgart 2006, S. 11 ff.

–, Rechtsvergleichung, München 2015.

Kischel, Uwe/Kube, Hanno (Hrsg.), Handbuch des Staatsrechts, Bd. I: Grundlagen, Wandel und Herausforderungen, Heidelberg 2023.

Klatt, Matthias/Meister, Moritz, Proportionality – a benefit to human rights? Remarks on the ICON controversy, ICON 10 (2012), S. 687 ff.

–, The Constitutional Structure of Proportionality, Oxford 2012.

Klenk, Lars, Die Grenzen der Grundfreiheiten, Tübingen 2019.

de Klerk, Willem, The Process of Political Negotiation: 1990–1993, in: de Villiers (Hrsg.), Birth of a Constitution, Kenwyn 1994, S. 1 ff.

Klopp, Konstantin, Christian Neumeier: Kompetenzen. Zur Entstehung des deutschen öffentlichen Rechts, ZaöRV 83 (2023), S. 186 ff.

Klug, Hans, Constituting Democracy, Cambridge 2000.

–, The Constitution of South Africa, Oxford 2010.

Knauff, Matthias, Der Regelungsverbund: Recht und Soft Law im Mehrebenensystem, Tübingen 2010.

Koch, Oliver, Der Grundsatz der Verhältnismäßigkeit in der Rechtsprechung des Gerichtshofs der Europäischen Gemeinschaften, Berlin 2003.

Koenig, Christian/Lorz, Ralph Alexander, Stärkung des Subsidiaritätsprinzips, JZ 2003, S. 167 ff.

Kötz, Hein, Abschied von der Rechtskreislehre?, Zeitschrift für Europäisches Privatrecht 6 (1998), S. 493 ff.

Kokott, Juliane, Der Grundrechtsschutz im europäischen Gemeinschaftsrecht, AöR 121 (1996), S. 599 ff.

–/Sobotta, Christoph, The Evolution of the Principle of Proportionality in EU Law – Towards an Anticipative Understanding?, in: Vogenauer/Weatherill (Hrsg.), General Principles of Law: European and Comparative Perspectives, Oxford 2017, S. 167 ff.

Komendera, Wolfram, Normenkonflikte zwischen EWG- und BRD-Recht, Heidelberg 1975.

Komesar, Neil K., A Job for the Judges: The Judiciary and the Constitution in a Massive and Complex Society, Michigan Law Review 86 (1988), S. 657 ff.

Kommers. Donald P., The Federal Constitutional Court in the German Political System, Comparative Judicial Studies 26 (1993/94), S. 470 ff.

Kommers, Donald P./Miller, Russel, The Constitutional Jurisprudence of the Federal Republic of Germany, 3. Aufl., Durham & London 2012.

Konow, Gerhard, Zum Subsidiaritätsprinzip des Vertrags von Maastricht, DÖV 1993, S. 405 ff.

Koopmans, Thijmen, The Birth of European Law at the Crossroads of Legal Traditions, American Journal of Comparative Law 39 (1991), S. 493 ff.

–, Federalism: The Wrong Debate, CMLR 29 (1992), S. 1047 ff.

Korioth, Stefan, Integration und Bundesstaat, Berlin 1990.

–, Garantie der Verfassung oder Verfassungsrecht in der Hand der Justiz – Richterliche Normenkontrolle in der Weimarer Republik, in: de Wall/Germann (Hrsg.), Bürgerliche Freiheit und Christliche Verantwortung. Festschrift für Christoph Link zum 70. Geburtstag, Tübingen 2003, S. 705 ff.

Kosta, Vasiliki, The Principle of Proportionality in EU Law, in: Mendes (Hrsg.), EU Executive Discretion and Limits of Law, Oxford 2019, S. 198 ff.

Kovar, Robert, Voies de droit ouvertes aux individus devant les instances nationales en cas de violation des normes et décisions du droit communautaire, in: Ders. (Hrsg.), Les recours des individus devant les instances nationales en cas de violation du droit européen, Brüssel 1978, S. 245 ff.

Knorr, Philipp, Die Justiziabilität der Erforderlichkeitsklausel i.S.d. Art. 72 II GG, Frankfurt a.M. 1998.

Krausnick, Daniel, Aus dem Rahmen gefallen, DÖV 2005, S. 902 ff.

von Krauss, Rupprecht, Der Grundsatz der Verhältnismäßigkeit in seiner Bedeutung für die Notwendigkeit des Mittels im Verwaltungsrecht, Hamburg 1955.

Krenn, Christoph, The Procedural and Organisational Law of the European Court of Justice, Cambridge 2022.

Krönke, Christoph, Die Verfahrensautonomie der Mitgliedstaaten der Europäischen Union, Tübingen 2013.

Kropholler, Jan, Die Europäischen Gemeinschaften und der Grundrechtsschutz, EuR 1969, S. 128 ff.

Krüger, Herbert, Die Einschränkung von Grundrechten nach dem Grundgesetz, DVBl 1950, S. 625 ff.

Kühling, Jürgen, Grundrechte, in: von Bogdandy/Bast (Hrsg.), Europäisches Verfassungsrecht, 2. Aufl., Berlin 2009, S. 657 ff.

–, Der Fall der Vorratsdatenspeicherungsrichtlinie und der Aufstieg des EuGH zum Grundrechtsgericht, NVwZ 2014, S. 681 ff.

Kumm, Mattias, Constitutionalising Subsidiarity in Integrated Markets: The Case of Tobacco Regulation in the European Union, European Law Journal 12 (2006), S. 503 ff.

–, Political Liberalism and the Structure of Rights, in: Pavlakos (Hrsg.), Law, Rights, and Discourse: The Legal Philosophy of Robert Alexy, London 2007, S. 131 ff.

–, Internationale Handelsgesellschaft, Nold and the New Human Rights Paradigm, in: Maduro/Azoulai (Hrsg.), The Past and Future of EU Law, London 2010, S. 106 ff.

–, The Idea of Socratic Contestation and the Right to Justification. The Point of Rights-Based Proportionality Review, Law & Ethics of Human Rights 4 (2010), S. 141 ff.

Kutscher, Hans, Über den Gerichtshof der Europäischen Gemeinschaft, EuR 1981, S. 392 ff.

–, Zum Grundsatz der Verhältnismäßigkeit im Recht der Europäischen Gemeinschaften, in: Deutsche Sektion der Internationalen Juristen-Kommission (Hrsg.), Der Grundsatz der Verhältnismäßigkeit in europäischen Rechtsordnungen, Heidelberg 1985, S. 89 ff.

Kuttenkeuler, Benedikt P., Die Verankerung des Subsidiaritätsprinzips im Grundgesetz, Frankfurt a.M. 1998.

La Torre, Massimo, La figure du juge à la croisée de deux traditions : le Rechtsstaat allemand et la démocracie française, in: Brondel/Foulquier/Heuschling (Hrsg.), Gouvernement des Juges et Démocracie, 2001, S. 133 ff.

Läufer, Thomas, Die Organe der EG, Bonn 1990.

Ladenburger, Clemens, Anmerkungen zu Kompetenzordnung und Subsidiarität nach dem Vertrag von Lissabon, ZEuS 2011, S. 389 ff.

Lagrange, Maurice, Une réalité européenne, Cahiers chrétiens de la fonction publique 1955, S. 16 ff.

Lambert, Édouard, Le gouvernement des juges et la lutte contre la législation sociale aux États-Unis, Paris 1921.

Lang, Andrej, Der Verhältnismäßigkeitsgrundsatz in der Rechtsprechung des Bundesverfassungsgerichts, AöR 145 (2020), S. 75 ff.

–, Proportionality Analysis by the German Federal Constitutional Court, in: Kremnitzer/Steiner/Lang (Hrsg.), Proportionality in Action, Cambridge 2020, S. 22 ff.

Lang, John T., Community Constitutional Law: Art. 5 EEC Treaty, CMLR 27 (1990), S. 645 ff.

–, The Core of the Constitutional Law of the Community – Article 5 EC, in: Gromley (Hrsg.), Current and Future Perspectives on EC Competition Law, London 1997, S. 41 ff.

–, Art. 10 EC – The Most Important ‚General Principle' of Community Law, in: Bernitz/Nergelius/Cardner (Hrsg.), General Principles of EC Law in a Process of Development, London 2008, S. 75 ff.

Lange, Friederike Valerie, Stärkung von Verfassungsgerichtsbarkeit und Grundrechten in Frankreich, DVBl 2008, S. 1427 ff.

–, Grundrechtsbindung des Gesetzgebers, Tübingen 2010.

Larenz, Karl/Canaris, Claus-Wilhelm, Methodenlehre der Rechtswissenschaft, 3. Aufl., Berlin 1995.

Laskin, Bora, Peace, Order, and Good Government, Re-Examined, Canadian Bar Review 25 (1947), S. 1054 ff.

Lecheler, Helmut, Das Subsidiaritätsprinzip, Berlin 1993.

–, Der Europäische Gerichtshof und die allgemeinen Rechtsgrundsätze, Berlin 1971.

Leclair, Jean, The Supreme Court of Canada's Understanding of Federalism: Efficiency at the Expense of Diversity, Queen's Law Journal 28 (2003), S. 411 ff.

–, The Elusive Quest for the Quintessential National Interest, University of British Columbia Law Review 38 (2005), S. 353 ff.

Lecourt, Robert, L'Europe des juges, Brüssel 1976.

–, La Cour de Justice des Communautés européennes vue de l'interieur, in: Grewe/Rupp/Schneider (Hrsg.), Europäische Gerichtsbarkeit und nationale Verfassungsgerichtsbarkeit. Festschrift zum 70. Geburtstag von Hans Kutscher, Baden-Baden 1981, S. 261.

Ledermann, William R., Unity and Diversity in Canadian Federalism, Canadian Bar Review 53 (1975), S. 597 ff.

Leisner-Egensperger, Anna, Der legitime Zweck als Bezugspunkt der Verhältnismäßigkeit, JZ 2021, S. 913 ff.

Lenaerts, Koen, Constitutionalism and the Many Faces of Federalism, American Journal of Comparative Law 38 (1990), S. 205 ff.

–, The Principle of Subsidiarity and the Environment in the European Union: Keeping the Balance of Federalism, Fordham International Law Journal 17 (1994), S. 846 ff.

–, Le droit comparé dans le travail du juge communautaire, in: van der Mensbrugghe (Hrsg.), L'Utilisation de la Méthode Comparative en Droit Européen, Namur 2003, S. 111 ff.

–, National Remedies for Private Parties in the Light of the EU Law Principle of Equivalence and Effectiveness, The Irish Jurist 46 (2011), S. 13 ff.
–, The European Court of Justice and Process-Oriented Review, Yearbook of European Law 31 (2012), S. 3 ff.
–, EU Federalism in 3-D, in: Cloots/de Baere/Sottiaux (Hrsg.), Federalism in the European Union, Oxford 2012, S. 13 ff.
–, The Court's Outer and Inner Selves: Exploring the External and Internal Legitimacy of the European Court of Justice, in: Adams/de Waele/Meeusen/Straetmans (Hrsg.), Judging Europe's Judges, Oxford 2013, S. 13 ff.
–, Limits on Limitations: The Essence of Fundamental Rights in the EU, GLJ 2019 (20), S. 779 ff.
–, Proportionality as a matrix principle promoting the effectiveness of EU law and the legitimacy of EU action, in: European Central Bank (Hrsg.), Continuity and change – how the challenges of today prepare the ground for tomorrow, Frankfurt a.M. 2022, S. 27 ff.
Lenaerts, Koen/van Nuffel, Piet, EU Constitutional Law, Oxford 2021.
Lepsius, Oliver, Verwaltungsrecht unter dem Common Law, Tübingen 1997.
–, Chancen und Grenzen des Grundsatzes der Verhältnismäßigkeit, in: Jestaedt/Lepsius (Hrsg.), Verhältnismäßigkeit, Tübingen 2015, S. 1 ff.
Lerche, Clemens, Länderbericht Frankreich, in: Frowein (Hrsg.), Die Kontrolldichte bei der gerichtlichen Überprüfung von Handlungen der Verwaltung, Berlin 1993, S. 1 ff.
Lerche, Peter, Übermass und Verfassungsrecht, Köln 1961.
–, Föderalismus als nationales Ordnungsprinzip, VVDStRL 21 (1963), S. 66 ff.
–, Achtung der nationalen Identität (Art. F Abs. 1 EUV), in: Bundesnotarkammer (Hrsg.), Festschrift für Helmut Schippel zum 65. Geburtstag, München 1996, S. 919 ff.
Leschke, Martin/Möstl, Markus, Die Grundsätze der Subsidiarität und Verhältnismäßigkeit: Wirksame Kompetenzschranken der Europäischen Union?, in: Heine/Kerber (Hrsg.), Zentralität und Dezentralität von Regulierung in Europa, Stuttgart 2007, S. 78 ff.
Linke, Tobias, Schutz des freien Mandats durch das Übermaßverbot?, NVwZ 2021, S. 1265 ff.
Llewwellyn, Karl, The Bramble Bush, New York 1951.
Lohse, Eva Julia, Rechtsangleichungsprozesse in der Europäischen Union, Tübingen 2017.
Lorz, R. Alexander/Sauer, Heiko, Ersatzunionsrecht und Grundgesetz, DÖV 2012, S. 573 ff.
Lübbe-Wolff, Gertrude, Homogenes Volk – Über Homogenitätspostulate und Integration, ZAR 2007, S. 121 ff.
Ludwigs, Markus, Die Kompetenzordnung der Europäischen Union im Vertragsentwurf über eine Verfassung für Europa, ZEuS 2004, S. 211 ff.
–, Die Verfahrensautonomie der Mitgliedstaaten, NVwZ 2018, S. 1417 ff.
–/*Sikora, Patrick*, Grundrechtsschutz im Spannungsfeld von Grundgesetz, EMRK und Grundrechtecharta, JuS 2017, S. 385 ff.
Lysk, Kenneth, Constiutional Reform and the Introductory Clause of Section 91, Canadian Bar Review 57 (1979), S. 531 ff.
Mackenzie Stuart, Alexander, The European Communities and the Rule of Law, London 1977.
Mahrenholz, Ernst G., Verfassungsgerichtsbarkeit und Gesetzgebung, in: Badura/Scholz (Hrsg.), Verfassungsgerichtsbarkeit und Gesetzgebung – Symposion aus Anlass des 70. Geburtstages von Peter Lerche, München 1998, S. 23 ff.

Mancini, Federico/di Bucci, Vittorio, Die Entwicklung der Grundrechte als Teil des Gemeinschaftsrechts, in: Iliopoulos-Strangas (Hrsg.), Grundrechtsschutz im europäischen Raum. Der Beitritt der Europäischen Gemeinschaften zur Europäischen Menschenrechtskonvention, Baden-Baden 1993, S. 208 ff.

Marketou, Afroditi, Local Meanings of Proportionality, Cambridge 2021.

Martens, Sebastian A. E., Methodenlehre des Unionsrechts, Tübingen 2013.

Maunz, Theodor/Zippelius, Reinhold, Deutsches Staatsrecht, 25. Aufl., München 1983.

Mayer, Franz C., Verfassungsgerichtsbarkeit, in: von Bogdandy/Bast, Europäisches Verfassungsrecht, 2. Aufl., Berlin 2009, S. 559 ff.

Mayer, Otto, Deutsches Verwaltungsrecht, Erster Bd., 2. Aufl., München 1914.

Mazzucelli, Colette, The Treaty of Maastricht: Designing the European Union, in: Laursen (Hrsg.), Designing the European Union. From Paris to Lisbon, London 2012, S. 147 ff.

Medicus, Dieter, Der Grundsatz der Verhältnismäßigkeit im Privatrecht, AcP 192 (1992), S. 35 ff.

Meier, Gert, Anmerkung zum Beschluss des BVerfG v. 29.051974, NJW 1974, S. 1697 ff.

Merkl, Adolf J., Die Lehre von der Rechtskraft, Wien 1923.

–, Prolegomena einer Theorie des rechtlichen Stufenbaus, in: Verdross (Hrsg.), Gesellschaft, Staat und Recht: Untersuchungen zur Reinen Rechtslehre. Festschrift Hans Kelsen zum 50. Geburtstag gewidmet, Wien 1931, S. 252 ff.

Merten, Detlef/Papier, Hans-Jürgen (Hrsg.), Handbuch der Grundrechte in Deutschland und Europa, Bd. VI/1: Europäische Grundrechte I, Heidelberg 2010.

–, Handbuch der Grundrechte in Deutschland und Europa, Bd. V: Grundrechte in Deutschland – Einzelgrundrechte II, Heidelberg 2013.

Merten, Detlef, Subsidiarität als Verfassungsprinzip, in: Ders. (Hrsg.), Die Subsidiarität Europas, 2. Aufl., Berlin 1994, S. 77 ff.

Meßerschmidt, Klaus, Gesetzgebungsermessen, Berlin 2000.

–, The Race to Rationality Review and the Score of the German Federal Constitutional Court, Legisprudence 6 (2012), S. 347 ff.

Mestre, Achill, Le Conseil d'État: Protecteur des Prérogatives de l'Administration, Paris 1974.

Meurers, David, Der Grundsatz der Verhältnismäßigkeit im Vergaberecht, Baden-Baden 2020.

Meuwese, Anne/Gomtsian, Suren, Regulatory Scrutiny of Subsidiarity and Proportionality, Maastricht Journal of European and Comparative Law 22 (2015), S. 483 ff.

Meuwese, Anne/Popelier, Patricia, Legal Implications of Better Regulation: A Special Issue, European Public Law 17 (2011), S. 455 ff.

Meyer, Hans, Die Föderalismusreform 2006, Berlin 2008.

Michl, Fabian, Das Sondervotum zum Apothekenurteil, JöR n.F. 68 (2020), S. 323 ff.

van Middelaar, Luuk, Das europäische Pandämonium, Berlin 2021.

–, Vom Kontinent zur Union, Berlin 2016.

Möller, Kai, The Global Model of Constitutional Rights, Oxford 2012.

–, Constructing the Proportionality Test: An Emerging Global Conversation, in: Lazarus/McCrudden/Bowles (Hrsg.), Reasoning Rights: Comparative Judicial Engagement, London 2014, S. 31 ff.

Möllers, Christoph, Gewaltengliederung, Tübingen 2005.

–, Dogmatik der grundgesetzlichen Gewaltengliederung, AöR 132 (2007), S. 493 ff.

–, Staat als Argument, 2. Aufl., Tübingen 2011.

–/*Halberstam, Daniel*, The German Constitutional Court says ‚Ja zu Deutschland!', GLJ 10 (2009), S. 1241 ff.

Möllers, Thomas M. J., Juristische Methodenlehre, 4. Aufl., München 2021.
Moersch, Wolfram, Leistungsfähigkeit und Grenzen des Subsidiaritätsprinzips, Berlin 2001.
von Mohl, Robert, Die Polizeiwissenschaft nach den Grundsätzen des Rechtsstaates, Bd. 3: Das System der Präventivjustiz oder Rechtspolizei, 3. Aufl., Tübingen 1866.
Molsberger, Philipp, Das Subsidiaritätsprinzip im Prozess europäischer Konstitutionalisierung, Berlin 2009.
Monast, Jonas J., Major Questions about the Major Questions Doctrine, Administrative Law Review 68 (2016), S. 445 ff.
Montestquieu, Charles Louis, Vom Geist der Gesetze, in: von der Heydte (Hrsg.), Vom Geist der Gesetze, Berlin 1950, S. 77 ff.
Moravicsik, Andrew, Preferences and Power in the European Community, CMLR 31 (1993), S. 473 ff.
Müller, Thomas, Der Verhältnismäßigkeitsgrundsatz des Art. 52 GRC – Paradigmenwechsel in der europäischen Grundrechtsjudikatur?, in: Kahl/Raschauer/Storr (Hrsg.), Grundsatzfragen der europäischen Grundrechtecharta, Wien 2013, S. 179 ff.
von Münch, Ingo/Kunig, Philip (Begr.)/Kämmerer, Jörn Axel/Kotzur, Markus (Hrsg.), Grundgesetz, 7. Aufl., München 2021.
Mureinik, Etienne, A Bridge to Where? Introducing the Interim Bill of Rights, South African Journal on Human Rights 10 (1994), S. 31 ff.
Murray, Charles, By the People, New York 2015.
Nees, Daniel, Hybrides Unionsrecht, Baden-Baden 2020.
Neframi, Eleftheria, The Duty of Loyalty: Rethinking its Scope through its Application in the Field of EU External Relations, CMLR 47 (2010), S. 323 ff.
Neumann, Eva/Eichberger, Fabian S., Die Unionsgrundrechte vor dem Bundesverfassungsgericht, JuS 2020, S. 502 ff.
Neumeier, Christian, Kompetenzen, Tübingen 2022.
Neumeyer, Christoph, Geschichte eines Irrläufers – Anmerkungen zur Reform des Art. 72 Abs. 2 GG, in: Ziemske/Langheid/Wilms/Haverkate (Hrsg.), Staatsphilosophie und Rechtspolitik. Festschrift für Martin Kriele zum 65. Geburtstag, München 1997, S. 543 ff.
Nettesheim, Martin, Der Grundsatz der einheitlichen Wirksamkeit des Gemeinschaftsrechts, in: Randelzhofer/Scholz/Wilke (Hrsg.), Gedächtnisschrift für Eberhard Grabitz, München 1995, S. 447 ff.
–, Grundrechtliche Prüfdichte durch den EuGH, EuZW 1995, S. 106 ff.
–, Die Kompetenzordnung im Vertrag über eine Verfassung für Europa, EuR 2004, S. 511 ff.
–, Kompetenzen, in: von Bogdandy/Bast (Hrsg.), Europäisches Verfassungsrecht, 2. Aufl., Berlin 2009, S. 389 ff.
–, Das PSPP-Urteil des BVerfG – ein Angriff auf die EU?, NJW 2020, S. 1631 ff.
Newdick, Christopher, Citizenship, Free Movement and Health Care, CMLR 43 (2006), S. 645 ff.
Nicolaides, Phedon/Kool, Clemens, The application of the principle of proportionality to monetary policy: An impossible task?, European Law Review 46 (2021), S. 746 ff.
Nicolaysen, Gert, Europäisches Gemeinschaftsrecht, Stuttgart 1979.
–, Die gemeinschaftsrechtliche Begründung von Grundrechten, EuR 2003, S. 719 ff.
Niedobitek, Matthias (Hrsg.), Europarecht, 2. Aufl., Berlin 2020.
Noonan Jr., John T., Narrowing the Nation's Power: The Supreme Court sides with the States, Berkeley 2002.

Öberg, Jacob, The Rise of the Procedural Paradigm: Judicial Review of EU Legislation in Vertical Competence Disputes, EU Constitutional Law Review 13 (2017), S. 248 ff.

Oeter, Stefan, Souveränität und Demokratie als Probleme in der ‚Verfassungsentwicklung' der Europäischen Union, ZaöRV 55 (1995), S. 659 ff.

–, Föderalismus und Demokratie, in: von Bogdandy/Bast (Hrsg.), Europäisches Verfassungsrecht, 2. Aufl., Berlin 2009, S. 73 ff.

Oliver, Peter/Macklem, Patrick/Des Rosiers, Nathalie (Hrsg.), The Oxford Handbook of the Canadian Constitution, Oxford 2017.

van Ooik, Robert, The European Court of Justice and the Division of Competences in the European Union, in: Obradovic/Lavranos (Hrsg.), The Interface between EU Law and National Law, Groningen 2007, S. 13 ff.

Oreschnik, Bernhard, Verhältnismäßigkeit und Kontrolldichte, Wiesbaden 2019.

Orren, Karen/Compton, John W. (Hrsg.), The Cambridge Companion to the United States Constitution, Cambridge 2018.

Ossenbühl, Fritz, Die Kontrolle von Tatsachenfeststellungen und Prognoseentscheidungen durch das Bundesverfassungsgericht, in: Starck (Hrsg.), Bundesverfassungsgericht und Grundgesetz – Festgabe aus Anlass des 25jährigen Bestehens des Bundesverfassungsgerichts, Tübingen 1976, S. 458 ff.

–, Maßhalten mit dem Übermaßverbot, in: Badura/Scholz (Hrsg.), Wege und Verfahren des Verfassungslebens. Festschrift für Peter Lerche zum 65. Geburtstag, München 1993, S. 151.

–, Abwägung im Verfassungsrecht, in: Erbguth/Oebbecke/Rengling/Schulte (Hrsg.), Abwägung im Recht, Köln 1995, S. 25 ff.

–, Energierechtsreform und kommunale Selbstverwaltung, Köln 1998.

–, Verfassungsgerichtsbarkeit und Gesetzgebung, in: Badura/Scholz (Hrsg.), Verfassungsgerichtsbarkeit und Gesetzgebung – Symposion aus Anlass des 70. Geburtstages von Peter Lerche, München 1998, S. 75 ff.

Otto, Mathias, Vorabentscheidungsverfahren – Zeit für Reformen, EuZW 2022, S. 241 ff.

Otto, Nicholas, Die Vielfalt unionaler Rechtsetzungsverfahren, Tübingen 2022.

Pache, Eckhard, Der Grundsatz der Verhältnismäßigkeit in der Rechtsprechung der Gerichte der Europäischen Gemeinschaften, NVwZ 1999, S. 1033 ff.

–, Tatbestandliche Abwägung und Beurteilungsspielraum, Tübingen 2001.

Panara, Carlo, The Enforceability of Subsidiarity in the EU and the Ethos of Cooperative Federalism: A Comparative Law Perspective, European Public Law 22 (2016), S. 305 ff.

Payandeh, Merhdad, The OMT Judgment of the German Federal Constitutional Court: Repositioning the Court within the European Constitutional Architecture, European Constitutional Law Review 13 (2017), S. 400 ff.

Pechstein, Matthias/Nowak, Carsten/Häde, Ulrich (Hrsg.), Frankfurter Kommentar zu EUV, GRC und AEUV, 2. Aufl., Tübingen 2023.

Pérez Tremps, Pablo, National Identity in Spanish Constitutional Court Case-Law, in: Saiz Aranz/Alcoberro Llivina (Hrsg.), National Constitutional Identity and European Integration, Cambridge 2013, S. 263 ff.

Perillo, Ezio, De Karlsruhe au Kirchberg et retour: le long voyage, courageaux mais prévisible, d'un tourmenté „ultra vires Urteil", Il Diritto dell'Unione Europea 2020, S. 127 ff.

Pernice, Ingolf, Grundrechtsgehalte im Europäischen Gemeinschaftsrecht, Baden-Baden 1979.

–, Kriterien der normativen Umsetzung von Umweltrichtlinien der EG im Lichte der Rechtsprechung des EuGH, EuR 1994, S. 325 ff.

–, Machtspruch aus Karlsruhe: ‚Nicht verhältnismäßig? – Nicht verbindlich? – Nicht zu fassen…'. Zum PSPP-Urteil des BVerfG vom 5.5.2020, EuZW 2020, S. 508 ff.

Peruzzo, Giovanni Guido, Das Problem der implied powers der Organe der Europäischen Gemeinschaften, Marburg 1979.

Pescatore, Pierre, Das Zusammenwirken der Gemeinschaftsrechtsordnung mit den nationalen Rechtsordnungen, EuR 1970, S. 307 ff.

–, Fundamental Rights and Freedoms in the System of the European Communities, American Journal of Comparative Law 18 (1970), S. 343 ff.

–, Aspects of the Court of Justice of the European Communities of Interest from the Point of View of International Law, ZaöRV 32 (1972), S. 239 ff.

–, Der Schutz der Grundrechte in den Europäischen Gemeinschaften und seine Lücken, in: Mosler/Bernhardt/Hilf (Hrsg.), Grundrechtsschutz in Europa, Berlin 1977, S. 64 ff.

–, Mit der Subsidiarität leben, in: Due/Lutter/Schwarze (Hrsg.), Festschrift für Ulrich Everling, Bd. II, Baden-Baden 1995, S. 1071 ff.

–, Zu Rechtssprache und Rechtsstil im europäischen Recht, in: Müller/Burr (Hrsg.), Rechtssprache Europas, Berlin 2004, S. 243 ff.

Peters, Anne, Elemente einer Theorie der Verfassung Europas, Berlin 2001.

Peters, Hans, Die Gewaltenteilung in moderner Sicht, Köln 1954.

–, Die Verfassungsmäßigkeit der Beförderung von Massengütern im Fernverkehr auf der Straße, Bielefeld 1954.

–, Geschichtliche Entwicklung und Grundfragen der Verfassung, Berlin 1969.

Petersen, Niels, How to Compare the Length of Lines and the Weight of Stones: Balancing and the Resolution of Value Conflicts in Constitutional Law, GLJ 14 (2013), S. 1387 ff.

–, Balancing and judicial self-empowerment: A case study on the rise of balancing in the jurisprudence of the German Federal Constitutional Court, Global Constitutionalism 4 (2015), S. 49 ff.

–, Verhältnismäßigkeit als Rationalitätskontrolle, Tübingen 2015.

Philippe, Xavier, Le contrôle de proportionnalité dans les jurisprudences constitutionnelle et administrative françaises, Aix-en-Provence 1990.

Picod, Fabrice, Le statut des particuliers, désormais titulaires de droits individuels, in: Tizzano/Kokott/Prechal (Hrsg.), 50ème Anniversaire de l'Arrêt Van Gend en Loos, Luxemburg 2013, S. 81 ff.

Pieroth, Bodo/Schlink, Bernhard, Grundrechte – Staatsrecht II, Heidelberg 1985.

Pigeon, Louis-Philippe, The Meaning of Provincial Autonomy, Canadian Bar Review 29 (1951), S. 1126 ff.

Plebuch, Jonas/Pielhoff, Simon, Verwaltungsstaat als Demokratieideal – Administrative State als Demokratiegefahr?, Der Staat 61 (2022), S. 167 ff.

Poetzsch-Heffter, Fritz, Handkommentar der Reichsverfassung, 3. Aufl., Berlin 1928.

Pohl, Ottmar, Ist der Gesetzgeber bei Eingriffen in die Grundrechte an den Grundsatz der Verhältnismäßigkeit gebunden?, Köln 1959.

Pollak, Christiana, Verhältnismäßigkeitsprinzip und Grundrechtsschutz in der Judikatur des Europäischen Gerichtshofs und des österreichischen Verfassungsgerichtshofs, Wien/Florenz 1990.

Potacs, Michael, Effet utile als Auslegungsgrundsatz, EuR 2009, S. 465 ff.

Pound, Roscoe, Administrative Law: Its Growth, Procedure, and Significance, Pittsburgh 1942.

Prechal, Sacha, Community Law in National Courts: The Lessons from van Schijndel, CMLR 35 (1998), S. 681 ff.

–, Directives in EC Law, Oxford 2006.
–, Competence Creep and General Principles of Law, Review of European Administrative Law 3 (2010), S. 5 ff.
–, Individuals Challenging Directives in EU Courts, CMLR 59 (2022) – Special Issue, S. 41 ff.
Raabe, Marius, Grundrechte und Erkenntnis, Baden-Baden 1998.
Rabe, Hans-Jürgen, Das Verordnungsrecht der Europäischen Wirtschaftsgemeinschaft, Hamburg 1963.
Ramsauer, Ulrich, Die Dogmatik der subjektiven öffentlichen Rechte, JuS 2012, S. 769 ff.
Raue, Frank, Müssen Grundrechtsbeschränkungen wirklich verhältnismäßig sein?, AöR 131 (2006), S. 79 ff.
Rautenbach, Ignatius M., General provisions of the South African Bill of Rights, Durban 1994.
Reestman, Jan-Herman, The Franco-German Constitutional Divide, EU Constitutional Law Review 5 (2009), S. 374 ff.
Regan, Donald, Comparability, and Choice, in: Chang (Hrsg.), Incommensurability, Incomparability, and Practical Reason, Cambridge 1998, S. 129 ff.
Régimbald, Guy/Newman, Dwight, The Law of the Canadian Constitution, 2. Aufl., Toronto 2017.
Reimann, Mathias/Zimmermann, Reinhard (Hrsg.), The Oxford Handbook of Comparative Law, 2. Aufl., Oxford 2019.
Reimer, Franz, Ziel und Zuständigkeiten, EuR 2003, S. 992 ff.
Reimer, Philipp, Können und Dürfen, Rechtstheorie 48 (2017), S. 417 ff.
Reinhard, Wolfgang, Geschichte der Staatsgewalt, München 1999.
Remmert, Barbara, Verfassungs- und Verwaltungsrechtliche Grundlagen des Übermaßverbots, Heidelberg 1995.
Rengeling, Hans-Werner, Europäisches Gemeinschaftsrecht und nationaler Rechtsschutz – unter besonderer Berücksichtigung der Rechtsprechung des Europäischen Gerichtshofs und deutscher Gerichte, in: Bieber (Hrsg.), Das Europa der zweiten Generation. Gedächtnisschrift für Christoph Sasse, Bd. 1, Baden-Baden 1981, S. 197 ff.
Resnik, Judith, Categorial Federalism, Yale Law Journal 111 (2001), S. 619 ff.
Ress, Georg, Der Grundsatz der Verhältnismäßigkeit im deutschen Recht, in: Deutsche Sektion der Internationalen Juristen-Kommission (Hrsg.), Der Grundsatz der Verhältnismäßigkeit in europäischen Rechtsordnungen, Heidelberg 1985, S. 5 ff.
–, Die neue Kulturkompetenz der EG, DÖV 1992, S. 944 ff.
Reuter, Paul, Les interventions de la Haute Autorité, in: Centro Italiano di studi giuridici (Hrsg.), Actes officiels du Congrès international d'Études sur la Communauté du charbon et de l'acier, Bd. V, Mailand 1957, S. 9 ff.
Rheinstein, Max, Comparative Law and Conflicts of Laws in Germany, University of Chicago Law Review 2 (1934/35), S. 232 ff.
Rideau, Joël, The Case-law of the Polish, Hungarian and Czech Constitutional Courts on National Identity and the ‚German Model', in: Saiz Arnaiz/Alcoberro Llivina (Hrsg.), National Constitutional Identity and European Integration, Cambridge 2013, S. 243 ff.
Riedel, Christian G. H., Die Grundrechtsprüfung durch den EuGH, Tübingen 2020.
Riegel, Reinhard, Anmerkung zum Beschluss des BVerfG v. 29.051974, NJW 1974, S. 2176 ff.
Riese, Otto, Über den Rechtsschutz der Privatpersonen und Unternehmen in der Europäischen Wirtschaftsgemeinschaft, in: von Caemmerer/Schlochauer/Steindorff (Hrsg.), Probleme des Europäischen Rechts. Festschrift für Walter Hallstein zu seinem 65. Geburtstag, Frankfurt a.M., 1966, S. 414 ff.

Ritzer, Christoph/Ruttloff, Marc, Die Kontrolle des Subsidiaritätsprinzips: Geltende Rechtslage und Reformperspektiven, EuR 2006, S. 116 ff.

Ritzer, Christoph, Europäische Kompetenzordnung, Baden-Baden 2006.

Rivers, Julian, Proportionality and the Varying Intensity of Review, Cambridge Law Journal 65 (2006), S. 174 ff.

Röhl, Klaus-Friedrich/Röhl, Hans Christian, Allgemeine Rechtslehre, 3. Aufl., München 2008.

Rösch, Franziska, Zur Rechtsformenwahl des europäischen Gesetzgebers im Lichte des Verhältnismäßigkeitsgrundsatzes, Berlin 2013.

Roge, Frank, Legitimität durch Subsidiarität, Baden-Baden 1998.

Romanow, Roy/Whyte, John/Leeson, Howard, Canada…Notwithstanding, Toronto 1984.

Rose-Ackerman/Lindseth/Emerson (Hrsg.), Comparative Administrative Law, 2. Aufl., Cheltenham 2017.

Roux, Theunis, Principle and Pragmatism on the Constitutional Court of South Africa, ICON 7 (2009), S. 106 ff.

Rüfner, Wolfgang, Art. 72 Abs. 2 GG in der Rechtsprechung des Bundesverfassungsgerichts, in: Depenheuer/Heintzen/Jestaedt/Axer (Hrsg.), Staat im Wort – Festschrift für Josef Isensee, Heidelberg 2007.

Rupp, Hans Heinrich, Die Grundrechte und das Europäische Gemeinschaftsrecht, NJW 1970, S. 353 ff.

–, Nationaler Grundrechtsschutz in den Europäischen Gemeinschaften, in: Arbeitskreis Europäische Integration (Hrsg.), Die Grundrechte in der Europäischen Gemeinschaft, 1978, S. 9 ff.

Russel, Peter H., Standing up for Notwithstanding, Alberta Law Review 29 (1991), S. 293 ff.

Rusteberg, Benjamin, Der grundrechtliche Gewährleistungsgehalt, Tübingen 2009.

Rosenfeld/Sajó (Hrsg.), Oxford Handbook of Comparative Constitutional Law, Oxford 2012.

Sachs, Bärbel, Die Ex-officio-Prüfung durch die Gemeinschaftsgerichte, Tübingen 2008.

Sachs, Michael (Hrsg.), Grundgesetz, 9. Aufl., München 2021.

Šadl, Urška/Bengoetxea, Joxerramon, Theorising General Principles of EU Law in Perspective: High Expectations, Modest Means and the Court of Justice, in: Vogenauer/Weatherill (Hrsg.), General Principles of Law: European and Comparative Perspectives, London 2017, S. 41 ff.

Samuel, Geoffrey, An Introduction to Comparative Law Theory and Method, Oxford 2014.

Sanchez, Yoan, Proportionality in French administrative law, in: Ranchordás/de Waard (Hrsg.), The Judge and the Proportionate Use of Discretion, London 2015, S. 43 ff.

Sasse, Christoph, Der Schutz der Grundrechte in den Europäischen Gemeinschaften und seine Lücken, in: Mosler/Bernhardt/Hilf (Hrsg.), Grundrechtsschutz in Europa, 1977, S. 51 ff.

Sauer, Heiko, Vorrang ohne Hierarchie, Rechtstheorie 44 (2013), S. 503 ff.

–, Doubtful it Stood...: Competence and Power in European Monetary and Constitutional Law in the Aftermath of the CJEU's OMT Judgment, GLJ 16 (2015), S. 971 ff.

–, Demokratische Legitimation zwischen Staatsorganisationsrecht und grundrechtlichem Teilhabeanspruch, Der Staat 58 (2019), S. 7 ff.

–, Substantive EU law review behind the veil of democracy: the German Federal Constitutional Court ultimately acts as Supreme Court of the EU, EU Law Live – Weekend Edition N° 16, 2020, S. 2 ff.

–, Horizontalwirkung von Richtlinien und Unionsgrundrechten, JURA 2021, S. 387 ff.
–, Öffentliches Reaktionsrecht, Tübingen 2021.
–, Handeln ultra vires im Stufenbau der Rechtsordnung, in: Jabloner/Olechowski/Zeleny (Hrsg.), Der Stufenbau des Rechts auf dem Prüfstand, Wien 2022, S. 61 ff.
–, Staatsrecht III, 7. Aufl., München 2022.
Saurer, Johannes, Die Globalisierung des Verhältnismäßigkeitsgrundsatzes, Der Staat 51 (2012), S. 3 ff.
–, Der kompetenzrechtliche Verhältnismäßigkeitsgrundsatz im Recht der Europäischen Union, JZ 2014, S. 281 ff.
Sauter, Wolf, Proportionality in EU Law: A Balancing Act, Cambridge Yearbook of European Legal Studies 15 (2012/13), S. 439 ff.
Schaefer, Guenther F., The Rise and Fall of Subsidiarity, Futures (23) 1991, S. 681 ff.
Scharpf, Fritz, Negative und positive Integration, in: Höpner/Schäfer (Hrsg.), Die politische Ökonomie der Europäischen Integration, Frankfurt a.M. 2008, S. 49 ff.
Scherer, Josef, Subsidiaritätsprinzip und EG-Agrarrecht, DVBl 1993, S. 281 ff.
Schima, Bernhard, Das Subsidiaritätsprinzip im Europäischen Gemeinschaftsrecht, Wien 1994.
Schlaich, Klaus/Korioth, Stefan, Das Bundesverfassungsgericht, München 2. Aufl., 2021.
Schliesky, Utz, Souveränität und Legitimität von Herrschaftsgewalt, Tübingen 2004.
Schlink, Bernhard, Abwägung im Verfassungsrecht, Berlin 1979.
–, Der Grundsatz der Verhältnismäßigkeit, in: Badura/Dreier (Hrsg.), Festschrift 50 Jahre Bundesverfassungsgericht, Zweiter Bd.: Klärung und Fortbildung des Verfassungsrechts, Tübingen 2001, S. 445 ff.
Schlochauer, Hans-Jürgen, Der Gerichtshof der Europäischen Gemeinschaften als Integrationsfaktor, in: von Caemmerer/Schlochauer/Steindorff (Hrsg.), Probleme des Europäischen Rechts. Festschrift für Walter Hallstein zu seinem 65. Geburtstag, Frankfurt a.M., 1966, S. 430 ff.
Schmahl, Stefanie, Grundrechtsschutz im Dreieck von EU, EMRK und nationalem Verfassungsrecht, EuR 2008 – Beiheft 1, S. 7 ff.
Schmalenbach, Kirsten, Normentheorie vs. Terrorismus: Der Vorrang des UN-Rechts vor dem EU-Recht, JZ 2006, S. 349 ff.
Schmidt, Christopher P., Grund- und Menschenrechte in Europa, Baden-Baden 2013.
Schmidt, Rainer, Flexibilität und Innovation im Bereich der Verwaltungsmaßstäbe, in: Hoffmann-Riem/Schmidt-Aßmann (Hrsg.), Innovation und Flexibilität des Verwaltungshandelns, Baden-Baden 1994, S. 67 ff.
–, Währungs- oder Wirtschaftspolitik?, EuR 2021, S. 643 ff.
Schmidt, Walter, Das Verhältnis von Bund und Ländern im demokratischen Bundesstaat des Grundgesetzes, AöR 87 (1962), S. 253 ff.
Schmidt-Aßmann, Eberhard, Das Verwaltungsrecht der Vereinigten Staaten von Amerika, Berlin 2021.
Schmidt-Bleibtreu, Bruno/Klein, Franz/Bethge, Herbert (Hrsg.), Bundesverfassungsgerichtsgesetz Kommentar, München 62. EL Januar 2022.
Schmitt, Carl, Staat, Bewegung, Volk, Hamburg 1933.
Schnapp, Friedrich E., Die Verhältnismäßigkeit des Grundrechtseingriffs, JuS 1983, S. 850 ff.
Schneider, Benedikt, Die Grundrechte der EU und die EMRK, Baden-Baden 2010.
Schnettger, Anita, Verbundidentität, Tübingen 2020.
Schönberger, Christoph, Die Europäische Union als Bund, AöR 129 (2004), S. 81 ff.

–, Die Europäische Union zwischen ‚Demokratiedefizit‘ und Entstaatlichungsverbot, Der Staat 48 (2009), S. 535 ff.

–, Identitätерä, JöR n.F. 63 (2015), S. 41 ff.

Schröder, Ulrich Jan, Der Verhältnismäßigkeitsgrundsatz, Ad Legendum 2015, S. 327 ff.

Schroeder, Werner, Kompetenzüberschreitende Akte von Organen der Europäischen Union – Die Sicht des Gemeinschaftsrechts, in: Simma/Schulte (Hrsg.), Völker- und Europarecht in der aktuellen Diskussion, Wien 1999, S. 59 ff.

–, Das Gemeinschaftsrechtssystem, Tübingen 2002.

Schubert, Simon, Die ‚Kommission zur Modernisierung der bundesstaatlichen Ordnung‘: Auftrag, Arbeitsweise, erkennbare Kompromisslinien, Zeitschrift für Staats- und Europawissenschaften 3 (2006), S. 124 ff.

Schüle, Adolf, Marktinterventionen der Hohen Behörde und finanzielle Einrichtungen, ZaöRV 19 (1958), S. 464 ff.

Schütze, Robert, From Dual to Cooperative Federalism, Oxford 2009.

–, Subsidiarity After Lisbon: Reinforcing the Safeguards of Federalism, Cambridge Law Journal 68 (2009), S. 525 ff.

–, European Constitutional Law, 3. Aufl., Oxford 2021.

–/Tridimas, Takis (Hrsg.), Oxford Principles of European Union Law, Vol. 1: The European Legal Order, Oxford 2018.

Schultz Bressman, Lisa/Rubin, Edward L./Stack, Kevin M., The Regulatory State, 2. Aufl., New York 2013.

Schulze, Reiner/Hoeren, Thomas (Hrsg.), Dokumente zum Europäischen Recht, Bd. 2: Justiz (bis 1957), Berlin 2000.

Schulze, Reiner/Janssen, André/Kadelbach, Stefan (Hrsg.), Europarecht, 4. Aufl., Baden-Baden 2020.

Schuppert, Gunnar Folke, Verwaltungswissenschaft, Baden-Baden 2000.

Schwab, Florian, Der Europäische Gerichtshof und der Verhältnismäßigkeitsgrundsatz: Untersuchung der Prüfungsdichte, Frankfurt a.M. 2002.

Schwartz, Christina, Die Wahl der Rechtsgrundlage im Recht der Europäischen Union, Baden-Baden 2013.

Schwartz, Justin, Less than Meets the Eye: Antidiscrimination and the Development of Section 5 Enforcement and Eleventh Amendment Abrogation since City of Boerne v. Flores, Hastings Constitutional Law Quarterly 38 (2011), S. 259 ff.

Schwarz, Kyrill-Alexander, In dubio pro imperio?, NVwZ-Beilage 2022, S. 3 ff.

Schwarze, Jürgen, Europäisches Verwaltungsrecht, 2. Aufl., Baden-Baden 2005.

van der Schyff, Gerhard, The constitutional relationship between the European Union and its Member States: the role of the national identity in Art. 4 (2) TEU, European Law Review 18 (2012), S. 563 ff.

–, Member States of the European Union, Constitutions, and Identity, in: Calliess/van der Schyff (Hrsg.), Constitutional Identity in a Europe of Multilevel Constitutionalism, Cambridge 2019, S. 305 ff.

Selmer, Peter, Die Gewährleistung der unabdingbaren Grundrechtsstandards durch den EuGH, Baden-Baden 1998.

Seyr, Sibylle, Der effet utile in der Rechtsprechung des Europäischen Gerichtshofs, Berlin 2010.

Sharpe, Robert J./Roach, Kent, The Charter of Rights and Freedoms, 3. Aufl., Toronto 2005.

da Silva, Virgilio Alfonso, Der Vergleich des Inkommensurablen, in: Klatt (Hrsg.), Prinzipientheorie und Theorie der Abwägung, Tübingen 2013, S. 236 ff.

Simon, Denys, Le système juridique communautaire, 3. Aufl., Paris 2001.
Skouris, Vassilios, Der Vorrang des Europäischen Unionsrechts vor dem nationalen Recht, EuR 2021, S. 3 ff.
Smend, Rudolf, Das Recht der freien Meinungsäußerung, VVDStRL 4 (1928), S. 44 ff.
–, Verfassung und Verfassungsrecht, Berlin 1928.
Sparks, Allister, Beyond the Miracle, Chicago 2009.
Stacey, Robert, Proportionality Analysis by the South African Constitutional Court, in: Kremnitzer/Steiner/Lang (Hrsg.), Proportionality in Action, Cambridge 2020, S. 193 ff.
Starck, Christian, Die europäischen Institutionen und die Nationalstaaten – Die Rechtskultur im Bau Europas, in: Pitschas/Uhle (Hrsg.), Wege gelebter Verfassung in Recht und Politik – Festschrift für Rupert Scholz zum 70. Geburtstag, Berlin 2007, S. 179 ff.
Staubach, Peter, Das Verhältnismäßigkeitsprinzip, in: Grimm (Hrsg.), Vorbereiter – Nachbereiter?, Tübingen 2019, S. 131 ff.
Steinbach, Armin, The federalism dimension of proportionality, European Law Journal – Early View 2021, S. 1 ff.
Steinberg, Rudolf, Verwaltungsgerichtlicher Schutz der kommunalen Planungshoheit gegenüber höherstufigen Planungsentscheidungen, DVBl 1982, S. 13 ff.
Steinberger, Helmut, Der Verfassungsstaat als Glied einer europäischen Gemeinschaft, VVDStRL 50 (1990), S. 9 ff.
Steiner, Josephine, Subsidiarity under the Maastricht Treaty, in: O'Keeffe/Twomey (Hrsg.), Legal Issues of the Maastricht Treaty, London 1994, S. 49 ff.
Stelkens, Ulrich, Art. 291 AEUV, das Unionsverwaltungsrecht und die Verwaltungsautonomie der Mitgliedstaaten – zugleich zur Abgrenzung der Anwendungsbereiche von Art. 290 und Art. 291 AEUV, EuR 2012, S. 511 ff.
Steltens, Lukas, Gerichtlicher Grundrechtsschutz in Frankreich, Baden-Baden 2018.
Stern, Klaus, Das Staatsrecht der Bundesrepublik Deutschland, Bd. I: Grundbegriffe und Grundlagen des Staatsrechts. Strukturprinzipien der Verfassung, 2. Aufl., München 1984.
–, Zur Entstehung und Ableitung des Übermaßverbots, in: Badura/Scholz (Hrsg.), Wege und Verfahren des Verfassungslebens. Festschrift für Peter Lerche zum 65. Geburtstag, München 1993, S. 165 ff.
Stettner, Rupert, Anmerkung zu BVerfG, Urt. v. 26.01.2005 – 2 BvF 1/03, JZ 2005, S. 619 ff.
Stolleis, Michael, Geschichte des öffentlichen Rechts in Deutschland, Dritter Bd. 1914–1949, München 1999.
Stone Sweet, Alec/Keller, Helen, Introduction, in: Dies. (Hrsg.), A Europe of Rights, Oxford 2008, S. 3 ff.
Stone Sweet, Alec/Mathews, Jud, Proportionality Balancing and Global Constitutionalism, Columbia Journal of Transnational Law 47 (2008), S. 72 ff.
Storr, Stefan, Zur Bonität des Grundrechtsschutzes in der Europäischen Union, Der Staat 36 (1997), S. 547 ff.
Strayer, Barry L., The Canadian Constitution and the Courts, 2. Aufl., Toronto 1983.
Streinz, Rudolf, Der ‚effet utile' in der Rechtsprechung des Gerichtshofs der Europäischen Gemeinschaften, in: Due/Lutter/Schwarze (Hrsg.), Festschrift für Ulrich Everling, Bd. II, Baden-Baden 1995, S. 1491 ff.
–, ‚Gemeinschaftsrecht bricht nationales Recht' – Verlust und Möglichkeiten nationaler politischer Gestaltungsfreiheit nach der Integration in eine supranationale Gemeinschaft aufgezeigt am Beispiel des Lebensmittelrechts, insbesondere der sog. Novel Food-Verordnung, in: Köbler (Hrsg.), Europas universale rechtsordnungspolitische

Aufgabe im Recht des dritten Jahrtausends. Festschrift für Alfred Söllner zum 70. Geburtstag, München 2000, S. 1139 ff.
–, Die Auslegung des Gemeinschaftsrechts durch den EuGH, ZEuS 2004, S. 387 ff.
–, (Hrsg.), EUV/AEUV, 3. Aufl., München 2018.
–, Europarecht, 12. Aufl., Heidelberg 2023.
Sullivan, E. Thomas/ Frase, Richard S., Proportionality Principles in American Law, Oxford 2008.
Summers, Clinton T., Nondelegation of Major Questions, Arkansas Law Review 74 (2021), S. 83 ff.
Sunstein, Cass R./Vermeule, Adrian, Law and Leviathan, Cambridge 2020.
Šušnjar, Davor, Proportionality, Fundamental Rights, and Balance of Power, Leiden 2010.
Taupitz, Jochen, Privatrechtsvergleichung heute und morgen, Tübingen 1993.
Tarnopolsky, Walter S., The Charter and the Supreme Court of Canada, in: Beaudoin (Hrsg.), The Charter: Ten Years Later, Covansville 1992, S. 63 ff.
Taylor, Greg, Germany: A Slow Death for Subsidiarity, ICON 7 (2009), S. 139 ff.
Teetzmann, Constantin, Grundrechtsbindung des Unionsgesetzgebers und Umsetzungsspielräume, EuR 2016, S. 90 ff.
Terhechte, Jörg-Phillip, Konstitutionalisierung und Normativität der Europäischen Grundrechte, Tübingen 2011.
Thym, Daniel, Die Reichweite der EU-Grundrechtecharta – Zu viel Grundrechtsschutz?, NVwZ 2013, S. 889 ff.
Timmermanns, Christiaan, ECJ Doctrines on Competences, in: Azoulai (Hrsg.), The Question of Competence in the European Union, Oxford 2014, S. 155 ff.
Tischbirek, Alexander, Die Verhältnismäßigkeitsprüfung, Tübingen 2017.
Tomuschat, Christian, Die gerichtliche Vorabentscheidung nach den Verträgen über die europäischen Gemeinschaften, Köln 1964.
Toth, Akos G., The Principle of Subsidiarity in the Maastricht Treaty, CMLR 29 (1992), S. 1079 ff.
Tribe, Laurence, The Puzzling Persistence of Process-based Theories, Yale Law Journal 89 (1980), S. 1063 ff.
Tridimas, Takis, The Principle of Proportionality in European Community Law: From the Rule of Law to Market Integration, The Irish Jurist 31 (1996), S. 83 ff.
–, General Principles of EU Law, 2. Aufl., Oxford 2007.
–, Primacy, Fundamental Rights, and the Search for Legitimacy, in: Maduro/Azoulai (Hrsg.), The Past and Future of EU Law – The Classics of EU Law Revisited on the 50th Anniversary of the Rome Treaty, London 2010, S. 98 ff.
von Trott zu Stolz, Levin, Hans Peters und der Kreisauer Kreis, Paderborn 1997.
Trstenjak, Verica/Beysen, Erwin, Das Prinzip der Verhältnismäßigkeit in der Unionsrechtsordnung, EuR 2012, S. 265 ff.
Trüe, Christiane, Das System der EU-Kompetenzen vor und nach dem Entwurf eines Europäischen Verfassungsvertrags, ZaöRV 64 (2004), S. 391 ff.
Tsesis, Alexander, Enforcement of the Reconstruction Amendments, Washington and Lee Law Review 78 (2021), S. 849 ff.
Tushnet, Mark, Policy Distortion and Democratic Debilitation, Michigan Law Review 94 (1995), S. 245 ff.
–, Taking the Constitution Away from the Courts, Princeton 2000.
–, After the Heroes have left the Scene, in: Landfried (Hrsg.), Judicial Power, Cambridge 2019, S. 245 ff.

Uhle, Arnd, Freiheitlicher Verfassungsstaat und kulturelle Identität, Tübingen 2004.
Unger, Sebastian, Das Verfassungsprinzip der Demokratie, Tübingen 2008.
–, Präzedenzlos denken"? – Unionsverfassungsrecht zwischen Abgrenzung und Analogie zum Staatsrecht, EuR 2018 – Beiheft 2, S. 191 ff.
Unruh, Peter, Weimarer Staatsrechtslehre und Grundgesetz, Berlin 2004.
Veel, Paul-Erik, Incommensurability, Proportionality, and Rational Legal Decision-Making, Law & Ethics of Human Rights 4 (2010), S. 177 ff.
Vėlyvytė, Vilija, Competence Creep in EU free movement case law, European Law Review 48 (2023), S. 636 ff.
Verdross, Alfred, Abendländische Rechtsphilosophie, 2. Aufl., Wien 1963.
VerLoren van Themaat, Pieter, Die Rechtsangleichung als Integrationsinstrument, in: Schlochauer/Hallstein (Hrsg.), Zur Integration Europas. Festschrift für Carl-Friedrich Ophüls aus Anlass seines siebzigsten Geburtstages, Karlsruhe 1965, S. 243 ff.
Volkmann, Uwe, Die Dogmatisierung des Verfassungsrechts, JZ 2020, S. 965 ff.
Volz, Gustav Berthold (Hrsg.), Die Werke Friedrich des Großen, Bd. 7, Berlin 1912.
Vranes, Erich, Der Verhältnismäßigkeitsgrundsatz, AVR 47 (2009), S. 1 ff.
Waechter, Kay, Verfassungsrechtlicher Schutz der gemeindlichen Selbstverwaltung gegen Eingriffe durch Gesetz, AöR 135 (2010), S. 327 ff.
Wagner, Matthias, Das Konzept der Mindestharmonisierung, Berlin 2001.
Wahl, Rainer, Der Vorrang der Verfassung, Der Staat 31 (1981), S. 485 ff.
–, Das Bundesverfassungsgericht in der Gründungsphase, in: Meinel (Hrsg.), Verfassungsgerichtsbarkeit in der Bonner Republik, Tübingen 2019, S. 27 ff.
Walter, Christian/Grünewald, Benedikt (Hrsg.), BeckOK BVerfGG, 16. Edition, München 2023.
Walter, Maja Katharina, Verfassungsprozessuale Umbrüche, Tübingen 2015.
Walter, Robert, Der Aufbau der Rechtsordnung, Graz 1964.
Warin, Catherine, Individual Rights under European Union Law, Baden-Baden 2019.
Weatherill, Stephen, Competence Creep and Competence Control, Yearbook of European Law 24 (2004), S. 1 ff.
–, The Limits of Legislative Harmonization Ten Years after Tobacco Advertising: How the Court's Case Law has become a ‚Drafting Guide', GLJ 12 (2011), S. 827 ff.
Webber, Jeremy, The Constitution of Canada, Oxford 2015.
Weber, Alfred, Zur künftigen Verfassung der Europäischen Gemeinschaft, JZ 1993, S. 325 ff.
Weiler, Joseph H. H., The Transformation of Europe, Yale Law Journal 100 (1991), S. 2403 ff.
–, The Autonomy of the Community Legal Order: through the Looking Glass, in: Ders. (Hrsg.), The Constitution of Europe, 1999, S. 286 ff.
Wegener, Bernhard, Karlsruher Unheil – Das Urteil des Bundesverfassungsgerichts vom 5. Mai 2020 (2 BvR 859/15) in Sachen Staatsanleihekäufe der Europäischen Zentralbank, EuR 2020, S. 347 ff.
Weinrib, Sara, The Emergence of the Third Step of the Oakes Test in Alberta v. Hutterian Brethren of Wilson Colony, University of Toronto Faculty of Law Review 68 (2010), S. 77 ff.
Wenander, Henrik, Europeanisation of the Proportionality Principle in Denmark, Sweden, and Finland, Review of European Administrative Law 13 (2020), S. 133 ff.
Wendel, Mattias, Lisbon Before the Courts: Comparative Perspectives, EU Constitutional Law Review 7 (2011), S. 96 ff.

–, Permeabilität im Verfassungsrecht, Tübingen 2011.
–, Rechtsstaatlichkeitsaufsicht und gegenseitiges Vertrauen, EuR 2019, S. 111 ff.
–, Verwaltungsermessen als Mehrebenenproblem, Tübingen 2019.
–, Das Bundesverfassungsgericht als Garant der Unionsgrundrechte, JZ 2020, S. 157 ff.
–, Europäischer Grundrechtsschutz und nationale Spielräume: Grundlagen und Grundzüge eines Spielraumtests im europäischen Grundrechtspluralismus, EuR 2022, S. 327 ff.
–, Paradoxes of Ultra-Vires Review: A Critical Review of the PSPP Decision and Its Initial Reception, GLJ 21 (2020), S. 979 ff.
Wendt, Rudolf, Der Garantiegehalt der Grundrechte und das Übermaßverbot, AöR 104 (1979), S. 414 ff.
Wengler, Wilhelm, Grundrechtsminimum und Äquivalenz der Grundrechtsschutzsysteme, JZ 1968, S. 327 ff.
Wessels, Ramses A., International Agreements as an Integral Part of EU Law, in: Butler/Wessels (Hrsg.), EU External Relations Law: The Cases in Context, London 2022, S. 35 ff.
Westermann, Eike, Legitimation im europäischen Regulierungsverbund, Tübingen 2017.
Wieacker, Franz, Geschichtliche Wurzeln des Prinzips der verhältnismäßigen Rechtsanwendung, in: Lutter/Stimpel/Wiedemann (Hrsg.), Festschrift für Robert Fischer, Berlin/New York 1979, S. 867 ff.
Wieshuber, Horst, Die Leitidee der Subsidiarität im europäischen Einigungswerk, Münster 2009.
Winter, Gerd, Subsidiarität und Deregulierung im Gemeinschaftsrecht, EuR 1996, S. 247 ff.
de Witte, Bruno, The European Union as an International Legal Experiment, in: de Búrca/Weiler (Hrsg.), The Worlds of European Constitutionalism, Cambridge 2012, S. 18 ff.
–, Exclusive Member State Competences – Is There Such a Thing?, in: Garben/Govaere (Hrsg.), The Division of Competences between the EU and the Member States: Reflections on the Past, the Present, and the Future, Oxford 2017, S. 59 ff.
de Witte, Floris, Sex, Drugs and EU Law, CMLR 50 (2013), S. 1545 ff.
Wittig, Peter, Zum Standort des Verhältnismäßigkeitsgrundsatzes im System des Grundgesetzes, DÖV 1968, S. 817 ff.
Woehrling, Jean-Marie, Die deutsche und die französische Verwaltungsgerichtsbarkeit an der Schwelle zum 21. Jahrhundert, NVwZ 1998, S. 462 ff.
Wolf, Erik, Große Rechtsdenker der deutschen Geistesgeschichte, 4. Aufl., Tübingen 1963.
Wolff, Heinrich Amadeus, Anmerkung zu EuGH, Urt. v. 08.04.2014 zur Vorratsdatenspeicherung, DÖV 2014, S. 608 ff.
Woodhouse, Andrew, Process Review as a Panacea: A Critique of Process Review Advocacy in the European Union, European Law Review 45 (2020), S. 373 ff.
Woolman, Stuart, Out of Order? Out of Balance? The Limitation Clause of the Final Constitution, South African Journal on Human Rights 13 (1997), S. 102 ff.
Wunderlich, Nina/Pickartz, Thomas, Hat die Richtlinie ausgedient? Zur Wahl der Handlungsform nach Art. 296 Abs. 1 AEUV, EuR 2014, S. 659 ff.
van Wyk, Dawid, Introduction to the South African Constitution, in: van Wyk/Dugard/de Villiers/Davis (Hrsg.), Rights and Constitutionalism, Kenwyn 1994, S. 131 ff.
Xynopoulos, Georges, Le contrôle de proportionnalité dans les contentieux de la constitutionnalité et de la légalité en France, Allemagne et en Angleterre, Paris 1993.
Yi, Sung-Kyung, Zwingende Erfordernisse als Grenze für den Europäischen Gesetzgeber, Baden-Baden 2016.

Yowell, Paul, Proportionality in United States Constitutional Law, in: Lazarus/McCrudden/Bowles (Hrsg.), Reasoning Rights: Comparative Judicial Engagement, London 2014, S. 87 ff.

Zinn, Gustav A., Der Bund und die Länder, AöR 75 (1949), S. 291 ff.

Zglinski, Jan, Europe's Passive Virtues, Oxford 2020.

–, The end of negative market integration: 60 years of free movement of goods litigation in the EU (1961–2020), Journal of European Public Policy 2023 – Online, S. 1 ff.

Zuleeg, Manfred, Das Recht der Europäischen Gemeinschaften im innerstaatlichen Bereich, Köln 1969.

–, Die Kompetenzen der Europäischen Gemeinschaften gegenüber den Mitgliedstaaten, JöR n.F. 20 (1971), S. 1 ff.

–, Fundamental Rights and the Law of the European Communities, CMLR 8 (1971), S. 446 ff.

–, Die Europäische Gemeinschaft als Rechtsgemeinschaft, NJW 1994, S. 545 ff.

–, Der rechtliche Zusammenhalt der Europäischen Union, Baden-Baden 2004.

Zweigert, Konrad/*Kötz, Hein*, Einführung in die Rechtsvergleichung, 3. Aufl., Tübingen 1996.

Rechtsprechungsverzeichnis

Unionsgerichte

Gerichtshof

Urt. v. 21.03.1955, Niederlande/Hohe Behörde, Rs. 6/54, EU:C:1955:5.
Urt. v. 16.07.1956, Fédération charbonnière de Belgique/Hohe Behörde, Rs. 8/55, EU:C: 1956:7.
Urt. v. 29.11.1956, Fédération charbonnière de Belgique/Hohe Behörde, Rs. 8/55, EU:C: 1956:11.
Urt. v. 12.07.1957, Algera, verb. Rs. 7/56 und 3–7/57, EU:C:1957:7.
Urt. v. 10.12.1957, Usines à tubes de la Sarre/Hohe Behörde, verb. Rs. 1 und 14/57, EU:C: 1957:13.
Urt. v. 12.06.1958, Compagnie des Hauts Fourneaux de Chasse/Hohe Behörde, Rs. 15/57, EU:C:1958:6.
Urt. v. 13.06.1958, Meroni/Hohe Behörde, Rs. 9/56, EU:C:1958:7.
Urt. v. 04.02.1959, Stork/Hohe Behörde, Rs. 1/58, EU:C:1959:4.
Urt. v. 20.03.1959, Nold/Hohe Behörde, Rs. 18/57, EU:C:1959:6.
Urt. v. 17.12.1959, Macchiorlatti Dalmas/Hohe Behörde, Rs. 1/59, EU:C:1959:29.
Urt. v. 17.12.1959, Société des fonderies de Pont-à-Mousson, Rs. 14/59, EU:C:1959:31.
Urt. v. 15.07.1960, Ruhrkohlenverkaufsgesellschaft u.a./Hohe Behörde, verb. Rs. 36 bis 38/59 und 40/59, EU:C:1960:36.
Urt. v. 13.07.1961, Niederrheinische Bergwerks AG/Hohe Behörde, Rs. 2/60, EU:C: 1961:15.
Urt. v. 06.04.1962, Bosch, Rs. 13/61, EU:C:1962:11.
Urt. v. 12.07.1962, Niederlande/Hohe Behörde, Rs. 9/61, EU:C:1962:27.
Urt. v. 14.12.1962, San Michele u.a./Hohe Behörde, verb. Rs. 5 bis 11/62 und 13 bis 15/62, EU:C:1962:46.
Urt. v. 05.02.1963, Van Gend & Loos, Rs. 26/62, EU:C:1963:1.
Urt. v. 15.07.1963, Plaumann, Rs. 25/62, EU:C:1963:17.
Urt. v. 19.03.1964, Schmitz, Rs. 18/63, EU:C:1964.
Urt. v. 15.07.1964, Costa/ENEL, Rs. 6/64, EU:C:1964:66.
Urt. v. 01.04.1965, Sgarlata/Kommission, Rs. 40/64, EU:C:1965:36.
Urt. v. 21.01.1965, Merlini/Hohe Behörde, Rs. 108/63, EU:C:1965:4.
Urt. v. 01.07.1965, Toepfer/Kommission, verb. Rs. 106 und 107/63, EU:C:1965:65.
Urt. v. 13.07.1965, Lemmerz Werke, Rs. 111/63, EU:C:1965:75.
Urt. v. 11.07.1968, Schwarzwaldmilch, Rs. 6/68, EU:C:1968:41.
Urt. v. 19.12.1968, Salgoil, Rs. 13/68, EU:C:1968:54.
Urt. v. 12.11.1969, Stauder, Rs. 29/69, EU:C:1969:57.
Urt. v. 10.12.1969, Kommission/Frankreich, Rs. 6/69, EU:C:1969:68.

Urt. v. 05.05.1970, Kommission/Belgien, Rs. 77/69, EU:C:1970:34.
Urt. v. 24.06.1970, Oehlmann, Rs. 73/69, EU:C:1970:59.
Urt. v. 15.07.1970, Buchler, Rs. 44/69, EU:C:1970:72.
Urt. v. 15.12.1970, Deutsche Getreide- und Futtermittel Handelsgesellschaft, Rs. 31/70, EU:C:1970:108.
Urt. v. 17.12.1970, Internationale Handelsgesellschaft, Rs. 11/70, EU:C:1970:114.
Urt. v. 17.12.1970, Köster, Rs. 25/70, EU:C:1970:115.
Urt. v. 17.12.1970, Henck, Rs. 26/70, EU:C:1970:116.
Urt. v. 17.12.1970, Scheer, Rs. 30/70, EU:C:1970:117.
Urt. v. 11.02.1971, Fleischkontor, Rs. 39/70, EU:C:1971:16.
Urt. v. 10.03.1971, Deutsche Tradax, Rs. 38/70, EU:C:1971:24.
Urt. v. 31.03.1971, Kommission/Rat (AETR), Rs. 22/70, EU:C:1971:32.
Urt. v. 13.05.1971, International Fruit Company, verb. Rs. 41–44/70, EU:C:1971:53.
Urt. v. 08.06.1971, Deutsche Grammophon, Rs. 78/70, EU:C:1971:59.
Urt. v. 23.11.1971, Bock/Kommission, Rs. 62/70, EU:C:1971:108.
Urt. v. 30.04.1972, Haegemann, Rs. 181/73, EU:C:1974:41.
Urt. v. 14.07.1972, BASF/Kommission, Rs. 49/69, EU:C:1972:71.
Urt. v. 14.07.1972, Bayer Farbenfabriken/Kommission, Rs. 51/69, EU:C:1972:72.
Urt. v. 14.12.1972, Marimex, Rs. 29/72, EU:C:1972:126.
Urt. v. 07.02.1973, Kommission/Italien, Rs. 39/72, EU:C:1973:13.
Urt. v. 07.02.1973, Schröder/Deutschland, Rs. 40/72, EU:C:1973:14.
Urt. v. 01.03.1973, Bollmann, Rs- 62/72, EU:C:1973:24.
Urt. v. 24.10.1973, Balkan-Import-Export, Rs. 5/73, EU:C:1973:109.
Urt. v. 24.10.1973, Schlüter, Rs. 9/73, EU:C:1973:110.
Urt. v. 24.10.1973, Rewe Zentral, Rs. 10/73, EU:C:1973:111.
Urt. v. 13.11.1973, Wehrhahn/Rat und Kommission, verb. Rs. 63–69/72, EU:C:1973:121.
Urt. v. 12.02.1974, Sotigu, Rs. 152/73, EU:C:1974:13.
Urt. v. 04.04.1974, Kommission/Frankreich, C-167/73, EU:C:1974:35.
Urt. v. 14.05.1974, Nold KG/Kommission, Rs. 4/73, EU:C:1974:51.
Urt. v. 21.06.1974, Reyners, Rs. 2/74, EU:C:1974:68.
Urt. v. 11.07.1974, Dassonville, Rs. 8/74, EU:C:1974:82.
Urt. v. 31.10.1974, Centrafarm, Rs. 15/74, EU:C:1974:114.
Urt. v. 03.12.1974, van Binsbergen, Rs. 33/74, EU:C:1974:131.
Urt. v. 20.02.1975, Kommission/Deutschland, Rs. 12/74, EU:C:1975:23.
Urt. v. 20.02.1975, Reich, Rs. 64/74, EU:C:1975:27.
Urt. v. 26.11.1975, Coenen, Rs. 39/75, EU:C:1975:162.
Urt. v. 25.06.1975, Deuka, Rs. 5/75, EU:C:1975:88.
Urt. v. 27.05.1975, Mackprang, Rs. 2/75, EU:C:1975:66.
Urt. v. 09.03.1976, Effem, Rs. 95/75, EU:C:1976:37.
Urt. v. 20.05.1976, De Peijper, Rs. 104/75, EU:C:1976:67.
Urt. v. 07.07.1976, Watson und Belmann, Rs. 118/75, EU:C:1976:106.
Urt. v. 15.12.1976, Simmenthal Spa, Rs. 35/76, EU:C:1976:180.
Urt. v. 16.12.1976, Rewe, Rs. 33/76, EU:C:1976:188.
Urt. v. 16.12.1976, Comet, Rs. 45/76, EU:C:1976:191.
Urt. v. 25.01.1977, Bauhuis, Rs. 46/76, EU:C:1977:6.
Urt. v. 11.05.1977, De Beste Boter, verb. Rs. 99 und 100/76, EU:C:1977:77.
Urt. v. 05.07.1977, Bela Mühle, Rs. 114/76, EU:C:1977:116.
Urt. v. 05.07.1977, Granaria, Rs. 116/76, EU:C:1977:117.

Urt. v. 05.07.1977, Ölmühle Hamburg, verb. Rs. 119 und 120/76, EU:C:1977:118.
Urt. v. 06.07.1977, Schouten, Rs. 6/77, EU:C:1977:120.
Urt. v. 23.11.1977, Enka, Rs. 38/77, EU:C:1977:190.
Urt. v. 09.03.1978, Simmenthal, Rs. 106/77, EU:C:1978:49.
Urt. v. 03.05.1978, Milac, Rs. 131/77, EU:C:1978:95.
Urt. v. 30.11.1978, Bussone, Rs. 31/78, EU:C:1978:217.
Urt. v. 13.02.1979, Hoffmann-La Roche, Rs. 85/76, EU:C:1979:36.
Urt. v. 20.02.1979, Rewe, Rs. 120/78, EU:C:1979:42.
Urt. v. 20.02.1979, Buitoni, Rs. 122/78, EU:C:1979:43.
Urt. v. 21.02.1979, Stölting, Rs. 138/78, EU:C:1979:46.
Urt. v. 16.05.1979, Kommission/Belgien, Rs. 2/78, EU:C:1979:128.
Urt. v. 21.06.1979, Atalanta, Rs. 240/78, EU:C:1979:160.
Urt. v. 12.07.1979, Italien/Rat, Rs. 166/78, EU:C:1979:195.
Urt. v. 13.12.1979, Hauer, Rs. 44/79, EU:C:1979:290.
Urt. v. 18.03.1980, Valsabbia u.a., verb. Rs. 154, 205, 206, 226 bis 228, 263 und 264/78, 31, 39, 83 und 85/79, EU:C:1980:81.
Urt. v. 06.05.1980, Kommission/Belgien, Rs. 109/79, EU:C:1980:120.
Urt. v. 26.05.1980, Kommission/Belgien, Rs. 149/79, EU:C:1980:195.
Urt. v. 19.06.1980, Testa, Rs. 41/79, EU:C:1980:163.
Urt. v. 29.10.1980, SA Roquette Frères/Rat, Rs. 138/79, EU:C:1980:249.
Urt. v. 03.03.1981, Alpha Steel, Rs. 14/81, EU:C:1982:76.
Urt. v. 05.05.1981, Kommission/Vereinigtes Königreich, Rs. 804/79, EU:C:1981:93.
Urt. v. 09.02.1982, Polydor, Rs. 270/80, EU:C:1982:43.
Urt. v. 18.02.1982, Franken, Rs. 77/81, EU:C:1982:70.
Urt. v. 03.03.1982, Alpha Steel, Rs. 14/81, EU:C:1982:76.
Urt. v. 02.10.1982, Kupferberg, Rs. 104/81, EU:C:1982:362.
Urt. v. 06.10.1982, CILFIT, Rs. 231/81, EU:C:1982:335.
Urt. v. 10.11.1982, Rau, Rs. 261/81, EU:C:1982:382.
Urt. v. 23.02.1983, Fromançais, Rs. 66/82, EU:C:1983:42.
Urt. v. 21.09.1983, Deutsche Milchkontor, verb. Rs. 205 bis 215/82, EU:C:1983:233.
Urt. v. 09.11.1983, San Giorgio, Rs. 199/82, EU:C:1983:318.
Urt. v. 31.01.1984, Kommission/Vereinigtes Königreich, Rs. 40/82, EU:C:1984:33.
Urt. v. 31.01.1984, IFG, Rs. 1/83, EU:C:1984:36.
Urt. v. 17.05.1984, Denkavit, Rs. 15/83, EU:C:1984:183.
Urt. v. 10.07.1984, Kirk, Rs. 63/83, EU:C:1984:255.
Urt. v. 06.12.1984, Biovilac, Rs. 59/83, EU:C:1984:380.
Urt. v. 27.03.1985, Denkavit Futtermittel, Rs. 73/84, EU:C:1985:144.
Urt. v. 09.07.1985, Bozzetti, Rs. 179/84, EU:C:1985:306.
Urt. v. 24.09.1985, Man (Sugar), Rs. 181/84, EU:C:1985:359.
Urt. v. 01.10.1985, Corman, Rs. 125/83, EU:C:1985:382.
Urt. v. 11.12.1985, Kommission/Griechenland, Rs. 194/87, EU:C:1985:497.
Urt. v. 23.04.1986, Les Verts/Parlament, Rs. 294/83, EU:C:1986:166.
Urt. v. 15.05.1986, Johnston, Rs. 222/84, EU:C:1986:206.
Urt. v. 18.09.1986, Kommission/Deutschland, Rs. 116/82, EU:C:1986:332.
Urt. v. 25.11.1986, Cerafel, Rs. 218/85, EU:C:1986:440.
Urt. v. 02.12.1986, Kommission/Belgien, Rs. 239/85, EU:C:1986:457.
Urt. v. 12.03.1987, Kommission/Griechenland, Rs. 176/84, EU:C:1987:125.
Urt. v. 12.03.1987, Kommission/Deutschland, Rs. 178/84, EU:C:1987:126.

Urt. v. 09.07.1987, Lütticke, Rs. 182/85, EU:C:1987:349.
Urt. v. 09.07.1987, Deutschland u.a./Kommission, verb. Rs. 281, 283 bis 285 und 287/85, EU:C:1987:351.
Urt. v. 30.09.1987, Demirel, Rs. 12/86, EU:C:1987:400.
Urt. v. 15.12.1987, Niederlande/Kommission, Rs. 237/86, EU:C:1987:553.
Urt. v. 04.02.1988, Murphy, Rs. 157/86, EU:C:1988:62.
Urt. v. 24.03.1988, Kommission/Griechenland, Rs. 240/86, EU:C:1988:173.
Urt. v. 28.04.1988, Mulder, Rs. 120/86, EU:C:1988:213.
Urt. v. 07.06.1988, Griechenland/Kommission, Rs. 57/86, EU:C:1988:284.
Urt. v. 14.07.1988, 3 Glocken, Rs. 407/85, EU:C:1988:401.
Urt. v. 14.07.1988, Zoni, Rs. 90/86, EU:C:1988:403.
Urt. v. 20.09.1988, Kommission/Dänemark, Rs. 302/86, EU:C:1988:421.
Urt. v. 18.04.1989, Drewes, Rs. 358/87, EU:C:1989:151.
Urt. v. 16.05.1989, Buet, Rs. 382/87, EU:C:1989:87.
Urt. v. 30.05.1989, Kommission/Rat, Rs. 242/87, EU:C:1989:217.
Urt. v. 22.06.1989, Fratello Costanzo, Rs. 103/88, EU:C:1989:256.
Urt. v. 11.07.1989, Schräder, Rs. 265/87, EU:C:1989:303.
Urt. v. 28.11.1989, Groener, C-379/87, EU:C:1989:599.
Urt. v. 13.12.1989, Grimaldi, Rs. 322/88, EU:C:1989:646
Urt. v. 14.02.1990, Delacre, C-350/88, EU:C:1990:71.
Urt. v. 21.03.1990, Belgien/Kommission, Rs. 142/87, EU:C:1990:125.
Urt. v. 02.05.1990, Hopermann, C-357/88, EU:C:1990:172.
Urt. v. 22.05.1990, Parlament/Rat, Rs. 70/88, EU:C:1990:217.
Urt. v. 19.06.1990, ex parte Factortame, C-213/89, EU:C:1990:257.
Urt. v. 26.06.1990, Zardi, C-8/89, EU:C:1990:260.
Urt. v. 27.06.1990, Lingenfelser, C-118/89, EU:C:1990:267.
Urt. v. 12.07.1990, Philipp Brothers, C-155/89, EU:C:1990:312.
Urt. v. 13.11.1990, Fedesa, C-331/88, EU:C:1990:391.
Urt. v. 10.01.1991, Gausepohl, Rs. 101/88, EU:C:1990:2.
Urt. v. 19.02.1991, Kommission/Belgien, C-374/89, EU:C:1991:60.
Urt. v. 21.02.1991, Zuckerfabrik Süderdithmarschen, C-143/88, EU:C:1991:65.
Urt. v. 07.05.1991, Danske Slagterier, C-338/89, EU:C:1991:192.
Urt. v. 30.05.1991, Kommission/Deutschland, C-361/88, EU:C:1991:224.
Urt. v. 11.06.1991, Kommission/Rat, C-300/89, EU:C:1991:244.
Urt. v. 25.07.1991, ex parte Factortame, C-221/89, EU:C:1991:320.
Urt. v. 16.10.1991, Faust II, C-24/90, EU:C:1991:387.
Urt. v. 19.11.1991, Francovich, verb. Rs. C-6/90 und C-9/90, EU:C:1991:428.
Urt. v. 21.11.1991, Technische Universität München, C-269/90, EU:C:1991:438.
Urt. v. 27.11.1991, Italtrade, C-199/90, EU:C:1991:445.
Gutachten v. 14.12.1991, EWR I, Avis 1/91, EU:C:1991:490.
Urt. v. 21.01.1992, Pressler, C-319/90, EU:C:1992:28.
Urt. v. 13.10.1992, Portugal und Spanien/Rat, verb. Rs. C-63/90 und C-67/90, EU:C:1992:381.
Urt. v. 28.10.1992, Ter Voort, C-219/91, EU:C:1992:414.
Urt. v. 24.11.1992, Poulsen, C-286/90, EU:C:1992:453.
Urt. v. 31.03.1993, Ahlström u.a., verb. Rs. C-89/85, C-104/85, C-114/85, C-116/85, C-117/85, und C-125 bis 129/85, EU:C:1993:120.
Urt. v. 18.05.1993, Yves Rocher, C-126/91, EU:C:1993:191.

Urt. v. 06.07.1993, Albani, C-242/90 P, EU:C:1993:284.
Urt. v. 09.08.1994, Deutschland/Rat, C-359/92, EU:C:1994:306.
Urt. v. 03.10.1994, Deutschland/Kommission, C-41/94, EU:C:1996:366.
Urt. v. 05.10.1994, X, C-404/92 P, EU:C:1994:361.
Urt. v. 05.10.1994, Crispoltoni, verb. Rs. C-133/93, C-300/93 und C-362/93, EU:C:1994:364.
Urt. v. 05.10.1994, Deutschland/Rat, C-280/93, EU:C:1994:367.
Urt. v. 13.12.1994, SMW Winzersekt, C-306/93, EU:C:1994:407.
Urt. v. 11.08.1995, Kommission/Deutschland, C-431/92, EU:C:1995:260.
Urt. v. 12.10.1995, Cereol Italia, C-104/94, EU:C:1995:313.
Urt. v. 09.11.1995, Deutschland/Rat, C-426/93, EU:C:1995:367.
Urt. v. 09.11.1995, Atalanta Fruchthandelsgesellschaft, C-465/93, EU:C:1995:369.
Urt. v. 15.02.1996, Duff u.a., C-63/93, EU:C:1996:51.
Urt. v. 29.02.1996, Frankreich und Irland/Kommission, verb. Rs. C-296/93 und C-307/93, EU:C:1996:65.
Urt. v. 05.03.1996, Brasserie du Pêcheur & Factortame III, verb. Rs. C-46/93, C-48/93, EU:C:1996:79.
Urt. v. 07.03.1996, Parlament/Rat, C-360/93, EU:C:1996:84.
Gutachten v. 28.03.1996, EMRK Beitritt I, Avis 2/94, EU:C:1996:140.
Urt. v. 02.07.1996, Kommission/Luxemburg, C-473/93, EU:C:1996:263.
Urt. v. 04.07.1996, Hüpeden, C-295/94, EU:C:1996:267.
Urt. v. 30.07.1996, Bosphorus, C-84/95, EU:C:1996:312.
Urt. v. 12.09.1996, Fattoria Autonoma Tabacchi, verb. Rs. C-254, 255 und 269/94, EU:C:1996:320.
Urt. v. 12.11.1996, Vereinigtes Königreich/Rat, C-84/94, EU:C:1996:431.
Urt. v. 12.12.1996, British Telecommunications, C-304/94, EU:C:1996:485.
Urt. v. 23.01.1997, Pastoors, C-29/95, EU:C:1997:28.
Urt. v. 20.03.1997, Alcan II, C-24/95, EU:C:1997:163.
Urt. v. 20.03.1997, Kommission/Deutschland, C-96/95, EU:C:1997:165.
Urt. v. 15.04.1997, Irish Farmers Association, C-22/94, EU:C:1997:187.
Urt. v. 15.04.1997, Woodspring District Council, C-27/95, EU:C:1997:188.
Urt. v. 13.05.1997, Deutschland/Parlament und Rat, C-233/94, EU:C:1997:231.
Urt. v. 25.06.1997, Kieffer, C-114/96, EU:C:1997:316.
Urt. v. 26.06.1997, Familiapress, C-368/95, EU:C:1997:325.
Urt. v. 17.07.1997, Leur-Bloem, C-28/95, EU:C:1997:369.
Urt. v. 17.07.1997, SAM Schiffahrt, verb. Rs. C-248 und C-249/95, EU:C:1997:377.
Urt. v. 31.03.1998, Frankreich/Kommission, C-68/94, EU:C:1998:148.
Urt. v. 28.04.1998, Metronome Musik, C-200/96, EU:C:1998:12.
Urt. v. 05.05.1998, National Farmer's Union, C-157/96, EU:C:1998:191.
Urt. v. 05.05.1998, Vereinigtes Königreich/Kommission, C-180/96, EU:C:1998:192.
Urt. v. 16.06.1998, Hermès International, C-53/96, EU:C:1998:292.
Urt. v. 16.06.1998, Racke, C-162/96, EU:C:1998:293.
Urt. v. 15.09.1998, Edis, C-231/96, EU:C:1998:401.
Urt. v. 22.10.1998, Kellinghusen, C-36/97, EU:C:1998:499.
Urt. v. 19.11.1998, Vereinigtes Königreich/Rat, C-150/94, EU:C:1998:547.
Urt. v. 25.02.1999, Carbonari, C-131/97, EU:C:1999:98.
Urt. v. 15.06.1999, Heinonen, C-394/97, EU:C:1999:308.
Urt. v. 23.11.1999, Portugal/Rat, C-149/96, EU:C:1999:574.

Urt. v. 13.04.2000, Karlsson, C-292/97, EU:C:2000:202.
Urt. v. 06.07.2000, Molkereigenossenschaft Wiedergeltingen, C-356/97, EU:C:2000:364.
Urt. v. 05.10.2000, Deutschland/Parlament und Rat, C-376/98, EU:C:2000:544.
Urt. v. 14.12.2000, Dior u.a., verb. Rs. C-300/98 und C-392/98, EU:C:2000:688.
Urt. v. 11.07.2001, Marks & Spencer, C-62/00, EU:C:2002:435.
Urt. v. 12.07.2001, Smits und Peerbooms, C-157/99, EU:C:2001:404.
Urt. v. 12.07.2001, Portugal/Kommission, C-365/99, EU:C:2001:490.
Urt. v. 25.10.2001, Finalerte, C-49/98, C-50/98, C-52/98 bis C-54/98 und C-68/98 bis C-71/98, EU:C:2001:564.
Gutachten v. 06.12.2001, Protokoll von Cartagena, Avis 1/00, EU:C:2001:664.
Urt. v. 10.12.2002, British American Tobacco (Investments) Ldt., C-491/01, EU:C:2002:741.
Urt. v. 22.05.2003, Kommission/Deutschland, C-103/01, EU:C:2003:301.
Urt. v. 10.07.2003, Kommission/EZB, C-11/00, EU:C:2003:395.
Urt. v. 11.09.2003, Kommission/Rat, C-211/01, EU:C:2003:452.
Urt. v. 02.10.2003, Weber's Wine World, C-147/01, EU:C:2003:533.
Urt. v. 02.10.2003, Garcia Avello, C-148/02, EU:C:2003:539.
Urt. v. 06.11.2003, Niederlande/Kommission, C-501/01, EU:C:2003:603.
Urt. v. 09.12.2003, Kommission/Italien, C-129/00, EU:C:2003:656.
Urt. v. 05.10.2004, Pfeiffer, verb. Rs. C-397/01 bis C-403/01, EU:C:2004:584.
Urt. v. 14.10.2004, Omega, C-36/02, EU:C:2004:614.
Urt. v. 14.12.2004, Swedish Match, C-210/03, EU:C:2004:802.
Urt. v. 12.07.2005, Alliance for Natural Health u.a., verb. Rs. C-154 und 155/04, EU:C:2004:848.
Urt. v. 13.09.2005, Kommission/Rat, C-176/03, EU:C:2005:542.
Urt. v. 15.09.2005, Irland/Kommission, C-199/03, EU:C:2005:548.
Urt. v. 15.11.2005, Kommission/Österreich, C-320/03, EU:C:2005:684.
Urt. v. 15.12.2005, Griechenland/Kommission, C-86/03, EU:C:2005:769.
Urt. v. 30.05.2006, Parlament/Rat, verb. Rs. C-317/04 und C-318/04, EU:C:2006:346.
Urt. v. 22.06.2006, Belgien/Kommission, verb. Rs. C-182/03 und C-217/03, EU:C:2006:416.
Urt. v. 27.06.2006, Parlament/Rat, C-540/03, EU:C:2006:429.
Urt. v. 07.09.2006, Spanien/Rat, C-310/04, EU:C:2006:521.
Urt. v. 19.09.2006, i-21 Germany, verb. Rs. C-392/04 und C-422/04, EU:C:2006:586.
Urt. v. 12.12.2006, Deutschland/Rat und Parlament, C-380/03, EU:C:2006:772.
Urt. v. 11.01.2007, ITC, C-208/05, EU:C:2007:16.
Urt. v. 08.02.2007, Groupe Danone, C-3/06 P, EU:C:2007:88.
Urt. v. 18.07.2007, Karatzoglou, C-213/06 P, EU:C:2007:453.
Urt. v. 23.10.2007, Kommission/Rat, C-440/05, EU:C:2007:625.
Urt. v. 17.01.2008, Viamex Agrar, verb. Rs. C-37/06 und C-58/06, EU:C:2008:18.
Urt. v. 12.02.2008, CELF, C-199/06, EU:C:2008:79.
Urt. v. 01.04.2008, Gouvernement de la Communauté française und Gouvernement wallon, C-212/06, EU:C:2008:178.
Urt. v. 15.04.2008, Impact, C-268/06, EU:C:2008:223.
Urt. v. 06.05.2008, Parlament/Rat, C-133/06, EU:C:2008:257.
Urt. v. 10.07.2008, Sosnowska, C-25/07 EU:C:2008:395.
Urt. v. 03.09.2008, Kadi I, verb. Rs. C-402/05 P und C-415/05 P, EU:C:2008:461.
Gutachten v. 30.11.2008, GATS-Übereinkommen, Avis 1/08, EU:C:2009:739.

Urt. v. 27.01.2009, Persche, C-318/07, EU:C:2009:33.
Urt. v. 10.02.2009, Irland/Parlament und Rat, C-301/09, EU:C:2009:68.
Urt. v. 05.03.2009, UTECA, C-222/07, EU:C:2009:124.
Urt. v. 14.05.2009, Azienda Agricola Disarò Antonio u.a., C-34/08, EU:C:2009:304.
Urt. v. 16.07.2009, Pärlitigu, C-56/08, EU:C:2009:467.
Urt. v. 16.07.2009, Kommission/Polen, C-165/08, EU:C:2009:473.
Urt. v. 03.09.2009, Fallimento Olimpiclub, C-2/08, EU:C:2009:506.
Urt. v. 15.10.2009, Enviro Tech (Europe) Ltd, C-425/08, EU:C:2009:635.
Urt. v. 19.10.2009, Audiolux, C-101/08, EU:C:2009:626.
Urt. v. 12.11.2009, Kommission/Spanien, C-154/08, EU:C:2009:695.
Gutachten v. 30.11.2009, GATS-Abkommen, Avis 1/08, EU:C:2009:739.
Urt. v. 03.12.2009, Kommission/Belgien, C-475/08, EU:C:2009:751.
Urt. v. 12.01.2010, Petersen, C-341/08, EU:C:2010:4.
Urt. v. 14.01.2010, Kommission/Tschechien, C-343/08, EU:C:2010:14
Urt. v. 21.01.2010, Société de Gestion Industrielle, C-311/08, EU:C:2010:26.
Urt. v. 25.02.2010, Brita, C-386/08, EU:C:2010:91.
Urt. v. 02.03.2010, Rottmann, C-135/08, EU:C:2010:104.
Urt. v. 09.03.2010, Kommission/Deutschland, C-518/07, EU:C:2010:125.
Urt. v. 13.04.2010, Bressol u.a., C-73/08, EU:C:2010:181.
Urt. v. 04.05.2010, TNT Express Nederland BV, C-553/08, EU:C:2010:243.
Urt. v. 20.05.2010, Zwijnenburg, C-352/08, EU:C:2010:282.
Urt. v. 20.05.2010, Agrana Zucker, C-365/08, EU:C:2010:283.
Urt. v. 08.06.2010, Vodafone u.a., C-58/08, EU:C:2010:321.
Urt. v. 22.06.2010, Melki und Abdeli, verb. Rs. C-188/10 und C-189/10, EU:C:2010:363.
Urt. v. 08.07.2010, Afton Chemical, C-343/09, EU:C:2010:419.
Urt. v. 08.09.2010, Winner Wetten, C-409/06, EU:C:2010:503.
Urt. v. 22.09.2010, Sayn Wittgenstein, C-208/09, EU:C:2010:806.
Urt. v. 14.10.2010, van Delft, C-345/09, EU:C:2010:610.
Gutachten v. 08.03.2011, Einheitliches Patentgericht, Avis 1/09, EU:C:2011:123.
Urt. v. 12.05.2011, Luxemburg/Parlament und Rat, C-176/09, EU:C:2011:290.
Urt. v. 12.05.2011, Runevič-Vardyn, C-391/09, EU:C:2011:291.
Urt. v. 24.05.2011, Kommission/Luxemburg, C-51/08, EU:C:2011:336.
Urt. v. 21.07.2011, Azienda Agro-Zootecnica Franchini, C-2/10, EU:C:2011:502.
Urt. v. 15.11.2011, Kommission/Deutschland, C-539/09, EU:C:2011:733.
Urt. v. 21.12.2011, Air Transport Association of America, C-366/10, EU:C:2011:864.
Urt. v. 24.01.2012, Dominguez, C-282/10, EU:C:2012:33.
Urt. v. 14.02.2012, Toshiba, C-17/10, EU:C:2012:72.
Urt. v. 15.03.2012, SCF, C-135/10, EU:C:2012:140.
Urt. v. 29.03.2012, Kommission/Polen, C-504/09 P, EU:C:2012:178.
Urt. v. 19.04.2012, Bonnier Audio, C-461/10, EU:C:2012:219.
Urt. v. 22.05.2012, P.I., C-348/09, EU:C:2012:300.
Urt. v. 19.07.2012, Parlament/Rat, C-130/10, EU:C:2012:472.
Urt. v. 05.09.2012, Parlament/Kommission, C-355/10, EU:C:2012:516.
Urt. v. 06.09.2012, Parlament/Rat, C-490/10, EU:C:2012:525.
Urt. v. 16.10.2012, Ungarn/Slowakei, C-364/10, EU:C:2012:630.
Urt. v. 27.11.2012, Pringle, C-370/12, EU:C:2012:756.
Urt. v. 15.01.2013, Križan u. a., C-416/10, EU:C:2013:8.
Urt. v. 17.01.2013, Zakaria, C-23/12, EU:C:2013:24.

Urt. v. 22.01.2013, Sky Österreich, C-283/11, EU:C:2013:28.
Urt. v. 23.02.2013, Melloni, C-399/11, EU:C:2013:107.
Urt. v. 16.04.2013, Las, C-202/11, EU:C:2013:239.
Urt. v. 18.04.2013, Germanwings, C-413/11, EU:C:2013:246.
Urt. v. 04.06.2013, ZZ, C-300/11, EU:C:2013:363.
Urt. v. 18.07.2013, Kadi II, verb. Rs. C-584/10 P, C-593/10 P und C-595/10 P, EU:C:2013:518.
Urt. v. 03.10.2013, Inuit Tapiriit Kanatami, C-583/11 P, EU:C:2013:625.
Urt. v. 17.10.2013, Schaible, C-101/12, EU:C:2013:661.
Urt. v. 24.10.2013, Kommission/Spanien, C-151/12, EU:C:2013:690.
Urt. v. 28.11.2013, Rat/Fulmen, C-280/12 P, EU:C:2013:775.
Urt. v. 19.12.2013, Koushkaki, C-84/12, EU:C:2013:862.
Urt. v. 22.01.2014, Vereinigtes Königreich/Parlament und Rat, C-270/12, EU:C:2014:18.
Urt. v. 06.03.2014, Siragusa, C-206/13, EU:C:2014:126.
Urt. v. 08.04.2014, Digital Rights Ireland u.a., verb. Rs. C-293/12 und C-594/12, EU:C:2014:238.
Urt. v. 22.05.2014, Glatzel, C-356/12, EU:C:2014:350.
Urt. v. 12.06.2014, Digibet, C-156/13, EU:C:2014:1756.
Urt. v. 24.06.2014, Parlament/Rat, C-658/11, EU:C:2014:2025.
Urt. v. 10.07.2014, Hérnandez, C-198/13, EU:C:2014:2055.
Urt. v. 17.09.2014, Liivimaa Lihaveis MTU, C-562/13, EU:C:2014:2229.
Urt. v. 18.12.2014, Vereinigtes Königreich/Rat, C-81/13, EU:C:2014:2449.
Gutachten v. 18.12.2014, EMRK-Beitritt II, Avis 2/13, EU:C:2014:2454.
Urt. v. 23.04.2015, Aykul, C-260/13, EU:C:2015:257.
Urt. v. 28.04.2015, Kommission/Rat, C-28/12, EU:C:2015:282.
Urt. v. 05.05.2015, Spanien/Parlament und Rat, C-146/13, EU:C:2015:298.
Urt. v. 16.05.2015, Gauweiler u.a., C-62/14, EU:C:2015:400.
Urt. v. 18.06.2015, Estland/Parlament und Rat, C-508/13, EU:C:2015:403.
Urt. v. 09.08.2015, Ferreira da Silva e Brito u.a., C-160/14, EU:C:2015:565.
Urt. v. 06.10.2015, Schrems, C-362/14, EU:C:2015:650.
Urt. v. 06.10.2015, Târşia, C-69/14, EU:C:2015:662.
Urt. v. 12.11.2015, Elitalina SpA, C-439/13 P, EU:C:2015:753.
Beschl. v. 17.12.2015, Bitter, C-580/14, EU:C:2015:835.
Urt. v. 05.04.2016, Aranyosi und Căldăraru, verb. Rs. C-404/15 und C-659/15 PPU, EU:C:2016:198.
Urt. v. 28.04.2016, Borealis Polyolefine, verb. Rs. C-191/14, C-192/14, C-195/14, C-389/14 und C-391/14 bis C-393/14, EU:C:2016:311.
Urt. v. 04.05.2016, Polen/Parlament und Rat, C-358/14, EU:C:2016:323.
Urt. v. 04.05.2016, Pillbox 38, C-477/14, EU:C:2016:324.
Urt. v. 04.05.2016, Philip Morris Brands, C-547/14, EU:C:2016:325.
Urt. v. 09.06.2016, Pesce u.a., verb. Rs. C-78/16 und C-79/16, EU:C:2016:428.
Urt. v. 13.06.2016, Pöpperl, C-187/15, EU:C:2016:550.
Urt. v. 14.06.2016, Parlament/Rat, C-263/14, EU:C:2016:435.
Urt. v. 05.07.2016, Ognyanov, C-614/14, EU:C:2016:514.
Urt. v. 19.07.2016, H/Rat und Kommission, C-455/14 P, EU:C:2016:569.
Urt. v. 28.07.2016, Rat/Kommission, C-660/13, EU:C:2016:616.
Urt. v. 06.08.2016, Slowakei und Ungarn/Rat, verb. Rs. C-643/15 und C-647/15, EU:C:2017:631.

Urt. v. 15.11.2016, Ullens de Schooten, C-268/15, EU:C:2016:874.
Urt. v. 21.12.2016, Tele2 Svergie u.a., verb. Rs. C-203/15 und C-698/15, EU:C:2016:970.
Urt. v. 11.01.2017, Spanien/Rat, C-128/15, EU:C:2017:3.
Gutachten v. 14.02.2017, Abkommen von Marrakesch, Avis 3/15, EU:C:2017:114.
Urt. v. 16.02.2017, C.K., C-578/16 PPU, EU:C:2017:127.
Urt. v. 28.03.2017, Rosneft, C-72/15, EU:C:2017:236.
Urt. v. 14.06.2017, Verband Sozialer Wettbewerb, C-422/16, EU:C:2017:458.
Gutachten v. 26.07.2017, PNR Kanada, Avis 1/15, EU:C:2017:592.
Urt. v. 06.09.2017, Slowakei und Ungarn/Rat, verb. Rs. C-643/15 und C-647/15, EU:C:2017:631.
Urt. v. 07.09.2017, Demarchi Gino, verb. Rs. C-177 und C-178/17, EU:C:2017:656.
Urt. v. 12.09.2017, Anagnostakis, C-589/15 P, EU:C:2017:663.
Urt. v. 25.10.2017, Kommission/Rat, C-687/15, EU:C:2017:804.
Urt. v. 23.11.2017, CHEZ Elektro Bulgaria, verb. Rs. C-427/16 und C-428/16, EU:C:2017:890.
Urt. v. 05.12.2017, Deutschland/Rat, C-600/14, EU:C:2017:935.
Urt. v. 07.02.2018, American Express Company, C-304/16, EU:C:2018:66.
Urt. v. 27.02.2018, Associação Sindical dos Juizes Portugueses, C-64/16, EU:C:2018:117.
Urt. v. 20.03.2018, Garlsson Real Estate, C-537/16, EU:C:2018:193.
Urt. v. 20.03.2018, Menci, C-524/15, EU:C:2018:197.
Urt. v. 17.04.2018, Egenberger, C-414/16, EU:C:2018:257.
Urt. v. 24.04.2018, MP, C-353/16, EU:C:2018:276.
Urt. v. 29.05.2018, Liga van Moskeeën en Islamitische Organisaties Provincie Antwerpen VZW u.a., C-426/16, EU:C:2018:335.
Urt. v. 05.06.2018, Coman, C-673/16, EU:C:2018:385.
Urt. v. 21.06.2018, Polen/Parlament und Rat, C-5/16, EU:C:2018:483.
Urt. v. 25.07.2018, LM, C-216/18 PPU, EU:C:2018:586.
Urt. v. 25.07.2018, ML, C-220/18 PPU, EU:C:2018:589.
Urt. v. 25.07.2018, Teglgaard, C-239/17, EU:C:2018:597.
Urt. v. 25.07.2018, TTL, C-553/16, EU:C:2018:604.
Urt. v. 04.08.2018, Kommission/Rat, C-244/17, EU:C:2018:662.
Urt. v. 11.09.2018, IR, C-68/17, EU:C:2018:696.
Urt. v. 04.10.2018, Kommission/Frankreich, C-416/17, EU:C:2018:811.
Urt. v. 24.10.2018, XC u.a., C-234/17, EU:C:2018:853.
Urt. v. 08.11.2018, Cartrans, C-495/17, EU:C:2018:887.
Urt. v. 22.11.2018, Swedish Match AB, C-151/17, EU:C:2018:938.
Urt. v. 29.11.2018, Bank Tejarat/Rat, C-248/17 P, EU:C:2018:967.
Urt. v. 10.12.2018, Wightman u.a., C-621/18, EU:C:2018:999.
Urt. v. 11.12.2018, Weiss u.a., C-493/17, EU:C:2018:1000.
Urt. v. 22.01.2019, Cresco Investigations, C-193/17, EU:C:2019:43.
Urt. v. 30.01.2019, Planta Tabak-Manufaktur Dr. Manfred Obermann, C-220/17, EU:C:2019:76.
Urt. v. 13.03.2019, Polen/Parlament und Rat, C-128/17, EU:C:2019:194.
Urt. v. 19.03.2019, Jawo, C-163/17, EU:C:2019:218.
Urt. v. 19.03.2019, Ibrahim, C-297/17, EU:C:2019:219.
Urt. v. 28.03.2019, Vinš, C-275/18, EU:C:2019:265.
Urt. v. 30.04.2019, Italien/Rat, C 611/17, EU:C:2019:332.
Urt. v. 13.05.2019, Polen/Parlament und Rat, C-128/17, EU:C:2019:194.

Urt. v. 13.06.2019, Correia Moreira, C-317/18, EU:C:2019:49.
Urt. v. 24.06.2019, Kommission/Polen, C-619/18, EU:C:2019:531.
Urt. v. 08.07.2019, Kommission/Belgien, C-543/17, EU:C:2019:573.
Urt. v. 29.07.2019, Funke Medien NRW, C-469/17, EU:C:2019:623.
Urt. v. 29.07.2019, Spiegel Online, C-516/17, EU:C:2019:625.
Urt. v. 11.09.2019, Călin, C-676/17, EU:C:2019:700.
Urt. v. 12.09.2019, Maksimovic u.a., verb. Rs. C-64/18, C-140/18, C-146/18 und C-148/18, EU:C:2019:723.
Urt. v. 15.10.2019, Dorobantu, C-128/18, EU:C:2019:857.
Urt. v. 17.10.2019, Unitel, C-653/18, EU:C:2019:876.
Urt. v. 12.11.2019, Haqbin, C-233/18, EU:C:2019:956.
Beschl. v. 13.11.2019, Hamed u.a., verb. Rs. C-540/17 und C-541/17, EU:C:2019:964.
Urt. v. 20.11.2019, Portugal/Kommission, C-737/18 P, EU:C:2019:991.
Urt. v. 03.12.2019, Tschechische Republik/Parlament und Rat, C-482/17, EU:C:2019:1035.
Urt. v. 05.12.2019, Centraal Justitiel Incoassobureau, C-671/18, EU:C:2019:1054.
Beschl. v. 19.12.2019, EX u.a., verb. Rs. C-140/19, C-141/19 und C-492/19 bis C-494/19, EU:C:2019:1103.
Urt. v. 19.12.2019, Junqueras Vines, C-502/19, EU:C:2019:1115.
Beschl. v. 13.02.2020, MAK TURS, C-376/19, EU:C:2020:99.
Beschl. v. 03.03.2020, Esirn Chemicals, C-902/19 P, EU:C:2020:145.
Urt. v. 04.03.2020, Telecom Italia, C-34/19, EU:C:2020:148.
Urt. v. 05.03.2020, OPR-Finance, C-679/18, EU:C:2020:167.
Urt. v. 26.03.2020, Miasto Łowicz, verb. Rs. C-558/18 und C-563/18, EU:C:2020:234.
Urt. v. 02.04.2020, Vueling Airlines, verb. Rs. C-370/17 und C-37/18, EU:C:2020:260.
Urt. v. 02.04.2020, Ruska Federacija, C-897/19 PPU, EU:C:2020:262.
Urt. v. 04.06.2020, Ungarn/Kommission, C-456/18 P, EU:C:2020:421.
Urt. v. 16.06.2020, Kommission/Irland, C-550/18, EU:C:2020:564.
Urt. v. 25.06.2020, SATCEN, C-14/19 P, EU:C:2020:492.
Urt. v. 09.07.2020, Haswani, C-241/19 P, EU:C:2020:545.
Urt. v. 16.07.2020, Kommission/Rumänien, C-549/18, EU:C:2020:563.
Urt. v. 16.07.2020, Facebook Ireland und Maximilian Schrems, C-311/18, EU:C:2020:559.
Urt. v. 16.07.2020, UR, C-424/19, EU:C:2020:581.
Urt. v. 06.10.2020, Privacy International, C-623/17, EU:C:2020:790.
Urt. v. 06.10.2020, Quadrature du Net u.a., verb. Rs. C-511/18, C-512/18 und C-520/18, EU:C:2020:791.
Urt. v. 06.10.2020, Bank Refah Kargaran, C-134/19, EU:C:2020:793.
Urt. v. 15.10.2020, E. sp. z o.o. sp. k., C-335/19, EU:C:2020:829.
Urt. v. 28.10.2020, Kreis Heinsberg, C-112/19, EU:C:2020:864.
Beschl. v. 28.10.2020, Sarantos, C-84/20 P, EU:C:2020:871.
Urt. v. 12.11.2020, Kommission/Österreich, C-796/19, EU:C:2020:990.
Urt. v. 19.11.2020, BS, C-663/18, EU:C:2020:938.
Urt. v. 19.11.2020, EAD/Hebberecht, C-93/19 P, EU:C:2020:946.
Urt. v. 19.11.2020, Staatsanwaltschaft Heilbronn, C-454/19, EU:C:2020:947.
Urt. v. 08.12.2020, Polen/Parlament, C-626/18, EU:C:2020:1000.
Urt. v. 08.12.2020, Ungarn/Parlament, C-620/18, EU:C:2020:1001.
Urt. v. 09.12.2020, Groupe Canal+, C-132/19 P, EU:C:2020:1007.
Urt. v. 16.12.2020, Chrysostomides u.a., verb. Rs. C-597/18 P, C-598/18 P, C-603/18 P und C-604/18 P, EU:C:2020:1028.

Urt. v. 17.12.2020, Centraal Israëlitisch Consistorie van België u. a., C-336/19, EU:C:2020:1031.
Urt. v. 17.12.2020, BY, C-398/19, EU:C:2020:1032.
Urt. v. 17.12.2020, BAKATI PLUS, C-656/19, EU:C:2020:1045.
Urt. v. 14.01.2021, OM, C-393/19, EU:C:2021:8.
Urt. v. 26.01.2021, Dietrich u.a., verb. Rs. C-422 und 423/19, EU:C:2021:63.
Urt. v. 03.02.2021, Fussl Modestraße, C-555/19, EU:C:2021:89.
Urt. v. 04.02.2021, Azienda Agricola Ambrosi Nicola Giuseppe u.a., C-640/19, EU:C:2021:97.
Urt. v. 11.02.2021, K.M., C-77/20, EU:C:2021:112.
Urt. v. 25.02.2021, Kommission/Spanien, C-658/19, EU:C:2021:138.
Urt. v. 02.03.2021, Prokuratuur, Rs. C-746/18, EU:C:2021:152.
Urt. v. 02.03.2021, A.B., C-824/18, EU:C:2021:153.
Urt. v. 21.04.2021, Braathens Regional Aviation, C-30/19, EU:C:2021:269.
Urt. v. 22.04.2021, Profi Credit Slovakia, C-485/19, EU:C:2021:313.
Urt. v. 18.05.2021, Asociaţia „Forumul Judecătorilor din România" u.a., verb. Rs. C-83/19, C-127/19, C-195/19, C-291/19, C-355/19 und C-397/19, EU:C:2021:393.
Urt. v. 10.06.2021, BNP Paribas Personal Finance, verb. Rs. C-776/19 und C-782/19, EU:C:2021:470.
Urt. v. 15.07.2021, B.K., C-742/19, EU:C:2021:597.
Urt. v. 02.09.2021, Kommission/Rat, C-180/20, EU:C:2021:658.
Urt. v. 09.09.2021, Adler Real Estate, C-546/18, EU:C:2021:711.
Urt. v. 06.10.2021, W.Ż., C-487/19, EU:C:2021:768.
Urt. v. 06.10.2021, Consorzio Italiano Management, C-561/19, EU:C:2021:799.
Gutachten v. 06.10.2021, Übereinkommen von Istanbul, Avis 1/19, EU:C:2021:832.
Urt. v. 06.10.2021, W.Ż., C-487/19, EU:C:2021:768.
Gutachten v. 06.10.2021, Übereinkommen von Istanbul, Avis 1/19, EU:C:2021:832.
Urt. v. 23.11.2021, IS, verb. Rs. C-564/19, EU:C:2021:949.
Urt. v. 21.12.2021, Euro Box Promotion, verb. Rs. C-357/19, C-379/19, C-547/19, C-811/19 und C-840/19, EU:C:2021:1034.
Urt. v. 21.12.2021, Randstad Italia, C-497/20, EU:C:2021:1037.
Urt. v. 10.02.2022, OE, C-522/20, EU:C:2022:87.
Urt. v. 10.02.2022, LM, C-219/20, EU:C:2022:89.
Urt. v. 16.02.2022, Ungarn/Parlament und Rat, C-156/21, EU:C:2022:97.
Urt. v. 22.02.2022, RS, C-430/21, EU:C:2022:99.
Urt. v. 22.02.2022, Stichting Rookpreventie Jeugd, C-160/20, EU:C:2022:101.
Urt. v. 24.02.2022, Agenzia delle dogane e dei monopoli, C-452/20, EU:C:2022:111.
Urt. v. 24.02.2022, Naumur-Est Environment ASBL, C-463/20, EU:C:2022:121.
Urt. v. 22.03.2022, Nordzucker, C-151/20, EU:C:2022:203.
Urt. v. 05.04.2022, Commissioner of An Garda Siochána, C-140/20, EU:C:2022:258.
Urt. v. 07.04.2022, IFAP, verb. Rs. C-447/20 und C-448/20, EU:C:2022:265.
Urt. v. 07.04.2022, SC Avio Lucos, C-116/20, EU:C:2022:273.
Urt. v. 07.04.2022, Caixabank, C-385/20, EU:C:2022:278.
Urt. v. 26.04.2022, Polen/Parlament und Rat, C-401/19, EU:C:2022:297.
Urt. v. 28.04.2022, Vinařství U Kapličky, C-86/20, EU:C:2022:320.
Urt. v. 17.05.2022, Impuls Leasing România, C-725/19, EU:C:2022:396.
Urt. v. 02.06.2022, Skeyes, C-353/20, EU:C:2022:423.
Urt. v. 02.06.2022, Austrian Airlines AG, C-589/20, EU:C:2022:424.

Urt. v. 02.06.2022, X BV, C-112/21, EU:C:2022:428.
Urt. v. 16.06.2022, DuoDecard Kft., C-596/20, EU:C:2022:474.
Urt. v. 16.06.2022, Obshtina Razlog, C-376/21, EU:C:2022:472.
Urt. v. 21.06.2022, Ligue des droits humains, C-817/19, EU:C:2022:491.
Urt. v. 22.06.2022, Volvo AB (publ.), C-267/20, EU:C:2022:494.
Urt. v. 30.06.2022, KM, C-625/20, EU:C:2022:508.
Urt. v. 30.06.2022, Allianz Elementar Versicherungs AG, C-652/20, EU:C:2022:514.
Urt. v. 30.06.2022, Profi Credit Bulgaria, C-170/21, EU:C:2022:518.
Urt. v. 30.06.2022, Clemente, C-192/21, EU:C:2022:513.
Urt. v. 12.07.2022, Nord Stream 2, C-348/20 P, EU:C:2022:548.
Urt. v. 07.09.2022, Cilevičs, C-391/20, EU:C:2022:638.
Urt. v. 20.09.2022, SpaceNet und Telekom, verb. Rs. C-793/19 und C-794/19, EU:C:2022:702.
Urt. v. 20.09.2022, VD und SR, verb. Rs. C-399/20 und C-397/20, EU:C:2022:703.
Urt. v. 28.10.2022, Generalstaatsanwaltschaft München, C-435/22 PPU, EU:C:2022:852.
Urt. v. 22.11.2022, Luxembourg Business Registers, verb. Rs. C-37/20 und C-601/20, EU:C:2022:912.
Urt. v. 31.01.2023, Puig Gordi, C-158/21, EU:C:2023:57.
Urt. v. 02.01.2023, Freikirche der Siebenten-Tags-Adventisten in Deutschland, C-372/21, EU:C:2023:59.

Schlussanträge

GA *Roemer*, Schlussanträge v. 04.02.1955 in der Rs. 6/54, Niederlande/Hohe Behörde, EU:C:1955:1, S. 244.
GA Lagrange, Schlussanträge v. 14.06.1957 in den verb. Rs. 7/56, 3/57 bis 7/57, Algera u.a., EU:C:1957:6.
GA *Roemer,* Schlussanträge v. 04.12.1957 in der Rs. 18/57, Nold/Hohe Behörde, EU:C:1957:10.
GA *Lagrange*, Schlussanträge v. 07.11.1962 in den verb. Rs. 5 bis 11/62 und 13 bis 15/62, San Michele u.a./Hohe Behörde, EU:C:1962:38.
GA *Roemer*, Schlussanträge v. 19.12.1968 in der Rs. 14/68, Walt Wilhelm, EU:C:1968:55.
GA *Roemer*, Schlussanträge v. 14.05.1970 in der Rs. 73/69, Oehlmann, EU:C:1970:42.
GA *Roemer*, Schlussanträge v. 20.05.1965 in den verb. Rs. 106 und 107/63, Toepfer/Kommission, EU:C:1965:49.
GA *Roemer*, Schlussanträge v. 01.12.1970 in der Rs. 31/70, Deutsche Getreide- und Futtermittel Handelsgesellschaft, EU:C:1970:98.
GA *Dutheilleit de Lamothe*, Schlussanträge v. 02.12.1970 in der Rs. 11/70, Internationale Handelsgesellschaft, EU:C:1970:100.
GA *Roemer,* Schlussanträge v. 21.03.1972 in der Rs. 92/71, Interfood, EU:C:1972:21, S. 248.
GA *Roemer,* Schlussanträge v. 26.06.1973 in der Rs. 5/73, Balkan-Import-Export, EU:C:1973:71.
GA *Warner,* Schlussanträge v. 04.02.1975 in der Rs. 64/74, Reich, EU:C:1975:14.
GA *Trabucchi*, Schlussanträge v. 06.07.1976 in der Rs. 13/76, Dona, EU:C:1976:104.
GA *Capotorti*, Schlussanträge v. 07.06.1977 in den verb. Rs. 83, 94, 114, 118, 119, 120/76, 5 und 15/77, Bela Mühle u.a., EU:C:1977:96.
GA *Trabucchi*, Schlussanträge v. 28.03.1979 in der Rs. 4/73, Nold KG/Kommission, EU:C:1974:27.

GA *Reischl,* Schlussanträge v. 30.05.1979 in der Rs. 240/78, Atalanta, EU:C:1979:136.
GA *Reischl,* Schlussanträge v. 13.06.1979 in der Rs. 166/78, Italien/Rat, EU:C.1979:152.
GA *Warner*, Schlussanträge v. 20.10.1979 in der Rs. 34/79, Henn und Darby, EU:C: 1979:246.
GA *Reischl,* Schlussanträge v. 09.01.1980 in der Rs. 61/79, Denkavit Italiana, EU:C: 1980:2.
GA *Reischl*, Schlussanträge v. 21.05.1980 in der Rs. 32/79, Kommission/Vereinigtes Königreich, EU:C:1980:189.
GA *Rozès,* Schlussanträge v. 11.05.1983 in der Rs. 181/82, Roussel, EU:C:1983:134.
GA *VerLoren van Themaat,* Schlussanträge v. 22.11.1983 in den verb. Rs. 140, 146, 221 und 226/82, Walzstahl Vereinigung, EU:C:1983:337.
GA *Slynn*, Schlussanträge v. 31.05.1988, Rs. 308/86, Lambert, EU:C:1988:270.
GA *Darmon*, Schlussanträge v. 16.05.1989 in der Rs.C-379/87, Groener, EU:C:1989:197.
GA *Lenz*, Schlussanträge v. 06.05.1992 in den verb. Rs. C-63/90 und 67/90, Portugal und Spanien/Rat, EU:C:1992:191.
GA *Gulmann,* Schlussanträge v. 16.12.1993 in der Rs. C-275/92, Schindler, EU:C: 1993:994.
GA *van Gerwen,* Schlussanträge v. 09.02.1994 in der Rs. C-18/93, Corsica Ferries, EU:C: 1994:49.
GA *Jacobs*, Schlussanträge v. 09.03.1995 in der Rs. C-350/92, Spanien/Rat, EU:C:1995:64.
GA *Jacobs,* Schlussanträge v. 15.06.1995 in der Rs. C-426/93, Deutschland/Rat, EU:C: 1995:184.
GA *Jacobs*, Schlussanträge v. 15.06.1995 in den verb. Rs. C-430/93 und C-431/93, van Schijndel, EU:C:1995:185.
GA *Lenz,* Schlussanträge v. 20.09.1995 in der Rs. C-415/93, Bosman, EU:C:1995:293.
GA *Lenz*, Schlussanträge v. 23.11.1995 in der Rs. C-8/94, Laperre, EU:C:1995:402.
GA *Léger*, Schlussanträge v. 05.03.1996 in der Rs. C-473/93, Kommission/Luxemburg, EU:C:1996:80.
GA *Léger,* Schlussanträge v. 12.03.1996 in der Rs. C-84/94, Vereinigtes Königreich/Rat, EU:C:1996:93.
GA *Léger*, Schlussanträge v. 12.05.1996 in der Rs. 84/94, Vereinigtes Königreich/Rat, EU:C:1996:93.
GA *Jacobs*, Schlussanträge v. 17.09.1996 in der Rs. C-28/95, Leur-Bloem, EU:C:1996:332.
GA *Jacobs*, Schlussanträge v. 12.11.1996 in der Rs. 24/95, Alcan II, EU:C:1996:433.
GA *Léger*, Schlussanträge v. 10.12.1996, C-233/94, Deutschland/Rat, EU:C:1996:478.
GA *Cosmas,* Schlussanträge v. 28.05.1998 in der Rs. C-375/96, Zaninotto, EU:C:1998:261.
GA *Léger*, Schlussanträge v. 14.07.1998 in der Rs. C-284/95, Safety Hi-Tech, EU:C: 1998:38.
GA *La Pergola,* Schlussanträge v. 18.05.1999 in der Rs. C-273/97, Sirdar, EU:C:1999:246.
GA *Saggio*, Schlussanträge v. 27.01.2000 in der Rs. C-156/98, Deutschland/Kommission, EU:C:2000:47.
GA *Fennelly*, Schlussanträge v. 15.06.2000 in der Rs. C-376/98, Deutschland/Parlament und Rat, EU:C:2000:324.
GA *Stix-Hackl*, Schlussanträge v. 12.07.2005 in der Rs. C-436/03, Europäische Genossenschaft, EU:C:2005:447.
GA *Kokott*, Schlussanträge v. 08.09.2005 in der Rs. C-66/04, Vereinigtes Königreich/Parlament und Rat, EU:C:2005:520.
GA *Maduro*, Schlussanträge v. 16.01.2008 in den verb. Rs. C-402/05 P und C-415/05 P, Kadi I, EU:C:2008:11.

GA *Poiares Maduro*, Schlussanträge v. 10.07.2008 in der Rs. C-205/06, Kommission/Österreich, EU:C:2008:391.

GA *Maduro*, Schlussanträge v. 01.10.2009 in der Rs. C-58/09, Vodafone u.a., EU:C: 2009:596.

GA *Trstenjak*, Schlussanträge v. 25.05.2011 in der Rs. C-539/09, Kommission/Deutschland, EU:C:2011:345.

GA *Kokott*, Schlussanträge v. 08.09.2011 in der Rs. C-17/10, Toshiba, EU:C:2011:552.

GA *Bot*, Schlussanträge v. 19.03.2013 in den verb. Rs. C-584/10 P, C-593/10 P und C-595/10 P, Kadi II, EU:C:2013:176.

GA *Cruz Villalón*, Schlussanträge v. 12.12.2013 in den verb. Rs. C-293/12 und 594/12, Digital Rights Ireland u.a., EU:C:2013:845.

GA *Szpunar*, Schlussanträge v. 20.05.2014 in der Rs. 202/13, McCarthy, EU:C:2014:345.

GA *Cruz Villalón*, Schlussanträge v. 14.01.2015 in der Rs. C-62/14, Gauweiler u.a., EU:C: 2015:7.

GA *Kokott*, Schlussanträge v. 23.12.2015 in der Rs. C-547/14, Philip Morris, EU:C: 2015:853.

GA *Mengozzi*, Schlussanträge v. 08.09.2016 im Gutachtenverfahren 1/15, PNR-Kanada, EU:C:2016:656.

GA *Wathelet*, Schlussanträge v. 04.10.2018 in der Rs. C-493/17, Weiss u.a., EU:C: 2018:815.

GA *Bobek*, Schlussanträge v. 14.01.2021 in der Rs. C-64/20, UH, EU:C:2021:14.

GA *Kokott*, Schlussanträge v. 15.04.2021 in der Rs. C-490/20, V.M.A., EU:C:2021:296.

GA *Szpunar*, Schlussanträge v. 14.10.2021 in der Rs. C-452/20, Agenzia delle dogane e dei monopoli, EU:C:2021:855.

GA *Emiliou*, Schlussanträge v. 08.03.2022 in der Rs. C-391/20, Cilevičs, EU:C:2022:166.

Gericht

Urt. v. 12.06.1990, Albani, T-35/90, EU:T:1990:44.

Urt. v. 21.09.2005, Kadi I, Rs. T-315/01, EU:T:2005:332.

Urt. v. 17.03.2016, Zoofachhandel Züpke, T-817/14, EU:T:2016:157.

Urt. v. 04.04.2019, ClientEarth, T-108/17, EU:T:2019:215.

Urt. v. 20.05.2019, Fundación Tecnalia Research & Innovation/REA, T-104/18, EU:T: 2019:345.

Urt. v. 19.09.2019, BTC Srl, T-786/17, EU:T:2019:630.

Urt. v. 20.09.2019, PlasticsEurope, T-636/17, EU:T:2019:639.

Urt. v. 10.10.2019, Help, T-335/17, EU:T:2019:736.

Urt. v. 19.12.2019, Vanda Pharmaceuticals/Kommission, T-211/18, EU:T:2019:892.

Urt. v. 15.07.2020, Irland/Kommission, verb. Rs. T-778/16 und T-892/16, EU:T:2020:338.

Urt. v. 23.09.2020, Fundación Tecnalia Research & Innovation/Kommission, T-314/19, EU:T:2020:421.

Urt. v. 24.02.2021, Universität Koblenz-Landau, T-108/18, EU:T:2021:104.

Staatliche Gerichte

Preußen

Preußisches Oberverwaltungsgericht

PrOVGE 13, 424 – Branntweinlizenz.
PrOVGE 13, 426 – Wegpostenbeleuchtung

Deutsches Reich

Reichsgericht

RGZ 111, 320 – Aufwertungsgesetz.

Oberlandesgericht Hamburg

Urt. v. 25.03.1929, R III 38/29, Juristische Wochenschrift 1929, S. 2842.

Oberlandesgericht Jena

Urt. v. 31.05.1929, S 96/29, Juristische Wochenschrift 1929, S. 3324.

Bundesrepublik Deutschland

Bundesverfassungsgericht

BVerfGE 1, 167 – Selbstverwaltungsrecht der Gemeinden.
BVerfGE 1, 264 – Bezirksschornsteinfeger.
BVerfGE 2, 1 – SRP-Verbot.
BVerfGE 2, 121 – Zitiergebot bei vorkonstitutionellen Normen.
BVerfGE 2, 213 – Straffreiheitsgesetz.
BVerfGE 2, 266 – Notaufnahme.
BVerfGE 3, 383 – Gesamtdeutscher Block.
BVerfGE 4, 115 – Besoldungsgesetz NRW.
BVerfGE 6, 32 – Elfes.
BVerfGE 6, 389 – Homosexuelle.
BVerfGE 7, 198 – Lüth.
BVerfGE 7, 377 – Apotheken-Urteil.
BVerfGE 10, 234 – Platow-Amnestie.
BVerfGE 11, 266 – Wählervereinigung.
BVerfGE 13, 230 – Ladenschlussgesetz I.
BVerfGE 15, 275 – Rechtsweg.
BVerfGE 16, 194 – Liquorentnahme.
BVerfGE 17, 371 – Notarstellen.
BVerfGE 18, 52 – Verkehrsfinanzgesetz.
BVerfGE 19, 342 – Wencker.
BVerfGE 22, 180 – Jugendhilfe.
BVerfGE 26, 338 – Eisenbahnkreuzungsgesetz.
BVerfGE 33, 224 – Bauordnungswidrigkeit.
BVerfGE 33, 303 – Numerus Clausus I.
BVerfGE 34, 165 – Förderstufe.
BVerfGE 36, 1 – Grundlagenvertrag.

BVerfGE 37, 271 – Solange I.
BVerfGE 45, 187 – Lebenslange Freiheitsstrafe.
BVerfGE 48, 64 – Inkompatibilität/Kommunal beherrschtes Unternehmen.
BVerfGE 50, 195 – Rheda Wiedenbrück.
BVerfGE 50, 290 – Mitbestimmung.
BVerfGE 53, 135 – Schokoladenosterhase.
BVerfGE 54, 173 – Numerus Clausus II.
BVerfGE 55, 134 – Härteklausel.
BVerfGE 58, 117 – Eurocontrol I.
BVerfGE 61, 291 – Landschaftsgesetz NRW.
BVerfGE 65, 1 – Volkszählung.
BVerfGE 67, 157 – G 10.
BVerfGE 67, 256 – Investitionshilfegesetz.
BVerfGE 65, 283 – Bundesbaugesetz.
BVerfGE 67, 299 – Laternengarage.
BVerfGE 69, 209 – Steuerberaterprüfung.
BVerfGE 76, 1 – Familiennachzug.
BVerfGE 78, 249 – Fehlbelegungsabgabe.
BVerfGE 79, 127 – Rastede.
BVerfGE 79, 256 – Kenntnis der eigenen Abstammung.
BVerfGE 81, 310 – Kalkar II.
BVerfGE 83, 37 – Ausländerwahlrecht I.
BVerfGE 83, 60 – Ausländerwahlrecht II.
BVerfGE 84, 59 – Multiple-Choice-Verfahren.
BVerfGE 87, 114 – Pachtzins für Kleingärten.
BVerfGE 89, 155 – Maastricht.
BVerfGE 92, 262 – Gesamtvollstreckungsverfahren.
BVerfGE 93, 37 – Mitbestimmungsgesetz Schleswig-Holstein.
BVerfGE 94, 1 – DGHS.
BVerfGE 96, 10 – Räumliche Aufenthaltsbeschränkung.
BVerfGE 103, 142 – Wohnungsdurchsuchung.
BVerfGE 103, 332 – Naturschutzgesetz Schleswig-Holstein.
BVerfGE 106, 62 – Altenpflegegesetz.
BVerfGE 108, 282 – Kopftuch I.
BVerfGE 111, 10 – Ladenschlussgesetz III.
BVerfGE 111, 226 – Juniorprofessur.
BVerfGE 112, 255 – Anwaltsnotariat II.
BVerfGE 112, 226 – Studiengebühren.
BVerfGE 113, 167 – Risikostrukturausgleich.
BVerfGE 117, 202 – Vaterschaftsfeststellung.
BVerfGE 119, 59 – Hufversorgung.
BVerfGE 121, 30 – Parteibeteiligung an Rundfunkunternehmen.
BVerfGE 122, 1 – Betriebsprämiendurchführungsgesetz.
BVerfGE 123, 267 – Lissabon.
BVerfGE 125, 141 – Kommunales Hebesatzrecht.
BVerfGE 126, 286 – Honeywell.
BVerfGE 126, 331 – Entschädigungsgesetz.
BVerfGE 128, 109 – Lebenspartnerschaft von Transsexuellen.

BVerfGE 129, 124 – EFS.
BVerfGE 130, 76 – Vitos Haina.
BVerfGE 131, 230 – Bundesverfassungsrichterwahl.
BVerfGE 134, 366 – OMT-Vorlage.
BVerfGE 135, 155 – Filmförderungsgesetz.
BVerfGE 137, 108 – Art. 91e GG.
BVerfGE 137, 185 – Rüstungsexport.
BVerfGE 138, 1 – Schulträgerschaft.
BVerfGE 138, 136 – Erbschafts- und Schenkungssteuer.
BVerfGE 138, 296 – Kopftuch II.
BVerfGE 140, 65 – Betreuungsgeld.
BVerfGE 140, 317 – Identitätskontrolle.
BVerfGE 142, 123 – OMT-Programm.
BVerfGE 146, 216 – PSPP-Vorlage.
BVerfGE 147, 50 – Parlamentarisches Auskunftsrecht.
BVerfGE 147, 185 – Kinderförderungsgesetz Sachsen-Anhalt.
BVerfGE 148, 40 – Lebensmittelpranger.
BVerfGE 150, 1 – Zensus 2011.
BVerfGE 151, 202 – Europäische Bankenunion.
BVerfGE 152, 152 – Recht auf Vergessen I.
BVerfGE 153, 74 – EPGÜ I.
BVerfGE 153, 182 – Selbstbestimmtes Sterben.
BVerfGE 154, 17 – PSPP.
BVerfGE 155, 310 – Kommunales Bildungspaket.
BVerfGE 157, 30 – Klimaschutz.
BVerfGE 157, 223 – Berliner Mietendeckel.
BVerfGE, 158, 210 – EPGÜ II (eA).
BVerfGE 159, 223 – Ausgangs- und Kontaktbeschränkungen.
BVerfGE 163, 107 – Tierarztvorbehalt.
BVerfG, Beschl. des Zweiten Senats v. 06.02.2024 – 2 BvR 6/23 – Direktwahlakt 2018 – Zwei-Prozent-Sperrklausel.

Bundesverwaltungsgericht

BVerwGE 31, 263 – Recht der Gemeinden an Planungen.
BVerwGE 31, 345 – Beförderung eines Kreisbeamten.
BVerwGE 39, 197 – Verfassungsmäßigkeit des Gesetzes über die Verbreitung jugendgefährdender Schriften.
BVerwGE 87, 155 – Gebühren für gesundheitsbehördliche Kontrolle von Drittlandimporten.

Bayerischer Verfassungsgerichtshof

BayVerfGHE 1 II 64 – Eigentum und Kriegsbeute.
BayVerfGHE 2 II 72 – Grundrechtseinschränkung durch Gesetz.

Schweizer Eidgenossenschaft

Bundesgericht

BGE 52 I 222 – Langer gegen Regierungsrat Zug

Republik Südafrika

Constitutional Court of South Africa

Urt. v. 05.04.1995, Zuma v. The State, 1995 (2) SA 642.
Urt. v. 06.06.1995, The State v. Makwanyane, 1995 (3) SA 391.
Urt. v. 22.09.1995, Coetzee v. The Government of the Republic of South Africa, 1995 (4) SA 631.
Urt. v. 22.09.1995, Executive Council of the Western Cape Legislature v. President of the Republic of South Africa, 1995 (4) SA 877.
Urt. v. 29.12.1995, The State v. Bhulwana, 1996 (1) SA 388.
Urt. v. 06.09.1996, Certification of the Constitution of the Republic of South Africa, 1996, (4) SA 744.
Urt. v. 09.10.1998, National Coalition for Gay and Lesbian Equality and Another v Minister of Justice and Others, 1999 (1) SA 6.
Urt. v. 02.12.1998, Beinash v. Ernst and Young, 1999 (2) SA 116 (CC).
Urt. v. 03.06.1999, S v. Dlamini, S v. Dladla and Others, S v. Joubert, S v. Schietekat, 1999 (4) SA 623.
Urt. v. 02.12.1999, National Coalition for Gay and Lesbian Equality and Others v Minister of Home Affairs and Others, 2000 (2) SA 1.
Urt. v. 14.04.2000, The State v. Manamela, 2000 (3) SA 1.
Urt. v. 04.07.2001, Moise v. Greater Germiston Transitional Local Council, 2001 (4) SA 491 (CC).
Urt. v. 25.01.2002, Prince v President of the Law Society of the Cape of Good Hope, 2002 (2) SA 794.
Urt. v. 25.07.2002, Satchwell v President of the Republic of South Africa, 2002 (6) SA 1.
Urt. v. 11.03.2003, Phillips v. Director of Public Prosecutions, 2003 (3) SA 345.
Urt. v. 15.10.2003, De Reuck v. Director of Public Prosecutions, 2004 (1) SA 406 (CC).
Urt. v. 03.03.2004, Minister of Home Affairs v. National Institute for Crime Prevention and the Re-Integration of Offenders (NICRO), 2005 (3) SA 280 (CC).
Urt. v. 14.10.2004, Bhe v. Khayelitsha Magistrate, 2005 (1) SA 580 (CC).
Urt. v. 16.07.2009, Center for Child Law v. Minister for Justice and Constitutional Development, 2009 (6) SA 632 (CC).
Urt. v. 30.09.2010, Road Accident Fund v. Mdeyide, 2011 (2) SA 26 (CC).
Urt. v. 10.12.2012, National Credit Regulator v. Opperman, 2013 (2) SA 1 (CC).

Kanada

Supreme Court of Canada

Urt. v. 26.03.1962, Nykorak v. Attorney General of Canada [1962] SCR 33.
Urt. v. 20.11.1969, The Queen v. Drybone, [1970] SCR 282.
Urt. v. 12.07.1976, Re: Anti-Inflation Act [1976] 2 SCR 373.
Urt. v. 01.05.1978, R. v. Zelensky, [1978] 2 SCR 940.

Urt. v. 01.05.1979, R. v. Hauser, [1979] 1 SCR 984.
Urt. v. 21.12.1979, R. v. Thomas Fuller Construction, [1980] 1 SCR 695.
Urt. v. 22.07.1982, Regional Municipality of Peel v. Mackenzie, [1982] 2 SCR 9.
Urt. v. 09.08.1982, Multiple Access v. McCutcheon, [1982] 2 SCR 161.
Urt. v. 13.10.1983, Attorney General of Canada v. Can. Nat. Transportation, Ltd. [1983] SCR 206.
Urt. v. 24.04.1985, R. v. Big M Drug Mart, [1985] 1 SCR 295.
Urt. v. 17.12.1985, Re British Columbia Motor Vehicle Act, [1985] 2 SCR 486.
Urt. v. 28.02.1986, R. v. Oakes, [1986] 1 SCR 103.
Urt. v. 18.12.1986, R. v. Edwards Books and Arts Ltd., [1986] 2 SCR 173.
Urt. v. 29.07.1987, Rio Hotel Ltd. v. New Brunswick (Liquor Licensing Board), [1987] 2 SCR 59.
Urt. v. 24.03.1988, R. v. Crown Zellerbach [1988] 1 SCR 401.
Urt. v. 20.04.1989, General Motors v. City National Leasing, [1989] 1 SCR 641.
Urt. v. 27.04.1989, Irwin Toy Ltd. v. Quebec (Attorney General), [1989] 1 SCR 927.
Urt. v. 29.03.1990, Thomson Newspaper Co. v. Canada (Attorney General), [1990] 1 SCR 425.
Urt. v. 13.12.1990, R. v. Keegstra, [1990] 3 SCR 697.
Urt. v. 24.10.1991, R. v. Wholesale Travel Group, [1991] 3 SCR 154.
Urt. v. 25.06.1992, Re: Goods and Services Tax, [1992] 2 SCR 445.
Urt. v. 21.09.1995, RJR-MacDonald v. Canada (Attorney General), [1995] 3 SCR 199.
Urt. v. 29.05.1998, Thomson Newspapers Co. v. Canada (Attorney General), [1998] 1 SCR 877.
Urt. v. 08.03.2002, Lavoie v. Canada, [2002] 1 SCR 769.
Urt. v. 28.03.2002, Kitkatla Band v. British Columbia, [2002] 2 SCR 146.
Urt. v. 09.06.2005, Chaoulli v. Quebec (Attorney General), [2005] 1 SCR 791.
Urt. v. 17.11.2005, Kirkbi v. Ritvik Holdings, [2005] 3 SCR 302.
Urt. v. 24.07.2009, Alberta v. Hutterian Brethren of Wilson Colony, [2009] 2 SCR 567.
Urt. v. 15.10.2010, Attorney General of Québec v. Lecombe, [2010] 2 SCR 453.
Urt. v. 22.12.2010, Re: Assisted Human Reproduction Act, [2010] 3 SCR 457.
Urt. v. 22.12.2011, Reference re Securities Act, [2011] 3 SCR 837.
Urt. v. 16.01.2015, Mounted Police Association of Ontario v. Canada (Attorney General), [2015] 1 SCR 3.
Urt. v. 06.02.2015, Carter v. Canada (Attorney General), [2015] 1 SCR 331.
Urt. v. 21.07.2016, R. v. K.R.J., [2016] 1 SCR 906.
Urt. v. 19.04.2018, R. v. Comeau, [2018] 1 SCR 342.
Urt. v. 15.03.2019, R. v. Morrison, [2019] 2 SCR 3.
Urt. v. 26.07.2019, R. v. Stillman, [2019] 3 SCR 144.
Urt. v. 25.03.2021, References re Greenhouse Gas Pollution Pricing Act, 2021 SCR 11 (CanLII)

Französische Republik

Conseil d'État

Urt v. 19.05.1933, Benjamin, N° 17413 und N° 17520, Rec. S. 541.
Urt. v. 28.05.1971, N°78825, Ville nouvelle Est, Rec. S. 409.
Urt. v. 20.10.1972, N°78829, Sainte-Marie de l'Assomption, Rec. S. 657.

Urt. v. 26.10.1973, N°83261, Gassin, Rec. S. 598.
Urt. v. 20.02.1987, N° 44864, Commune de Lozane, Rec. S. 67.
Urt. v. 28.03.1997, N° 170856 und N°170857, Association contre le projet de l'autoroute transchablaisienne, Rec. S. 121.
Urt. v. 22.10.2003, N°231953, Association SOS Rivières et environnement, Rec. S. 417.
Urt. v. 10.07.2006, N° 289393, Association interdépartementale et intercommunale pour la protection du lac de Sainte-Croix, des lacs et sites du Verdon, Rec. S. 332.

Conseil constitutionnel

Entsch. v. 10.06.2004, Économie Numérique, N°2004–496 DC.
Entsch. v. 29.07.2004, Bioéthique, N°2004–498 DC,
Entsch. v. 27.07.2006, Information Society, N°2006–540 DC.
Entsch. v. 21.02.2008, Rétention de sûreté, 2008–562 DC.
Entsch. v. 08.09.2017, Confiance dans la vie politique, 2017–752 DC.
Entsch. v. 01.12.2017, Kamel D., 2017–674 QPC.
Entsch. v. 20.12.2018, Lutte contre la manipulation d'information, 2018–773 DC.
Entsch. v. 15.10.2021, Air France, N°2021–940 QPC.
Entsch. v. 25.02.2022, Habib A e.a., N°2021–976/977 QPC.

England

Court of Common Pleas

Rooke v. Withers, (1598) 5 Co Rep 99b.
Case of Customs Subsidies and Impositions, (1607) 12 Co Rep 33.
Hetley v. Boyer (1614) Cro Jac 336.

Großbritannien

Court of Appeals

Urt. v. 10.11.1947, Associated Provincial Picture Houses v. Wednesbury Corp., [1948] 1 KB, 223.

USA

US Supreme Court

Urt. v. 24.02.1803, Marbury v. Madison, 5 US 137 (1803).
Urt. v. 06.03.1819, McCulloch v. Maryland, 17 U.S. 316 (1819).
Urt. v. 02.03.1824, Gibbons v. Ogden, 22 U.S. 1 (1824).
Urt. v. 18.03.1824, Osborn v. Bank of the United States, 22 U.S. 738 (1824).
Urt. v. 19.03.1829, Willson v. Black Bird Creek Marsh Co., 27 U.S. 245 (1829).
Urt. v. 14.04.1873, The Butchers' Benevolent Association of New Orleans v. The Crescent City Live-Stock Landing and Slaughter-House Company u.a. [The Slaughter-House Cases], 83 U.S. 36 (1873).

Urt. v. 01.03.1880, ex parte Virginia, 100 U.S. 339 (1880).
Urt. v. 14.10.1883, United States v. Stanley u.a. [The Civil Rights Cases], 109 U.S. 3 (1883).
Urt. v. 03.03.1884, Hurtado v. California, 110 U.S. 516 (1884).
Urt. v. 21.01.1895, United States v. E.C. Knight Co., 156 U.S. 1 (1895).
Urt. v. 18.05.1896, Plessy v. Ferguson, 163 U.S. 537 (1896).
Urt. v. 23.02.1903, Champion v. Ames, 188 U.S. 321 (1903).
Urt. v. 30.01.1905, Swift and Co. v. United States, 196 U.S. 375 (1905).
Urt. v. 30.10.1911, Southern Railway v. United States, 222 U.S. 20 (1911).
Urt. v. 08.06.1914, Houston East & West Texas Railway v. United States, 234 U.S. 342 (1914).
Urt. v. 22.05.1916, Minneapolis & St. Louis R. Co. v. Bombolis, 241 U.S. 211 (1916).
Urt. v. 03.06.1918, Hammer v. Dagenhart, 247 U.S. 251 (1918).
Urt. v. 27.05.1935, Schechter Poultry Copr., v. United States, 295 U.S. 495 (1935).
Urt. v. 18.05.1936, Carter v. Carter Coal Co., 298 U.S. 238 (1936).
Urt. v. 12.04.1937, NLRB v. Jones Laughlin Steel Corp., 301 U.S. 1 (1937).
Urt. v. 20.05.1940, Cantwell v. Connecticut, 310 U.S. 296 (1940).
Urt. v. 03.02.1941, United States v. Darby Lumber Co., 321 U.S. 100 (1941).
Urt. v. 09.11.1942, Wickard v. Filburn, 317 U.S. 111 (1942).
Urt. v. 10.02.1947, Everson v. Board of Education, 330 U.S. 1 (1947).
Urt. v. 09.02.1953, Allen v. Brown, 344 U.S. 443 (1953).
Urt. v. 04.05.1953, Terry v. Adams 345 U.S. 461 (1953).
Urt. v. 15.05.1954, Brown v. Board of Education of Topeka, 347 U.S. 483 (1954).
Urt. v. 12.09.1958, Cooper v. Aaron, 358 U.S. 1 (1958).
Urt. v. 24.04.1960, Mullane v. Central Hanover Bank & Trust Co., 339 U.S. 306 (1960).
Urt. v. 25.03.1962, Baker v. Carr, 369 U.S. 186 (1962).
Urt. v. 07.06.1965, Griswold v. Connectictut, 381 U.S. 479 (1965).
Urt. v. 13.06.1966, Katzenbach v. Morgan, 384 U.S. 641, (1966).
Urt. v. 12.06.1967, Loving v. Virginia, 388 U.S. 1 (1967).
Urt. v. 20.05.1968, Duncan v. Louisiana, 391 U.S. 145 (1968).
Urt. v. 10.06.1968, Maryland v Wirtz, 392 U.S. 183 (1968).
Urt v. 17.06.1968, Jones v. Alfred H. Mayer Co., 392 U.S. 409, (1968).
Urt. v. 02.03.1970, Pike v. Bruce Church Inc., 397 U.S. 137 (1970).
Urt. v. 02.03.1971, Citizens to Preserve Overton Park, Inc. v. Volpe, 401 U.S. 402 (1971).
Urt. v. 22.01.1973, Roe v. Wade, 410 U.S. 113 (1973).
Urt. v. 25.06.1973, US Dept. of Agriculture v. Moreno, 413 U.S. 528 (1973).
Urt. v. 24.06.1976, National League of Cities v. Usery, 426 U.S. 833 (1976).
Urt. v. 28.06.1976, Fitzpatrick v. Bitzer, 427 U.S. 445 (1976).
Urt. v. 20.12.1976, Craig v. Boren, 429 U.S. 190 (1976).
Urt. v. 23.06.1978, Philadelphia v. New Jersey, 437 U.S. 617 (1978).
Urt. v. 24.06.1983, Motor Vehicle Manufacturers Association of the United States, Inc., v. State Farm Mutual Automobile Insurance Co., 463 U.S. 29 (1983).
Urt. v. 25.04.1984, Palmore v. Sidoti, 466 U.S. 429 (1984).
Urt. v. 24.06.1984, Chevron U.S.A. v. National Resources Defense Fund, 467 U.S. 837 (1984).
Urt. v. 19.02.1985, Garcia v. San Antonio Metropolitan Transit Authority, 469 U.S. 528 (1985).
Urt. v. 31.05.1988, New Energy Co. v. Limbach, 486 U.S. 269 (1988).
Urt. v. 17.06.1988, Bendix Autolite Corp. v. Midwesco Enterprises, Inc., et al., 486 U.S. 888 (1988).

Urt. v. 29.06.1988, Morrison v. Olson, 487 U.S. 654 (1988).
Urt. v. 18.01.1989, Mistretta v. U.S., 488 U.S. 361 (1989).
Urt. v. 17.04.1990, Employment Division of Oregon v. Smith, 494 U.S. 872 (1990).
Urt. v. 26.04.1995, United States v. Lopez, 514 U.S. 549, 564 (1995).
Urt. v. 27.03.1996, Seminole Tribe of Florida v. Florida, 517 U.S. 44 (1996).
Urt. v. 26.06.1996, US v. Virginia, 518 U.S. 515 (1996).
Urt. v. 19.02.1997, Auer v. Robbins, 519 U.S. 452 (1997).
Urt. v. 25.06.1997, City of Boerne v. Flores, 521 U.S. 507 (1997).
Urt. v. 23.06.1999, Florida Prepaid Postsecondary Education Expense Board v. College Savings Bank, 527 U.S. 627 (1999).
Urt. v. 23.06.1999, Alden v. Maine, 527 U.S. 706 (1999).
Urt. v. 11.01.2000, Kimel v. Florida Board of Regents, 528 U.S. 62 (2000).
Urt. v. 15.05.2000, United States v. Morrison, 529 U.S. 598 (2000).
Urt. v. 21.02.2001, Board of Trustee of the University of Alabama v. Garett, 531 U.S. 356 (2001).
Urt. v. 27.02.2001, Whitman v. American Trucking Associations, Inc., 531 U.S. 457 (2001).
Urt. v. 27.05.2003, Nevada Department of Human Resources v. Hibbs, 538 U.S. 721 (2003).
Urt. v. 26.06.2003, Lawrence v. Texas, 539 U.S. 558 (2003).
Urt. v. 17.05.2004, Tennessee v. Lane, 541 U.S. 509 (2004).
Urt. v. 16.05.2005, Granholm v. Heald, 544 U.S. 460 (2005).
Urt. v. 28.04.2009, FCC v. Fox Television Stations, Inc., 556 U.S. 502 (2009).
Urt. v. 28.06.2010, McDonald v. City of Chicago, 561 U.S. 742 (2010).
Urt. v. 25.06.2013, Shelby County v. Holder, 570 U.S. 529 (2013).
Urt. v. 09.03.2015, Perez v. Mortage Bankers Association, 575 U.S. __ (2015).
Urt. v. 26.06.2015, Obergefell v. Hodges, 576 U.S. __ (2015).
Urt. v. 20.06.2019, Gundy v. U.S., 588 U.S. __ (2019).
Urt. v. 26.06.2019, Kisor v. Wilkie 588 U.S. __ (2019).
Urt. v. 20.04.2020, Ramos v. Louisiana, 590 U.S. __ (2020).
Urt. v. 01.07.2021, Brnovich v. Democratic National Committee, 594 U.S. __ (2021).
Urt. v. 15.06.2022, American Hospital Association v. Becerra, 596 U.S. __ (2022).
Urt. v. 24.06.2022, Dobbs v. Jackson Women's Health Organization, 597 U.S. __ (2022).
Urt. v. 30.06.2022, West Virginia v. Environmental Protection Agency, 597 U.S. __ (2022).
Urt. v. 04.03.2024, Trump v. Anderson, 601 U.S. __ (2024).

Register